中国语言文学专业研究生教材
中国现当代文学

中国现当代文学教学研究资料

现代卷

李春雨◎编著

北京师范大学出版集团
BEIJING NORMAL UNIVERSITY PUBLISHING GROUP
北京师范大学出版社

图书在版编目（CIP）数据

中国现当代文学教学研究资料．现代卷/李春雨编著．—北京：北京师范大学出版社，2018.5
ISBN 978-7-303-22494-4

Ⅰ.①中… Ⅱ.①李… Ⅲ.①中国文学—现代文学—文学研究—高等学校—教材②中国文学—当代文学—文学研究—高等学校—教材 Ⅳ.①I206.6②I206.7

中国版本图书馆 CIP 数据核字（2017）第 130918 号

营 销 中 心 电 话 010-58805072 58807651
北师大出版社高等教育与学术著作分社 http://xueda.bnup.com

ZHONGGUO XIANDANGDAI WENXUE JIAOXUE YANJIU ZILIAO · XIANDAIJUAN

出版发行：北京师范大学出版社 www.bnup.com
北京市海淀区新街口外大街 19 号
邮政编码：100875

印　　刷：大厂回族自治县正兴印务有限公司
经　　销：全国新华书店
开　　本：730 mm×980 mm 1/16
印　　张：27.75
字　　数：560 千字
版　　次：2018 年 5 月第 1 版
印　　次：2018 年 5 月第 1 次印刷
定　　价：58.00 元

策划编辑：周劲含　　责任编辑：李云虎 李双双
美术编辑：王齐云　　装帧设计：锋尚设计
责任校对：韩兆涛　　责任印制：马 洁

目　录

第二编：文学社团与流派

第三编：文体研究

第四编：文学史与学术史研究

绪 论

20 世纪是中国现代文学发生发展与现代文学学科建立、现代文学研究走向深入交相辉映的一个世纪。它的前半期，现代文学逐次发生、发展，它的后半期，现代文学研究日趋规范和成熟。但实际上，自现代文学发端的那一刻，对它的研究便已经开始，现代文学研究与现代文学的发生发展可以说是同步共进的。这就带来了现代文学及其研究的一个特殊状况，现代文学本身 30 年的历史已经凝结，并且离我们越来越远，它的历史性质也越来越重，然而，对这段文学历史的研究仍然在不断的发展之中，并正在不断形成新的历史，中国现代文学所具有的文学史和学术史的双重特点和意义越来越值得关注。

中国现代文学及其研究的独特性，决定了我们必须用两种眼光来看待它：一种是历史的眼光，这是针对现代文学本体而言；另一种是发展的眼光，这是针对现代文学研究而言。后者又体现在两个层面上：一是以现代和创新的态势继续推进以往的研究；二是对以往的研究做学术史的整理，将新的研究推向纵深。只有同时具备这两种眼光，我们才能对中国现代文学及其研究有一个比较准确的把握。而在这两种学术眼光当中，历史的眼光是基础，对现代文学专业的学习和研究而言极其必要。指导研究生开展史料收集，增强历史眼光，是编撰本教材的首要目的。同时，发展的眼光也是必不可少的，只有以研究的姿态，以学术观念来带动和渗透史料的发掘，资料才能活起来，才能真正具有它的价值。这也是编写这本教材另一个方面的重要考虑。

中国现代文学及其研究的发展，受到了多方面的影响。其中一个非常重要但又常常被人忽略的方面，就是它与中国传统文化特别是朴学、经学、考据学等学术传统，保持着一种天然的血肉关系。这在现代文学发生之初就彰显出来：鲁迅、胡适、周作人等现代文学大家，是在晚清文学的浓厚影响下开始新文学创作和学术研究的，而晚清朴学、经学、考据学等学术传统，无论是思想、方法还是具体研究手段，都对他们产生了直接而深刻的影响。这在鲁迅的《中国小说史略》、胡适的《中国白话文学史》、周作人的《中国新文学的源流》等学术研究著作中体现得尤其突出。这也为此后现代文学研究注重史实、以史带论、史论互动的研究风格奠定了坚实的基础。

史料是新的学术观点形成的基础，没有坚实的史料，一个新的观点是很难牢固确立的；反过来，新的学术观念也会对史料的多角度开掘起到重要的启发作用。因此，史料与观念是同等重要的，互相促进的，是现代文学研究不可或缺的两个基本方面。“不看遍材料不说话”，成为许多著名学者的一种共识和信念。近一个世纪以来，现代文学研究成果极其丰硕，无论是对文学运动、文艺论争、作家作品的研究，还是对社团流派、各类文体的研究，或是对史料本身的挖掘、考据，都显示了一种相当成熟的态势，这在一定程度上都与现代文学研究注重史实和史料的扎实学风有密切关系。

这里还应该提及的是，随着现代文学研究的不断深入和学术环境的不断改善，又出现了所谓“新史料”的问题，如一些相关档案的解密，一些新发现的作家日记、书信、谈话、佚文等，对这些新史料，在发掘的同时，就加以鉴别、整理和研究，这无疑会对学术研究起到重要的补充作用。比如说 2005 年在上海的旧报中发现的张爱玲小说佚文《郁金香》，就是一颗被学术界“遗落的巨大钻石”，它成为海内外张爱玲研究的又一重要资料。纵观整个 20 世纪的现代文学研究，我们可以看到，注重史料学建设，其意义是重大而独特的。

资料及其研究越来越引起人们的关注，为此我们在现代文学专业研究生教材的基本建设中，特别编写了《中国现当代文学教学研究资料》，就是希望通过此书，增强研究生在专业学习中的历史眼光、史料意识以及对史料的研究意识，并引导和促进研究生亲自动手查阅资料，特别是查阅史料，在接触第一手资料的过程中，提高对资料的甄别能力和研究能力。我们希望并相信，通过资料与研究互动这一环节，必定能将现代文学研究推向新的纵深。

本教材在编写体例上，分为“文学运动与论争”“文学社团与流派”“文体研究”“文学史与学术史研究”四编。每一篇选文都配有简明扼要的“导读”，介绍该篇文章的历史缘起，点评文章中的精彩内容，并对选文的学术价值和历史意义进行客观而精炼的评价，以引导学生们的阅读。在精选了一些重要史料的同时，本书还采用精选与索引相结合的模式，每一编史料后还附有相关的研究资料索引(包括专著和期刊论文)，以便学生们在相关问题的研究中进一步拓宽视野；此外，为弥补因篇幅限制而难以将作家作品研究的有关资料收入本书的不足，我们还将“中国现当代作家作品研究资料索引”附于全书之后，为读者爬梳规模浩大的作家作品研究资料提供几点建议和参照。本书每一个专题后的“思考与练习”紧紧围绕该主题设计，为进一步开展学习和研究提供必要的线索和有益的启发。

“文学运动与论争”编主要汇集了五四文学革命、“左”翼“革命文学”运动、“文艺大众化”讨论、解放区文艺运动等大规模的文学运动与论争的文献资料，特别是当时参与论争的文献资料。晚清文学运动虽不在现代文学 30 年期间之内，但考虑到它对现代文学的重要影响，我们也酌情编入了部分资料。“文学社团与流派”编主要汇集了文学研究会、创造社、语丝社、新月社、京派、海派等比较重要的社团与流派的文献资料。“文体研究”编主要汇集了现代文学中小说、诗歌、散文和戏剧四种文体在发展过程中产生的最具理论价值的资料，以体现各文体是如何在发展历程中建构自身的。“文学史与学术史研究”编主要汇集了从现代到当代有关现代文学史建设的研究成果，以展示现代文学史和学术史研究的发展历程。

在编选资料的过程中，我们力求达到以下三个标准：一是经典性。所选的材料具有权威性、经典性、关键性，与当时的文学现象密切相关，能最大限度地展示该文学现象的本质及特点。二是细节性。所选史料及文章不但与当时的文学现象密切相关，而且具有比较丰富的细节，能够于细节处见精神。学生在阅读该材料以后，能够直接感受到当时的环境氛围及社会评价。三是前沿性。现代文学研究是一个仍在不断推进的学科，我们在注重选取以往史料和资料的同时，也适当选录了一些当今学界最新的研究成果，既体现了现代文学研究前后发展的一贯性，又有助于学生了解现代文学研究的最新进展和前沿动态。这方面所选的资料不求多，不求全，关键是让学生对本学科的最新进展有所了解和把握，进而亲自动手查阅资料。出于尊重原文的需要，资料原文中的一些文字使用，尽管不符合今天的语言或文字规范，但仍尽量保持其原貌。回顾 20 世纪 80 年代前后至今的学术研究，真正成为里程碑式的标志性成果是不多的，尤其在当下，理论的角度与建构略显单薄。与之相比，人们越来越感受到 20 世纪 80 年代到 21 世纪之交这些年的资料研究，不仅在当时产生了重要的作用，而且至今更加体现出它的价值和意义。我们有理由相信，今天高度重视文学史料的梳理与研究，在未来的学术研究进程中同样具有不可替代的重要作用。

由于能力和水平所限，本书的编选必然存在这样那样的不足。在此，我们恳请专家学者和广大师生提出宝贵的意见！

最后值得提及的是，中国现代文学史与当代文学史是一个不可分割的整体，当代文学的资料整理与研究也越来越成为引人关注的学术话题。当然，这是下一本《中国现当代文学教学研究资料·当代卷》的任务，我们期待它的尽早出版。

李春雨

2017 年 2 月 17 日

第一编：
文学运动与论争

一、晚清文学运动

◇史料与导读

1. 杂感

黄遵宪

［**原文**］

少小诵诗书，开卷动龃龉，古文与今言，旷若设疆圉，竟如置重译，象胥通蛮语。父师递流转，惯习忘其故。我生千载后，语音杂伧楚。今日六经在，笔削出邹鲁，欲读古人书，须识古语古。唐宋诸大儒，纷纷作笺注，每将后人心，探索到三五。性天古所无，器物目未睹，妄言足欺人，数典既忘祖。燕相说郢书，越人戴章甫，多歧道益亡，举烛乃笔误。

大块凿混沌，浑浑旋大圜，隶首不能算，知有几万年？羲轩造书契，今始岁五千。以我视后人，若居三代先。俗儒好尊古，日日故纸研，六经字所无，不敢入诗篇，古人弃糟粕，见之口流涎。沿习甘剽盗，妄造丛罪愆。黄土同抟人，今古何愚贤？即今忽已古，断自何代前？明窗敞流离，高炉爇香烟。左陈端溪砚，右列薛涛笺。我手写吾口，古岂能拘牵。即今流俗语，我若登简编，五千年后人，惊为古斓斑。

造字鬼夜哭，所以示悲悯。众生殉文字，蚩蚩一何蠢！可怜古文人，日夕雕肝肾，俪语配华叶，单词画蚯蚓，古近辨诗体，长短成曲引。洎乎制义兴，卷轴车连轸，常恐后人体，变态犹未尽。吁嗟东京后，世荼文益振，文胜失则弱，体竭势已窘。后有王者兴，张网罗贤俊，决不以文章，此语吾敢信。但念废弃后，巧拙同泯泯，欲求覆酱瓿，已难拾灰烬。我今展卷吟，徒使后人哂。

周公作礼乐，谓矫世弊害。秦皇焚诗书，乃使民聋聩。宋祖设书馆，以礼罗措大。吁嗟制艺兴，今亦五百载。世儒习固然，老死不知悔，精力疲丹铅，虚荣逐冠盖，劳劳数行中，鼎鼎百年内，束发受书始，即已缚杻械。英雄尽入彀，帝王心始快。岂知流寇乱，翻出耰锄辈，诵经贼不避，清谈兵既溃。儒生用口击，国势几中殆。从古祸患来，每在思虑外。三代学校亡，空使人材坏。

谓开明经科，所得学究耳。谓开制策科，亦只策士气。谓开词赋科，浮华益无耻，持较今世文，未易遽轩轾。隋唐制科后，变法屡兴废，同以文章名，均之等废契。譬如探筹策，亦可得茂异。狗曲出何经？驴券书博士。所用非所习，只以丛骂詈。亦有高材生，各自矜爪觜。袒汉夸考据，媚宋争义理，彼此互是非，是非均一鄙。茫茫宇宙间，万事等儿戏。作诗一长吟，聊用自娱喜。

（选自《人境庐诗草》卷1，上海古典文学出版社1957年版）

[**导读**]

1868年，年仅20岁的黄遵宪写下《杂感》一诗，在近代"诗界革命"倡行的二十多年前发出了"我手写我口，古岂能拘牵"的诗歌创作宣言，"主张用俗语作诗"，"以古文家抑扬变化之法作古诗"，这种求新的精神一直贯穿着新诗运动，成为后来整个晚清文学运动乃至后来五四文学运动的溯源点。

2. 论白话为维新之本

裘廷梁

[**原文**]

今天下之人莫不曰："国将亡矣，可奈何！"问其将亡之说，曰："国无人焉耳。"之人也，非真知亡者也。古有亡天下之君，亡天下之相，亡天下之官吏；今数者皆无之，而有亡天下之民。是故古之善觇国者觇其君，今之善觇国者觇其民。入其国而智民多者，靡学不新，靡业不奋，靡利不兴；君之于民，如脑筋于耳目手足，此动彼应，顷刻而成。入其国而智民少者，靡学不腐，靡业不颓，靡利不湮；士无大志，商乏远图，农工狃旧习，盲新法；尽天下之民，去光就暗，蠢蠢如鹿豕；虽明诏频下，鼓舞而作新之，如击软棉，阒其无声，如震群聋，充其不闻。

有文字为智国，无文字为愚国；识字为智民，不识字为愚民：地球万国之所同也。独吾中国有文字而不得为智国，民识字而不得为智民，何哉？裘廷梁曰：此文言之为害矣。人类初生，匪直无文字，亦且无话，咿咿哑哑，啁啁啾啾，与鸟兽等，而其音较鸟兽为繁。于是因音生话，因话生文字。文字者，天下人公用之留声器也。文字之始，白话而已矣。于何证之？一证之五帝时，有作衣服，有作宫室，有作舟车，有作耒耜，有作弓矢，有教民医药，有教民稼穑，有教民人伦之道，悟一新理，创一新法，制一新器，一手一足，一口一舌，必不能胥天下之民而尽教之。故凡精通制造之圣人必著书，著书必白话。呜呼！使皆如今之文言，虽有良法，奚能遍传于天下矣？再证之三王时，誓师有辞，迁都有诰，朝廷一二非常举动，不惮反覆演说，大声疾呼，彼其意惟恐不大白于天下，故文告皆白话。而后人以为佶屈难解者，年代绵邈，文字不变而语言变也。三证之春秋时，《三坟》《五典》，《八索》《九邱》，在尔时为文言矣，不闻人人诵习。《诗》《春秋》《论语》《孝经》皆杂用方言，汉时山东诸大师去古未远，犹各以方音读之，转相授受。老聃楚人也，孔子用楚语，缙十二经以示聃，土话译书，斯为滥觞。故曰"辞达而已矣"。后人不明斯义，必取古人言语与今人不相肖者而摹仿之，于是文与言判然为二，一人之身，而手口异国，实为二千年来文字一大厄。

朝廷不以实学取士，父师不以实学教子弟，普天下无实学，吾无怪焉矣。乃至日操笔言文，而示以文义之稍古者，辄惊愕或笑置之，托他辞自解，终不一寓目。呜呼！文言之害，靡独商受之，农受之，工受之，童子受之，今之服方领习矩步者皆受之矣；不宁惟是，愈工于文言者，其受困愈甚。二千年来，海内重望，耗精敝神，穷岁月为之不知止，自今视之，廑廑足自娱，益天下盖寡。呜呼！使古之君天下者，崇白话而废文言，则吾黄人聪明才力无他途以夺之，必且务为有用之学，何至暗没如斯矣？吾一不知夫古人之创造文字，将以便天下之人乎？抑以困天下之人乎？人之求通文字，将驱遣之为我用乎？抑将穷老尽气，受役于文字，以人为文字之奴隶乎？且夫文字，至无奇也。苍颉、沮诵，造字之人也，其功与造话同。而后人独视文字为至珍贵之物，从而崇尚之者，是未知创造文字之旨也。今夫"一大"之为"天"也，"山水土"之为"地"也，亦后之人踵事增华，从而粉饰之耳。彼其造字之始，本无精义，不过有事可指则指之，有形可象则象之，象形指事之俱穷，则亦任意涂抹，强名之曰某字某字，以代结绳之用而已。今好古者不闻其尊绳也，而独尊文字，吾乌知其果何说也？或曰：会意谐声，非文字精义耶？曰：会意谐声，便记认而已，何精义之有？中文也，西文也，横直不同，而为用同。文言也，白话也，繁简不同，而为用同。只有迟速，更无精粗。必欲重此而轻彼，吾又乌知其何说也？且夫文言之美，非真美也。汉以前书曰群经，曰诸子，曰传记，其为言也，必先有所以为言者存。今虽以白话代之，质干具存，不损其美。汉后说理记事之书，去其肤浅，删其繁复，可存者百不一二。此外汗牛充栋，效颦以为工，学步以为巧，调朱傅粉以为妍，使以白话译之，外美既去，陋质悉呈，好古之士，将骇而走耳。

请言白话之益。一曰省日力：读文言日尽一卷者，白话可十之，少亦五之三之，博极群书，夫人而能。二曰除憍气：文人陋习，尊己轻人，流毒天下；夺其所恃，人人气沮，必将进求实学。三曰免枉读：善读书者，略糟粕而取菁英；不善读书者，昧菁英而矜糟粕。买椟还珠，虽多奚益？改用白话，决无此病。四曰保圣教：《学》《庸》《论》《孟》，皆二千年前古书，语简理丰，非卓识高才，未易领悟。译以白话，间附今义，发明精奥，庶人人知圣教之大略。五曰便幼学：一切学堂功课书，皆用白话编辑，逐日讲解，积三四年之力，必能通知中外古今及环球各种学问之崖略，视今日魁儒耆宿，殆将过之。六曰炼心力：华人读书，偏重记性。今用白话，不恃熟读，而恃精思，脑力愈濬愈灵，奇异之才，将必迭出，为天下用。七曰少弃才：圆颅方趾，才性不齐；优于艺者或短于文，违性施教，决无成就。今改用白话，庶几各精一艺，游惰可免。八曰便贫民：农书商书工艺书，用白话辑译，乡僻童子，各就其业，受读一二年，终身受用不尽。然此八益，第虚言其理，人或未信也。

请言其效。成周之时，文字与语言合，聆之于耳，按之于书，殆无以异。故童子始入小学，即以离经断句，为第一年之课程，读书之效如是其速也。其时学校之制，二十五家为一巷，巷为之门，门侧立小学堂。小学堂之制，每岁农事毕，同巷子弟，相从读书，距冬至四十五日，复出学就农业。计一年在学，不满九十日；在小学七年而出，亦仅与今人二年相抵耳。然其间秀异之才，一升而入五百家公立之学堂，再升而入万二千五百家公立之学堂，以次达于朝廷，而为官者，所在恒有。其不能升者，退就他业，罔不通晓物理，周知时事。降及春秋，植杖之叟，耦耕之夫，贩牛之商，斫轮之工，散见于传记诸书，犹往往不绝。西人公理家之言曰：凡人才智，愈后愈胜，古人必不如今人也。乃以其言观吾今日之中国，举天下如坐眢井，以视古人智愚悬绝，乃至不可以道里计。岂今人果不古若哉？抑亦读书之难易为之矣。读书难故成就者寡，今日是也；读书易故成就者多，成周是也。此中国古时用白话之效。

耶氏之传教也，不用希语，而用阿拉密克之盖立里土白。以希语古雅，非文学士不晓也。后世传耶教者，皆深明此意，所至辄以其地俗语，译《旧约》《新约》。吴拉非氏之至戈陀大族也，美陀的无士、施里无士之至司拉弗也，摹法、司喀、赍特三人之至非洲也，皆先学其土语，然后为之造字著书以教之。千余年来，彼教浸昌浸炽。而吾中国政治艺术，靡一事不恧于西人，仅仅以孔教自雄，犹且一夺于老，再夺于佛，三夺于回回，四夺于白莲、天理诸邪教，五夺于耶氏之徒。彼耶教之广也，于全地球占十之八。儒教于全地球仅十之一，而犹有他教杂其中。然则文言之光力，不如白话之普照也，昭昭然矣。泰西人士，既悟斯义，始用埃及象形字，一变为罗马新字，再变为各国方言，尽译希腊、罗马之古籍，立于学官，列于科目。而新书新报之日出不穷者，无愚智皆读之。是以人才之盛，横绝地球。则泰西用白话之效。

日本文辞深浅高下之率，以和、汉字多少为差。深于文者，和字少汉字多；其尤深者，纯汉字而无和矣。浅于文者，和字多汉字少；其尤浅者，纯和字而无汉矣。其始，学士大夫鄙和文俚俗，物茂卿辈至欲尽废之为快，而市井通用，颇以为便。数岁小儿学语之后，能通和训，即能看小说，作家书，比之汉文，难易殊绝。维新以后，译书充牣，新报坌涌，一用和文。故其国工业商务兵制，愈研愈精，泰西诸国，犹睊睊畏之，以区区数小岛之民，皆有雄视全球之志。则日本用白话之效。

由斯言之，愚天下之具，莫文言若；智天下之具，莫白话若。吾中国而不欲智天下斯已矣，苟欲智之，而犹以文言树天下之的，则吾前所云八益者，以反比例求之，其败坏天下才智之民亦已甚矣。吾今为一言以蔽之曰：文言兴而后实学废，白话行而后实学兴；实学不兴，是谓无民。

（选自《中国官音白话报》1989 年第 20 期；
原载《无锡白话报》）

［导读］

裘廷梁是戊戌变法的领袖之一，在提倡新学方面，他与吴汝纶、严复、梁启超等人相互呼应。1898 年 8 月，他在《无锡白话报》上发表本文，列举了文言的诸多弊端，指出了白话的八大优长，举起了“崇白话而废文言”的大旗。本文首次将“白话”与“文言”二元对立，倡导使用白话，成为近代白话文运动的先声。

3. 小说与群治之关系

梁启超

［原文］

欲新一国之民，不可不先新一国之小说。故欲兴道德，必新小说；欲新宗教，必新小说；欲新政治，必新小说；欲新风俗，必新小说；欲新学艺，必新小说；乃至欲新人心，欲新人格，必新小说。何以故？小说有不可思议之力支配人道故。

吾今且发一问：人类之普通性，何以嗜他书不如其嗜小说？答者必曰，以其浅而易解故，以其乐而多趣故。是固然！虽然，未足以尽其情也。文之浅而易解者，不必寻常小说，妇孺之函札，官样之文牍，亦非有艰深难读者存也！顾谁则嗜之？不宁惟是，彼高才瞻学之士，能读《坟》《典》《索》《邱》，能注虫鱼草木，彼其视渊古之文，兴平易之文，应无所择，而何以独嗜小说？是第一说有所未尽也。小说之以赏心乐事为目的者固多；然此等顾不甚为世所重。其最受欢迎者，则必其可惊、可愕、可悲、可感，读之而生出无量噩梦，抹出无量眼泪者也。夫使以欲乐故而嗜此也，而何为偏取此反比例之物而自苦也？是第二说有所未尽也。吾冥思之，穷鞫之，殆有两因：凡人之性，常非能以现境界而自满足者也。而此蠢蠢躯壳，其所能触能受之境界，又顽狭短局而至有限也。故常欲于其直接以触以受之外，而间接有所触有所受。所谓身外之身，世界外之世界也。此等识想。不独利根众生有之，即钝根众生亦有也。而导其根器，使日趋于根，日趋于利者，其力量无大于小说。小说者，常导人游于他境界，而变换其常触常受之空气者也。此其一。人之恒情，于其所怀抱之想像，所经阅之境界，往往有行之不知，习矣不察者。无论为哀为乐，为怨为怒，为恋为骇，为忧为惭，常若知其然而不知其所以然。欲摹写其情状，而心不能自喻，口不能自宣，笔不能自传。有人焉，和盘托出，澈底而发露之，则拍案叫绝曰：善哉！善哉！如是！如是！所谓"夫子言之，于我心有戚戚焉！"感人之深，莫此为甚！此其二。此二者实文章之真谛，笔舌之能事，苟能批此窾，导此窍，则无论为何等之文，皆足以移人。而诸文之中，能极其妙而神其技者，莫小说若。故曰小说为文学之最上乘也。由前之说，则理想派小说尚焉！由后之说，则写实派小说尚焉！小说种目虽多，未有能出此两派范围外者也。

抑小说之支配人道也，复有四种力：一曰"熏"。熏也者，如入云烟中而为其所烘，如近墨朱处而为其所染；《楞伽经》所谓"迷智为识，转识成智"者，皆恃此力。人之读一小说也，不知不觉之间。而眼识为之迷漾，而脑筋为之摇飏，而神经为之营注，今日变一二焉，明日变一二焉；刹那刹那，相断相续；久之而此小说之境界。遂入其灵台而据之，成为一特别之原质之种子。有此种子，故他日又更有所触所受者，旦旦而薰之，种子愈盛，而又以之薰他人。故此种子，遂可以遍世世界一切器。世间有情，世间之所以成所以住，皆此为因缘焉。而小说则巍巍焉具此威德以操纵众生者也。二曰"浸"。薰以空间言，故其力之大小，存其界之广狭；浸以时间言，故其力之大小，存其界之长短。浸也者，入而与之俱化者也。人之读一小说也，往往既终卷后数日或数旬而终不能释然，读《红楼》竟者，必有余恋有余哀，读《水浒》竟者，必有余快有余怒，何也？浸之力使然也。等是佳作也，而其卷帙愈繁事实愈多者，则其浸人也亦愈甚；如酒焉，作十日饮，则作百日醉。我佛从菩提树下起，便说偌大一部《华严》，正以此也。三曰"刺"。刺也者刺激之义也。薰浸之力利用渐，刺之力利用顿。薰浸之力，在使感受者不觉。刺之力，在使感受者骤觉。刺也者，能入于一刹那顷，忽起异感而不能自制者也。我本蔼然和也，乃读林冲雪天三限，武松飞云浦厄，何以忽然发指？我本愉然乐也，乃读晴雯出大观园，黛玉死潇湘馆，何以忽然泪流？我本肃然庄也，乃读实甫之《琴心》《酬简》，东塘之《眠香》《访翠》，何以忽然情动？若是者皆所谓刺激也。大抵脑筋愈敏之人，则其受刺激力也愈速且剧，而要之必以其书所含刺激力之大小为比例。禅宗之一棒一喝，皆利用此刺激力以度人者也。此力之为用也，文字不如语言。然语言力所被，不能广不能久也。于是不得不乞灵于文字。在文字中，则文言不如其俗语，庄论不如其寓言。故具此力最大者，非小说末由。四曰"提"。前三者之力，自外而灌之使入；提之力，自内而脱之使出，实佛法之最上乘也。凡读小说者，必常若自化其身焉入于书中，而为其书之主人翁。读《野叟曝言》者，必自拟文素臣；读《石头记》者，必自拟贾宝玉。读《花月痕》者，必自拟韩荷生若韦痴珠。读《梁山泊》者，必自拟黑旋风若花和尚。虽读者自辩其无是心焉，吾不信也。夫既化其身以入书中矣，则当其读此书时，此身已非我有，截然去此界以入于彼界，所谓华严楼阁，帝网重重，一毛孔中，万亿莲花，一弹指顷，百千浩劫，文字移人，至此而极！然则吾书中主人翁而华盛顿，则读者将化身为华盛顿；主人翁而拿破仑则读者将化身为拿破仑；主人翁而释迦、孔子，则读者将化身为释迦孔子；有断然也。度世之不二法门，岂有过此。此四力者，可以卢牟一世，亭毒群伦。教主之所以能立教门，政治家所以能组织政党，莫不赖是。文家能得其一，则为文豪；能兼其四，则为文圣。有此四力而用之于善，则可以福亿兆人；有此四力而用之于恶，则可以毒万千载。而此四力所最易寄者惟小说。可爱哉小说！可畏哉小说！

小说之为体，其易入人也既如彼，其为用之易感人也又如此，故人类之普通性，嗜他文不如其嗜小说，此殆心理学自然之作用，非人力之所得而易也。此又天下万国，凡有血气者，莫不皆然，非直吾赤县神州之民也。夫既已嗜之矣，且遍嗜之矣，则小说之在一群也，既已如空气如菽粟，欲避不得避，欲屏不得屏，而日日相与呼吸之餐嚼之矣。于此其空气而苟含有秽质也，其菽粟而苟含有毒性也，则其人之食息于此间者，必憔悴，必萎病，必惨死，必堕落，此不待蓍龟而决也。于此而不洁净其空气，不别择其菽粟，则虽日饵以参苓，日施以刀圭，而此群中人之老病死苦，终不可得救。知此义，则吾中国群治腐败之总根原，可以识矣。吾中国人状元宰相之思想，何自来乎？小说也；吾中国人佳人才子之思想。何自来乎；小说也！吾中国人江湖盗贼之思想，何自来乎？小说也；吾中国人妖巫狐兔之思想，何自来乎？小说也。若是者，岂尝有人焉提其耳而诲之，传诸钵而授之也。而下自屠爨贩卒、妪娃童稚，上至大人先生、高才硕学，凡此诸思想，必居一于是，莫或使之，盖百数十种小说之力，直接间接以毒人如此其甚也！（即有不好读小说者，而此等小说既已渐渍社会，成为风气。其未出胎也，固已承此遗传焉；其既入世也，又复受此感染焉；虽有贤智亦不能自拔，故谓间接。）今我国民惑堪舆，惑相命，惑卜筮祈禳，因风水而阻止铁路，阻止开矿；争坟墓而阖族械斗，杀人如草；因迎神赛会而岁耗百万金钱，废时生事，消耗国力者，曰惟小说之故。今我国民慕科第若膻，趋爵禄若鹜，奴颜婢膝，寡廉鲜耻，惟思以十年萤雪，暮夜苞苴，易其归骄妻妾，武断乡曲一日之快，遂至名节大防，扫地以尽者，曰惟小说之故。今我国民轻弃信义，权谋诡诈，云翻雨覆，苛刻凉薄，驯至尽人皆机心，举国皆荆棘者，曰惟小说之故。今我国民，轻薄无行，沈溺声色，绻恋床笫，缠绵歌泣于春花秋月，销磨其少壮活泼之气。青年子弟，自十五岁至三十岁，惟以多情多感多愁多病、为一大事业。儿女情多，风云气少，甚者为伤风败俗之行，毒遍社会，曰惟小说之故。今我国民，绿林豪杰，遍地皆是，日日有桃园之拜，处处为梁山之盟，所谓“大碗酒，大块肉，分秤称金银，论套穿衣服”等思想，充塞于下等社会之脑中；遂成为哥老、大刀等会，卒至有如义和拳者起，沦陷京国，启召外戎，曰惟小说之故。呜呼！小说之陷溺人群，乃至如是！乃至如是！大圣鸿哲，数万言谆诲之而不足者，华士坊贾一二书败坏之而有余。斯事既愈为大雅君子所不屑道，则愈不得不专归于华士坊贾之手；而其性质、其位置、又如空气然，如菽粟然，为一社会中不可得避不可得屏之物。于是华士坊贾，遂至握一国之主权而操纵之矣！呜呼！使长此而终古也，则吾国前途，尚可问耶？尚可问耶？故今日欲改良群治，必自小说界革命始；欲新民，必自新小说始。

（选自《饮冰室文集》第3册，上海大道书局1936年版）

［**导读**］

受日本政治小说的启发，梁启超认识到可以利用小说来传达政治观念，遂于1902年创办《新小说》杂志，并发表本文，指出小说可以兴民智，“为文学之最上乘”，“欲新民，必自新小说始”，把小说抬高到前所未有的地位，对近现代小说的发展有着重要而深远的意义。

◇思考与练习

1. 晚清出现了哪些文学革新运动？这些运动的代表人物、重要论文、主要社团和报刊有哪些？

2. 请查阅当时影响重大的倡导“小说界革命”的论文，比较它们与梁启超的《小说与群治之关系》在观点上的异同。

3. 从晚清黄遵宪、梁启超等人的文章，考察“国学”与“新学”的关系。

◇资料与索引

著作

1. 谭彼岸. 晚清的白话文运动. 武汉：湖北人民出版社，1956.
2. 阿英. 晚清文艺报刊述略. 上海：古典文学出版社，1958.
3. 马春林. 中国晚清文学革命史. 沈阳：辽宁大学出版社，2000.
4. 夏晓虹. 晚清的魅力. 天津：百花文艺出版社，2001.
5. 王尔敏. 近代文化生态及其变迁. 南昌：百花洲文艺出版社，2002.
6. 张永芳. 诗界革命与文学转型. 北京：中国社会科学出版社，2004.
7. 杨国强. 晚清的士人与世相. 北京：生活·读书·新知三联书

店，2008.

论文

1. 郑方泽. 略论晚清文学改革运动的发展和成就. 社会科学战线，1985(2).

2. 连燕堂. 非晚清文学“革命”运动否认论. 山东社会科学，1990(2).

3. 郑方泽. 论晚清文学改革运动的历史经验. 文艺争鸣，1992(1).

4. 杨扬. 晚清宋诗运动与“五四”新文学——对20世纪中国文学与本土文化资源关系的思考. 天津社会科学，1998(5).

5. 栾梅健. 辛亥革命与中国文学的现代性转型. 南京社会科学，2011(9).

6. 李坚怀. “戴着旧镣铐怎能舞出新姿”：晚清文学改良运动新论. 中国文学研究，2012(4).

二、五四文学革命

◇史料与导读

1. 文学改良刍议

胡　适

［**原文**］

今之谈文学改良者众矣。记者末学不文，何足以言此。然年来颇于此事再四研思，辅以友朋辨论，其结果所得、颇不无讨论之价值。因综括所怀见解、列为八事、分别言之、以与当世之留意文学改良者一研究之。

吾以为今日而言文学改良、须从八事入手。八事者何。

一曰、须言之有物。

二曰、不摹仿古人。

三曰、须讲求文法。

四曰、不作无病之呻吟。

五曰、务去烂调套语。

六曰、不用典。

七曰、不讲对仗。

八曰、不避俗字俗语。

一曰须言之有物

吾国近世文学之大病，在于言之无物。今人徒知"言之无文，行之不远"；而不知言之无物，又何用文为乎？吾所谓"物"，非古人所谓"文以载道"之说也。吾所谓"物"，约有二事：

（一）情感　《诗序》曰："情动于中而形诸言。言之不足，故嗟叹之。嗟叹之不足，故咏歌之。咏歌之不足，不知手之舞之，足之蹈之也。"此吾所谓情感也。情感者，文学之灵魂。文学而无情感，如人之无魂，木偶而已，行尸走肉而已。（今人所谓"美感"者，亦情感之一也。）

（二）思想　吾所谓"思想"，盖兼见地，识力，理想，三者而言之。思想不必皆赖文学而传，而文学以有思想而益贵；思想亦以有文学的价值而益贵也：此庄周之文，渊明老杜之诗，稼轩之词，施耐庵之小说，所以敻绝千古也。思想之在文学，犹脑筋之在人身。人不能思想，则虽面目姣好，虽能笑啼感觉，亦何足取哉？文学亦犹是耳。

文学无此二物，便如无灵魂无脑筋之美人，虽有秾丽富厚之外观，抑亦末矣。近世文人沾沾于声调字句之间，既无高远之思想，又无真挚之情感，文学之衰微，此其大因已。此文胜之害，所谓言之无物者是也。欲救此弊，宜以质救之。质者何？情与思二者而已。

二曰不摹仿古人

文学者，随时代而变迁者也。一时代有一时代之文学：周秦有周秦之文学，汉魏有汉魏之文学，唐、宋、元、明有唐、宋、元、明之文学。此非吾一人之私言，乃文明进化之公理也。即以文论，有《尚书》之文，有先秦诸子之文，有司马迁、班固之文，有韩、柳、欧、苏之文，有语录之文，有施耐庵、曹雪芹之文：此文之进化也。试更以韵文言之：《击壤》之歌，《五子》之歌，一时期也；《三百篇》之诗，一时期也；屈原，荀卿之骚赋，又一时期也；苏李以下，至于魏晋，又一时期也；江左之诗流为排比，至唐而律诗大成，此又一时期也；老杜、香山之“写实”体诸诗（如杜之《石壕吏》《羌村》，白之《新乐府》），又一时期也；诗至唐而极盛，自此以后，词曲代兴，唐五代及宋初之小令，此词之一时代也；苏、柳（永）、辛、姜之词，又一时代也；至于元之杂剧传奇，则又一时代矣；凡此诸时代，各因时势风会而变，各有其特长，吾辈以历史进化之眼光观之，决不可谓古人之文学皆胜于今人也。左氏、史公之文奇矣，然施耐庵之《水浒传》视《左传》《史记》何多让焉？《三都》《两京》之赋富矣，然以视唐诗，宋词，则糟粕耳。此可见文学因时进化，不能自止。唐人不当作商周之诗，宋人不当作相如、子云之赋，——即令作之，亦必不工。逆天背时，违进化之迹，故不能工也。

既明文学进化之理，然后可言吾所谓“不摹仿古人”之说。今日之中国，当造今日之文学，不必摹仿唐宋，亦不必摹仿周秦也。前见“国会开幕词”，有云：“于铄国会，遵晦时休”。此在今日而欲为三代以上之文之一证也。更观今之“文学大家”，文则下规姚曾，上师韩欧；更上则取法秦、汉、魏、晋，以为六朝以下无文学可言，此皆百步与五十步之别而已，而皆为文学下乘。即令神似古人，亦不过为博物院中添几许“逼真赝鼎”而已，文学云乎哉！昨见陈伯严先生一诗云：

涛园抄杜句，半岁秃千毫。所得都成泪，相过问奏刀。
万灵噤不下，此老仰弥高。胸腹回滋味，徐看薄命骚。

此大足代表今日“第一流诗人”摹仿古人之心理也。其病根所在，在于以“半岁秃千毫”之工夫作古人的钞胥奴婢，故有“此老仰弥高”之叹。若能洒脱此种奴性，不作古人的诗，而惟作我自己的诗，则决不致如此失败矣。

吾每谓今日之文学，其足与世界“第一流”文学比较而无愧色者，独有白话小说（我佛山人，南亭亭长，洪都百炼生，三人而已）一项。此无他故，以此种小说皆不事摹仿古人（三人皆得力于《儒林外史》《水浒》《石头记》。然非摹仿之作也），而惟实写今日社会之情状，故能成真正文学。其他学这个，学那个之诗古文家，皆无文学之价值也。今之有志文学者，宜知所从事矣。

三曰须讲文法

今之作文作诗者，每不讲求文法之结构。其例至繁，不便举之，尤以作骈文律诗者为尤甚。夫不讲文法，是谓“不通”。此理至明，无待详论。

四曰不作无病之呻吟

此殊未易言也。今之少年往往作悲观，其取别号则曰“寒灰”，“无生”，“死灰”；其作为诗文，则对落日而思暮年，对秋风而思零落，春来则惟恐其速去，花发又惟惧其早谢；此亡国之哀音也。老年人为之犹不可，况少年乎？其流弊所至，遂养成一种暮气，不思奋发有为，服劳报国，但知发牢骚之音，感喟之文；作者将以促其寿年，读者将亦短其志气：此吾所谓无病之呻吟也。国之多患，吾岂不知之？然病国危时，岂痛哭流涕所能收效乎？吾惟愿今之文学家作费舒特（Fichte），作玛志尼（Mazzini），而不愿其为贾生、王粲、屈原、谢皋羽也。其不能为贾生、王粲、屈原、谢皋羽，而徒为妇人醇酒丧气失意之诗文者，尤卑卑不足道矣！

五曰务去烂调套语

今之学者，胸中记得几个文学的套语，便称诗人。其所为诗文处处是陈言烂调，“蹉跎”，“身世”，“寥落”，“飘零”，“虫沙”，“寒窗”，“斜阳”，“芳草”，“春闺”，“愁魂”，“归梦”，“鹃啼”，“孤影”，“雁字”，“玉楼”，“锦字”，“残更”，……之类，累累不绝，最可憎厌。其流弊所至，遂令国中生出许多似是而非，貌似而实非之诗文。今试举吾友胡先骕先生一词以证之：

> 荧荧夜灯如豆，映幢幢孤影，凌乱无据。翡翠衾寒，鸳鸯瓦冷，禁得秋宵几度？么弦漫语，早丁字帘前，繁霜飞舞。袅袅余音，片时犹绕柱。

此词骤观之，觉字字句句皆词也，其实仅一大堆陈套语耳。“翡翠衾”，“鸳鸯瓦”，用之白香山《长恨歌》则可，以其所言乃帝王之衾之瓦也。“丁字帘”，“么弦”，皆套语也。此词在美国所作，其夜灯决不“荧荧如豆”，其居室尤无“柱”可绕也。至于“繁霜飞舞”，则更不成话矣。谁曾见繁霜之“飞舞”耶？

吾所谓务去烂调套语者，别无他法，惟在人人以其耳目所亲见亲闻所亲身阅历之事物，一一自己铸词以形容描写之；但求其不失真，但求能达其状物写意之目的，即是工夫。其用烂调套语者，皆懒惰不肯自己铸词状物者也。

六曰不用典

吾所主张八事之中，惟此一条最受友朋攻击，盖以此条最易误会也。吾友江亢虎君来书曰：

> 所谓典者，亦有广狭二义。饾饤獭祭，古人早悬为厉禁；若并成语故事而屏之，则非惟文字之品格全失，即文字之作用亦亡。……文字最妙之意味，在用字简而涵义多。此断非用典不为功。不用典不特不可作诗，并不可写信，且不可演说。来函满纸“旧雨”，“虚怀”，“治头治脚”，“舍本逐末”，“洪水猛兽”，“发聋振聩”，“负弩先驱”，“心悦诚服”，“词坛”，“退避三舍”，“滔天”，“利器”，“铁证”，……皆典也。诚尽抉而去之，代以俚语俚字，将成何说话？其用字之繁简，犹其细焉。恐一易他词，虽加倍蓰而涵义仍终不能如是恰到好处，奈何？……

此论甚中肯要。今依江君之言，分典为广狭二义，分论之如下：

(一)广义之典非吾所谓典也。广义之典约有五种：

甲、古人所设譬喻，其取譬之事物，含有普通意义，不以时代而失其效用者，今人亦可用之。如古人言“以子之矛，攻子之盾”，今人虽不读书者，亦知用“自相矛盾”之喻，然不可谓为用典也。上文所举例中之“治头治脚”，“洪水猛兽”，“发聋振聩”，……皆此类也。盖设譬取喻，贵能切当；若能切当，固无古今之别也。若“负弩先驱”，“退避三舍”之类，在今日已非通行之事物，在文人相与之间，或可用之，然终以不用为上，如言“退避”，千里亦可，百里亦可，不必定用“三舍”之典也。

乙、成语　成语者，合字成辞，别为意义。其习见之句，通行已久，不妨用之。然今日若能另铸“成语”，亦无不可也。“利器”，“虚怀”，“舍本逐末”，……皆属此类。此非“典”也，乃日用之字耳。

丙、引史事　引史事与今所论议之事相比较，不可谓为用典也。如老杜诗云，“未闻殷周衰，中自诛褒妲”，此非用典也。近人诗云，“所以曹孟德，犹以汉相终”，此亦非用典也。

丁、引古人作比　此亦非用典也。杜诗云，“清新庾开府，俊逸鲍参军”，此乃以古人比今人，非用典也。又云，“伯仲之间见伊吕，指挥若定失萧曹”，此亦非用典也。

戊、引古人之语　此亦非用典也。吾尝有句云，“我闻古人言，艰难惟一死。”又云，“尝试成功自古无，放翁此语未必是。”此乃引语，非用典也。

以上五种为广义之典，其实非吾所谓典也。若此者可用可不用。

(二)狭义之典，吾所主张不用者也。吾所谓用“典”者，谓文人词客不能自己铸词造句以写眼前之景，胸中之意，故借用或不全切，或全不切之故事陈言以代之，以图含混过去：是谓“用典”。上所述广义之典，除戊条外，皆为取譬比方之辞。但以彼喻此，而非以彼代此也。狭义之用典，则全为以典代言，自己不能直言之，故用典以言之耳。此吾所谓用典与非用典之别也。狭义之典亦有工拙之别，其工者偶一用之，未为不可，其拙者则当痛绝之已。

子、用典之工者　此江君所谓用字简而涵义多者也。客中无书不能多举其例，但杂举一二，以实吾言：

(1)东坡所藏“仇池石”，王晋卿以诗借观，意在于夺。东坡不敢不借，先以诗寄之，有句云，“欲留嗟赵弱，宁许负秦曲。传观慎勿许，间道归应速。”此用蔺相如返璧之典，何其工切也!

(2)东坡又有“章质夫送酒六壶，书至而酒不达。”诗云，“岂意青州六从事，化为乌有一先生。”此虽工已近于纤巧矣。

(3)吾十年前尝有《读〈十字军英雄记〉》一诗云：“岂有酖人羊叔子？焉知微服赵主父？十字军真儿戏耳，独此两人可千古。”以两典包尽全书，当时颇沾沾自喜，其实此种诗，尽可不作也。

(4)江亢虎代华侨诔陈英士文有“未悬太白，先坏长城。世无鉏霓，乃戕赵卿”四句，余极喜之。所用赵宣子一典，甚工切也。

(5)王国维咏史诗，有“虎狼在堂室，徙戎复何补？神州遂陆沉，百年委榛莽。寄语桓元子，莫罪王夷甫。”此亦可谓使事之工者矣。

上述诸例，皆以典代言，其妙处，终在不失设譬比方之原意；惟为文体所限，故譬喻变而为称代耳。用典之弊，在于使人失其所欲譬喻之原意。若反客为主，使读者迷于使事用典之繁，而转忘其所为设譬之事物，则为拙矣。古人虽作百韵长诗，其所用典不出一二事而已(《北征》与白香山《悟真寺诗》皆不用一典)，今人作长律则非典不能下笔矣。尝见一诗八十四韵，而用典至百余事，宜其不能工也。

丑、用典之拙者　用典之拙者，大抵皆衰惰之人，不知造词，故以此为躲懒藏拙之计。惟其不能造词，故亦不能用典也。总计拙典亦有数类：

(1)比例泛而不切，可作几种解释，无确定之根据。今取王渔洋《秋柳》一章证之：

娟娟凉露欲为霜，万缕千条拂玉塘。

浦里青荷中妇镜，江干黄竹女儿箱。
空怜板渚隋堤水，不见瑯琊大道王。
若过洛阳风景地，含情重问永丰坊。

此诗中所用诸典无不可作几样说法者。

(2)僻典使人不解。夫文学所以达意抒情也。若必求人人能读五车之书，然后能通其文，则此种文可不作矣。

(3)刻削古典成语，不合文法。“指兄弟以孔怀，称在位以曾是”(章太炎语)，是其例也。今人言“为人作嫁”亦不通。

(4)用典而失其原意。如某君写山高与天接之状，而曰“西接杞天倾”是也。

(5)古事之实有所指，不可移用者，今往乱用作普通事实。如古人灞桥折柳，以送行者，本是一种特别土风。阳关渭城亦皆实有所指。今之懒人不能状别离之情，于是虽身在滇越，亦言灞桥；虽不解阳关、渭城为何物，亦皆言“阳关三叠”，“渭城离歌”。又如，张翰因秋风起而思故乡之莼羹鲈脍，今则虽非吴人，不知莼鲈为何味者，亦皆自称有“莼鲈之思”。此则不仅懒不可救，直是自欺欺人耳！

凡此种种，皆文人之下下工夫，一受其毒，便不可救。此吾所以有“不用典”之说也。

七曰不讲对仗

排偶乃人类言语之一种特性，故虽古代文字，如老子、孔子之文，亦间有骈句。如“道可道，非常道；名可名，非常名。无名天地之始，有名万物之母。故常无，欲以观其妙；常有，欲以观其微。”此三排句也。“食无求饱，居无求安。”“贫而无谄，富而无骄。”“尔爱其羊，我爱其礼。”——此皆排句也。然此皆近于语言之自然，而无牵强刻削之迹；尤未有定其字之多寡，声之平仄，词之虚实者也。至于后世文学末流，言之无物，乃以文胜；文胜之极，而骈文律诗兴焉，而长律兴焉。骈文律诗之中非无佳作，然佳作终鲜。所以然者何？岂不以其束缚人之自由过甚之故耶？(长律之中，上下古今，无一首佳作可言也。)今日而言文学改良，当“先立乎其大者”，不当枉废有用之精力于微细纤巧之末：此吾所以有废骈废律之说也。即不能废此两者，亦但当视为文学末技而已，非讲求之急务也。

今人犹有鄙夷白话小说为文学小道者，不知施耐庵、曹雪芹、吴趼人，皆文学正宗，而骈文律诗乃真小道耳。吾知必有闻此言而却走者矣。

八曰不避俗语俗字

吾惟以施耐庵、曹雪芹、吴趼人，为文学正宗，故有“不避俗字俗语”之论也(参看上文第二条下)。盖吾国言文之背驰久矣。自佛书之输入，译者以文言不足以达意，故以浅近之文译之，其体已近白话。其后佛氏讲义语录尤多用白话为之者，是为语录体之原始。及宋人讲学以白话为语录，此体遂成讲学正体(明人因之)。当是时，白话已久入韵文，观唐宋人白话之诗词可见也。及至元时，中国北部已在异族之下，三百余年矣(辽、金、元)。此三百年中，中国乃发生一种通俗行远之文学。文则有《水浒》《西游》《三国》……之类，戏曲则尤不可胜计。(关汉卿诸人，人各著剧数十种之多。吾国文人著作之富，未有过于此时者也。)以今世眼光观之，则中国文学当以元代为最盛；可传世不朽之作，当以元代为最多：此可无疑也。当是时，中国之文学最近言文合一，白话几成文学的语言矣。使此趋势不受阻遏，则中国几有一"活文学出现"，而但丁、路得之伟业，(欧洲中古时，各国皆有俚语，而以拉丁文为文言，凡著作书籍皆用之，以吾国之以文言著书也。其后意大利有但丁(Dante)诸文豪，始以其国俚语著作。诸国踵兴，国语亦代起。路得(Luther)创新教始以德文译《旧约》《新约》，遂开德文学之先。英法诸国亦复如是。今世通用之英文《新旧约》乃1611年译本，距今才三百年耳。故今日欧洲诸国之文学，在当日皆为俚语。迨诸文豪兴，始以"活文学"代拉丁之死文学；有活文学而后有言文合一之国语也。)几发生于神州。不意此趋势骤为明代所阻，政府既以八股取士，而当时文人如何李七子之徒，又争以复古为高，于是此千年难遇言文合一之机会，遂中道夭折矣。然以今世历史进化的眼光观之，则白话文学之为中国文学之正宗，又为将来文学必用之利器，可断言也。(此"断言"乃自作者言之，赞成此说者今日未必甚多也。)以此之故，吾主张今日作文作诗，宜采用俗语俗字。与其用三千年前之死字，(如"于铄国会，遵晦时休"之类)不如用二十世纪之活字；与其作不能行远不能普及之秦、汉、六朝文字，不如作家喻户晓之《水浒》《西游》文字也。

结　论

上述八事，乃吾年来研思此一大问题之结果。远在异国，既无读书之暇晷，又不得就国中先生长者质疑问难，其所主张容有矫枉过正之处。然此八事皆文学上根本问题，一一有研究之价值。故草成此论，以为海内外留心此问题者作一草案。谓之刍议，犹云未定草也，伏惟国人同志有以匡纠是正之。

民国六年，一月

(原载《新青年》1917年第2卷第5号)

[导读]

白话文运动虽然自晚清即已开始，但晚清白话文运动的主旨是用浅显之文启蒙下层民众，文言文仍然是文化精英使用的语言，其地位没有动摇。五四文学革命的一个突破，则是从文学这一角度切入，彻底否定了文言文的正统地位，主张把白话文当作现代书面语言的唯一载体。本文提出文学改良的"八事”，即“八不主义”，作为倡导白话文的原则和具体措施，是五四新文化运动反对文言文、提倡白话文的首篇宣言。

2. 文学革命论

陈独秀

［**原文**］

今日庄严灿烂之欧洲，何自而来乎？曰，革命之赐也。欧语所谓革命者，为革故更新之义，与中土所谓朝代鼎革，绝不相类；故自文艺复兴以来，政治界有革命，宗教界亦有革命，伦理道德亦有革命，文学艺术亦莫不有革命，莫不因革命而新兴而进化。近代欧洲文明史，宜可谓之革命史。故曰，今日庄严灿烂之欧洲，乃革命之赐也。

吾苟偷庸懦之国民，畏革命如蛇蝎，故政治界虽经三次革命，而黑暗未尝稍减。其原因之小部分，则为三次革命，皆虎头蛇尾，未能充分以鲜血洗净旧污；其大部分，则为盘踞吾人精神界根深柢固之伦理、道德、文学、艺术诸端，莫不黑幕层张，垢污深积，并此虎头蛇尾之革命而未有焉。此单独政治革命所以于吾之社会，不生若何变化，不收若何效果也。推其总因，乃在吾人疾视革命，不知其为开发文明之利器故。

孔教问题，方喧呶于国中，此伦理道德革命之先声也。文学革命之气运，酝酿已非一日，其首举义旗之急先锋，则为吾友胡适。余甘冒全国学究之敌，高张“文学革命军”大旗，以为吾友之声援。旗上大书特书吾革命军三大主义：曰，推倒雕琢的阿谀的贵族文学，建设平易的抒情的国民文学；曰，推倒陈腐的铺张的古典文学，建设新鲜的立诚的写实文学；曰，推倒迂晦的艰涩的山林文学，建设明了的通俗的社会文学。

《国风》多里巷猥辞，《楚辞》盛用土语方物，非不斐然可观。承其流者，两汉赋家，颂声大作，雕琢阿谀，词多而意寡，此贵族之文古典之文之始作俑也。魏、晋以下之五言，抒情写事，一变前代板滞堆砌之风，在当时可谓为文学一大革命，即文学一大进化；然希托高古，言简意晦，社会现象，非所取材，是犹贵族之风，未足以语通俗的国民文学也。齐、梁以来，风尚对偶，演至有唐，遂成律体。无韵之文，亦尚对偶。《尚书》《周易》以来，即是如此。[古人行文，不但风尚对偶，且多韵语，故骈文家颇主张骈体为中国文章正宗之说。（亡友王无生即主张此说之一人。）不知古书传钞不易，韵与对偶，以利传诵而已。后之作者，乌可泥此？]

东晋而后，即细事陈启，亦尚骈丽。演至有唐，遂成骈体。诗之有律，文之有骈，皆发源于南北朝，大成于唐代。更进而为排律，为四六。此等雕琢的、阿谀的，铺张的、空泛的贵族古典文学，极其长技，不过如涂脂抹粉之泥塑美人，以视八股试帖之价值，未必能高几何，可谓为文学之末运矣！韩、柳崛起，一洗前人纤巧堆朵之习，风会所趋，乃南北朝贵族古典文学，变而为宋、元国民通俗文学之过渡时代。韩、柳、元、白，应运而出，为之中枢。俗论谓昌黎文章起八代之衰，虽非确论，然变八代之法，开宋、元之先，自是文界豪杰之士。吾人今日所不满于昌黎者二事：

一曰，文犹师古。虽非典文，然不脱贵族气派，寻其内容，远不若唐代诸小说家之丰富，其结果乃造成一新贵族文学。

二曰，误于"文以载道"之谬见。文学本非为载道而设，而自昌黎以讫曾国藩所谓载道之文，不过抄袭孔、孟以来极肤浅极空泛之门面语而已。余尝谓唐、宋八家文之所谓"文以载道"，直与八股家之所谓"代圣贤立言"，同一鼻孔出气。

以此二事推之，昌黎之变古，乃时代使然，于文学史上，其自身并无十分特色可观也。元、明剧本，明、清小说，乃近代文学之粲然可观者。惜为妖魔所厄，未及出胎，竟尔流产，以至今日中国之文学，委琐陈腐，远不能与欧洲比肩。此妖魔为何？即明之前后七子及八家文派之归、方、刘、姚是也。此十八妖魔辈尊古蔑今，咬文嚼字，称霸文坛，反使盖代文豪若马东篱，若施耐庵，若曹雪芹诸人之姓名，几不为国人所识。若夫七子之诗，刻意模古，直谓之抄袭可也。归、方、刘、姚之文，或希荣誉墓，或无病而呻，满纸之乎者也矣焉哉。每有长篇大作，摇头摆尾，说来说去，不知道说些甚么。此等文学，作者既非创造才，胸中又无物，其伎俩惟在仿古欺人，直无一字有存在之价值，虽著作等身，与其时之社会文明进化无丝毫关系。

今日吾国文学，悉承前代之敝，所谓"桐城派"者，八家与八股之混合体也；所谓"骈体文"者，思绮堂与随园之四六也；所谓"西江派"者，山谷之偶像也。求夫目无古人，赤裸裸的抒情写世，所谓代表时代之文豪者，不独全国无其人，而且举世无此想。文学之文，既不足观，应用之文，益复怪诞。碑铭墓志，极量称扬，读者决不见信，作者必照例为之。寻常启事，首尾恒有种种谀词。居丧者即华居美食，而哀启必欺人曰"苦块昏迷"。赠医生以匾额，不曰"术迈岐黄"，即曰"著手成春"。穷乡僻壤极小之豆腐店，其春联恒作"生意兴隆通四海，财源茂盛达三江"。此等国民应用之文学之丑陋，皆阿谀的，虚伪的、铺张的贵族古典文学阶之厉耳。

际兹文学革新之时代，凡属贵族文学，古典文学，山林文学，均在排斥之列。以何理由而排斥此三种文学耶？曰，贵族文学，藻饰依他，失独立自尊之气象也；古典文学，铺张堆砌，失抒情写实之旨也；山林文学，深晦艰涩，自以为名山著述，于其群之大多数无所裨益也。其形体则陈陈相因，有肉无骨，有形无神，乃装饰品而非实用品，其内容则目光不越帝王权贵，神仙鬼怪，及其个人之穷通利达。所谓宇宙，所谓人生，所谓社会，举非其构思所及，此三种文学公同之缺点也。此种文学，盖与吾阿谀、夸张、虚伪、迂阔之国民性，互为因果。今欲革新政治，势不得不革新盘踞于运用此政治者精神界之文学。使吾人不张目以观世界社会文学之趋势，及时代之精神，日夜埋头故纸堆中，所目注心营者，不越帝王、权贵、鬼怪、神仙，与夫个人之穷通利达，以此而求革新文学，革新政治，是缚手足而敌孟贲也。

欧洲文化，受赐于政治科学者固多，受赐于文学者亦不少。予爱卢梭、巴士特之法兰西，予尤爱虞哥、左喇之法兰西；予爱康德、赫克尔之德意志，予尤爱桂特郝、卜特曼之德意志；予爱倍根、达尔文之英吉利，予尤爱狄铿士、王尔德之英吉利。吾国文学界豪杰之士，有自负为中国之虞哥、左喇、桂特郝、卜特曼、狄铿士、王尔德者乎？有不顾迂儒之毁誉，明目张胆以与十八妖魔宣战者乎？予愿拖四十二生的大炮，为之前驱！

（原载《新青年》1917 年第 2 卷第 6 号）

［**导读**］

陈独秀发表本文呼应胡适的《文学改良刍议》，更明确更激进地提出“文学革命”的口号，批判旧文学和文言文，提倡新文学和白话文，慷慨激昂地要求建设“平易的抒情的国民文学”“新鲜的立诚的写实文学”和“明了的通俗的社会文学”，对五四新文学的兴起起到了重要的推动作用。

3. 人的文学

周作人

［**原文**］

我们现在应该提倡的新文学，简单的说一句，是“人的文学”。应该排斥的，便是反对的非人的文学。

新旧这名称，本来很不妥当，其实“太阳底下，何尝有新的东西”？思想道理，只有是非，并无新旧。要说是新，也单是新发见的新，不是新发明的新。新大陆是在十五世纪中，被哥仑布发见，但这地面是古来早已存在。电是在十八世纪中，被弗兰克林发见，但这物事也是古来早已存在。无非以前的人，不能知道，遇见哥仑布与弗兰克林才把他看出罢了。真理的发见，也是如此。真理永远存在，并无时间的限制，只因我们自己愚昧，闻道太迟，离发见的时候尚近，所以称他新。其实他原是极古的东西，正如新大陆同电一般，早在这宇宙之内，倘若将他当作新鲜果子，时式衣裳一样看待，那便大错了。譬如现在说“人的文学”，这一句话，岂不也像时髦。却不知世上生了人，便同时生了人道。无奈世人无知，偏不肯体人类的意志，走这正路，却迷入兽道鬼道里去，旁皇了多年，才得出来。正如人在白昼时候，闭着眼乱闯，末后睁开眼睛，才晓得世上有这样好阳光，其实太阳照临，早已如此，已有了无量数年了。

欧洲关于这“人”的真理的发见，第一次是在十五世纪，于是出了宗教改革与文艺复兴两个结果。第二次成了法国大革命，第三次大约便是欧战以后将来的未知事件了。女人与小儿的发见，却迟至十九世纪，才有萌芽。古来女人的位置，不过是男子的器具与奴隶。中古时代，教会里还曾讨论女子有无灵魂，算不算得一个人呢。小儿也只是父母的所有品，又不认他是一个未长成的人，却当他作具体而微的成人，因此又不知演了多少家庭的与教育的悲剧。自从Froebel与Godwin夫人以后，才有光明出现。到了现在，造成儿童学与女子问题这两个大研究，可望长出极好的结果来。中国讲到这类问题，却须从头做起，人的问题，从来未经解决，女人小儿更不必说了。如今第一步先从人说起，生了四千余年，现在却还讲人的意义，从新要发见“人”，去“辟人荒”，也是可笑的事。但老了再学，总比不学该胜一筹罢。我们希望从文学上起首，提倡一点人道主义思想，便是这个意思。

我们要说人的文学，须得先将这个人字，略加说明。我们所说的人，不是世间所谓“天地之性最贵”，或“圆颅方趾”的人。乃是说，“从动物进化的人类”。其中有两个要点，(一)“从动物”进化的，(二)从动物“进化”的。

我们承认人是一种生物。他的生活现象，与别的动物并无不同。所以我们相信人的一切生活本能，都是美的善的，应得完全满足。凡有违反人性不自然的习惯制度，都应排斥改正。

但我们又承认人是一种从动物进化的生物。他的内面生活，比他动物更为复杂高深，而且逐渐向上，有能够改造生活的力量。所以我们相信人类以动物的生活为生存的基础，而其内面生活，却渐与动物相远，终能达到高上和平的境地。凡兽性的余留，与古代礼法可以阻碍人性向上的发展者，也都应排斥改正。

这两个要点，换一句话说，便是人的灵肉二重的生活。古人的思想，以为人性有灵肉二元，同时并存，永相冲突。肉的一面，是兽性的遗传；灵的一面，是神性的发端。人生的目的，便偏重在发展这神性；其手段，便在灭了体质以救灵魂。所以古来宗教，大都厉行禁欲主义，有种种苦行，抵制人类的本能。一方面却别有不顾灵魂的快乐派，只愿“死便埋我”。其实两者都是趋于极端，不能说是人的正当生活。到了近世，才有人看出这灵肉本是一物的两面，并非对抗的二元。兽性与神性，合起来便只是人性。英国十八世纪诗人勃莱克(Blake)在《天国与地狱的结婚》一篇中，说得最好。

(一)人并无与灵魂分离的身体。因这所谓身体者，原止是五官所能见的一部分的灵魂。

（二）力是唯一的生命，是从身体发生的。理就是力的外面的界。

（三）力是永久的悦乐。

他这话虽然略含神秘的气味，但很能说出灵肉一致的要义。我们所信的人类正当生活，便是这灵肉一致的生活。所谓从动物进化的人，也便是指这灵肉一致的人，无非用别一说法罢了。

这样“人”的理想生活，应该怎样呢？首先便是改良人类的关系。彼此都是人类，却又各是人类的一个。所以须营一种利己而又利他，利他即是利己的生活。第一，关于物质的生活，应该各尽人力所及，取人事所需。换一句话，便是各人以心力的劳作，换得适当的衣食住与医药，能保持健康的生存。第二，关于道德的生活，应该以爱智信勇四事为基本道德，革除一切人道以下或人力以上的因袭的礼法，使人人能享自由真实的幸福生活。这种“人的”理想生活，实行起来，实于世上的人无一不利。富贵的人虽然觉得不免失了他的所谓尊严，但他们因此得从非人的生活里救出，成为完全的人，岂不是绝大的幸福么？这真可说是二十世纪的新福音了。只可惜知道的人还少，不能立地实行。所以我们要在文学上略略提倡，也稍尽我们爱人类的意思。

但现在还须说明，我所说的人道主义，并非世间所谓“悲天悯人”或“博施济众”的慈善主义，乃是一种个人主义的人间本位主义。这理由是，第一，人在人类中，正如森林中的一株树木。森林盛了，各树也都茂盛。但要森林盛，却仍非靠各树各自茂盛不可。第二，个人爱人类，就只为人类中有了我，与我相关的缘故。墨子说“兼爱”的理由，因为“己亦在人中”，便是最透彻的话。上文所谓利己而又利他，利他即是利己，正是这个意思。所以我说的人道主义，是从个人做起。要讲人道，爱人类，便须先使自己有人的资格，占得人的位置。耶稣说，“爱邻如己”。如不先知自爱，怎能“如己”的爱别人呢？至于无我的爱，纯粹的利他，我以为是不可能的。人为了所爱的人，或所信的主义，能够有献身的行为。若是割肉饲鹰，投身给饿虎吃，那是超人间的道德，不是人所能为的了。

用这人道主义为本，对于人生诸问题，加以记录研究的文字，便谓之人的文学。其中又可以分作两项，（一）是正面的，写这理想生活，或人间上达的可能性；（二）是侧面的，写人的平常生活，或非人的生活，都很可以供研究之用。这类著作，分量最多，也最重要。因为我们可以因此明白人生实在的情状，与理想生活比较出差异与改善的方法。这一类中写非人的生活的文学，世间每每误会，与非人的文学相混，其实却大有分别。譬如法国 Maupassant 的小说《人生》（*Une Vie*），是写人间兽欲的人的文学；中国的《肉蒲团》却是非人的文学。俄国 Kuprin 的小说《坑》（*Jama*），是写娼妓生活的人的文学；中国的

《九尾龟》却是非人的文学。这区别就只在著作的态度不同。一个严肃，一个游戏。一个希望人的生活，所以对于非人的生活，怀着悲哀或愤怒，一个安于非人的生活，所以对于非人的生活，感着满足，又多带着玩弄与挑发的形迹。简明说一句，人的文学与非人的文学的区别，便在著作的态度，是以人的生活为是呢？非人的生活为是呢？这一点上。材料方法，别无关系。即如提倡女人殉葬——即殉节——的文章，表面上岂不说是"维持风教"，但强迫人自杀。正是非人的道德，所以也是非人的文学。中国文学中，人的文学本来极少。从儒教道教出来的文章，几乎都不合格。现在我们单从纯文学上举例如：

(一)色情狂的淫书类

(二)迷信的鬼神书类(《封神传》《西游记》等)

(三)神仙书类(《绿野仙踪》等)

(四)妖怪书类(《聊斋志异》《子不语》等)

(五)奴隶书类 (甲种主题是皇帝状元宰相　乙种主题是神圣的父与夫)

(六)强盗书类(《水浒》《七侠五义》《施公案》等)

(七)才子佳人书类(《三笑姻缘》等)

(八)下等谐谑书类(《笑林广记》等)

(九)黑幕类

(十)以上各种思想和合结晶的旧戏

这几类全是妨碍人性的生长，破坏人类的平和的东西，统应该排斥。这宗著作，在民族心理研究上，原都极有价值。在文艺批评上，也有几种可以容许。但在主义上，一切都该排斥。倘若懂得道理，识力已定的人，自然不妨去看。如能研究批评，便于世间更为有益，我们也极欢迎。

人的文学，当以人的道德为本，这道德问题方面很广，一时不能细说。现在只就文学关系上，略举几项。譬如两性的爱，我们对于这事，有两个主张。(一)是男女两本位的平等，(二)是恋爱的结婚。世间著作，有发挥这意思的，便是绝好的人的文学。如诺威 Ibsen 的戏剧《娜拉》(*Et Dukkehjem*)《海女》(*Fruen fra Havet*)，俄国 Tolstoj 的小说 Anna Karenina，英国 Hardy 的小说《台斯》(*Tess*)等就是。恋爱起源，据芬兰学者 Westermarck 说，由于"人的对于与我快乐者的爱好"。却又如奥国 Lucan 说，因多年心的进化，渐变了高上的感情。所以真实的爱与两性的生活，也须有灵肉二重的一致。但因为现世社会境势所迫，以致偏于一面的，不免极多。这便须根据人道主义的思想，加以记录研究。却又不可将这样生活，当作幸福或神圣，赞美提倡。中国的色情狂的淫书，不必说了。旧基督教的禁欲主义的思想，我也不能承认他为是。又如俄国 Dostojevskij 是伟大的人道主义的作家。但他在一部小说中，说一男人爱一女子，后来女子爱了别人，他却竭力斡旋，使他们能够配合。Dostojevskij

自己，虽然言行竟是一致，但我们总不能承认这种种行为，是在人情以内，人力以内，所以不愿提倡。又如印度诗人 Tagore 做的小说，时时颂扬东方思想。有一篇记一寡妇的生活，描写他的“心的撒提(Suttee)”，(撒提是印度古语，指寡妇与他丈夫的尸体一同焚化的习俗。)又一篇说一男人弃了他的妻子，在英国别娶，他的妻子，还典卖了金珠宝玉，永远的接济他。一个人如有身心的自由，以自由别择，与人结了爱，遇着生死的别离，发生自己牺牲的行为，这原是可以称道的事。但须全然出于自由意志，与被专制的因袭礼法逼成的动作，不能并为一谈。印度人身的撒提，世间都知道是一种非人道的习俗，近来已被英国禁止。至于人心的撒提，便只是一种变相。一是死刑，一是终身监禁。照中国说，一是殉节，一是守节，原来撒提这字，据说在梵文，便正是节妇的意思。印度女子被“撒提”了几千年，便养成了这一种畸形的贞顺之德。讲东方文化的，以为是国粹，其实只是不自然的制度习惯的恶果。譬如中国人磕头惯了，见了人便无端的要请安拱手作揖，大有非跪不可之意，这能说是他的谦和美德么？我们见了这种畸形的所谓道德，正如见了塞在坛子里养大的，身子像萝卜形状的人，只感着恐怖嫌恶悲哀愤怒种种感情，决不该将他提倡，拿他赏赞。

其次如亲子的爱。古人说，父母子女的爱情，是“本于天性”，这话说得最好。因他本来是天性的爱，所以用不着那些人为的束缚，妨害他的生长。假如有人说，父母生子，全由私欲，世间或要说他不道。今将他改作由于天性，便极适当。照生物现象看来，父母生子，正是自然的意志。有了性的生活，自然有生命的延续，与哺乳的努力，这是动物无不如此。到了人类，对于恋爱的融合，自我的延长。更有意识，所以亲子的关系，尤为深厚。近时识者所说儿童的权利，与父母的义务，便即据这天然的道理推演而出，并非时新的东西。至于世间无知的父母，将子女当作所有品，牛马一般养育，以为养大以后，可以随便吃他骑他，那便是退化的谬误思想。英国教育家 Gorst 称他们为“猿类之不肖子”，正不为过。日本津田左右吉著《文学上国民思想的研究》卷一说，“不以亲子的爱情为本的孝行观念，又与祖先为子孙而生存的生物学的普遍事实，人为将来而努力的人间社会的实际状态，俱相违反，却认作子孙为祖先而生存，如此道德中，显然含有不自然的分子。”祖先为子孙而生存，所以父母理应爱重子女，子女也就应该爱敬父母。这是自然的事实，也便是天性。文学上说这亲子的爱的，希腊 Homeros 史诗 *Ilias* 与 Euripides 悲剧 *Troiades* 中，说 Hektor 夫妇与儿子的死别两节，在古文学中，最为美妙。近来 Ibsen 的《群鬼》(*Gengangere*)，德国 Sudermann 的戏剧《故乡》(*Heimat*)，俄国 Turgenjev 的小说《父子》(*Ottsy i djeti*)等，都很可以供我们的研究。至于郭巨埋儿，丁兰刻木那一类残忍迷信的行为，当然不应再行赞扬提倡。割股一事，尚是魔术与食人风俗的遗留，自然算不得道德，不必再叫他混入文学里，更不消说了。

照上文所说，我们应该提倡与排斥的文学，大致可以明白了。但关于古今中外这一件事上，还须追加一句说明，才可免了误会。我们对于主义相反的文学，并非如胡致堂或乾隆做史论，单依自己的成见，将古今人物排头骂倒。我们立论，应抱定“时代”这一个观念，又将批评与主张，分作两事。批评古人的著作，便认定他们的时代，给他一个正直的评价，相应的位置。至于宣传我们的主张，也认定我们的时代，不能与相反的意见通融让步，唯有排斥的一条方法。譬如原始时代，本来只有原始思想，行魔术食人肉，原是分所当然。所以关于这宗风俗的歌谣故事，我们还要拿来研究，增点见识。但如近代社会中，竟还有想实行魔术食人的人，那便只得将他捉住，送进精神病院去了。其次，对于中外这个问题，我们也只须抱定时代这一个观念，不必再划出什么别的界限。地理上历史上，原有种种不同，但世界交通便了，空气流通也快了，人类可望逐渐接近，同一时代的人，便可相并存在。单位是个我，总数是个人。不必自以为与众不同，道德第一，划出许多畛域。因为人总与人类相关，彼此一样，所以张三李四受苦，与彼得约翰受苦，要说与我无关，便一样无关；说与我相关，也一样相关。仔细说，便只为我与张三李四或彼得约翰虽姓名不同，籍贯不同，但同是人类之一，同具感觉性情。他以为苦的，在我也必以为苦。这苦会降在他身上，也未必不能降在我的身上。因为人类的运命是同一的，所以我要顾虑我的运命，便同时须顾虑人类共同的运命。所以我们只能说时代，不能分中外。我们偶有创作，自然偏于见闻较确的中国一方面，其余大多数都还须绍介译述外国的著作，扩大读者的精神，眼里看见了世界的人类，养成人的道德，实现人的生活。

一九一八年十二月七日

（原载《新青年》1918 年第 5 卷第 6 号）

［导读］

本文是周作人关于如何建设新文学的一个重要而富有实质性的论述。新文化运动之初，胡适、刘半农等人主要从文学形式本身探讨白话文的建设问题，周作人则更侧重于思考白话文如何传达现代思想这一层面。本文把新文学的本质内涵概括为“人的文学”，指出文学要反映人生问题，表现人的理想生活，且以人的道德为本，这一思想对新文学的发展影响重大而深远。

4. 平民文学

仲　密

［原文］

平民文学这四个字，字面上极易误会，所以我们先得解说一回，然后再行介绍。

平民的文学正与贵族的文学相反。但这两样名词，也不可十分拘泥。我们说贵族的平民的，并非说这种文学是专做给贵族或平民看，专讲贵族或平民的生活，或是贵族或平民自己做的，不过说文学的精神的区别，指他普遍与否，真挚与否的区别。

中国现在成了民国，大家都是公民。从前头上顶了一个皇帝，那时"率土之滨，莫非王臣"，大家便同是奴隶，向来没有贵族平民这名称阶级。虽然大奴隶对于小奴隶，上等社会对于下等社会，大有高下，但根本上原是一样的东西。除却当时的境遇不同以外，思想趣味，毫无不同，所以在人物一方面上，分不出什么区别。

就形式上说，古文多是贵族的文学，白话多是平民的文学。但这也不尽如此。古文的著作，大抵偏于部分的，修饰的，享乐的，或游戏的，所以确有贵族文学的性质。至于白话，这几种现象，似乎可以没有了。但文学上原有两种分类，白话固然适宜于"人生艺术派"的文学，也未尝不可做"纯艺术派"的文学。纯艺术派以造成纯粹艺术品为艺术唯一之目的，古文的雕章琢句，自然是最相近；但白话也未尝不可雕琢，造成一种部分的修饰的享乐的游戏的文学，那便是虽用白话，也仍然是贵族的文学。譬如古铜铸的钟鼎，现在久已不适实用，只能尊重他是古物，收藏起来；我们日用的器具，要用磁的盘碗了。但铜器现在固不适用，磁的也只是作成盘碗的适用。倘如将可以做碗的磁，烧成了二三尺高的五彩花瓶，或做了一座纯白的观世音，那时，我们也只能将他同钟鼎一样珍重收藏，却不能同盘碗一样适用。因为他虽然是一个艺术品，但是纯艺术品，不是我们所要求的人生的艺术品。

照此看来，文字的形式上，是不能定出区别，现在再从内容上说，内容的区别，又是如何？上文说过贵族文学形式上的缺点，是偏于部分的，修饰的，享乐的，或游戏的；这内容上的缺点，也正如此。所以平民文学应该着重与贵族文学相反的地方，是内容充实，就是普遍与真挚两件事。第一，平民文学应以普通的文体，写普遍的思想与事实。我们不必记英雄豪杰的事业，才子佳人的幸福，只应记载世间普通男女的悲欢成败。因为英雄豪杰才子佳人，是世上不常见的人；普通的男女是大多数，我们也便是其中的一人，所以其事更为普遍，也更为切己。我们不必讲偏重一面的畸形道德，只应讲说人间交互的实行道德。因为真的道德，一定普遍，决不偏枯。天下决无只有在甲应守，在乙不必守的奇怪道德。所以愚忠愚孝，自不消说，即使世间男人多数最喜欢说的殉节守贞，也是全不合理，不应提倡。世上既然只有一律平等的人类，自然也有一种一律平等的人的道德。第二，平民文学应以真挚的文体，记真挚的思想与事实。既不坐在上面，自命为才子佳人，又不立在下风，颂扬英雄豪杰，只自认是人类中的一个单体，混在人类中间，人类的事，便也是我的事。我们说及切己的事，那时心急口忙，只想表出我的真意实感，自然不暇顾及那些雕章琢句了。譬如对众表白意见，虽可略加努力，说得美妙动人，却总不至于诌成一支小曲，唱的十分好听，或编成一个笑话，说得哄堂大笑，却把演说的本意没却了。但既是文学作品，自然应有艺术的美。只须以真为主，美即在其中，这便是人生的艺术派的主张，与以美为主的纯艺术派，所以有别。

平民文学的意义，照上文所说，大略已可明白。还有我所最怕被人误会的两件事，非加说明不可：——

第一，平民文学决不单是通俗文学。白话的平民文学比古文原是更为通俗，但并非单以通俗为唯一之目的。因为平民文学不是专做给平民看的，乃是研究平民生活——人的生活——的文学。他的目的，并非想将人类的思想趣味，竭力按下，同平民一样，乃是想将平民的生活提高，得到适当的一个地位。凡是先知或引路的人的话，本非全数的人尽能懂得，所以平民的文学，现在也不必个个“田夫野老”都可领会。近来有许多人反对白话，说这总非田夫野老所能了解，不如仍用古文。现在请问，田夫野老大半不懂植物学的，倘说因为他们不能懂，便不如抛了高宾球三氏的植物学，去看《本草纲目》，能说是正当办法么？正因为他们不懂，所以要费心力，去启发他。正同植物学应用在农业药物上一样，文学也须应用在人生上。倘若怕与他们现状不合，一味想迁就，那时植物学者只好照《本草纲目》讲点玉蜀黍性寒，何首乌性温，给他们听，文人也只好编几部《封鬼传》《八侠十义》《杀孙报》给他们看，还讲什么我的科学观文学观呢？

第二，平民文学决不是慈善主义的文学。在现在平民时代，所有的人都只应守着自立与互助两种道德，没有什么叫慈善。慈善这句话，乃是富贵人对贫贱人所说，正同皇帝的行仁政一样，是一种极侮辱人类的话。平民文学所说，近在研究全体的人的生活，如何能够改进到正当的方向，决不是说施粥施棉衣的事。平民的文学者，见了一个乞丐，决不是单给他一个铜子，便安心走过；捉住了一个贼，也决不是单给他一元钞票放了，便安心睡下。他照常未必给一个铜子或一元钞票，但他有他心里的苦闷，来酬付他受苦或为非的同类的人。他所注意的，不单是这一人缺一个铜子或一元钞票的事，乃是对于他自己的与共同的人类的运命。他们用一个铜子或用一元钞票，赎得心的苦闷的人，已经错了。他们用一个铜子或一元钞票，买得心的快乐的人，更是不足道了。伪善的慈善主义，根本里全藏着傲慢与私利，与平民文学的精神，绝对不能相容，所以也非排除不可。

在中国文学中，想得上文所说理想的平民文学，原极为难。因为中国所谓文学的东西，无一不是古文。被挤在文学外的章回小说十种，虽是白话，却都含着游戏的夸张的分子，也够不上这资格。只有《红楼梦》要算最好，这书虽然被一班无聊文人学坏成了《玉梨魂》派的范本，但本来仍然是好。因为他能写出中国家庭中的喜剧悲剧，到了现在，情形依旧不改，所以耐人研究。在近时著作中，举不出什么东西，还只是希望将来的努力，能翻译或造作出几种有价值有生命的文学作品。

一九一八年十二月二十日

（原载《每周评论》1919 年 1 月 19 日）

［**导读**］

发表《人的文学》后不久，周作人又发表了本文，更具体地论述了“人的文学”的特征。本文指出，“平民文学”不仅是指文学表现的题材范围，更主要的是指文学表现的精神“普遍”与否、“真挚”与否。“平民文学”的精神实质是记录“一律平等的人”的思想和生活。这实际上是对《人的文学》一文的补充和深化。

5. 什么是新文学

守 常

［**原文**］

现在大家都讲新文学，都作新文学了。我要问大家：“什么是新文学？”

我的意思以为刚是用白话作的文章，算不得新文学；刚是介绍点新学说、新事实，叙述点新人物，罗列点新名辞，也算不得新文学。

我们所要求的新文学，是为社会写实的文学，不是为个人造名的文学；是以博爱心为基础的文学，不是以好名心为基础的文学；是为文学而创作的文学，不是为文学本身以外的什么东西而创作的文学。

现在的新文学作品中，合于我们这种要求的，固然也有，但是终占少数。一般最流行的文学中，实含有很多缺点。概括讲来，就是浅薄，没有真爱真美的质素。不过摭拾了几点新知新物，用白话文写出来，作者的心理中，还含着科举的、商贾的旧毒新毒，不知不觉的造出一种广告的文学。试把现在流行的新文学的大部分解剖来看，字里行间，映出许多恶劣心理的斑点，夹托在新思潮、新文艺的里边。……刻薄、狂傲、狭隘、夸躁，种种气氛充塞满幅。长此相嘘以气，必致中干，种种运动，终于一空，适以为挑起反动的引子。此是今日文学界、思想界莫大的危机，吾辈应速为一大反省！

我们若愿园中花木长得美茂，必须有深厚的土壤培植他们。宏深的思想、学理，坚信的主义，优美的文艺，博爱的精神，就是新文学新运动的土壤、根基。在没有深厚美腴的土壤的地方培植的花木，偶然一现，虽是一阵热闹，外力一加摧凌，恐怕立萎！

一九一九年十二月八日自北京寄

（选自《李大钊全集》第4卷，河北教育出版社1999年版；原载《星期日》周刊“社会问题号”，1920年1月4日）

[导读]

守常，李大钊之笔名。在五四新文学发轫之初，李大钊即从现代思想的角度出发反思了当时的新文学创作，指出只“用白话作的文章”，“摭拾了几点新知新物”，却保留着“科举的、商贾的旧毒新毒”，并不是新文学。所谓“新文学”，应为“社会写实的文学”，要具有“宏深的思想、学理，坚信的主义，优美的文艺，博爱的精神”。此文丰富了人们对新文学的认识。

◇思考与练习

1. 请查阅晚清白话文运动的相关史料，与五四文学革命的史料进行比较，分析这一运动在哪些方面对五四文学革命产生了影响？

2. 在周作人《人的文学》和《平民文学》发表之前，《新青年》等刊物已经陆续发表了多篇倡导文学革命的文章，试比较它们与周作人的文章在观点上的异同。

3. 如何理解《什么是新文学》中李大钊所说的新文学“是为文学而创作的文学，不是为文学本身以外的什么东西而创作的文学”这句话的含义？

◇资料与索引

著作

1. 田仲济. 五四新文学运动的精神. 济南：山东人民出版社，1959.

2. 中共中央马、恩、列、斯著作编译局研究室. 五四时期期刊介绍(第三集). 北京：生活·读书·新知三联书店，1979.

3. 张允侯，等. 五四时期的社团. 北京：生活·读书·新知三联书店，1979.

4. 唐弢. 论鲁迅在五四时期和左联时期的文学活动. 长沙：湖南人民出版社，1979.

5. 朱德发. 五四文学初探. 济南：山东人民出版社，1982.

6. 朱德发. 中国五四文学史. 济南：山东文艺出版社，1986.

7. 刘中树. 五四文学革命运动史论. 长春：吉林大学出版社，1989.

8. 刘桂生，张步洲. 台港及海外五四研究论著撷要. 北京：教育科学出版社，1989.

9. 陈崧. “五四”前后东西文化问题论战文选. 北京：中国社会科学出版社，1989.

10. 罗荣渠. 从“西化”到现代化：五四以来有关中国的文化趋向和发展道路论争文选. 北京：北京大学出版社，1990.

11. 许志英. 五四文学精神. 南京：江苏文艺出版社，1991.

12. 汪晖. 无地彷徨：“五四”及其回声. 杭州：浙江文艺出版社，1994.

13. 朱德发. 五四文学新论. 济南：山东文艺出版社，1995.

14. 钱理群. 精神的炼狱：中国现代文学从“五四”到抗战的历程. 南宁：广西教育出版社，1996.

15. 刘为民. “赛先生”与五四新文学. 济南：山东大学出版社，1997.

16. 严家炎. 五四的误读：严家炎学术随笔自选集. 福州：福建教育出版社，2000.

17. 俞兆平. 写实与浪漫：科学主义视野中的“五四”文学思潮. 上海：上海三联书店，2001.

18. 哈迎飞. “五四”作家与佛教文化. 上海：上海三联书店，2002.

19. 许祖华. 五四文学思想论. 武汉：华中师范大学出版社，2002.

20. 俞兆平. 现代性与五四文学思潮. 厦门：厦门大学出版社，2002.

21. 肖霞. 浪漫主义：日本之桥与“五四”文学. 济南：山东大学出版社，2003.

22. 赵明. 历史的文学与文学的历史：五四文学传统与俄罗斯文学. 银川：宁夏人民出版社，2003.

23. 马以鑫. 五四思潮史. 北京：中国文联出版社，2003.

24. 丁晓原. “五四”散文的现代性阐释. 苏州：苏州大学出版社，2003.

25. 喻天舒. 五四文学思想主流与基督教文化. 北京：昆仑出版社，2003.

26. 高力克. 五四的思想世界. 上海：学林出版社，2003.

27. 欧阳哲生. 新文化的传统：五四人物与思想研究. 广州：广东人民出版社，2004.

28. 丁帆. 重回“五四”起跑线. 北京：人民文学出版社，2004.

29. 路英勇. 认同与互动：五四新文学出版研究. 合肥：安徽文艺出版社，2004.

30. 陈平原. 触摸历史与进入五四. 北京：北京大学出版社，2005.

31. 夏晓虹，王风，等. 文学语言与文章体式：从晚清到“五四”. 合肥：

安徽教育出版社，2006.

32. 丁耘. 五四运动与现代中国. 上海：上海人民出版社，2009.

33. 岳凯华. 五四文学的生成与可能. 成都：巴蜀书社，2009.

34. 刘纳. 嬗变：辛亥革命时期至五四时期的中国文学(修订版). 北京：中国人民大学出版社，2010.

35. 欧阳哲生. 五四运动的历史诠释. 北京：北京大学出版社，2012.

36. 林贤治. 五四之魂——中国知识分子精神史. 桂林：漓江出版社，2012.

论文

1. 许志英. "五四"文学革命指导思想的再探讨. 中国现代文学研究丛刊，1983(1).

2. 袁良骏. 五四文学革命的历史功过. 求是学刊，2004(4).

3. 张全之. 从《新世纪》到《新青年》：无政府主义与五四文学革命. 中国现代文学研究丛刊，2005(5).

4. 李阳春，周巧红. 走向民间：从"活的文学"到"人的文学"——论五四激进文人的文学革命策略. 中国文学研究，2006(2).

5. 宋剑华. 五四文学革命：传统文化的突围与重构. 社会科学辑刊，2007(1).

6. 陈漱渝. 五四新文化运动和五四文学革命. 江苏行政学院学报，2010(2).

7. 朱德发. 透过《新青年》触摸五四文学革命真相. 山东师范大学学报：人文社会科学版，2015(3)。

三、“学衡”“甲寅”派的论争

◇史料与导读

1. 评提倡新文化者

梅光迪

[**原文**]

国人倡言改革，已数十年，始则以欧西之越我，仅在工商制造也，继则慕其政治法制，今日兼及其教育哲理文学美术矣。其输进欧化之速，似有足惊人者。然细考实际，则功效与速度适成反比例。工商制造，显而易见者也。推之万国，无甚差别者也。得其学理技巧，措之实用，而输进之能事已毕。吾非谓国人于工商制造已尽得欧西之长，然比较言之，所得为多。若政治法制，则原于其历史民性，隐藏奥秘，非深入者不能窥其究竟，而又以东西历史民性之异，适于彼者未必适于此，非仅恃模拟而已。至于教育哲理文学美术，则原于其历史民性者尤深且远，窥之益难，采之益宜慎。故国人言政治法制，垂二十年，而政治法制之不良自若。其言教育哲理文学美术，号为“新文化运动”者，甫一启齿，而弊端丛生，恶果立现，为有识者所诟病。惟其难也，故反易开方便之门，作伪之途，而使浮薄妄庸者，得以附会诡随，窥时俯仰，遂其功利名誉之野心。夫言政治法制者之失败，尽人皆知，无待余之哓哓，独所谓提倡“新文化”者，犹以工于自饰，巧于语言奔走，颇为幼稚与流俗之人所趋从。故特揭其假面，窥其真相，缕举而条析之，非余好为苛论，实不得已耳。

一曰，彼等非思想家乃诡辩家也。诡辩家之名（英文为 Sophist）起于希腊季世，其时哲学盛兴，思想自由，诡辩家崛起，以教授修词，提倡新说为业。犹吾国战国时谈天雕龙，坚白同异之流。希腊少年，靡然从风，大哲苏格拉底辞而辟之，犹孟轲之拒杨墨，荀卿之非十二子也。今所传柏拉图语录（The Dialogues of Plato）多其师与诡辩家驳辩之词也。盖诡辩家之旨，在以新异动人之说，迎阿少年，在以成见私意，强定事物，顾一时之便利，而不计久远之真理。至其言行相左，贻讥明哲，更无论矣。吾国今之提倡“新文化”者，颇亦类是。夫古文与八股何涉，而必并为一谈。吾国文学，汉魏六朝盛行骈体，至唐宋，则古文大昌。宋元以来，又有白话体之小说戏曲。彼等乃谓文学随时代而变迁。以为今人当兴文学革命，废文言而用白话。夫革命者，以新代旧。以此易彼之谓。若古文白话之递兴，乃文学体裁之增加，实非完全变迁，尤非革命也。诚如彼等所云，则古文之后，当无骈体，白话之后，当无古文。而何以唐宋以来，文学正宗，与专门名家，皆为作古文或骈体之人。此吾国文学史上事实，岂可否认，以圆其私说者乎。盖文学体裁不同。而各有所长。不可更代混淆，而有独立并存之价值，岂可尽弃他种体裁，而独尊白话乎。文学进化，至难言者，西国名家，(如英国十九世纪散文及文学评论大家韩士立 Hazlitt)多斥文学进化论为流俗之错误，而吾国人乃迷信之。且谓西洋近世文学，由古典派而变为浪漫派，由浪漫派而变为写实派，今则又由写实派而变为印象、未来、新浪漫诸派，一若后派必优于前派，后派兴而前派即绝迹者。然此稍读西洋文学史，稍闻西洋名家绪论者，即不作此等妄言。何吾国人童呆无知，颠倒是非如是乎。彼等又谓思想之在脑也，本为白话，当落纸成文时，乃由白话而改为文言，犹翻译然，诚虚伪与不经济之甚者也。然此等经验，乃吾国数千年来文人所未尝有，非彼等欺人之谈而何。昔者希腊诡辩家普罗塔果拉斯(Protagoras)力主真理无定，在于个人之我见。苏格拉底应之曰，既人自为真理，则无是非贤愚之分，然则普罗塔果拉斯何以为人师，强欲人之从己乎。今之主文学革命者，亦曰文学之旨，在发挥个性，注重创造，须“处处有一我在”而破除旧时模仿之习，易词言之，则各人有各人之文学，一切模范规律，皆可废也，然则彼等何以立说著书，高据讲席，而对于为文言者，仇雠视之，不许其有我与个性创造之自由乎。

二曰，彼等非创造家乃模仿家也。彼等最足动人听闻之说，莫逾于创造，新之一字，几为彼等专有物。凡彼等所言所行，无一不新。侯官严氏曰，名义一经俗用，久辄失真，审慎之士，已不敢用新字，惧无意义之可言也。彼等以推翻古人与一切固有制度为职志，诬本国无文化，旧文学为死文学，放言高论，以骇众而眩俗。然夷考其实，乃为最下乘之模仿家。其所称道，以创造矜于国人之前者，不过欧美一部分流行之学说，或倡于数十年前，今已视为谬陋，无人过问者。杜威罗素，为有势力思想家中之二人耳，而彼等奉为神明，一若欧美数千年来思想界，只有此二人者。马克思之社会主义，久已为经济学家所批驳，而彼等犹尊若圣经。其言政治。则推俄国。言文学。则袭晚近之堕落派。(The Decadent Movement)如印象神秘未来诸主义皆属此派。所谓白话诗者，纯拾自由诗(Vers libre)及美国近年来形象主义(Imagism)之唾余，而自由诗与形象主义亦堕落派之两支，乃倡之者数典忘祖、自矜创造，亦太欺国人矣。庄周曰，井蛙不可以语海者，拘于虚也。彼等于欧西文化，无广博精粹之研究，故所知既浅，所取尤谬。以彼等而输进欧化，亦厚诬欧化矣。特国人多不谙西文，未出国门，而彼等所恃者，又在幼稚之中小学生，故得以肆意猖狂，行其伪学，视通国若无人耳。夫国无学者，任伪学者冒取其名，国人之耻也。而彼等犹以创造自矜，以模仿非笑国人，斥为古人奴隶，实则模仿西人与模仿古人，其所模仿者不同，其为奴隶则一也。况彼等模仿西人，仅得糟粕，国人之模仿古人者，时多得其神髓乎。且彼等非但模仿西人也，亦互相模仿，本无创造天才，假创造之名，束书不观，长其惰性，中乃空虚无有。彼等之书报杂志，雷同因袭，几乎千篇一律，毫无个性特点之可言。与旧时之八股试帖，有何别异，而犹大言不惭，以创造自命，其谁欺哉。

三曰，彼等非学问家乃功名之士也。学问家为真理而求真理，重在自信，而不在世俗之知，重在自得，而不在生前之报酬，故其毕生辛勤，守而有待，不轻出所学以问世，必审虑至当，而后发一言，必研索至精，而后成一书。吾国大师，每诫学者，毋轻著述。曩者牛津大学学者，以早有著述为深耻。夫如是而后学问之尊严、学问家之人格乃可见。今之所谓学问家则不然，其于学问，本无彻底研究与自信自得之可言，特以为功利名誉之念所驱迫，故假学问为进身之阶。专制时代，君主卿相操功名之权，以驱策天下士，天下士亦以君主卿相之好尚为准则。民国以来，功名之权，操于群众，而群众之智识愈薄者，其权愈大。今之中小学生，即昔之君主卿相也。否则功名之士，又何取乎白话诗文，与各种时髦之主义乎。盖恒人所最喜者曰新曰易，幼稚人尤然。其于学说之来也，无审择之能，若使贩自欧美，为吾国夙所未闻，而又合于多数程度，含有平民性质者，则不胫而走，成效立著。惟其无审择之能，以耳代目，于是所谓学问家者，乃有广告以扩其市场，有标榜以扬其徒众。喧呼愈甚，获利愈厚。英谚曰，美酒不需招牌（Good wine needs no bush），酒尚如此，况于学问乎。彼等既以学问为其成功之具，故无尊视学问之意，求其趋时投机而已。杜威罗素之在华也，以为时人倾倒，则皆言杜威罗素。社会主义与堕落派之文学，亦为少年所喜者也，则皆言社会主义与堕落派文学。而真能解杜威罗素社会主义与堕落派文学，有所心得，知其利弊者，有几人乎。学问既以趋时投机为的，故出之甚易，无切实探讨之必要，以一人而兼涉哲理文学政治经济者，所在多有。后生小子，未有不诧为广博无涯涘者。美国有某学者，曾著书数百种，凡哲理算术文学科学及孔佛之教，无所不包，论者以无学问良知訾之，不许以学者之名。此在美国，有甚高之学术标准，故某学者贻讥当世，不能行其博杂肤泛之学。若在吾国今日，将享绝代通儒之誉矣。东西学者多竭数年或数十年之力而成一书，故为不刊之作，传之久远。今之所谓学者，或谓能于一年内成中国学术史五六种，或立会聚徒，包办社会主义与俄罗斯犹太波兰等国之文学，或操笔以待，每一新书出版，必为之序，以尽其领袖后进之责。

顾亭林曰，人之患在好为人序，其此之谓乎。故语彼等以学问之标准与良知，犹语商贾以道德，娼妓以贞操也。夫以功利名誉之熏心，乃不惜牺牲学问如此，非变相之科举梦而何。

四曰，彼等非教育家乃政客也。近年以来，蒙彼等之毒者，莫如教育。吾国政治外交之险恶，社会之腐暗，教育之堕败，固不能使人冷眼坐视，然必牺牲全国少年之学业道德，不为国家将来计，而冀幸获目前万一之补救，虽至愚者不出此。不谓号称教育家者，首先倡之。五四运动以来教育界虽略呈活泼气象，而教育根本已斫丧不少。人性莫不喜动而恶静，乐趋乎呼嚣杂沓、万象若狂之所为，而厌平淡寂寞日常例行之事。少年尤然，聚众罢学，结队游行之乐，盖胜于静室讲习，埋首故纸万万。又况有爱国大义以迫之，多数强权以扶之哉。其尤捷黠者，则声誉骤起，为国闻人。夫人材以积久陶育磨炼而后成，否则启其骄惰之心，易视天下事，终其身无成矣。至于学校内部，各种新名词亦乘机而兴，如“奋斗”“学生自动”“校务公开”。意义非不美也，而以置诸中小学生之简单头脑中，鲜有不偾事者。美儒某氏曰，“授新思想于未知运思之人，其祸立见”。故今日学生，或为政客利用，或启无故之衅，神圣学校，儿为万恶之府矣。然则当世所谓教育家者，其意果何居，曰，“利用群众心理，人性弱点，与幼稚智识之浅薄，情感之强烈，升高而呼，如建瓴而泻水，以遂其功利名誉之野心而已”。或又曰，“子之言亦太苛，教育界现象，岂彼等始意之所料，且彼等已知悔过矣，子不闻‘提高程度’‘严格训练’之说，又顺时而起，以为补救之策乎”。应之曰，“扬子云有云，无验而言之为妄，彼等据教育要津，一言之出，举国响应，乃不顾是非利害，不计将来之效果，信口狂言，以全国天真烂漫之少年，为其试验品，为其功利名誉之代价，是可忍，孰不可忍。彼等固敏捷之徒，其最所服膺者为‘应时势之需要’一语，今则时势异于数年以前，其数年以前所主张，已完全失败，故悔而知返，认目前时势之需要，为‘提高程度’‘严格训练’矣。然责任所在，乌可既往而不咎也。军法，战败者以身殉，否则为戮，西国航海家遇险，船亡则与之俱亡。惟言说之士，以其主义祸人，无法律以绳之，只有舆论与良心问题而已。故就舆论与良心问题而论，彼等言而不验者，已无再发言之资格，而犹觍颜曰‘提高程度’‘严格训练’，亦已晚矣”。

夫建设新文化之必要，孰不知之。吾国数千年来，以地理关系，凡其邻近，皆文化程度远逊于我，故孤行创造，不求外助，以成此灿烂伟大之文化。先民之才智魄力，与其惨淡经营之功，盖有足使吾人自豪者。今则东西邮通，较量观摩，凡人之长，皆足用以补我之短。乃吾文化史上千载一时之遭遇，国人所当欢舞庆幸者也。然吾之文化既如此，必有可发扬光大，久远不可磨灭者在，非如菲律宾夏威夷之岛民，美国之黑人，本无文化之可言，遂取他人文化以代之，其事至简也。而欧西文化，亦源远流长，自希腊以迄今日，各国各时，皆有足备吾人采择者。二十世纪之文化，又乌足包括欧西文化之全乎。故改造国有文化，与吸取他人文化，皆须先有彻底研究，加以至明确之评判，副以至精当之手续，合千百融贯中西之通儒大师，宣导国人，蔚为风气，则四五十年后成效必有可睹也。今则以政客诡辩家与夫功名之士，创此大业，标袭喧攘，侥幸尝试，乘国中思想学术之标准未立，受高等教育者无多之时，挟其伪欧化，以鼓起学力浅薄血气未定之少年。故提倡方始，衰象毕露，明达青年，或已窥底蕴，觉其无有，或已生厌倦，别树旗鼓，其完全失败，早在识者洞鉴之中。夫飘风不终朝，骤雨不终日，势所必然，无足怪者。然则真正新文化之建设，果无望乎，曰，“不然，余将不辞愚陋，略有刍荛之献。惟兹限篇于幅，又讨论建设，似不在本题范围之内，请以俟之异日耳。”

（选自《梅光迪文录》，辽宁教育出版社 2001 年版；
原载《学衡》1922 年第 1 期）

［**导读**］

新文化运动兴起后，即有人表示反对。梅光迪在《学衡》创刊号上发表本文，批评提倡新文化者为“诡辩家”“模仿家”“功名之士”和“政客”。作者并不一概否定建设新文化的必要性，但认为建设新文化更重要的是吸取古今中外的文化精髓，而非仅提倡白话语言就能解决的。本文的发表，使“学衡派”与提倡新文化者爆发了一场争论。

2. 评新文学运动

孤　桐

［**原文**］

愚曩评新文化运动，今胡君适之明其一偏，矜其独得，别标新文学运动之号，周游讲说，论域既浃，用力尤至。《晨报副刊》将彼武昌公开演讲之词，尽揭于篇(十月十日号)。审天下悦胡君之言而响之者众也，愚以职责所在，志虑攸关，不敢苟同以阿于世，敬抒所见，惟明者考览焉。

胡君首言“新文学运动，其名早立，其义未始一讲，久矣此事成为过去，风行草偃，天下皆默认焉。今兹旧事重提，盖有思想顽固之人，出而反抗，吾不得已而为之”云云。嘻！奇已。若而运动，行之已七、八年，举国趋之若狂，大抵视为天经地义，无可畔越；乃主之者竟无说以处此，即有亦卷而怀之，未尝明白示人。事关百年至计，盲从而蠢动，不求甚解，一至于是，宁非至怪？愚尝澄心求之，以谓人本兽也。人性即兽性，其苦拘囚而乐放纵，避艰贞而就平易，乃出于天赋之自然，不待教而知，不待劝而能者也。使充其性而无法以节之，则人欲不得其养，争端不知所届，祸乱并至，而人道且熄。古之圣人知其然也，乃创为礼与文之二事以约之。一之于言动视听，使不放其邪心，著之于名物象数，使不穷于外物，复游之以诗书六艺，使舒其筋力而瀹其心灵，初行似局，浸润而安，久之百行醇而至乐出，彬彬君子，实为天下之司命，默持而善导之，天下从风，炳焉如一：夫是之谓礼教，夫是之谓文化。斯道也，四千年来，吾国君相师儒，续续用力以恢弘之，其间至焉而违，违焉而复至，所经困折，不止一端。盖人心放之易而正之难，文事弛之易而修之难，质性如是，固无可如何者也。今乃反其道而行之，距今以前，所有良法美意，孕育于礼与文者，不论精粗表里，一切摧毁不顾，而惟以人之一时思想所得之，口耳所得传，淫情滥绪，弹词小说所得描写，袒裼裸裎，使自致于世，号曰至美，是相率而返于上古榛榛狉狉之境。所谓苦拘囚而乐放纵，避艰贞而就平易，出于天赋之自然，不待教而知，不待劝而能者也。胡君倡为新文学，被荷如彼其远，而乃不言而人喻，能收大辩若嘿之效者以此。虽然，今既不以吾人为不肖而教之矣。请得一按所言，如其值而归之。

胡君曰："旧文学者，死文学也，不能代表活社会，活国家，活团体。"此最足以耸庸众之听，而无当于理者也。凡死文学，必其迹象与今群渺不相习，仅少数人资为考古而探索之，废兴存亡，不系于世用者也。今之欧人，于希腊拉丁之学为然，而吾也岂其俦乎？且弗言异国古文也。以英人而治赵瑟Chaucer(十四世纪之诗人)即号难读，自非大学英文科生，解之者寥寥。吾则二千年外之经典，可得琅然诵于数岁儿童之口，韩昌黎差比麦考黎(英十九世纪之文家)，而元、白之歌行，且易于裴Byron(裴伦)谢Shelley(谢烈与裴同为十九世纪诗人)之短句，莎米更非其伦，"死"之云者，能得如是之一境乎？且文言贯乎？数千百年，意无二致，人无不晓，俚言则时与地限之。二者有所移易，诵习往往难通。黄鲁直之词，及元人之碑碣，其著例也。如曰"死"也，又在彼而不在此矣。

胡君言社会不应分两种阶级，使文人学士、独擅文言，而排斥愚夫愚妇顽童稚子于文学之外。此今之卯蒲所称文言属诸贵族，必白话始为平民者也。方愚幼时，吾乡之牧童樵子，俱得以时入塾，受《千字课》《四书》《唐诗三百首》，其由是而奋发，入邑庠，为团绅，号一乡之善士者比比也。寒门累代为农，亦至吾祖始读书，求科名，以传其子孙。凡通国情者，莫不知吾国自白丁以至宰相，可依人之愿力为之。文字限人之说，未或前闻。自新政兴，学校立，将《千字课》《四书》《唐诗三百首》，改为猫狗木马板凳之国民读本，向之牧童樵子，可得从容就傅者，转若严屏于塾门之外，上而小学，而高小，而中学，而高等，一乡中其得层累而进之徒，较之前清赴省就学政试，洋洋诵其场作，自鸣得意者，数尤减焉。求学难求学难之声，日闻于父兄师保，疾首蹙额而未已。是今之学校，自成为一种贵族教育，其故与文言白话之争，了不相关。由今之道，无变今之俗，即废手书，而用口述，使所谓工具者，无可更加浅近，亦只便于佻达不学者之恣肆耳，去贵族平民之辩万里也。

胡君主造白话文之环境，谓若社会一切书籍，均用文言著述，平民概不了解，必且失趣而废然以返，故吾人必一致努力为白话文云云。白话文之万无成理，兹诚最大症结，胡君可谓明于自知。世界语之无生气，亦类是也。盖世界之学问，包涵于英、德、法三国之文字者(他国且不论)，为量至大，而三国自身，不能互通，有时英人有求于德，德人有求于法，犹且尽力移译，弥其缺限。今一旦举三国之全量而废置之，惟以瓠落无所容之世界语，使人之耳目心思，从而寄顿，道德学术，从而发扬，他文著录，全译既有所不能，能亦韵味全失，无以生感，同时娴于他文者，复不能严为之界，使俱屏而不用，干枯杂沓，恼乱不堪，此其反于文化之通性，至为显著。世界语之无能为役，非无故也，惟白话文亦然。吾之国性群德，悉存文言，国苟不亡，理不可弃。今举百家九流之书，一一翻成白话，当非君等力能所至。君等竭精著作，将《水浒》《三国演义》《西游记》之心思结构，运用无遗，亦未见供人取求，应有而尽有，而又自为矛盾，以整理国故相号召，所列书目，又率为愚夫愚妇顽童稚子之所不谙。己之结习未忘，人之智欲焉傅？环境之说，其虑弥是，而无如其法之无可通也。

胡君谓“古文文言，二千年前已死。此二千年之文学历史，其真意义乃是白话。今售《三国演义》诸书，年逾百万。五百年来文学势力，不在孔、孟、程、朱、四书、五经而在《三国演义》诸书”。今为问《三国演义》诸书，何时始见于世乎？文言死于二千年前，是距今千九百年，以至演义出版之日，中国无文化也？其间皆死社会也？死国家也？死团体也？胡君之意，果即尔乎？小说年售百万，亦自亚东图书馆以胡君新标点问世为然耳。五百年间，悉如是乎？胡君之明版《康熙字典》。即考见前代为如是，而胡君曾亦忆及二十年前坊间流行之小题《文府策府统宗》，其销数为何等乎？又试查今之商务印书馆所编小学教科书，其年销之统计，果何若乎？胡君若以书贾为导师，从其后以噪于众曰：“文化在是！文化在是!”此客观之念，毋乃太深，而许子之惮烦，毋乃太甚乎？

胡君恶文法之繁难，且不切用，以谓不如语法之实在而便利。如文曰：“吾未之见也。”之字何以必在见字之上，其故无能言之。语曰“我见他”，则何等爽快云云。夫文法者非逻辑也，约定俗宜，即为律令，从而轩轾，其道无由。吾文之法曰：凡否定句，止词必在动词之上，如“吾谁欺”，“愿莫之遂”，皆“吾未之见”之例也。此类定律，不论持示何国文家，了无愧色。而曰：“甚么原因讲不出来。”此特胡君讲不出来已耳，未必尽人为然也。若以语法不如是，是当废止，则一国之文，别有所谓 Conversation Grammar 与严正文律异趣者，所在多有。当今之时，中外互通，名家林立，谁则断言文语不两立如胡君乎？

右举各条，皆就胡君词中，稍稍论之，义取消极，辞止答辩，非特立主张，自成条贯者可比，亦非忘其谫陋，无病呻吟者所为。如施君畸者，或以老生常谈，泛而寡要少之，则须知菽粟为常，荒年视同性命，一壶非要，中流乃值千金。昔天下之言，不归杨则归墨。孟子之说，乃见真切而不为徒然；然后人犹以迂阔不近事情訾之。可见论世知人，本来非易，如愚行能，毫无足算，师今不及，安望古人？偶有发抒，亦比于候虫时鸟，鸣其所不得不鸣者而已。是非谤誉，焉足计哉？

（选自《章士钊全集(1925.2.1—12.27)》第5卷，文汇出版社2000年版；原载《甲寅周刊》1925年第1卷第14号）

［导读］

作为国民政府教育总长的章士钊，对当时声势浩大的新文化运动非常不满。1925年，他在复刊的《甲寅》杂志上化名发表本文，认为“吾之国性群德，悉存文言，国苟不亡，理不可弃”，坚决反对白话文运动，主张仍然使用文言文。

3. 十四年的“读经”

鲁　迅

［原文］

自从章士钊主张读经以来，论坛上又很出现了一些论议，如谓经不必尊，读经乃是开倒车之类。我以为这都是多事的，因为民国十四年的“读经”，也如民国前四年，四年，或将来的二十四年一样，主张者的意思，大抵并不如反对者所想像的那么一回事。

尊孔，崇儒，专经，复古，由来已经很久了。皇帝和大臣们，向来总要取其一端，或者“以孝治天下”，或者“以忠诏天下”，而且又“以贞节励天下”。但是，二十四史不现在么？其中有多少孝子，忠臣，节妇和烈女？自然，或者是多到历史上装不下去了；那么，去翻专夸本地人物的府县志书去。我可以说，可惜男的孝子和忠臣也不多的，只有节烈的妇女的名册却大抵有一大卷以至几卷。孔子之徒的经，真不知读到那里去了；倒是不识字的妇女们能实践。还有，欧战时候的参战，我们不是常常自负的么？但可曾用《论语》感化过德国兵，用《易经》咒翻了潜水艇呢？儒者们引为劳绩的，倒是那大抵目不识丁的华工！

所以要中国好，或者倒不如不识字罢，一识字，就有近乎读经的病根了。“瞰亡往拜”“出疆载质”的最巧玩意儿，经上都有，我读熟过的。只有几个胡涂透顶的笨牛，真会诚心诚意地来主张读经。而且这样的脚色，也不消和他们讨论。他们虽说什么经，什么古，实在不过是空嚷嚷。问他们经可是要读到像颜回，子思，孟轲，朱熹，秦桧(他是状元)，王守仁，徐世昌，曹锟；古可是要复到像清(即所谓“本朝”)，元，金，唐，汉，禹汤文武周公，无怀氏，葛天氏？他们其实都没有定见。他们也知不清颜回以至曹锟为人怎样，“本朝”以至葛天氏情形如何；不过像苍蝇们失掉了垃圾堆，自不免嗡嗡地叫。况且既然是诚心诚意主张读经的笨牛，则决无钻营，取巧，献媚的手段可知，一定不会阔气；他的主张，自然也决不会发生什么效力的。

至于现在的能以他的主张，引起若干议论的，则大概是阔人。阔人决不是笨牛，否则，他早已伏处牖下，老死田间了。现在岂不是正值“人心不古”的时候么？则其所以得阔之道，居然可知。他们的主张，其实并非那些笨牛一般的真主张，是所谓别有用意；反对者们以为他真相信读经可以救国，真是“谬以千里”了！

我总相信现在的阔人都是聪明人；反过来说，就是倘使老实，必不能阔是也。至于所挂的招牌是佛学，是孔道，那倒没有什么关系。总而言之，是读经已经读过了，很悟到一点玩意儿，这种玩意儿，是孔二先生的先生老聃的大著作里就有的，此后的书本子里还随时可得。所以他们都比不识字的节妇，烈女，华工聪明；甚而至于比真要读经的笨牛还聪明。何也？曰：“学而优则仕”故也。倘若“学”而不“优”，则以笨牛没世，其读经的主张，也不为世间所知。

孔子岂不是“圣之时者也”么，而况“之徒”呢？现在是主张“读经”的时候了。武则天做皇帝，谁敢说“男尊女卑”？多数主义虽然现称过激派，如果在列宁治下，则共产之合于葛天氏，一定可以考据出来的。但幸而现在英国和日本的力量还不弱，所以，主张亲俄者，是被卢布换去了良心。

我看不见读经之徒的良心怎样，但我觉得他们大抵是聪明人，而这聪明，就是从读经和古文得来的。我们这曾经文明过而后来奉迎过蒙古人满洲人大驾了的国度里，古书实在太多，倘不是笨牛，读一点就可以知道，怎样敷衍，偷生，献媚，弄权，自私，然而能够假借大义，窃取美名。再进一步，并可以悟出中国人是健忘的，无论怎样言行不符，名实不副，前后矛盾，撒诳造谣，蝇营狗苟，都不要紧，经过若干时候，自然被忘得干干净净；只要留下一点卫道模样的文字，将来仍不失为“正人君子”。况且即使将来没有“正人君子”之称，于目下的实利又何损哉？

这一类的主张读经者，是明知道读经不足以救国的，也不希望人们都读成他自己那样的；但是，要些把戏，将人们作笨牛看则有之，“读经”不过是这一回要把戏偶尔用到的工具。抗议的诸公倘若不明乎此，还要正经老实地来评道理，谈利害，那我可不再客气，也要将你们归入诚心诚意主张读经的笨牛类里去了。

以这样文不对题的话来解释“俨乎其然”的主张，我自己也知道有不恭之嫌，然而我又自信我的话，因为我也是从“读经”得来的。我几乎读过十三经。

衰老的国度大概就免不了这类现象。这正如人体一样，年事老了，废料愈积愈多，组织间又沉积下矿质，使组织变硬，易就于灭亡。一面，则原是养卫人体的游走细胞(Wanderzelle)渐次变性，只顾自己，只要组织间有小洞，它便钻，蚕食各组织，使组织耗损，易就于灭亡。俄国有名的医学者梅契尼珂夫(Elias Metschnikov)特地给他别立了一个名目：大嚼细胞(Fresserzelle)。据说，必须扑灭了这些，人体才免于老衰；要扑灭这些，则须每日服用一种酸性剂。他自己就实行着。

古国的灭亡，就因为大部分的组织被太多的古习惯教养得硬化了，不再能够转移，来适应新环境。若干分子又被太多的坏经验教养得聪明了，于是变性，知道在硬化的社会里，不妨妄行。单是妄行的是可与论议的，故意妄行的却无须再与谈理。惟一的疗救，是在另开药方：酸性剂，或者简直是强酸剂。

不提防临末又提到了一个俄国人，怕又有人要疑心我收到卢布了罢。我现在郑重声明：我没有收过一张纸卢布。因为俄国还未赤化之前，他已经死掉了，是生了别的急病，和他那正在实验的药的有效与否这问题无干。

十一月十八日

（选自《鲁迅全集》第3卷，人民文学出版社2014年版；
原载《猛进》周刊1925年11月27日）

［**导读**］

新文学阵营面对章士钊等人提出的复古论调，撰写了许多批驳文章。鲁迅发表本文认为，章士钊等人提倡读经，并不是真的以为读经足以救国，不过是帮助统治者来愚弄群众，自己从中获得一点“目下的实利”而已。

◇思考与练习

1. 长期以来，学术界有关“甲寅”的研究一直不多，远不如“学衡”。请在查阅相关资料的基础上，分析其中的原因何在？

2. 请查阅当时鲁迅、胡适等人与“学衡”派论争的史料，分析两方视角的差异及其原因。

3. “文白之争”的本质内涵是什么？白话文对于新文学及新文化的意义何在？

◇资料与索引

著作

1. 吴宓，等. 学衡. 上海：上海中华书局，1922—1933.

2. 沈松桥. 学衡派与五四时期的反新文化运动. 台北：台湾大学出版委员会，1984.

3. 孙尚扬，郭兰芳. 国故新知论：学衡派文化论著辑要. 北京：中国广播电视出版社，1995.

4. 沈卫威. 回眸“学衡派”：文化保守主义的现代命运. 北京：人民文学出版社，1999.

5. 沈卫威. 情僧苦行：吴宓传. 北京：东方出版社，2000.

6. 郑师渠. 在欧化与国粹之间：学衡派文化思想研究. 北京：北京师范大学出版社，2001.

7. 高恒文. 东南大学与“学衡派”. 桂林：广西师范大学出版社，2002.

8. 赵亚宏.《甲寅》月刊与中国新文学的发生. 北京：人民出版社，2011.

9. 杨华丽. “打倒孔家店”研究. 北京：人民出版社，2014.

论文

1. 许祖华. 在逆反中构建的理论形态——论“学衡”“甲寅”等复古派的文学理论主张. 中国现代文学研究丛刊，1989(1).

2. 李怡. 论“学衡派”与五四新文学运动. 中国社会科学，1998(6).

3. 童龙超，黄秀蓉. “甲寅派”考辨. 中国现代文学研究丛刊，2007(6).

4. 李怡. 谁的五四?：论“五四文化圈”. 中国现代文学研究丛刊，2009(3).

5. 王桂妹. “反动派”的建构与消解：“甲寅派”阅读史. 文艺争鸣，2014(6).

6. 李怡. “选边站”与“五四”的历史机制问题. 文艺研究，2016(5).

四、左翼“革命文学”运动

◇史料与导读

1. 革命与文学(节选)

郭沫若

［原文］

我们现在是革命的时代，我们是从事于文学的人。我们所从事的文学对于时代有何种关系，时代对于我们有何种要求，我们对于时代当取何种的态度，这些问题是我想在这儿讨论的。

……

所谓文学家，尤其是我们中国人的所谓文学家，他们是居住在别外一种天地的另外的一种人种。他们的生涯是风花雪月，他们对于世事是从不过问的。世事临到清平的时候，他们或许还可以讴歌一下太平，但一临到变革的时候，他们的生活便感受着一种威胁，他们对于革命是比较冷淡的，他们可以取一种超然的态度，不然便要竭力加以诅咒。这种实例无论是旧式的文人或者是新式的文人，我们随处都可以看见。在他们看来，文学和革命总是不两立的。

的确也会是不两立的。文学家对于革命竭力在想超越，在想诅咒，而革命家对于文学也竭力在想轻视，在想否认。我们时常听着实际从事于革命的人说：文学！文学这样东西于我们的革命事业究有甚么？它只是姑娘小姐们的消闲品，只是堕落青年在讲堂上懒于听讲的时候所偷食的禁果罢了。从事于文学的人根本是狗钱不值的。

文学家竭力在诅咒革命，革命家也极力在诅咒文学。这两种人的立脚点虽然不同，然而在他们的眼光里，文学和革命总是不能两立的。

文学和革命根本上不能两立，这是一种极普遍的主张，事实上是如此，而且理论上也的确是如此。然而和这种主张极端反对的，是说文学和革命是完全一致！

文学是革命的前驱，在革命的时代必然有一个文学上的黄金时代。这样的主张我们也是时常听见的。

……

革命本来不是固定的东西，每个时代的革命各有每个时代的精神，不过革命的形式总是固定了的。每个时代的革命一定是每个时代的被压迫阶级对于压迫阶级的彻底的反抗。阶级的分化虽然不同，反抗的目的虽然不同，然而其所表现的形式是永远相同的。

那吗我们可以知道，每逢革命的时期，在一个社会里面，至少是有两个阶级的对立。有两个阶级对立在这儿，一个要维持它素来的势力，一个要推翻它。在这样的时候，一个阶级当然有一个阶级的代言人，看你是站在那一个阶级说话。你假如是站在压迫阶级的，你当然会反对革命；你假如是站在被压迫阶级的，你当然会赞成革命。你是反对革命的人，那你做出来的文学或者你所欣赏的文学，自然是反对革命的文学，是替压迫阶级说话的文学；这样的文学当然和革命不两立，当然也要被革命家轻视和否认的。你假如是赞成革命的人，那你做出来的文学或者你所欣赏的文学，自然是革命的文学，是替被压迫阶级说话的文学；这样的文学自然会成为革命的前驱，自然会在革命时期中产生出一个黄金时代了。

这样一来，我们可以知道文学的这个公名中包含着两个范畴：一个是革命的文学，一个是反革命的文学。

我们得出了文学的两个范畴，所有一切概念上的纠纷，都可以无形消灭，而我们对于文学的态度也就可以决定了。文学是不应该笼统的反对，也不应该笼统的赞美的。这儿我们应该要分别清楚，我们无论是创作文学的人或者研究文学的人，我们是应该要把自己的脚跟认定。每个时代的每种文学都有它的赞美人和它的反对人，但是我们现在姑且作为第三者而加以观察和批评时，究竟那一种文学真是应该受人赞美？那一种文学真是应该受人反对呢？我们要解决这个问题，在先有探求社会构成的基调和社会发展的形式之必要。

文学是社会上的一种产物，她的生存不能违背社会的基本而生存，她的发展也不能违反社会的进化而发展。所以我们可以说一句，凡是合乎社会的基本的文学方能有存在的价值，而合乎社会进化的文学方能为活的文学，进步的文学。

……

据这样看来，我们可以说凡是革命的文学就是应该受赞美的文学，而凡是反革命的文学便是应该受反对的文学。应该受反对的文学我们可以根本否认它的存生，我们也可以简切了当地说它不是文学。大凡一个社会在停滞着的时候，那时候所产生出来的文学都是反革命的，而且同时是全无价值的。我们中国的八股，试帖诗、滥四六调的文章之所以全无价值，也就是这个原故了。

那吗，我们更可以归纳出一句话来：就是文学是永远革命的，真正的文学是只有革命文学的一种。所以真正的文学永远是革命的前驱，而革命的时期中总会有一个文学的黄金时代出现。

所以我在讨论文学和革命的关系的时候，我始终承认文学和革命是一致的，并不是不两立的。

……

以上我把革命和文学的关系略略说明了。这儿还剩着一个顶大的问题，就是所谓革命文学究竟是怎样的文学？就是革命文学的内容究竟怎么样？

这个问题我看是不能限制在一个时代里面来说话的。社会进化的过程中，每个时代都是不断地革命着前进的。每个时代都有每个时代的精神，时代精神一变，革命文学的内容便因之而一变。在这儿我可以得出一个数学的方式，便是

革命文学——F(时代精神)

更简单地表示的时候，便是

文学——F(革命)

这用言语来表现时，就是文学是革命的函数。文学的内容是跟着革命的意义转变的，革命的意义变了，文学便因之而变了。革命在这儿是自变数，文学是被变数，两个都是XYZ，两个都是不一定的。在第一个时代是革命的，在第二个时代又成为非革命的，在第一个时代是革命文学，在第二个时代又成为反革命的文学了。所以革命文学的这个名词虽然固定，而革命文学的内函是永不固定的。

……

我们这样把欧洲文艺思潮的进展追踪起来，可以知道革命文学在史实上也的确是随着时代的精神而转换的。前一个时代有革命文学出现，而在后一个时代又有革革命文学出现，更后一个时代又有革革革命文学出现了。如此进展以至于现世，为我们所要求的革命文学，其内容与形式是很明了的。凡是同情于无产阶级而且同时是反抗浪漫主义的便是革命文学。革命文学倒不一定要描写革命，赞扬革命，或仅仅在表面上多用些炸弹、手枪、干干干等花样。无产阶级的理想要望革命文学家点醒出来，无产阶级的苦闷要望革命文学家实写出来。要这样才是我们现在所要求的真正的革命文学。

……

我看我们的要求和世界的要求是达到同等的地位了。资本主义逐渐发展，看看快要到了尽头，遂由国家的化而为国际的。资本主义的国际化便是我们现刻受着压迫而力谋打倒的帝国主义。随着资本主义的国际化而发生的，便是阶级斗争的国际化，所以我们的打倒帝国主义的要求，同时也就是对于社会主义的一种景仰。我们现在除掉反抗帝国主义的工作外，当然还有许许多多的国民革命工作，但在我看来，我们对内的国民革命的工作，同时也就是对外的世界革命的工作。譬如我们中国的军阀，他们一半是由帝国主义所生发出来的。他们的军饷是帝国主义的投资，他们的军火是帝国主义的商品，他们的爪牙兵士是帝国主义破坏了中国固有的手工业，使一般的人陷为了游民，而为他们驱遣去的鱼雀。所以我们要彻底打倒军阀，根本也非彻底打倒帝国主义不可。所以我们的国民革命同时也就是世界革命。我们的国民革命的意义，在经济方面讲来，同时也就是国际间的阶级斗争。这阶级斗争的事实(须要注意，这是一个事实，并不是甚么人的主张!)是不能消灭的。我们中国的民众大都到了无产阶级的地位了。同情于民众，同情于国民革命的人，他们根本上不能不和帝国主义反抗。不同情于民众，不同情于国民革命的人，如象一些军阀、官僚、买办、劣绅等等，他们结局会与帝国主义联成一线来压迫我们(实际上是已经做到了这步田地)。那吗我们的革命，不根本还是以无产阶级为主体的力量对于有产阶级的斗争吗？所以我们的国民的或者民族的要求，归根是和资本主义国度下的无产阶级的要求完全一致。我们要求从经济的压迫之下解放，我们要求人类的生存权，我们要求分配的均等，所以我们对于个人主义和自由主义要根本铲除，对于反革命的浪漫主义文艺也要取一种彻底反抗的态度。

青年！青年！我们现在处的环境是这样，处的时代是这样，你们不为文学家则已，你们既要矢志为文学家，那你们赶快要把神经的弦索扣紧起来，赶快把时代的精神抓着。我希望你们成革命的文学家，不希望你们成为时代的落伍者。这也并不是在替你们打算，这是在替我们全体的民众打算。彻底的个人的自由，在现在的制度之下是追求不到的。你们不要以为多饮得两杯酒便是甚么浪漫精神，多做得几句歪诗便是甚么天才作者。你们要把自己的生活坚实起来，你们要把文艺的主潮认定！应该到兵间去，民间去，工厂间去，革命的漩涡中去。你们要晓得，时代所要求的文学是同情于无产阶级的社会主义的写实主义的文学，中国的要求已经和世界的要求一致。时代昭告着我们：我们努力吧，向前猛进！

1926 年 4 月 13 日

(选自《沫若文集》第 10 卷，人民文学出版社 1959 年版；
原载《创造月刊》1926 年第 1 卷第 3 期)

［导读］

郭沫若参加北伐战争以后，他的文艺思想发生了很大的转变，开始致力于提倡“革命文学”。本文集中讨论了革命与文学的关系，认为两者是“不能两立”的，提倡大家做“革命的文学家”。“革命文学”的提法虽然始自蒋光慈等人，但经创造社作家郭沫若加以提倡，就使得“革命文学”有了更大的影响力。

2. 革命时代的文学(节选)

——四月八日在黄埔军官学校讲

鲁　迅

［原文］

……

大革命与文学有什么影响呢？大约可以分开三个时候来说：

(一)大革命之前，所有的文学，大抵是对于种种社会状态，觉得不平，觉得痛苦，就叫苦，鸣不平，在世界文学中关于这类的文学颇不少。但这些叫苦鸣不平的文学对于革命没有什么影响，因为叫苦鸣不平，并无力量，压迫你们的人仍然不理，老鼠虽然吱吱地叫，尽管叫出很好的文学，而猫儿吃起它来，还是不客气。所以仅仅有叫苦鸣不平的文学时，这个民族还没有希望，因为止于叫苦和鸣不平。例如人们打官司，失败的方面到了分发冤单的时候，对手就知道他没有力量再打官司，事情已经了结了；所以叫苦鸣不平的文学等于喊冤，压迫者对此倒觉得放心。有些民族因为叫苦无用，连苦也不叫了，他们便成为沉默的民族，渐渐更加衰颓下去，埃及，阿拉伯，波斯，印度就都没有什么声音了！至于富有反抗性，蕴有力量的民族，因为叫苦没用，他便觉悟起来，由哀音而变为怒吼。怒吼的文学一出现，反抗就快到了；他们已经很愤怒，所以与革命爆发时代接近的文学每每带有愤怒之音；他要反抗，他要复仇。苏俄革命将起时，即有这类的文学。但也有例外，如波兰，虽然早有复仇的文学，然而他的恢复，是靠着欧洲大战的。

(二)到了大革命的时代，文学没有了，没有声音了，因为大家受革命潮流的鼓荡，大家由呼喊而转入行动，大家忙着革命，没有闲空谈文学了。还有一层，是那时民生凋敝，一心寻面包吃尚且来不及，那里有心思谈文学呢？守旧的人因为受革命潮流的打击，气得发昏，也不能再唱所谓他们底文学了。有人说：“文学是穷苦的时候做的”，其实未必，穷苦的时候必定没有文学作品的；我在北京时，一穷，就到处借钱，不写一个字，到薪俸发放时，才坐下来做文章。忙的时候也必定没有文学作品，挑担的人必要把担子放下，才能做文章；拉车的人也必要把车子放下，才能做文章。大革命时代忙得很，同时又穷得很，这一部分人和那一部分人斗争，非先行变换现代社会底状态不可，没有时间也没有心思做文章；所以大革命时代的文学便只好暂归沉寂了。

（三）等到大革命成功后，社会底状态缓和了，大家底生活有余裕了，这时候就又产生文学。这时候底文学有二：一种文学是赞扬革命，称颂革命，——讴歌革命，因为进步的文学家想到社会改变，社会向前走，对于旧社会的破坏和新社会的建设，都觉得有意义，一方面对于旧制度的崩坏很高兴，一方面对于新的建设来讴歌。另有一种文学是吊旧社会的灭亡——挽歌——也是革命后会有的文学。有些的人以为这是"反革命的文学"，我想，倒也无须加以这么大的罪名。革命虽然进行，但社会上旧人物还很多，决不能一时变成新人物，他们的脑中满藏着旧思想旧东西；环境渐变，影响到他们自身的一切，于是回想旧时的舒服，便对于旧社会眷念不已，恋恋不舍，因而讲出很古的话，陈旧的话，形成这样的文学。这种文学都是悲哀的调子，表示他心里不舒服，一方面看见新的建设胜利了，一方面看见旧的制度灭亡了，所以唱起挽歌来。但是怀旧，唱挽歌，就表示已经革命了，如果没有革命，旧人物正得势，是不会唱挽歌的。

不过中国没有这两种文学——对旧制度挽歌，对新制度讴歌；因为中国革命还没有成功，正是青黄不接，忙于革命的时候。不过旧文学仍然很多，报纸上的文章，几乎全是旧式。我想，这足见中国革命对于社会没有多大的改变，对于守旧的人没有多大的影响，所以旧人仍能超然物外。广东报纸所讲的文学，都是旧的，新的很少，也可以证明广东社会没有受革命影响；没有对新的讴歌，也没有对旧的挽歌，广东仍然是十年前底广东。不但如此，并且也没有叫苦，没有鸣不平；止看见工会参加游行，但这是政府允许的，不是因压迫而反抗的，也不过是奉旨革命。中国社会没有改变，所以没有怀旧的哀词，也没有崭新的进行曲，只在苏俄却已产生了这两种文学。他们的旧文学家逃亡外国，所作的文学，多是吊亡挽旧的哀词；新文学则正在努力向前走，伟大的作品虽然还没有，但是新作品已不少，他们已经离开怒吼时期而过渡到讴歌的时期了。赞美建设是革命进行以后的影响，再往后去的情形怎样，现在不得而知，但推想起来，大约是平民文学罢，因为平民的世界，是革命的结果。

现在中国自然没有平民文学，世界上也还没有平民文学，所有的文学，歌呀，诗呀，大抵是给上等人看的；他们吃饱了，睡在躺椅上，捧着看。一个才子出门遇见一个佳人，两个人很要好，有一个不才子从中捣乱，生出差迟来，但终于团圆了。这样地看看，多么舒服。或者讲上等人怎样有趣和快乐，下等人怎样可笑。前几年《新青年》载过几篇小说，描写罪人在寒地里的生活，大学教授看了就不高兴，因为他们不喜欢看这样的下流人。如果诗歌描写车夫，就是下流诗歌；一出戏里，有犯罪的事情，就是下流戏。他们的戏里的脚色，止有才子佳人，才子中状元，佳人封一品夫人，在才子佳人本身很欢喜，他们看了也很欢喜，下等人没奈何，也只好替他们一同欢喜欢喜。在现在，有人以平民——工人农民——为材料，做小说做诗，我们也称之为平民文学，其实这不是平民文学，因为平民还没有开口。这是另外的人从旁看见平民的生活，假托平民底口吻而说的。眼前的文人有些虽然穷，但总比工人农民富足些，这才能有钱去读书，才能有文章；一看好像是平民所说的，其实不是；这不是真的平民小说。平民所唱的山歌野曲，现在也有人写下来，以为是平民之音了，因为是老百姓所唱。但他们间接受古书的影响很大，他们对于乡下的绅士有田三千亩，佩服得不了，每每拿绅士的思想，做自己的思想，绅士们惯吟五言诗，七言诗；因此他们所唱的山歌野曲，大半也是五言或七言。这是就格律而言，还有构思取意，也是很陈腐的，不能称是真正的平民文学。现在中国底小说和诗实在比不上别国，无可奈何，只好称之曰文学；谈不到革命时代的文学，更谈不到平民文学。现在的文学家都是读书人，如果工人农民不解放，工人农民的思想，仍然是读书人的思想，必待工人农民得到真正的解放，然后才有真正的平民文学。有些人说："中国已有平民文学"，其实这是不对的。

……

（选自《鲁迅全集》第 3 卷，人民文学出版社 2005 年版；
原载《而已集》，上海北新书局 1928 年版）

［**导读**］

本文是鲁迅在黄埔军官学校的演讲稿。当时正值北伐战争时期，不少青年受到革命文学的鼓动，对创作革命文学充满了热情。鲁迅则认为文学对于革命的作用十分有限，战争年代不能将文学当作武器来使用；并且认为文学有其独立性，并不适合当作宣传鼓动的工具。

3. 革命文学

鲁　迅

［**原文**］

今年在南方，听得大家叫"革命"，正如去年在北方，听得大家叫"讨赤"的一样盛大。

而这"革命"还侵入文艺界里了。

最近，广州的日报上还有一篇文章指示我们，叫我们应该以四位革命文学家为师法：意大利的唐南遮，德国的霍普德曼，西班牙的伊本纳兹，中国的吴稚晖。

两位帝国主义者，一位本国政府的叛徒，一位国民党救护的发起者，都应该作为革命文学的师法，于是革命文学便莫名其妙了，因为这实在是至难之业。

于是不得已，世间往往误以两种文学为革命文学：一是在一方的指挥刀的掩护之下，斥骂他的敌手的；一是纸面上写着许多“打，打”，“杀，杀”，或“血，血”的。

如果这是“革命文学”，则做“革命文学家”，实在是最痛快而安全的事。

从指挥刀下骂出去，从裁判席上骂下去，从官营的报上骂开去，真是伟哉一世之雄，妙在被骂者不敢开口。而又有人说，这不敢开口，又何其怯也？对手无“杀身成仁”之勇，是第二条罪状，斯愈足以显革命文学家之英雄。所可惜者只在这文学并非对于强暴者的革命，而是对于失败者的革命。

唐朝人早就知道，穷措大想做富贵诗，多用些“金”“玉”“锦”“绮”字面，自以为豪华，而不知适见其寒蠢。真会写富贵景象的，有道：“笙歌归院落，灯火下楼台”，全不用那些字。“打，打”，杀，杀”，听去诚然是英勇的，但不过是一面鼓。即使是鼙鼓，倘若前面无敌军，后面无我军，终于不过是一面鼓而已。

我以为根本问题是在作者可是一个“革命人”，倘是的，则无论写的是什么事件，用的是什么材料，即都是“革命文学”。从喷泉里出来的都是水，从血管里出来的都是血。“赋得革命，五言八韵”，是只能骗骗盲试官的。

但“革命人”就希有。俄国十月革命时，确曾有许多文人愿为革命尽力。但事实的狂风，终于转得他们手足无措。显明的例是诗人叶遂宁的自杀，还有小说家梭波里，他最后的话是：“活不下去了！”

在革命时代有大叫“活不下去了”的勇气，才可以做革命文学。

叶遂宁和梭波里终于不是革命文学家。为什么呢，因为俄国是实在在革命。革命文学家风起云涌的所在，其实是并没有革命的。

（选自《鲁迅全集》第3卷，人民文学出版社2005年版；
原载《民众旬报》1927年第5期）

［导读］

鲁迅对革命文学一直比较低调。本文认为当时革命文学处于一种混乱局面，很多无病呻吟之作借着“革命”的幌子大行其道。鲁迅认为要做出真正的革命文学，需要作者亲身参与革命，不见得必须把革命本身当作题材不可。此外，鲁迅还指出，革命文学的作用十分有限，不能代替实实在在的革命。

4. 死去了的阿Q时代(节选)

钱杏邨

［原文］

……

一

无论鲁迅著作的量增加到任何的地步，无论一部分读者对鲁迅是怎样的崇拜，无论《阿Q正传》中的造句是如何的俏皮刻毒，在事实上看来，鲁迅终竟不是这个时代的表现者，他的著作内含的思想，也不足以代表十年来的中国文艺思潮！

十年来的中国文艺思潮的转变，果真细细的分析，它的速度和政治的变化是一样的急激。我们目击政治思想一次一次的从崭新变为陈旧，我们看见许多的政治中心人物抓不住时代，一个一个的被时代的怒涛卷没；最近两年来政治上的屡次分化，和不革命阶级的背叛革命，在在都可以证明这个特征。文坛上的现象也是如此。在几个老作家看来，中国文坛似乎仍然是他们的“幽默”的势力，“趣味”的势力，“个人主义思潮”的势力，实际上，中心的力量早已暗暗的转移了方向，走上了革命文学的路了。

我们便从五四运动说起。五四运动在形式上固然是起源于外交的激刺，实际上却是潜伏在青年内心的初期文化运动的精神的推动，这是谁个都不能否认的事实。初期的文化运动创造了光荣的五四，复又因五四的冲激而得到尽量的发展，新文化运动的第一期思潮便这样的建立了它的基础。这个时期的思潮，个人主义已经变成了可咒诅的名辞，社会的职任已被青年认为切身的责职，引起了青年的对于一切的怀疑，怀疑社会，怀疑家庭，怀疑社会上的一切旧势力，旧制度，大家都站起身来走向社会，去做社会改革的伟业。所以真能代表这个时期的作家，他的创作是涂满了怀疑的色调，对于社会是整个的不信任，个人主义的精神是死亡了的。

这种思潮渐渐的伸展，还没有到十分展开的时候，便遇到孙中山的死，接着就是五卅惨案的继起，因为这内外两大激刺的侵袭，以及几年来主义思潮在青年内心暗地的酝酿，遇到五卅这个时期，便如伟大的火山突兀的爆发起来，于是思潮又有了一大转变。这时期的思潮是有了绝大的进步，举国的青年有了民族的觉醒，有了阶级的觉醒，有了对于帝国主义的认识，同时有了很强烈的革命的要求，个人的家族的观念在青年的心里差不多完全死亡了。而潜伏的革命文学的呼喊也渐渐的接着第一期的文艺思潮伸起头来，在文坛上得到了许多的进展。

五卅惨案发生以后，中国的阶级地位又突然的起了一大变化，工农阶级的力量逐渐的表现出来，上海的工人对于惨案的奋斗，香港工人的十九个月的大罢工，湘鄂工人的响应革命军运动，上海工人驱逐奉鲁军的三次大暴动，以及前此的京汉路的二七惨案，以及革命军所到的地方的农民对于革命的帮助，以及革命军的以工农为革命的主力军，在在都给予青年以莫大的激刺，使他们对于第二期的思潮发现了不满，彻头彻底的站到工农一方面来向着压迫他们的资产阶级抗斗，激起了还没有终止奋斗的激烈的血潮，逃出了国的制度的束缚，思潮转向全世界被压迫阶级联合的抗斗。所以在这个时候，酝酿了很久的第四阶级文艺运动的呼喊，又渐渐的高涨起来，造成了现在的革命文艺与劳动文艺交流的局面。

以上是把十年来的中国文艺思潮的转变概略的叙述了一点。我们现在可以再回转来一检鲁迅的创作，究竟能代表新文艺运动的那一个时期的思想呢？除去在《狂人日记》里表现了一点对于礼教的怀疑，除去《幸福的家庭》表现了一点青年的活性，除去《孤独者》《风波》表现了一点时间背景而外，大多数是没有现代的意味！不仅没有时代思想下所产生的小说，抑且没有能代表时代的人物！阿Q，陈士成，四铭，高尔础这一些人物究竟是什么时代的人物呢？曾经读过《呐喊》与《彷徨》的人大概总能说得出来。在《酒楼上》篇里的吕纬甫说："老年人记性真长久!"(《彷徨》p. 44)我们觉得这句话真可以移赠鲁迅，老年人的记性真长久，科举时代的事件，辛亥革命时代的事件，他都能津津不倦的，不知有汉，无论魏晋的叙述出来，来装点"现代"文坛的局面，这真是难得！不过，"太阳下去时候出现的东西，不会给你什么好处的。"(《野草》p. 37)这又变为他的恰切的批评了，他的创作在时代的意义上实在是没有什么好处的。他不过是如天宝宫女，在追述着当年皇朝的盛事而已；站在时代的观点上，我们是不需要这种东西的。

所以鲁迅的创作，我们老实的说，没有现代的意味，不是能代表现代的，他的大部分创作的时代是早已过去了，而且遥远了。他的创作的时代背景，时代地位，把他和李伯元，刘铁云并论倒是很相宜的，他的创作的时代决不是五四运动以后的，确确实实的只能代表《新民丛报》时代的思潮，确确实实的只能代表清末以及庚子义和团暴动时代的思想，真能代表五四时代的创作实在不多；这一点，希望读者不要误会，我们不是说历史小说不能写，我们觉得写历史小说，站在文学负有社会的使命一点说，也是应该有些时代的意味的，而鲁迅，而鲁迅的创作里，大部分却找不到这种精神。

无论从那一国的文学去看，真正的时代的作家，他的著作没有不顾及时代的，没有不代表时代的。超越时代的这一点精神就是时代作家的唯一生命！然而，鲁迅的著作何如呢？自然，他没有超越时代；不但不曾超越时代，而且没有抓住时代；不但没有抓住时代，而且不曾追随时代；胡适之追逐不上时代，跑到故纸堆中去了，鲁迅呢？在他创作中所显示的精神，是创作的精神不一定要顾及时代，他没有法跟上时代，他创作的动机大概是在和子君“在灯下对坐的怀旧谈中，回味那时冲突以后的和重的重生一般的乐趣”（《彷徨》p. 187）一样的回忆的情趣下面写成的。在这样思想底下所写成的创作，根据所谓自由主义的文学的规例所写成的文学创作，不是一种伟大的创造的有永久性的，而是滥废的无意义的类似消遣的依附于资产阶级的滥废的文学！

所以，关于鲁迅的创作的时代地位问题，根据《呐喊》《彷徨》和《野草》说，我们觉得他的思想是走到清末就停滞了；因此，他的创作即能代表时代，他只能代表庚子暴动的前后一直到清末；再换句话说，就是除开他的创作的技巧，以及少数的几篇能代表五四时代的精神外，大部分是没有表现现代的！

二

鲁迅两部创作集的名称——《呐喊》与《彷徨》——实在说明了他自己。我们把他的这两部创作和《野草》合看的结果，觉得他始终没有找到一条出路，始终的在呐喊，始终的在彷徨，始终的如一束丛生的野草不能变成一棵乔木！实在的，我们从鲁迅的创作里所能够找到的，只有过去，只有过去，充其量亦不过说到现在为止，是没有将来的。他所看到的何如呢？在《野草》里也就很明白的说过，所谓将来就是坟墓！因为他感到的前途只有坟墓（《野草》p. 41），所以他觉到“各样的青春在眼前一一驰去了，身外但有昏黄环绕。”（《野草》p. 93）于是，他也就把希望扔在坟墓里去了，他不存一点什么希望了，他的意思是说希望也是同样的空虚，还不如没有希望的好，我们可以看他的自白：

> 这以前，我的心也曾充满过血腥的歌声，血和铁，火焰和毒，恢复和报仇。然忽而这些都空虚了，但有时故意的填以没奈何的自欺的希望。希望，希望，用这希望的盾，抗拒那空虚中暗夜的袭来，虽然盾后面也依然是空虚中的暗夜。然而就是如此，陆续的耗尽了我的青春。
>
> 我早先岂不知我的青春已经逝去了？但以为身外的青春固在：星，月光，僵坠的胡蝶，暗中的花，猫头鹰的不祥之言，杜鹃的啼泣，笑的渺茫，爱的翔舞……。虽然是悲凉漂忽的青春罢，然而究竟是青春。
>
> 然而现在何以如此寂寞？难道连身外的青春也都逝去，世上的青年也多衰老了么？（《野草》p. 21—2）

他把人生是看得这样的灰暗，他也就觉到人生的太无味道了，然而他并不想死，他还是要“我还得活几天！”（《孤独者》）他总认定“世界上并非没有为了奋斗者而开的活路！”（《伤逝》）不过他所以要活，不是为着前途，是要“求生”（《伤逝》)。求生就是他的渴求，然而意义是没有的，意义就是一个单纯的活着。可是活着究竟是痛苦，一面看到前途是黯淡无光，一面又觉得现实不能使自己满足，找不着出路，又不愿堕落，这结果只有狂喊几声，彷徨歧路了。他自己解剖这种心理也很精细：

> 我有所不乐意的在天堂里，我不愿去；我有所不乐意的在地狱里，我不愿去；我有所不乐意的在你们将来的黄金世界里，我不愿去。呜乎呜乎！我不愿意，我不如彷徨于无地。
>
> 我不过一个影，要别你而沉没在黑暗了。然而黑暗又会吞并我；然而光明又会使我消失。然而我不愿彷徨于明暗之间，我不如在黑暗里沉没。(《野草》p. 6)

在这一节叙述里，鲁迅把自己的小资产阶级的恶习性完全暴露了出来，小资产阶级的任性，小资产阶级的不愿认错，小资产阶级的疑忌，我们是在在的可以看得出来。所以，横在他面前的虽有很光明的出路，他要有所不乐意，他不愿去。既不甘于现实，在理想中又没有希望，结果只有徘徊歧途，彷徨于无地了！这是鲁迅没有出路的心理原因，是小资产阶级的脾气害了他！其实，具有这样习性，而葬送了他们的一生的，我们随时随地都可以遇到；这种人若不把领袖思想英雄思想从他们的脑中赶掉，总归是没有希望的！再进一步说，鲁迅所以陷于这样的状态之中，我们也可以说完全是所谓自由思想害了他，自由思想的结果只有矛盾，自由思想的结果只有徘徊，所谓自由思想在这个世界上只是一个骗人的名词，鲁迅便是被骗的一个。……

只满口的喊着苦闷，而不去找一条出路，这是鲁迅自己戕杀的灵药，他吃了这样的灵药而不悔。……说到这里，也许有人要反诘我。不错的。鲁迅似乎也有出路，记得在《伤逝》篇里就说过，然而他的出路是什么呢？——“深山大泽，洋场，电灯下的盛筵，壕沟，最黑最黑的深夜，利刃的一击，毫无声响的脚步……”(《彷徨》p. 206)这是怎样的一条出路呢？我们想是不需要什么解释的。因为他的出路只是目前的经济的出路，没有顾及其他，是异常的浅薄，终于使他不能满意而灰暗下来；结果这浅薄的希望也就如蜿蜒的长蛇消失在黑暗里了！(p. 212)……不错的，鲁迅也曾觉醒过来，他也因着淡淡的血痕的冲激而兴奋起来，所以他在《淡淡的血痕中》就说：“叛逆的猛士出于人间；他屹立着，洞见一切已故和现有的废墟和荒坟，记得一切深广和久远的痛苦，正视一切重叠淤积的凝渍，深知一切已死，方生，将生，和未生。他看透了造化的把戏，他将要起来使人类苏生，或者使人类灭尽，这些造物主的良民们。”(《野草》p. 88—89)然而，这种兴愤只不过是一个浅薄的同情者而已，并没有看到他怎样的屹立人间，怎样的向前抗斗；其实，就是这样的兴愤，在鲁迅的事实上看来，也不过是一个刹那间的胰子泡而已！他是不会站起来的，这样淡淡的血痕的冲激，是掩不了他的个人主义的精神的，他虽是富有反抗一切破坏一切的思想，但终于是一种滥废的思想，没有多少益处的。他终结还是彷徨！……再进一步说，他不但没有站将起来，根本上他就没有兴奋，任青年的血是怎样的沸腾，他充其量也不过站在路旁吹一两下嘫哨而已！看了《一觉》篇我们就可知道："青年的魂灵屹立在我眼前，他们已经粗暴了，或者将要粗暴了，然而我爱这些流血和隐痛的灵魂，因为他使我觉得是在人间，是在人间活着。"(《野草》p. 91)这是怎样的无聊的浅薄的思想？他始终只有一两声呐喊！……总之，鲁迅的思想是只有怀疑，没有出路，"六面碰壁，外加钉子。真是完全失败，呜呼哀哉了！……"(《野草》p. 74)

因为他的思想向前走不通，因为他的思想的停滞，他便不能不沉醉于过去的回忆里而写出《呐喊》与《彷徨》，他便不能不把人生变为悲惨的灰暗的阴森的了。因此，他说人生是痛苦的是病态的是不健全的，他用雪人象征整个人生的灰暗，他用墓碣文来说明人生的自戕，他又用颓败线的颤动来说明人之一生的痛苦，他觉得人生是没有丝毫的光明的。我们可以看下面的引例：

> 但他终于独自坐着了。晴天又来消蚀他的皮肤，寒夜又使他结一层冰，化作不透明的水晶模样；连续的晴天又使他成为不知道算什么，而嘴上的胭脂也消尽了。(《雪》,《野草》p. 26)
>
> 抉心自食，欲知本味。创痛酷烈，本味何能知？痛定之后，徐徐食之。然其心已陈旧，本味又何由知？(《墓碣文》,《野草》p. 61)
>
> 她赤身露体地，石像似的站在荒野的中央，于一刹那间照见过去的一切：饥饿，痛苦，惊异，羞辱，欢欣，于是发抖；害苦，委屈，带累，于是痉挛；杀，于是平静。……又于一刹那间将一切并合：眷念与决绝，爱抚与复仇，养育与歼除，祝福与咒诅……(《颓败线的颤动》,《野草》p. 65)

鲁迅所看到的人生只是如此，所以展开野草一书便觉冷气逼人，阴森森如入古道，不是苦闷的人生，就是灰暗的命运；不是残忍的杀戮，就是社会的敌意；不是希望的死亡，就是人生的毁灭；不是精神的杀戮，就是梦的崇拜；不是咒诅人类应该同归于尽，就是说明人类的恶鬼与野兽化……一切一切，都是引着青年走向死灭的道上，为跟着他走的青年们掘了无数无数的坟墓，所以他说明人生的终结道："负着虚空的重担，在严威和冷眼中走着所谓人生的路，这是怎么可怕的事呵！而况这路的尽头又不过是——连墓碑也没有的坟墓。"(《彷徨》p. 206)

鲁迅这种态度是大错误的，人类即使如“狮子似的野心，兔子的怯弱，狐狸的狡猾，……”(《呐喊》p. 10)然而终竟没有好的希望么？也就没有所谓人生的光明面么？人类不是没有改善的希望的，人类更不是没有出路；苦闷有来源总归是有出路，光明的大道是现在自己的眼前；他偏偏的不走上去，只是沿着三面夹道的墙去专显碰壁的精神，这究竟有什么意义呢？……所以鲁迅对于人生的视察也不过是说明他是一个怀疑现实而没有革命的勇气的人生咒诅者而已，他何曾“在无形无色的鲜血淋漓的粗暴上接吻”(《野草》p. 91)来！……他又何曾想到彷徨的痛苦，呐喊的无聊，希望的实现，和前途的光明来！他所说的“然而我又不愿意他们因为要一气，都如我的辛苦辗转而生活，也不愿意他们都如闰土的辛苦麻木而生活，也不愿意都如别人的辛苦恣睢而生活。他们应该有新的生活，为我们所未经生活过的”(《呐喊》p. 110)一些话，也终于是一个暂时的兴奋而已！……我们所感到的人生，不像鲁迅所见到的这般灰暗而阴惨！……

三

死去了的阿 Q 时代

然而鲁迅究竟有鲁迅的好处，鲁迅究竟有鲁迅的地位，虽然《阿 Q 正传》不是一篇伟大的创作，确确实实的可以代表鲁迅他自己。《阿 Q 正传》的技巧的好坏，在这里我们不想说，但是《阿 Q 正传》里藏着过去了的中国的病态的国民性，这却是值得我们注意的一点。创作中表现国民性的必要，根据过去的理论，在客观上我们对于《阿 Q 正传》时代的思潮，是不能否认的。鲁迅能把病态的一部分很扼要的捉住，又很扼要的表现出，这是很难能，而在其他的创作中难以找到的。我们读完《阿 Q 正传》，至少可以得到两种最深刻的印象，同时从这两种深刻的印象上可以找到过去的中国人的特长是什么东西。所谓两种印象，第一是我们认识了中国人在过去时代的从听天由命的思想所造成的一种对人生不加思索莫名其妙的生莫名其妙的死的可怜可恨的人物，第二就是我们认识了中国人的阴险刻毒势利凭藉阶级仗势欺人以及其他类似以上种种的冷酷的性格。这两种绝对相反的性格，确实是中国人的病态性格的最重要的部分，被鲁迅在一个短篇里露骨的表现出来了，所以我们客观的说，这一篇创作是可以代表中国人的死去了的病态的国民性的，是鲁迅创作中最可纪念的一篇。

这一篇的好处不但是代表了病态的国民性，同时还解剖了在辛亥革命初期的农村里一部分人物的思想，我们扩大点说，阿 Q 的思想也代表了那时都市里一部分民众的思想。我们要分析这时期的农村农民的思想，那是最容易捉到阿 Q 的生命的。那时候农民当然是才从帝王子民的梦境里醒悟过来；在民可使由之不可使知之的帝王统治之下，尤其是乡村里的人很少有读书的，即使有读书的也不过是被训练成怎样做一个安分的百姓而已，因此象阿 Q 这样胡涂的人物当然是多而又多，《阿Q正传》于是就应运而生了！……那时乡村的豪绅阶级横行乡里出入公门欺凌弱者，农民没有觉悟不敢反抗只有隐忍也自是当然的趋势；一旦革命军突然起来，推翻一切的统治阶级，无知的一向饱受豪绅阶级欺凌的农民你叫他怎能不愤愤然而起复仇的念头呢？我们便看阿Q的对于革命党的同情，和他的"革命也好罢，革这伙妈妈的的命，太可恶！太可恨！……便是我，也要投降革命党了"(《呐喊》p. 161)的想念，也就可以想见农民当时的泄愤的心理了。因泄愤的原因及对革命党是打倒自家的仇人的一种欢喜，阿Q要实行革命，也是当时很普通的现象。于是，《阿Q正传》便应运而成了悲剧的大团圆了。……豪绅知识阶级究竟比一般粗鲁的人的智识高明的多，乘机跑到革命的队伍里去一跃而为投机的革命党，混队而继续他的旧势力的命运，也是必然而可能的事。这样，以革命为真革命为真是替人民报仇的在初期曾向压迫者泄愤的农民们便不得不成为豪绅贪污式的伪革命党人的牺牲品了，于是乎阿Q死，而《阿Q正传》也就完成了他的时代的记载！

《阿Q正传》虽有这么多的好处，在表现与意义两方面虽值得我们称赞，然而究竟不能说是代表十年来的中国现代文坛的时代的力作；十年来的中国农民是早已不像那时的农村民众的幼稚了。所以根据文艺思潮的变迁的形式去看，阿Q是不能放在五四时代的，也不能放在五卅时代的，更不能放到现在的大革命的时代的。现在的中国农民第一是不像阿Q时代的幼稚，他们大都有了很严密的组织，而且对于政治也有了相当的认识；第二是中国农民的革命性已经充分的表现了出来，他们反抗地主，参加革命，近且表现了原始的Baudon的形式，自己实行革起命来，决没有像阿Q那样屈服于豪绅的精神；第三是中国的农民智识已不像阿Q时代农民的单弱，他们不是莫明其妙的阿Q式的蠢动，他们是有意义的，有目的的，不是泄愤的，而是一种政治的斗争了。……说到这里，我们是很明白的可以看到现在的农民不是辛亥革命时代的农民，现在的农民的趣味已经从个人的走上政治革命的一条路了！

事实已经很明显的放在眼前，我们能不能说阿Q的时代是万古常新呢？我们愿意很坚决的说，《阿Q正传》确实有它的好处，有它本身的地位，然而它没有代表现代的可能，阿Q时代是早已死去了！阿Q时代是死得已经很遥远了！我们如果没有忘却时代，我们早就应该把阿Q埋葬起来！勇敢的农民为我们又已创造了许多可宝贵的健全的光荣的创作的材料了，我们是永不需要阿Q时代了！……

不但阿Q时代是已经死去了，《阿Q正传》的技巧也已死去了！《阿Q正传》的技巧，我们若以小资产阶级的文艺的规律去看，它当然有不少的相当的好处，有不少的值得我们称赞的地方，然而也已死去了，也已死去了！现在的时代不是阴险刻毒的文艺表现者所能抓住的时代，现在的时代不是纤巧俏皮的作家的笔所能表现出的时代，现在的时代不是没有政治思想的作家所能表现出的时代！旧的皮囊不能盛新的酒浆，老了的妇人永不能恢复她青春的美丽，《阿Q正传》的技巧随着阿Q一同死亡了，这个狂风暴雨的时代，只有具着狂风暴雨的革命精神的作家才能表现出来，只有忠实诚恳情绪在全身燃烧，对于政治有亲切的认识自己站在革命的前线的作家才能表现出来！《阿Q正传》的技巧是力不能及了！阿Q时代是早已死去了！我们不必再专事骸骨的迷恋，我们把阿Q的形骸与精神一同埋葬了罢，我们把阿Q的形骸与精神一同埋葬了罢！……

一九二八，二，一七——一八于上海

附记《死去了的阿Q时代》总算写定了，不过有几句声明应该补记在这里：就是这一篇评论完全根据鲁迅的《呐喊》，《彷徨》和《野草》三书而作，一切的论断也依据这三本书而定，所以算不得一篇完善的鲁迅论。我觉得鲁迅的真价的评定，他的论文杂感与翻译比他的创作更重要。他在中国新文艺运动的初期是很有力量，很有地位的，同时他的创作对于新文坛的推进，也有很大的帮忙，这是不可抹煞的事实。可是本篇单纯的论他的创作，就没有办法涉及其他了，所以关于他反抗封建势力……一类的杂感里所表现的时代精神，只有让读者在《坟》，《热风》，华盖正续集一类的书里去寻求了。

（选自《中国新文学大系(1927—1937)》第2集(文学理论集2)，上海文艺出版社1987年版；原载《太阳月刊》1928年第3期）

［**导读**］

革命文学的倡导者对五四以来以鲁迅为代表的新文学创作颇有异议，认为它们缺乏时代感，主题思想落后，而鲁迅是他们批驳的首要对象。本文对鲁迅的政治思想、创作动机、小说散文创作等方面都做了详尽的批判，认为：鲁迅已成为时代的落伍者，他的思想停滞在清末，他的人生观是灰暗阴惨的，已跟不上时代的要求。选文部分集中对《野草》《阿Q正传》和《语丝》等进行了批判。

5.“醉眼”中的朦胧

鲁　迅

［**原文**］

旧历和新历的今年似乎于上海的文艺家们特别有着刺激力，接连的两个新正一过，期刊便纷纷而出了。他们大抵将全力用尽在伟大或尊严的名目上，不惜将内容压杀。连产生了不止一年的刊物，也显出拼命的挣扎和突变来。作者呢，有几个是初见的名字，有许多却还是看熟的，虽然有时觉得有些生疏，但那是因为停笔了一年半载的缘故。他们先前在做什么，为什么今年一齐动笔了？说起来怕话长。要而言之，就因为先前可以不动笔，现在却只好来动笔，仍如旧日的无聊的文人，文人的无聊一模一样。这是有意识或无意识地，大家都有些自觉的，所以总要向读者声明“将来”：不是“出国”，“进研究室”，便是“取得民众”。功业不在目前，一旦回国，出室，得民之后，那可是非同小可了。自然，倘有远识的人，小心的人，怕事的人，投机的人，最好是此刻豫致“革命的敬礼”。一到将来，就要“悔之晚矣”了。

然而各种刊物，无论措辞怎样不同，都有一个共通之点，就是：有些朦胧。这朦胧的发祥地，由我看来，——虽然是冯乃超的所谓“醉眼陶然”——也还在那有人爱，也有人憎的官僚和军阀。和他们已有瓜葛，或想有瓜葛的，笔下便往往笑迷迷，向大家表示和气，然而有远见，梦中又害怕铁锤和镰刀，因此也不敢分明恭维现在的主子，于是在这里留着一点朦胧。和他们瓜葛已断，或则并无瓜葛，走向大众去的，本可以毫无顾忌地说话了，但笔下即使雄纠纠，对大家显英雄，会忘却了他们的指挥刀的傻子是究竟不多的，这里也就留着一点朦胧。于是想要朦胧而终于透漏色彩的，想显色彩而终于不免朦胧的，便都在同地同时出现了。

其实朦胧也不关怎样紧要。便在最革命的国度里，文艺方面也何尝不带些朦胧。然而革命者决不怕批判自己，他知道得很清楚，他们敢于明言。惟有中国特别，知道跟着人称托尔斯泰为“卑污的说教人”了，而对于中国“目前的情状”，却只觉得在“事实上，社会各方面亦正受着乌云密布的势力的支配”，连他的“剥去政府的暴力，裁判行政的喜剧的假面”的勇气的几分之一也没有；知道人道主义不彻底了，但当“杀人如草不闻声”的时候，连人道主义式的抗争也没有。剥去和抗争，也不过是“咬文嚼字”，并非“直接行动”。我并不希望做文章的人去直接行动，我知道做文章的人是大概只能做文章的。

可惜略迟了一点，创造社前年招股本，去年请律师，今年才揭起“革命文学”的旗子，复活的批评家成仿吾总算离开守护“艺术之宫”的职掌，要去“获得大众”，并且给革命文学家“保障最后的胜利”了。这飞跃也可以说是必然的。弄文艺的人们大抵敏感，时时也感到，而且防着自己的没落，如漂浮在大海里一般，拼命向各处抓攫。二十世纪以来的表现主义，踏踏主义，什么什么主义的此兴彼衰，便是这透露的消息。现在则已是大时代，动摇的时代，转换的时代，中国以外，阶级的对立大抵已经十分锐利化，农工大众日日显得着重，倘要将自己从没落救出，当然应该向他们去了。何况“呜呼！小资产阶级原有两个灵魂。……”虽然也可以向资产阶级去，但也能够向无产阶级去的呢。

这类事情，中国还在萌芽，所以见得新奇，须做《从文学革命到革命文学》那样的大题目，但在工业发达，贫富悬隔的国度里，却已是平常的事情。或者因为看准了将来的天下，是劳动者的天下，跑过去了；或者因为倘帮强者，宁帮弱者，跑过去了；或者两样都有，错综地作用着，跑过去了。也可以说，或者因为恐怖，或者因为良心。成仿吾教人克服小资产阶级根性，拉"大众"来作"给与"和"维持"的材料，文章完了，却正留下一个不小的问题：

倘若难于"保障最后的胜利"，你去不去呢？

这实在还不如在成仿吾的祝贺之下，也从今年产生的《文化批判》上的李初梨的文章，索性主张无产阶级文学，但无须无产者自己来写；无论出身是什么阶级，无论所处是什么环境，只要"以无产阶级的意识，产生出来的一种的斗争的文学"就是，直截爽快得多了。但他一看见"以趣味为中心"的可恶的"语丝派"的人名就不免曲折，仍旧"要问甘人君，鲁迅是第几阶级的人？"

我的阶级已由成仿吾判定："他们所矜持的是'闲暇，闲暇，第三个闲暇'；他们是代表着有闲的资产阶级，或者睡在鼓里的小资产阶级。……如果北京的乌烟瘴气不用十万两无烟火药炸开的时候，他们也许永远这样过活的罢。"

我们的批判者才将创造社的功业写出，加以"否定的否定"，要去"获得大众"的时候，但已梦想"十万两无烟火药"，并且似乎要将我挤进"资产阶级"去（因为"有闲就是有钱"云），我倒颇也觉得危险了。后来看见李初梨说："我以为一个作家，不管他是第一第二……第百第千阶级的人，他都可以参加无产阶级文学运动；不过我们先要审察他们的动机。……"这才有些放心，但可虑的是对于我仍然要问阶级。"有闲便是有钱"；倘使无钱，该是第四阶级，可以"参加无产阶级文学运动"了罢，但我知道那时又要问"动机"。总之，最要紧是"获得无产阶级的阶级意识"，——这回可不能只是"获得大众"便算完事了。横竖缠不清，最好还是让李初梨去"由艺术的武器到武器的艺术"，让成仿吾去坐在半租界里积蓄"十万两无烟火药"，我自己是照旧讲"趣味"。

那成仿吾的"闲暇，闲暇，第三个闲暇"的切齿之声，在我是觉得有趣的。因为我记得曾有人批评我的小说，说是"第一个是冷静，第二个是冷静，第三个还是冷静"，"冷静"并不算好批判，但不知怎地竟像一板斧劈着了这位革命的批评家的记忆中枢似的，从此"闲暇"也有三个了。倘有四个，连《小说旧闻钞》也不写，或者只有两个，见得比较地忙，也许可以不至于被"奥伏赫变"（"除掉"的意思，Aufheben 的创造派的译音，但我不解何以要译得这么难写，在第四阶级，一定比照描一个原文难）罢，所可惜的是偏偏是三个。但先前所定的不"努力表现自己"之罪，大约总该也和成仿吾的"否定的否定"，一同勾消了。

创造派"为革命而文学"，所以仍旧要文学，文学是现在最紧要的一点，因为将“由艺术的武器，到武器的艺术”，一到“武器的艺术”的时候，便正如“由批判的武器，到用武器的批判”的时候一般，世界上有先例，“徘徊者变成同意者，反对者变成徘徊者”了。

但即刻又有一点不小的问题：为什么不就到“武器的艺术”呢？

这也很像“有产者差来的苏秦的游说”。但当现在“无产者未曾从有产者意识解放以前”，这问题是总须起来的，不尽是资产阶级的退兵或反攻的毒计。因为这极彻底而勇猛的主张，同时即含有可疑的萌芽了。那解答只好是这样：

因为那边正有“武器的艺术”，所以这边只能“艺术的武器”。

这艺术的武器，实在不过是不得已，是从无抵抗的幻影脱出，坠入纸战斗的新梦里去了。但革命的艺术家，也只能以此维持自己的勇气，他只能这样。倘他牺牲了他的艺术，去使理论成为事实，就要怕不成其为革命的艺术家。因此必然的应该坐在无产阶级的阵营中，等待“武器的铁和火”出现。这出现之际，同时拿出“武器的艺术”来。倘那时铁和火的革命者已有一个“闲暇”，能静听他们自叙的功勋，那也就成为一样的战士了。最后的胜利。然而文艺是还是批判不清的，因为社会有许多层，有先进国的史实在；要取目前的例，则《文化批判》已经拖住 Upton Sinclair，《创造月刊》也背了 Vigny 在“开步走”了。

倘使那时不说“不革命便是反革命”，革命的迟滞是“语丝派”之所为，给人家扫地也还可以得到半块面包吃，我便将于八时间工作之暇，坐在黑房里，续钞我的《小说旧闻钞》，有几国的文艺也还是要谈的，因为我喜欢。所怕的只是成仿吾们真像符拉特弥尔·伊力支一般，居然“获得大众”；那么，他们大约更要飞跃又飞跃，连我也会升到贵族或皇帝阶级里，至少也总得充军到北极圈内去了。译著的书都禁止，自然不待言。

不远总有一个大时代要到来。现在创造派的革命文学家和无产阶级作家虽然不得已而玩着“艺术的武器”，而有着“武器的艺术”的非革命武学家也玩起这玩意儿来了，有几种笑迷迷的期刊便是这。他们自己也不大相信手里的“武器的艺术”了罢。那么，这一种最高的艺术——“武器的艺术”现在究竟落在谁的手里了呢？只要寻得到，便知道中国的最近的将来。

二月二十三日，上海。

（选自《鲁迅全集》第 4 卷，人民文学出版社 2005 年版；
原载《语丝》1928 年第 4 卷第 11 期）

［导读］

本文是鲁迅第一篇回击创造社、太阳社的文章。针对创造社等人攻击自己是时代的落伍者，鲁迅指出，他们对新文化运动并没有做出贡献，只好全盘否定它，以谋得将来的功业。鲁迅还剖析了倡导革命文学的某些人并不是彻底的革命者，其态度很“朦胧”，缺乏行动的能力和毅力。

◇思考与练习

1. 请分别查阅“文学革命”和“革命文学”主要倡导者的基本情况(年龄、籍贯、职业和思想状态等)，在此基础上对比分析这两次文学运动的主要成员存在怎样的差异？这些差异主要说明了什么？

2. 你如何理解鲁迅和郭沫若等人对待文学的独特性的不同看法？

3. 鲁迅说“在革命时代有大叫‘活不下去’的勇气，才可以做革命文学”，你如何理解这句话？并谈谈你对“革命文学”的认识。

◇资料与索引

著作

1. 丁丁. 革命文学论. 上海：泰东图书局，1927.

2. 蒋光慈，瞿秋白. 关于革命文学. 上海：上海光华书局，1928.

3. 南京大学中文系. 左联时期无产阶级革命文学. 南京：江苏文艺出版社，1960.

4. 丁景唐，瞿光熙. 左联五烈士研究资料编目. 上海：上海文艺出版社，1981.

5. 中国社会科学院文学研究所现代文学研究室. “革命文学”论争资料选编. 北京：人民文学出版社，1981.

6. 霁楼. 革命文学论文集. 上海：上海书店，1986.

7. 艾晓明. 中国左翼文学思潮探源. 长沙：湖南文艺出版社，1991.

8. 张大明. 不灭的火种——左翼文学论. 成都：四川文艺出版社，1992.

9. 姚辛. 左联词典. 北京：光明日报出版社，1994.

10. 郑择魁，等. 左联五烈士评传. 重庆：重庆出版社，1995.

11. 谌宗恕. 左联文学新论. 武汉：武汉出版社，1996.

12. 旷新年. 1928革命文学. 济南：山东教育出版社，1998.

13. 刘小清. 红色狂飙：左联实录. 北京：人民文学出版社，2004.

14. 方维保. 红色意义的生成. 合肥：安徽教育出版社，2004.

15. 王宏志. 鲁迅与“左联”. 北京：新星出版社，2006.

16. 曹清华. 中国左翼文学史稿(1921—1936). 北京：中国社会科学出版社，2008.

17. 王锡荣. “左联”与左翼文学运动. 上海：上海人民出版社，2016.

论文

1. 林伟民. 左翼革命文学运动性质析论. 华东师范大学学报：哲学社会科学版，2000(6).

2. 宋剑华. 论左翼文学运动的政治精英意识. 云梦学刊，2002(4).

3. 贺立华，程春梅. 中国“左翼”运动与延安红色文艺. 文史哲，2004(6).

4. 宋剑华. 论左翼文学运动的人文价值观. 福建论坛：人文社会科学版，2006(1).

5. 王晓初. 中国左翼文学思潮的内在差异性和张力. 文学评论，2007(1).

6. 旷新年. 重新思考左翼文学. 文艺理论与批评，2015(1).

五、“文艺大众化”的讨论

◇史料与导读

1. 文艺的大众化

鲁　迅

［**原文**］

文艺本应该并非只有少数的优秀者才能够鉴赏，而是只有少数的先天的低能者所不能鉴赏的东西。

倘若说，作品愈高，知音愈少。那么，推论起来，谁也不懂的东西，就是世界上的绝作了。

但读者也应该有相当的程度。首先是识字，其次是有普通的大体的知识，而思想和情感，也须大抵达到相当的水平线。否则，和文艺即不能发生关系。若文艺设法俯就，就很容易流为迎合大众，媚悦大众。迎合和媚悦，是不会于大众有益的。——什么谓之“有益”，非在本问题范围之内，这里且不论。

所以在现下的教育不平等的社会里，仍当有种种难易不同的文艺，以应各种程度的读者之需。不过应该多有为大众设想的作家，竭力来作浅显易解的作品，使大家能懂，爱看，以挤掉一些陈腐的劳什子。但那文字的程度，恐怕也只能到唱本那样。

因为现在是使大众能鉴赏文艺的时代的准备，所以我想，只能如此。

倘若此刻就要全部大众化，只是空谈。大多数人不识字；目下通行的白话文，也非大家能懂的文章；言语又不统一，若用方言，许多字是写不出的，即使用别字代出，也只为一处地方人所懂，阅读的范围反而收小了。

总之，多作或一程度的大众化的文艺，也固然是现今的急务。若是大规模的设施，就必须政治之力的帮助，一条腿是走不成路的，许多动听的话，不过文人的聊以自慰罢了。

（选自《鲁迅全集》第7卷，人民文学出版社2005年版；
原载上海《大众文艺》1930年第2卷第3期）

［导读］

“左联”成立后，左翼作家迫切感到文艺大众化的重要性，先后在《大众文艺》等期刊上展开了三次关于文艺大众化问题的讨论。鲁迅这篇文章发表于第一次讨论中，肯定了文艺大众化的发展方向，并就实现大众化的途径以及需要注意的问题做了阐发，这成为此次讨论的中心议题。

2. 关于文学大众化的问题

郑伯奇

［原文］

(一)问题的核心

文学大众化的问题，就在中国文坛至少一年以前就提出了。最初的提出，不过文坛一部的问题，换句话说，不过只是新兴文学技术的问题。新兴文学的初期，生硬的直译体的西洋化的文体是流行过一时。这使读者——就是智识阶级的读者——也感觉到非常的困难。启蒙运动的本身，不用说，蒙着很大的不利。于是大众化的口号自然提出了。

运动的进展使问题的意义一天天深化。现在所谓大众化不是这样简单的。

文学——就连一切艺术——应该是属于大众的，应该属于从事生产的大多数的民众的。可是从来这大多数的民众，因为生活条件所限没有和文学接近的机会。文学从来只是供资产阶级的享乐，不然便是消费的小资产阶级的排遣自慰的工具。大多数的民众所享受的是些文艺圈外所遗弃的残滓，而且这些残滓又都满藏着支配阶级所偷放安排着的毒剂。譬如施公案彭公案杏花天再生缘以至新式的三角四角老七老八鸳鸯蝴蝶才子佳人等等等。

但是大众不能永久受着蒙蔽欺骗。和在政治经济各方面一样，他们在文化方面也要求自己的文化，自己的艺术，自己的文学。普罗文学应该是这样发生的。这样发生的普罗文学，不用讲应该是大众文学。

但是普罗文学的阵营中，发生了文学化的要求；这是怎样的矛盾！但是这又是怎样的必然！

生产大众在任何国家都是在文化圈外的。初期普罗文学的创造者，因而大多数是些智识份子。这些智识份子又都对于资产文化是不平不满的。所以他们所创造的普罗文学诚然不免有许多是大众所不能接受的东西。并且智识份子的社会环境往往使他们的作品不能和大众接近的。在这样状态之下，文学大众化的问题就发生了。

大众文学应该是大众能享受的文学，同时也应该是大众能创造的文学。所以大众化的问题的核心是怎样使大众能整个地获得他们自己的文学。

(二)样式技巧的问题

大众所爱好的是平易，是真实，是简单明了。智识份子所耽溺的眩奇的表现和复杂的样式是他们所不能领略的。

所以大众所欢迎的文学，无条件的是普罗列塔利亚写实主义的文学。

关于言语，大众当然爱好自己所惯用的言语。修饰雕琢的文章，为他们只是一种头痛膏。

在这里，象中国这种象形文字的国家，当然普罗文学家要遇着很大的困难。国语问题音符问题，现在资产阶级的文学家已经置之脑后了；可是普罗文学应该将这些问题重行提起寻出一个解决。

(三)作者的问题

大众文学的作家，应该是由大众中间出身的：至少这是原则。

惟其由大众出身的作家，才能具有大众的意识，大众的生活感情；所以也只有他们才能表现大众所欲表现的东西，只要他们获得了表现的手段。

不过大众在现在这样生活条件之下，他们中间想出代表他们自己的作家，实在是不容易的事情。而且在文化落后的国度里，这更其是困难到不可能的程度。

所以智识阶级出身的作家，也不是应该排斥的。尤其是在文化落后的国度里，我们更应该欢迎这样倾向的智识阶级出身的作家。

因为文学毕竟是艺术，是需要一种特别技能的，而智识阶级的环境和修养很容易地获得这种技术家。

智识阶级的作家想创造大众文学却也不是容易的事情。第一，他们的环境常常使他们冒失败的危险。所以他们先要克服他们环境所养成的种种，而获得大众的意识，大众的生活感情。其次他们应该抛却自己的洁癖，而学习大众的言语，大众的表现方法。

这样，智识阶级的作家才能成为大众的作家，他们所创造的文学才能成为大众所要求的文学。

(四)中国大众化问题的现阶段

中国现在所要求的大众文学？目下大众化的具体方法？我们先要看清楚中国生产大众的文化的水准。

中国劳苦弟兄的最大多数，不客气地说，还是连字都识不到几个。就是能识字的中间找寻能看三国水浒这样旧小说的又是很少很少。但是他们有他们的文学：他们有他们自己创作的俚谣，他们有他们自己表演的短剧。并且他们有他们能享受的巡回图书馆，在这图书馆有他们最喜欢的插绘本小说等。

当然在这里所能找的小说大都是旧小说简单化了的翻版本；不然便是市井文侩投机的时事小说，武侠小说等。

大众文学家应该在这里夺回我们的群众。并且在这里，他们应该帮助大众去创作民谣，编排戏剧。

当然普罗文学家不能忘记将来建设新兴文学的任务，但是同时也不应该忽视目前紧要的工作，将来新兴文学的基础至少有大部分是建设这粗野的文学成分的上面。

我们可以结论：中国目下所要求的大众文学是真正的启蒙文学。

（原载《大众文艺》1930 年第 2 卷第 3 期）

［**导读**］

本文比较深入地探讨了文艺大众化建设中的诸多问题，涉及内容、形式、作者身份、深入生活等方面。作者特别强调“中国目下所要求的大众文学是真正的启蒙文学”，这一论述着力强调了文艺大众化与五四启蒙思潮之间的紧密联系。

3. 文言—白话—大众语

陈子展

［**原文**］

现在已经有人喊出“文言复兴”的口号，同时也有人倡言“反对文言复兴”，好像久已停止了的文言白话的论战又要重演一番。

其实文言白话的论战早已分过胜负了，并不是林琴南章行严诸先生的文言文做得不好，他们赶不上古人；只因中国社会已经走到某种程度变革的路上，基础一动，旧文化全般动摇，文学革命只是其中的一种。这种大势所趋，自然还有许多回环曲折，可是站在没落下去的某方面无论个人或他所属的某一阶层，虽然还能够来几次挣扎，最后的胜利却不会归到他们的，尽管也得佩服他们的勇敢。

总而言之，文言白话的论战早已过去了，目前我们虽然听到“文言复兴”的口号，并不感得怎样的严重。至于个人为了某种必要，做几篇文言文，只要对于社会上不生恶影响，不致毒害大众，暂时似乎不妨容忍。

文言白话之争既已表过不提，现在我以为要提出的是比白话更进一步，提倡大众语文学。这理由并不怎样高深繁重，就极浅薄极简单的说，十多年来的白话文虽然比较文言的东西是要和大众接近些儿，可是事实上告诉我们，这个显然还不够。目前的白话文学只是智识分子一个阶层的东西，还不是普遍的大众所需要的。再添上一句简单的话说，只因这种白话还不是大众的语言。

从前为了要补救文言的许多缺陷，不能不提倡白话，现在为了要纠正白话文学的许多缺点，不能不提倡大众语。

这里所谓大众语，包括大众说得出，听得懂，看得明白的语言文字。标准的大众语，似乎还得靠将来大众语文学家的作品来规定，最要紧的还得先看一看目前大众所受的教育程度是怎么样，并须想到将来大众该受怎样程度的教育。

这里所谓大众，固然不妨广泛的说是国民的全体，可是主要的分子还是占全民百分之八十以上的农民，以及手工业者，新式产业工人，小商人，店员，小贩等等。就目前大众的教育程度而论，可惜还没有精密的调查统计可做根据，只能大概的这么说，有的受过号称新式的小学教育，有的只受过旧式的私塾教育，有的只受过年把几个月的补习教育，识字教育。此外，受过新式中等以上学校教育的极少，不识字的倒最多。这样说来，目前大众说得出，听得懂，看得明白的语言文字是怎么样的一种程度，就不难想象到了。

自就，我所说的大众语文学，一方面要适合大众用的语言文字，一方面还得提高大众的文化水准。倘若语言文字上有欧化的必要不妨欧化，可是不要只为了个人摆出留学生或懂得洋文的架子。有采用文言字汇的必要不妨采用，可是不要单为了个人摆出国学家或懂得古文的架子。

据我个人的愚见，大众语文学在诗歌小说戏曲三类，说听看三样都须顾到，尤其要注重听，叫人听得懂。因为诗歌朗读也好，唱奏也好，听得懂就是深入大众的一个必要的条件。为什么白居易的诗在当时社会特别流行？为什么黎锦晖先生的歌曲如今特别流行？除了其他的条件以外，听得懂，也怕是一个重要原因。至于戏曲上演，动作姿势虽能帮助大众了解剧情，重要的还在说白曲词能够叫大众听得懂。还有如今的小说虽然不必由说书的人说给大众去听，但是念起来能够和说话差不多，也是深入大众层的一个条件罢。

我因为看到了徐懋庸曹聚仁两先生关于文言文的论文，我就跳过白话，更进一步，在文学上主张大众语，姑且这样粗略的提出了，听取大家的高明的意见。

（原载《申报·自由谈》，1934 年 6 月 18 日）

［**导读**］

如果说五四新文化运动的语言观念是强调“文化转换”的话，那么 20 世纪 30 年代的文艺大众化讨论中的语言观念，则是强调“阶级启蒙”。本文把文言文、白话、大众语当作文化“进化”中的三种语言形态，作者集中探讨大众语文学的问题，指出当时白话文依然不能为普通大众所接受，应该使用一种适合大众用的语言文字，这是五四启蒙思想在新的历史时期的一种发展。

4. 杂谈读书作文和大众语文学

叶圣陶

[**原文**]

昨天稜磨先生《文言的前途》一篇文章里的话说得非常透切，他说："在五四时代反对白话文和在今日提倡文言文的人是不相同的：前者决不容认白话，后者只要人能写《四书》《五经》式的白话文，一定能够容认。只因为要写白话的人写《四书》《五经》式的文章决不可能，于是仍只有提倡文言。他们也知道复兴文言文并不可能，但他们以为至少可以勉强人读一点古书。"读一点古书做什么呢？至多象他们一样，自己陷在没落的退潮里，同时给前进的船只一点轻微的阻力罢了。这是实在的情形，可是他们决不肯相信。他们的生活决定他们的意识，从他们的意识出发，去处理教育上的问题，不能不得到这样的结论，就是把古书的内容和形式一古脑儿装到青年的头脑里去。他们以为这样做是最合理的，否则就对不起青年。我们不想做什么猜测，说他们别有用意，存着不好的心肠。但是，显然的，他们没有理会到人是常常跟着环境而有改变的，他们没有理会到人的生活的改变从来没有象现今这般的迅速和剧烈，他们更没有理会到生活有了改变，而其他应当跟着一同改变的却停顿着没有改变，在个人方面是多么大的不幸。遭到这种不幸的人的实例不必到远处去找，只要看我们自己就是，虽然他们决不肯相信。

如果他们的愿望实现了，这就是说，在教育上，真个把古书的内容和形式一古脑儿装到青年的头脑里去了，结果怎样呢？那是很容易想到的：大部分的青年不肯放松现实生活，对比下来，他们觉得现实生活完全不是这么一回事，立刻把被装进头脑里去的丢了出来，象丢掉一个不足顾惜的烂苹果。少数青年呢，或者因为特殊的关系，能够写几篇象今年年初本市中学会考第一名所作的《礼义廉耻国之四维论》那样的文章。丢了出来同根本不曾装进去差不了多少，自不用说。只有写得出第一名的文章的人给与提倡者一种安慰，然而这种安慰太微弱了。所以提倡者的失望是必然的，失望的因子就包含在他们的意识里边。

现今的在校青年说不定真会遇到这样的一天，硬被人家"装"这么一下。只须看一些执着武器的人都在呐喊着"装啊！装啊！"而一班摇着鹅毛扇的谋士也从旁边响应着"装啊！装啊！"就约略可知道一点消息。青年遇到了这样的一天，对于古书的道理当然无所领会，古文也一定写不通。然而这并不是青年的重大的灾难，至多使学校教育成为空白的一页罢了。他们离开学校，或者说，他们丢开了学校的教训和课业，自会从现实生活当中建立他们的意识，写通足以表现他们的意识的文章。写通文章，途径只在乎读书，这本来是很可笑的话。写通了文章，而只象鹦鹉一般说些什么，这尤其是没有意义的事。必须根源于现实生活，文章才真能写通，写来才真有意义。青年只要认清这一层，即使硬被人家“装”这么一下，也就没有什么关系，好象我们的老祖母在我们耳朵旁边念“多心经”“大悲咒”和我们没有什么关系一样。

最近几位先生在《自由谈》提出的“大众语文学”，该是我们现实生活当中最切用的工具。胡愈之先生更给大众语文学下了个内容形式都包括在内的规定，说这是表达大众意识的文学，尤其使人容易辨认。除了执着武器的以及摇着鹅毛扇的，谁不是大众里的一个，谁不需要大众语文学？被除外的少数人不满意白话文，他们要回到文言，回到读古书，依他们的道理讲是不错的。但是大众也不满意白话文，他们觉得白话文太空泛了，单把“的了吗呢”换去“之乎者也”毫无意义，文学必须真能表达大众的意识，才配在社会中间尽交通情意的职分。自然，大众语文学须由大众的努力，才得建立起来，教育家，语言学家，文学家等等尤其要特别努力。这些“家”中间有摇着鹅毛扇的，他们当然无望，我们只有切望着不摇鹅毛扇的那一批。今天（廿二日）看见《中华日报》的《动向》栏登载耳耶先生的《话跟话底分家》，剖析语文的所以差异，是一篇精密通达的文章。像这样的文章，在“大众语文学”刚被提出的现在，我们希望各“家”多多写作。

（原载《申报·自由谈》，1934年6月25日）

［导读］

在大众语讨论中，叶圣陶主要关注的是文章的写作。他特别强调了两点：一是读书作文必须根源于现实生活，光读古书是行不通的；二是必须表达大众意识。为此，他特别支持“大众语”文学的倡导。

◇思考与练习

1. 请查阅相关资料，列出“文艺大众化”讨论的简要年表。

2. 为什么说“大众文学是真正的启蒙文学”？

3. 你如何理解“大众语文学”这个概念？“大众语”与“大众语文学”是何关系？

4.“文艺大众化”提出的背景和针对性是什么？这个问题在今天有何现实意义？

◇资料与索引

著作

1. 宣浩平. 大众语文论战. 上海：启智书局，1934.

2. 宣浩平. 大众语文论战·续编1. 上海：启智书局，1934.

3. 任重. 文言白话大众语论战集. 上海：民众读物出版社，1934.

4. 宣浩平. 大众语文论战·续编2. 上海：启智书局，1935.

5. 黎锦熙. 建设的"大众语"文学——国语运动史纲. 上海：商务印书馆，1936.

6. 江风. 文艺大众化论集. 胶东：胶东新华书店，1946.

7. 文振庭. 文艺大众化问题讨论资料. 上海：上海文艺出版社，1987.

论文

1. 文贵良. 大众话语：对20世纪30、40年代文艺大众化的论述. 文艺研究，2003(2).

2. 石凤珍. 左翼文艺大众化讨论与延安文艺大众化运动. 文学评论，2007(3).

3. 王小平. 文艺大众化：从现代到后现代. 社会科学研究，2008(6).

4. 王成. "直译"的"文艺大众化"：左联"文艺大众化"讨论的日本语境. 中国现代文学研究丛刊，2010(4).

5. 齐晓红. 当文学遇到大众：1930年代文艺大众化运动管窥. 文学评论，2012(1).

6. 黄科安. 启蒙·革命·规训："文艺大众化"考论. 文史哲，2012(3).

六、“民族主义文学”运动

◇史料与导读

1. 民族主义文艺运动宣言

［原文］

中国民族主义文艺运动者，于民国十九年六月一日，集会于上海，发表宣言如下：

一

中国的文艺界近来深深地陷入于畸形的病态的发展进程中。这种现象在稍稍留意于我国今日的艺坛及文坛的人必不会否认。在今日，当前的现象，正是中国文艺的危机。

我们试一看我们今日的文坛艺坛，我们便可以发现这种混杂的局面。我们会看见在这新文坛时代下，还竟有人在保持残余的封建思想。中国新文艺运动底历史还不甚悠久，其被一般所接受，虽已不能否认，但从新文艺运动发生以后，至于今日，因为从事于新文艺运动的人，对于文艺的中心意识底缺乏，努力于形式的改革而忽略于内容的充实，致一切残余的封建思想，仍在那里无形地支配一切，这是无可讳言的。

同时我们看到那自命左翼的所谓无产阶级的文艺运动，他们将艺术“呈献给‘胜利不然就死’的血腥的斗争”。而以“……艺术不能不以无产阶级在这黑暗的阶级社会之‘中世纪’里面所感觉的感觉为内容。……”同时，我们又看见那所谓左翼画家结合底运动，在他们的宣言里是：“诸君，请看那些拜金主义的画家们，他们除了为自己的名誉和黄金，除了为自己的地盘与奢华的生活以外，从没有为了我们谋利益吧！……青年美术家诸君！诸君应该认清他们的欺瞒和榨取是他们压迫阶级一贯的政策。……”因此，在我们中国的旧文艺已倾圮，而新文艺建设的过程中却产生这类意识的阶级的艺术运动。

在这样的两个极端的思想中，我们还可以看见许多形形式式的局面。每一个小组织，各拥有一个主观的见解。因之，今日中国的新文坛艺坛上满呈着零碎的残局。在这样的局面下，对文艺的中心意识遂致不能形成，所以自有新文艺运动以至今日，我们在新文艺上甚少成就。

假如这种多型的文艺意识，各就其所意识到的去路而进展，则这种文艺上纷扰的残局永不会消失，其结果将致我们的新文艺运动永无发挥之日，而陷于必然的倾圮。当前的现象正是我们新文艺的危机。

但我们又如何而突破这个危机，使我们的新文艺运动演进至于灿烂辉煌之域？在前，我们认为现下中国文艺的危机是由于多型的对于文艺底见解，而在整个新文艺发展底进程中缺乏中心的意识。因此突破这个当前的危机底唯一方法，是在努力于新文艺演进进程中底中心意识底形成。

二

艺术，从它的最初的历史的纪录上，已经明示了我们它所负的使命。我们很明了，艺术作品在原始状态里，不是从个人的意识里产生而是从民族的立场所形成的生活意识里产生的，在艺术作品内所显示的不仅是那艺术家的才能，技术，风格，和形式；同时，在艺术作品内显示的也正是那艺术家所属的民族底产物。这在艺术史上是很明显地告诉了我们了。

从那辽远的古代艺术上，我们便可以看出艺术之民族的基础。金字塔及人面兽之所以发现在埃及，因为这种艺术是埃及的民族精神底展露，他们所显示的正是埃及的民族意识。金字塔是坟墓建筑，它之所以勃兴，足以映示埃及人对于死人观念的宗教信仰；人面兽及其他的艺术形态，均是埃及民族宗教底表示。希腊留下来的伟大的建筑物和雕刻，也正是希腊民族性底表示。因为希腊民族有勇猛活泼的精神，有美丽强健的身体，有兴奋热烈的感情，有物质享乐的要求，有现世思想而非出世思想的宗教观与人生观，有爱好运动的兴趣；故在希腊艺术上所表现的正是希腊的民族精神；一般人所最易见到的维娜丝像，正足以反映希腊民族象征人生底宗教观念；较普遍的铁饼投手，也很明显希腊人爱好运动底精神。在希腊艺术上，我们看见希腊民族性底充分展布。即使就是在中古世，在那政治不安定，充满了封建主义而缺乏民族意识的中古世，在当时所流行的建筑，雕刻和绘画，也多少各有其民族的色彩。

艺术之民族色彩，益趋明显。当中古的封建制度底渐渐倾圮之时，民族的意识愈见勃长。文艺复兴的热烈运动，其所以为近代艺术开了端倪，便是它之从中古的峨特艺术底羁绊中，为民族艺术底创造。由于它，我们看见文艺复兴及其后的白罗克并罗哥哥艺术，都是新兴的民族意识底显露。

在文学上，文学之民族的要素，也和艺术一样地存在着。文学的原始形态，我们现在虽则很难断定其为何如，但可以深信的，它必基于民族底一般的意识。这我们在希腊的《伊里亚特》和《奥德赛》，日耳曼的《尼贝龙根》，英吉利的《皮华而夫》，法兰西的《罗兰歌》，及我国的《诗经》《国风》上，很可以明了的。在西洋，民族文学底发展，必须有赖于支配拉丁语文的毁覆。及民族语文底行用。文艺复兴时代之所以为近代文学开了端倪，是因但丁及却塞各努力于把他们所属民族底民族语文为他们文学表现底手段，在英国，由于却塞底努力，我们看见有以利沙伯朝及其后底灿烂的文学时代。

由此我们很可以从这些文艺的纪录上明了文艺的起源——也就是文艺底最高的使命，是发挥它所属的民族精神和意识。换一句说；文艺的最高意义，就是民族主义。

三

民族主义文艺底充分发展，一方面须赖于政治上的民族意识底确立，一方面也直接影响于政治上民族主义的确立。

就前者言，民族文艺底充分发展必须有待于政治上的民族国家的建立。民族文艺底发展必伴随以民族国家底产生；所以我们在近代，看见民族文艺有充分的发皇。

自从一八一五年的维也纳会议以后，欧洲各处都充满着民族主义的思想。那个时候，在欧洲的地图上还没有独立的有德意志，意大利，匈牙利，波兰，捷克斯拉夫，巨哥斯拉夫，及芬兰等民族国家。所以在当时，民族主义的运动是非常澎湃。民族主义底目的，是在形成独立的民族国家。匈牙利是在海斯堡铁蹄之下；德意志充满了封建制度的遗风，在同一民族之下，有许多小小的封建的郡主；意大利仅仅是一个“地理上的名词”。施锦尼(Szechinye)之流的匈牙利民族运动，终于被海斯堡所征服。海斯堡帝国是当时欧洲政局底霸主。在他的主宰之下，有匈牙利人，神圣罗马帝国所遗留下来的许多封建的郡主，所谓意大利的许多政治组织底单位。这种情形之下，努力于民族主义最烈的要推普鲁士及萨丁尼亚；我们在这里无须重复说明他们如何的奋斗。至少自维也纳会议以后，欧洲的民族，已经认明他们唯一的出路是民族主义。他们开始向这方向跑，这条路不是康庄大道，当然是崎岖异常。

一八七一年是很可纪念的一年。在那一年不但是法国被德国打败得狼狈不堪，他之所以可纪念，是欧洲民族主义运动底成功。德意志自一八一五年以后，就认明这条民族主义的道路，因为小的郡主太多，不能不推出普鲁士来做他们民族运动的首领。结果便是德意志民族国家底建立。

一八七一年之所以值得纪念，还有意大利民族底产生。虽则意大利在这年前已经有民族国家底产生，但那时罗马还在法国占领之下。普法战争底结果，便是在罗马占领中的法国军队底召回，使民族的意大利国，得以奠都于罗马——意大利的必然的首都。

自一八七一年以后，日耳曼人及意大利人虽则实现了他们的民族运动。但欧洲的民族运动便不因此而停止。巴尔干问题自柏林会议以后，一直到现在不曾有满意各方的解决，而为战争酝酿的原因，便是在该处的民族运动。同时，屈伏于海斯堡下的斯拉夫民族，自一八七一年后，便开始有政治的民族运动；一直到一九一四——一九一八年以后的欧战，才实现了他们的企图。欧战底结果，我们看见有更多民族国家底产生，和两大帝国底崩圮。在海斯堡铁蹄下的斯拉夫民族实现了他们的企望；我们看见有巨哥斯拉夫，捷克斯洛夫基亚等民族国家底建立。

一九一七年十一月俄罗斯革命的结果，我们不但看见罗门诺夫帝国主义底倾覆，并且同时看见民族主义更多的成功。不但是芬兰，波兰，拉维亚，立陶宛及爱松尼亚等民族的都已挣开了俄罗斯的羁绊而建立独立的民族国家，并且，我们看见乌克兰，白俄罗斯，南高加索，突厥和乌兹贝克各民族，都建立自主的民族国家，即俄罗斯社会主义苏维埃联邦共和国，也是由十一个自主国和十二个自主州所组成，于此足见民族主义的力量是恒久的伟大。

最近象中国的国民革命，土耳其共和国的建立，爱尔兰的自治运动，菲律宾的独立运动，朝鲜，印度，越南的独立运动，更充满了民族运动的记录。故近代文艺，因此也满呈着民族主义底运动，诚如政治上的出路是民族主义，故文艺发展底出路也是集中于民族主义。

现代法兰西的艺术，最初的一名运动员是塞尚奈。他将当时流行于法国的各派艺术底主张，如印象派光的现象的注重，殷格莱(Ingres)底《画的万有说》，和柯尔贝(Courbert)底《实际论》，总合起来，而加添了他自己独创的主张——所谓自我的表现和线的形式的注重；演成所谓后来的立体主义；及野兽运动(Fauves)，及最后演进于所谓“纯粹主义”；在这多种多样艺术界中，中心意识，却还只是一个，就是法兰西的民族意识。

在德国，德国人另有他的民族艺术，他们的运动集中于表现主义底旗帜之下，所谓表现主义，是日耳曼民族底民族精神，及民族意识底表露，故表现主义尤其富于浓厚的民族特征。诚如白令顿教授(Prof. Brinton)所言：“日耳曼人的现代艺术是所谓表现主义；满呈了日耳曼的民族特征。”

此外，意大利人对于民族艺术的努力是集中于未来主义，俄罗斯人对于民族艺术底努力是集中于原始主义。这种主义都是他们民族精神及民族意识底表露。如前所述，我们很可以明了，文艺底进展随着政治底进展。故民族文艺底确立，必有待于民族国家底建立。

就后者言：文艺上的民族运动，直接影响及于政治上民族主义底确立。这我们在巨哥斯拉夫底发展上是很明了的。巨哥斯拉夫底民族艺术运动较巨哥斯拉夫民族国家底诞生为先。巨哥斯拉夫底民族艺术运动集中于麦司屈洛维克(Mestrovic)，一九〇五年成立底南斯拉夫艺术家联盟，是巨哥斯拉夫民族艺术具体的组织的活动底开端，他们集中他们表现于南斯拉夫民族底历史的烈风和其民族的意志。由于巨哥斯拉夫民族艺术的确立，我们在欧战后就看见有巨哥斯拉夫民族国家底出现。

艺术和文学，因之必须以民族为其基础，这事实是不容否认的了。但是民族主义的文艺所包含的内容又是什么呢？

四

民族是一种人种的集团。这种人种的集团底形成，决定于文化的，历史的，体质的及心理的共同点，过去的共同奋斗，是民族形成唯一的先决条件；继续的共同奋斗，是民族生存进化唯一的先决条件。因之，民族主义的目的，不仅消极地在乎维系那一群人种底生存，并积极地发挥那一群人底力量和增长那一群人底光辉。

艺术和文学是属于某一民族的，为了某一民族，并由某一民族产出的，其目的不仅在表现那所属民族底民间思想，民间宗教，及民族的情趣；同时在排除一切阻碍民族进展的思想，在促进民族的向上发展底意志，在表现民族在增长自己的光辉底进程中一切奋斗的历史。因之，民族主义的文艺，不仅在表现那已经形成的民族意识；同时，并创造那民族底新生命。

属于第一义的民族艺术，表现民族的情趣，我们看见有现代德意志的表现主义，俄罗斯的原始主义，及法兰西的纯粹主义。

属于第二义的民族艺术，我们看见有意大利的未来主义及巨哥斯拉夫的现代艺术。未来主义的中心意识，在物质或机械文明的赞扬。我们看到意大利在西洋是物质文明落后的国家，唯其如此，所以未来主义出现于意大利；以创造意大利民族对于物质文明底意识。巨哥斯拉夫的民族艺术，在麦司屈洛维克(Ivau Mestrovic)领导之下，不仅表现了他们民族的过去的奋斗，并努力于南斯拉夫人民族国家底意识底建立。

五

现今我们中国文坛艺坛底当前的危机是对于文艺缺乏中心意识。那末，我们要突破这个危机，并促进我们的文艺底开展，势必在形成一个对于文艺底中心意识。从历史的教训，我们须集中我们此后的努力于民族主义的文学与艺术底创造。我们此后的文艺活动，应以我们的唤起民族意识为中心；同时，为促进我们民族的繁荣，我们须促进民族的向上发展的意志，创造民族的新生命。我们现在所负的，正是建立我们的民族主义文学与艺术重要伟大的使命。

（原载《前锋月刊》1930 年第 1 卷第 1 期）

［**导读**］

“民族主义”文艺思潮兴起于 1930 年 6 月，是国民党针对左翼文学运动而在文艺战线上发动的文化围剿。本文是“民族主义文学运动”的理论纲领，其主要观点是把文艺与民族主义直接挂钩，认为：“艺术和文学是属于某一民族的，为了某一民族，并由某一民族产生的……民族主义的文艺，不仅在表现那已经形成的民族意识；同时，并创造那民族底新生命。”这实际上是用“民族”来对抗左翼文学运动的“阶级”。

2.“民族主义文学”的任务和运命

晏 敖

［原文］

一

殖民政策是一定保护，养育流氓的。从帝国主义的眼睛看来，惟有他们是最要紧的奴才，有用的鹰犬，能尽殖民地人民非尽不可的任务：一面靠着帝国主义的暴力，一面利用本国的传统之力，以除去“害群之马”，不安本分的“莠民”。所以，这流氓，是殖民地上的洋大人的宠儿，——不，宠犬，其地位虽在主人之下，但总在别的被统治者之上的。

上海当然也不会不在这例子里。巡警不进帮，小贩虽自有小资本，但倘不另寻一个流氓来做债主，付以重利，就很难立足。到去年，在文艺界上，竟也出现了“拜老头”的“文学家”。

但这不过是一个最露骨的事实。其实是，即使并非帮友，他们所谓“文艺家”的许多人，是一向在尽“宠犬”的职分的，虽然所标的口号，种种不同，艺术至上主义呀，国粹主义呀，民族主义呀，为人类的艺术呀，但这仅如巡警手里拿着前膛枪或后膛枪，来福枪，毛瑟枪的不同，那终极的目的却只一个：就是打死反帝国主义即反政府，亦即“反革命”，或仅有些不平的人民。

那些宠犬派文学之中，锣鼓敲得最起劲的，是所谓“民族主义文学”。但比起侦探，巡捕，刽子手们的显著的勋劳来，却还有很多的逊色。这缘故，就因为他们还只在叫，未行直接的咬，而且大抵没有流氓的剽悍，不过是飘飘荡荡的流尸。然而这又正是“民族主义文学”的特色，所以保持其“宠”的。

翻一本他们的刊物来看罢，先前标榜过各种主义的各种人，居然凑合在一起了。这是“民族主义”的巨人的手，将他们抓过来的么？并不，这些原是上海滩上久已沉沉浮浮的流尸，本来散见于各处的，但经风浪一吹，就漂集一处，形成一个堆积，又因为各个本身的腐烂，就发出较浓厚的恶臭来了。

这“叫”和“恶臭”有能够较为远闻的特色，于帝国主义是有益的，这叫做“为王前驱”，所以流尸文学仍将与流氓政治同在。

二

但上文所说的风浪是什么呢？这是因无产阶级的勃兴而卷起的小风浪。先前的有些所谓文艺家，本未尝没有半意识的或无意识的觉得自身的溃败，于是就自欺欺人的用种种美名来掩饰，曰高逸，曰放达(用新式话来说就是“颓废”)，画的是裸女，静物，死，写的是花月，圣地，失眠，酒，女人。一到旧社会的崩溃愈加分明，阶级的斗争愈加锋利的时候，他们也就看见了自己的死敌，将创造新的文化，一扫旧来的污秽的无产阶级，并且觉到了自己就是这污秽，将与在上的统治者同其运命，于是就必然漂集于为帝国主义所宰制的民族中的顺民所竖起的“民族主义文学”的旗帜之下，来和主人一同做一回最后的挣扎了。

所以，虽然是杂碎的流尸，那目标却是同一的：和主人一样，用一切手段，来压迫无产阶级，以苟延残喘。不过究竟是杂碎，而且多带着先前剩下的皮毛，所以自从发出宣言以来，看不见一点鲜明的作品，宣言是一小群杂碎胡乱凑成的杂碎，不足为据的。

但在《前锋月刊》第五号上，却给了我们一篇明白的作品，据编辑者说，这是“参加讨伐阎冯军事的实际描写”。描写军事的小说并不足奇，奇特的是这位“青年军人”的作者所自述的在战场上的心绪，这是“民族主义文学家”的自画像，极有郑重引用的价值的——

> “每天晚上站在那闪烁的群星之下，手里执着马枪，耳中听着虫鸣，四周飞动着无数的蚊子，那样都使人想到法国‘客军’在菲洲沙漠里与阿拉伯人争斗流血的生活。”(黄震遐：《陇海线上》)

原来中国军阀的混战，从“青年军人”，从“民族主义文学者”看来，是并非驱同国人民互相残杀，却是外国人在打别一外国人，两个国度，两个民族，在战地上一到夜里，自己就飘飘然觉得皮色变白，鼻梁加高，成为腊丁民族的战士，站在野蛮的菲洲了。那就无怪乎看得周围的老百姓都是敌人，要一个一个的打死。法国人对于菲洲的阿剌伯人，就民族主义而论，原是不必爱惜的。仅仅这一节，大一点，则说明了中国军阀为什么做了帝国主义的爪牙，来毒害屠杀中国的人民，那是因为他们自己以为是“法国的客军”的缘故；小一点，就说明中国的“民族主义文学家”根本上只同外国主子休戚相关，为什么倒称“民族主义”，来朦混读者，那是因为他们自己觉得有时好像腊丁民族，条顿民族了的缘故。

三

黄震遐先生写得如此坦白，所说的心境当然是真实的，不过据他小说中所显示的智识推测起来，却还有并非不知而故意不说的一点讳饰。这，是他将“法国的安南兵”含糊的改作“法国的客军”了，因此就较远于“实际描写”，而且也招来了上节所说的是非。

但作者是聪明的，他听过“友人傅彦长君平时许多谈论……许多地方不可讳地是受了他的熏陶”，并且考据中外史传之后，接着又写了一篇较切“民族主义”这个题目的剧诗，这回不用法兰西人了，是《黄人之血》(《前锋月刊》七号)。

这剧诗的事迹，是黄色人种的西征，主将是成吉思汗的孙子拔都元帅，真正的黄色种。所征的是欧洲，其实专在斡罗斯(俄罗斯)——这是作者的目标；联军的构成是汉，鞑靼，女真，契丹人——这是作者的计划；一路胜下去，可惜后来四种人不知“友谊”的要紧和“团结的力量”，自相残杀，竟为白种武士所乘了——这是作者的讽喻，也是作者的悲哀。

但我们且看这黄色军的威猛和恶辣罢——

……
恐怖呀，煎着尸体的沸油；
可怕呀，遍地的腐骸如何凶丑；
死神捉着白姑娘拼命地搂；
美人螓首变成狞猛的髑髅；
野兽般的生番在故宫里蛮争恶斗；
十字军战士的脸上充满了哀愁；
千年的棺材泄出它凶秽的恶臭；
铁蹄践着断骨，骆驼的鸣声变成怪吼；
上帝已逃，魔鬼扬起了火鞭复仇；
黄祸来了！黄祸来了！
亚细亚勇士们张大吃人的血口。

这德皇威廉因为要鼓吹“德国德国，高于一切”而大叫的“黄祸”，这一张“亚细亚勇士们张大”的“吃人的血口”，我们的诗人却是对着“斡罗斯”，就是现在无产者专政的第一个国度，以消灭无产阶级的模范——这是“民族主义文学”的目标；但究竟因为是殖民地顺民的“民族主义文学”，所以我们的诗人所奉为首领的，是蒙古人拔都，不是中华人赵构，张开“吃人的血口”的是“亚细亚勇士们”，不是中国勇士们，所希望的是拔都的统驭之下的“友谊”，不是各民族间的平等的友爱——这就是露骨的所谓“民族主义文学”的特色，但也是青年军人的作者的悲哀。

四

拔都死了；在亚细亚的黄人中，现在可以拟为那时的蒙古的只有一个日本。日本的勇士们虽然也痛恨苏俄，但也不爱抚中华的勇士，大唱“日支亲善”虽然也和主张“友谊”一致，但事实又和口头不符，从中国“民族主义文学者”的立场上，在已觉得悲哀，对他加以讽喻，原是势所必至，不足诧异的。

果然，诗人的悲哀的豫感好像证实了，而且还坏得远。当“扬起火鞭”焚烧“斡罗斯”将要开头的时候，就像拔都那时的结局一样，朝鲜人乱杀中国人，日本人“张大吃人的血口”，吞了东三省了。莫非他们因为未受傅彦长先生的熏陶，不知“团结的力量”之重要，竟将中国的“勇士们”也看成菲洲的阿拉伯人了吗?!

五

这实在是一个大打击。军人的作者还未喊出他勇壮的声音，我们现在所看见的是“民族主义”旗下的报章上所载的小勇士们的愤激和绝望。这也是势所必至，无足诧异的。理想和现实本来易于冲突，理想时已经含了悲哀，现实起来当然就会绝望。于是小勇士们要打仗了——

战啊，下个最后的决心，
杀尽我们的敌人，
你看敌人的枪炮都响了，
快上前，把我们的肉体筑一座长城。
雷电在头上咆哮，
浪涛在脚下吼叫，
热血在心头燃烧，
我们向前线奔跑。

（苏凤：《战歌》。《民国日报》载。）

去，战场上去，
我们的热血在沸腾，
我们的肉身好象疯人，
我们去把热血锈住贼子的枪头，
我们去把肉身塞住仇人的炮口。
去，战场上去，
凭着我们一股勇气，
凭着我们一点纯爱的精灵，
去把仇人驱逐，
不，去把仇人杀尽。

（甘豫庆：《去上战场去》。《申报》载。）

同胞，醒起来罢，
踢开了弱者的心，
踢开了弱者的脑。

看，看，看，
看同胞们的血喷出来了，
看同胞们的肉割开来了，
看同胞们的尸体挂起来了。

（邵冠华：《醒起来罢同胞》。同上。）

这些诗里很明显的是作者都知道没有武器，所以只好用“肉体”，用“纯爱的精灵”，用“尸体”。这正是《黄人之血》的作者的先前的悲哀，而所以要追随拔都元帅之后，主张“友谊”的缘故。武器是主子那里买来的，无产者已都是自己的敌人，倘主子又不谅其衷，要加以“惩膺”，那么，惟一的路也实在只有一个死了——

我们是初训练的一队，
有坚卓的志愿，
有沸腾的热血，
来扫除强暴的歹类。
同胞们，亲爱的同胞们，
快起来准备去战，
快起来奋斗，
战死是我们生路。

（沙珊：《学生军》。同上。）

天在啸，
地在震，
人在冲，兽在吼，
宇宙间的一切在咆哮，
朋友哟，
准备着我们的头颅去给敌人砍掉。

（徐之津：《伟大的死》。同上。）

一群是发扬踔厉，一群是慷慨悲歌，写写固然无妨，但倘若真要这样，却未免太不懂得“民族主义文学”的精义了，然而，却也尽了“民族主义文学”的任务。

六

《前锋月刊》上用大号字题目的《黄人之血》的作者黄震遐诗人，不是早已告诉我们过理想的元帅拔都了吗？这诗人受过傅彦长先生的熏陶，查过中外的史传，还知道“中世纪的东欧是三种思想的冲突点”，岂就会偏不知道赵家末叶的中国，是蒙古人的淫掠场？拔都元帅的祖父成吉思皇帝侵入中国时，所至淫掠妇女，焚烧庐舍，到山东曲阜看见孔老二先生像，元兵也要指着骂道：“说‘夷狄之有君，不如诸夏之无也’的，不就是你吗？”夹脸就给他一箭。这是宋人的笔记里垂涕而道的，正如现在常见于报章上的流泪文章一样。黄诗人所描写的“斡罗斯”那“死神捉着白姑娘拼命地搂……”那些妙文，其实就是那时出现于中国的情形。但一到他的孙子，他们不就携手“西征”了吗？现在日本兵“东征”了东三省，正是“民族主义文学家”理想中的“西征”的第一步，“亚细亚勇士们张大吃人的血口”的开场。不过先得在中国咬一口。因为那时成吉思皇帝也像对于“斡罗斯”一样，先使中国人变成奴才，然后赶他打仗，并非用了“友谊”，送柬帖来敦请的。所以，这沈阳事件，不但和“民族主义文学”毫无冲突，而且还实现了他们的理想境，倘若不明这精义，要去硬送头颅，使“亚细亚勇士”减少，那实在是很可惜的。

那么，“民族主义文学”无须有那些呜呼阿呀死死活活的调子吗？谨对曰：要有的，他们也一定有的。否则不抵抗主义，城下之盟，断送土地这些勾当，在沉静中就显得更加露骨。必须痛哭怒号，摩拳擦掌，令人被这扰攘嘈杂所惑乱，闻悲歌而泪垂，听壮歌而愤泄，于是那“东征”即“西征”的第一步，也就悄悄的隐隐的跨过去了。落葬的行列里有悲哀的哭声，有壮大的军乐，那任务是在送死人埋入土中，用热闹来掩过了这“死”，给大家接着就得到“忘却”。现在“民族主义文学”的发扬踔厉，或慷慨悲歌的文章，便是正在尽着同一的任务的。

但这之后，“民族主义文学者”也就更加接近了他的哀愁。因为有一个问题，更加临近，就是将来主子是否不至于再蹈拔都元帅的覆辙，肯信用而且优待忠勇的奴才，不，勇士们呢？这实在是一个很要紧，很可怕的问题，是主子和奴才能否“同存共荣”的大关键。

历史告诉我们：不能的。这，正如连“民族主义文学者”也已经知道一样，不会有这一回事。他们将只尽些送丧的任务，永含着恋主的哀愁，须到无产阶级革命的风涛怒吼起来，刷洗山河的时候，这才能脱出这沉滞猥劣和腐烂的运命。

（选自《鲁迅全集》第 4 卷，人民文学出版社 2005 年版；
原载《文学导报》1931 年第 1 卷第 6、第 7 期合刊）

［导读］

针对国民党发动的“民族主义文学”运动，左翼文艺阵营先后发表了一系列文章对其展开驳斥。鲁迅化名发表本文，批驳了“民族主义文学”的理论和创作，揭示了“民族主义文学”实质上是国民党的御用文化工具。

3.“民族主义文艺”的现形

石　萌

一

国民党维持其反动政权的手段，向来是两方面的：残酷的白色恐怖与无耻的麻醉欺骗。

所以在一九三〇年上半期普罗文艺运动既震撼了全中国的时候，国民党一方面扣禁左翼刊物，封闭书店，捕杀作家，而另一方面则嗾使其走狗文人号召所谓“民族主义文艺”，正是黔驴故技，不值一笑。这所谓“民族主义文艺运动”便是国民党对于普罗文艺运动的白色恐怖以外的欺骗麻醉的方策。

因为是要欺骗麻醉群众，所以“民族主义文艺”的低能儿辈不得不东抄西袭以造成他们的荒谬无稽的“民族主义文艺”的理论，（见《民族主义文艺运动宣言》），又不得不戴起“革命”的假面具来抨击中国旧传统文学与胡适之的新月派，（见《中国文艺的没落及最近中国文艺界的检讨》等等），又不得不捡起那早就丢在粪坑里的国民党第一次全国代表大会宣言关于民族主义的解释，（见《从三民主义的立场观察民族主义的文艺运动》及《民族主义文艺运动的使命》等文）。但在阶级斗争日益尖锐化的今日，麻醉欺骗的效力是微乎其微的，所以我们早就料到这企图麻醉欺骗民众的“民族主义文艺”结果一定是法西斯帝化。现在，“民族主义文艺”果然已经卸去了麻醉欺骗的面具，露出法西斯帝的本相！

这是“民族主义文艺”最后的阶段！

二

我们姑且费点时间来检查一下这民族主义文艺的“理论”罢。

所谓“民族主义文艺的理论”，最大的“文献”就是《民族主义文艺运动宣言》。此后民族主义派各位先生的论文都是这篇宣言的注脚和引伸。据说这篇“宣言”是化了重赏而始草起完成，又经过许多人的讨论，并由国民党中央宣传部加以最后决定的；是这么郑重其事的一篇文章！然而内容的支离破碎，东抄西袭，捉襟见肘的窘状，却也正和整个国民党的统治权相仿佛！我们现在用显微镜来检查，则这篇“宣言”的构成分子是：

一、早已被西欧学者驳得体无完肤的戴纳(Taine)的艺术理论的一部分；

二、十八世纪后欧洲商业资本主义渐渐发展以来欧洲各民族国家形成的过去的历史；

三、十九世纪后期起，直至现代的被压迫民族的民族革命运动的故事；

四、欧洲大战后文艺上各种新奇主义——如表现主义，未来主义等等的曲解。

所谓《民族主义文艺运动宣言》就是这样的一味“杂拌儿”，并且这“杂拌儿”的四色原料都已经臭烂了。我们不妨再来解剖一下。

先看看他们从戴纳的理论抄来的一部分。

戴纳在他的《艺术哲学》和《英国文学史》的叙言中以为文艺产生的三个因素是种族，环境和时机。这在一八六四年当时诚然不失为惊人的议论，可是自从马克司主义文艺理论发展以后，戴纳这理论早已被驳得体无完肤。“民族主义文艺”恰就拾取了戴纳的关于“种族”的说教而又加以若干杜撰，凑成了他们的“文艺的最高意义就是民族主义”的奇论！（请看潘公展的《从三民主义的立场观察民族主义的文艺运动》）其实戴纳亦只说“种族”的共通性（也就是朱大心的《民族主义文艺运动的使命》一文中津津乐道的各民族的民族性）对于文艺的影响是深刻到时逾数纪，地隔千里，而仍能辨认；戴纳决没有说过“文艺的最高意义就是民族主义”那样意味的话语。

《民族主义文艺运动宣言》虽然不曾提起戴纳及其“种族”的理论，然而他们所谓“在艺术作品内所显示的不仅是那艺术家的才能，技术，风格，和形式；同时，在艺术作品内显示的也正是那艺术家所属的民族的产物”（见《宣言》第二段）。这一段话正是剽窃了戴纳的理论而加以改头换面，并且更弄得不通；此下，为了要证明“民族的产物”而解释希腊古代的建筑和雕刻，也是戴纳的《艺术哲学》内关于希腊古代艺术一部分议论的肤浅而且生吞活剥的借用。戴纳的理论本来就有错误，可是现在又被“民族主义派”那么一知半解，牛头不对马尾地剽窃，如果戴纳地下有知，一定要大呼不幸。

也许民族主义文艺的先生们不肯承认他们是盲摸瞎扯地剽窃了戴纳，（其实潘公展局长已经在他的文章中招认了），而自以为是他们的“创见”，那么，也好，我们姑且再费些笔墨就他们的“创见”部分来检查。

他们说埃及的金字塔，人面兽，及其他的艺术形态均是埃及民族宗教底表示，因而正是埃及的民族意识的显示。（《宣言》第二段）为什么金字塔是埃及民族“宗教底表示”呢？民族主义文艺的宣言回答道：因为金字塔是坟墓建筑，它之所以勃兴，足以映示埃及人对于死人观念的宗教信仰。（《宣言》第二段）为什么人面兽又是埃及民族“宗教底表示”呢？民族主义文艺的宣言里却没有回答了。我们来代替民族主义文艺的先生们来问答罢。因为埃及宗教的神大都是人首兽身（其实更有很多神是兽首人身的），所以人面兽也是埃及的宗教底表示。我知民族主义文艺的先生们闻此必将憬然曰：“正合我意！”

可是我们却要告诉读者：虽然埃及的艺术是宗教的，但埃及的宗教却是埃及“法老”（就是埃及的皇帝）及其贵族僧侣的统治阶级“牧民”的武器，因之绝对不是什么“民族的意识”。农业封建教权的埃及帝国的统治阶级（僧侣贵族——

大地主)是立足在无量数农奴的血汗劳动上面而作为埃及皇帝的坟墓的金字塔就显示了埃及的此种社会组织；金字塔的广大的基盘是象征了埃及的广大的农奴群众，金字塔尖端是象征了统治阶级及其最上层的“法老”。所以埃及金字塔所代表的，是埃及帝国的构成，而不是什么埃及的民族意识！我们的民族主义文艺诸位先生既把“牧民”武器的宗教的美及艺术说成是民族意识的表示，就证明了他们的所谓“民族”实在只是统治阶级；统治阶级代表了“民族”，所以他们所谓“民族的利益”，就是统治阶级的利益！

在这里，民族主义派虽然想用“民族”的大帽子来欺骗群众以图达到反对普罗文学的目的然而却又绝不中用地立刻露出狐狸尾巴来了！

此外，他们为要确证“文艺的最高意义就是民族主义”，他们又乱拉上“文艺复兴”及其后的白罗克并罗哥哥的艺术，说是“都是新兴的民族意识底显露”。这些话，凡是对于艺术史略有常识的人都能知道其错误，我们此处不再多说。

他们又说：“在文学上，文学之民族的要素，也和艺术一样地存在着。文学的原始形态，我们现在虽则很难断定其为何如，但可以深信的，它必基于民族底一般的意识。这我们在希腊的《伊亚里特》和《奥德赛》，日耳曼的《尼贝龙根》，英吉利的《皮华而夫》，法兰西的《罗兰歌》，及我国的《诗经》《国风》上，很可以明白的。”(见《宣言》第二段)我们看见潘公展局长的《从三民主义立场观察民族主义的文艺运动》一文中也有那样的话，想来这一段话是他们的得意之笔了。可是我们实在没有那么多的篇幅来和这些低能儿的梦话打交涉。我们只想简单的指出第一，文学的原始形态已经由马克思主义文艺理论家的不断的研究，深信不是基于民族的一般的意识；第二，所谓《伊里亚特》与《奥特赛》，《尼贝龙根》与《皮华而夫》，《罗兰歌》与中国《诗经》《国风》，等等被他们民族主义派认为可以给他们“保镖”的作品，绝对不是文学的原始形态，又且绝对不是“基于民族的一般的意识”；凡是读过几本文学史的人都知道这些古代文学从发生到写定，中间经过几百年的时间，而其最后的写定在(即我们现在所见的形式)大抵出之于有教养者之手——即当时统治阶级的文人之手，所以已经渗透了统治阶级的意识了。即如中国《诗经》内的《国风》，即使在本质上是民间的抒情文学，然而至少是经过孔子批判地采取了的，因而《国风》中的意识形态也还是适合于当时统治阶级的政客——孔子的需要或被认为可以作为“教育”民众的。所以这些古代文学恰好正是古代的阶级文学的代表！反对阶级文学的“民族主义者”举这些古代文学为例正所谓认他人为父了！(其实民族派所反对者只是无产阶级的阶级文学，统治阶级的阶级文学他们是拥护而且尽力的，不过为期骗民众起见，他们在宣言里摆出了不承认有任何阶级文学的面孔罢了。)

他们又举近代意大利及英吉利文学的建设者但丁及却塞为例。但丁和却塞是大家耳熟能详的作家，可是《神曲》和《甘忒伯利故事》中间并没什么“民族意识”，只有别具会心的“民族主义者”才能从神曲等两部作品内找出了什么“民族意识”。《神曲》有的是当时威匿思及佛罗棱萨等等商业手工业都市的市民阶级的意识形态，然而也不是很单纯，中间还残留着不少没落的贵族阶级的意识形态。至于《甘忒伯利故事》则除了统治阶级的意识形态以外，什么都没有，此所以却塞能为“内廷供奉”诗人了。

三

以上是检查了《民族主义文艺运动宣言》的第二段，即民族主义文艺理论最中心的一段。

在这一段中间，很可以看明白“民族主义文艺运动”的理论是怎样地东抄西袭，大胆杜撰了！他们的目的就是想摆出一副学者面孔来欺骗青年学生！但是他们也知道单单欺骗是不够的，还得用一番麻醉工夫。《宣言》第三段以下就是为麻醉群众而作的。

《宣言》第三段里，包括了我们上面说过的三种分子，一是中世纪后欧洲各民族国家形成的过去的历史，二是十九世纪后半起，直至现代的被压迫民族的民族革命运动的故事，三是欧洲大战后文艺上各种新奇主义——如表现主义未来主义等等的曲解。在这很长的一段里，特别是讲到十八世纪欧洲商业资本主义的日益发展因而有近代民族国家的产生这一节，我们的“民族主义文艺”诸先生算是竭力卖弄了他们的历史知识。这对于青年学生也许能起几分麻醉的作用罢？但我们却要告诉读者：民族主义者虽然背诵了一大段历史，可是象一个低能儿小学生们，背错书了！他们对于自己所出的题目却抄错了答案！一八一五年维也纳会议以后的“民族独立运动”和现代的“民族解放运动”有很大的差别。那时候独立运动的各“民族”本身是一个封建诸侯的政治组织，那时候虽然有些鼓吹独立运动的文学作品，却只是贵族文人的“爱国主义”的作品。那时候的“民族独立运动”和我们的“民族主义文艺运动”诸位先生所要号召以图欺骗麻醉群众的“民族主义”完全是两样东西！

我们的“民族主义文艺”诸位先生大概也感到有点抄错了书罢，所以他们赶快又添上几句现代被压迫民族的解放运动，半生不熟地说什么“最近象中国的国民革命，土耳其共和国的建立爱尔兰的自治运动，菲律宾独立运动，朝鲜，印度，越南的独立运动，更充满了民族运动的纪录。故近代文艺，因此也满呈着民族主义运动，诚如政治上的出路是民族主义，故文艺发展的出路也集中于民族主义。”（《宣言》第三段）民族主义派就是企图从这一点上来麻醉群众的。《宣言上》虽然只有那么半生不熟的几句，以后民族主义的各位大将却抓住这一点做了许多文章，例如方光明的《苦难时代所要的文学》，朱大心的《民族主义文艺运动的使命》，叶秋原的《民族主义文艺之理论的基础》都是。什么劳资应该合作共谋全民族利益那样的话，本来是国民党欺骗民众的口头禅。民族主义文艺运动诸位先生抓住了被压迫民族如何如何那一套话来猛力宣传，正是他们的祖传衣钵。可是应用到文艺上，还是第一次，我们不能不费点工夫来对于此问题作一个简单的答复。

一般地说来，在被压迫民族的革命运动中，以民族革命为中心的民族主义文学，也还有相当的革命的作用；然而世界上没有单纯的社会组织，所以被压迫民族本身内也一定包含着至少两个在斗争的阶级，——统治阶级与被压迫的工农大众。在这状况上，民族主义文学就往往变成了统治阶级欺骗工农的手段，什么革命意义都没有了。这是一般的说法。至于在中国，则封建军阀，豪绅地主，官僚买办阶级，资产阶级联立的统治阶级早已勾结帝国主义加紧向工农剥削，所以民族文学的口号完完全全是反动的口号。

这也不待我们来揭露，中国民族主义文艺运动者自身的行动早已作了供状！

最后，他们对于欧洲大战后各种新奇主义的曲解，我们也要加以简明的批裁。欧洲以后新奇的表现派，构成派，踏踏主义，未来主义等等，绝对不是什么“民族意识”的表现；这些文学上多态的矛盾，恰正是世界资本主义崩溃期中必然产生的小资产阶级对于资本主义世界之或迎或拒的矛盾复杂心理的反映。因为资本主义崩溃的过程在世界各国有先后迟速，又因为革命势力的发展在世界各国亦并不平衡，所以小资产阶级对于资本主义现实的态度亦成了多角形：有些跌入了资本主义的怀抱，有些苦闷彷徨，有很感情地夸耀着资本主义文明的便利，而更有些则渐渐走上了正确的道路——普罗列塔利亚革命。这些小资产阶级知识分子的苦闷动摇的姿态，凡是有两大阶级作血肉搏战的社会内必然地要发生。中国文坛上已经发生，而且将来一定还要更多地发生，（不过同时都一定是方生方灭，不会有长久命运），并且如果把民族主义文艺当作一个社会现象来看时，则民族主义文艺也正是其中之一个。但毕竟不同者，因为民族主义文艺是官办的，是国民党的白色文艺政策！

四

民族主义文艺运动靠国民党南京政府的金钱武力后盾而开办了以后，中国政治形势有了怎样的变动呢？有重大的变动！冯阎战争的结果，蒋介石的表面上的胜利，抵不过实在的损失，（军队实力的损失与财政的损失），山东河南成为杂牌军的防军，这些杂牌军队随时可以发动内战，山西军与西北军的处置非常棘手，而尤其重要的，世界经济恐慌的结果使中国工商业更形萎落，一方面，工农贫民革命势力进展，红军在各处发展，土地革命深入，苏维埃区域巩固和扩大，江西的红军消灭了国民党的五个师，打死了国民党的两个师长，活捉了一个师长，豫皖鄂交界的红军也消灭了国民党两师人，活捉了一个师长，豫皖鄂交界的苏维埃区域成为国内第二个大区域：这一切变动都是在六个月之内发生的，这使国民党及其代表的封建阶级和资产阶级甚至他们的后台老板国际帝国主义都骇怖到疯狂了！这就使得本来以欺骗麻醉为目的的国民党“民族主义文艺”运动，不得不迅速地法西斯帝化！并且觉得因为国民党内部冲突的日益尖锐化，国民党中央宣传部打算以“民族主义文艺”的旗帜来设一反动阵容的企图也终于失败了。不但南京的胡汉民系的“三民主义文学派”始终不理上海的“民族主义派”，便是民族主义派本身内也发生了潘公展与朱应鹏的冲突了！

到这地步，“民族主义派”再不能按部就班地实现他们的欺骗麻醉政策，只有加紧地厉行文艺上的法西斯帝恐怖！

因为“民族主义文艺”的口号发出以后，社会上的中间分子老作家都取了沉默的反对态度，所以“民族派”就不得不采用了“绑票”的方法。上海的中间作家在本年正月间就从间接方面得到“民族派”的警告。“民族派”又用“现代文学批论”的名义以敦请的威胁的利诱的各种手段招致中间作家去投稿。可是这些方法都失败了！最后，连野鸡拉客的手段也使出来了。这便是想从胡愈之的《莫斯科印象记》讲到“民族文化”而和中间作家吊膀子，说这是“胡愈之及他的一群对于民族主义文艺的同情的表示。”后来事实怎样？就现在所看到而言，“民族派”空自多情，膀子还是没有吊上！

“民族派”之所以要竭力拉拢中间作家，就因为他们的宗派和刊物在青年学生群众中间没有一丝一毫的信仰。可是我们要指出来：即使“民族派”对于中间作家的威胁利诱手段成功，也决不能挽回青年学生对于“民族派”之仇视憎恶，因为中间作家之所以尚在青年学生中间有相当信用就因为他们是“中间”的作家！

五

现在，“民族主义派”已经完全暴露了法西斯帝的面目了！他们不但以政治力量夺取了许多营业性质的小书店，出版了若干谁都不要看的刊物，并且他们在机关杂志《前锋周刊》和《前锋月刊》上也不再戴面具做苦难时代所要求的文学那一类的欺骗文章了！他们干干脆脆地鼓吹“屠杀”！用机关枪，大炮，飞机，毒气弹，屠杀遍中国的不肯忍受帝国主义及国民党层层宰割的工农群众！屠杀普罗文学作家！这屠杀文学就是他们宣传得极利害的《陇海线上》和《国门之战》！

这便是“民族主义文艺”的最后一阶段！

紧接这一阶段的，将是什么？是滔天的赤浪扫除了这些文艺上是白色的妖魔！

（选自《中国新文学大系（1927—1937）》第2集（文学理论集2），上海文艺出版社1987年版；原载《文学导报》1931年第1卷第4期）

［导读］

本文由茅盾化名对《民族主义文艺运动宣言》中提出的理论逐条加以解剖，揭露了它所依据的事例和理论的荒谬，并且在此基础上深刻地揭露了民族主义文学派的丑陋面目和本质，认为他们正在“迅速地法西斯帝化”，在当时给了民族文学运动极为有力的打击。

◇思考与练习

1. 鲁迅和茅盾的两篇文章都对民族主义文学运动展开了批判，他们批判的立足点有哪些相同之处，又有哪些不同之处？

2. 近年来，学界对于民族主义文学运动的研究出现了一些不同的看法，请查阅相关资料，谈谈你对民族主义文学的认识。

◇资料与索引

著作

1. 胡秋原．民族文学论．重庆：文风书局，1944.

2. 黎跃进．东方现代民族主义文学思潮研究．北京：昆仑出版社，2014.

论文

1. 高玉．重审中国现代文学史上的“民族主义文学运动”．人文杂志，2005(6).

2. 周云鹏．《黄钟》与“民族主义文学”的传播．中国现代文学研究丛刊，2012(4).

3. 张中良．论1930年代民族主义文学思潮．中国现代文学研究丛刊，2013(9).

七、"民族形式"问题的论争

◇史料与导读

1. 论文学上的民族形式(节选)

何其芳

[**原文**]

回到延安来，我碰上了从事着以及关心着文艺工作的同志们对于民族形式问题的热烈的讨论。

然而我还不很清楚民族形式这个最近才在中国提出来的名词的界说。

从大部分同志的口头上，我才知道它还是一种尚待建立的更中国化的文学的形式，它需要承继着旧文学里的优良的传统，吸收着欧洲文学里的进步的成分，而尤其重要的是利用大众所能了解，接受和欣赏的民间形式。

这种解释已包括着民族形式的重要的原则。而且这些原则我想是谁也会同意的。我们谁也不会反对新文学更中国化，更多地接受中国旧的文学遗产，因为我们都是中国人。我们谁也不会反对新文学更大众化，因为我们不但认为进步的作者，在目前应该写一些通俗的同时多少有点儿文艺性的作品来作为影响大众参加抗战的宣传鼓动的工具，而且认为他终身应该站在大众的立场，为着大众的利益，写出大众能享受的东西。然而在这个原则的应用上，在一些具体的问题上，还需要着更进一步的详细的讨论。

这种更中国化的民族形式的文学的基础应该是五四运动以来的还在生长着的新文学吗，还是旧文学和民间文学？

它的三个组成部分，旧文学的传统的承继，民间文学的利用，欧洲文学的影响的接受，应该有着怎样一个比例？即谁是主要的，谁是辅助的？

旧文学和民间文学的形式的利用有着怎样的限度？

是不是这种利用就等于大众化？

大众化是不是需要一个过程？

大众化会不会降低已经达到的文艺水准？

这些都是还没有解决的问题。对于这些问题，我想尽量简单地，清楚地说出我的意见。

我认为五四运动以来的新文学是旧文学的正当的发展。虽说由于中国旧文学的落后性，由于旧文学的形式有的被利用了千多年，有的被利用了几百年，大部分无法再继续利用下去，因此大量地接受了欧洲文学的影响，它并不是斩钉截铁地和旧文学毫无血统关系的承继者。很明显地，初期白话诗保留着浓厚的旧诗词的影响(如胡适，俞平伯，刘大白等的诗集)，有些小说也还没有脱离旧小说的窠臼(如杨振声的《玉君》)。后来才在形式上更欧化而在内容上更现代化，更中国化。这是一种进步。而且并不是完全排斥了旧文学里的营养，因为那些营养是被文学本身自然而然地被保留下来，被消化了的。目前所提出来的民族形式，不过是有意识地再到旧文学和民间文学里去找更多的营养，无疑地只能是新文学向前发展的方向，而不是重新建立新文学。因此它的基础无疑地只能放在新文学上面。

我认为欧洲的文学比较中国的旧文学和民间文学进步，因此新文学的继续生长仍然主要地应该吸收这种比较健康，比较新鲜，比较丰富的养分。这种吸收，尤其是在表现方法方面，不但无损而且有益于把更中国化，更民族化的文学内容表现得更好(比如托尔斯太的《战争与和平》，我们不都承认是很俄罗斯化的吗？然而那形式完全是西欧文学的形式)。其次才是民间文学。而可能在旧文学里再找到的一直没有被文学本身自然而然地保留下来，消化了的东西恐怕并不多。

这就接触到旧文学和民间文学的形式的利用的限度问题了。

我认为这种利用不但有着限度，而且它的限度在文学的各个部门里有着差别。比如中国旧小说的传统不管怎样薄弱，到底和新小说相当接近；旧的韵文虽说历史很长，成果很丰富，和新诗却隔得很辽远。首先是文言和白话的隔离。其次是形式上的落后和进步的隔离。所以一天黄昏，一个写诗的同志告诉我，“我最近读杜甫的诗，我非常感动，然而我却无法把他的形式利用到新诗上。”而我回答他，“这因为我们所写的诗的形式比他所用的进步得多。”我们写着自由诗。这不但是中国的，而且是全世界的诗目前所达到的最高级的形式。虽说生长了短短的二十年，新诗在新文学里是一个体格比较孱弱的兄弟(谁都会这样叫：“新诗的作者当中有一个鲁迅吗?”)，它在形式上的进步仍然是很迅速的。把语法比较简单，比较破碎的中国语言文字丰富起来，锻炼起来，使它足够表现现代人的复杂的，深沉的思想、情感，这是一个重要的事实。这就是说中国开始有了成熟的，以口语为根据的，诗的语言文字。被少数有着自己特有的作风或成就的诗作者使用的这种新的语言文字，比较旧的韵文，比较初期白话诗，都是大大地进步了的。

那么比较可以多利用一些的恐怕还是民间文学的形式。可惜对于民间文学的形式我没有好好研究过，也没有利用过，它到底有那些可以被利用的优点以及如何被利用到文学的各个部门等问题，都只能留给在这方面下过工夫的人回答。我仅有的意见是消极方面的。

我认为民间文学常常保留着书本上的旧文学的许多影响，其次，它们是比较简单的短小的形式，因此利用者应该仔细注意到好坏的选择和利用的适当不适当。利用民间形式而且有了成就的作者，我们可以举出柯仲平同志。柯仲平同志的诗值得我们注意，佩服的，除了对于旧形式利用的尝试之外，我觉得还有两个好处，就是他的写作那样大的诗篇的企图和他的题材的现实性，这两者都是很好的而且是以前的一般诗作者所缺乏着的。至于他的诗的形式，我都觉得有一部分由于利用旧形式成功了，有一部分却因利用得不适当，成了缺点。最主要的是不经济。当我刚回到延安，我读着他的《平汉路工人破坏大队的产生》，我感到象读着《笔生花》《再生缘》之类弹词一样，就是说很性急地想知道究竟后事如何，而埋怨作者描写得太多，叙述得太铺张，故事进行得太慢。其次是不现代化。自然，我在上面已经说过，他利用民歌之类在某种限度上是相当成功的，但假若他的诗的形式更现代化一些，一定会更成功一些。过度地把民歌之类利用到长诗上有时是并不适当的：或者由于各种不同的形式的兼收并容和突然变换，使人感到不和谐，不统一(《边区自卫军》给我这种印象)；或者由于民间形式的调子太熟，太轻松，太流动得快，破坏了大的诗篇的庄严性(《平汉路工人破坏大队的产生》使我有了这种结论)。

民间形式利用之被强调，主要的还是为了大众化吧(可以从它取得新的营养或者创立新的风格之类实在只能算是次要的)。除了还不够十分中国化而外，不够大众化也是新文学的一个大弱点。它的读者群还只限于小市民阶层的知识分子和少数都市里的文化水准较高的店员，工人。它还不能走进农村。它还不能象《三国演义》《水浒传》一样流行在落后的群众中间。然而这样的公式仍然是并不完全的：

新文学＋民间形式＝大众化

因为新文学不够大众化不仅是形式的问题，更主要的还是由于内容。(我们将怎样说明为什么同样是章回小说的《红楼梦》《儒林外史》也不能流行在农民中间呢，假若不从内容方面解释?)而且这种责任不应该单独由新文学来负，更主要的还是由于一般大众的文化水准的低下。解决前半个问题，最好是作者们和大众生活在一起，和他们经历着同样的痛苦和快乐，和他们有着共通的思想、情感，学习着使用在他们的口头上活着的语言，然后写出来的东西会成为他的声音，为他们所了解，接受，欢迎。然而即使马上做到了这样，整个问题还是没有解决。中国还有着百分之八十以上的文盲。无论怎样大众化的作者，总不能写出不识字的人能够阅读的书。

因此，我认为大众化也只能是新文学向前发展的方向，它的百分之百的实现或者做到还需要着一个长期的过程。我们只能一方面希望作者们如上面所说的那样解决问题的一半，一方面希望由于政治上的进步，教育的普及，提高大众的文化水准到不但能识字且能欣赏相当高级的艺术作品。这是两方的努力。因为所奔趋的是一个目标，一定会达到大众和文艺的完全结合。

……

最后，还存在着一个问题：大众化会不会降低已经达到的艺术水准？所谓艺术，大家在习惯上，在一种错误的心理上，把它当作象白净的手一样高贵的东西了，其实换一种说法，除了思想的要素之外，艺术不过是技术。它和文艺工作者的关系不过等于开驶的技术对于汽车工人，烹调的技术对于厨师那样。不仅对于上等社会的人，一个好的汽车工人需要着高度的开驶技术，一个好的厨师需要着美味的烹调技术，就是对于大众他也不可以把汽车开得颠颠簸簸地，甚至开到河里去，他也不可以马马虎虎地烧出粗劣的菜和饭。不过对于文学的欣赏并不能像坐汽车，吃好东西那样简单，它还需要着一些条件。首先要识字。其次还要相当的欣赏能力。因此，我认为对于大众化会不会降低已经达到的艺术水准这个问题应该辩证地理解，辩证地答复。我的答复是这样：假若这种大众化不是指目前的，而是在一个长期的过程之后的，即一方面作者们的作品在内容和形式上都已经更大众化而大众本身的文化水准又已经提高到能够欣赏艺术的作品，那当然不会；假若是指目前的，以利用旧形式为主的，即为了影响文化水准较低的大众去参加抗战而采取的那种部分的临时的办法，那无疑地是会或多或少地降低一些的。

以上是我的一些主要的意见。

（原载《文艺战线》1939 年第 1 卷第 5 号）

［**导读**］

1938 年，毛泽东提出了建立“民族形式”的要求，认为文艺作品应该体现“中国特点”“中国作风”和“中国气派”。次年，延安等解放区对此展开了学习讨论。何其芳发表本文，探讨了“更中国化的民族形式的文学的基础”，考察了新文学如何在旧文学、民间文学和欧洲文学的多重影响下发展民族形式的问题。

2. 论“民族形式”的中心源泉

向林冰

［原文］

自从“建立民族形式”这一课题提起以来，文艺理论战线的情势，确已显示出不同的动态。其前，多以文艺的能否通俗化或大众化，完全是内容问题，形式如何，不是问题的核心；其后，始知在文艺生产上也和在一般的物质生产上同样，其质的规定性，不在于“生产什么”，而在于“怎样生产”。这就是说，到现在，我们的文艺理论工作者，已经意识到这一真理：以抗战建国为内容的文艺通俗化——大众化运动，其表现形式是否“中国老百姓所喜闻乐见的中国作风与中国气派”，乃是问题核心的所在，象这样，由于“民族形式”的提起，而使我们听不见轻视形式的理论，听不见对于“由形式的分析而争取文艺通俗化——大众化”的“形式主义”的责难，这的确是一个可喜的新的跃进。

但是，“民族形式”在目前，尚不是一个既成的存在，它的完成形态，尚需我们在抗战建国的过程中，通过螺旋形的实践发展的连锁而战斗的创造起来。如果我们把问题的提起与问题的解决混为一谈，便是令科学家笑掉牙齿的愚蠢行为。

新质发生于旧质的胎内，通过了旧质的自己否定过程而成为独立的存在。因此，民族形式的创造，便不能是中国文艺运动史的“外烁”的范畴，而应该以先行存在的文艺形式的自己否定为他质。在民族形式的前头，有两种文艺形式存在着：其一，五四以来的新兴文艺形式；其二，大众所习见常闻的民间文艺形式。那末，民族形式的创造，究应以何者为中心源泉呢？这似乎是首先应该解决的根本大问题。

据我们所知，目前的文艺理论工作者，似乎还没有正式论到这一问题。但是，却已经有许多朋友从侧面发表了与本问题有关的意见。例如有的说：民族形式的创造，不同于民间形式的运用；有的说：民族形式的提起，否定了“旧瓶装新酒”；更有的朋友，则主张着民族形式而反对着民间形式的运用等等。这些意见，显然是否定着以民间形式为民族形式中心源泉的命题的。然而，这样的见解，我们却不敢同意。其理由如下：

第一，流行民间的文艺形式，不是大众生活的偶然道伴，而是和大众所喜见乐闻的一切别的形式一样，是其习闻常见的自己作风与自己气派，是其存在形态在文艺的质的规定上的反映。有了这样的大众存在，才有这样的文艺形式，这是不可动摇的真理。并且，这一真理又昭示我们：现阶段大众存在及其意识形态一般的积极性要素，固然在民间形式中有其反映，即民间形式中成为文艺发展桎梏力的消极性要素，也在大众存在及其意识形态一般中有其根株。

第二，由于“存在决定意识”，所以“喜闻乐见”应以“习见常闻”为基础。这是争取文艺大众化——通俗化的根本前提。现存的民间形式，自然还不是民族形式；前者由于自然生长性的规定，在它的内部还有机的包含着大量的反动的历史沉淀物，因而和后者之间，尚存在着阶段性的距离。这是无可否认的事实。然而，在另一方面，民间形式由于是大众所习见常闻的自己作风与自己气派，由于是切合文盲大众欣赏形态的口头告白的文艺形式，所以便为大众所喜闻乐见，而成为大众生活系统中所不可缺少的精神食粮。这也是无可否认的事实。这样，民间形式一方面是民族形式的对立物，另方面又是民族形式的同一物；所以所谓民间形式，本质上乃是一个矛盾的统一体，因而它也就是赋有自己否定的本性的发展中的范畴，亦即在它的本性上具备着可能转到民族形式的胚胎。

第三，“内容决定形式”，这是解决民间形式与民族形式中间的矛盾，使民间形式内部的民族形式的胚胎发育完成而彻底肃清其反动的历史沉淀物的唯一锁钥。在这里，我们应该知道，将以大众为主体的抗战建国新内容与民间文艺的旧形式相结合，通过批判的运用道程而引出的，不是内容的被歪曲被桎梏，而是形式的被扬弃被改造。并且，民间形式，只在其与封建内容相结合(如过去中国民间文艺)，或与帝国主义思想相结合(如目前日寇在游击区的通俗宣传品)的场合，才是反动的；如果和革命的思想结合起来，则是有力的革命武器。(我希望“旧瓶装新酒”的怀疑论者，在这里要彻底理解约瑟夫关于社会主义文化建设中民族文化形式的运用的理论。)由此，我们便看见了由低级形态向高级形态转化的具体路径及前者与后者的关联性。这就是说，民间形式的批判的运用，是创造民族形式的起点，而民族形式的完成，则是民间形式运用的归宿。换言之，现实主义者应该在民间形式中发现民族形式的中心源泉。

第四，民族形式的提出，是中国社会变革动力的发现在文艺上的反映。由于肯定了变革动力在人民大众，所以赋予民族形式以“中国老百姓所喜闻乐见的中国作风与中国气派”的界说。从这里更进一步的分析下来，便知民族形式的中心源泉，实在于中国老百姓所习见常闻的自己作风与自己气派的民间形式之中。至于五四以来的新兴文艺形式，由于是缺乏口头告白性质的“畸形发展的都市的产物”，是“大学教授，银行经理，舞女，政客以及其它小‘布尔’的适切的形式”(黄绳先生在其《当前文艺运动的一个考察》中所评定)，所以在创造民族形式的起点上，只应置于副次的地位；即以大众现阶段的欣赏能力为基准，而分别地采入于民间形式中，以丰富民间形式自身。在确定民族形式中心源泉问题上，如果脱离了中国社会变革动力的理解，如果抹杀了主导契机与从属契机的差别，则必然在文艺运动的政治实践上导出偏向来。

第五，肯定民间形式为民族形式的中心源泉，除其与社会变革动力的关联外，在方法论上亦有其根据。当我们以自己作风与自己气派的民间形式为中国作风与中国气派的民族形式的中心源泉的场合，是意味着文艺脱离大众的偏向的彻底克服，而由大众习见常闻的民间形式的内部，通过大众存在与大众意识的矛盾，通过文艺内容与文艺形式的矛盾，通过大众性的文艺创造与大众的文艺欣赏的矛盾，彻首彻尾在习见常闻与喜闻乐见的统一形势之下，配合着以大众为主体的抗战建国的政治实践的发展，创造出大众文艺的民族形式来。反之，如果以新兴形式为民族形式的中心源泉，而拆散民间形式以溶解于新文艺形式之中，则由于口头告白性质的被去势，必致丧失大众直接欣赏的可能。在这里，便导出了外因论的文艺大众化的理论，即在起点上将大众置于纯粹被教育的地位，通过了大众的被觉醒，然后才把文艺交给大众，而成为大众的自己文艺。这种文艺运动上的民众阿斗论，实际上是要先提高大众知识，或先扫除文盲，然后再建立大众文艺的等待主义。

一九四〇年三月四日

（选自《中国新文学大系(1937—1949)》第 2 集(文学理论卷 2)，上海文艺出版社 1992 年版；原载(重庆)《大公报》，1940 年 3 月 24 日）

[**导读**]

毛泽东有关“民族形式”的主张，在当时的国统区也引发了一定的反响。本文支持“民族形式”这一提法；但与何其芳不同的是，它认为民间形式才是民族形式的“中心源泉”，否定了新文学的作用，这引起了诸多反对的意见。

3. 民族形式的中心源泉是在所谓“民间形式”吗？（节选）

葛一虹

[**原文**]

……

“什么是新的国粹主义呢?”我在“民族遗产与人类遗产”里也只这样不过分地说：“抹煞五四以来在新文学上艰苦奋斗的劳绩，责难它不大众化和非民族化，而所谓大众化和民族形式的完成，只有到旧形式或民间形式里去找寻。或者认为这样的追求至少要‘以民间形式为中心源泉’，‘为主导契机’，等等。”

当然，“新的国粹主义”比“遗老遗少的国粹主义”，说得要高明一点，巧妙一点，因为生在现代，自然可以懂得“批判的运用”，“扬弃”，“发展”等等术语。不幸的是术语的堆砌只成为一袭漂亮的外衣。归根结底：不过是“民间形式为民族形式的中心源泉”。

不错，“新事物发生在旧事物的胎内”，新事物的“抗战建国动力”是从旧事物里发展出来的。但是新事物到底不是旧事物。表现旧事物是用了属于旧时事物的旧形式来表现的。表现新事物而用属于旧事物的旧形式是决不可能的。新事物它一定需要一个新鲜活泼的新形式，这个新形式是它本身所决定出来的，发展出来的，与“旧事物”的旧形式是绝然不相等的。

自然，没有这样直率，婉转得很：“在旧形式的内部增加新的内容，加重二者的矛盾，以促进内容与形式一致的崭新艺术的建立。”这就是“由于新事物发生在旧事物的胎内，所以民族形式的完成，应以民间形式为中心源泉或主导契机”的理论根据了。而且还别创新见地肯定了这样的“旧瓶装新酒”与动的现实主义与革命的浪漫主义“只是名词上的代替，本质上实无何种区别”。

……

“不轻视形式的理论”家自然不轻视形式的。于是诱导出了“民间形式为民族形式的中心源泉或主导契机”的“不轻视形式的理论”。所谓“民间形式”是什么呢？是旧形式，“如鼓词评书等各地流行的土戏小调及章回小说之类”。这类东西在表现思想与感情上有着多少力量呢？我们的“不轻视形式的理论”家也不能不承认其“不及近代形式的进步与完整”，给予所谓“民间形式”以“不及近代形式的进步与完整”的估价。这实在是最正确不过的定论。而我们所不解的就在这里：民间形式既“不及近代形式的进步与完整”，在民族形式的建立上，为什么偏偏要拿“不及近代形式的进步与完整”的“民间形式作为中心源泉或主导契机”呢？

是的，这类的“民间形式”虽然“不及近代形式的进步与完整”，但却然“不是大众生活的偶然的道伴”，而是“大众所习见常闻的”，“切合文盲大众欣赏形态的口头告白的文艺形式”；“而中国社会变革动力”却然“肯定在人民大众”。问题一接触到了文艺与大众的关联，便显得不这么样的简单。

为什么我们有了比所谓“民间形式”“进步与完整”的现代形式，同时“不及现代形式的进步与完整”的旧形式尚能在大众中间流传呢？旧形式的以“习见常闻”的形态存在着，当然“不是大众生活的偶然的道伴”。这是有着它的社会根据的。旧形式的顽强的存在，是中国封建社会长期停滞，以及半封建的旧经济与旧政治在中国尚占着优势的反映。所以旧形式虽现今犹是“习见常闻”，实在已濒于没落文化的垂亡时的回光返照。这是明白的，新社会的新兴势力正在蓬勃成长，作为封建残余的反映的旧形式没有法子逃避其死灭的命运的。

无疑，旧形式将必归于死亡，但它现在却是为大众所熟悉的一种形式。这种形式“习见常闻”，可是并不新鲜活泼。当我们已经有了比较进步与完整的新形式的时候，它仍然能拥有大量的观众和读者，这自然不是一件光荣可夸的事情，它的“不是大众生活的偶然道伴”，一方面反映着新中国未诞生以前的混乱现象，同时，又一方面正说明着人民大众文化水准的低落。

……

当“不轻视形式的理论”家注目于旧形式的为我们所“习见常闻”的时候，即使他曾经说过旧形式“不及近代形式的进步与完整”，他把这个加于旧形式的正确的评价已经忘记，于是认新文艺只是“畸形的都市产物，是大学教授，银行经理，舞女，政客以及其他小布尔的适切的形式”，而完全陶醉于旧形式的“口头告白的文艺形式”了。自然，我们的“不轻视形式的理论”家不会愚蠢到以为民族形式就是“口头告白的文艺形式”，而认为它是具备着“转到民族形式的胚胎的”。理由就是因为它“切合文盲大众欣赏形态”的缘故，并且它是如此地拥有大群的读者和观众，“成为大众生活系统中所不可缺少的精神食粮”的缘故。

对于五四以来艰苦斗争的新文艺作着这样的看法，实在是一种含有侮辱的偏见。新文艺在普遍性上不及旧形式，是不容讳言的。其原因，固然新文艺工作者不能全部卸下他的责任，但主要还是在于精神劳动与体力劳动长期分家以致造成一般人民大众的知识程度低下的缘故，而旧形式之所以仍能激引观众和读者的原因也在此。所以，目前我们迫切的课题是怎样提高大众的文化水准，而不是怎样放弃了已经获得的比旧形式“进步与完整”的新形式，降低水准的从“大众欣赏形态”的地方利用旧形式开始来做什么，而是继续了五四以来新文艺艰苦斗争的道路，更坚决地站在已经获得的劳绩上，来完成表现我们新思想新感情的新形式——民族形式。而这样的形式才是真正的新鲜活泼，为老百姓喜见乐闻的中国作风与中国气派。

迷惑于事物的量，无视乎事物的质，这就是形式论理学的方法论。

这结果是什么呢？“目前大众所需要的通俗文艺，自然不是要求《夏伯阳》《铁流》一类名著同样的水准”，这大概不是意味着大众不需要描写游击队的作品，而是说大众并不需要这样高度的艺术作品。大众不需要这样的艺术作品吗？那只有叫大众永远处于愚昧，只有叫我们的文艺活动，永远处于落后状态的代言人才敢于这样勇敢地声称着。我们的大众不只需要这样的名著，而且还需要比这种名著更千百倍成功的作品。正当千百的文艺工作者随着战争的开展突入到生活的里层，企图为我们的人民大众创造下光荣不朽的伟大作品的时候，我们却听得了“大众自然不是要求《夏伯阳》《铁流》一类名著同样的水准”的呼声。我们的“不轻视形式的理论”家，由于认识的错误，终于陷入了形式主义的泥沼，在形式主义的泥沼中抱着旧形式的残骸而跳舞，真如鲁迅所谓的“不自觉的成为新的国粹派”了。但是在客观上不是没有影响的！指出这般与遗老遗少的国粹主义者有着血缘关系的新的国粹主义者的不正确的论调，是不会“让‘遗老遗少的’或‘穿着漂亮的外衣登了场’的真实的国粹主义者逍遥法外的”，只会叫他感到我道其孤的寂寞的感觉。“发生狞猛的恶笑”的不是别人，正是抱着残骸狂舞的形式主义者无可奈何的心情的流露。

（选自《中国新文学大系（1937—1949）》第2集（文学理论卷2），上海文艺出版社1992年版；原载《新蜀报》，1940年4月10日）

［导读］

本文是对向林冰《论“民族形式”的中心源泉》一文的反驳。文章积极维护“五四”以来新文学的地位，批驳了向林冰对新文学的否定。作者认为，民族形式应该是“五四”新文学的发展，而不是无原则地与民间大众结合。

◇思考与练习

1. 请查阅相关史料，列出抗战时期有关“民族形式”论争的年表，在此基础上分析这场论争的主题集中在哪几个方面。

2. 请查阅相关史料，分析当时先在国统区进行的“民族形式”论争与后来在解放区展开的“民族形式”讨论存在着哪些联系。

3. 无论国统区还是解放区，“民族形式论争”的背景是什么？针对的是什么文学现象？讨论的核心问题是什么？

◇资料与索引

著作

1. 胡风. “民族形式”讨论集. 重庆：华中图书公司，1941.

2. 徐乃翔. 文学的“民族形式”讨论资料. 南宁：广西人民出版社，1986.

论文

1. 金会峻. 中国现代文学史上“民族形式论争”研究. 中国现代文学研究丛刊，1996(3).

2. 袁盛勇. 民族—现代性：“民族形式”论争中延安文学观念的现代性呈现. 文艺理论研究，2005(4).

3. 毕海. 延安对“五四”新文艺的重审及其意义——以“民族形式”论争为中心. 中国现代文学研究丛刊，2013(9).

八、解放区文艺运动

◇史料与导读

1. 在延安文艺座谈会上的讲话(节选)

（一九四二年五月）

毛泽东

[**原文**]

引　言

（一九四二年五月二日）

……

在我们为中国人民解放的斗争中，有各种的战线，就中也可以说有文武两个战线，这就是文化战线和军事战线。我们要战胜敌人，首先要依靠手里拿枪的军队。但是仅仅有这种军队是不够的，我们还要有文化的军队，这是团结自己、战胜敌人必不可少的一支军队。“五四”以来，这支文化军队就在中国形成，帮助了中国革命，使中国的封建文化和适应帝国主义侵略的买办文化的地盘逐渐缩小，其力量逐渐削弱。到了现在，中国反动派只能提出所谓“以数量对质量”的办法来和新文化对抗，就是说，反动派有的是钱，虽然拿不出好东西，但是可以拼命出得多。在“五四”以来的文化战线上，文学和艺术是一个重要的有成绩的部门。革命的文学艺术运动，在十年内战时期有了大的发展。这个运动和当时的革命战争，在总的方向上是一致的，但在实际工作上却没有互相结合起来，这是因为当时的反动派把这两支兄弟军队从中隔断了的缘故。抗日战争爆发以后，革命的文艺工作者来到延安和各个抗日根据地的多起来了，这是很好的事。但是到了根据地，并不是说就已经和根据地的人民群众完全结合了。我们要把革命工作向前推进，就要使这两者完全结合起来。我们今天开会，就是要使文艺很好地成为整个革命机器的一个组成部分，作为团结人民、教育人民、打击敌人、消灭敌人的有力的武器，帮助人民同心同德地和敌人作斗争。为了这个目的，有些什么问题应该解决的呢？我以为有这样一些问题，即文艺工作者的立场问题，态度问题，工作对象问题，工作问题和学习问题。

立场问题。我们是站在无产阶级的和人民大众的立场。对于共产党员来说，也就是要站在党的立场，站在党性和党的政策的立场。在这个问题上，我们的文艺工作者中是否还有认识不正确或者认识不明确的呢？我看是有的。许多同志常常失掉了自己的正确的立场。

态度问题。随着立场，就发生我们对于各种具体事物所采取的具体态度。比如说，歌颂呢，还是暴露呢？这就是态度问题。究竟哪种态度是我们需要的？我说两种都需要，问题是在对什么人。有三种人，一种是敌人，一种是统一战线中的同盟者，一种是自己人，这第三种人就是人民群众及其先锋队。对于这三种人需要有三种态度。对于敌人，对于日本帝国主义和一切人民的敌人，革命文艺工作者的任务是在暴露他们的残暴和欺骗，并指出他们必然要失败的趋势，鼓励抗日军民同心同德，坚决地打倒他们。对于统一战线中各种不同的同盟者，我们的态度应该是有联合，有批评，有各种不同的联合，有各种不同的批评。他们的抗战，我们是赞成的；如果有成绩，我们也是赞扬的。但是如果抗战不积极，我们就应该批评。如果有人要反共反人民，要一天一天走上反动的道路，那我们就要坚决反对。至于对人民群众，对人民的劳动和斗争，对人民的军队，人民的政党，我们当然应该赞扬。人民也有缺点的。无产阶级中还有许多人保留着小资产阶级的思想，农民和城市小资产阶级都有落后的思想，这些就是他们在斗争中的负担。我们应该长期地耐心地教育他们，帮助他们摆脱背上的包袱，同自己的缺点错误作斗争，使他们能够大踏步地前进。他们在斗争中已经改造或正在改造自己，我们的文艺应该描写他们的这个改造过程。只要不是坚持错误的人，我们就不应该只看到片面就去错误地讥笑他们，甚至敌视他们。我们所写的东西，应该是使他们团结，使他们进步，使他们同心同德，向前奋斗，去掉落后的东西，发扬革命的东西，而决不是相反。

工作对象问题，就是文艺作品给谁看的问题。在陕甘宁边区，在华北华中各抗日根据地，这个问题和在国民党统治区不同，和在抗战以前的上海更不同。在上海时期，革命文艺作品的接受者是以一部分学生、职员、店员为主。在抗战以后的国民党统治区，范围曾有过一些扩大，但基本上也还是以这些人为主，因为那里的政府把工农兵和革命文艺互相隔绝了。在我们的根据地就完全不同。文艺作品在根据地的接受者，是工农兵以及革命的干部。根据地也有学生，但这些学生和旧式学生也不相同，他们不是过去的干部，就是未来的干部。各种干部，部队的战士，工厂的工人，农村的农民，他们识了字，就要看书、看报，不识字的，也要看戏、看画、唱歌、听音乐，他们就是我们文艺作品的接受者。即拿干部说，你们不要以为这部分人数目少，这比在国民党统治区出一本书的读者多得多。在那里，一本书一版平常只有两千册，三版也才六千册；但是根据地的干部，单是在延安能看书的就有一万多。而且这些干部许多都是久经锻炼的革命家，他们是从全国各地来的，他们也要到各地去工作，所以对于这些人做教育工作，是有重大意义的。我们的文艺工作者，应该向他们好好做工作。

既然文艺工作的对象是工农兵及其干部，就发生一个了解他们熟悉他们的问题。而为要了解他们，熟悉他们，为要在党政机关，在农村，在工厂，在八路军新四军里面，了解各种人，熟悉各种人，了解各种事情，熟悉各种事情，就需要做很多的工作。我们的文艺工作者需要做自己的文艺工作，但是这个了解人熟悉人的工作却是第一位的工作。我们的文艺工作者对于这些，以前是一种什么情形呢？我说以前是不熟，不懂，英雄无用武之地。什么是不熟？人不熟。文艺工作者同自己的描写对象和作品接受者不熟，或者简直生疏得很。我们的文艺工作者不熟悉工人，不熟悉农民，不熟悉士兵，也不熟悉他们的干部。什么是不懂？语言不懂，就是说，对于人民群众的丰富的生动的语言，缺乏充分的知识。许多文艺工作者由于自己脱离群众、生活空虚，当然也就不熟悉人民的语言，因此他们的作品不但显得语言无味，而且里面常常夹着一些生造出来的和人民的语言相对立的不三不四的词句。许多同志爱说“大众化”，但是什么叫做大众化呢？就是我们的文艺工作者的思想感情和工农兵大众的思想感情打成一片。而要打成一片，就应当认真学习群众的语言。如果连群众的语言都有许多不懂，还讲什么文艺创造呢？英雄无用武之地，就是说，你的一套大道理，群众不赏识。在群众面前把你的资格摆得越老，越像个“英雄”，越要出卖这一套，群众就越不买你的账。你要群众了解你，你要和群众打成一片，就得下决心，经过长期的甚至是痛苦的磨练。在这里，我可以说一说我自己感情变化的经验。我是个学生出身的人，在学校养成了一种学生习惯，在一大群肩不能挑手不能提的学生面前做一点劳动的事，比如自己挑行李吧，也觉得不像样子。那时，我觉得世界上干净的人只有知识分子，工人农民总是比较脏的。知识分子的衣服，别人的我可以穿，以为是干净的；工人农民的衣服，我就不愿意穿，以为是脏的。革命了，同工人农民和革命军的战士在一起了，我逐渐熟悉他们，他们也逐渐熟悉了我。这时，只是在这时，我才根本地改变了资产阶级学校所教给我的那种资产阶级的和小资产阶级的感情。这时，拿未曾改造的知识分子和工人农民比较，就觉得知识分子不干净了，最干净的还是工人农民，尽管他们手是黑的，脚上有牛屎，还是比资产阶级和小资产阶级知识分子都干净。这就叫做感情起了变化，由一个阶级变到另一个阶级。我们知识分子出身的文艺工作者，要使自己的作品为群众所欢迎，就得把自己的思想感情来一个变化，来一番改造。没有这个变化，没有这个改造，什么事情都是做不好的，都是格格不入的。

最后一个问题是学习，我的意思是说学习马克思列宁主义和学习社会。一个自命为马克思主义的革命作家，尤其是党员作家，必须有马克思列宁主义的知识。但是现在有些同志，却缺少马克思主义的基本观点。比如说，马克思主义的一个基本观点，就是存在决定意识，就是阶级斗争和民族斗争的客观现实决定我们的思想感情。但是我们有些同志却把这个问题弄颠倒了，说什么一切应该从“爱”出发。就说爱吧，在阶级社会里，也只有阶级的爱，但是这些同志却要追求什么超阶级的爱，抽象的爱，以及抽象的自由、抽象的真理、抽象的人性等等。这是表明这些同志是受了资产阶级的很深的影响。应该很彻底地清算这种影响，很虚心地学习马克思列宁主义。文艺工作者应该学习文艺创作，这是对的，但是马克思列宁主义是一切革命者都应该学习的科学，文艺工作者不能是例外。文艺工作者要学习社会，这就是说，要研究社会上的各个阶级，研究它们的相互关系和各自状况，研究它们的面貌和它们的心理。只有把这些弄清楚了，我们的文艺才能有丰富的内容和正确的方向。

今天我就只提出这几个问题，当作引子，希望大家在这些问题及其他有关的问题上发表意见。

结　论

（一九四二年五月二十三日）

同志们！我们这个会在一个月里开了三次。大家为了追求真理，进行了热烈的争论，有党的和非党的同志几十个人讲了话，把问题展开了，并且具体化了。我认为这是对整个文学艺术运动很有益处的。

我们讨论问题，应当从实际出发，不是从定义出发。如果我们按照教科书，找到什么是文学、什么是艺术的定义，然后按照它们来规定今天文艺运动的方针，来评判今天所发生的各种见解和争论，这种方法是不正确的。我们是马克思主义者，马克思主义叫我们看问题不要从抽象的定义出发，而要从客观存在的事实出发，从分析这些事实中找出方针、政策、办法来。我们现在讨论文艺工作，也应该这样做。

现在的事实是什么呢？事实就是：中国的已经进行了五年的抗日战争①；全世界的反法西斯战争；中国大地主大资产阶级在抗日战争中的动摇和对于人民的高压政策；“五四”以来的革命文艺运动——这个运动在二十三年中对于革命的伟大贡献以及它的许多缺点；八路军新四军的抗日民主根据地，在这些根据地里面大批文艺工作者和八路军新四军以及工人农民的结合；根据地的文艺工作者和国民党统治区的文艺工作者的环境和任务的区别；目前在延安和各抗

---

① 编者注：此处与目前官方表述不统一，依据现在的通行概念“十四年抗战”，抗日战争应从1931年算起。

日根据地的文艺工作中已经发生的争论问题。——这些就是实际存在的不可否认的事实，我们就要在这些事实的基础上考虑我们的问题。

那末，什么是我们的问题的中心呢？我以为，我们的问题基本上是一个为群众的问题和一个如何为群众的问题。不解决这两个问题，或这两个问题解决得不适当，就会使得我们的文艺工作者和自己的环境、任务不协调，就使得我们的文艺工作者从外部从内部碰到一连串的问题。我的结论，就以这两个问题为中心，同时也讲到一些与此有关的其他问题。

一

第一个问题：我们的文艺是为什么人的？

这个问题，本来是马克思主义者特别是列宁所早已解决了的。列宁还在一九〇五年就已着重指出过，我们的文艺应当“为千千万万劳动人民服务”。在我们各个抗日根据地从事文学艺术工作的同志中，这个问题似乎是已经解决了，不需要再讲的了。其实不然。很多同志对这个问题并没有得到明确的解决。因此，在他们的情绪中，在他们的作品中，在他们的行动中，在他们对于文艺方针问题的意见中，就不免或多或少地发生和群众的需要不相符合，和实际斗争的需要不相符合的情形。当然，现在和共产党、八路军、新四军在一起从事于伟大解放斗争的大批的文化人、文学家、艺术家以及一般文艺工作者，虽然其中也可能有些人是暂时的投机分子，但是绝大多数却都是在为着共同事业努力工作着。依靠这些同志，我们的整个文学工作，戏剧工作，音乐工作，美术工作，都有了很大的成绩。这些文艺工作者，有许多是抗战以后开始工作的；有许多在抗战以前就做了多时的革命工作，经历过许多辛苦，并用他们的工作和作品影响了广大群众的。但是为什么还说即使这些同志中也有对于文艺是为什么人的问题没有明确解决的呢？难道他们还有主张革命文艺不是为着人民大众而是为着剥削者压迫者的吗？

诚然，为着剥削者压迫者的文艺是有的。文艺是为地主阶级的，这是封建主义的文艺。中国封建时代统治阶级的文学艺术，就是这种东西。直到今天，这种文艺在中国还有颇大的势力。文艺是为资产阶级的，这是资产阶级的文艺。像鲁迅所批评的梁实秋一类人，他们虽然在口头上提出什么文艺是超阶级的，但是他们在实际上是主张资产阶级的文艺，反对无产阶级的文艺的。文艺是为帝国主义者的，周作人、张资平这批人就是这样，这叫做汉奸文艺。在我们，文艺不是为上述种种人，而是为人民的。我们曾说，现阶段的中国新文化，是无产阶级领导的人民大众的反帝反封建的文化。真正人民大众的东西，现在一定是无产阶级领导的。资产阶级领导的东西，不可能属于人民大众。新文化中的新文学新艺术，自然也是这样。对于中国和外国过去时代所遗留下来的丰富的文学艺术遗产和优良的文学艺术传统，我们是要继承的，但是目的仍然是为了人民大众。对于过去时代的文艺形式，我们也并不拒绝利用，但这些旧形式到了我们手里，给了改造，加进了新内容，也就变成革命的为人民服务的东西了。

那末，什么是人民大众呢？最广大的人民，占全人口百分之九十以上的人民，是工人、农民、兵士和城市小资产阶级。所以我们的文艺，第一是为工人的，这是领导革命的阶级。第二是为农民的，他们是革命中最广大最坚决的同盟军。第三是为武装起来了的工人农民即八路军、新四军和其他人民武装队伍的，这是革命战争的主力。第四是为城市小资产阶级劳动群众和知识分子的，他们也是革命的同盟者，他们是能够长期地和我们合作的。这四种人，就是中华民族的最大部分，就是最广大的人民大众。

我们的文艺，应该为着上面说的四种人。我们要为这四种人服务，就必须站在无产阶级的立场上，而不能站在小资产阶级的立场上。在今天，坚持个人主义的小资产阶级立场的作家是不可能真正地为革命的工农兵群众服务的，他们的兴趣，主要是放在少数小资产阶级知识分子上面。而我们现在有一部分同志对于文艺为什么人的问题不能正确解决的关键，正在这里。我这样说，不是说在理论上。在理论上，或者说在口头上，我们队伍中没有一个人把工农兵群众看得比小资产阶级知识分子还不重要的。我是说在实际上，在行动上。在实际上，在行动上，他们是否对小资产阶级知识分子比对工农兵还更看得重要些呢？我以为是这样……要彻底地解决这个问题，非有十年八年的长时间不可。但是时间无论怎样长，我们却必须解决它，必须明确地彻底地解决它。我们的文艺工作者一定要完成这个任务，一定要把立足点移过来，一定要在深入工农兵群众、深入实际斗争的过程中，在学习马克思主义和学习社会的过程中，逐渐地移过来，移到工农兵这方面来，移到无产阶级这方面来。只有这样，我们才能有真正为工农兵的文艺，真正无产阶级的文艺。

为什么人的问题，是一个根本的问题，原则的问题。过去有些同志间的争论、分歧、对立和不团结，并不是在这个根本的原则的问题上，而是在一些比较次要的甚至是无原则的问题上。而对于这个原则问题，争论的双方倒是没有什么分歧，倒是几乎一致的，都有某种程度的轻视工农兵、脱离群众的倾向。我说某种程度，因为一般地说，这些同志的轻视工农兵、脱离群众，和国民党的轻视工农兵、脱离群众，是不同的；但是无论如何，这个倾向是有的。这个根本问题不解决，其他许多问题也就不易解决……

二

为什么人服务的问题解决了，接着的问题就是如何去服务。用同志们的话来说，就是：努力于提高呢，还是努力于普及呢？

有些同志，在过去，是相当地或是严重地轻视了和忽视了普及，他们不适当地太强调了提高。提高是应该强调的，但是片面地孤立地强调提高，强调到不适当的程度，那就错了。我在前面说的没有明确地解决为什么人的问题的事实，在这一点上也表现出来了。并且，因为没有弄清楚为什么人，他们所说的普及和提高就都没有正确的标准，当然更找不到两者的正确关系。我们的文艺，既然基本上是为工农兵，那末所谓普及，也就是向工农兵普及，所谓提高，也就是从工农兵提高。用什么东西向他们普及呢？用封建地主阶级所需要、所便于接受的东西吗？用资产阶级所需要、所便于接受的东西吗？用小资产阶级知识分子所需要、所便于接受的东西吗？都不行，只有用工农兵自己所需要、所便于接受的东西。因此在教育工农兵的任务之前，就先有一个学习工农兵的任务。提高的问题更是如此……

一切种类的文学艺术的源泉究竟是从何而来的呢？作为观念形态的文艺作品，都是一定的社会生活在人类头脑中的反映的产物。革命的文艺，则是人民生活在革命作家头脑中的反映的产物。人民生活中本来存在着文学艺术原料的矿藏，这是自然形态的东西，是粗糙的东西，但也是最生动、最丰富、最基本的东西；在这点上说，它们使一切文学艺术相形见绌，它们是一切文学艺术的取之不尽、用之不竭的唯一的源泉。这是唯一的源泉，因为只能有这样的源泉，此外不能有第二个源泉。有人说，书本上的文艺作品，古代的和外国的文艺作品，不也是源泉吗？实际上，过去的文艺作品不是源而是流，是古人和外国人根据他们彼时彼地所得到的人民生活中的文学艺术原料创造出来的东西。我们必须继承一切优秀的文学艺术遗产，批判地吸收其中一切有益的东西，作为我们从此时此地的人民生活中的文学艺术原料创造作品时候的借鉴。有这个借鉴和没有这个借鉴是不同的，这里有文野之分，粗细之分，高低之分，快慢之分。所以我们决不可拒绝继承和借鉴古人和外国人，哪怕是封建阶级和资产阶级的东西。但是继承和借鉴决不可以变成替代自己的创造，这是决不能替代的。文学艺术中对于古人和外国人的毫无批判的硬搬和模仿，乃是最没有出息的最害人的文学教条主义和艺术教条主义。中国的革命的文学家艺术家，有出息的文学家艺术家，必须到群众中去，必须长期地无条件地全心全意地到工农兵群众中去，到火热的斗争中去，到唯一的最广大最丰富的源泉中去，观察、体验、研究、分析一切人，一切阶级，一切群众，一切生动的生活形式和斗争形式，一切文学和艺术的原始材料，然后才有可能进入创作过程。否则你的劳动就没有对象，你就只能做鲁迅在他的遗嘱里所谆谆嘱咐他的儿子万不可做的那种空头文学家，或空头艺术家。

……

什么是文艺工作中的普及和提高呢？这两种任务的关系是怎样的呢？普及的东西比较简单浅显，因此也比较容易为目前广大人民群众所迅速接受。高级的作品比较细致，因此也比较难于生产，并且往往比较难于在目前广大人民群众中迅速流传。现在工农兵面前的问题，是他们正在和敌人作残酷的流血斗争，而他们由于长时期的封建阶级和资产阶级的统治，不识字，无文化，所以他们迫切要求一个普遍的启蒙运动，迫切要求得到他们所急需的和容易接受的文化知识和文艺作品，去提高他们的斗争热情和胜利信心，加强他们的团结，便于他们同心同德地去和敌人作斗争。对于他们，第一步需要还不是“锦上添花”，而是“雪中送炭”。所以在目前条件下，普及工作的任务更为迫切。轻视和忽视普及工作的态度是错误的。

但是，普及工作和提高工作是不能截然分开的。不但一部分优秀的作品现在也有普及的可能，而且广大群众的文化水平也是在不断地提高着。普及工作若是永远停止在一个水平上，一月两月三月，一年两年三年，总是一样的货色，一样的“小放牛”，一样的“人、手、口、刀、牛、羊”，那末，教育者和被教育者岂不都是半斤八两？这种普及工作还有什么意义呢？人民要求普及，跟着也就要求提高，要求逐年逐月地提高。在这里，普及是人民的普及，提高也是人民的提高。而这种提高，不是从空中提高，不是关门提高，而是在普及基础上的提高。这种提高，为普及所决定，同时又给普及以指导……

……

总起来说，人民生活中的文学艺术的原料，经过革命作家的创造性的劳动而形成观念形态上的为人民大众的文学艺术。在这中间，既有从初级的文艺基础上发展起来的、为被提高了的群众所需要、或首先为群众中的干部所需要的高级的文艺，又有反转来在这种高级的文艺指导之下的、往往为今日最广大群众所最先需要的初级的文艺。无论高级的或初级的，我们的文学艺术都是为人民大众的，首先是为工农兵的，为工农兵而创作，为工农兵所利用的。

……

四

文艺界的主要的斗争方法之一，是文艺批评。文艺批评应该发展，过去在这方面工作做得很不够，同志们指出这一点是对的。文艺批评是一个复杂的问题，需要许多专门的研究。我这里只着重谈一个基本的批评标准问题。此外，对于有些同志所提出的一些个别的问题和一些不正确的观点，也来略为说一说我的意见。

文艺批评有两个标准，一个是政治标准，一个是艺术标准。按照政治标准来说，一切利于抗日和团结的，鼓励群众同心同德的，反对倒退、促成进步的东西，便都是好的；而一切不利于抗日和团结的，鼓动群众离心离德的，反对进步、拉着人们倒退的东西，便都是坏的。这里所说的好坏，究竟是看动机（主观愿望），还是看效果（社会实践）呢？唯心论者是强调动机否认效果的，机械唯物论者是强调效果否认动机的，我们和这两者相反，我们是辩证唯物主义的动机和效果的统一论者。为大众的动机和被大众欢迎的效果，是分不开的，必须使二者统一起来。为个人的和狭隘集团的动机是不好的，有为大众的动机但无被大众欢迎、对大众有益的效果，也是不好的。检验一个作家的主观愿望即其动机是否正确，是否善良，不是看他的宣言，而是看他的行为(主要是作品)在社会大众中产生的效果。社会实践及其效果是检验主观愿望或动机的标准。我们的文艺批评是不要宗派主义的，在团结抗日的大原则下，我们应该容许包含各种各色政治态度的文艺作品的存在。但是我们的批评又是坚持原则立场的，对于一切包含反民族、反科学、反大众和反共的观点的文艺作品必须给以严格的批判和驳斥；因为这些所谓文艺，其动机，其效果，都是破坏团结抗日的。按着艺术标准来说，一切艺术性较高的，是好的，或较好的；艺术性较低的，则是坏的，或较坏的。这种分别，当然也要看社会效果。文艺家几乎没有不以为自己的作品是美的，我们的批评，也应该容许各种各色艺术品的自由竞争；但是按照艺术科学的标准给以正确的批判，使较低级的艺术逐渐提高成为较高级的艺术，使不适合广大群众斗争要求的艺术改变到适合广大群众斗争要求的艺术，也是完全必要的。

又是政治标准，又是艺术标准，这两者的关系怎么样呢？政治并不等于艺术，一般的宇宙观也并不等于艺术创作和艺术批评的方法。我们不但否认抽象的绝对不变的政治标准，也否认抽象的绝对不变的艺术标准，各个阶级社会中的各个阶级都有不同的政治标准和不同的艺术标准。但是任何阶级社会中的任何阶级，总是以政治标准放在第一位，以艺术标准放在第二位的。资产阶级对于无产阶级的文学艺术作品，不管其艺术成就怎样高，总是排斥的。无产阶级对于过去时代的文学艺术作品，也必须首先检查它们对待人民的态度如何，在历史上有无进步意义，而分别采取不同态度。有些政治上根本反动的东西，也可能有某种艺术性。内容愈反动的作品而又愈带艺术性，就愈能毒害人民，就愈应该排斥。处于没落时期的一切剥削阶级的文艺的共同特点，就是其反动的政治内容和其艺术的形式之间所存在的矛盾。我们的要求则是政治和艺术的统一，内容和形式的统一，革命的政治内容和尽可能完美的艺术形式的统一。缺乏艺术性的艺术品，无论政治上怎样进步，也是没有力量的。因此，我们既反对政治观点错误的艺术品，也反对只有正确的政治观点而没有艺术力量的所谓“标语口号式”的倾向。我们应该进行文艺问题上的两条战线斗争。

这两种倾向，在我们的许多同志的思想中是存在着的。许多同志有忽视艺术的倾向，因此应该注意艺术的提高。但是现在更成为问题的，我以为还是在政治方面。有些同志缺乏基本的政治常识，所以发生了各种糊涂观念。让我举一些延安的例子。

“人性论”。有没有人性这种东西？当然有的。但是只有具体的人性，没有抽象的人性。在阶级社会里就是只有带着阶级性的人性，而没有什么超阶级的人性。我们主张无产阶级的人性，人民大众的人性，而地主阶级资产阶级则主张地主阶级资产阶级的人性，不过他们口头上不这样说，却说成为唯一的人性。有些小资产阶级知识分子所鼓吹的人性，也是脱离人民大众或者反对人民大众的，他们的所谓人性实质上不过是资产阶级的个人主义，因此在他们眼中，无产阶级的人性就不合于人性。现在延安有些人们所主张的作为所谓文艺理论基础的"人性论"，就是这样讲，这是完全错误的。

"文艺的基本出发点是爱，是人类之爱。"爱可以是出发点，但是还有一个基本出发点。爱是观念的东西，是客观实践的产物。我们根本上不是从观念出发，而是从客观实践出发。我们的知识分子出身的文艺工作者爱无产阶级，是社会使他们感觉到和无产阶级有共同的命运的结果。我们恨日本帝国主义，是日本帝国主义压迫我们的结果。世上决没有无缘无故的爱，也没有无缘无故的恨。至于所谓"人类之爱"，自从人类分化成为阶级以后，就没有过这种统一的爱。过去的一切统治阶级喜欢提倡这个东西，许多所谓圣人贤人也喜欢提倡这个东西，但是无论谁都没有真正实行过，因为它在阶级社会里是不可能实行的。真正的人类之爱是会有的，那是在全世界消灭了阶级之后。阶级使社会分化为许多对立体，阶级消灭后，那时就有了整个的人类之爱，但是现在还没有。我们不能爱敌人，不能爱社会的丑恶现象，我们的目的是消灭这些东西。这是人们的常识，难道我们的文艺工作者还有不懂得的吗？

"从来的文艺作品都是写光明和黑暗并重，一半对一半。"这里包含着许多糊涂观念。文艺作品并不是从来都这样。许多小资产阶级作家并没有找到过光明，他们的作品就只是暴露黑暗，被称为"暴露文学"，还有简直是专门宣传悲观厌世的。相反地，苏联在社会主义建设时期的文学就是以写光明为主。他们也写工作中的缺点，也写反面的人物，但是这种描写只能成为整个光明的陪衬，并不是所谓"一半对一半"。反动时期的资产阶级文艺家把革命群众写成暴徒，把他们自己写成神圣，所谓光明和黑暗是颠倒的。只有真正革命的文艺家才能正确地解决歌颂和暴露的问题。一切危害人民群众的黑暗势力必须暴露之，一切人民群众的革命斗争必须歌颂之，这就是革命文艺家的基本任务。

"从来文艺的任务就在于暴露。"这种讲法和前一种一样，都是缺乏历史科学知识的见解。从来的文艺并不单在于暴露，前面已经讲过。对于革命的文艺家，暴露的对象，只能是侵略者、剥削者、压迫者及其在人民中所遗留的恶劣影响，而不能是人民大众。人民大众也是有缺点的，这些缺点应当用人民内部的批评和自我批评来克服，而进行这种批评和自我批评也是文艺的最重要任务之一。但这不应该说是什么"暴露人民"。对于人民，基本上是一个教育和提高他们的问题。除非是反革命文艺家，才有所谓人民是"天生愚蠢的"，革命群众是“专制暴徒”之类的描写。

“还是杂文时代，还要鲁迅笔法。”鲁迅处在黑暗势力统治下面，没有言论自由，所以用冷嘲热讽的杂文形式作战，鲁迅是完全正确的。我们也需要尖锐地嘲笑法西斯主义、中国的反动派和一切危害人民的事物，但在给革命文艺家以充分民主自由、仅仅不给反革命分子以民主自由的陕甘宁边区和敌后的各抗日根据地，杂文形式就不应该简单地和鲁迅的一样。我们可以大声疾呼，而不要隐晦曲折，使人民大众不易看懂。如果不是对于人民的敌人，而是对于人民自己，那末，“杂文时代”的鲁迅，也不曾嘲笑和攻击革命人民和革命政党，杂文的写法也和对于敌人的完全两样。对于人民的缺点是需要批评的，我们在前面已经说过了，但必须是真正站在人民的立场上，用保护人民、教育人民的满腔热情来说话。如果把同志当作敌人来对待，就是使自己站在敌人的立场上去了。我们是否废除讽刺？不是的，讽刺是永远需要的。但是有几种讽刺：有对付敌人的，有对付同盟者的，有对付自己队伍的，态度各有不同。我们并不一般地反对讽刺，但是必须废除讽刺的乱用。

“我是不歌功颂德的；歌颂光明者其作品未必伟大，刻画黑暗者其作品未必渺小。”你是资产阶级文艺家，你就不歌颂无产阶级而歌颂资产阶级；你是无产阶级文艺家，你就不歌颂资产阶级而歌颂无产阶级和劳动人民：二者必居其一。歌颂资产阶级光明者其作品未必伟大，刻画资产阶级黑暗者其作品未必渺小，歌颂无产阶级光明者其作品未必不伟大，刻画无产阶级所谓“黑暗”者其作品必定渺小，这难道不是文艺史上的事实吗？对于人民，这个人类世界历史的创造者，为什么不应该歌颂呢？无产阶级，共产党，新民主主义，社会主义，为什么不应该歌颂呢？也有这样的一种人，他们对于人民的事业并无热情，对于无产阶级及其先锋队的战斗和胜利，抱着冷眼旁观的态度，他们所感到兴趣而要不疲倦地歌颂的只有他自己，或者加上他所经营的小集团里的几个角色。这种小资产阶级的个人主义者，当然不愿意歌颂革命人民的功德，鼓舞革命人民的斗争勇气和胜利信心。这样的人不过是革命队伍中的蠹虫，革命人民实在不需要这样的“歌者”。

“不是立场问题；立场是对的，心是好的，意思是懂得的，只是表现不好，结果反而起了坏作用。”关于动机和效果的辩证唯物主义观点，我在前面已经讲过了。现在要问：效果问题是不是立场问题？一个人做事只凭动机，不问效果，等于一个医生只顾开药方，病人吃死了多少他是不管的。又如一个党，只顾发宣言，实行不实行是不管的。试问这种立场也是正确的吗？这样的心，也是好的吗？事前顾及事后的效果，当然可能发生错误，但是已经有了事实证明效果坏，还是照老样子做，这样的心也是好的吗？我们判断一个党、一个医生，要看实践，要看效果；判断一个作家，也是这样。真正的好心，必须顾及效果，总结经验，研究方法，在创作上就叫做表现的手法。真正的好心，必须对于自己工作的缺点错误有完全诚意的自我批评，决心改正这些缺点错误。共产党人的自我批评方法，就是这样采取的。只有这种立场，才是正确的立场。同时也只有在这种严肃的负责的实践过程中，才能一步一步地懂得正确的立场是什么东西，才能一步一步地掌握正确的立场。如果不在实践中向这个方向前进，只是自以为是，说是“懂得”，其实并没有懂得。

“提倡学习马克思主义就是重复辩证唯物论的创作方法的错误，就要妨害创作情绪。”学习马克思主义，是要我们用辩证唯物论和历史唯物论的观点去观察世界，观察社会，观察文学艺术，并不是要我们在文学艺术作品中写哲学讲义。马克思主义只能包括而不能代替文艺创作中的现实主义，正如它只能包括而不能代替物理科学中的原子论、电子论一样。空洞干燥的教条公式是要破坏创作情绪的，但是它不但破坏创作情绪，而且首先破坏了马克思主义。教条主义的“马克思主义”并不是马克思主义，而是反马克思主义的。那末，马克思主义就不破坏创作情绪了吗？要破坏的，它决定地要破坏那些封建的、资产阶级的、小资产阶级的、自由主义的、个人主义的、虚无主义的、为艺术而艺术的、贵族式的、颓废的、悲观的以及其他种种非人民大众非无产阶级的创作情绪。对于无产阶级文艺家，这些情绪应不应该破坏呢？我以为是应该的，应该彻底地破坏它们，而在破坏的同时，就可以建设起新东西来。

……

（选自《毛泽东选集》第3卷，人民出版社1991年版；
原载《解放日报》，1943年10月19日）

［**导读**］

文艺与大众、政治的关系，一直是新文化运动以来一个争议很大的命题。有关这一问题的争论在当时的延安文艺界也很有影响。为了统一观点，中共中央在1942年5月2日至23日召开延安文艺工作座谈会，毛泽东先后在会上做了重要发言，即《在延安文艺座谈会上的讲话》。本文着重阐述了文艺的服务对象、普及与提高、文艺界统一战线、艺术标准与政治标准等问题，批评了当时文艺界空谈、轻视实践、脱离群众等缺点。它是毛泽东文艺思想的重要表述，对此后的文学创作产生了重大影响。

2. 三八节有感

丁　玲

［**原文**］

“妇女”这两个字，将在什么时代才不被重视，不需要特别的被提出呢？

年年都有这一天。每年在这一天的时候，几乎是全世界的地方都开着会，检阅着她们的队伍。延安虽说这两年不如前年热闹，但似乎总有几个人在那里忙着。而且一定有大会，有演说的，有通电，有文章发表。

延安的妇女是比中国其他地方的妇女幸福的。甚至有很多人都在嫉羡地说：“为什么小米把女同志吃得那么红胖？”女同志在医院，在休养所，在门诊部都占着很大的比例，却似乎并没有使人惊奇，然而延安的女同志却不能免除那种幸运：不管在什么场合都最能作为有兴趣的问题被谈起。而且各种各样的女同志都可以得到她应得的非议。这些责难似乎都是严重而确当的。

女同志的结婚永远使人注意，而不会使人满意的。她们不能同一个男同志比较接近，更不能同几个都接近。她们被画家们讽刺：“一个科长也嫁了么？”诗人们也说：“延安只有骑马的首长，没有艺术家的首长，艺术家在延安是找不到漂亮的情人的。”然而她们也在某种场合聆听着这样的训词：“他妈的，瞧不起我们老干部，说是土包子，要不是我们土包子，你想来延安吃小米！”但女人总是要结婚的。（不结婚更有罪恶，她将更多的被作为制造谣言的对象，永远被污蔑。）不是骑马的就是穿草鞋的，不是艺术家就是总务科长。她们都得生小孩。小孩也有各自的命运：有的被细羊毛线和花绒布包着，抱在保姆的怀里；有的被没有洗净的布片抱着，扔在床头啼哭，而妈妈和爸爸都在大嚼着孩子的津贴（每月二十五元，价值二斤半猪肉），要是没有这笔津贴，也许他们根本就尝不到肉味。然而女同志究竟应该嫁谁呢，事实是这样，被逼着带孩子的一定可以得到公开的讥讽：“回到家庭了的娜拉。”而有着保姆的女同志，每一个星期可以有一次最卫生的交际舞，虽说在背地里也会有难听的诽语悄声的传播着，然而只要她走到哪里，哪里就会热闹，不管骑马的，穿草鞋的，总务科长，艺术家们的眼睛都会望着她。这同一切的理论都无关，同一切主义思想也无关，同一切开会演说也无关。然而这都是人人知道，人人不说，而且在做着的现实。

离婚的问题也是一样。大抵在结婚的时候，有三个条件是必须注意到的。一、政治上纯洁不纯洁；二、年龄相貌差不多；三、彼此有无帮助。虽说这三个条件几乎是人人具备（公开的汉奸这里是没有的。而所谓帮助也可以说到鞋袜的缝补，甚至女性的安慰），但却一定堂皇地考虑到。而离婚的口实，一定是女同志的落后。我是最以为一个女人自己不进步而还要拖住他的丈夫为可耻的，可是让我们看一看她们是如何落后的。她们在没有结婚前都抱着有凌云的志向，和刻苦的斗争生活，她们在生理的要求和“彼此帮助”的密语之下结婚了，于是她们被逼着做了操劳的回到家庭的娜拉。她们也唯恐有“落后”的危险，她们四方奔走，厚颜的要求托儿所收留她们的孩子，要求刮子宫，宁肯受一切处分而不得不冒着生命的危险悄悄地去吃着坠胎的药。而她们听着这样的回答："带孩子不是工作吗？你们只贪图舒服，好高骛远，你们到底作过一些什么了不起的政治工作？既然这样怕生孩子，生了又不肯负责，谁叫你们结婚呢？"于是她们不能免除"落后"的命运。一个有了工作能力的女人，而还能牺牲自己的事业去作为一个贤妻良母的时候，未始不被人所歌颂，但在十多年之后，她必然也逃不出"落后"的悲剧。即使在今天以我一个女人去看，这些"落后"分子，也实在不是一个可爱的女人。她们的皮肤在开始有褶皱，头发在稀少，生活的疲惫夺取她们最后的一点爱娇。她们处于这样的悲运，似乎是很自然的，但在旧的社会里，她们或许会被称为可怜，薄命，然而在今天，却是自作孽，活该。不是听说法律上还在争论着离婚只须一方提出，或者必须双方同意的问题么？离婚大约多半都是男子提出的，假如是女人，那一定有更不道德的事，那完全该女人受诅咒。

我自己是女人，我会比别人更懂得女人的缺点，但我却更懂得女人的痛苦。她们不会是超时代的，不会是理想的，她们不是铁打的。她们抵抗不了社会一切的诱惑，和无声的压迫，她们每人都有一部血泪史，都有过崇高的感情(不管是升起的或沉落的，不管有幸与不幸，不管仍在孤苦奋斗或卷入庸俗)，这在对于来到延安的女同志说来更不冤枉，所以我是拿着很大的宽容来看一切被沦为女犯的人的。而且我更希望男子们，尤其是有地位的男子，和女人本身都把这些女人的过错看得与社会有联系些。少发空议论，多谈实际的问题，使理论与实际不脱节，在每个共产党员的修身上都对自己负责些就好了。

然而我们也不能不对女同志们，尤其是在延安的女同志有些小小的企望；而且勉励着自己，勉励着友好。

世界上从没有无能的人，有资格去获取一切的。所以女人要取得平等，得首先强己。我不必说大家都懂得。而且，一定在今天会有人演说的"首先取得我们的政权"的大话，我只说作为一个阵线中的一员(无产阶级也好，抗战也好，妇女也好)，每天所必须注意的事项。

第一、不要让自己生病。无节制的生活，有时会觉得浪漫，有诗意，可爱，然而对今天环境不适宜。没有一个人能比你自己还会爱你的生命些。没有什么东西比今天失去健康更不幸些。只有它同你最亲近，好好注意它，爱护它。

第二、使自己愉快。只有愉快里面才有青春，才有活力，才觉得生命饱满，才觉得能担受一切磨难，才有前途，才有享受。这种愉快不是生活的满足，而是生活的战斗和进取。所以必须每天都作点有意义的工作，都必须读点书，都能有东西给别人，游惰只使人感到生命的空白，疲软，枯萎。

第三、用脑子。最好养成为一种习惯，改正不作思索，随波逐流的毛病。每说一句话，每做一件事，最好想想这话是否正确？这事是否处理的得当，不违背自己做人的原则，是否自己可以负责。只有这样才不会有后悔。这就是叫通过理性，这，才不会上当，被一切甜蜜所蒙蔽，被小利所诱，才不会浪费热情，浪费生命，而免除烦恼。

第四、下吃苦的决心，坚持到底。生为现代的有觉悟的女人，就要有认定牺牲一切蔷薇色的温柔的梦幻。幸福是暴风雨中的搏斗，而不是在月下弹琴，花前吟诗。假如没有最大的决心，一定会在中途停歇下来。不悲苦，即堕落。而这种支持下去的力量却必须在“有恒”中来养成。没有大的抱负的人是难于有这种不贪便宜，不图舒服的坚忍的。而这种抱负只有真正为人类，而非为己的人才会有。

一九四二年“三八”节清晨

附及：文章已经写完了，自己再重看一次，觉得关于企望的地方，还有很多意见，但为发稿时间有限，也不能整理了。不过又有这样的感觉，觉得有些话假如是一个首长在大会中说来，或许有人认为痛快。然而却写在一个女人的笔底下，是很可以取消的。但既然写了就仍旧给那些有同感的人看看吧。

（选自《丁玲全集》第7集，河北人民出版社2001年版；
原载《解放日报·文艺》，1942年3月9日）

［**导读**］

1941年以前，解放区文艺主要以歌颂光明为主，但有部分作家认为，解放区也有需要批评改进的地方，不能讳疾忌医，因此提倡继续发挥鲁迅的杂文精神，在歌颂的同时不要忘记揭露阴暗面。在这种思想下，丁玲创作了《三八节有感》，对当时延安存在的一些现象做了批评。

3. 野百合花

王实味

［**原文**］

前　记

在河边独步时，一位同志脚上的旧式棉鞋，使我又想起了曾穿过这种棉鞋的李芬同志——我所最敬爱的生平第一个朋友。

想起她，心脏照例震动一下。照例我觉到血液循环得更有力。

李芬同志是北大1926年级文预科学生，同年入党，1928年春牺牲于她底故乡——湖南宝庆。她底死不是由于被捕，而是被她底亲舅父缚送给当地驻军的。这说明旧中国底代表者是如何残忍。同时，在赴死之前，她曾把所有的三套衬衣裤都穿在身上，用针线上下密密缝在一起，因为，当时宝庆青年女共产党员被捕枪决后，常由军队纵使流氓去奸尸！这又说明着旧中国是怎样一个血腥，丑恶，肮脏，黑暗的社会！从听到她底噩耗时起，我底血管里便一直燃烧着最猛烈的热爱与毒恨。每一想到她，我眼前便浮出她那圣洁的女殉道者底影子，穿着三套密密缝在一起的衬衣裤，由自己的亲舅父缚送去从容就义！每一想到她，我便心脏震动，血液循环得更有力！（在这歌晬玉堂春、舞回金莲步的升平气象中，提到这样的故事，似乎不太和谐，但当前的现实——请闭上眼睛想一想罢，每一分钟都有我们亲爱的同志在血泊中倒下——似乎与这气象也不太和谐！）

为了民族底利益，我们并不愿再算阶级仇恨的旧账。我们是真正大公无私的。我们甚至尽一切力量拖曳着旧中国底代表者同我们一路走向光明。可是，在拖曳的过程中，旧中国底肮脏污秽也就沾染了我们自己，散布细菌，传染疾病。

我曾不止十次二十次地从李芬同志底影子汲取力量，生活的力量和战斗的力量。这次偶然想到她，使我决心要写一些杂文。野百合花就是它们底总标题。这有两方面的含义：第一，这种花是延安山野间最美丽的野花，用以献给那圣洁的影子；其次，据说这花与一般百合花同样有着鳞状球茎，吃起来味虽略带苦涩，不似一般百合花那样香甜可口，但却有更大的药用价值——未知确否。

1942年2月26日

一　我们生活里缺少什么？

延安青年近来似乎生活得有些不起劲，而且似乎肚子里装得有不舒服。

为什么呢？我们生活里缺少什么呢？有人会回答说：我们营养不良，我们缺少维他命，所以……另有人会回答说：延安男女的比例是“十八比一”，许多青年找不到爱人，所以……还有人会回答说：延安生活太单调，太枯燥，缺少娱乐，所以……

这些回答都不是没有道理的。要吃得好一点，要有异性配偶，要生活得有趣，这些都是天经地义。但谁也不能不承认：延安的青年，都是抱定牺牲精神来从事革命，并不是来追求食色的满足和生活的快乐。说他们不起劲，甚至肚子里装着不舒服，就是为了这些问题不能圆满解决，我不敢轻于同意。

那么，我们生活里到底缺些什么呢？下面一段谈话可能透露一些消息。

新年假期中，一天晚上从友人处归来。昏黑里，前面有两个青年女同志在低声而兴奋地谈着话。我们相距丈多远，我放轻脚步凝神谛听着：

“……动不动，就说人家小资产阶级平均主义；其实，他自己倒真有点特殊主义。事事都只顾自己特殊化，对下面同志，身体好也罢，坏也罢，病也罢，死也罢，差不多漠不关心！”

“哼，到处乌鸦一般黑，我们底××同志还不也是这样！”

“说得好听！阶级友爱呀，什么呀——屁！好象连人对人的同情心都没有！平常见人装得笑嘻嘻，其实是皮笑肉不笑，肉笑心不笑。稍不如意，就瞪起眼睛，搭出首长架子来训人。”

“大头子是这样，小头子也是这样。我们底科长，×××，对上是必恭必敬的，对我们，却是神气活现，好几次同志病了，他连看都不伸头看一下。可是，一次老鹰抓了他一只小鸡，你看他多么关心这件大事呀！以后每次看见老鹰飞来，他都嚎嚎的叫，扔土块去打它——自私自利的家伙！”

沉默了一下。我一方面佩服这位女同志口齿尖利，一方面惘然如有所失。

“害病的同志真太多了，想起来叫人难过。其实，害病，倒并不希望那类人来看你。他只能给你添难受。他底声音、表情、态度，都不使你感觉他对你有什么关怀，爱护。”

“我两年来换了三四个工作机关，那些首长以及科长、主任之类，真正关心干部爱护干部的，实在太少了。”

“是呀，一点也不错！他对别人没有一点爱，别人自然也一点不爱他。要是做群众工作，非垮台不可……”

她们还继续低声兴奋地谈着。因为要分路，我就只听到这里为止，这段谈话也许有偏颇，有夸张，其中的“形象”也许没有太大的普遍性；但我们决不能否认它有镜子底作用。

我们生活里到底缺少什么呢？镜子里看罢。

二　碰《碰壁》

在本报《青年之页》第十二期上，读到一位同志底标题为《碰壁》的文章，不禁有感。

先抄两段原文：

> “新从大后方来的一位中年朋友，看到延安青年忍不住些微拂意的事，牢骚满腹，到处发泄的情形，深以为不然的说：‘这算得什么！我们在外面不知碰了多少壁，受人多少气，……’”
>
> “他的话是对的。延安虽也有着令人生气的‘脸色’，和一些不能尽如人意的事物；可是在一个碰壁多少次，尝够人生冷暖的人看来，却是微乎其微，算不得什么的。至于在入世未深的青年，尤其是学生出身的，那就迥乎不同了。家庭和学校哺乳他们成人，爱和热向他们细语着人生，教他们描摹单纯和美丽的憧憬；现实的丑恶和冷淡于他们是陌生的，无怪乎他们一遇到小小的风浪就要叫嚷，感到从来未有过的不安。”

我不知道作者这位“中年朋友”是怎样的一个人，但我认为他底这种知足者长乐的人生哲学，不但不是“对的”，而是有害的。青年是可贵，在于他们纯洁，敏感，热情，勇敢，他们充满着生命底新锐的力。别人没有感觉的黑暗，他们先感觉；别人没有看到的肮脏，他们先看到；别人不愿说不敢说的话，他们大胆地说。因此，他们意见多一些，但不见得就是“牢骚”；他们的话或许说得不够四平八稳，但也不见得就是“叫嚷”。我们应该从这些所谓“牢骚”“叫嚷”和“不安”的现象里，去探求那产生这些现象的问题底本质，合理地(注意：合理地！青年不见得总是“盲目的叫嚣”。)消除这些现象底根源。说延安比“外面”好得多，教导青年不发“牢骚”，说延安的黑暗方面只是“些微拂意的事”，“算不得什么”，这丝毫不能解决问题。是的，延安比“外面”好的多，但延安可能而且必须更好一点。

当然，青年常表现不冷静，不沉着。这似乎是《碰壁》作者的主题。但青年如果真个个都是“少年老成”起来，那世界该有多么寂寞呀！其实，延安青年已经够老成了，前文所引那两位女同志底“牢骚”便是在昏黑中用低沉的声音发出的。我们不但不应该讨厌这种“牢骚”，而且应该把它当作镜子照一照自己。

说延安“学生出身”的青年是“家庭和学校哺乳他们成人，爱和热向他们细语着人生……”我认为这多少有些主观主义。延安青年虽然绝大多数是“学生出身”，“入世未深”没有“尝够人生冷暖”，但他们也绝大多数是从各种不同的痛苦斗争道路走到延安来的，过去的生活不见得有那样多的“爱和热”；相反他们倒是懂得了“恨和冷”，才到革命阵营里来追求“爱和热”的。依《碰壁》作者底看法，仿佛延安青年都是娇生惯养，或许因为没有糖果吃就发起“牢骚”来。至于“丑恶和冷淡”，对于他们也并不是“陌生”；正因为认识了“丑恶和冷淡”，他们才到延安来追求“美丽和温暖”，他们才看到延安的“丑恶和冷淡”而“忍不住”要发“牢骚”，以期引起大家注意，把这“丑恶和冷淡”减至最小限度。

一九三八年冬天，我们党曾大规模检查工作，当时党中央号召同志们要“议论纷纷”，“意见不管正确不正确都尽管提”，我希望这样的大检查再来一次，听听一般下层青年底“牢骚”。这对我们底工作一定有很大的好处。

三 “必然性”“天塌不下来”与“小事情”

“我们底阵营存在于黑暗的旧社会，因此其中也有黑暗，这是有必然性的。”对呀，这是“马克思主义”。然而，这只是半截马克思主义，还有更重要的后半截，却被“主观主义宗派主义的大师”们忘记了。这后半截应该是：在认识这必然性以后，我们就须要以战斗的布尔塞维克能动性，去防止黑暗底产生，削减黑暗底滋长，最大限度地发挥意识对存在的反作用。要想在今天，把我们阵营里一切黑暗消灭净尽，这是不可能的；但把黑暗削减至最小限度，却不但可能，而且必要。可是，“大师”们不惟不曾强调这一点，而且很少提到这一点。他们只指出“必然性”就睡觉去了。

其实，不仅睡觉而已。在“必然性”底借口之下，“大师”们对自己也就很宽容了。他们在睡梦中对自己温情地说：同志，你也是从旧社会里出来的呀。你灵魂中有一点小小黑暗，那是必然的事，别脸红罢。

于是，我们在那儿间接助长黑暗，甚至直接制造黑暗！

在“必然性”底“理论”之后，有一种“民族形式”的“理论”叫做“天塌不下来”。是的，天是不会塌下来的。可是，我们的工作和事业，是否因为“天塌不下来”就不受损失呢？这一层，“大师”们底脑子绝少想到甚至从未想到。如果让这“必然性”“必然”地发展下去，则天——革命事业的天——是“必然”要塌下来的。别那么安心罢。

与此相关的还有一种叫做“小事情”的“理论”。你批评他，他说你不应该注意“小事情”。有的“大师”甚至说，“妈底个×，女同志好注意小事情，现在男同志也好注意小事情！”是呀，在延安，大概不会出什么叛党叛国的大事情的，但每人做人行事的小事情，却有的在那儿帮助光明，有的在那儿帮助黑暗。而“大人物”生活中的“小事情”，更足以在人们心里或是唤起温暖，或是引起寂寞。

四　平均主义与等级制度

听说，曾有某同志用与这同样的题目，在他本机关底墙报上写文章，结果被该机关“首长”批评打击，致陷于半狂状态。我希望这是传闻失实。但连稚弱的小鬼都确凿曾有疯狂的，则大人之疯狂，恐怕也不是不会有的事。虽然我也自觉神经不象有些人那么“健康”，但自信还有着足够的生命力，在任何情形下都不至陷于疯狂，所以，敢继某同志之后，也来谈平均主义与等级制度。

共产主义不是平均主义(而且我们今天也不是在进行共产主义革命)，这不须要我来做八股，因为，我敢保证，没有半个伙伕(我不敢写“炊事员”，因为我觉得这有些讽刺画意味；但与他们谈话时，我底理性和良心却叫我永远以最温和的语调称呼他们“炊事员同志”——多么可怜的一点温暖呵！)会妄想与“首长”过同样的生活。谈到等级制度，问题就稍微麻烦一点。

一种人说：我们延安并没有等级制度；这不合事实，因为它实际存在着。另一种人说：是的，我们有等级制度，但它是合理的。这就须要大家用脑子想一想。

说等级制度是合理的人，大约有以下几种道理：(一)根据“各尽所能，各取所值”的原则，负责任更大的人应该多享受一点；(二)三三制政府不久就要实行薪给制，待遇自然有等差；(三)苏联也有等级制。

这些理由，我认为都有商量余地。关于一，我们今天还在艰难困苦的革命过程中，大家都是拖着困惫的躯体支撑着煎熬，许许多多人都失去了最可宝贵的健康，因此无论谁，似乎都还谈不到“取值”和“享受”；相反，负责任更大的人，倒更应该表现与下层同甘苦(这倒是真正应该发扬的民族美德)的精神，使下层对他有衷心的爱，这才能产生真正的铁一般的团结。当然，对于那些健康上需要特殊优待的重要负责者，予以特殊的优待是合理的而且是必要的，一般负轻重要责任者，也可略予优待。关于二，三三制政府的薪给制，也不应有太大的等差；对非党人员可稍优待，党员还是应该保持艰苦奋斗的优良传统，以感动更多的党外人士来与我们合作。关于三，恕我冒昧，我请这种“言必称希腊”的“大师”闭嘴。

我并非平均主义者，但衣分三色，食分五等，却实在不见得必要与合理——尤其是在衣服问题上(笔者自己是有所谓“干部服小厨房”阶层，葡萄并不酸)，一切应该依合理与必要的原则来解决。如果一方面害病的同志喝不到一口面汤，青年学生一天只得到两餐稀粥(在问到是否吃得饱的时候，党员还得起模范作用回答：吃得饱!)，另一方面有些颇为健康的“大人物”，作非常不必要不合理的“享受”，以致下对上感觉他们是异类，对他们不惟没有爱，而且——这是叫人想来不能不有些“不安”的。

老是讲“爱”，讲“温暖”，也许是“小资产阶级感情作用”吧？听候批判。

3月17日

(选自《中国百年文学经典文库·散文卷(上)1895—1949》，海天出版社1996年版；原载《解放日报》，1942年3月13日、23日)

[导读]

1941年至1942年，丁玲、王实味等人相继发表杂文，对当时延安存在的一些不良风气做了直率的批评。《野百合花》一文就尖锐地揭示出延安当时存在的某些问题以及知识青年与延安生活之间的隔阂。文章言辞比较激烈，思想有些偏激，发表后在解放区引起了强烈反响。丁、王等人的文章虽有些主观片面性和偏激之处，但它们对思考解放区存在的一些问题，是有一定帮助的。这些文章也是引发延安文艺座谈会和整风运动的重要因素之一。

4. 表现新的群众的时代(节选)

——看了春节秧歌以后

周 扬

[原文]

延安春节秧歌把新年变成群众的艺术节了，真是闹得“热火朝天”！出动的秧歌队有二十七队之多，这些秧歌队是由延安的群众，工厂，部队，机关，学校组织起来的，绝大部分不是职业的戏剧团体，都带着业余的性质；职业的剧团都在去年年底下乡去了。这些业余的秧歌队，不但那数量之多、规模之大，大大地盖过了职业的剧团，就在节目内容和演出效果上也显示了它们的并无逊色。他们创造了一百五十种以上的节目，从秧歌剧，秧歌舞到花鼓，旱船，小车，高跷，高台等，各色齐全。这些节目都是新的内容，反映了边区的实际生活，反映了生产和战斗，劳动的主题取得了它在新艺术中应有的地位。我统计了五十六篇秧歌剧的主题：

写生产劳动(包括变工，劳动英雄，二流子转变，部队生产，工厂生产等)的有二十六篇；

军民关系(包括归队，优抗，劳军，爱民)的有十七篇；

自卫防奸的十篇；

敌后斗争的两篇；

减租减息的一篇。

写生产的最多，也最受群众欢迎，军法处秧歌队的《钟万财起家》，枣庄秧歌队的《动员起来》，南区秧歌队的《女状元》《变工好》，西北党校秧歌队的《刘生海转变》，中央党校秧歌队的《一朵红花》，杨家岭秧歌队的《组织起来》，都是写老百姓生产的，都获得了成功或比较地成功的效果，写部队生产的只有留政宣传第二队的一个《张治国》，也是比较成功的。延安市民秧歌队的《模范纺织》，行政学院秧歌队的《好庄稼》，延安县秧歌队的《雷老汉种棉花》，以及西北党校秧歌队的《孙老汉拾粪》，则是用高跷或快板的形式来表现生产过程，宣传生产知识的，它们虽不如秧歌剧有故事，却得到了不下于秧歌剧的效果。

群众欢迎新的秧歌，不是没有理由的。这些秧歌演的都是他们切身的和他们关心的事情，剧中很多人物就是他们自己。钟万财供给了《钟万财起家》一剧以完全的材料，他看了这个剧的预演，而且当这个剧在他们的乡里演出的时候，他几乎是每场必到的观客。其余群众都以羡妬的眼光看着他，他们都愿在剧中看到自己，实际上他们是已经看到了，不过姓名不同罢了。当演到钟万财从二流子转变的过程的时候，观众中的二流子就被人用指头刺着背说："看人家，你怎办?"象这样观众与剧中人物浑然融合的例子，是还可以举出许多的。

这些秧歌并不是那一个个人创造的，而是一种完全的集体创作。参加创作的不仅有诗人、作家，戏剧音乐工作者，行政工作者，知识分子，学生，这一回特别值得注意的是工人，农民，士兵，店员参加了。延安市民秧歌队以他们的规模，音乐，和样式的丰富轰动了观众，他们的节目大都是店员们自编自演的，《二流子改造》且出自铁匠工人的手笔。化学工厂工人们创作的《工厂是咱们的家》传达出了他们自己工厂的生活的愉快的气氛。延属分区秧歌队演出的《浪子回头金不换》一剧，是由两位战士口述记录下来的，剧中的角色由他们扮演，他们熟练地运用了陕北老百姓的语言。留政秧歌队的《刘连长开荒》也是由工农出身的战士演出的，演技都熟练。有的秧歌队是由机关学校部队与老百姓联合组成的，例如西区军民联合秧歌队就是，老百姓不但演出了，而且也自己编写了新内容的戏目。工农群众在这次秧歌创作过程中，做了积极的参加者；他们表现了他们的创作能力和勇气，他们没有受到专门的艺术训练，但是凭着他们的本色和聪明，完成了自己份内的艺术创造的任务。

艺术工作者及一般学生知识分子在这次秧歌活动中也表现了他们非常有成效的努力，他们尽了骨干的和指导的作用，同时也向群众学得了东西。个别的同志在开始的时候对于秧歌是采取了比较消极，甚至不去做的态度的；但当自己扮演的角色，他摹拟工农的语言和动作，在工农的观众中引起了热烈的效果的时候，群众的热情就以一种特别的力量感染了他，他的工作态度也就变得更认真，更严肃了，他自觉到了他是在做着一件非常崇高的，有意义的事，他在实际中体验了知识分子与工农兵结合、文艺为工农兵的方针的正确。这次春节的秧歌成了既为工农兵所欣赏而又为他们所参加创造的真正群众的艺术行动，创作者、剧中人和观众三者从来没有象在秧歌中结合得这么密切。这就是秧歌的群众性的特点，它的力量就在这里。

秧歌本来是农民固有的一种艺术，农村条件之下的产物。新的秧歌从形式上看是旧的秧歌的继续和发展，但在实际上已是和旧的秧歌完全不同的东西了。现在的秧歌虽仍然是农民的艺术，仍然是农村条件下的产物，但却是解放了的，而且开始集体化了的新的农民的艺术，是已经消灭了或至少削弱了封建剥削的新农村条件之下的产物；我们要保持农民的特色，但却是新的农民的特色。新的秧歌必须表现“新的群众的时代”。群众对于新的秧歌已经有了他们自己的看法。他们已不只把它当作单单的娱乐来接受，而且当作一种自己的生活和斗争的表现，一种自我教育的手段来接受了……

恋爱是旧的秧歌最普遍的主题，调情几乎是它本质的特色。恋爱的鼓吹，色情的露骨的描写，在爱情得不到正当满足的封建社会里，往往达到对于封建秩序，封建道德的猛烈的抗议和破坏。在民间戏剧中，这方面产生了非常优美的文学，我看过一篇旧秧歌剧，叫做《杨二舍化缘》，那里面对于爱情的描写的细腻和大胆，简直可以与莎士比亚的《罗密欧与朱丽叶》媲美，使人不得不惊叹于中国民间艺术的伟大和丰富。但是旧民间戏剧中恋爱的主题，一方面仍带着浓厚的封建色彩，另一方面是比较静止比较单调的农村生活的反映。在新的农村条件下，封建的基础已被摧毁，人民的生活充满了斗争的内容。恋爱退到了生活中极不重要的地位，新的秧歌是有比恋爱千百倍重要，千百倍有意义的主题的。主题变了，人物也变了，比方在旧秧歌里丑角是一个显著的角色，在新秧歌里，就失去了他的这种地位了。在森严的封建社会秩序和等级面前，丑角是唯一可以自由行动，自由说话的人物，他或则嘻笑怒骂，或则旁敲侧击，他貌似胡涂，实则清醒，他的戏谑和反话常常是对于上层人物和现存秩序的一种隐讳而尖刻的批评，在西洋的，比如莎士比亚的戏剧里就有这一种的角色，他们是可爱的。但是，在新的社会条件下，小丑的身份已经完全改变了。边区及各根据地，是处在工农兵和人民大众当权的时代；人民是主人公，是皇帝，不再是小丑了，如果说在我们的秧歌剧中还用得着小丑的话，那只能用来去表现新社会的破坏者，蠹虫，但他们已是完全否定的人物，没有丝毫积极的作用了。所以有同志主张大秧歌舞中应该一律是工农兵和人民大众的形象，不能渗入小丑和反派的角色，节目中的反派角色，或者不参加大舞，或者到演出时再化装，这个主张，我觉得是对的。大秧歌应当是人民的集体舞，人民的大合唱。它必须热闹，如老百姓所喜欢的那样。它要表现集体的力量，它要在各式各样的形象和色彩当中显出它的美妙的和谐。

新秧歌是不但在内容上，而且在形式上都是新的了。不错，它是以旧秧歌形式做基础的，它不能够也不应当离开这个基础，但并不是说它是原封不动的原来形式，倒不如说，它和原来的形式已大不相同了。因为在这个基础上面，加进了五四以来新文艺形式的要素，没有它们，新秧歌的创造是不可能想象的。现在的秧歌剧是一种熔戏剧、音乐、舞蹈于一炉的综合的艺术形式，它是一种新型的广场歌舞剧。秧歌剧是一种群众的戏剧，它必须以广场为主，就是说在广场中央演出，如同一座圆形的舞台，四面向着观众，演出的简便，和观众的接触又是最直接最密切的。自然，广场剧和舞台剧之间并没有截然的界线，秧歌剧同样可以搬上舞台，定县的秧歌就是有棚有台的，而且与“秦腔”，“梆子”，“二簧”等戏相颉颃；这在今年延安的秧歌演出中，也有过类似的经验。秧歌剧又必须主要的是歌舞剧。它可以收白话剧的手法和长处，而且必须吸收；实际上这次秧歌，有的就采取了很多白话成分，对白多于唱歌，歌剧的意味已经很少了。甚至完全用话剧形式也未尝不可。但是从秧歌剧本身的特点，及其艺术的效果来看，我以为不要轻易放弃歌与舞的因素，歌与舞是必要的。对白过多，有时甚至是一种缺点，秧歌剧是秧歌的中心节目，甚至是唯一节目，但它总是整个秧歌的一个有机部分，它必须和大秧歌舞或其他节目(如果有的话，为了吸引群众，最好是有)有很调和的配合。大秧歌舞本身是一种独立的艺术，同时又可以做秧歌的一种开台，或是说前奏，以及它的尾声，同时按着剧情的需要，还可以做剧中的伴唱，它的用处是很大的，保安处大秧歌队的大秧歌舞有了一些新的创造，是值得大家学习的。它没有改变秧歌的扭法，但是在扭步和歌唱外，依照词的内容加以表情；这样使得歌和舞完全协调，舞变得更有内容，更活泼生动，更富于色彩，和秧歌剧也更相配合。我们应当创造表现生产和战斗的集团舞蹈，军法处秧歌和留政宣传第二队在这方面作了尝试，但是这种创造无论如何不能离开本来的秧歌舞的基础，要保持民间舞蹈的健康、明朗、有力的特色，要拒绝都市小市民歌舞的庸俗作风的影响，否则不但老百姓不会欢迎，就是在艺术上说，也是没有价值的，无意义的，低级的。

秧歌剧作为广场舞剧，自然只是戏剧种类之一，与文学中有诗歌、小说、报告、通讯相同。它与话剧、平剧、秦腔等各有自己的传统和特点，各有长处和限制，它们不是互相排斥，而是互相补充，互相发展的，话剧是最现代的进步的戏剧形式，但它是从西洋输入，并且作为中国旧剧的彻底否定而兴起来的（这个否定在五四当时是有革命作用的），而且又完全是在都市生长起来的，它在内容上和小市民血缘极深，它的形式是欧化的，始终没有完全摆脱洋教条的束缚，所以我以为话剧到群众中去必须经过一番改造，而这一点过去几乎很少人注意过。这个改造，我想并不是要它旧剧化，而是要它工农化，就是说，要把它改造到能适合于表现工农兵的情感和思想。平剧是需要改造的，这大家都没有意见，不同意见是关于如何改造，也没有人根本怀疑它能否改造。党校演出的《逼上梁山》在平剧改造工作上作了一个重要的贡献，它划出了平剧改造的正确方向。民众剧团在秦腔方面的努力是一贯的，也是有成绩的，《血泪仇》是一个杰出的秦腔本，表现了作者不凡的艺术魄力。这些，和一年来的秧歌，就都是实践了毛主席的文艺方针的初步成果。戏剧上各种形式应该让它同时并存，同时发展。任何艺术形式，只要它能够反映人民大众的现实生活和斗争与历史的革命内容的，都应该让其存在，促其发展。艺术上各种形式的同时并存，或互相交替，决定于社会条件，群众的需要：最后的判断者是群众，是历史。我们的任务，只是将各种艺术形式引用到一个共同正确的方向，而同时使之互相配合，各尽其长。

比较起来，秧歌剧是一种小形式的戏剧，它所能处理的主题的范围和深度是有限制的，虽然这次春节秧歌的实践，证实了它能够处理相当多方面的主题，而且是较复杂、较严肃的主题，如保安处秧歌队演出的《冯光琪防奸》，留政宣传第二队的《张治国》，党校秧歌队的《朱永贵挂彩》，这三个剧本就于一般的生产题材之外各自成功地反映了群众防奸，部队生产，敌后斗争。秧歌剧的长处是在它是群众性。它能够迅速、简单、明了地反映群众的日常生活和斗争，它容易为群众所接受，成为群众自己的东西。它是群众艺术的最主要的形式。秧歌剧是以行动迅速和简单为特点的，而这同时也可以是高度艺术性的标记。从秧歌剧，一定能产生出有高度艺术性的作品来的，在千百篇秧歌剧创作之中，总会有好多篇能够得到永久的流传，而在大型民族新歌剧新话剧的建立上它又将是一个重要的基础和重要的推动力量。

秧歌的前途是无可怀疑的，它已经成了广泛而热烈的群众的艺术运动，已经在群众当中站定脚跟了。完全证明了毛主席在文艺座谈会讲话中所指示的文艺新方向的绝对正确。秧歌是向这方向的一个努力，但也还只是一个方面的，而且是初步的努力。新的秧歌正在成长的过程中，它的面前还存在有许多的问题，许多的工作。

首先一个问题，是新的秧歌是否已经大众化了呢？是没有完全做到的，甚至还有相当的距离呢。我这不仅是指它的普及的范围来说，而主要的是指秧歌今天所达到的思想内容和表现形式来说的。就是说，秧歌中的群众观点，群众语言，群众感情，群众作风还不够。

我们的秧歌写了老百姓，写了他们的生活和斗争，老百姓取得了艺术作品中的主人公的地位。我们的秧歌写共产党，八路军，歌颂了他们的英雄事迹，他们的爱国爱民，歌颂了我们群众斗争的领袖。这些都做了，而且做得很对，正是凭着这些，获得了广大群众的拥护。那末为什么还说群众观点不够呢？不够表现在哪一些方面呢？我有这样一种感觉，一方面，我们的秧歌反映八路军太少了，太不够了。八路军不但在军事战线上而且在生产战线上所完成的英雄事迹比文艺作品中所已反映的，要千百倍丰富，千百倍伟大，值得我们大大的歌颂；另一方面，在军民关系上，特别是拥政爱民运动以来，也有许多值得反映的可歌颂的事情，秧歌比较多地反映了这一方面，但是有些剧作者却作出了关于军民关系，或者一般地关于群众先锋队和广大群众关系的不完全正确的描写。他们把共产党八路军表现为一种超乎群众之上的力量，他从上而下的来爱护着群众，他所给与群众的常较群众所与他的为多，在秧歌中我们常常听到类似这样的句子：

水有源，树有根，八路军叫咱不能忘了。

或者是：

共产党是咱们的命根，他是咱的亲爹娘。

这种说法不对吗？完全对的，也应当这样说的，它表达出了老百姓与共产党八路军的血肉相联，他们对于共产党八路军的衷心的爱和感激。这是真实的。但是作为党与群众的全部正确关系的表示来看就不对了。全部真理是首先对于共产党、八路军，那末，老百姓是源、是根、是命根、是亲爹娘，然后，再反过来，对于老百姓，那末，共产党、八路军又给予以伟大的指导与保护的力量。为什么我们的秧歌不着重表现前一个真理呢？……我们的秧歌剧，写了老百姓的落后和缺点的，并不少(这也是要的)，但是我没有看过一个秧歌剧批评我们机关部队自己的，我们“公家人”既然比老百姓前进一些，为什么反而不要自我批评呢？难道我们在工作上和思想上真是没有可批评的地方吗？毛主席教导我们时时批评自己的缺点，好象为了清洁，为了去掉灰尘，天天要洗脸，要扫地一样。文艺就应当成为自我批评的武器之一。

新的秧歌运用群众语言，表现群众感情，群众作用，也是不够的，因此它对群众生活的反映还是比较单调的，有些公式化的，甚至使人有千篇一律的感觉。这次春节秧歌剧，只有少数是根据了向老百姓直接作调查得来的材料写成的，一般的都是从报纸上找材料，虽则剧作者或者在创作的时候，请教了本地干部或熟悉本地情况的干部，或者在演出的过程中随时吸收群众的反映，随时将剧本内容修正和补充。西北党校秧歌队采取组织效果小组到群众中去收集群众反映的办法是很好的。但是不论直接作了调查也好，从报纸搜集材料也好，剧作者一般都是知识份子，他们平常对于老百姓的生活是比较隔膜，比较生疏的，所以他们的反映就不能不发生困难。

更大的困难是语言。秧歌剧都是写的老百姓的事，而又是以方言演出的，语言成了一个首先需要解决的问题。采用方言是绝对必要的，我以为以边区老百姓生活为题材的秧歌队必须用方言写和演，同样题材的话剧也必须如此。方言剧是值得提倡的，青年剧院演出的话剧《抓壮丁》，一个写得很成功的讽刺剧，就是用四川方言写和演的，收到了很好的演出上的效果。我们的秧歌虽是一般地企图采用了陕北老百姓的语言，但因为剧作者对老百姓语言的不够熟悉，他们所用老百姓的语言还不够丰富、不够洗炼的，本来，群众语言只有加以博采又经过提炼才能成为艺术语言。现在的缺点是既少而又不精。语言中渗入了两种杂质的东西，一种是旧戏式的唱白，这虽是老百姓比较习惯，有的可以听得懂，但却不是老百姓现实的语言。还有一种是知识份子的语言，用毛主席的话来说，就是“学生腔”。他们虽是借老百姓的口述说老百姓的事，甚至竭力讲了方言，满口的“尔格”“一满”，但听去总是空洞而又蹩扭的，不象是老百姓的口吻和声调，听不出真实的情感。语言是一般化的，不能表示出人物的性格和个性，张三口里唱的歌词或讲的话，移到李二口里去唱，去讲也可以。

在秧歌歌剧中还没有创造出很成功的角色，如果就演员的唱工好，做工好来说，有我们已经有博得观众喝采的演员了，这种演员是应当十分宝贵的。我所谓成功的角色，是指剧本中所创造的带典型性而有个性特征的人物，他有自己的语言，他有真实的情感，他经过演员的创造，生动地出现在观众面前，使人看了永不能忘记。有些演员还不能很好表达老百姓的情感，他们虽想尽量表现得细腻，但因为没有探到老百姓真实情感的深处，以致弄到近乎做作，反而使老百姓的形象走样了。

如何取得老百姓的语言，老百姓的感情，这除了向老百姓学习以外，再没有别的办法，报纸上的材料，加上主观的想象，已经是不济事的了，但学习也不是容易的事，需要长期的耐心，还需要正确的立场，正确的方法。过去地主阶级、资产阶级的作家，特别是他们中间的优秀的部分，也学过老百姓的语言，但是他们都是从他们的立场来学的。语言是表达一定思想的，因此他们的学习就不能彻底，他们不会在根本上接受群众的思想，他们甚至只是拿群众的语言来作他们作品的装饰。我们学习群众的语言，却正是为了学习群众对于事物的看法，文艺工作者并且在文艺中来表现这种看法。学习群众的情感，也是如此。在这里，作为消极的例子，我可以介绍一点鲁艺文工团在乡下工作的经验，他们在寄回来的报告上写着：

> 有些同志认为向群众学习，只是学习群众的动作、语言、表情，而学习了这些东西，单纯地是为了演戏，而忘了学习群众来改造自己思想这个任务。甚至个别本地生长的同志认为已经学到了这些东西，于是无东西可学了，便发生了自满的情绪，闲着没有事做，躺在床上睡觉……
>
> 有些同志学习群众的情感，把群众的情感认为象小资产阶级一样，那种虚无飘渺，很难捉摸的东西，当凭主观去猜想群众情感，看到一个老乡坐在炕上就去想他现在是什么情感，他的心里想什么，而结果是一无所得，结果是感到学习群众情感是很困难的。

真是很有意义的例子，这告诉了我们，如果不把思想搞通，是什么都学不到的。

这一次春节秧歌，工农兵群众参加了创作，这就发生了不但文艺工作者如何表现工农兵，而且工农兵如何参加文艺创作的问题，因而也发生了文艺工作者如何帮助和指导工农创作的问题。帮助是极不够的，指导上也遇着了一些困难。工农出身的，半知识分子的，本地的演员以至剧作者，由于他们本身是工农分子，或和群众比较接近，所以他们表现工农兵是自然的，不加修饰的，比较逼真的：西北党校秧歌队演出的《刘生海转变》中的角色，以及其他秧歌队的剧目中的本地演员都有这样的特色，工农演员，更不消说。他们需要的是更艺术些。他们中间，有些根本不懂什么是艺术上的规矩，他们是真正自由自在地在创作，但当那些规矩套上他身上的时候，他们有时反而给束缚手足了，唱也唱不好了，动作也乱了。这是什么原因呢？难道只怪那些同志修养水准低吗？不是的，因为我们的艺术指导本身还存在着缺点。我们还没有能够完全按照表现群众生活的需要，从群众艺术创作实践过程中，去运用已有的技术，并发展新的技术，然后拿这些技术去指导他们。

我们的秧歌虽然一般地都是采用了老百姓所熟识爱好的郿鄠、快板的形式，但因为加进了新的思想和新的艺术的因素，比起老百姓原来的秧歌来，一方面固然是面目一新，另一方面却也因此而丧失了一些老百姓的作风了。我以为旧的秧歌的形式，还有许多地方值得我们学习的，如老百姓秧歌队的吹喇叭和打腰鼓，就是很好的，我们的秧歌队还没有采用和学会。现在秧歌用的郿鄠调，我统计了一下，一共不过二十来种，而用得最流行的不过几种，如象“岗调”，“戏秋千”，“紧符调”等，所以大家感到有点听腻了，其实有许多好的郿鄠调还没有采用，据吕骥同志说，郿鄠调有一百种以上，吕骥同志搜集了西北民歌小调近一千种，而新的秧歌中所用的小调不过十来种，道情就用得更少了，民间艺术的矿藏是丰富得很的，我们必须认真地加以开发，提炼。创作，在某种意义上说就是这种提炼的工作。老百姓是欢喜道情郿鄠的。因为这是他们熟悉的形式，他们看得出你甚么地方音没有唱准，甚么地方乐器打错了。旧的民间曲调自然还不够表现边区人民新的生活的战斗的快乐的气氛，需要适当的改造，但这个改造的工作必须是慎重的，对于民间音乐经过热心的认真的研究的。这个改造绝不能是硬搬洋教条，和表现自己小资产阶级的情感，而必须是表现老百姓的新的情感和思想，而又能适合于老百姓的欣赏习惯。有些同志就是唱郿鄠，唱小调，那声音听上去几乎一点老百姓的味道都没有。实在说，在新文艺工作者的脑筋里，洋教条不是太少而是太多，民间艺术不是太多而是太少，这就可知我们的工作的重心应该放在什么上面了。要学习民间艺术，必须向民间艺术家学习。这种艺术家在老百姓中间是很多的，他们是我们很好的师父。

有些同志感觉得现在秧歌群众性是有了，但艺术性却不够，他们要求更多一些艺术性。这种要求是正当的。但问题是什么是我们要求的艺术性呢？它从何而来呢？如果艺术性不是指技艺，那末，艺术性，就是真实地，具体地，生动地反映了生活。艺术性和形象性是差不多的意思；愈形象化，艺术性就愈高。而形象是只能从生活中得来的。所以艺术性不是可以从什么地方中取来加到作品中去的调料，而只能从作品中生活的描写本身发生出来。

要不要故事，容不容许“噱头”，“趣味”，这些好象是纯粹技术上的问题，实际仍是和生活之真实描写分不开的。我是主张秧歌有故事的。故事可以是实事，也可以是虚构。艺术并不反对虚构，而只反对凭空虚构。它们要有幻想，有夸张，只要这些没有离开现实基础，不是引导人逃避现实，而是引导人改造现实。我是甚至主张大团圆的结局的。五四时代反对过旧小说的戏剧中的团圆主义，那是正确的，因为旧小说戏剧中的团圆不过是解脱不合理的，建立在封建制度和秩序之上的社会的一个幻想的出路，它是粉饰现实的。在新的社会制度下，团圆就是实际和可能的事情了，它是生活中的矛盾的合理圆满的解决，保安处秧歌队演出《冯光琪防奸》的最后给锄奸英雄送匾一场，配以喇叭的吹奏，是很有艺术的效果的，据说老百姓都很欢迎，但也许是为要避免团圆主义吧，在机关演出时却给删掉了，我以为很可惜。秧歌中可不可以加进去“噱头”

呢？那会不会破坏被描写的工农兵群众的生活和斗争的严肃气氛呢？我想也是不成问题的。在实生活中引人发笑的事少吗？群众是最懂得幽默的；新的人物也决不是一天到晚板着面孔。“噱头”是由生活中的矛盾之突然或意外的解决所引起的，而这个解决在生活事实的整个发展过程中虽是带偶然性的，但同时却是这个生活事实发展过程的一个自然结果，人物性格的一种适合的着色。“硬滑稽”那是要不得的，损害艺术的真实的。

秧歌的群众性和艺术性是必须统一的，这个统一只有经过现实主义的道路才能达到。这是就，必须文艺工作者与工农兵结合，工农兵与文艺结合，新文艺与民间形式结合。有了这三方面的结合，新文艺运动就有了坚实的基础和广大发展的前途，秧歌已经成为新文艺运动的一支生力军了。为了要使它前进得更好，更顺利，我们必须解决与它有关的许多思想上艺术上的问题。我上面所提出的一些意见，是就个人所见到的说的，希望能引起同志们、特别是文艺界同志们的研讨。关于秧歌目前所应做的工作，我提议下列这些：

一、经常派职业剧团下乡，同时在各分区建立自己的剧团，将秧歌普及到农村中的每个角落中去。去年下乡的剧团快回来了，他们一定会带回来很多的很好的经验，必须将那些经验总结起来，作为今后工作的根据。

二、大量地发动秧歌剧作，并选集优秀的作品，加以出版。这次春节秧歌剧中数十篇是写得相当好的，不日就可印出来。剧作是剧运工作的中心环节，我们必须有大力来提倡。

三、大量地吸收工农兵参加秧歌写作和演出，认真地，慎重地，耐心地给与他们技术上的指导，发展和鼓励他们的创作。

四、有计划地有系统地搜集和研究民间艺术，将已经搜集的材料加以整理并付印出来。罗致民间艺人，各职业文艺团体应与民间艺人和民间艺术团体取得密切的联系，互相学习，交换经验。

五、发动批评，对于已发表或演出的秧歌剧本，应加以介绍和批评。这种批评必须不是教条主义，形式主义的。必须通过各种方式吸收老百姓观众的反映，群众的意见是最可靠的批评。

我现在所想到的就是这些。新的秧歌现在已经成为了广大群众性的运动，让我们从理论，实践各方面来推进它吧，每个文艺工作者都应当为表现“新的群众的时代”而努力！

（选自《周扬文集》第 1 卷，人民文学出版社 1984 年版；
原载《解放日报》，1944 年 3 月 21 日）

[导读]

解放区“新秧歌运动”是实践《讲话》精神的有益尝试，作为文艺为工农兵服务的典型，得到了上下的一致倡导。本文是周扬为贯彻毛泽东的《在延安文艺座谈会上的讲话》精神，积极倡导新秧歌运动而写的。作者从实践角度探讨了新秧歌在语言、角色、思想等方面的探索，并对其未来发展提出了一系列建议。这些建议不但对新秧歌的发展产生了影响，而且后来成为工农兵文艺发展的一种重要模式。

◇思考与练习

1. 请查阅其他与会者在延安文艺座谈会上的发言，比较他们的发言与毛泽东《在延安文艺座谈会上的讲话》在观点上有何异同，并思考这些异同说明了什么问题？

2. 毛泽东《在延安文艺座谈会上的讲话》具有什么样的历史意义，又具有哪些现实启示？

3. 请查阅丁玲、王实味、艾青等人延安整风运动之前在解放区发表的杂文，分析他们对当时解放区社会生活的批评包括哪几个方面？为什么会有这些批评？

4. 请查阅相关资料，分析国统区与解放区两大不同区域的左翼文学存在哪些共同的审美追求，又存在哪些审美追求上的差异？

◇资料与索引

著作

1. 毛泽东. 毛泽东同志在延安文艺座谈会上的讲话. 黑龙江：宁安文化书社，1946.

2. 江超中. 解放区文艺概述（1941—1947）. 天津：百花文艺出版社，1958.

3. 刘增杰. 中国解放区文学史. 开封：河南大学出版社，1988.

4. 田仲济. 中国解放区文学资料丛书·晋察冀边区卷. 天津：天津社会科学院出版社，1991.

5. 刘建勋. 延安文艺史论稿. 西安：陕西人民出版社，1992.

6. 贺志强，等. 延安文艺概论. 西安：陕西人民出版社，1992.

7. 钱丹辉. 中国解放区文艺大辞典. 合肥：安徽文艺出版社，1992.

8. 汪应果，等. 解放区文学史. 桂林：漓江出版社，1992.

9. 林默涵. 中国解放区文学书系. 重庆：重庆出版社，1992.

10. 许怀中. 中国解放区文学史. 福州：海峡文艺出版社，1994.

11. 王建中，等. 东北解放区文学史. 沈阳：辽宁大学出版社，1995.

12. 张学新，等. 解放区文学评论集. 天津：天津教育出版社，1999.

13. 张鸿才. 延安文艺论稿. 银川：宁夏人民出版社，1999.

14. 苏春生. 中国解放区文学思潮流派论. 北京：中国社会科学出版社，2000.

论文

1. 单演义. 陕北解放区前期的文艺运动纪要. 中国现代文学研究丛刊，1980(4).

2. 黄修己. 解放区创作和文艺整风运动. 北京大学学报：哲学社会科学版，1982(3).

3. 张恩和. 解放区文艺——中国现代文学史上新的一页. 中国现代文学研究丛刊，1982(2).

4. 万国庆. 走向民间——论 40 年代的延安文艺运动. 中国文学研究，2003(3).

5. 郭国昌. 文艺社团的转型与延安文学制度的建立. 文史哲，2013(1).

6. 赵学勇，田文兵. 延安文艺与 20 世纪中国文学论纲. 陕西师范大学学报：哲学社会科学版，2013(1).

7. 郭国昌. 在延安文艺座谈会上的讲话的发表与延安文艺政策的确立. 中共党史研究，2014(12).

8. 周维东. 被“真人真事”改写的历史——论解放区文艺运动中的“真人真事”创作. 中山大学学报：社会科学版，2014(2).

第二编：

文学社团与流派

一、文学研究会与创造社

◇史料与导读

1. 文学研究会宣言

［**原文**］

我们发起这个会，有三种意思，要请大家注意。

一，是联络感情。本来各种会章里，大抵都有这一项；但在现今文学界里，更有特别注重的必要，中国向来有“文人相轻”的风气，因此现在不但新旧两派不能协和，便是治新文学的人里面，也恐因了国别派别的主张，难免将来不生界限。所以我们发起本会，希望大家时常聚会，交换意见，可以互相理解，结成一个文学中心的团体。

二，是增进知识。研究一种学问，本不是一个人关了门可以成功的；至于中国的文学研究，在此刻正是开端，更非互相补助，不容易发达。整理旧文学的人也须应用新的方法，研究新文学的更是专靠外国的资料；但是一个人的见闻及经济力总是有限，而且此刻在中国要搜集外国的书籍，更不是容易的事。所以我们发起本会，希望渐渐造成一个公共的图书馆研究室及出版部，助成个人及国民文学的进步。

三，是建立著作工会的基础。将文艺当作高兴时的游戏或失意时的消遣的时候，现在已经过去了。我们相信文学是一种工作，而且又是于人生很切要的一种工作；治文学的人也当以这事为他终身的事业，正同劳农一样。所以我们发起本会，希望不但成为普通的一个文学会，还是著作同业的联合的基本，谋文学工作的发达与巩固：这虽然是将来的事，但也是我们的一个重要的希望。

因以上的三个理由，我们所以发起本会，希望同志的人们赞成我们的意思，加入本会，赐以教诲，共策进行，幸甚。

（选自《〈新青年〉文选》，贵州教育出版社 2003 年版；
原载《小说月报》1921 年第 12 卷第 1 号）

[导读]

1921年1月，文学研究会在北京宣告成立。作为发起人之一的周作人起草了这篇文学研究会最初成员的共同宣言。它明确指出："将文艺当作高兴时的游戏或失意时的消遣的时候，现在已经过去了。我们相信文学是一种工作，而且又是于人生很切要的一种工作。"这种主张强调了文学表现人生、改造人生的社会职能，体现出一种"为人生"的现实主义文学观念。

2.《小说月报》的改革宣言

[原文]

小说月报行世以来，已十一年矣，今当第十二年之始，谋更新而扩充之，将于译述西洋名家小说而外，兼介绍世界文学界潮流之趋向，讨论中国文学革进之方法；旧有门类，略有改变，具举如下：

一、论评 同人观察所及愿提出与国人相讨论者，入于此门。

二、研究 同人认西洋文学变迁之过程有急须介绍与国人之必要，而中国文学变迁之过程则有急待整理之必要；此栏将以此两者为归。

三、译丛 译西洋名家著作，不限于一国，不限于一派；说部，剧本，诗，三者并包。

四、创作 同人以为国人新文学之创作虽尚在试验时期，然椎轮为大辂之始，同人对此，盖深愿与国人共勉，特辟此栏，以俟佳篇。

五、特载 同人深信文艺之进步全赖有不囿于传统思想之创造的精神；当其创造之初，固惊庸俗之耳目，迨及学派确立，民众始仰其真理。西洋专论文艺之杂志，常有 Modern form 一栏以容受此等作品；同人窃仿其意，特创此栏，以俟国人发表其创见，兼亦介绍西洋之新说，以为观摩之助。

六、杂载 此栏所包为：(一)文艺丛谈(小品)，(二)文学家传，(三)海外文坛消息，(四)书评。

此外同人尚有二三意见将奉以与此刊同进行者，亦愿一言，以俟国人之教：

(一)同人以为研究文学哲理介绍文学流派虽为刻不容缓之事，而迻译西欧名著使读者得见某派面目之一斑，不起空中楼阁之憾，尤为重要；故材料之分配将偏多于(三)(四)两门，居过半有强。

(二)同人以为今日谈革新文学非徒事模仿西洋而已，实将创造中国之新文艺，对世界尽贡献之责任：夫将欲取远大之规模尽贡献之责任，则预备研究，愈久愈博愈广，结果愈佳，即不论如何相反之主义咸有研究之必要。故对于为艺术的艺术与为人生的艺术，两无所袒。必将忠实介绍，以为研究之材料。

（三）写实主义的文学，最近已见衰歇之象，就世界观之立点言之，似已不应多为介绍；然就国内文学界情形言之，则写实主义之真精神与写实主义之真杰作实未尝有其一二，故同人以为写实主义在今日尚有切实介绍之必要；而同时非写实的文学亦应充其量输入。以为进一层之预备。

（四）西洋文艺之兴盖与文学上之批评主义（Criticism）相辅而进；批评主义在文艺上有极大之威权，能左右一时代之文艺思想。新进文家初发表其创作，老批评家持批评主义以相绳，初无丝毫之容情，一言之毁誉，舆论翕然从之；如是，故能互相激励而至于至善。我国素无所谓批评主义，月旦既无不易之标准，故好恶多成于一人之私见；“必先有批评家，然后有真文学家”此亦为同人坚信之一端；同人不敏，将先介绍西洋之批评主义以为之导。然同人固皆极尊重自由的创造精神者也，虽力愿提倡批评主义，而不愿为主义之奴隶；并不愿国人皆奉西洋之批评主义为天经地义，而改杀自由创造之精神。

（五）同人等深信一国之文艺为一国国民性之反映，亦惟能表见国民性之文艺能有真价值，能在世界的文学中占一席地。对于此点，亦甚愿尽提倡之责任。

（六）中国旧有文学不仅在过去时代有相当之地位而已，即对于将来亦有几分之贡献，此则同人所敢确信者，故甚愿发表治旧文学者研究所得之见，俾得与国人相讨论。惟平常诗赋等项，恕不能收。

上述六条，同人将次第借此刊以实现，并与国人相讨论。虽然同人等仅国内最小一部分而已，甚望海内同道君子不吝表同情，可乎？

（原载《小说月报》1921 年第 12 卷第 1 号）

［**导读**］

1921 年 1 月，《小说月报》在沈雁冰的主持下进行了全面革新。改革前，《小说月报》主要发表鸳鸯蝴蝶派的作品；改革后，《小说月报》成为发表新文学作品的重要刊物。这篇由茅盾起草的宣言明确提出了创造中国新文艺、译述西洋名家小说、介绍世界文学潮流趋向、讨论中国文学革新方法等编刊方针。《小说月报》也因而成为倡导“为人生”的现实主义文学的重要阵地。

3. 关于“文学研究会”

茅　盾

［**原文**］

一

虽则《现代》杂志社指明了要的是“文学研究会小史”，可是我写不出来。我以为此项小史，如果请郑振铎先生或者别位先生来担任，那才是最适宜的。我曾经把这意思告诉施蛰存先生，也告诉了郑先生。施先生是同意的；并且《现代》杂志也久已渴望郑先生做文章，而今有这题目，正是“拉稿”的好机会了（自然我也帮着拉一下）。然而郑先生因为教课编书太忙，五月以前，简直抽不出工夫来，而《现代》杂志也因出版关系，三月底一定要稿，于是本来居间帮着拉的我，只好权代郑先生了此文债；“小史”不能写，我就记下一点感想罢！

不过写“小史”的责任还在郑先生肩上，读者诸君固然渴望，施蛰存先生也未必肯放松，请读者诸君耐心等一下，至迟六月。

二

文学研究会发起的时候，有“缘起”（可以说就是宣言），有“章程”，后来各地有“分会”，有机关报似的“定期刊”（各地分会也有定期刊），又曾印过一次“会员录”，——这种种，都叫人看了就会认定它是一个有组织的文学团体，而且像要“包办”文坛。事实上，也曾引起严重的误会，冤冤枉枉地顶过“把持文坛”的罪名。究竟文学研究会是怎样的一个集团呢？好像还没有过详细的解释。

就我所知，文学研究会是一个非常散漫的文学集团。文学研究会发起诸人，什么“企图”，什么“野心”，都没有的；对于文艺的意见，大家也不一致——并且未尝求其一致；如果有所谓“一致”的话，那亦无非是“将文艺当作高兴时的游戏或失意时的消遣的时候，现在已经过去了”，这一基本的态度。现在想起来，这一基本的态度，虽则好像平淡无奇，而在当时，却是文学研究会所以能成立的主要原因，并且也是成立以后就“锋芒毕露”地成立了几个地方分会，而地方分会又出版定期刊的主要原因。假使我们说文学研究会是应了“要校正那游戏的消遣的文学观”之客观的必要而产生的，光景也没有什么错误罢？假如我们再想到此所谓“游戏的消遣的文学观”在当时如何根深蒂固，光景也就可以了解文学研究会同人在上海，北京，以及其他各地出版定期刊物，也是为了客观的必要，绝非想要“包办”或“把持”。说一句好像吹牛的话：当时文学研究会同人在反对游戏的消遣的文艺观这一点上，颇有点战斗的精神！

而当时这种“战斗”的精神及其表现，也是自然发生的。文学研究会发起时的“缘起”上并没有显明地表示这种纲领。文学研究会既成立后，也没有任何“工作计划”一类的决议。外边人看见文学研究会除以《小说月报》作为代用机关报外，又有许多周刊旬刊附在各地日报内，而这些周刊旬刊又标明了某处文学研究会分会主编的字样，遂以为凡诸一切都是文学研究会总会在那里有计画地进行，——这样的猜想，并不一定是恶意，但事实上恰正相反。这一切都是文学研究会同人“各自的行动”，并没有什么总机关在那里有计划地布置。（当时各种刊物亦不过互相交换而已，文稿都是各地自己负担，且亦未尝交互讨论过编辑方针。）这是“人自为战”！而所以有此“人自为战”的情形，当然不是想“包办”新文坛，而是要打破旧文学观念的包围。

我以为应该这样的去理解：为什么本身组织非常散漫的文学研究会却表现了那样很有组织似的对旧文学观念的斗争。

三

有过一个时候，文学研究会被目为提倡着“为人生的艺术”。特别是在创造社成立以后，许多人把创造社看作“艺术派”，和“人生派”的文学研究会对立。创造社当时确曾提倡过“艺术至上主义”，而且是一种集团的活动。但文学研究会同人(依我所知)除了上述的那个对于文学的“基本态度”而外，并没有什么“集团”的主张。文学研究会会员中间有几位曾经热心地提倡了“为人生的艺术”，而且在文学研究会主编的刊物上(例如上海出版的《文学周报》)发表论文，这是事实；但这些论文，只是个人的主张，并非集团的。当时信仰“人生的艺术”的文学研究会会员从未在书面上或口头上表示那是集团的主张，反之，他们曾经因为当时反对者的论调太奇怪(离开了文学思潮上的讨论)，而郑重声明过他们只以个人资格发表意见，并没有任何集团的名义，更无假借集团名义的意思，不过因为文学研究会主编的周刊或旬刊原来是公开的，而他们又是负责撰稿者，所以就在那些刊物上发表罢了。

但是外边人总把文学研究会看作“人生派”。一九二六年春间，我到广州去了一趟，那边的青年尚以此事为询，并且说：“现在文学研究会为什么不提倡人生派艺术？现在文学研究会主张什么?”我记得当时我的回话是这么几句：“文学研究会这团体并未主张过什么，但文学研究会会员个人却主张过很多，如果你要问我个人对于文学的意见，我是愿意说说的。”听了这样回答的青年就表示了有点不满意和惊讶；他们在一九二六年春间的广州环境中当然以为任何集团必得有个“主张”，没有集团主张的集团是他们所不了解的。“那么，文学研究会这团体是代表着什么呀?”他们中间有一位又问了。“代表了文学研究会丛书!”我这样回答。

现在看来，文学研究会这团体虽然任何“纲领”也没有，但文学研究会多数会员有一点“为人生的艺术”的倾向，却是事实。而文学研究会同人中没有“英雄”想给这集团立一种什么纲领，却也是事实。虽然所谓“为人生的艺术”本质上不是极坏的东西，但在一般人既把这顶帽子硬放在文学研究会的头上以后，说起文学研究会是“人生派”时便好像有点讪笑的意味了。这讪笑的意味在当时是这样的：文学研究会提倡“人生派”艺术，却并没做出成绩来呀！用一句上海俗语，便是“戤牌头”而已！一九二八年以后，仍旧把文学研究会当作“人生派”的文学集团的人们却又把那讪笑转换了方向了；这就是我们常听得的一句革命歌诀：“什么人生派艺术，无非是小布尔乔亚的意识形态!”

我以为这两个态度都不免冤枉了文学研究会这集团。因为名为文艺集团的文学研究会除了反对“把文学当作高兴时的游戏或失意时的消遣”这一基本的而且共同的态度以外，就没有任何主张呀！也许有人以为这是大大的缺点。可是我们也不妨说，正因为它没有什么纲领，所以在“五四”以后新文学运动萌芽时期能够形成一个虽然很散漫但是很广大的组织，因而在反对游戏的和消遣的文学观这方面尽了微薄的贡献。

四

前些时偶然碰见了一位旧朋友(他不是文艺界中的人)，倾箱倒箧地说完了阔别七八年的陈话以后，这位朋友突然又问道：“文学研究会这团体，究竟现在还存在不?”这位朋友是研究建筑学的，他知道七八年来建筑术已经有了多少变迁，可是他不知道文学界的风雨表曾经起过怎样的变化；所以他郑重其事的问起了“究竟现在还存在不?”这样老实的问题，青年人就不会提出来。我当时就觉得这位天天和水泥钢骨做伴的朋友实在连思想性情也变硬了——硬到无法“转变”。然而他的眼睛盯住了我的面孔，好像不得回答决不罢休，于是我只好说了三个字：“不存在”。哪里知道我这位朋友偏偏不肯相信，正像十年前有人决不肯相信文学研究会没有“包办文坛”的阴谋一般。我没有办法，只好再多说几句了：“那么，称它是存在罢！这个团体，自始就非常奇怪。说它只是一个空名目么？事实上不然。说它是有组织的集团么？却又不然。办杂志的人有两句经验之谈：起初是人办杂志，后来是杂志办人。文学研究会这团体也好像如此。起初是人办文学研究会，后来是文学研究会办人了！凡属文学研究会会员而住在上海的，都被它办过。它是什么呢？文学研究会丛书是也!”我的朋友还是不能满意，但是我不让他再问了。

我说这位学建筑的朋友“顽固到不可救药”，就因为他听说文学研究会“不存在”就好像很可惜似的。虽则我说明了这团体在最近十年来早就是不死不活的“存在”，他还是不满足。他为什么有这种感情，我不知道，我也不向他打听。我总觉得他是“顽固”罢了。……假使今日而犹有十年前那样的文学研究会存在，并且只想抗拒文艺界中的游戏消遣态度而拿不出簇新的集团的主张，那当然是“不革命”的集团了。所以我敢断定文学研究会之有若无的存在未始非它本身之幸。除了那位学建筑的“顽固”朋友，试问现在急进革命的青年或半青年有几个还觉得文学研究会在今日能够对新文学运动尽一分力量呢？不过这不在本文范围之内，恕不絮絮。

（选自《茅盾全集》第19卷，人民文学出版社1984年版；
原载《现代》1933年第3卷第1期）

［导读］

1932年上海抗战爆发，《小说月报》因商务印书馆编译所毁于战火而被迫停刊，文学研究会也随之解散。作为中国现代最早成立也最为重要的一个文学社团，其发展历程尤为世人所重视。因此《现代》杂志社约请茅盾做了这篇有关

“文学研究会小史”的文章。茅盾在本文中就文学研究会的发起过程与艺术观念做了详细说明，有助于人们加深对文学研究会的了解和认识。

4. 新文学之使命

成仿吾

［**原文**］

文学上的创作，本来只要是出自内心的要求，原不必有什么预定的目的。然而我们于创作时，如果把我们的内心的活动，十分存在意识里面的时候，我们是很容易使我们的内心的活动取一定之方向的。这不仅是可能的事情，而且是可喜的现象。

一讲到文学上的目的，我们每每立刻感着一种可惊的矛盾。原来世上的东西，没有比文学更加意见纷纷，莫衷一是的。有些人说它是不值一文钱的东西，有些人简直把它当做了自己的一切。即在一样肯定文学的人，都有人生的艺术 L'art pour la vie 与艺术的艺术 L'art pour l'art 之别。艺术的价值与根本既然那样摇摇不定，所以我们如把它应用在一个特别的目的，或是说它应有一个特别的目的，简直是在砂堆上营筑宫殿了。

然而这种争论也不是决不可以避开的。如果我们把内心的要求作一切文学上创造的原动力，那么艺术与人生便两方都不能干涉我们，而我们的创作便可以不至为它们的奴隶。而且这种争论是没有止境的，如果我们没头去斗争，则我们将永无创作之一日。文学没有创作，是与没有文学相等。所以我们最好是把文学的根蒂放在一个超越一切的无用争论之地点。这与科学家取绝对的静止点 Absolute rest 意义是一样的。因为我们从此可以排去一切的障碍矛盾，而直趋我们所要研究的事物。

文学既是我们内心的活动之一种，所以我们最好是把内心的自然的要求作它的原动力。一切嘈杂的争论，只当是各种的色盲过于信任了自己的肉眼，各非其所非而是其所是。譬如对于红色是色盲的人，只能感到红色的补色，虽然原来是一样的白光。如果我们承认光是白色的，那么，那些色盲的是非，我们可以了悟是他们各人所认识的只限于一小部分而不是全部的缘故。我们又可以由他们各人的争执，约略可以知道白光有些什么成分。我们由各成分的性质，又可以确定我们对于全部的见解。这样研究起来，我们不仅不怕什么矛盾，而且我们可以征服它们，利用它们。

我们既能由一个超越的地点俯视一切的矛盾，并能在这些矛盾之中，证出文学的实在，那么，我们对于我们的内心的活动，便不难看出它应取的方向，也不难自由自在地使取我们意中的方向了。

我们说文学有目的，或是有使命，是从这些地方说的。

然而文学的目的或使命却也不是很简单的东西，而且一般人心目中的文学之目的，实在说起来，已经离真的文学很远了，他们不是把时代看得太重，便是把文艺看得太轻，所以我们的新文学中，已经有不少的人走错了路径，把他们的精力空费了。我在这里想由那个根本原理——以内心的要求为文学上活动之原动力的那个原理，进而考察我们的新文学所应有的使命。

我想我们的新文学，至少应当有以下的三种使命：

1. 对于时代的使命，
2. 对于国语的使命，
3. 文学本身的使命，

而这三种以外，我想却也不必贪多了。

我们是时代潮流中的一泡，我们所创造出来的东西，自然免不了要有它的时代的彩色。然而我们不当止于无意识地为时代排演，我们要进而把住时代，有意识地将它表现出来。我们的时代，它的生活，它的思想，我们要用强有力的方法表现出来，使一般的人对于自己的生活也有一种回想的机会与评判的可能。所以我们第一对于时代负有一种重大的使命。

现代的生活，它的样式，它的内容，我们要取严肃的态度，加以精密的观察与公正的批评，对于它的不公的组织与因袭的罪恶，我们要加以严厉的声讨。

这是文学家的重大的责任。然而有些人每每假笑佯啼，强投人好，却不仅软弱无力，催人作呕，而且没有真挚的热情，便已经没了文学的生命。一个文学家，爱慕之情要比人强，憎恶之心也要比人大。文学是时代的良心，文学家便应当是良心的战士，在我们这种良心病了的社会，文学家尤其是任重而道远。

我们的时代是一个弱肉强食、有强权无公理的时代，一个良心枯萎、廉耻丧尽的时代，一个竞于物利、冷酷残忍的时代。我们的社会的组织，既与这样的时代相宜，我们的教育又是虚有其表，所以文学家在这一方面的使命，不仅是重大，而且是独任的。我们要在冰冷而麻痹了的良心，吹起烘烘的炎火，招起摇摇的激震。

对于时代的虚伪与它的罪孽，我们要不惜加以猛烈的炮火。我们要是真与善的勇士，犹如我们是美的传道者。

我们的时代已经被虚伪、罪孽与丑恶充斥了！生命已经在浊气之中窒息了！打破这现状是新文学家的天职！

我们的新文学运动，自从爆发以来，即是一个国语的运动。然而由这几年的结果与目下的趋势看起来，似乎我们的这个运动，有点换汤不换药便满足了的样子。就形式上论，有人说不过加了一些乱用的标点，与由之乎者也变为了的底吗啊。就内容论，有人说不过加了一些极端抽象的语言如生之花、爱之海之类，其实表现的能力早愈趋而愈弱了。

我们新文学的运动，决不能这样就满足了。我们这运动的目的，在使我们表现自我的能力充实起来，把一切心灵与心灵的障碍消灭了。表现能力薄弱的语言，莫如我们的国语。多人相会的时候，他们谈话的取材，不是些日用的起居饮食，便是些关于时事的照例的唏嘘，而这些关于时事的唏嘘，便是他们最高尚的话题，与最丰富的表现。如果他们谈到了更难的问题，便要感到自己的表现力太薄弱了。

我们在外国文学中所能看出的那种丰富的表现，在我们的生活中，在我们的文学中，都是寻不出来的。是数千年来以文章自负的国民，也入了循环的衰颓的时代了？还是数千年来的宏富的文章终于不过是一些文字的游戏？

我们从前的枯燥的生活，使我们的心灵都干涸了，我们从前的文章，使我们的精髓都焦灼了。这些确是使我们现在的生活与文学贫乏到这般光景的原因，而且是使我们益发感到新文学的使命之重大的。然而我们现在新兴的文学究竟如何了？

在这样短少的期间，我们原不能对于它抱过分的希望。而且只要我们循序渐进，不入迷途，我们的成功原可预计。然而我们的新文学，不幸于它的第一步就踏入了迷途了。

我们知道我们的文学，还不可以过于苛求，但是我们一翻现在的出版物，几乎文法清通不令人作呕的文字都不多有，内容更可以无须多说。这真未免太令人失望了。我们的作家大多数是学生，有些尚不出中等学堂的程度，这固然可以为我们辩解，然而他们粗制滥造，毫不努力求精，却恐无辩解之余地。我们现在每天所能看到的作品，虽然报纸杂志堂堂皇皇替他们登出来，可是在明眼人眼里，只是些赤裸裸的不努力。作者先自努力不足，所以大多数还是论不到好丑。最厉害的有把人名录来当做诗，把随便的两句话当做诗的，那更不足道了。大抵年轻的学生不知天高地厚，徒以多多发表为荣，原是有的，然而我们新文学的真价，便多少不免为他们所湮没了。今后我们的作者如仍不对于自己的作品为更大的努力，我们新文学的真的建设家，恐怕要求之于异代了。

民族的自负心每每教我们称赞我们单音的文字，教我们辩护我们句法的呆板。然而他方面卑鄙的模仿性，却每每教我们把外国低级的文字拿来模仿。这是很自相矛盾而极可笑的事情，然而一部分人真把它当做很自然的事了。譬如日本的短歌我真不知何处有模仿的价值，而介绍者言之入神，模仿者趋之若鹜如此。一方面那样不肯努力，他方面这样轻于模仿，我真不知道真的文学作品，应当出现于何年何月了。

上述的两条歧路，还不过略举其大者。本来我们的先锋队中，多不懂文学为何的人物，所以他们最初便把我们带上了歧路了。聪者觉而知返，愚者迷而失道，归根起来，真不能不归咎于我们的前导者。然而现在的作者们自己也应当负全责之一半，而且今后如不早自觉悟，我们的文学，我们的国语，怕暂时不能不停顿于这可怜的现状了。

我们要在我们的言语创造些新的丰富的表现！我们不可忘记了新文学的使命之一部分即存在这里！为不辱这一部分的使命，我们今后要有意识地多多在表现上努力，要不轻事模仿！

我今要进而一说文学本身的使命了。

不论什么东西，除了对于外界的使命之外，总有一种使命对于自己。

文学也是这样，而且有不少的人把这种对于自己的使命特别看得要紧。所谓艺术的艺术派便是这般。他们以为文学自有它内在的意义，不能长把它打在功利主义的算盘里，它的对象不论是美的追求，或是极端的享乐，我们专诚去追从它，总不是叫我们后悔无益之事……。

艺术派的主张不必皆对，然而至少总有一部分的真理。不是对于艺术有兴趣的人，决不能理解为什么一个画家肯在酷热严寒里工作，为什么一个诗人肯废寝忘餐去冥想。我们对于艺术派不能理解，也许与一般对于艺术没有兴趣的人不能理解艺术家同是一辙。

至少我觉得除去一切功利的打算，专求文章的全 Perfection 与美 Beauty 有值得我们终身从事的价值之可能性。而且一种美的文学，纵或他没有什么可以教我们，而它所给我们的美的快感与慰安，这些美的快感与慰安对于我们日常生活的更新的效果，我们是不能不承认的。

而且文学也不是对于我们没有一点积极的利益的。我们的时代对于我们的智与意的作用赋税太重了。我们的生活已经到了干燥的尽处，我们渴望着有美的文学来培养我们的优美的感情，把我们的生活洗刷了。文学是我们的精神生活的粮食。我们由文学可以感到多少生的欢喜！可以感到多少生的跳跃！

我们要追求文学的全！我们要实现文学的美！

我在上面把我所觉得新文学应有的使命约略说了。我现在再来添上数言，作为全体的收束。

有人说中国人欢喜趋易避难，所以近数年来，最难的科学少有人学，稍易的哲学便有不少的人，而最易的文学便滔滔者天下皆是了。这种议论本来错得不成话，然而却也可见一般青年的心理。恐怕不仅说这种话的人与这种话里面的人相信科学哲学与文学有这样显著的难易之差，即我们现在大多数的青年之中有这种误解的，怕也要占大多数。我们的新文学运动固然是自我表现的要求之结果，然而这种误解，至少总有一点不小的帮助。

科学比哲学难，比文学更难——这种离奇的议论，使我又想起了新文学界的粗制滥造了。我们的青年作者之中。说不定有些人怀了这种误解，真个把文学认做了一件极容易的事。如果真是这般，我们的新文学运动真不知将来更要闹出一些什么笑话了。

我不能在这里详说科学哲学与文学的孰易孰难，我只想在这里顺便警告我们的青年作者几句：

"科学决不比哲学与文学难，文学决不比科学与哲学易。

我们要做一个文学家，我们要先有十分的科学与哲学上的素养。

文学决不是游戏，文学决不是容易的东西。

我们要知道多少文学的作品，是古人用一生的心血换来的——与他们换得一种机关、换得一种原理一样。

我们要先有充分的修养，要不惜十分的努力。

要这样我们才能履行新文学的使命。"

五月九日

（选自《成仿吾文集》，山东大学出版社 1985 年版；
原载《创造周报》1923 年第 2 号）

［导读］

1921 年 7 月，创造社在日本东京正式成立。其最初成员主要是留日学生，他们在关注现实人生的同时，也尤为重视对艺术本真的追求。本文作者把"内心的要求"当作一切文学创作的原动力；在此基础上，提出新文学至少应有三大使命：一是对于时代的使命，二是对于国语的使命，三是对于文学本身的使命。本文既强调了"为艺术"的创作倾向，同时又注重时代和社会对文学的影响。这种内在的矛盾在创造社作家身上都或多或少地有所体现。

5. 我们的文学新运动

郭沫若

［原文］

中国的政治局面已到了破产的地位。野兽般的武人专横，破廉耻的政客蠢动，贪婪的外来资本家压迫，把我们中华民族的血泪排抑成了黄河、扬子江一样的赤流。

我们暴露于战乱的惨祸之下，我们受着资本主义这条毒龙的巨爪的搏弄。我们渴望着平和，我们景慕着理想，我们喘求着生命之泉。

但是，让自然做我们的先生吧！在霜雪的严威之下新的生命发酵，一切草木、一切飞潜蠕匍，不久便将齐唱凯歌，欢迎阳春归来。

更让历史做我们的先生吧！凡受着物质苦厄的民族必见惠于精神的富裕，产生但丁的意大利，产生歌德、许雷的日耳曼，在当时都未受到物质的惠恩。

所以我们浩叹，我们愤慨，但是我们决不悲观，决不失望！我们的眼泪会成新生命的流泉，我们的痛苦会成分娩时的产痛，我们的确信是如此。

我们现在对于任何方面都要激起一种新的运动，我们于文学事业中也正是不能满足于现状，要打破从来因袭的样式而求新的生命之新的表现。

四五年前的白话文革命，在破了的絮袄上虽打上了几个补绽，在污了的粉壁上虽涂上了一层白垩，但是里面内容依然还是败棉，依然还是粪土。Bourgeois（资产阶级）的根性，在那些提倡者与附和者之中是植根太深了。我们要把恶根性和盘推翻，要把那败棉烧成灰烬，把那粪土消灭于无形。

我们要自己种棉，自己开花，自己结絮。

我们要自己做太阳，自己发光，自己爆发出些新鲜的星球。

中国的现状指示我们以两条道路。

我们宜不染于污泥，遁隐山林，与自然为友而为人生之逃循者；

不则彻底奋斗，做个纠纠的人生之战士与丑恶的社会交绥。

我们的精神教我们择取后路，我们的精神不许我们退撄。我们要如暴风一样怒号，我们要如火山一样爆发，要把一切的腐败的存在扫荡尽，烧葬尽，迸射出全部的灵魂，提供出全部的生命。

黄河与扬子江系自然暗示跟我们的两篇伟大的杰作。承受天来的雨露，摄取地上的流泉，融化一切外来之物于自我之中，使为自我的血液，滚滚而流，流出全部的自我。有崖石的抵抗则破坏，有不合理的堤防则破坏，提起全部的血力，提起全部的精神，向永恒的和平海洋滔滔前进！

——黄河扬子江一样的文学！

这便是我们所提出的标语（Motto）。

光明之前有浑沌，创造之前有破坏。新的酒不能盛容于旧的革囊。凤凰要再生，要先把尸骸火葬。我们的事业，在目下浑沌之中，要先从破坏做起。我们的精神为反抗的烈火燃得透明。

我们反抗资本主义的毒龙。

我们反抗不以个性为根底的既成道德。

我们反抗否定人生的一切既成宗教。

我们反抗藩篱人生的一切不合理的畛域。

我们反抗由以上种种所产生出的文学上的情趣。

我们反抗盛容那种情趣的奴隶根性的文学。

我们的运动要在文学之中爆发出无产阶级的精神，精赤裸裸的人性。

我们的目的要以生命的炸弹来打破这毒龙的魔宫。

1923年5月18日

（选自《文艺论集续集》，人民文学出版社1979年版；
原载《创造周报》1923年第3号）

［**导读**］

20世纪20年代末，革命文学运动日益高涨，以郭沫若为代表的后期创造社也是这一文学思潮的重要倡导者。本文是应日本大阪《每日新闻》英文版的约稿所写，后来作者稍加修改并译成中文发表。文章指出五四白话文革命虽然在形式上有了革新，但是在内容上却深植着资产阶级的根性，所以他呼吁当前要提倡一种文学新运动，即无产阶级的文学运动。

◇思考与练习

1. 请查阅文学研究会主要成员的生平及著作，分析他们主要的文化理念是什么。

2. 请查阅相关史料，比较文学研究会和“新青年”作家群这两个文艺团体的组织模式有何异同。

3. 请查阅创造社诸作家与日本文学之间联系的史料，在此基础上分析日本文学从哪些方面影响了创造社作家的创作。

4. 请查阅文学研究会与创造社之间的论争史料，分析这场论争的内在原因是什么。

◇资料与索引

著作

1. 贾植芳，等. 文学研究会资料. 郑州：河南人民出版社，1985.

2. 饶鸿竞. 创造社资料. 福州：福建人民出版社，1985.

3. 王晓明. 文学研究会评论资料选. 上海：华东师范大学出版社，1986.

4. 黄侯兴. 创造社丛书：理论研究卷. 北京：学苑出版社，1992.

5. 朱寿桐. 殉情的罗曼司：创造社的文学倾向. 天津：百花文艺出版社，1993.

6.［日］伊藤虎丸，鲁迅、创造社与日本文学：中日近现代比较文学初探. 北京：北京大学出版社，2005.

7. 石曙萍. 知识分子的岗位与追求——文学研究会研究. 上海：东方出版中心，2006.

8. 陈遐. 时代与心灵的契合：十九世纪俄罗斯文学与前期创造社文学之关系. 杭州：浙江大学出版社，2006.

9. 李秀萍. 文学研究会与中国现代文学制度. 北京：中国传媒大学出版社，2010.

10. 咸立强. 译坛异军：创造社翻译研究. 北京：人民出版社，2010.

11. 潘正文. "五四"社会思潮与文学研究会. 北京：新星出版社，2011.

论文

1. 杨洪承. 论现代文学社群聚合的"松散"现象——文学研究会生成与王统照关系重释. 吉林师范大学学报：人文社会科学版，2003(6).

2. 朱寿桐. 论文学研究会的中心语态. 福建论坛：人文社会科学版，2003(6).

3. 王林，戚咏梅. 论创造社的"翻译文学批评". 中国翻译，2004(3).

4. 陈红旗. 创造社前期的"文学梦". 郭沫若学刊，2005(1).

5. 潘正文. "改造联合"与文学研究会的文学倾向. 中国现代文学研究丛刊，2007(3).

6. 咸立强. 创造社与文学研究会论争缘起研究的回顾与重探. 中国现代文学研究丛刊，2009(1).

7. 李怡. 论创造社之于五四新文学传统的意义. 文学评论，2009(1).

8. 黄晓华. 前期创造社疾病书写与现代人的建构. 中国现代文学研究丛刊，2010(3).

9. 董春林. 激情的变奏：创造社作家社团意识的历史轨迹. 新疆大学学报：哲学·人文社会科学版，2011(4).

10. 胡翠娥. 表现与再现：论创造社与文学研究会之间关于直译、意译的争论. 中国翻译，2013(4).

二、语丝社与新月社

◇史料与导读

1.《语丝》发刊词

［**原文**］

我们几个人发起这个周刊，并没有什么野心和奢望。我们只觉得现在中国的生活太是枯燥，思想界太是沉闷，感到一种不愉快，想说几句话，所以创刊这张小报，作自由发表的地方。我们并不期望这于中国的生活或思想上会有什么影响，不过姑且发表自己所要说的话，聊以消遣罢了。

我们并没有什么主义要宣传，对于政治经济问题也没有什么兴趣，我们所想做的只是想冲破一点中国的生活和思想界的昏浊停滞的空气，我们个人的思想尽自不同，但对于一切专断与卑劣之反抗则没有差异。我们这个周刊的主张是提倡自由思想，独立判断，和美的生活。我们的力量弱小，或者不能有什么着实的表现，但我们总是向着这一方面努力。

这个周刊由我们几个人担任选稿，我们所想说的话大抵在这里发表，但国内同志的助力也极欢迎。和我们辩驳的文字，倘若关于学理方面的，我们也愿揭载，至于主张上相反的议论则只好请其在别处发表，我们不能代为传布，虽然极愿加以研究和讨论。

周刊上的文字大抵以简短的感想和批评为主，但也兼采文艺创作以及关于文学美术和一般思想的介绍与研究，在得到学者的援助时也要发表学术上的重要论文。

我们唯一的奢望是，同志逐渐加多，文字和经济的供给逐渐稳固，使周刊成为三日刊，二日刊以至日刊：此外并无什么弘愿。或者力量不给，由周刊而退为两周刊或四周刊，以至于不刊，也说不定：这也是我们的预料之一。两者之中到底是那样呢，此刻有谁能够知道。现在也大可不必管它，我们还是来发刊这第一号罢。

（原载《语丝》1924 年第 1 期）

［导读］

1924年年底，鲁迅、周作人、孙伏园等人发起创办了《语丝》周刊。在这篇发刊词中，他们明确指出创办这个刊物的动因是“现在中国的生活太是枯燥，思想界太是沉闷”，因而需要一个“发表自己所要说的话”的园地，以“冲破一点中国的生活和思想界的昏浊停滞的空气”；并声明了该刊坚持“自由思想，独立判断，和美的生活”的主张。

2. 语丝的文体

伏 园

［原文］

启明先生：

语丝并不是在初出时有若何的规定，非怎样怎样的文体便不登载。不过同人性质相近，四五十期来形成一种语丝的文体。昨日谈话会上，林玉堂先生主张扩大范围，连政治社会种种大小问题一概都要评论，这话初看起来似乎主张略改语丝的体例，我看实际不然。语丝同人对于政治问题的淡漠，只限于那种肤浅的红脸打进黑脸打出的政治问题，至于那种替政治问题做背景的思想学术言论等等问题还是比别人格外留意的。说得加重一点，倒是语丝同人最热心于谈政治，那种红脸打进做一条评论，黑脸打出再做一条评论的人们才真淡漠于谈政治呢。

所以林先生所云，只是语丝内容的扩大，与语丝文体无涉；进一步说，即使连文体也一气扩大了，我还是赞成林先生的提议。因为仍是开首那句话，我们最尊重的是文体的自由，并没有如何规定的。四五十期以来的渐渐形成的文体，只是一种自然的趋势；既是自然的趋势，那么渐渐转移也是无碍。

我想先生的主张一定与我是一样的。先生一定说：那一位爱谈政治，便谈政治好了，那一位爱谈社会，便谈社会好了；至于有些人以为某种文体才合于语丝，语丝不应登载某种文体，都是无理的误会。我是主张扩大范围的一个人，至少是内容的扩大；可惜的是我近来文思太拙，自从那篇“脍炙人口”的亲送语丝记以后还没有动过。不过以今天为始，或者要多嚼些舌了，题目还是那篇久悬未作的《代万羽答代快邮》。

十月二十七日，伏园。

（选自《文学运动史料选》第1册，上海教育出版社1979年版；
原载《语丝》1925年第52期）

［导读］

随着《语丝》周刊影响的扩大，人们越来越注意到语丝作家散文创作的独特风格。当时社会上也出现了关于“语丝文体”的讨论。作为语丝重要成员的孙伏园，在文中强调《语丝》的文体是自由的，没有什么特别的限制。事实上，这反映了语丝作家对批评自由精神的一种坚持。

3. 答伏园论《语丝的文体》

岂　明

［**原文**］

伏园兄：

你的《语丝的文体》由邮局送到的时候，我正在发一百二度以上的高热，看了便即交川岛送给小峰，不曾照例附有“答语”。现在已过了两个礼拜，虽然还是卧着，热总算没有了，可以用了“自来水笔”(这是一个怎样恶劣讨厌的名词!)在硬纸上写字，于是才起了这封答文体论的草稿。我始终相信《语丝》没有什么文体，虽然有些名人称他为新的三个日字的《晶报》，不过我自己既不相信是个批评家，对于那些自称批评家的批评也多不敢相信，——这也并不是限于坏话。你当然还记得《语丝》诞生的历史。当初你在编辑《晨报副刊》，登载我的《徐文长故事》，不知怎地触犯了《晨报》主人的忌讳，命令禁止续载，其后不久你的瓷饭碗也敲破了事。大家感到自由发表文字的机关之不可少，在开成茶楼集议，决定发行这个连名字也是莫名其妙的周刊。我们并不是专为讲笑话而来，也不是来讨论什么问题与主义。我们的目的只在让我们可以随便说话。我们的意见不同，文章也各自不同，所同者只是要不管三七二十一地乱说。因为有两三个人喜欢讲一句半句类似滑稽的话，于是文人学士遂哄然以为这是《语丝》义法，仿佛《语丝》是笑林周刊的样子，这种话我只能付之一“幽默”——即不去理会他，虽然他们的不懂本来也不算很希奇。还有些人好意地称《语丝》是一种文艺杂志，这个名号我觉得也只好“璧谢”。现在文艺这两个字十分威严，自有许多中国的王尔德们在那里主持，我们不配也不愿滚混进里边去，更不必说《语丝》其实不是专门卖什么文艺货色的。《语丝》还只是《语丝》，是我们这一班不伦不类的人借此发表不伦不类的文章与思想的东西，不伦不类是《语丝》的总评，倘若要给他下一个评语。

你所说的推广范围，这是很好的事，不过本来没有什么限制，所以也就无须新加修正。《语丝》向来并不是规定“不谈政治”，只是大家都不是以政治为职业，对于政治(黑狗咬黄狗的政治)也没有兴趣，所以不去谈他罢了。但有时候也要谈谈，如溥仪出宫，孙中山去世等大事件发生，我们都大谈而特谈过，至于曹仲珊落冷宫，吴子玉入山出山，便冷眼看过去。“那只大虫”在北京教育界跳踉的时候，我个人在日报上曾发表好些议论，但觉这班东西太无人气，在

《语丝》上不曾提到佢们：这都依了个人的趣味随意酌定，没有什么一定的规律。除了政党的政论以外，大家要说什么都是随意，唯一的条件是大胆与诚意，或如洋绅士所高唱的所谓“费厄泼赖”(fair play)，——在这一点上我们可以自信比赛得过任何绅士与学者，这只须看前回的大虫事件便可明了，我们非绅士之手段与态度比绅士们要“正”得多多。我们有这样的精神，便有自由言论之资格；办一个小小周刊，不用别人的钱，不说别人的话，本不是什么为世希有的事，但在中国恐怕不能不算是一种特色了罢？

你要代万羽来答《代快邮》，我以先睹为快，“企予望之”。祝你文思敏捷，早点可以填《语丝》的末幅。

十一月十日，如字讲的伏枕书。

(原载《语丝》1925 年第 54 期)

［**导读**］

本文是周作人(岂明)对孙伏园关于“语丝文体”问题的讨论。作者回顾了《语丝》诞生的经过，说明《语丝》虽没有什么特别的文体，但它崇尚自由而谈，关心时事和政治，这正是“语丝文体”内在的精神要素。

4. 我和《语丝》的始终

鲁　迅

［**原文**］

同我关系较为长久的，要算《语丝》了。

大约这也是原因之一罢，“正人君子”们的刊物，曾封我为“语丝派主将”，连急进的青年所做的文章，至今还说我是《语丝》的“指导者”。去年，非骂鲁迅便不足以自救其没落的时候，我曾蒙匿名氏寄给我两本中途的《山雨》，打开一看，其中有一篇短文，大意是说我和孙伏国君在北京因被晨报馆所压迫，创办《语丝》，现在自己一做编辑，便在投稿后面乱加按语，曲解原意，压迫别的作者了，孙伏园君却有绝好的议论，所以此后鲁迅应该听命于伏园。这听说是张孟闻先生的大文，虽然署名是另外两个字。看来好像一群人，其实不过一两个，这种事现在是常有的。

自然，“主将”和“指导者”，并不是坏称呼，被晨报馆所压迫，也不能算是耻辱，老人该受青年的教训，更是进步的好现象，还有什么话可说呢。但是，“不虞之誉”，也和“不虞之毁”一样地无聊，如果生平未曾带过一兵半卒，而有人拱手颂扬道，“你真像拿破仑呀!”则虽是志在做军阀的未来的英雄，也不会怎样舒服的。我并非“主将”的事，前年早已声辩了——虽然似乎很少效力——这回想要写一点下来的，是我从来没有受过晨报馆的压迫，也并不是和孙伏园先生两个人创办了《语丝》。这的创办，倒要归功于伏园一位的。

那时伏园是《晨报副刊》的编辑，我是由他个人来约，投些稿件的人。

然而我并没有什么稿件，于是就有人传说，我是特约撰述，无论投稿多少，每月总有酬金三四十元的。据我所闻，则晨报馆确有这一种太上作者，但我并非其中之一，不过因为先前的师生——恕我僭妄，暂用这两个字——关系罢，似乎也颇受优待：一是稿子一去，刊登得快；二是每千字二元至三元的稿费，每月底大抵可以取到；三是短短的杂评，有时也送些稿费来。但这样的好景象并不久长，伏园的椅子颇有不稳之势。因为有一位留学生(不幸我忘掉了他的名姓)新从欧洲回来，和晨报馆有深关系，甚不满意于副刊，决计加以改革，并且为战斗计，已经得了“学者”的指示，在开手看 Anatole France 的小说了。

那时的法兰斯，威尔士，萧，在中国是大有威力，足以吓倒文学青年的名字，正如今年的辛克莱儿一般，所以以那时而论，形势实在是已经非常严重。不过我现在无从确说，从那位留学生开手读法兰斯的小说起到伏园气忿忿地跑到我的寓里来为止的时候，其间相距是几月还是几天。

“我辞职了。可恶!”

这是有一夜，伏园来访，见面后的第一句话。那原是意料中事，不足异的。第二步，我当然要问问辞职的原因，而不料竟和我有了关系。他说，那位留学生乘他外出时，到排字房去将我的稿子抽掉，因此争执起来，弄到非辞职不可了。但我并不气忿，因为那稿子不过是三段打油诗，题作《我的失恋》，是看见当时“阿呀阿唷，我要死了”之类的失恋诗盛行，故意做一首用“由她去罢”收场的东西，开开玩笑的。这诗后来又添了一段，登在《语丝》上，再后来就收在《野草》中。而且所用的又是另一个新鲜的假名，在不肯登载第一次看见姓名的作者的稿子的刊物上，也当然很容易被有权者所放逐的。

但我很抱歉伏园为了我的稿子而辞职，心上似乎压了一块沉重的石头。几天之后，他提议要自办刊物了，我自然答应愿意竭力“呐喊”。至于投稿者，倒全是他独力邀来的，记得是十六人，不过后来也并非都有投稿。于是印了广告，到各处张贴，分散，大约又一星期，一张小小的周刊便在北京——尤其是大学附近——出现了。这便是《语丝》。

那名目的来源，听说，是有几个人，任意取一本书，将书任意翻开，用指头点下去，那被点到的字，便是名称。那时我不在场，不知道所用的是什么书，是一次便得了《语丝》的名，还是点了好几次，而曾将不像名称的废去。但要之，即此已可知这刊物本无所谓一定的目标，统一的战线；那十六个投稿者，意见态度也各不相同，例如顾颉刚教授，投的便是“考古”稿子，不如说，和《语丝》的喜欢涉及现在社会者，倒是相反的。不过有些人们，大约开初是只在敷衍和伏园的交情的罢，所以投了两三回稿，便取"敬而远之"的态度，自然离开。连伏园自己，据我的记忆，自始至今，也只做过三回文字，末一回是宣言从此要大为《语丝》撰述，然而宣言之后，却连一个字也不见了。于是《语丝》的固定的投稿者，至多便只剩了五六人，但同时也在不意中显了一种特色，是：任意而谈，无所顾忌，要催促新的产生，对于有害于新的旧物，则竭力加以排击，——但应该产生怎样的"新"，却并无明白的表示，而一到觉得有些危急之际，也还是故意隐约其词。陈源教授痛斥"语丝派"的时候，说我们不敢直骂军阀，而偏和握笔的名人为难，便由于这一点。但是，叱吧儿狗险于叱狗主人，我们其实也知道的，所以隐约其词者，不过要使走狗嗅得，跑去献功时，必须详加说明，比较地费些力气，不能直捷痛快，就得好处而已。

当开办之际，努力确也可惊，那时做事的，伏园之外，我记得还有小峰和川岛，都是乳毛还未褪尽的青年，自跑印刷局，自去校对，自叠报纸，还自己拿到大众聚集之处去兜售，这真是青年对于老人，学生对于先生的教训，令人觉得自己只用一点思索。写几句文章，未免过于安逸，还须竭力学好了。

但自己卖报的成绩，听说并不佳，一纸风行的，还是在几个学校，尤其是北京大学，尤其是第一院(文科)。理科次之。在法科，则不大有人顾问。倘若说，北京大学的法，政，经济科出身诸君中，绝少有《语丝》的影响，恐怕是不会很错的。至于对于《晨报》的影响，我不知道，但似乎也颇受些打击，曾经和伏园来说和，伏园得意之余，忘其所以，曾以胜利者的笑容，笑着对我说道：

"真好，他们竟不料踏在炸药上了!"

这话对别人说是不算什么的。但对我说，却好像浇了一碗冷水，因为我即刻觉得这"炸药"是指我而言，用思索，做文章，都不过使自己为别人的一个小纠葛而粉身碎骨，心里就一面想：

"真糟，我竟不料被埋在地下了!"

我于是乎"彷徨"起来。

谭正璧先生有一句用我的小说的名目，来批评我的作品的经过的极伶俐而省事的话道："鲁迅始于'呐喊'而终于'彷徨'"(大意)，我以为移来叙述我和《语丝》由始以至此时的历史，倒是很确切的。

但我的"彷徨"并不用许多时，因为那时还有一点读过尼采的《Zarathustra》的余波，从我这里只要能挤出——虽然不过是挤出——文章来，就挤了去罢，从我这里只要能做出一点"炸药"来，就拿去做了罢，于是也就决定，还是照旧投稿了——虽然对于意外的被利用，心里也耿耿了好几天。

《语丝》的销路可只是增加起来，原定是撰稿者同时负担印费的，我付了十元之后，就不见再来收取了，因为收支已足相抵，后来并且有了赢余。于是小峰就被尊为"老板"，但这推尊并非美意，其时伏园已另就《京报副刊》编辑之职，川岛还是捣乱小孩，所以几个撰稿者便只好掰住了多睐眼而少开口的小峰，加以荣名，勒令拿出赢余来，每月请一回客。这“将欲取之，必先与之”的方法果然奏效，从此市场中的茶居或饭铺的或一房门外，有时便会看见挂着一块上写“语丝社”的木牌。倘一驻足，也许就可以听到疑古玄同先生的又快又响的谈吐。但我那时是在避开宴会的，所以毫不知道内部的情形。

我和《语丝》的渊源和关系，就不过如此，虽然投稿时多时少。但这样地一直继续到我走出了北京。到那时候，我还不知道实际上是谁的编辑。

到得厦门，我投稿就很少了。一者因为相离已远，不受催促，责任便觉得轻；二者因为人地生疏，学校里所遇到的又大抵是些念佛老妪式口角，不值得费纸墨。倘能做《鲁宾孙教书记》或《蚊虫叮卵脬论》，那也许倒很有趣的，而我又没有这样的“天才”，所以只寄了一点极琐碎的文字。这年底到了广州，投稿也很少。第一原因是和在厦门相同的；第二，先是忙于事务，又看不清那里的情形，后来颇有感慨了，然而我不想在它的敌人的治下去发表。

不愿意在有权者的刀下，颂扬他的威权，并奚落其敌人来取媚，可以说，也是“语丝派”一种几乎共同的态度。所以《语丝》在北京虽然逃过了段祺瑞及其吧儿狗们的撕裂，但终究被“张大元帅”所禁止了，发行的北新书局，且同时遭了封禁，其时是一九二七年。

这一年，小峰有一回到我的上海的寓居，提议《语丝》就要在上海印行，且嘱我担任做编辑。以关系而论，我是不应该推托的。于是担任了。从这时起，我才探问向来的编法。那很简单，就是：凡社员的稿件，编辑者并无取舍之权，来则必用，只有外来的投稿，由编辑者略加选择，必要时且或略有所删除。所以我应做的，不过后一段事，而且社员的稿子。实际上也十之九直寄北新书局，由那里径送印刷局的，等到我看见时，已在印钉成书之后了。所谓“社员”，也并无明确的界限，最初的撰稿者，所余早已无多，中途出现的人，则在中途忽来忽去。因为《语丝》是又有爱登碰壁人物的牢骚的习气的，所以最初出阵，尚无用武之地的人，或本在别一团体，而发生意见，借此反攻的人，也每和《语丝》暂时发生关系，待到功成名遂，当然也就淡漠起来。至于因环境改变，意见分歧而去的，那自然尤为不少。因此所谓“社员”者，便不能有明确的界限。前年的方法，是只要投稿几次，无不刊载，此后便放心发稿，和旧社员一律待遇了。但经旧的社员绍介，直接交到北新书局，刊出之前，为编辑者的眼睛所不能见者，也间或有之。

经我担任了编辑之后，《语丝》的时运就很不济了，受了一回政府的警告，遭了浙江当局的禁止，还招了创造社式“革命文学”家的拚命的围攻。警告的来由，我莫名其妙，有人说是因为一篇戏剧；禁止的缘故也莫名其妙，有人说是因为登载了揭发复旦大学内幕的文字，而那时浙江的党务指导委员老爷却有复旦大学出身的人们。至于创造社派的攻击，那是属于历史底的了，他们在把守“艺术之宫”，还未“革命”的时候，就已经将“语丝派”中的几个人看作眼中钉的，叙事夹在这里太冗长了，且待下一回再说罢。

但《语丝》本身，却确实也在消沉下去。一是对于社会现象的批评几乎绝无，连这一类的投稿也少有，二是所余的几个较久的撰稿者，这时又少了几个了。前者的原因，我以为是在无话可说，或有话而不敢言，警告和禁止，就是一个实证。后者，我恐怕是其咎在我的。举一点例罢，自从我万不得已，选登了一篇极平和的纠正刘半农先生的“林则徐被俘”之误的来信以后，他就不再有片纸只字；江绍原先生绍介了一篇油印的《冯玉祥先生……》来，我不给编入之后，绍原先生也就从此没有投稿了。并且这篇油印文章不久便在也是伏园所办的《贡献》上登出，上有郑重的小序，说明着我托辞不载的事由单。

还有一种显著的变迁是广告的杂乱。看广告的种类，大概是就可以推见这刊物的性质的。例如“正人君子”们所办的《现代评论》上，就会有金城银行的长期广告，南洋华侨学生所办的《秋野》上，就能见“虎标良药”的招牌。虽是打着“革命文学”旗子的小报，只要有那上面的广告大半是花柳药和饮食店，便知道作者和读者，仍然和先前的专讲妓女戏子的小报的人们同流，现在不过用男作家，女作家来替代了倡优，或捧或骂，算是在文坛上做工夫。《语丝》初办的时候，对于广告的选择是极严的，虽是新书，倘社员以为不是好书，也不给登载。因为是同人杂志，所以撰稿者也可行使这样的职权。听说北新书局之办《北新半月刊》，就因为在《语丝》上不能自由登载广告的缘故。但自从移在上海出版以后，书籍不必说，连医生的诊例也出现了，袜厂的广告也出现了，甚至于立愈遗精药品的广告也出现了。固然，谁也不能保证《语丝》的读者决不遗精，况且遗精也并非恶行，但善后办法，却须向《申报》之类，要稳当，则向《医药学报》的广告上去留心的。我因此得了几封诘责的信件，又就在《语丝》本身上登了一篇投来的反对的文章。

但以前我也曾尽了我的本分。当袜厂出现时，曾经当面质问过小峰，回答是“发广告的人弄错的”；遗精药出现时，是写了一封信，并无答复，但从此以后，广告却也不见了。我想，在小峰，大约还要算是让步的，因为这时对于一部分的作家，早由北新书局致送稿费，不只负发行之责，而《语丝》也因此并非纯粹的同人杂志了。

积了半年的经验之后，我就决计向小峰提议，将《语丝》停刊，没有得到赞成，我便辞去编辑的责任。小峰要我寻一个替代的人，我于是推举了柔石。

但不知为什么，柔石编辑了六个月，第五卷的上半卷一完，也辞职了。

以上是我所遇见的关于《语丝》四年中的琐事。试将前几期和近几期一比较，便知道其间的变化，有怎样的不同，最分明的是几乎不提时事，且多登中篇作品了，这是因为容易充满页数而又可免于遭殃。虽然因为毁坏旧物和戳破新盒子而露出里面所藏的旧物来的一种突击之力，至今尚为旧的和自以为新的人们所憎恶，但这力是属于往昔的了。

十二月二十二日。

（选自《鲁迅全集》第4卷，人民文学出版社1981年版；
原载《萌芽月刊》1930年第1卷第2期）

［导读］

本篇最初发表于1930年2月的《萌芽月刊》上，发表时还有副标题《“我所遇见的六个文学团体”之五》。文中，鲁迅回顾了自己与《语丝》的关系，指出了语丝同人无意中所显出的一种共同特色：“任意而谈，无所顾忌，要催促新的产生，对于有害于新的旧物，则竭力加以排击。”这是对语丝社散文风格的准确概括。

5.《新月》的态度

新月社

［原文］

And God said，Let there be light；and there was light.

——The Genesis

If winter comes，Can spring be far behind.

——Shelley

我们这月刊题名新月，不是因为曾经有过什么“新月社”，那早已散消，也不是因为有“新月书店”，那是单独一种营业，它和本刊的关系只是担任印刷与发行。新月月刊是独立的。

我们舍不得新月这名字，因为它虽则不是一个怎样强有力的象征，但它那纤弱的一弯分明暗示着，怀抱着未来的圆满。

我们这几个朋友，没有什么组织，除了这月刊本身，没有什么结合，除了在文艺和学术上的努力，没有什么一致，除了几个共同的理想。

凭这点集合的力量，我们希望为这时代的思想增加一些体魄，为这时代的生命添厚一些光辉。

但不幸我们正逢着一个荒歉的年头，收成的希望是枉然的。这又是个混乱的年头，一切价值的标准，是颠倒了的。

要寻出荒歉的原因并且给它一个适当的补救，要收拾一个曾经大恐慌蹂躏过的市场，再进一步扫除一切恶魔的势力，为要重见天日的清明，要浚治活力的来源，为要解放不可制止的创造的活动——这项巨大的事业当然不是少数人，尤其不是我们这少数人所敢妄想完全担当的。

但我们自分还是有我们可做的一部分的事。连着别的事情我们想贡献一个谦卑的态度。这态度，就正面说，有它特别侧重的地方，就反面说，也有它郑重矜持的地方。

先说我们这态度所不容的。我们不妨把思想(广义的，现代刊物的内容的一个简称。)比作一个市场，我们来看看现代我们这市场上看得见的是些什么?如同在别的市场上，这思想的市场上也是摆满了摊子，开满了店铺，挂满了招牌，扯满了旗号，贴满了广告，这一眼看去辨认得清的至少有十来种行业，各有各的色彩，各有各的引诱，我们把它们列举起来看：

一感伤派　　八纤巧派
二颓废派　　九淫秽派
三唯美派　　十热狂派
四功利派　　十一稗贩派
五训世派　　十二标语派
六攻击派　　十三主义派
七偏激派

商业上有自由，不错。思想上言论上更应得有充分的自由，不错。但得在相当的条件下。最主要的两个条件是(一)不妨害健康的原则，(二)不折辱尊严的原则。买卖毒药，买卖身体，是应得受干涉的，因为这类的买卖直接违反健康与尊严两个原则。同时这些非法的或不正当的营业还是一样在现代的大都会里公然的进行——鸦片，毒药，淫业，那一宗不是利市三倍的好买卖?但我们却不能因它们的存在就说它们不是不正当而默许它们存在的特权。在这类的买卖上我们不能应用商业自由的原则。我们正应得觉到切肤的羞恶，眼见这些危害性的下流的买卖公然在我们所存在的社会里占有它们现有的地位。

同时在思想的市场上我们也看到种种非常的行业，例如上面列举的许多门类。我们不说这些全是些“不正当”的行业，但我们不能不说这里面有很多是与我们所标举的两大原则——健康与尊严——不相容的。我们敢说这现象是新来的，因为连着别的东西思想自由这观念本身就是新来的。这也是个反动的现象，因此，我们敢说，或许是暂时的。先前我们在思想上是绝对没有自由，结果是奴性的沉默；现在，我们在思想上是有了绝对的自由，结果是无政府的凌乱。思想的花式加多本来不是件坏事，在一个活力磅礴的文化社会里往往看得到，偎傍着刚直的本干，普盖的青荫，不少盘错的旁枝，以及恣蔓的藤萝。那本不关事，但现代的可忧正是为了一个颠倒的情形。盘错的，恣蔓的尽有，这里那里都是的，却不见了那刚直的与普盖的。这就比是一个商业社会上不见了正宗的企业，却只有种种不正当的营业盘据着整个的市场，那不成了笑话？

即如我们上面随笔写下的所谓现代思想或言论市场的十多种行业，除了“攻击”，“纤巧”，“淫秽”诸宗是人类不怎样上流的根性得到了自由（放纵）当然的发展，此外多少是由外国转运来的投机事业。我们不说这时代就没有认真做买卖的人，我们指摘的是这些买卖本身的可疑。碍着一个迷误的自由的观念，顾着一个容忍的美名，我们往往忘却思想是一个园地，它的美观是靠着我们随时的种植与铲除，又是一股水流，它的无限效用有时可以转变成不可收拾的奇灾。

我们不敢附和唯美与颓废，因为我们不甘愿牺牲人生的阔大，为要雕镂一只金镶玉嵌的酒杯。美我们是尊重而且爱好的，但与其咀嚼罪恶的美艳，还不如省念德性的永恒，与其到海陀罗凹腔里去收集珊瑚色的妙药，还不如置身在扰攘的人间倾听人道那幽静的悲凉的清商。

我们不敢赞许伤感与热狂，因为我们相信感情不经理性的清滤是一注恶浊的乱泉。它那无方向的激射至少是一种精力的耗废。我们未尝不知道放火是一桩新鲜的玩艺，但我们却不忍为一时的快意造成不可救济的惨象。“狂风暴雨”有时是要来的，但狂风暴雨是不可终朝的。我们愿意在更平静的时刻中提防天时的诡变，不愿意借口风雨的猖狂放弃清风白日的希冀。我们当然不反对解放情感，但在这头骏悍的野马的身背上我们不能不谨慎的安上理性的鞍索。

我们不崇拜任何的偏激，因为我们相信社会的纪纲是靠着积极的情感来维系的，在一个常态社会的天秤上，情爱的分量一定超过仇恨的分量，互助的精神一定超过互害与互杀的动机。我们不愿意套上着色眼镜来武断宇宙的光景。我们希望看一个真，看一个正。

我们不能归附功利，因为我们不信任价格可以混淆价值，物质可以替代精神，在这一切商业化恶浊化的急坡上我们要留住我们倾颠的脚步。我们不能依傍训世，因为我们不信现成的道德观念可以用作评价的准则，我们不能听任思想的矫健僵化成冬烘的壅肿。标准，纪律，规范，不能没有，但每一个时代都得独立去发见它的需要，维护它的健康与尊严，思想的懒惰是一切准则颠覆的主要的根由。

末了还有标语与主义。这是一条天上安琪儿们怕践足的蹊径。可怜这些时间与空间，那一间不叫标语与主义的芒刺给扎一个鲜艳！我们的眼是迷眩了的，我们的耳是震聋了的，我们的头脑是闹翻了的，辨认已是难事，评判更是不易。我们不否认这些殷勤的叫卖与斑斓的招贴中尽有耐人寻味的去处，尽有诱惑的迷宫。因此我们更不能不审慎，我们更不能不磨砺我们的理智，那剖解一切纠纷的锋刃，澄清我们的感觉，那辨别真伪和虚实的本能，放胆到这嘈杂的市场上去做一番审查和整理的工作。我们当然不敢预约我们的成绩，同时我们不踌躇预告我们的愿望。

这混杂的现象是不能容许它继续存在的，如其我们文化的前途还留有一线的希望。这现象是不能继续存在的，如其我们这民族的活力还不曾消竭到完全无望的地步，因为我们认定了这时代是变态，是病态，不是常态。是病就有治。绝望不是治法，我们不能绝望。我们在绝望的边缘搜求着希望的根芽。

严重是这时代的变态。除了盘错的，恣蔓的寄生，那是遍地都看得见。几于这思想的田园内更不见生命的消息。梦人们妄想着花草的鲜明与林木的葱茏。但他们有什么根据除了飘渺的记忆与想象？

但记忆与想象！这就是一个灿烂的将来的根芽！悲惨是那个民族，它回头望不见一个庄严的已往。那个民族不是我们。该得灭亡是那个民族，它的眼前没有一个异象的展开。那个民族也不应得是我们。

我们对我们光明的过去负有创造一个伟大的将来的使命；对光明的未来又负有结束这黑暗的现在的责任。我们第一要提醒这个使命与责任。我们前面说起过人生的尊严与健康。在我们不曾发见更简赅的信仰的象征，我们要充分的发挥这一双伟大的原则——尊严与健康。尊严，它的声音可以唤回在歧路上徬徨的人生。健康，它的力量可以消灭一切侵蚀思想与生活的病菌。

我们要把人生看作一个整的。支离的，偏激的看法，不论怎样的巧妙，怎样的生动，不是我们的看法。我们要走大路。我们要走正路。我们要从根本上做工夫。我们只求平庸，不出奇。

我们相信一部纯正的思想是人生改造的第一个需要。纯正的思想是活泼的新鲜的血球，它的力量可以抵抗，可以克胜，可以消灭一切致病的霉菌。纯正的思想，是我们自身活力得到解放以后自然的产物，不是租借来的零星的工具，也不是稗贩来的琐碎的技术。我们先求解放我们的活力。

我们说解放因为我们不怀疑活力的来源。淤塞是有的，但还不是枯竭。这些浮荇，这些绿腻，这些潦泥，这些腐生的蝇蚋——可怜的清泉，它即使有奔放的雄心，也不易透出这些寄生的重围。但它是在着，没有死。你只须拨开一些污潦就可以发见它还是在那里汩汩的溢出，在可爱的泉眼里，一颗颗珍珠似的急溜着。这正是我们工作的机会。爬梳这壅塞，粪除这秽浊，浚理这淤积，消灭这腐化，开深这潴水的池潭，解放这江湖的来源。信心，忍耐。谁说这“一举手一投足”的勤劳不是一件伟大事业的开端，谁说这涓涓的细流不是一个壮丽的大河流域的先声？

要从恶浊的底里解放圣洁的泉源，那从时代的破烂里规复人生的尊严——这是我们的志愿。成见不是我们的，我们先不问风是在那一个方向吹。功利也不是我们的，我们不计较稻穗的饱满是在那一天。无常是造物的喜怒，茫昧是生物的前途，临到“闭幕”的那俄顷，更不分凡夫与英雄，痴愚与圣贤，谁都得撒手，谁都得走；但在那最后的黑暗还不曾覆盖一切以前，我们还不一样的得认真来扮演我们的名分？生命从它的核心里供给我们信仰，供给我们忍耐与勇敢。为此我们方能在黑暗中不害怕，在失败中不颓丧，在痛苦中不绝望。生命是一切理想的根源，它那无限而有规律的创造性给我们在心灵的活动上一个强大的灵感。它不仅暗示我们，逼追我们，永远望创造的，生命的方向走，它并且启示给我们的想象，物体的死只是生的一个节目，不是结束，它的威吓只是一个谎骗，我们最高的努力的目标是与生命本体同绵延的，是超越死线的，是与天外的群星相感召的。为此，虽则生命的势力有时不免比较的消歇，到了相当的时候，人们不能不醒起。我们不能不醒起，不能不奋争，尤其在人生的尊严与健康横受凌辱与侵袭的时日！来罢，那天边白隐隐的一线，还不是这时代的“创造的理想主义”的高潮的前驱？来罢，我们想象中曙光似的闪动，还不是生命的又一个阳光充满的清朝的预告？

（原载《新月》1928 年第 1 卷第 1 号）

［**导读**］

1928 年 3 月 10 日，《新月》月刊正式发刊。本文是由徐志摩执笔的发刊词。他在文中申明了新月社同人的追求是“为这时代的思想增加一些体魄，为这时代的生命添厚一些光辉”，同时擎起文学“尊严与健康”的旗帜，对包括革命文学在内的十多种文学趋向都进行了抨击。文章充分体现了新月社同人在文学和政治上的理想与追求。

6. 文学是有阶级性的吗？

梁实秋

［**原文**］

一

卢梭说：“资产是文明的基础”。但是卢梭也是最先攻击资产制度的一个人，因为他以为文明是罪恶的根源。所以攻击资产制度，即是反抗文明。有了资产然后才有文明，有了文明然后资产才能稳固。不肯公然反抗文明的人，决没有理由攻击资产制度。

资产制度有时可以造成不公平的现象，我们承认。资产的造成本来是由于个人的聪明才力，所以资产本来是人的身心劳动的报酬；但是资产成为制度以后，往往富者愈富，贫者愈贫，富者不一定就是聪明才力过人者，贫者也不一定是聪明才力不如人者，这种人为的不公平的现象是有的。可是我们对于这种现象要冷静的观察，人的聪明才力既不能平等，人的生活当然是不能平等的，平等是个很美的幻梦，但是不能实现的。经济是决定生活的最要紧的原素之一，但是人类的生活并不是到处都受经济的支配，资本家不一定就是幸福的，无产者也常常自有他的乐趣。经济的差别虽然是显著的，但不是永久的，没有聪明才力的人虽然能侥幸得到资产，但是他的资产终于是要消散的，真有聪明才力的人虽然暂时忍受贫苦，但是不会长久埋没的，终久必定可以赢得相当资产。所以我们充分的承认资产制度的弊病，但是要拥护文明，便要拥护资产。

无产者本来并没有阶级的自觉。是几个过于富同情心而又态度偏激的领袖把这个阶级观念传授了给他们。阶级的观念是要促进无产者的联合，是要激发无产者的争斗的欲念。一个无产者假如他是有出息的，只消辛辛苦苦诚诚实实的工作一生，多少必定可以得到相当的资产。这才是正当的生活争斗的手段。但是无产者联合起来之后，他们是一个阶级了，他们要有组织了，他们是一个集团了，于是他们便不循常轨的一跃而夺取政权财权，一跃而为统治阶级。他们是要报复！他们唯一的报复的工具就是靠了人多势众！“多数”“群众”“集团”，这就是无产阶级的暴动的武器。

无产阶级的暴动的主因是经济的。旧日统治阶级的窳败，政府的无能，真的领袖的缺乏，也是促成无产阶级的起来的原由。这种革命的现象不能是永久的，经过自然进化之后，优胜劣败的定律又要证明了，还是聪明才力过人的人占优越的位置，无产者仍是无产者。文明依然是要进行的。无产阶级大概也知道这一点，也知道单靠了目前经济的满足并不能永久的担保这个阶级的胜利。反文明的势力早晚还是要被文明的势力所征服的。所以无产阶级近来于高呼“打倒资本家”之外又有了新的工作，他们要建立所谓“无产阶级的文化”或“普罗列塔利亚的文化”，这里面包括文学艺术。

“普罗列塔利亚的文学”！多么崭新的一个名词。“普罗列塔利亚”这个名词并不新，是 Proletariat 的译音，不认识这个外国字的人听了这个中文的译音，难免不觉得新颖。新的当然就是好的，于是大家都谈起“普罗列塔利亚的文学”。其实翻翻字典，这个字的涵意并不见得体面，据韦白斯特大字典，Proletary 的意思就是：A citizen of the lowest class who served the state not with property，but only by having children。一个属于“普罗列塔利亚”的人就是“国家里最下阶级的国民，他是没有资产的，他向国家服务只是靠了生孩子。”普罗列塔利亚是国家里只会生孩子的阶级！(至少在罗马时代是如此)我看还是称做“无产阶级的文学”来得明白一点，比较的不象一个符咒。

无产阶级的运动是由政治的经济的更进而为文化的运动了，这是值得注意的一件事。我看他们近来在文学方面的宣传文字，他们似乎是有组织的有联络的。一方面宣传他们的无产阶级的文学的理论，一方面攻击他们所认为是“资产阶级的文学”。无产阶级有他们的“科学的政治学”，“辩证法的唯物论”，“马克思的经济学”，现在又多出了一个“科学的艺术学”，一个“普罗列塔利亚的文学”！

我现在要彻底的问：文学是有阶级性的吗？

二

无产阶级文学理论方面的书翻成中文的我已经看见约十种了，专门宣传这种东西的杂志，我也看了两三种。我是想尽我的力量去懂他们的意思，但是不幸的很，没有一本这类的书能被我看得懂。内容深奥，也许是；那么便是我的学力不够。但是这一类宣传的书，如什么卢那卡尔斯基，蒲力汗诺夫，婆格达诺夫之类，最使我感得困难的是文字。其文法之艰涩，句法之繁复，简直读起来比读天书还难。宣传无产文学理论的书而竟这样的令人难懂，恐怕连宣传品的资格都还欠缺，现在还没有一个中国人，用中国人所能看得懂的文字，写一篇文章告诉我们无产文学的理论究竟是怎样一回事。我现在批评所谓无产文学理论，也只能根据我所能了解的一点点的材料而已。

假定真有所谓“无产阶级的文学”这样一种东西，我们觉得这样的文学一定要有三个条件：

(一)这种文学的题材应该以无产阶级的生活为主体，表现无产阶级的情感思想，描写无产阶级的生活的实况，赞颂无产阶级的伟大。

(二)这种文学的作者一定是属于无产阶级或是极端同情于无产阶级的人。

(三)这种文学不是为少数人(有资产的少数人，受过高等教育的少数人)看的，而是为大多数的劳工劳农及所谓无产阶级的人看的。

假如这三个条件拟得不错，我们还要追加上一个附带条件，上列三点必须同时具备才能成为无产文学，缺一而不可的。但是我们立刻就可发现这种理论的错误。错误在哪里？错误在把阶级的束缚加在文学上面。错误在把文学当做阶级争斗的工具而否认其本身的价值。

文学的国土是最宽泛的，在根本上和在理论上没有国界，更没有阶级的界限。一个资本家和一个劳动者，他们的不同的地方是有的，遗传不同，教育不同，经济的环境不同，因之生活状态也不同，但是他们还有同的地方。他们的人性并没有两样，他们都感到生老病死的无常，他们都有爱的要求，他们都有怜悯与恐怖的情绪，他们都有伦常的观念，他们都企求身心的愉快。文学就是表现这最基本的人性的艺术。无产阶级的生活的苦痛固然值得描写，但是这苦痛如其真是深刻的，必定不是属于一阶级的。人生现象有许多方面都是超于阶级的。例如，恋爱(我说的是恋爱的本身，不是恋爱的方式)的表现，可有阶级的分别吗？例如，歌咏山水花草的美丽，可有阶级的分别吗？没有的。如其文学只是生活现象的外表的描写，那么，我们可以承认文学是有阶级性的，我们也可以了解无产文学是有它的理论根据；但是文学不是这样肤浅的东西，文学是从人心中最深处发出来的声音。如其“烟囱呀!”“汽笛呀!”“机轮呀!”“列宁呀!”便是无产文学，那么无产文学就用不着什么理论，由它自生自灭罢。我以为把文学的题材限于一个阶级的生活现象的范畴之内，实在是把文学看得太肤浅太狭隘了。

文学家就是一个比别人感情丰富感觉敏锐想象发达艺术完美的人。他是属于资产阶级或无产阶级，这于他的作品有什么关系？托尔斯泰是出身贵族，但是他对于平民的同情真可说是无限量的，然而他并不主张阶级斗争；许多人奉为神明的马克斯，他自己并不是什么无产阶级中的人物；终身穷苦的约翰孙博士，他的志行高洁吐属文雅比贵族还有过无不及。我们估量文学的性质与价值，是只就文学作品本身立论，不能连累到作者的阶级和身分。一个人的生活状况对于他的创作自然不能说没有影响，可是谁也不能肯定的讲凡无产阶级文学必定是无产阶级的人才能创作。

文学家创作之后当然希望一般人能够懂他，并且懂的人越多越好。但是，假如一部作品不能为大多数人所能了解，这毛病却不一定是在作品方面，而时常是大多数人自己的鉴赏的能力缺乏。好的作品永远是少数人的专利品，大多数永远是蠢的，永远是与文学无缘的。不过鉴赏力之有无却不与阶级相干，贵族资本家尽有不知文学为何物者，无产的人也尽有能鉴赏文学者。创造文学固是天才，鉴赏文学也是天生的一种福气。所以文学的价值决不能以读者数目多寡而定。一般劳工劳农需要娱乐，也许需要少量的艺术的娱乐，例如什么通俗的戏剧，电影，侦探小说之类。为大多数人读的文学必是逢迎群众的，必是俯就的，必是浅薄的；所以我们不该责令文学家来做这种的投机买卖。文学家要在理性范围之内自由的创造，要忠于他自己的理想与观察，他所企求的是真，是美，是善。他不管世界上懂他的人是多数还是少数。皇室贵族雇佣一班无聊文人来做讴功颂德的诗文，我们觉得讨厌，因为这种文学是虚伪的假造的；但是在无产阶级威胁之下便做对于无产阶级讴功颂德的文学，还不是一样的虚伪讨厌？文学家只知道聚精会神的创作，不能有时候考虑他的读众能有多少。真的文学家并不是人群中的寄生虫，他不能认定贵族资本家是他的主顾，他也不能认定无产阶级是他的主顾。谁能了解他，谁便是他的知音，不拘他是属于那一阶级。文学是属于全人类的，我们希望人类中能了解文学的越来越多，但是我们不希望文学的质地降低了来俯就大多数的人。

无产文学理论家时常告诉我们，文艺是他们的斗争的“武器”。把文学当做“武器”！这意思很明白，就是说把文学当作宣传品，当做一种阶级斗争的工具。我们不反对任何人利用文学来达到另外的目的，这与文学本身无害的，但是我们不能承认宣传式的文字便是文学。例如，集团的观念是无产阶级革命家所最宝贵的一件东西，无产阶级的暴动最注重的就是组织，没有组织就没有力量，所以号称无产文学者也就竭力宣传这一点，竭力抑止个人的情绪的表现，竭力的鼓吹整个的阶级的意识。以文学的形式来做宣传的工具当然是再妙没有，但是，我们能承认这是文学吗？即使宣传文字果有文学意味，我们能说宣传作用是文学的主要任务吗？无产文学理论家说文学是武器，这句话虽不合理，却是一句老实话，足以暴露无产文学之根本的没有理论根据。

三

从文艺史上观察，我们就知道一种文艺的产生不是由于几个理论家的摇旗呐喊便可成功，必定要有有力量的文学作品来证明其自身的价值。无产文学的声浪很高，艰涩难通的理论书也出了不少，但是我们要求给我们几部无产文学的作品读读。我们不要看广告，我们要看货色。我们但愿货色比广告所说的还好些。

我现在抄两首诗给大家看看：第一首诗题目是《给一个新同志》，作者是俄国的撒莫比特尼克，是从波格达诺夫的《新艺术论》里抄下来的。

“看那旋转着的轮子，
看那在这儿舞蹈的疯狂的皮带……
同志，同志，不要怕！
让钢铁的混沌震响着，
虽然它底许多火是沉溺了，
被眼泪的苦海所熄了——
不要怕！
你已经从安静的地方，
和平的乡间和清爽的溪流边来了。
同志，同志，不要怕！
这儿无限是有了限止，
不可能的事情发生了……
这是未来的时代底黎明——
不要怕！
波浪底起水沫的冠毛震响着，
带了我们的幸运前来……
在我们底黑暗又惨淡的王国上，
一个新的太阳照下来，
比从前燃烧得更光明——
不要怕！
象一个雕在石上的巨人，

站在疯狂的皮带边把舵……
让轮子继续转下去，
现在行列是拉得更接近了——
你是熔在这里面的一个新的连系，
不要怕！”

这是不是文学？是不是好的文学？请读者自己公正的品评罢。但是波格达诺夫先生对于这首诗的评语是：“在这首诗里，引起我们底注意的并不是技巧，最惊人的却是内容的纯粹。我觉得在感情和思想上，比这个更无产阶级的是没有的了。”

再引一首马林霍夫先生的《十月》，是从郭沫若译的《新俄诗选》里抄出来的。

“我们把人伦的信条蹂躏，
我们要粗暴的坐行，
帽子要顶在头上，
两脚要踏在棹子的当心。
你们不喜我们
自从我们以流血为大笑，
自从我们不再洗浣那洗了万遍的褴褛的布条，
自从我们敢：王八蛋哟！这震耳的大叫。
是的，先生，这条脊骨，
俨如电话杆那般的直挺，
但不只区区一人，全露西亚人的脊骨，
已屈服了许多年辰。
地球，谁还比我们叫的大声？
你说：满院的疯人——
没有路标——没有火把——鬼闯鬼挺——
礼拜堂的廊下，我们红色的跳舞儿多光荣。
甚么，你不信？这儿有游牧的人群，
云彩的牧畜听从人的指挥，
青天如象一件女人的衣裳，
太阳也失掉了他的光威。
基督又钉在十字架上，巴拉巴司，
我们细嚼的护送着，送到退尔司柯依……

谁要来干涉呀，谁？这西叙亚的奔马？
提琴弹着马赛歌的音调？
这样的事情你从前曾经听过。
为地球打钢镯的铁匠，
要鹰扬的抽他粗糙的淡巴菰，
就和时常骑马的军官一样？
你问——这一下呢？
这一下要跳舞许多世纪。
我们敲遍处处的家，
不会再听见：王八蛋，滚开去！
我们！我们！我们随处都在：
在足光的面前在辉煌的舞台，
不是细腻的抒情诗人，
而是激昂的丑怪。
垃圾堆，把一切垃圾都堆成堆，
象萨服那洛拉，伴着颂主的歌声，
送入火中——我们怕谁？
灵魂纤弱的人造人已经成为了——
世界。
我们的每天，都是圣经的新的篇章，
每页在千百代中都是伟大。
我们会要被后人称颂：
他们幸福者，生在一九一七年的年代。
而你们却还在大骂：该死的奴才！
你们依然在无限的悲啼。
蠢东西！不是昨天粉碎了，
象被汽车房中突然驰出的汽车，
压死了的一只鸽子？”

这首诗恐怕是真正的无产文学了？题目是《十月》，而里面的词藻是何等的“无产阶级的”呀！也许伟大的无产文学还没有出现，那么我愿意等着，等着，等着。

四

文学界里本来已有了不少的纷争，无产文学呼声起来之后又添了一种纷争，因为无产文学家要攻击所谓资产阶级的文学。什么是资产阶级的文学，我实在是不知道；大概除了无产文学运动那一部分的文学以外，古今中外的文学都可以算做资产文学罢。我们承认这个名词，我们也不懂资产阶级的文学为什么就要受攻击？是为里面没有马克斯主义，唯物史观，阶级斗争？文学为什么一定要有这些东西呢？攻击资产阶级文学是没有理由的，等于攻击无产阶级文学一样的无理由，因为文学根本没有阶级的区别。假如无产阶级革命家一定要把他的宣传文字唤做无产文学，那总算是一种新兴文学，总算是文学国土里的新收获，用不着高呼打倒资产的文学来争夺文学的领域，因为文学的领域太大了，新的东西总有它的位置的。假如无产阶级可以有"无产文学"，我也不懂资产阶级为什么便不可有"资产文学"？资产阶级不消灭，资产阶级的文学也永远不会被攻击倒的；文明一日不毁坏，资产也一日不会废除的。

无产文学家攻击资产文学的力量实在也是薄弱的很，因为他们只会用几个标语式口号式的名词来咒人，例如"小资产阶级"，"有闲阶级"，"绅士阶级"，"正人君子"，"名流教授"，"布尔乔亚汜"等等，他们从不确定，分析，辨别这些名词的涵意，只以为这些名词有辟邪的魔力，加在谁的头上谁就遭了打击。这实在是无聊的举动。

我的意思是：文学就没有阶级的区别，"资产阶级文学""无产阶级文学"都是实际革命家造出来的口号标语，文学并没有这种的区别。近年来所谓的无产阶级文学的运动，据我考查，在理论上尚不能成立，在实际上也并未成功。

（原载《新月》1929 年第 2 卷第 6、第 7 号合刊）

［**导读**］

本文是梁实秋与左翼作家关于文学是否具有阶级性问题的一篇论辩。作者从文学理论、文艺史等方面切入，指出文学是没有阶级性的，表现的是普遍的永久的人性，因此不能把文学当作阶级斗争的工具。在此基础上，作者否定了无产阶级文学运动的意义。本文反映了新月派与左翼文学群体之间在政治文化立场方面的分歧。

7. 新月社批评家的任务

鲁　迅

［**原文**］

新月社中的批评家，是很憎恶嘲骂的，但只嘲骂一种人，是做嘲骂文章者。新月社中的批评家，是很不以不满于现状的人为然的，但只不满于一种现状，是现在竟有不满于现状者。

这大约就是"即以其人之道，还治其人之身"，挥泪以维持治安的意思。

譬如，杀人，是不行的。但杀掉"杀人犯"的人，虽然同是杀人，又谁能说他错？打人，也不行的。但大老爷要打斗殴犯人的屁股时，皂隶来一五一十的打，难道也算犯罪么？新月社批评家虽然也有嘲骂，也有不满，而独能超然于嘲骂和不满的罪恶之外者，我以为就是这一个道理。

但老例，刽子手和皂隶既然做了这样维持治安的任务，在社会上自然要得到几分的敬畏，甚至于还不妨随意说几句话，在小百姓面前显显威风，只要不大妨害治安，长官向来也就装作不知道了。

现在新月社的批评家这样尽力地维持了治安，所要的却不过是“思想自由”，想想而已，决不实现的思想。而不料遇到了别一种维持治安法，竟连想也不准想了。从此以后，恐怕要不满于两种现状了罢。

（选自《鲁迅全集》第 4 卷，人民文学出版社 1981 年版；
原载《萌芽月刊》1930 年第 1 卷第 1 期）

［**导读**］

20 世纪 30 年代，面对国民党政府的专制和暴政，新月社成员以强调“自由”和“人权”来表达他们对于现实政治的不满。针对他们的这种姿态，鲁迅撰文指出，梁实秋等新月派批评家的主张实际上是在替统治阶级“维持治安”，并不能实现他们自己所要求的“思想自由”。

8.“硬译”与“文学的阶级性”

鲁　迅

［**原文**］

一

听说《新月》月刊团体里的人们在说，现在销路好起来了。这大概是真的，以我似的交际极少的人，也在两个年青朋友的手里见过第二卷第六七号的合本。顺便一翻，是争“言论自由”的文字和小说居多。近尾巴处，则有梁实秋先生的一篇《论鲁迅先生的“硬译”》，以为“近于死译”。而“死译之风也断不可长”，就引了我的三段译文，以及在《文艺与批评》的后记里所说：“但因为译者的能力不够，和中国文本来的缺点，译完一看，晦涩，甚而至于难解之处也真多；倘将仂句拆下来呢，又失了原来的语气。在我，是除了还是这样的硬译之外，只有束手这一条路了，所余的惟一的希望，只在读者还肯硬着头皮看下去而已”这些话，细心地在字旁加上圆圈，还在“硬译”两字旁边加上套圈，于是“严正”地下了“批评”道：“我们‘硬着头皮看下去’了，但是无所得。‘硬译’和‘死译’有什么分别呢？”

新月社的声明中，虽说并无什么组织，在论文里，也似乎痛恶无产阶级式的“组织”，“集团”这些话，但其实是有组织的，至少，关于政治的论文，这一本里都互相“照应”；关于文艺，则这一篇是登在上面的同一批评家所作的《文学是有阶级性的吗?》的余波。在那一篇里有一段说：“……但是不幸得很，没有一本这类的书能被我看懂。……最使我感得困难的是文字，……简直读起来比天书还难。……现在还没有一个中国人，用中国人所能看得懂的文字，写一篇文章告诉我们无产文学的理论究竟是怎么一回事。”字旁也有圈圈，怕排印麻烦，恕不照画了。总之，梁先生自认是一切中国人的代表，这些书既为自己所不懂，也就是为一切中国人所不懂，应该在中国断绝其生命，于是出示曰“此风断不可长”云。

别的“天书”译著者的意见我不能代表，从我个人来看，则事情是不会这样简单的。第一，梁先生自以为“硬着头皮看下去”了，但究竟硬了没有，是否能够，还是一个问题。以硬自居了，而实则其软如棉，正是新月社的一种特色。第二，梁先生虽自来代表一切中国人了，但究竟是否全国中的最优秀者，也是一个问题。这问题从《文学是有阶级性的吗?》这篇文章里，便可以解释。Proletary这字不必译音，大可译义，是有理可说的。但这位批评家却道：“其实翻翻字典，这个字的涵义并不见得体面，据《韦白斯特大字典》，Proletary的意思就是：A citizen of the lowest class who served the state not with property，but only by having children。……普罗列塔利亚是国家里只会生孩子的阶级！(至少在罗马时代是如此)”其实正无须来争这“体面”，大约略有常识者，总不至于以现在为罗马时代，将现在的无产者都看作罗马人的。这正如将Chemie译作“舍密学”，读者必不和埃及的“炼金术”混同，对于“梁”先生所作的文章，也决不会去考查语源，误解为“独木小桥”竟会动笔一样。连“翻翻字典”(《韦白斯特大字典》!)也还是“无所得”，一切中国人未必全是如此的罢。

二

但于我最觉得有兴味的，是上节所引的梁先生的文字里，有两处都用着一个“我们”，颇有些“多数”和“集团”气味了。自然，作者虽然单独执笔，气类则决不只一人，用“我们”来说话，是不错的，也令人看起来较有力量，又不至于一人双肩负责。然而，当“思想不能统一”时，“言论应该自由”时，正如梁先生的批评资本制度一般，也有一种“弊病”。就是，既有“我们”便有我们以外的“他们”，于是新月社的“我们”虽以为我的“死译之风断不可长”了，却另有读了并不“无所得”的读者存在，而我的“硬译”，就还在“他们”之间生存，和“死译”还有一些区别。

我也就是新月社的“他们”之一，因为我的译作和梁先生所需的条件，是全都不一样的。

那一篇《论硬译》的开头论误译胜于死译说：“一部书断断不会完全曲译……部分的曲译即使是错误，究竟也还给你一个错误，这个错误也许真是害人无穷的，而你读的时候究竟还落个爽快。”末两句大可以加上夹圈，但我却从来不干这样的勾当。我的译作，本不在博读者的“爽快”，却往往给以不舒服，甚而至于使人气闷，憎恶，愤恨。读了会“落个爽快”的东西，自有新月社的人们的译著在：徐志摩先生的诗，沈从文，凌叔华先生的小说，陈西滢（即陈源）先生的闲话，梁实秋先生的批评，潘光旦先生的优生学，还有白璧德先生的人文主义。

所以，梁先生后文说：“这样的书，就如同看地图一般，要伸着手指来寻找句法的线索位置”这些话，在我也就觉得是废话，虽说犹如不说了。是的，由我说来，要看“这样的书”就如同看地图一样，要伸着手指来找寻“句法的线索位置”的。看地图虽然没有看《杨妃出浴图》或《岁寒三友图》那么“爽快”，甚而至于还须伸着手指（其实这恐怕梁先生自己如此罢了，看惯地图的人，是只用眼睛就可以的），但地图并不是死图；所以“硬译”即使有同一之劳，照例子也就和“死译”有了些“什么区别”。识得 ABCD 者自以为新学家，仍旧和化学方程式无关，会打算盘的自以为数学家，看起笔算的演草来还是无所得。现在的世间，原不是一为学者，便与一切事都会有缘的。

然而梁先生有实例在，举了我三段的译文，虽然明知道“也许因为没有上下文的缘故，意思不能十分明了”。在《文学是有阶级性的吗?》这篇文章中，也用了类似手段，举出两首译诗来，总评道：“也许伟大的无产文学还没有出现，那么我愿意等着，等着，等着。”这些方法，诚然是很“爽快”的，但我可以就在这一本《新月》月刊里的创作——是创作呀！——《搬家》第八页上，举出一段文字来——

> “小鸡有耳朵没有?”
>
> “我没看见过小鸡长耳朵的。”
>
> “它怎样听见我叫它呢?”她想到前天四婆告诉她的耳朵是管听东西，眼是管看东西的。
>
> “这个蛋是白鸡黑鸡?”枝儿见四婆没答她，站起来摸着蛋子又问。
>
> “现在看不出来，等孵出小鸡才知道。”
>
> “婉儿姊说小鸡会变大鸡，这些小鸡也会变大鸡么?”
>
> “好好的喂它就会长大了，像这个鸡买来时还没有这样大吧?”

也够了，“文字”是懂得的，也无须伸出手指来寻线索，但我不“等着”了，以为就这一段看，是既不“爽快”，而且和不创作是很少区别的。

临末，梁先生还有一个诘问：“中国文和外国文是不同的，……翻译之难即在这个地方。假如两种文中的文法句法词法完全一样，那么翻译还成为一件工作吗？……我们不妨把句法变换一下，以使读者能懂为第一要义，因为‘硬着头皮’不是一件愉快的事，并且‘硬译’也不见得能保存‘原来的精悍的语气’。假如‘硬译’而还能保存‘原来的精悍的语气’，那真是一件奇迹，还能说中国文是有‘缺点’吗？”我倒不见得如此之愚，要寻求和中国文相同的外国文，或者希望“两种文中的文法句法词法完全一样”。我但以为文法繁复的国语，较易于翻译外国文，语系相近的，也较易于翻译，而且也是一种工作。荷兰翻德国，俄国翻波兰，能说这和并不工作没有什么区别么？日本语和欧美很“不同”，但他们逐渐添加了新句法，比起古文来，更宜于翻译而不失原来的精悍的语气，开初自然是须“找寻句法的线索位置”，很给了一些人不“愉快”的，但经找寻和习惯，现在已经同化，成为己有了。中国的文法，比日本的古文还要不完备，然而也曾有些变迁，例如《史》《汉》不同于《书经》，现在的白话文又不同于《史》《汉》；有添造，例如唐译佛经，元译上谕，当时很有些“文法句法词法”是生造的，一经习用，便不必伸出手指，就懂得了。现在又来了“外国文”，许多句子，即也须新造，——说得坏点，就是硬造。据我的经验，这样译来，较之化为几句，更能保存原来的精悍的语气，但因为有待于新造，所以原先的中国文是有缺点的。有什么“奇迹”，干什么“吗”呢？但有待于“伸出手指”，“硬着头皮”，于有些人自然“不是一件愉快的事”。不过我是本不想将“爽快”或“愉快”来献给那些诸公的，只要还有若干的读者能够有所得，梁实秋先生“们”的苦乐以及无所得，实在“于我如浮云”。

但梁先生又有本不必求助于无产文学理论，而仍然很不了了的地方，例如他说，“鲁迅先生前些年翻译的文学，例如厨川白村的《苦闷的象征》，还不是令人看不懂的东西，但是最近翻译的书似乎改变风格了。”只要有些常识的人就知道：“中国文和外国文是不同的”，但同是一种外国文，因为作者各人的做法，而“风格”和“句法的线索位置”也可以很不同。句子可繁可简，名词可常可专，决不会一种外国文，易解的程度就都一式。我的译《苦闷的象征》，也和现在一样，是按板规逐句，甚而至于逐字译的，然而梁实秋先生居然以为还能看懂者，乃是原文原是易解的缘故，也因为梁实秋先生是中国新的批评家了的缘故，也因为其中硬造的句法，是比较地看惯了的缘故。若在三家村里，专读《古文观止》的学者们，看起来又何尝不比“天书”还难呢。

三

但是，这回的“比天书还难”的无产文学理论的译本们，却给了梁先生不小的影响。看不懂了，会有影响，虽然好像滑稽，然而是真的，这位批评家在《文学是有阶级性的吗？》里说：“我现在批评所谓无产文学理论，也只能根据我所能了解的一点材料而已。”这就是说：因此而对于这理论的知识，极不完全了。

但对于这罪过，我们(包含一切“天书”译者在内，故曰“们”)也只能负一部分的责任，一部分是要作者自己的胡涂或懒惰来负的。“什么卢那卡尔斯基，蒲力汗诺夫”的书我不知道，若夫“婆格达诺夫之类”的三篇论文和托罗兹基的半部《文学与革命》，则确有英文译本的了。英国没有“鲁迅先生”，译文定该非常易解。梁先生对于伟大的无产文学的产生，曾经显示其“等着，等着，等着”的耐心和勇气，这回对于理论，何不也等一下子，寻来看了再说呢。不知其有而不求曰胡涂，知其有而不求曰懒惰，如果单是默坐，这样也许是“爽快”的，然而开起口来，却很容易咽进冷气去了。

例如就是那篇《文学是有阶级性的吗?》的高文，结论是并无阶级性。要抹杀阶级性，我以为最干净的是吴稚晖先生的“什么马克斯牛克斯”以及什么先生的“世界上并没有阶级这东西”的学说。那么，就万喙息响，天下太平。但梁先生却中了一些“什么马克斯”毒了，先承认了现在许多地方是资产制度，在这制度之下则有无产者。不过这“无产者本来并没有阶级的自觉。是几个过于富同情心而又态度偏激的领袖把这个阶级观念传授了给他们”，要促起他们的联合，激发他们争斗的欲念。不错，但我以为传授者应该并非由于同情，却因了改造世界的思想。况且“本无其物”的东西，是无从自觉，无从激发的，会自觉，能激发，足见那是原有的东西。原有的东西，就遮掩不久，即如格里莱阿说地体运动，达尔文说生物进化，当初何尝不或者几被宗教家烧死，或者大受保守者攻击呢，然而现在人们对于两说，并不为奇者，就因为地体终于在运动，生物确也在进化的缘故。承认其有而要掩饰为无，非有绝技是不行的。

但梁先生自有消除斗争的办法，以为如卢梭所说：“资产是文明的基础”，“所以攻击资产制度，即是反抗文明”，“一个无产者假如他是有出息的，只消辛辛苦苦诚诚实实的工作一生，多少必定可以得到相当的资产。这才是正当的生活斗争的手段。”我想，卢梭去今虽已百五十年，但当不至于以为过去未来的文明，都以资产为基础。(但倘说以经济关系为基础，那自然是对的。)希腊印度，都有文明，而繁盛时俱非在资产社会，他大概是知道的；倘不知道，那也是他的错误。至于无产者应该“辛辛苦苦”爬上有产阶级去的“正当”的方法，则是中国有钱的老太爷高兴时候，教导穷工人的古训，在实际上，现今正在“辛辛苦苦诚诚实实”想爬上一级去的“无产者”也还多。然而这是还没有人“把这个阶级观念传授了给他们”的时候。一经传授，他们可就不肯一个一个的来爬了，诚如梁先生所说，“他们是一个阶级了，他们要有组织了，他们是一个集团了，于是他们便不循常轨的一跃而夺取政权财权，一跃而为统治阶级。”但可还有想“辛辛苦苦诚诚实实工作一生，多少必定可以得到相当的资产”的“无产者”呢?自然还有的。然而他要算是“尚未发财的有产者”了。梁先生的忠告，将为无产者所呕吐了，将只好和老太爷去互相赞赏而已了。

那么，此后如何呢？梁先生以为是不足虑的。因为“这种革命的现象不能是永久的，经过自然进化之后，优胜劣败的定律又要证明了，还是聪明才力过人的人占优越的地位，无产者仍是无产者”。但无产阶级大概也知道“反文明的势力早晚要被文明的势力所征服”，所以“要建立所谓‘无产阶级文化’，……这里面包括文艺学术”。

自此以后，这才入了文艺批评的本题。

四

梁先生首先以为无产者文学理论的错误，是“在把阶级的束缚加在文学上面”，因为一个资本家和一个劳动者，有不同的地方，但还有相同的地方，“他们的人性(这两字原本有套圈)并没有两样”，例如都有喜怒哀乐，都有恋爱(但所“说的是恋爱的本身，不是恋爱的方式”)，“文学就是表现这最基本的人性的艺术”。这些话是矛盾而空虚的。既然文明以资产为基础，穷人以竭力爬上去为“有出息”，那么，爬上是人生的要谛，富翁乃人类的至尊，文学也只要表现资产阶级就够了，又何必如此“过于富同情心”，一并包括“劣败”的无产者？况且“人性”的“本身”，又怎样表现的呢？譬如原质或杂质的化学底性质，有化合力，物理学底性质有硬度，要显示这力和度数，是须用两种物质来表现的，倘说要不用物质而显示化合力和硬度的单单“本身”，无此妙法；但一用物质，这现象即又因物质而不同。文学不借人，也无以表示“性”，一用人，而且还在阶级社会里，即断不能免掉所属的阶级性，无需加以“束缚”，实乃出于必然。自然，“喜怒哀乐，人之情也”，然而穷人决无开交易所折本的懊恼，煤油大王那会知道北京检煤渣老婆子身受的酸辛，饥区的灾民，大约总不去种兰花，像阔人的老太爷一样，贾府上的焦大，也不爱林妹妹的。“汽笛呀!”“列宁呀!”固然并不就是无产文学，然而“一切东西呀!”“一切人呀!”“可喜的事来了，人喜了呀!”也不是表现“人性”的“本身”的文学。倘以表现最普通的人性的文学为至高，则表现最普遍的动物性——营养，呼吸，运动，生殖——的文学，或者除去“运动”，表现生物性的文学，必当更在其上。倘说，因为我们是人，所以以表现人性为限，那么，无产者就因为是无产阶级，所以要做无产文学。

其次，梁先生说作者的阶级，和作品无关。托尔斯泰出身贵族，而同情于贫民，然而并不主张阶级斗争；马克斯并非无产阶级中的人物；终身穷苦的约翰孙博士，志行吐属，过于贵族。所以估量文学，当看作品本身，不能连累到作者的阶级和身分。这些例子，也全不足以证明文学的无阶级性的。托尔斯泰正因为出身贵族，旧性荡涤不尽，所以只同情于贫民而不主张阶级斗争。马克斯原先诚非无产阶级中的人物，但也并无文学作品，我们不能悬拟他如果动笔，所表现的一定是不用方式的恋爱本身。至于约翰孙博士终身穷容，而志行吐属，过于王侯者，我却实在不明白那缘故，因为我不知道英国文学和他的传记。也许，他原想“辛辛苦苦诚诚实实的工作一生，多少必定可以得到相当的资产”，然后再爬上贵族阶级去，不料终于“劣败”，连相当的资产也积不起来，所以只落得摆空架子，“爽快”了罢。

其次，梁先生说，“好的作品永远是少数人的专利品，大多数永远是蠢的，永远是和文学无缘”，但鉴赏力之有无却和阶级无干，因为“鉴赏文学也是天生的一种福气”，就是，虽在无产阶级里，也会有这“天生的一种福气”的人。由我推论起来，则只要有这一种“福气”的人，虽穷得不能受教育，至于一字不识，也可以赏鉴《新月》月刊，来作“人性”和文艺“本身”原无阶级性的证据。但梁先生也知道天生这一种福气的无产者一定不多，所以另定一种东西（文艺?）来给他们看，“例如什么通俗的戏剧，电影，侦探小说之类”，因为“一般劳工劳农需要娱乐，也许需要少量的艺术的娱乐”的缘故。这样看来，好像文学确因阶级而不同了，但这是因鉴赏力之高低而定的，这种力量的修养和经济无关，乃是上帝之所赐——“福气”。所以文学家要自由创造，既不该为皇室贵族所雇用，也不该受无产阶级所威胁，去做讴功颂德的文章。这是不错的，但在我们所见的无产文学理论中，也并未见过有谁说或一阶级的文学家，不该受皇室贵族的雇用，却该受无产阶级的威胁，去做讴功颂德的文章，不过说，文学有阶级性，在阶级社会中，文学家虽自以为“自由”，自以为超了阶级，而无意识底地，也终受本阶级的阶级意识所支配，那些创作，并非别阶级的文化罢了。例如梁先生的这篇文章，原意是在取消文学上的阶级性，张扬真理的。但以资产为文明的祖宗，指穷人为劣败的渣滓，只要一瞥，就知道是资产家的斗争的“武器”，——不，“文章”了。无产文学理论家以主张“全人类”“超阶级”的文学理论为帮助有产阶级的东西，这里就给了一个极分明的例证。至于成仿吾先生似的“他们一定胜利的，所以我们去指导安慰他们去”，说出“去了”之后，便来“打发”自己们以外的“他们”那样的无产文学家，那不消说，是也和梁先生一样地对于无产文学的理论，未免有“以意为之”的错误的。

又其次，梁先生最痛恨的是无产文学理论家以文艺为斗争的武器，就是当作宣传品。他“不反对任何人利用文学来达到另外的目的”，但“不能承认宣传式的文字便是文学”。我以为这是自扰之谈。据我所看过的那些理论，都不过说凡文艺必有所宣传，并没有谁主张只要宣传式的文字便是文学。诚然，前年以来，中国确曾有许多诗歌小说，填进口号和标语去，自以为就是无产文学。但那是因为内容和形式，都没有无产气，不用口号和标语，便无从表示其“新兴”的缘故，实际上也并非无产文学。今年，有名的“无产文学底批评家”钱杏邨先生在《拓荒者》上还在引卢那卡尔斯基的话，以为他推重大众能解的文学，足见用口号标语之未可厚非，来给那些“革命文学”辩护。但我觉得那也和梁实秋先生一样，是有意的或无意的曲解。卢那卡尔斯基所谓大众能解的东西，当是指托尔斯泰做了分给农民的小本子那样的文体，工农一看便会了然的语法，歌调，诙谐。只要看台明·培特尼(Demian Bednii)曾因诗歌得到赤旗章，而他的诗中并不用标语和口号，便可明白了。

最后，梁先生要看货色。这不错的，是最切实的办法；但抄两首译诗算是在示众，是不对的。《新月》上就曾有《论翻译之难》，何况所译的文是诗。就我所见的而论，卢那卡尔斯基的《被解放的堂·吉诃德》，法兑耶夫的《溃灭》，格拉特珂夫的《水门汀》，在中国这十一年中，就并无可以和这些相比的作品。这是指“新月社”一流的蒙资产文明的余荫，而且衷心在拥护它的作家而言。于号称无产作家的作品中，我也举不出相当的成绩。但钱杏邨先生也曾辩护，说新兴阶级，于文学的本领当然幼稚而单纯，向他们立刻要求好作品，是“布尔乔亚”的恶意。这话为农工而说，是极不错的。这样的无理要求，恰如使他们冻饿了好久，倒怪他们为什么没有富翁那么肥胖一样。但中国的作者，现在却实在并无刚刚放下锄斧柄子的人，大多数都是进过学校的智识者，有些还是早已有名的文人，莫非克服了自己的小资产阶级意识之后，就连先前的文学本领也随着消失了么？不会的。俄国的老作家亚历舍·托尔斯泰和威垒赛耶夫，普理希文，至今都还有好作品。中国的有口号而无随同的实证者，我想，那病根并不在“以文艺为阶级斗争的武器”，而在“借阶级斗争为文艺的武器”，在“无产者文学”这旗帜之下，聚集了不少的忽翻筋斗的人，试看去年的新书广告，几乎没有一本不是革命文学，批评家又但将辩护当作“清算”，就是，请文学坐在“阶级斗争”的掩护之下，于是文学自己倒不必着力，因而于文学和斗争两方面都少关系了。

但中国目前的一时现象，当然毫不足作无产文学之新兴的反证的。梁先生也知道，所以他临末让步说，“假如无产阶级革命家一定要把他的宣传文学唤做无产文学，那总算是一种新兴文学，总算是文学国土里的新收获，用不着高呼打倒资产的文学来争夺文学的领域，因为文学的领域太大了，新的东西总有它的位置的。”但这好像“中日亲善，同存共荣”之说，从羽毛未丰的无产者看来，是一种欺骗。愿意这样的“无产文学者”，现在恐怕实在也有的罢，不过这是梁先生所谓“有出息”的要爬上资产阶级去的“无产者”一流，他的作品是穷秀才未中状元时候的牢骚，从开手到爬上以及以后，都决不是无产文学。无产者文学是为了以自己们之力，来解放本阶级并及一切阶级而斗争的一翼，所要的是全般，不是一角的地位。就拿文艺批评界来比方罢，假如在“人性”的“艺术之宫”(这须从成仿吾先生处租来暂用)里，向南面摆两把虎皮交椅，请梁实秋钱杏邨两位先生并排坐下，一个右执“新月”，一个左执“太阳”，那情形可真是“劳资”媲美了。

五

到这里，又可以谈到我的“硬译”去了。

推想起来，这是很应该跟着发生的问题：无产文学既然重在宣传，宣传必须多数能懂，那么，你这些“硬译”而难懂的理论“天书”，究竟为什么而译的呢？不是等于不译么？

我的回答，是：为了我自己，和几个以无产文学批评家自居的人，和一部分不图“爽快”，不怕艰难，多少要明白一些这理论的读者。

从前年以来，对于我个人的攻击是多极了，每一种刊物上，大抵总要看见“鲁迅”的名字，而作者的口吻，则粗粗一看，大抵好像革命文学家。但我看了几篇，竟逐渐觉得废话太多了。解剖刀既不中腠理，子弹所击之处，也不是致命伤。例如我所属的阶级罢，就至今还未判定，忽说小资产阶级，忽说“布尔乔亚”，有时还升为“封建余孽”，而且又等于猩猩(见《创造月刊》上的“东京通信”)；有一回则骂到牙齿的颜色。在这样的社会里，有封建余孽出风头，是十分可能的，但封建余孽就是猩猩，却在任何“唯物史观”上都没有说明，也找不出牙齿色黄，即有害于无产阶级革命的论据。我于是想，可供参考的这样的理论，是太少了，所以大家有些胡涂。对于敌人，解剖，咬嚼，现在是在所不免的，不过有一本解剖学，有一本烹饪法，依法办理，则构造味道，总还可以较为清楚，有味。人往往以神话中的 Prometheus 比革命者，以为窃火给人，虽遭天帝之虐待不悔，其博大坚忍正相同。但我从别国里窃得火来，本意却在煮自己的肉的，以为倘能味道较好，庶几在咬嚼者那一面也得到较多的好处，我也不枉费了身躯：出发点全是个人主义，并且还夹杂着小市民性的奢华，以及慢慢地摸出解剖刀来，反而刺进解剖者的心脏里去的“报复”。梁先生说“他们要报复!”其实岂只“他们”，这样的人在“封建余孽”中也很有的。然而，我也愿意于社会上有些用处，看客所见的结果仍是火和光。这样，首先开手的就是《文艺政策》，因为其中含有各派的议论。

郑伯奇先生现在是开书铺，印 Hauptmann 和 Gregory 夫人的剧本了，那时他还是革命文学家，便在所编的《文艺生活》上，笑我的翻译这书，是不甘没落，而可惜被别人着了先鞭。翻一本书便会浮起，做革命文学家真太容易了，我并不这样想。有一种小报，则说我的译《艺术论》是“投降”。是的，投降的事，为世上所常有。但其时成仿吾元帅早已爬出日本的温泉，住进巴黎的旅馆了，在这里又向谁去输诚呢。今年，说法又两样了，在《拓荒者》和《现代小说》上，都说是“方向转换”。我看见日本的有些杂志中，曾将这四字加在先前的新感觉派片冈铁兵上，算是一个好名词。其实，这些纷纭之谈，也还是只看名目，连想也不肯想的老病。译一本关于无产文学的书，是不足以证明方向的，倘有曲译，倒反足以为害。我的译书，就也要献给这些速断的无产文学批评家，因为他们是有不贪“爽快”，耐苦来研究这些理论的义务的。

但我自信并无故意的曲译，打着我所不佩服的批评家的伤处了的时候我就一笑，打着我的伤处了的时候我就忍疼，却决不肯有所增减，这也是始终“硬译”的一个原因。自然，世间总会有较好的翻译者，能够译成既不曲，也不“硬”或“死”的文章的，那时我的译本当然就被淘汰，我就只要来填这从“无有”到“较好”的空间罢了。

然而世间纸张还多，每一文社的人数却少，志大力薄，写不完所有的纸张，于是一社中的职司克敌助友，扫荡异类的批评家，看见别人来涂写纸张了，便喟然兴叹，不胜其摇头顿足之苦。上海的《申报》上，至于称社会科学的翻译者为“阿狗阿猫”，其愤愤有如此。在“中国新兴文学的地位，早为读者所共知”的蒋光Z先生，曾往日本东京养病，看见藏原惟人，谈到日本有许多翻译太坏，简直比原文还难读……他就笑了起来，说：“……那中国的翻译界更要莫名其妙了，近来中国有许多书籍都是译自日文的，如果日本人将欧洲人那一国的作品带点错误和删改，从日文译到中国去，试问这作品岂不是要变了一半相貌么？……”(见《拓荒者》)也就是深不满于翻译，尤其是重译的表示。不过梁先生还举出书名和坏处，蒋先生却只嫣然一笑，扫荡无余，真是普遍得远了。藏原惟人是从俄文直接译过许多文艺理论和小说的，于我个人就极有稗益。我希望中国也有一两个这样的诚实的俄文翻译者，陆续译出好书来，不仅自骂一声“混蛋”就算尽了革命文学家的责任。

然而现在呢，这些东西，梁实秋先生是不译的，称人为“阿狗阿猫”的伟人也不译，学过俄文的蒋先生原是最为适宜的了，可惜养病之后，只出了一本《一周间》，而日本则早已有了两种的译本。中国曾经大谈达尔文，大谈尼采，到欧战时候，则大骂了他们一通，但达尔文的著作的译本，至今只有一种，尼采的则只有半部，学英德文的学者及文豪都不暇顾及，或不屑顾及，拉倒了。所以暂时之间，恐怕还只好任人笑骂，仍从日文来重译，或者取一本原文，比照了日译本来直译罢。我还想这样做，并且希望更多有这样做的人，来填一填彻底的高谈中的空虚，因为我们不能像蒋先生那样的“好笑起来”，也不该如梁先生的“等着，等着，等着”了。

六

我在开头曾有“以硬自居了，而实则其软如棉，正是新月社的一种特色”这些话，到这里还应该简短地补充几句，就作为本篇的收场。

《新月》一出世，就主张“严正态度”，但于骂人者则骂之，讥人者则讥之。这并不错，正是“即以其人之道，还治其人之身”，虽然也是一种“报复”，而非为了自己。到二卷六七号合本的广告上，还说“我们都保持‘容忍’的态度(除了‘不容忍’的态度是我们所不能容忍以外)，我们都喜欢稳健的合乎理性的学说”。上两句也不错，“以眼还眼，以牙还牙”，和开初仍然一贯。然而从这条大路走下去，一定要遇到“以暴力抗暴力”，这和新月社诸君所喜欢的“稳健”也不能相容了。

这一回，新月社的“自由言论”遭了压迫，照老办法，是必须对于压迫者，也加以压迫的，但《新月》上所显现的反应，却是一篇《告压迫言论自由者》，先引对方的党义，次引外国的法律，终引东西史例，以见凡压迫自由者，往往臻于灭亡：是一番替对方设想的警告。

所以，新月社的“严正态度”，“以眼还眼”法，归根结蒂，是专施之力量相类，或力量较小的人的，倘给有力者打肿了眼，就要破例，只举手掩住自己的脸，叫一声“小心你自己的眼睛！”

（选自《鲁迅全集》第 4 卷，人民文学出版社 1981 年版；
原载《萌芽月刊》1930 年第 1 卷第 3 期）

［导读］

本文是鲁迅反驳梁实秋关于“文学是没有阶级性的”观点中比较重要的一篇。其中，鲁迅针对梁实秋否认文学有阶级性，进而否认革命文学的主张，进行了比较系统的批驳。从本文还可以看出新月社和左翼文学在政治态度和文学理想上的巨大差异。

◇思考与练习

1. 请查阅相关史料，列出一份《语丝》所有作者的名单，并进一步考察“语丝”作家群的特点。

2. 请查阅有关“语丝文体”的研究资料，指出“语丝文体”这一称呼是如何形成的，并进一步思考“语丝文体”的作用和影响。

3. 请查阅有关资料，分析新月社是怎样的一个文艺团体？他们主要的文艺观念是什么？

4. 请查阅鲁迅和梁实秋论争的有关史料，分析这场论争的关键问题是什么。

◇资料与索引

著作

1. 朱寿桐. 新月派的绅士风情. 南京：江苏文艺出版社，1995.

2. 陈离. 在“我”与“世界”之间：语丝社研究. 上海：东方出版中

心，2006.

论文

1. 汪文顶. 中国现代散文流派及其演变. 中国现代文学研究丛刊，1986(4).

2. 陈树萍，李相银. 在文学与学术之间：论语丝对“民间”的找寻. 山西师大学报：社会科学版，2006(4).

3. 赵林. 多元语境制约下的《语丝》周刊. 山西师大学报：社会科学版，2008(3).

4. 张积玉，赵林.《语丝》周刊与中国现代知识分子言说空间的偏离. 海南大学学报：人文社会科学版，2008(1).

5. 李良. “后五四”时期革命认同下的抵抗话语：现代中国“语丝体”散文主体话语形态论. 徐州师范大学学报：哲学社会科学版，2009(4).

6. 杨洪承. “豆”与“豆荚”：鲁迅与现代中国文学社团之关系考辨. 鲁迅研究月刊，2009(12).

三、“京派”与“海派”

◇史料与导读

1. 上海气

岂　明

［**原文**］

我终于是一个中庸主义的人：我很喜欢闲话，但是不喜欢上海气的闲话，因为那多是过了度的，也就是俗恶的了。上海滩本来是一片洋人的殖民地；那里的(姑且说)文化是买办流氓与妓女的文化，压根儿没有一点理性与风致。这个上海精神便成为一种上海气，流布到各处去，造出许多可厌的上海气的东西，文章也是其一。

上海气之可厌，在关于性的问题上最明了地可以看出。他的毛病不在猥亵而在其严正。我们可以相信性的关系实占据人生活动与思想的最大部分，讲些猥亵话，不但是可以容许，而且觉得也有意思，只要讲得好。这有几个条件：一有艺术的趣味，二有科学的了解，三有道德的节制。同是说一件性的事物，这人如有了根本的性知识，又会用了艺术的选择手段，把所要说的东西安排起来，那就是很有文学趣味，不还可以说有道德价值的文字。否则只是令人生厌的下作话。上海文化以财色为中心，而一般社会上又充满着饱满颓废的空气，看不出什么饥渴似的热烈的追求。结果自然是一个满足了欲望的犬儒之玩世的态度。所以由上海气的人们看来，女人是娱乐的器具，而女根是丑恶不祥的东西，而性交又是男子的享乐的权利，而在女人则又成为污辱的供献。关于性的迷信及其所谓道德都是传统的，所以一切新的性知识道德以至新的女性无不是他们嘲笑之的，说到女学生更是什么都错，因为她们不肯力遵“古训”如某甲所说。上海气的精神是“崇信圣道，维持礼教”的，无论笔下口头说的是什么话。他们实在是反穿皮马褂的道学家，圣道会中人。

自新文学发生以来，有人提倡“幽默”，世间遂误解以为这也是上海气之流亚，其实是不然的。幽默在现代文章上只是一种分子，其他主要的成分还是在上边所说的三项条件。我想，这大概就从艺术的趣味与道德的节制出来的，因为幽默是不肯说得过度，也是 Sophrosune——我想就译为“中庸”的表现。上海气的闲话却无不说得过火，这是根本上不相像的了。

上海气是一种风气，或者是中国古已有之的，未必一定是有了上海滩以后方才发生的也未可知，因为这上海气的基调即是中国固有的“恶化”，但是这总以在上海为最浓重，与上海的空气也最调和，所以就这样的叫他，虽然未免少少对不起上海的朋友们。这也是复古精神之一，与老虎狮子等牌的思想是殊途同归的，在此刻反动时代，他们的发达正是应该的吧。

十五年二月二十七日，于北京。

（选自《谈龙集》，河北教育出版社 2011 年版；原载《语丝》1927 年第 112 期）

［**导读**］

作为“京派”文人代表的周作人对海派文化一直不太以为然。1927 年，他发表本文，认为上海文化“以财色为中心”“充满着饱满颓废的空气”，“压根儿没有一点理性与风致”，对上海的这种风气有所鄙薄，同时也显示出京海两派在审美追求等方面的文化差异。

2. 文学者的态度

沈从文

［**原文**］

这是个很文雅庄严的题目，我却只预备援引出一个近在身边的俗例。我想提到的是我家中经管厨房的大司务老景。假若一个文学者的态度，对于他那分事业也还有些关系，这大司务的态度我以为真值得注意。

我家中大司务老景是这样一个人：平时最关心的是他那份家业；厨房中的切菜刀，砧板，大小碗盏，与上街用的自行车，都亲手料理得十分干净。他对于肉价，米价，煤球价，东城与西城相差的数目，也全记得清清楚楚。凡关于他那一行，问他一样他至少能说出三样。他还会写几个字，记账时必写得整齐成行美丽悦目。他所认的字够念点浅近书籍，故作事以外他也读点有趣味的唱本故事。朋友见他那么健康和气，负责作人，皆极其称赞他。有一天朋友××问他：

“老景，你为什么凡事在行到这样子？真古怪！”

他回答得很妙，他说：

“××先生，我不古怪！做先生的应当明白写在书本上的一切，做厨子的也就应当明白搁在厨房里的一切。××先生您自己不觉得奇怪，反把我当成个怪人!”

“你字写得那么好，简直写得比我还好。”

“我用了钱得记下个账单儿，不会写字可不配作厨子！字原来就是应用的东西，我的字也不过能够应用罢了。”

“但你还会看书。”

朋友××以为这一来，厨子可不会否认他自己的特长了，谁知老景却说：

“××先生，这同您炒鸡子一样，玩玩的，不值得说!”

××是个神经敏感的人，想起了这句话里一定隐藏了什么尖尖的东西，一根刺似的戳了那么一下。“做厨子的能读书并不出奇，只有读书拿笔杆儿的先生们，一放下笔，随便做了件小小事情，譬如下厨房去炒一碟鸡子，就大惊小怪，自以为旷世奇才!”那大司务在人面前既常是一副笑脸，笑容里真仿佛也就包含得有这样一种幽默。其实不然，他并不懂得这些空灵字眼儿，他无需乎懂幽默。

××似乎受了一点儿小小的窘，意思还想强词夺理的那么说：“我们做先生的所以明白的是书本，你却明白比做先生的多五倍以上的事实，你若不能称为怪人，我就想称呼你为……”他大约记起“天才”两个字，但他并不说下去，因为怕再说下去只有更糟，便勉强的笑笑，只说“你洗碗去，你洗碗去，”把面前的老景打发开了。

别人都称赞我家中这个大司务，以为是个“怪人”，我可不能同意这种称呼。这个大司务明白他分上应明白的事情，尽过他职务上应尽的责任，作事不取巧，不偷懒，作过了事情，不沾沾自喜，不自画自赞，因为小小疏忽把事作错了时，也不带着怀才不遇委屈牢骚的神气。他每天早晚把菜按照秩序排上桌子去，一个卷筒鱼，一个芥兰菜，一个四季豆，一个……告给他：“大司务，你今天这菜做得好”，他不过笑笑而已。间或一样菜味道弄差了，或无人下箸，或要他把菜收回重新另炒，他仍然还只是笑笑。说好他不觉得可骄，说坏他不恼羞成怒，他其所能够如此，就只因为他对于工作尽他那分职业的尊严。他自己以为自己毫不奇怪，别人也就不应当再派他成为一个怪人了。

不过假若世界上这种人算不得是个怪人，那另外还有一种人，就使我们觉得太古怪了。我所指的就是现存的文学家，这些人古怪处倒并不是他们本身如何与人不同，却只是他们在习气中如何把身分行为变得异常的古怪。

弄文学的同“名士风度”发生关系，当在魏晋之间，去时较远似乎还无所闻。魏晋以后，能文之士，除开奏议赋颂，原来就在向帝王要好或指陈政治得失有所主张，把文章看得较严重外，其他写作态度，便莫不带了一种玩票白相的神气，或作官大不如意，才执笔雕饰文字，有所抒写，或良辰佳节，凑兴帮闲，才作所谓吮毫铺素的事业。晋人写的小说多预备作文章时称引典故之用，或为茶余酒后闲谈之用，如现存“博物”“述异”“世说”“笑林”之类。唐人作小说认真了一些，然而每个篇章便莫不依然为游戏心情所控制。直到如今，文学的地位虽因时下风气不同，稍稍高升一着，然而从一般人看来，就并不怎样瞧得起它，照多数作家自己看来，也还只算一种副业。一切别的事业似乎皆可以使人一本正经装模作样的作下去，但一提到写作，则不过是随兴而发的一种工作而已。倘若少数作者，在他那份工作上，认真庄严到发痴，忘怀了一切，来完成他那篇小说那些短诗那幕戏剧，第一个肯定他为傻子的，一定也就是他同道中最相熟最接近的一人。

过去观念与时代习气皆使从事文学者如票友与白相人。文学的票友与白相人虽那么多，这些人对于作品的珍视，却又常常出人意料以外。这些人某一时节卷起白衬衫袖口，到厨房里去炒就一碟嫩鸡子，完事以后得意的神气，是我们所容易见到的。或是一篇文章，或是一碟鸡子，在他们自己看来总那么使他们感到自满与矜持。关于烹调本是大司务作的专门职业，先生们偶尔一作，带着孩子们心情觉得十分愉快，并不怎么出奇。至于研究文学的，研究了多年以后，同时再来写点自己的，也居然常常对于自己作品作出“我居然也写了那么一篇东西!”的神气，就未免太天真了。就是这一类人，若在作品中发生过了类乎“把菜收回重新另作”的情形时，由于羞恼所作出的各种事情，有时才真正更古怪得出人意外!

只因为文学者皆因历史相沿习惯与时下流行习气所影响，而造成的文人脾气，始终只能在玩票白相精神下打发日子，他的工作兴味的热诚，既不能从工作本身上得到，必需从另外一个人方面取得赞赏和鼓励。他工作好坏的标准，便由人而定，不归自己。他又像过分看重自己作品，又像完全不能对于自己作品价值有何认识。结果，成了这种情形；他若想成功，他的作品必永远受一般近在身边的庸俗鉴赏者尺度所限制，作品绝不会有如何出奇眩目的光辉。他若不欲在这群人面前成功，又不甘在这群人面前失败，他便只好绝笔，从此不再写什么作品了。倘若他还是一种自以为很有天才而又怀了骄气的人呢，则既不能从一般鉴赏者方面，满足他那点成功的期望，就只有从少数带着胡涂的阿誉赞美中，消磨他的每个日子。倘若他又是另一种聪明不足滑跳有余的人呢，小小挫折必委屈到他的头上，因这委屈既无法从作品中得到卓然自见的机会，他必常常想方没法不使自己长受委屈；或者自己写出很好的批评，揄扬吹嘘，或别出奇计，力图出名，或对于权威所在，小作指摘，大加颂扬。总而言之，则这种人登龙有术，章克标先生在他一本书中所列举的已多，可不必再提了。

近些年来，对于各种事业从比较上皆证明这个民族已十分落后，然而对于十年来的新兴国语文学，却似乎还常有一部分年青人怀了最大的希望。皆以为这个民族的组织力，道德性，与勇敢诚朴精神，正在崩溃和腐烂，在这腐烂崩溃过程中，必然有伟大的作品产生。这种伟大文学作品一面记录了这时代广泛苦闷的姿态，一面也就将显示出民族复兴的健康与快乐生机。然而现在玩票白相的文学家，实占作家中的最多数，这类作家露面的原因，不属于“要成功”，就属于“自以为成功，”或“设计成功”，想从这三类作家希望什么纪念碑的作品，真是一种如阿愚蠢的期待！一面是一群玩票白相文学作家支持着所谓文坛的场面，一面却是一群教授，各抱着诚实瞳矇的感情，教俄国文学的就埋怨中国还缺少托尔斯泰，教英国文学的就埋怨中国无莎氏比亚，教德国文学的就埋怨中国不能来个歌德。把这两种人两相对照起来时，总使人觉得极可怜也极可笑。实则作者的态度，若永远是票友与白相人态度，则教授们所研究的成绩，也将同他们的埋怨一样，对于中国文学理想的伟大作品的产生，事实上便毫无帮助。

伟大作品的产生，不在作家如何聪明，如何骄傲，如何自以为伟大，与如何善于标榜成名；只有一个方法，就是作家“诚实”的去做。作家的态度若皆能够同我家大司务态度一样，一切规规矩矩，凡属他应明白的社会上事情，都把他弄明白，同时那一个问题因为空间而发生的两地价值相差处，得失互异处，他也看得极其清楚，此外“道德”“社会思想”“政治倾向”“恋爱观念”，凡属于这一类名词，在各个阶级，各种时间，各处环境里，它的伸缩性，也必需了解而且承认它。着手写作时，又同我家中那大司务一样，不大在乎读者的毁誉；做得好并不自满骄人，做差了又仍然照着本分继续工作下去。必需要有这种精神，就是带他到伟大里去的精神！

假若我们对于中国文学还怀了一分希望。我觉得最需要的就是文学家态度的改变，那大司务处世作人的态度，就正是文学家最足模范的态度。他应明白得极多，故不拘束自己，却敢到各种生活里去认识生活；这是一件事。他应觉得他事业的尊严，故能从工作本身上得到快乐，不因一般毁誉得失而限定他自己的左右与进退，这又是一件事。他做人表面上处处依然还像一个平常人，极其诚实，不造谣说谎，知道羞耻，很能自重，且明白文学不是赌博；不适宜随便下注投机取巧，也明白文学不是补药，不适宜单靠宣传从事渔利，这又是一件事。

一个厨子知道了许多事，作过了许多菜，他自己就从不觉得他是个怪人，且真担心被人当他是个怪人。一个作家稍稍能够知道一些事情，提起笔来把它写出，却常常自以为希奇。既以为希奇，便常常夸大狂放，不只想与一般平常人不同，并且还与一般作家不同；平常人以生活节制产生生活的艺术，他们则以放荡不羁为洒脱，平常人以游手好闲为罪过，他们则以终日闲谈为高雅，平常作家在作品成绩上努力，他们则在作品宣传上努力。这类人在上海寄生于书店、报馆、官办的杂志，在北京则寄生于大学、中学，以及种种教育机关中。

这类人虽附庸风雅，实际上却与平庸为缘。从这类人成绩上有所期待，教授们的埋怨，便也只好永远成为市声之一种，这一代的埋怨，留给后一代教授学习去了。

已经成了名的文学者，或在北京教书，或在上海赋闲，教书的大约每月皆有三百至五百元的固定收入，赋闲的则每礼拜必有三五次谈话会之类列席，希望他们来学我家中大司务老景那么守定他的事业，尊重他的事业，大约已不是一件很容易的事情。现在可希望的，却是那些或为自己，或为社会，预备终身从事于文学，在文学方面有所憧憬与信仰，想从这份工作上结实硬朗弄出点成绩的人，能把俗人老景的生活态度作为一种参考。他想在他自己工作上显出纪念碑似的惊人成绩，那成绩的基础，得建筑在这种厚重、诚实、带点儿顽固而且也带点儿呆气的性格上。

假若这种性格虽属于人类的性格，在文学者方面却已为习气所扫荡无余了！那么，从事文学的年青人，就极力先去学习培养它，得到它；必需得到它，再来从事文学的写作。

二十二年十月十三口　北平

（选自《沈从文全集》第17卷，北岳文艺出版社，2002年版；原载（天津）《大公报·文艺副刊》，1933年10月18日）

［**导读**］

1933年，沈从文从自己的文学价值观出发，撰文批评海派文学商业化的趋向，认为以上海滩的那种“白相”“玩票”的态度从事写作是不可取的。沈从文强调了文学神圣和作家的“诚实”，这对于文学本身尤为重要。这既反映了沈从文的个人价值取向，也是部分“京派”文人的态度。本文的发表，引发了“京派”与“海派”历时近一年的论战。

3. 文人在上海

苏　汶

［**原文**］

照古今中外的通例，文人莫不善于骂人，当然也最容易被骂于人；到现在，仿佛记得鲁迅先生说过，连个人的极偶然而且往往不由自主的姓名和籍贯，都似乎也可以构成罪状而被人所讥笑，嘲讽，例如我的朋友高明兄，就因为他的父或兄弟偶一不慎，锡以这样的嘉名而吃了不少的亏。

推而至于一个人的居留地，因为这多少没有像姓名籍贯那样的偶然，而且往往它的选定也并不是不由自主的，于是便更可以构成罪状，更“应该”被讥笑，嘲讽。

例如居留在上海的文人，便时常被不居留在上海的文人带着某种恶意的称为“海派”。

“海派”这两个字大概最流行于平剧界；平剧界中的海派与正统派之间的纠纷与是非曲直，我因为没有明确的研究，不敢轻议，不过近来北方的戏也在渐渐讲究起布景和做工来了，却是一件事实；虽然这样，“海派戏”却始终是一个恶意的名词。

新文学界中的“海派文人”这个名词，其恶意的程度，大概也不下于在平剧界中所流行的。它的涵意方面极多，大概的讲，是有着爱钱，商业化，以至于作品的低劣，人格的卑下这种种意味。

文人在上海，上海社会的支持生活的困难自然不得不影响到文人，于是在上海的文人，也像其他各种人一样，要钱。再一层，在上海的文人不容易找副业，(也许应该说“正业”)不但教授没份，甚至再起码的事情都不容易找，于是在上海的文人更急迫的要钱。这结果自然是多产，迅速的著书，一完稿便急于送出，没有闲暇搁在抽斗里横一遍竖一遍的修改。这种不幸的情形诚然是有，但我不觉得这是可耻的事情。

可是在上海的文人却因为这种不幸而被不在上海的同行，特别是北方的同行所嘲笑。

甚至于，有些人确然是居留在上海，在生活的压榨下，却还是很郑重的努力写着一些不想骗人的东西，都还因为居留的地点不对劲而吃人轻描淡写的说一句“不脱上海气”，这真是叫我无话可说。

固然，话应当分两方面说，生活的重压自然是不能作为出卖灵魂的借口的。无论在怎样的情况下，我们还是不能对新书市场所要求的低级趣味妥协，投降。我们还是不能被卑劣的 Journalism 所影响，即使写文章不能算是事业而仅是职业，但忠于自己的职业还是必要的。但在另一方面，不问一切情由而用“海派文人”这名词把所有居留在上海的文人一笔抹杀，据我想，也并不是比嘲笑别人的姓名或是籍贯更应该一点。

以上是我们所见到的关于“上海气”这些字眼的涵意及我对于这些涵意的见解。也许有人以为所谓“上海气”也者，仅仅是“都市气”的别称，那么我相信，机械文化的迅速的传布，是不久就会把这种气息带到最讨厌它的人们所居留着的地方去的，正像海派的平剧直接或间接的影响着正统的平剧一样。

(原载《现代》1933 年第 4 卷第 2 期)

[导读]

针对沈从文的《文学者的态度》，上海作家苏汶(杜衡)很快便发表本文予以反驳。他反对以地域划分作家，指出上海也有认真写作的作家，认为沈从文实际上是“不问一切情由而用‘海派文人’这名词把所有居留在上海的文人一笔抹杀”。这是海派文人对于京派作家的指责做出的回应。

4. 论“海派”

从　文

[**原文**]

最近一期的《现代》杂志上，有杜衡先生一篇文章，提到“海派”这个名词。由于北方作者提及这个名词时，所加于上海作家的压力，有失公道处，故那篇文章为“海派”一名词，有所阐发，同时也就有所辩解。看了那篇文章后，使我发生许多感慨。我同意那篇文章。

“海派”这个名词，因为它承袭了一个带点儿历史性的恶意，一般人对于这个名词缺少尊敬是很显然的。过去的“海派”与“礼拜六派”不能分开。那是一样东西的两种称呼。“名士才情”与“商业竞卖”相结合，便成立了吾人今日对于海派这个名词的概念。但这个概念在一般人却模模糊糊的。且试为引申之：“投机取巧”，“见风转舵”。如旧礼拜六派一位某先生，到近来也谈哲学史，也自己说要左倾，这就是所谓海派。如邀集若干新斯文人，冒充风雅，名士相聚一堂，吟诗论文，或远谈希腊罗马，或近谈文士女人，行为与扶乩猜诗谜者相差一间，从官方拿到了点钱，则吃吃喝喝，办什么文艺会，招纳子弟，哄骗读者，思想浅薄可笑，伎俩下流难言，也就是所谓海派。感情主义的左倾，勇如狮子，一看情形不对时，即刻自首投降，且指认栽害友人，邀功侔利，也就是所谓海派。因渴慕出名，在作品以外去利用种种方法招摇，或与小刊物互通声气，自作有利于己的消息，或每书一出，各处请人批评，或偷掠他人作品，作为自己文章，或借用小报，去制造旁人谣言，传述撮取不实不信消息，凡此种种，也就是所谓海派。

像这样子，北方作家倘若对于海派缺少尊敬，不过是一种漠视与轻视态度，实在还算过于恕道了！一个社会虽照例必有这种无聊人类与这种下流风气存在，但这种人类所造成的风气，是应当为多数人所痛恶深恨，不能容忍它的存在，方是正当道理的。一个民族是不是还有点希望，也就看多数人对于这种使民族失去康健的人物与习气的态度而定。根据北方一般从事于文学者的诚朴态度说来，使我还觉得有点遗憾。过分的容忍，一面固可见出容忍的美德，然而严酷检讨与批判的缺少，实在就证明到北方从事文学者的懒惰处。虽各人皆知自重自爱，产生一种诚朴治学的风气，尚不能将那分纵容的过失卸去。照北方从事文学者的意思看来，用好风气纠正坏风气，应当是可能的一件事。我觉得这种办法不是个办法。我主张恶风气的扫除，希望这成为不拘南北真正对于文学有所信仰的友人一种责任。正因为莠草必需刈除，良苗方有茁茂机会。然而在南方，却有并不宜于从海派文人中讨取生活的现代编者杜衡君，来替上海某种人说话了。

这是杜衡君的错处。一面是他觉得北方从事文学者的观念，对于海派的轻视的委屈，一面是当他提到“海派”时，自己却俨然心有所慑，以为自己也被人指为海派了的。这是杜衡君的错误。

海派如果与我所诠释的意义相近，北方文学者用轻视忽视态度，听任海派习气存在或展开，就实在是北方文学者一宗罪过。这种轻视与忽视态度，便有他们应得的报应，时间一久，他们便会明白，独善其身诚朴治学的风度，不但难于纠正恶习，且行将为恶势力所毁灭，凡诚实努力于文学一般的研究与文学创作者，且皆会为海派风气从种种下流方法上，将每个人皆扮成为小丑的。且照我所谓海派恶劣德性说来，杜衡君虽住在上海，并不缺少成为海派作家的机会，但事实明明白白，他就不会成为海派的。不只杜衡君如此。茅盾，叶绍钧，鲁迅，以及若干正在从事于文学创作杂志编纂人(除吃官饭的作家在外)，他们即或在上海生长，且毫无一个机会能够有一天日子同上海离开，他们也仍然不会被人误认为海派的。关于海派风气的纠正与消灭，因为距离较近，接触较多，上海方面的作家，较之北方作家认识本题必更清楚，且更容易与之利害冲突，上海方面作家，应尽力与可尽力处，也必较之北方作家责任更多。杜衡君仿佛尚不明白这种事实，我却希望他已经明白这种事实。他不宜于担心别人误认他为海派，却应当同许多在上海方面可尊敬的作家一样，来将刊物注意消灭海派恶习的工作。

杜衡君，宜于明白的，就是海派作家及海派风气，并不独存于上海一隅、便是在北方，也已经有了些人在一些刊物上培养这种“人材”与“风气”。到底是北方，还不至于如上海那么希奇古怪，然而情形也就够受了。在南方所渭海派刮刮叫的人物，凡在作品以外的卖弄行为，是早已不能再引起羞耻感觉，把它看成平平常常一件事情了的。在北方，则正流行着旁人对于作家揉合了好意与恶意的造谣，技巧古朴的自赞，以及上海谎话的抄袭。作者本人虽多以为在作品本题下，见着自己名字，便已觉得不幸，此外若在什么消息上，还来着自己名字，真十分无聊。然而由于读者已受了海派风气的陶冶，对于这人作品有所认识的，便欢喜注意这作者本人的一切。结果在作者方面，则凭空增加了若干受窘的机会，且对于陌生的会晤总怀了恐惧，在读者方面，则每日多读到了些文人的“起居注”，在另外某一种人，却又开了一条财源。居住上海方面的作家，由于友仇的誉毁，这类文章原是不求自来的。但在北方，愿意在本人作品以外露面的作家，实在太少了，因此出于拜访者大学生手中的似是而非的消息，也便多起来了。这种消息恶意的使人感觉方法如此下流得可怜，善意的也常常使人觉得方法拙笨到可笑。一个文学刊物在中国应当如一个学校，给读者应有的是社会所必需的东西，所谓必需东西虽很多方面，为什么却偏让读者来对于几个人的起居言谈发生特殊兴味？一个编辑人不将稿费支配到一些对于这个民族毁灭有所感觉而寻出路的新作家的作品上去，却只花钱来征求属于一个人的记载，这种糟蹋读者的责任，实在是应当由报纸编辑人来担负的。很明显的事，若干刊物的编者，现在是正认为从这种篇幅上，攫到若干读者，且希望从这方面增加读者的。这种风气的延长，我认为实在是读者与作者两方面的不幸。

北方读者近来欢喜读点不三不四的文人消息，从本人作品以外的半真半伪记录上，决定对于这作者的爱憎，可以说是这种纵容恶习当然的结果。我所说的身住北方作家对于海派的容忍，必有它应得的报应，这就是所谓报应！

从南方说，几个稍稍露面的对于未来有所憧憬、沉默中在努力的作家，正面的被某种势力迫害以外，不也是成天在各种谣言中受迫害吗？

妨害新文学健康处，使文学本身软弱无力，使社会上一般人对于文学失去它必需的认识，且常歪曲文学的意义，又使若干正拟从事于文学的青年，不知务实努力，以为名士可慕，不努力写作却先去做作家，便皆为这种海派的风气作祟。扫荡这种海派的坏影响，一面固需作者的诚实朴质，从本人作品上来立下一个不可企及的标准，同时一面也就应当在各种理论严厉批判中，指出种种错误的，不适宜继续存在的现象。这工作在北方需要人，在南方还更需要人。纠正一部分读者的意识，并不是一件十分艰难的工作。但我们对于一切恶习的容忍，则实在可以使我们一切努力，某一时全部将在习气下毁去！

我们不宜于用私生活提倡读者对于一个作者过分的重视，却应用作品要求读者对于这个社会现状的认识。一个无所谓的编者，或想借用这种海派方法，来对于一般诚实努力的作家，给他一种不可防御的糟蹋，我们不向他们有何话说。至于一个本意在报告些文坛消息，而对于中国新的文学运动却怀了好意的编者，我希望这种编者，注意一下他自己的刊物，莫因为太关心到读者一时节的嗜好，失去他们对文学的好意。

二十三年一月七日

（选自《沈从文全集》第17卷，北岳文艺出版社2002年版；
原载(天津)《大公报·文艺副刊》，1934年1月10日）

［**导读**］

本文是沈从文对苏汶文章的回应。沈从文再次阐发了他对“海派”的看法。他声明自己所指的“海派”乃是特指那些“冒充风雅”“哄骗读者”“思想浅薄可笑”的文人，并非一概指在上海的文人。本文的发表并没有起到沟通与理解的作用，反而使“京派”与“海派”的论争日趋激烈。

5.“京派”与“海派”

栾廷石

［**原文**］

自从北平某先生在某报上有扬“京派”而抑“海派”之言，颇引起了一番议论。最先是上海某先生在某杂志上的不平，且引别一某先生的陈言，以为作者的籍贯，与作品并无关系，要给北平某先生一个打击。

其实，这是不足以服北平某先生之心的。所谓“京派”与“海派”，本不指作者的本籍而言，所指的乃是一群人所聚的地域，故“京派”非皆北平人，“海派”亦非皆上海人。梅兰芳博士，戏中之真正京派也，而其本贯，则为吴下。但是，籍贯之都鄙，固不能定本人之功罪，居处的文陋，却也影响于作家的神情，孟子曰：“居移气，养移体”，此之谓也。北京是明清的帝都，上海乃各国之租界，帝都多官，租界多商，所以文人之在京者近官，没海者近商，近官者在使官得名，近商者在使商获利，而自己也赖以糊口。要而言之，不过“京派”是官的帮闲，“海派”则是商的帮忙而已。但从官得食者其情状隐，对外尚能傲然，从商得食者其情状显，到处难于掩饰，于是忘其所以者，遂据以有清浊之分。而官之鄙商，固亦中国旧习，就更使“海派”在“京派”的眼中跌落了。

而北京学界，前此固亦有其光荣，这就是五四运动的策动。现在虽然还有历史上的光辉，但当时的战士，却“功成，名遂，身退”者有之，“身稳”者有之，“身升”者更有之，好好的一场恶斗，几乎令人有“若要官，杀人放火受招安”之感。“昔人已乘黄鹤去，此地空余黄鹤楼”，前年大难临头，北平的学者们所想援以掩护自己的是古文化，而惟一大事，则是古物的南迁，这不是自己彻底的说明了北平所有的是什么了吗？

但北平究竟还有古物，且有古书，且有古都的人民。在北平的学者文人们，又大抵有着讲师或教授的本业，论理，研究或创作的环境，实在是比“海派”来得优越的，我希望着能够看见学术上，或文艺上的大著作。

一月三十日。

（选自《鲁迅全集》第5卷，人民文学出版社1981年版；
原载《申报·自由谈》，1934年2月3日）

［**导读**］

鲁迅化名撰写本文对“京派”与“海派”这场论争加以评点。他并不支持任何一方，而是认为两者在对待名利方面实际上并无区别，只不过是由于历史角色和地理位置上的不同，使得“‘京派’是官的帮闲，‘海派’则是商的帮忙而已”。

6. 北平与上海

曹聚仁

［**原文**］

祖剑吾兄：

据一位教授吾友的建议，“乌鸦”博士应该赠与吾兄；众望所归，兄亦毋庸谦逊。什么时候行赠与典礼？请您择吉一下；打一电报给齐如山，请他南来襄赞一切。

北平有东交民巷，上海有公共租界，法租界。租界起先也如东交民巷之仅保洋人；承洋人开恩，许我们荫庇其间，逐渐推广，乃有现在这么大。东交民巷不加推广，以至日本飞机满城飞，这是北平华人的大不幸。海派教授穿西装，当三大公园未开放时，穿西装的可以昂然(待考)而入；市政厅音乐，穿西装的可以昂然而听；跑马厅赛马，穿西装的可以昂然而看；洋人迎面来，穿西装的可以昂然而谈，以视低等华人之吃雪茄外国火腿者，可啻天壤之别。有租界斯穿西装，无租界乃穿长衫，公共汽车之有无，固其小焉者也。

海派教授对话必用洋语，高等华人不成文法上如此说。低等华人讲洋泾浜，高等华人则讲洋语。沪东某大学开校务会议，自提案讨论交谈以至撒屎揩屁股都是洋语；茶房叫“仆欧”，女士叫“密司”，未婚妻叫“飞洋伞”，现代叫“摩登”，起码上海人所以自别于阿木林者亦在此。俗语云：“靠天吃饭。”洋人就是我们的天，天可不尊乎？京派教授虽不穿西装，其靠天吃饭则一也，故西装可不穿，而洋语不能不讲。

海派教授，怕人家说他“怕死”。他住在租界，决不是怕死！华界的马路太糟，自来水味咸，电灯又暗，又没有抽水马桶，自然非住租界不可。他或者说“怕死”也不要紧，革命的发祥地在环龙路，舆论中心点在望平街，改组派要借大世界做选举场，文武名公的私邸都在租界，租界能保障生命，与穿西装说洋话的原则并无不合。“并非怕死”与“怕死也不要紧”这两层理由，保持了海派教授尊严。可是近年来情势稍有不同，洋人似乎并不保障安全，先后出了什么绑案，暗杀案，许多名教授相惊伯有，搬来搬去。于是“并非怕死”这条理由取消，只留一条“怕死也不要紧”的理由。不过住租界穿西装说洋话，比住华界穿长衫说华话好得多，那又是天经地义，海派教授可以自豪者仍在。

京派教授不怕死乎？那又不然。海派教授以西装、洋话、租界作掩护，京派教授则以学问作掩护。京派教授素来是学富五车的，一字训诂，可以说他三五点钟。五四运动的风气所播，大家曾抛开书本从社会问题的实际讨答案，那京派教授不仅要从尊严的宝座上倒下，且面对着统治阶级，有杀头的危险。京派教授的领导者梁启超、胡适赶忙开国学书目，叫青年转向古书堆中去。近来以新考证学、新考古学驰名的大教授已成京派重心了。京派教授对统治阶级说："听你们做去罢，我们只管我们的学问。"京派教授的另一途，由教授而得名，办一个什么"评论"之类，有建议，有批评，有注解，时价相合，可以成交。是则统治阶级方爱护之不暇。所以海派教授不必谈学问，京派教授非谈学问不可。因兄所论，引申一点，还有余意，且听下回分解。

（选自《曹聚仁杂文集》，生活·读书·新知三联书店 1994 年版；
原载《笔端》，上海天马书店 1935 年版）

［**导读**］

在这场关于"京""海"两派的论战中，曹聚仁的立场和鲁迅比较接近。他也是站在第三者的角度，对"京派"与"海派"加以品评，不过他评论的是教授这一阶层。他认为，"京派"与"海派"的教授虽然存在种种区别，但其附庸于权势的本质则是相同的。

◇思考与练习

1. 请查阅相关资料，列出"京派"的代表作家及其代表作品，并在此基础上分析，"京派"文学的整体审美追求主要是什么？

2. 请查阅相关资料，分析"海派"代表作家的总体创作倾向。

3. 请查阅相关资料，列出"京派"与"海派"论争的详细年表。

4. 在"京派"与"海派"的这场论战中，双方的主要观点分别是什么？这些争论蕴含的文化背景、文学思想又是什么？

◇资料与索引

著作

1. 高恒文. 京派文人：学院派的风采. 上海：上海教育出版社，2000.

2. 黄键. 京派文学批评研究. 上海：上海三联书店，2002.

3.［美］李欧梵. 上海摩登：一种新都市文化在中国 1930—1945. 上海：上海三联书店，2008.

4. 吴福辉. 都市漩流中的海派小说. 上海：复旦大学出版社，2009.

论文

1. 杨义. 作为文化现象的京派与海派. 海南师范学院学报：人文社会科学版，2001(2).

2. 燕志华. 被殖民的"性"——海派文学背后的另一种社会学景观. 中国研究，2009(1).

3. 王富仁. 河流·湖泊·海湾——革命文学、京派文学、海派文学略说. 中国现代文学研究丛刊，2009(5).

4. 张鸿声，郝瑞芳. 海派文学的法国文化渊源. 西南民族大学学报：人文社会科学版，2011(9).

5. 余荣虎. 论京派乡土小说的审美趣味. 中国现代文学研究丛刊，2012(6).

四、象征派与现代派

◇史料与导读

1.《疗》序

李金发

[原文]

我会做诗，但我不会谈诗；我会做哲理抒情的象征诗，但不会做抗战诗，革命诗，现在卢森先生要我为他的诗集《疗》做一篇序，且说要做一千六百字之多，真使我有些为难。

我认为诗是文字经过锻炼后的结晶体，又是个人精神与心灵的升华，多少是带着贵族气息的。故一个诗人的诗，不一定人人看了能懂，才是好诗，或者只有一部分人，或有相当训练的人才能领略其好处。《离骚》的思想与字汇，恐怕许多大学毕业生还看不懂，但它仍不失为中国诗的精华大成。若说诗要大众看了都能懂，如他们所朗诵的《边区自卫军》之类，那不能算诗，只能当民歌或弹词。

作诗全在灵感的锐敏，文字的表现力之超脱，诗人那时那地所感觉到的，已非读者局外人所能想像，故时时发生理解的隔阂。我作诗的主观很强，很少顾虑到我的诗境是否会令人发生共鸣，因为我始终以作诗为文字的玩意儿，不曾希望它发生副作用，如宣传之类。故有许多诗句，是我自己才知道来历的。那末，读者绞尽脑汁，也找不出解释来的。我很不同意人家赞美“采菊东篱下，悠然见南山”的名句；如同反对赞美沈尹默的《三弦》诗一样。我不觉得读后我会发生什么回味或神往的地方。随便觅一个“蜡烛有心还惜别，替人流泪到天明”；或“清风明月无人管，併作南楼一味凉”的句子，不是更有弦外之音的意味吗？这是我对于诗歌不能与人苟同的态度。

一般人都当做诗是很容易的事吧，于是人人都来写，既无章法，又无意境，浅白得像家书，或分行填写的散文，始终白话诗为人漠视，后有其应得的地位，也是这群人造成的结果。象征派诗，是中国诗坛的独生子，这一族的兴衰，都在这独子的命运上，不信且放眼看看周适紊乱的情景。

卢森先生是很有希望的青年作家，我常常对人这样说，但他的散文比诗来得象征。(他的《星》简直是一篇散文诗。)他的《歌自由》《颂正义》等，是很成熟的作品，可惜这种题材，不能使用多量的象征手腕，有些句子微嫌过于浅显的地方。在这样寂寞的诗坛，这样醉生梦死的人群中，它必然会激起他们的兴奋。我个人十年来未出版一本诗，对他这样努力，也觉得惭愧起来。

金发卅年七月二日梅庐

(选自《疗》，诗时代出版社 1941 年版)

[**导读**]

象征派诗人中，李金发一直在系统探索象征主义诗歌创作理论，与此同时，他也以自己的创作实践着自己的理论。这篇为卢森的诗集所写的序言阐释了他的诗歌创作思想。在李金发看来，诗歌是难解的，是小众的，是带有弦外之音的，只有少数读者能够体会的。这些观点也是象征诗派的诗歌主张。

2. 谭诗——寄沫若的一封信(节选)

穆木天

[**原文**]

……

去年四月伯奇自京都来东京，和我们谈了些诗的杂话。伯奇于三月在京都帝大卒业，我曾寄他一本毛利雅斯(Jéan Moéras 1856—1910)的《绝句集》(les Stances)，他非常爱好他，记他说毛利雅斯的绝句如水晶珠滚在白玉盘上。他来的那时，我正嗜谈沙曼(Albert Samain 1858—1900)。那时我同他提起诗的统一性(unité')的问题，但对于诗还是没有什么深的意识。从那时到现在我积了些杂碎的感想。

……

诗的统一性。我的主张，一首诗是表一个思想。一首诗的内容，是表现一个思想的内容。中国现在的新诗，真是东鳞西爪；好象中国人，不知道诗文有统一性之必要，而无 unité 为诗之大忌。第一诗段的思想是第一诗段的思想，第二诗段是第二诗段的思想。甚至一句一个思想，一字一个思想，思想真可称未尝不多。(这真如中国的政治一样!)在我想，作诗，应如证几何一样。如几何有一个有统一性的题，有一个有统一性的证法，诗亦应有一个有统一性的题，而有一个有统一性的作法。例如维尼的诗《摩西》(Moise)，他那种“天才孤独”的思想是何等统一，他那种写法是何等的统一。如同鲍欧(Poe)的《乌鸦》(the Raven)，也可作一个适例。如读毛利雅斯的《绝句集》，甚可感全诗集有一个统一性。勿论是由于 Fantaisie 产出来的诗，是由宗教心产出来的诗，都是得有统一的。因为诗是在先验的世界里，绝不是杂乱无章，没有形式的。如同杜牧之的那首象征的印象的彩色的名诗：

烟笼寒水月笼沙
夜泊秦淮近酒家
商女不知亡国恨
隔江犹唱后庭花

是何等的秩序井然，是何等的统一的内容，是何等统一的写法。由朦胧转入清楚，由清楚又转入朦胧。他官能感觉的顺序，他的感情激荡的顺序：一切的音色律动都是成一种持续的曲线的。里头虽有说不尽的思想，但里头不知那里人总觉是有一个思想。我以为这是一个思想的深化，到其升华的状态，才能结晶出这个。但你如读杜牧之的"折戟沉沙……"的诗，你觉不觉出它的上二句是一个统一的东西，下二句又是一个，上二句与下二句如用胶水硬贴到一同似的，总感不出统一来。要求诗的统一性得用一种沙金的工夫。

与诗的统一性相关联的是诗的持续性。一个有统一性的诗，是一个统一性的心情的反映，是内生活的真实的象征。心情的流动的内生活是动转的，而它们的流动动转是有秩序的，是有持续的，所以它们的象征也应有持续的。一首诗是一个先验状态的持续的律动。读一首好的诗，自己的生命随着他的持续的流动，读一首坏的诗，无统一的诗，觉着不知道怎办好，好同看见自动车跑来一样：这是一般都能觉出来的罢……杜牧之的"折戟沉沙……"的毛病，就是续弦的原故。勿论律动是如何的松，如何的弛缓，如何的轻软，好的诗，永是持续的。诗里可以有沉默，不可是截断；因为沉默是律的持续的一形式。你如漫步顺小小的川流，细听水声，水声纵时有沉默，但水声不是没了，如果水声是没了，是断了，你得更新听新的水声了。中国现在的诗是平面的，是不动的，不是持续的。我要求立体的，运动的，有空间的音乐的曲线。我们要表现我们心的反映的月光的针波的流动，水面上的烟网的浮飘，万有的声，万有的动：一切动的持续的波的交响乐。持续性是诗的不可不有的最要的要素呀！

……

我们要求的诗是数学的而又音乐的东西。

诗的内容是得与形式一致：这是不用说的。实在说：内容与形式是不中分开。雄壮的内容得用雄壮的形式——律——去表。清淡的内容得用清淡的形式——律——去表。思想与表思想的音声不一致是绝对的失败。暴风的诗得象暴风声，细雨的诗得作细雨调。诗的律动的变化得与要表的思想的内容的变化一致。这是最要紧的。现在是新诗流盛的时代，一般人醉心自由诗（Vers libres)，这个犹太人发明的东西固然好；但我们得知因为有了自由句，五言的七言的诗调就不中用了不成？七绝至少有七绝的形式的价值，有为诗之形式之一而永久存在的生命。因为确有七绝能表的，而词不能表的，而自由诗不能表的。自由诗里许有七绝诗的地位罢？记得在京都时同伯奇由石山顺濑田川奔南乡时，大家以为当地景致用绝句表为最妙。因为自由诗有自由诗的表现技能，七绝有七绝的表现技能。有的东西非用它表不可。……我们对诗的形式力求复杂，样式越多越好，那么，我们的诗坛将来会有丰富的收获。我们要保存旧的形式，让它为形式之一，我们也要求散文诗。

……

中国人现在作诗，非常粗糙，这也是我痛恨的一点。我喜欢 Délicatesse。我喜欢用烟丝，用铜丝织的诗。诗要兼造形与音乐之美。在人们神经上振动的可见而不可见可感而不可感的旋律的波，浓雾中若听见若听不见的远远的声音，夕暮里若飘动若不动的淡淡光线，若讲出若讲不出的情肠才是诗的世界。我要深汲到最纤纤的潜在意识，听最深邃的最远的不死的而永远死的音乐。诗的内生命的反射，一般人找不着不可知的远的世界，深的大的最高生命。我们要求的是纯粹诗歌(The Pure Poetry)，我们要住的是诗的世界，我们要求诗与散文的清楚的分界，我们要求纯粹的诗的 Inspiration。

诗的世界是潜在意识的世界。诗是要有大的暗示能。诗的世界固在平常的生活中，但在平常生活的深处。诗是要暗示出人的内生命的深秘。诗是要暗示的，诗最忌说明的。说明是散文的世界里的东西。诗的背后要有大的哲学，但诗不能说明哲学。杜牧之的《夜泊秦淮》里确暗示出无限的形而上学的感——因其背后有大的哲学——但它绝不是说明为形而上学的感。如同法国的高蹈派诗人 Sully-Pmdhomme 的哲学诗，我实不敢赞叹，但你如读拉马丁，维尼，以及象征运动以后的诗，你总觉有无限的世界在环绕你的周围，用有限的律动的字句启示出无限的世界是诗的本能，诗不是象化学的 $H_2+O=H_2O$ 那样的明白的，诗越不明白越好。明白是概念的世界，诗是最忌概念的。诗得有一种 Magical Power。

……

关于诗的韵(Rime)，我主张越复杂越好。我试过在句之中押韵，自以为很有趣。总之韵在句尾以外得找多少地方去押，不押韵的诗也有好处。韵以外，我对“句读”有一点意见。我主张句读在诗上废止。句读究竟是人工的东西。对于旋律上句读却有害，句读把诗的律，诗的思想限狭小了。诗是流动的律的先验的东西，决不容别个东西打搅。把句读废了，诗的朦胧性愈大，而暗示性因越大。

……

(原载《创造月刊》1926 年第 1 卷第 1 期)

［**导读**］

作为象征诗派的另一位代表诗人，穆木天在这封信中详细阐述了自己的诗歌创作主张。他认为，诗歌在表达思想情感上要有“统一性”“持续性”，在形式上，要与表达的内容一致，“兼造形与音乐之美”等，相比于李金发的阐述，他的说明更加详细、更加丰富，也更加具体，富有启发意义。

3. 望舒诗论

戴望舒

［**原文**］

(1)诗不能借重音乐，它应该去了音乐的成分。

(2)诗不能借重绘画的长处。

(3)单是美的字眼的组合不是诗的特点。

(4)象征派的人们说：“大自然是被淫过一千次的娼妇。”但是新的娼妇安知不会被淫过一万次。被淫的次数是没有关系的，我们要有新的淫具，新的淫法。

(5)诗的韵律不在字的抑扬顿挫上，而在诗的情绪的抑扬顿挫上，即在诗情的程度上。

(6)新诗最重要的是诗情上的 Nuance 而不是字句上的 Nuance。

(7)韵和整齐的字句会妨碍诗情，或使诗情成为畸形的。倘把诗的情绪去适应呆滞的、表面的旧规律，就和把自己的足去穿别人的鞋子一样。愚劣的人们削足适履，比较聪明一点的人选择较合脚的鞋子，但是智者却为自己制最合自己的脚的鞋子。

(8)诗不是某一个官感的享乐，而是全官感或超官感的东西。

(9)新的诗应该有新的情绪和表现这情绪的形式。所谓形式，决非表面上的字的排列，也决非新的字眼的堆积。

(10)不必一定拿新的事物来做题材(我不反对拿新的事物来做题材)，旧的事物中也能找到新的诗情。

(11)旧的古典的应用是无可反对的，在它给予我们一个新情绪的时候。

(12)不应该有只是炫奇的装饰癖，那是不永存的。

(13)诗应该有自己的 Originalité，但你须使它有 Cosmopolité 性，两者不能缺一。

(14)诗是由真实经过想象而出来的，不单是真实，亦不单是想象。

(15)诗当将自己的情绪表现出来，而使人感到一种东西，诗本身就象是一个生物，不是无生物。

(16)情绪不是用摄影机摄出来的，它应当用巧妙的笔触描出来。这种笔触又须是活的，千变万化的。

(17)只在用某一种文字写来，某一国人读了感到好的诗，实际上不是诗，那最多是文字的魔术。真的诗的好处不就是文字的长处。

（选自《雨巷：戴望舒诗文》，中华书局 2016 年版；
原载《现代》1932 年第 2 卷第 1 期）

［**导读**］

新月诗派对中国现代新诗的发展做出了巨大贡献，但其对"三美"原则的坚持也为诗坛带来了过分追求韵律、形式主义盛行的弊病。戴望舒的这篇诗论即对新月派诗歌主张的反拨。依照本文所阐释的观点，戴望舒开始了自己的诗歌创作实践，从而将新诗的创作推向了新的纪元。

4. 又关于本刊中的诗

施蛰存

［**原文**］

《现代》中的诗是诗。而且是纯然的现代的诗。它们是现代人在现代生活中所感受的现代的情绪，用现代的词藻排列成的现代的诗形。

所谓现代生活，这里面包含着各式各样独特的形态：汇集着大船舶的港湾，轰响着噪音的工场，深入地下的矿坑，奏着 Jazz 乐的舞场，摩天楼的百货店，飞机的空中战，广大的竞马场……甚至连自然景物也与前代的不同了。这种生活所给与我们的诗人的感情，难道会与上代诗人们从他们的生活中所得到的感情相同的吗？

《现代》中有许多诗的作者曾在他们的诗篇中采用一些比较生疏的古字，或甚至是所谓"文言文"中的虚字，但他们并不是有意地在"搜扬古董"。对于这些字，他们没有"古"的或"文言"的观念。只要适宜于表达一个意义，一种情绪，或甚至是完成一个音节，他们就采用了这些字。所以我说它们是现代的词藻。

胡适之先生的新诗运动，帮助我们打破了对于中国旧体诗的传统，但从胡适之先生一直到现在为止的新诗研究者却不自觉地坠入于西洋旧体诗的传统中。他们以为诗该是有整齐的用韵法的，至少该有整齐的诗节的。于是乎十四行诗，"方块诗"，也还有人紧守着规范填做着。这与填词有什么分别呢？《现代》中的诗，大多是没有韵的，句子也很不整齐，但它们都有相当完美的"肌理"(Texture)，它们是现代的诗形，是诗！（有一部分诗人主张利用"小放牛""五更调"之类的民间小曲作新诗，以期大众化，这乃是民间小曲的革新，并不是诗的进步。）

近来看见好几篇误解或不解《现代》中的诗的批评，我愿意在这里以编者的身分替它们解释一下。但是，在《文学》第四期通信栏里，有一位先生说《现代》不给诗的稿费，所以就证明了《现代》的编者是不承认诗歌为文学中的一部门的，那我却无话可说了。

（原载《现代》1933 年第 4 卷第 1 期）

［导读］

《现代》杂志是现代诗派文学创作和发表的重要阵地，具有现代主义倾向的诗作多在这里集中刊发。施蛰存作为《现代》杂志的两位主编之一（另一位主编为杜衡），他的这篇文章是对现代派诗人创作特点的解释。施蛰存指出，《现代》中的诗虽然大多是无韵的，形式也不整齐，“但它们都有相当完美的‘肌理’”，“是纯然的现代的诗”，从而对现代派诗歌的定位及其价值进行了充分肯定。

5.《戴望舒诗集》序（节选）

卞之琳

［原文］

诗人戴望舒（1905—1950）去世已经整三十年了。这三十年变化很大，曲折也多。他的诗总算没有湮没。就在 1957 年和 1958 年的热闹里，一本《戴望舒诗选》，由艾青写序，由人民文学出版社出版，印了两次，一声不响，也发行一万八千五百册。现在四川人民出版社，为了读者的长远需要，也为了纪念他的逝世三十周年，决定重印他的诗集。艾青目前忙于创作，实在顾不过来再为这本诗集写新序，我就勉为其难，在卷头添几句个人的想法。

……

如今回顾起来，头脑有了松动，我对望舒的诗，在一些主要方面，感到好像能得出较清楚的看法。他达到他最后方向的道路，不仅对于他这样一代的诗人有典型意义，而且也符合他的特性。我们不难以他相应的个别诗作的优缺点作为例证来辨认他在思想上，艺术上三阶段的曲折演进。

大约在 1927 年左右或稍后几年初露头角的一批诚实和敏感的诗人，所走道路不同，可以说是植根于同一个缘由——普遍的幻灭。面对狰狞的现实，投入积极的斗争，使他们中大多数没有工夫多作艺术上的考虑，而回避现实，使他们中其余人在讲求艺术中寻找了出路。望舒是属于后一路人。像这一路写诗人往往表现的那样，这种受挫折的感情，在他的诗里，从没有直接的抒发（至于他的第一本诗集《我的记忆》前半那一部分少年作，显得更多是以寄托个人哀愁为契机的抒情诗，似又当别论）。虽然如此，《断指》一诗，纪念他的一位为革命事业牺牲生命的朋友，从反面也足以证明这种思想根源。然后，随了他的诗艺在那本使他建立了当时有影响诗人地位的第二本诗集《望舒草》里达到更成熟，更有成就的境地，与日俱增，这种幻灭感进一步变形为一种绝望的自我陶醉和莫名的怅惘。直到全面抗日战争爆发以后，他才又转而直接参与了为民族解放和社会进步而斗争的有责任感的诗人的行列。这就导致他写出了他生平也许是最有意义的一首诗——《我用残损的手掌》。他在这个方向里进一步的成就原是可以期望的，但是他在日军占领香港时期被捕入狱而招致的哮喘病终于截断了他的生命。

与此相应，戴望舒诗艺的发展也显出三个时期。这都有关他继承我国旧诗，特别是晚唐诗家及其直接后继人的艺术，借鉴西方诗，特别是法国象征派的现代后继人的艺术，而写他既有民族特点也有个人特色的白话新体诗。他对建立白话新体诗的贡献是不容低估的，也能用写在不同时期的具体诗篇的比较和对照来作出评价。

望舒最初写诗，多少可以说，是对徐志摩、闻一多等诗风的一种反响。他这种诗，倾向于把侧重西方诗风的吸取倒过来为侧重中国旧诗风的继承。这却并不是回到郭沫若以前的草创时代，那时候白话新体诗的倡始人还很难挣脱出文言旧诗词的老套。现在，在白话新体诗获得了一个巩固的立足点以后，它是无所顾虑的有意接通我国诗的长期传统，来利用年深月久、经过不断体裁变化而传下来的艺术遗产。接着就是望舒参与了成功的介绍法国象征派诗来补充英国浪漫派诗的介绍，作为中国人用现代白话写诗的一种有益的借鉴。在这个阶段，在法国诗人当中，魏尔伦似乎对望舒最具吸引力，因为这位外国人诗作的亲切和含蓄的特点，恰合中国旧诗词的主要传统。然而，在一开头，望舒的那些少年作，尽管内容不同，也还呼应了以徐志摩、闻一多为首的日后被称为“新月”派一路诗对于形式整齐的初步试探。同时，在望舒的这些最早期诗作里，感伤情调的泛滥，易令人想起“世纪末”英国唯美派(例如陶孙——Ernest Dowson)甚于法国的同属类。然后，随了“新月”派注意形式问题的影响的日益消除，他的诗才开始奏出了一种比诸外国其他诗人多少更接近魏尔伦的调子，虽然魏尔伦不写自由诗。这个时期的代表作《雨巷》这首他的最流行的抒情诗，就应运而生。这里，在回响着中国传统诗词的一种题材和意境的同时，也多少实践了魏尔伦“绞死”“雄辩”“音乐先于一切”的主张。到此高度，也就结束了戴望舒艺术发展的第一个阶段。

戴望舒艺术探索的第二阶段亦即他的中期达到了恰好的火候，也就发出了一种与众不同的声调，个人独具的风格，而又是名副其实的“现代”的风味。一般评论家都认为《我的记忆》这首诗是他这个第二阶段的出发点。实际上，发展阶段总有交叉的地方。望舒生前自编的第三个诗集《望舒诗稿》(这是他截至

1937年为止的诗总集)把《断指》排在《我的记忆》前几首的地位，紧接《雨巷》，这不知道是否按写作先后次序的排列。不管怎样，最后由作者排在相邻地位的这两首诗本身就显示了两个艺术阶段的倾向，前者是结束前一个阶段而后者就具备了后一个阶段的格调。望舒生前，至少有一个时期，并不珍惜他一度最为人称道的那首诗而较重视《我的记忆》以后写的许多诗，其中不无道理。对比一下前述的两首诗，自会窥知他自己偏好的玄机。《雨巷》读起来好像旧诗名句"丁香空结雨中愁"的现代白话版的扩充或者"稀释"。一种回荡的旋律和一种流畅的节奏，确乎在每节六行，各行长短不一，大体在一定间隔重复一个韵的一共七节诗里，贯彻始终。用惯了的意象和用滥了的词藻，却更使这首诗的成功显得浅易、浮泛。相反，较有分量，远较有新意的《断指》却在亲切的日常说话调子里舒卷自如，锐敏，精确，而又不失它的风姿，有节制的潇洒和有工力的淳朴。日常语言的自然流动，使一种远较有韧性因而远较适应于表达复杂化，精微化的现代感应性的艺术手段，得到充分的发挥。所有这种诗里的长处都见之于从《我的记忆》(1928?)这首诗开始以后所写的诗里，而且更有所推进，直到第二个诗集的例如《深闭的园子》《寻梦者》《乐园鸟》等最后几首的写作时期(1931?)，这些诗似应视为戴望舒充分成熟时期的代表性作品。

戴望舒的这种艺术独创性的成熟，却也表明了他上接我国根深柢固的诗词传统这种工夫的完善，外应(迎或拒)世界诗艺潮流变化这种敏感性的深化，而再也不着表面上的痕迹。我们到此就很难讲它们受了例如晚唐、五代诗词的"影响"，虽然气质上和这些诗词的纤丽是一脉相承的。他在这个时期所写的诗都是来自西方的自由体。他原先实际上实践了魏尔伦强调诗作的音乐性的主张，现在反过来在《诗论零札》里甚至断言要在诗里"去了音乐的成分"。现代法国诗人，例如作为后期象征派的耶麦(Francis Jammes)，还有艾吕亚(Paul E-luard)，还可能有苏佩维埃尔(Jules Supervielle)等人，似乎接替了上世纪的同国诗人(其中包括上文没有提及的古尔蒙)，在望舒个人风格的形成过程里，正像西班牙诗人洛尔加在他最后时期一样，都起了一点作用。但是现在只能说无形中彼此有点合拍而已。也就这样，望舒自己实际上也取代了徐志摩或闻一多在三十年代初期，别树一格，自创一派，而成了一位有较大影响的诗人。

当一种诗风停止成长或熟过了头而变成一种习气的时候，它的局限性和缺陷也就较为显著。戴望舒在这个第二阶段的尾声时期的诗作也跳不出这个规律。比诸徐、闻，望舒运用现代日常汉语，更不说用口语了，作为新诗媒介，就缺少干脆、简炼，甚至于硬朗。同时，偶尔在白话里融会一些文言和西语的词藻和句法，也略欠自然。与此相结合，形式的松散也易于助长一种散文化的枝蔓。望舒自己似乎也意识到这一点，而尝试了探求摆脱这种停滞的出路。他的初步摸索，却是方向不对头，竟然把他的习癖推向极端。对照用同一个题目的两首诗《灯》，就足以见出这种逆转。两首诗的路数是一样的，各有所长。只是，撇开消极情调也还有不同不谈，前一首浓郁而蕴藉，后一首绡薄而落拓。进一步看，前一首通篇婉约；后一首却只有时遒劲，特别是有意插入一些文言字句的时候并不都能达到理想的陡峭、突兀感，甚至于用微弱的渐降调收尾的地方(例如“转着，转着，永恒地……”“摇着我，摇着我，柔和地”。)也未必能达到余音袅袅或“淡出”的效果，因此尽管统一性还是有的，一种平衡感的欠缺似乎使整副机器摇摇欲坠。这两首诗，一则列在望舒第二个诗集的近末尾，一则列在他最后一个诗集的开头部分。这种老化或解体倾向正表明艺术上到此也就需要有一个新的开端。

新的转折点出现于望舒的最后一个诗集。《灾难的岁月》正是他诗艺发展上第二和第三阶段的交汇处。里边所收的是他在 1934 年和 1945 年之间所写的诗，一共二十五首。头九首可以看作是他的第二时期的余绪。其中，即使表现了趋于解体的倾向，却也已经显出了形式感的复苏；《小曲》这首诗是这方面的最好例证。抗日战争正好来促成戴望舒终于实现了朝健康方向的转化。经过了一年半的沉默，他写出了一首不仅在主题和情调上而且在艺术处理上截然不同的小诗《元日祝福》(1939)。虽然诗本身算不上优秀作品，它却在诗人的发展中，不仅仅在思想上，成了最后阶段的明确无误的前奏。接着陆续产生的诗篇是自由体和近于格律体并用，试图协调旧的个人哀乐和新的民族和社会意识，也试图使它的艺术适应开拓了的思想和感情的视野。要达到类似这样的目标，对于一般诗作者都决非一朝一夕的事情。望舒生前也毕竟没有完成他前两个多少是对立的艺术时期的最终统一。尽管如此，这个新的尝试时期也产生了一些新的成就而没有失去他自己富有特色的个人格调，例如《过旧居》两稿和最后一首诗《偶成》(都是押韵的格律体或近于格律体)。《我用残损的手掌》(押韵的半自由体)则应算是戴望舒生平各时期所写的十来首最好的诗篇之一，即使单从艺术上看也是如此。

就大家所知，戴望舒生平总共发表了九十二首诗。如果他还在人世，我敢信他不会愿意看到它们全部编入一本定本诗集的。很可能他自己会至少删去小一半，据他生前自编《望舒草》(也就在一定意义上是他的最具代表性的诗集)所规定的严格标准来判断。我自己完全同情他那种不断对于完善的探求。然而十全十美总是不可得的，讲究的结果往往却适得其反。想挑选自己中意的作品(如果真有完全称心的作品的话)，因而经常摇摆不定，难免使由此产生的自己旧作的不同集子和版本内容上有重叠，有反复，面貌上有出入，因而总起来看反显得参差不齐，拖泥带水。这，在我自己的场合，当然远比望舒自编的几本诗集，更为触目。因此，促成这本诗集出版的年轻一辈热心人认为还是以全部收入为好，从中正可以充分看到戴望舒诗作的成长全程。我感到无法不同意。

至于无论从积极方面或消极方面怎样去得到教益，我们最好还是让读者自己去判断。现在我们是可以相信读者的鉴别力了。

1980 年 3 月 2 日北京

（选自《卞之琳作品新编》，人民文学出版社 2009 年版；原载《诗刊》1980 年第 5 期）

［导读］

卞之琳是现代派诗歌创作的一员健将。作为戴望舒的好友，他在本文中以诗人的眼光对现代诗派诗人群的领袖戴望舒的创作做了系统的分析和介绍。文中讲述了戴望舒诗歌创作的三个时期的情形，也介绍了戴望舒的创作对英法诗歌、中国传统诗歌的吸收与借鉴。

6.《中国新文学大系·诗集》导言（节选）*

朱自清

［原文］

……

留法的李金发氏又是一支异军；他民九就作诗，但《微雨》出版已经是十四年十一月。“导言”里说不顾全诗的体裁，“苟能表现一切”；他要表现的是“对于生命欲揶揄的神秘及悲哀的美丽”。① 讲究用比喻，有“诗怪”之称；② 但不将那些比喻放在明白的间架里。他的诗没有寻常的章法，一部分一部分可以懂，合起来却没有意思。他要表现的不是意思而是感觉或情感；仿佛大大小小红红绿绿一串珠子，他却藏起那串儿，你得自己穿着瞧。这就是法国象征诗人的手法；李氏是第一个人介绍它到中国诗里。许多人抱怨看不懂，许多人却在模仿着。他的诗不缺乏想象力，但不知是创造新语言的心太切，还是母舌太生疏，句法过分欧化，教人像读着翻译；又夹杂着些文言里的叹词语助词，更加不象——虽然也可说是自由诗体制。他也译了许多诗。

后期创造社三个诗人，也是倾向于法国象征派的。但王独清氏所作，还是拜伦式的雨果式的为多；就是他自认为仿象征派的诗，也似乎豪胜于幽，显胜于晦。穆木天氏托情于幽微远渺之中，音节也颇求整齐，却不致力于表现色彩感。冯乃超氏利用铿锵的音节，得到催眠一般的力量，歌咏的是颓废、阴影、梦幻、仙乡。他诗中的色彩感是丰富的。

---

* 本文所有注释为原注。

① 十四年十二月十二日《晨报副刊》刘梦苇文。

② 《美育杂志》二期黄参岛文。

戴望舒氏也取法象征派。他译过这一派的诗。他也注重整齐的音节，但不是铿锵的而是轻清的；也找一点朦胧的气氛，但让人可以看得懂；也有颜色，但不像冯乃超氏那样浓。他是要把捉那幽微的精妙的去处。姚蓬子氏也属于这一派；他却用自由诗体制。在感觉的敏锐和情调的朦胧上，他有时超过别的几个人。——从李金发氏到此，写的多一半是情诗。他们和《诗镌》诸作者相同的是，都讲究用比喻，几乎当作诗的艺术的全部；不同的是，不再歌咏人道主义了。

若要强立名目，这十年来的诗坛就不妨分为三派：自由诗派，格律诗派，象征诗派。

二十四年八月十一日，写毕于北平清华园。

（选自《朱自清选集》，河北教育出版社 1989 年版）

［导读］

朱自清负责编选 1917—1927 年的中国新文学大系中的诗集。作为新诗发展的参与者，朱自清对象征诗派和现代诗派给出了中肯的评价。朱自清在文中的发言不仅就李金发、王独清、穆木天、冯乃超、戴望舒、姚蓬子等诗人的创作给出了自己的评判，也揭示了后期创造社诗人、现代派诗人（以戴望舒为首）对象征诗派的借鉴与学习。

◇思考与练习

1. 请查阅相关资料，列出现代派的代表诗人及其代表诗作，并在此基础上分析现代派诗人的创作追求是什么？
2. 请查阅相关资料，分析象征诗派的审美取向和艺术风格。
3. 请查阅相关资料，探究现代派、象征派与中国传统诗歌之间的联系。
4. 请查阅相关资料，探究现代派、象征派诗歌受到的外国文学的影响。

◇资料与索引

著作

1. 陈厚诚. 死神唇边的笑：李金发传. 天津：百花文艺出版社，2008.
2. 孙玉石. 中国现代主义诗潮史论. 北京：北京大学出版社，2010.

论文

1. 李怡．李金发片论——一个中西比较的视角．中国现代文学研究丛刊，1988(4)．

2. 周良沛．谈“诗怪”李金发的怪诗．文艺理论与批评，1992(4)．

3. 吴晓东．“契合论”与中国现代诗歌．中国文化研究，1995(1)．

4. 刘勇．在现代与传统之间——略论戴望舒诗歌创作的审美追求．北京师范大学学报：社会科学版，1999(4)．

5. 巫小黎．李金发研究述评——纪念李金发诞辰一百周年．中国现代文学研究丛刊，2000(4)．

6. 李卉．从《雨巷》到《我用残损的手掌》——戴望舒诗歌风格演变论析．名作欣赏，2006(5)．

7. 陈太胜．诗观与写作的悖离——穆木天的“纯诗”理论与写作实践．北京师范大学学报：社会科学版，2009(3)．

8. 吴晓东．中国现代派诗歌中的“乡土与都市”主题意象．北京大学学报：哲学社会科学版，2015(4)．

第三编：文体研究

一、小　说

◇史料与导读

1. 小说丛话(节选)

饮冰等

[**原文**]

谈话体之文学尚矣。此体近二三百年来益发达，即最干燥之考据学、金石学，往往用此体出之，趣味转增焉。至如诗话、文话、词话等，更汗牛充栋矣。乃至四六话、制义话、楹联话，亦有作者。人人知其无用，然犹有一过目之价值，不可诬也。惟小说尚阙如，虽由学士大夫鄙弃不道，抑亦此学幼稚之征证也。余今春航海时，箧中挟《桃花扇》一部，借以消遣，偶有所触，缀笔记十余条。一昨平子、蜕庵、璱斋、慧庵、均历、曼殊集余所，出示之，佥曰："是小说丛话也，亦中国前此未有之作。盍多为数十条，成一帙焉?"谈次，因相与纵论小说，各述其所心得之微言大义，无一不足解颐者。余曰："各笔之，便一帙。"众曰："善。"遂命纸笔，一夕而得百数十条，界新小说社次第刊之。此后有所发明，赓续当未已也。抑海内有同嗜者，东鳞西爪，时以相贻，亦谈兴之一助欤？编次不有体例，惟著者之名分注焉，无责任之责任，亦各负之也。癸卯初腊，饮冰识。

饮冰：

文学之进化有一大关键，即由古语之文学，变为俗语之文学是也。各国文学史之开展，靡不循此轨道。中国先秦之文，殆皆用俗语，观《公羊传》《楚辞》《墨子》《庄子》，其间各国方言错出者不少，可为左证。故先秦文界之光明，数千年称最焉。寻常论者，多谓宋、元以降，为中国文学退化时代。余曰不然。夫六朝之文，靡靡不足道矣。即如唐代，韩、柳诸贤，自谓起八代之衰，要其文能在文学史上有价值者几何？昌黎谓非三代、两汉之书不敢观，余以为此即其受病之源也。自宋以后，实为祖国文学之大进化。何以故？俗语文学大发达故。宋后俗语文学有两大派，其一则儒家、禅家之语录，其二则小说也。小说者，决非以古语之文体而能工者也。本朝以来，考据学盛，俗语文体，生一顿挫，第一派又中绝矣。苟欲思想之普及，则此体非徒小说家当采用而已，凡百文章，莫不有然。虽然，自语言文字，相去愈远，今欲为此，诚非易易。吾曾试验，吾最知之。

慧庵：

各国文学史，皆以小说占一大部分，且其发达甚早。而吾国独不尔。此其故虽由俗语文体之不发达，然尚有一原因焉。吾国之思潮，本分南、北两大宗，而秦汉以后，北宗殆占全胜。北宗者，主严正实行者也。北宗胜而小说见蔑弃亦宜。试读先秦南方诸书，如《离骚》，如《南华》，皆饶有小说趣味者也，惜乎其遂中绝也。至元代所以勃兴之原因，则吾犹未能言之。

平子：

夏穗卿著《小说原理》，谓今日学界展宽，士夫正日不暇给之时，不必再以小说，耗其目力；著小说之目的，惟在开导妇女与粗人而已。此其论甚正，然亦未尽然。今日之士夫，其能食学界展宽之利者，究十不得一，即微小说，其自力亦耗于他途而已；能得佳小说以饷彼辈，其功力尚过于译书作报万万也。且美妙之小说，必非妇女粗人所喜读，观《水浒》之与《三国》，《红楼》之与《封神》，其孰受欢迎孰否，可以见矣。故今日欲以佳小说饷士夫以外之社会，实难之又难者也。且小说之效力，必不仅及于妇女与粗人，若英之索士比亚，法之福禄特尔，以及俄罗斯虚无党诸前辈，其小说所收之结果，仍以上流社会为多。西人谓文学、美术两者，能导国民之品格、之理想，使日迁于高尚。穗卿所谓看画、看小说最乐，正含此理，此当指一般社会而言者也。夫欲导国民于高尚，则其小说不可以不高尚。必限于士夫以外之社会，则求高尚之小说亦难矣。

蜕庵：

小说之妙，在取寻常社会上习闻习见、人人能解之事理，淋漓摹写之，而挑逗默化之，故必读者入其境界愈深，然后其受感刺也愈剧。未到上海者而与之读《海上花》，未到北京者而与之读《品花宝鉴》，虽有趣味，其亦仅矣。故往往有甲国最著名之小说，译入乙国，殊不能觉其妙。如英国的士黎里、法国嚣俄、俄国托尔斯泰，其最精心结撰之作，自中国人视之，皆隔靴搔痒者也。日本之《雪中梅》《花间莺》，当初出时，号称名作，噪动全国，及今已无过问，盖当时议院政治初行，此等书即以匡其敝者也。今中国亦有译之者，则如嚼蜡焉尔。凡著译小说者，不可不审此理。

饮冰：

天津《国闻报》初出时，有一雄文，曰《本馆附印小说缘起》，殆万余言，实成于几道与别士二人之手。余当时狂爱之，后竟不克裒集。惟记其中有两大段，谓人类之公性情，一曰英雄，二曰男女，故一切小说，不能脱离此二性，可谓批郤导窾者矣。然吾以为人类于重英雄、爱男女之外，尚有一附属性焉，曰畏鬼神。以此三者，可以该尽中国之小说矣。若以泰西说部文学之进化，几台一切理想而冶之，又非此三者所能限耳。《国闻报》论说栏登此文，凡十余日，读者方日日引领以待其所附印者，而始终竟未附一回，亦可称文坛一逸话。

瑟斋：

英国大文豪佐治宾哈威云："小说之程度愈高，则写内面之事情愈多，写外面之生活愈少，故观其书中两者分量之比例，而书之价值，可得而定矣。"可谓知言。持此以料拣中国小说，则惟《红楼梦》得其一二耳，余皆不足语于是也。

《新小说》第七号(1903 年)

平子：

小说与经传有互相补救之功用。故凡东西之圣人，东西之才子，怀悲悯，抱冤愤，于是著为经传，发为诗骚，或托之寓言，或寄之词曲，其用心不同，其能移易人心，改良社会，则一也。然经传等书，能令人起敬心，人人非乐就之也。有师友之督率，父兄之诱掖，不能不循之。其入人也逆，国人之能得其益者十仅二三。至于听歌观剧，则无论老稚男女，人人乐就之。倘因此而利导之，使人喜，使人悲，使人歌，使人哭，其中心也深，其刺脑也疾。举凡社会上下一切人等，无不乐于遵循，而甘受其利者也。其入人也顺，国人之得其益者十有八九。故一国之中，不可不生圣人，亦不可不生才子。

《金瓶梅》一书，作者抱无穷冤抑，无限深痛，而又处黑暗之时代，无可与言，无从发泄，不得已藉小说以鸣之。其描写当时之社会情状，略见一斑。然与《水浒传》不同：《水浒》多正笔，《金瓶》多侧笔；《水浒》多明写，《金瓶》多暗刺；《水浒》多快语，《金瓶》多痛语；《水浒》明白畅快，《金瓶》隐抑凄恻；《水浒》抱奇愤，《金瓶》抱奇冤。处境不同，故下笔亦不同。且其中短简小曲，往往隽韵绝伦，有非宋词、元曲所能及者，又可征当时小人女子之情状，人心思想之程度，真正一社会小说，不得以淫书目之。

《聊斋》文笔，多摹仿古人，其体裁多取法《唐代丛书》中诸传记，诚为精品。然虽脍炙一时，究不得谓之才子书，以其非别开生面者也……

金圣叹定六才子书：一、《离骚经》，二、《南华经》，三、《史记》，四、《杜诗》，五、《水浒传》，六、《西厢记》。所谓才子者，谓其自成一家言，别开生面，不傍人门户，而又别于圣贤书者也。圣叹满腹不平之气，于《水浒》《西厢》二书之批语中，可略见一斑。今人误以《三国演义》为第一才子，又谬托为圣叹所批，士大夫亦往往多信之，诚不解也。圣叹乃一热心愤世流血奇男子也。然余于圣叹有三恨焉：一恨圣叹不生于今日，俾得读西哲诸书，得见近时世界之现状，则不知圣叹又作何等感情。二恨圣叹未曾自著一小说，倘有之，必能与《水浒》《西厢》相埒。三恨《红楼梦》《茶花女》二书，出现太迟，未能得圣叹之批评。

曼殊：

《水浒》《红楼》两书，其在我国小说界中，位置当在第一级，殆为世人所同认矣。然于二者之中评先后，吾固甲《水浒》而乙《红楼》也。凡小说之最忌者曰重复，而最难者曰不重复，两书皆无此病矣。唯《红楼》所叙之人物甚复杂，有男女老少贵贱媸妍之别，流品既异，则其言语、举动、事业，自有不同，故不重复也尚易。若《水浒》，则一百零八条好汉，有一百零五条乃男子也，其身份同是莽男儿，等也；其事业同是强盗，等也；其年纪同是壮年，等也，故不重复也最难。

凡著小说者，于作回目时，不宜草率。回目之工拙，于全书之价值，与读者之感情，最有关系。若《二勇少年》之目录，则内容虽佳极，亦失色矣。吾见小说中，其回目之最佳者，莫如《金瓶梅》。

《金瓶梅》之声价，当不下于《水浒》《红楼》，此论小说者所评为淫书之祖宗者也。余昔读之，尽数卷犹觉毫无趣味，心窃惑之。后乃改其法，认为一种社会之书以读之，始知盛名之下，必无虚也。凡读淫书者，莫不全副精神，贯注于写淫之处，此外则随手披阅，不大留意，此殆读者之普通性矣。至于《金瓶梅》，吾固不能谓为非淫书，然其奥妙，绝非在写淫之笔。盖此书的是描写下等妇人社会之书也。试观书中之人物，一启口，则下等妇人之言论也；一举足，则下等妇人之行动也。虽装束模仿上流，其下等如故也；供给拟于贵族，其下等如故也。若作者之宗旨在于写淫，又何必取此粗贱之材料哉？论者谓《红楼梦》全脱胎于《金瓶梅》，乃《金瓶梅》之倒影云，当是的论。若其回目与题词，真佳绝矣。

中国小说，欲选其贯彻始终，绝无懈笔者，殆不可多得。然有时全部结构虽不甚佳，而书中之一部分，真能迈前哲而法后世者，当亦不可诬也。吾见《儿女英雄传》，其下半部之腐弊，读者多恨之，若前半部，其结构真佳绝矣。其书中主人翁之名，至第八回乃出，已难极矣；然所出者犹是其假名也，其真名直至第二十回始发现焉。若此数回中，所叙之事不及主人之身份焉，则无论矣；或偶及之，然不过如昙花一现，转瞬复藏而不露焉，则无论矣；然《儿女英雄传》之前八回，乃书中主人之正传也，且以彼一人而贯彻八回者也。作了一番惊天动地之大事业，而姓名不露，非神笔其能若是乎？

浴血生：

窃尝谓小说之功亦伟矣。夫人有过，庄言以责之，不如微言以刺之；微言以刺之，不如婉言以讽之；婉言以讽之，不如妙譬以喻之；而小说昔，皆具此能力者也。故用小说，以规人过，是上上乘也(按：昔已有用之者，如《琵琶记》是也)。

小说能导人游于他境界，固也；然我以为能导人游于他境界者，必著者之先自游于他境界者也。昔赵松雪画马，常闭户不令人见。一日其夫人窃窥之，则松雪两手距地，昂头四顾，俨然一马矣，故能以画马名于世。作小说者亦犹是。有人焉悄思冥索，设身处地，想象其身段，描摹其口吻，淋漓尽致，务使毕肖，则吾敢断言曰："苦而人者，亦必以小说名于世。"……

(原载《新小说》1903 年第 7、第 8 号)

[**导读**]

晚清时期，梁启超和他的朋友们为了利用小说推进政治改革，在《新小说》上开辟了"小说丛话"这个小说评论栏目，以笔谈的形式对小说理论进行探讨。本文将中国古代小说与外国小说做比较，认为"欲改良社会，必先改良歌曲；改良歌曲，必先改良小说"，并从社会政治的角度逐个点评了古代小说。

2. 沉沦

仲　密

[**原文**]

我在要谈到郁达夫先生所作的小说集《沉沦》之先，不得不对于"不道德的文学"这一个问题讲几句话，因为现在颇有人认他是不道德的小说。

据美国莫台耳(Mordell)在《文学上的色情》里所说，所谓不道德的文学共有三种，其一不必定与色情相关的，其余两种都是关于性的事情的。第一种的不道德的文学实在是反因袭思想的文学，也就可以说是新道德的文学。例如易卜生或托尔斯泰的著作，对于社会上各种名分的规律加以攻击，要重新估定价值，建立更为合理的生活，在他的本意原是道德的，然而从因袭的社会看来却觉得是"离经叛道"，所以加上一个不道德的名称。这正是一切革命思想的共通的运命，耶稣，哥白尼，达尔文，尼采，克鲁泡金都是如此；关于性的问题如惠忒曼凯本特等的思想，在当时也被斥为不道德，但在现代看来却正是最醇净的道德的思想了。

第二种的不道德的文学应该称作不端方的文学，其中可以分作三类。(一)是自然的，在古代社会上的礼仪不很整饬的时候，言语很是率真放任，在文学里也就留下痕迹，正如现在乡下人的粗鄙的话在他的背景里实在只是放诞，并没有什么故意的挑拨。(二)是反动的，禁欲主义或伪善的清净思想盛行之后，常有反动的趋势，大抵倾向于裸露的描写，因以反抗旧潮流的威严，如文艺复兴期的法意各国的一派小说，英国王政复古时代的戏曲，可以算作这类的代表。（三）是非意识的，这一类文学的发生并不限于时代及境地，乃出于人性的本然，虽不是端方的而也并非不严肃的，虽不是劝善的而也并非诲淫的；所有自然派的小说与颓废派的著作，大抵属于此类。据“精神分析”的学说，人间的精神活动无不以（广义的）性欲为中心，即在婴孩时代也有他的性的生活，其中主动的重要分子便是他苦（Sadistic）自苦（Masochistic）展览（Exhibitionistic）与窥觋（Voyeuristic）的本能。这些本能得到相当的发达与满足，便造成平常的幸福的性的生活之基础，又因了升华作用而成为艺术与学问的根本；倘若因迫压而致蕴积不发，便会变成病的性欲，即所谓色情狂了。这色情在艺术上的表现，本来也是由于迫压，因为这些要求在现代文明——或好或坏——底下，常难得十分满足的机会，所以非意识的喷发出来，无论是高尚优美的抒情诗，或是不端方的（即猥亵的）小说，其动机仍是一样；讲到这里我们不得不承认那色情狂的著作也同属在这一类，但我们要辨明他是病的，与平常的文学不同，正如狂人与常人的不同，虽然这交界点的区画是很难的。莫台耳说，“亚普刘思（Apuleius）彼得洛纽思（Petronius）戈谛亚（Gautiar）或左拉（Zola）等人的展览性，不但不损伤而且有时反增加他们著作的艺术的价值。”我们可以说《红楼梦》也如此，但有些中国的“淫书”却都是色情狂的了。猥亵只是端方的对面，并不妨害艺术的价值，天才的精神状态也本是异常的，然而在变态心理的中线以外的人与著作则不能不以狂论。但是色情狂的文学也只是狂的病的，不是不道德的，至于不端方的非即不道德，那自然是不必说了。

第三种的不道德的文学才是真正的不道德文学，因为这是破坏人间的和平，为罪恶作辩护的，如赞扬强暴诱拐的行为，或性的人身卖买者皆是。严格的说，非人道的名分思想的文章也是这一类的不道德的文学。

照上边说来，只有第三种文学是不道德的，其余的都不是；《沉沦》是显然属于第二种的非意识的不端方的文学，虽然有猥亵的分子而并无不道德的性质。著者在自序里说，“第一篇《沉沦》是描写着一个病的青年的心理，也可以说是青年忧郁病的解剖，里边也带叙着现代人的苦闷，——便是性的要求与灵肉的冲突。……第二篇是描写一个无为的理想主义者的没落。”虽然他也说明“这两篇是一类的东西，就把他们作连续的小说看，也未始不可的”，但我想还不如综括的说，这集内所描写是青年的现代的苦闷，似乎更为确实。生的意志与现实之冲突是这一切苦闷的基本；人不满足于现实，而复不肯遁于空虚，仍就这坚冷的现实之中，寻求其不可得的快乐与幸福。现代人的悲哀与传奇时代的不同者即在于此。理想与现实社会的冲突当然也是苦闷之一，但我相信他未必能完全独立，所以《南归》的主人公的没落与《沉沦》的主人公的忧郁病终究还是一物。著者在这个描写上实在是很成功了。所谓灵肉的冲突原只是说情欲与迫压的对抗，并不含有批判的意思，以为灵优而肉劣；老实说来超凡入圣的思想倒反于我们凡夫觉得稍远了，难得十分理解，譬如中古诗里的“柏拉图的爱”，我们如不将他解作性的崇拜，便不免要疑是自欺的饰词。我们赏鉴这部小说的艺术地写出这个冲突，并不要他指点出那一面的胜利与其寓意。他的价值在于非意识的展览自己，艺术地写出升化的色情，这也就是真挚与普遍的所在。至于所谓猥亵部分，未必损伤文学的价值；即使或者有人说不免太有东方气，但我以为倘在著者觉得非如此不能表现他的气分，那么当然没有可以反对的地方。但在《留东外史》，其价值本来只足与《九尾鱼》相比，却不能援这个例，因为那些描写显然是附属的，没有重要的意义，而且态度也是不诚实的。《留东外史》终是一部“说书”，而《沉沦》却是一件艺术的作品。

我临末要郑重的声明，《沉沦》是一件艺术的作品，但他是“受戒者的文学”(Literature for the initiated)，而非一般人的读物。有人批评波特来耳的诗说，“他的幻景是黑而可怖的。他的著作的大部分颇不适合于少年与蒙昧者的诵读，但是明智的读者却能从这诗里得到真正希有的力。”这几句话正可以移用在这里。在已经受过人生的密戒，有他的光与影的性的生活的人，自能从这些书里得到希有的力，但是对于正需要性的教育的“儿童”们却是极不适合的。还有那些不知道人生的严肃的人们也没有诵读的资格，他们会把阿片去当饭吃的。关于这一层区别，我愿读者特别注意。

著者曾说，“不曾在日本住过的人，未必能知这书的真价。对于文艺无真挚的态度的人，没有批评这书的价值。”我这些空泛的闲话当然算不得批评，不过我不愿意人家凭了道德的名来批判文艺，所以略述个人的意见以供参考，至于这书的真价，大家知道的大约很多，也不必再要我来多说了。

（选自《自己的园地》，河北教育出版社 2002 年版；
原载《晨报副镌》，1922 年 3 月 26 日）

［导读］

郁达夫的小说《沉沦》发表之初便以其“惊人的取材，大胆的描写”震动文坛。由于小说中有大段的性心理描写，当时在社会上遭到抵制，被认为是不道德的作品。周作人于 1922 年化名仲密发表了本文，对所谓“不道德”的文学做了界定，批驳了加诸《沉沦》身上的指控，认为《沉沦》实际上是“一件艺术的作品”。

3.《呐喊》自序

鲁　迅

［原文］

我在年青时候也曾经做过许多梦，后来大半忘却了，但自己也并不以为可惜。所谓回忆者，虽说可以使人欢欣，有时也不免使人寂寞，使精神的丝缕还牵着已逝的寂寞的时光，又有什么意味呢，而我偏苦于不能全忘却，这不能全忘的一部分，到现在便成了《呐喊》的来由。

我有四年多，曾经常常，——几乎是每天，出入于质铺和药店里，年纪可是忘却了，总之是药店的柜台正和我一样高，质铺的是比我高一倍，我从一倍高的柜台外送上衣服或首饰去，在侮蔑里接了钱，再到一样高的柜台上给我久病的父亲去买药。回家之后，又须忙别的事了，因为开方的医生是最有名的，以此所用的药引也奇特：冬天的芦根，经霜三年的甘蔗，蟋蟀要原对的，结子的平地木，……多不是容易办到的东西。然而我的父亲终于日重一日的亡故了。

有谁从小康人家而坠入困顿的么，我以为在这途路中，大概可以看见世人的真面目；我要到N进K学堂去了，仿佛是想走异路，逃异地，去寻求别样的人们。我的母亲没有法，办了八元的川资，说是由我的自便；然而伊哭了，这正是情理中的事，因为那时读书应试是正路，所谓学洋务，社会上便以为是一种走投无路的人，只得将灵魂卖给鬼子，要加倍的奚落而且排斥的，而况伊又看不见自己的儿子了。然而我也顾不得这些事，终于到N去进了K学堂了，在这学堂里，我才知道世上还有所谓格致，算学，地理，历史，绘图和体操。生理学并不教，但我们却看到些木版的《全体新论》和《化学卫生论》之类了。我还记得先前的医生的议论和方药，和现在所知道的比较起来，便渐渐的悟得中医不过是一种有意的或无意的骗子，同时又很起了对于被骗的病人和他的家族的同情；而且从译出的历史上，又知道了日本维新是大半发端于西方医学的事实。

因为这些幼稚的知识，后来便使我的学籍列在日本一个乡间的医学专门学校里了。我的梦很美满，预备卒业回来，救治像我父亲似的被误的病人的疾苦，战争时候便去当军医，一面又促进了国人对于维新的信仰。我已不知道教授微生物学的方法，现在又有了怎样的进步了，总之那时是用了电影，来显示微生物的形状的，因此有时讲义的一段落已完，而时间还没有到，教师便映些风景或时事的画片给学生看，以用去这多余的光阴。其时正当日俄战争的时候，关于战事的画片自然也就比较的多了，我在这一个讲堂中，便须常常随喜我那同学们的拍手和喝采。有一回，我竟在画片上忽然会见我久违的许多中国人了，一个绑在中间，许多站在左右，一样是强壮的体格，而显出麻木的神情。据解说，则绑着的是替俄国做了军事上的侦探，正要被日军砍下头颅来示众，而围着的便是来赏鉴这示众的盛举的人们。

这一学年没有完毕，我已经到了东京了，因为从那一回以后，我便觉得医学并非一件紧要事，凡是愚弱的国民，即使体格如何健全，如何茁壮，也只能做毫无意义的示众的材料和看客，病死多少是不必以为不幸的。所以我们的第一要著，是在改变他们的精神，而善于改变精神的是，我那时以为当然要推文艺，于是想提倡文艺运动了。在东京的留学生很有学法政理化以至警察工业的，但没有人治文学和美术；可是在冷淡的空气中，也幸而寻到几个同志了，此外又邀集了必须的几个人，商量之后，第一步当然是出杂志，名目是取“新的生命”的意思，因为我们那时大抵带些复古的倾向，所以只谓之《新生》。

《新生》的出版之期接近了，但最先就隐去了若干担当文字的人，接着又逃走了资本，结果只剩下不名一钱的三个人。创始时候既已背时，失败时候当然无可告语，而其后却连这三个人也都为各自的运命所驱策，不能在一处纵谈将来的好梦了，这就是我们的并未产生的《新生》的结局。

我感到未尝经验的无聊，是自此以后的事。我当初是不知其所以然的；后来想，凡有一人的主张，得了赞和，是促其前进的，得了反对，是促其奋斗的，独有叫喊于生人中，而生人并无反应，既非赞同，也无反对，如置身毫无边际的荒原，无可措手的了，这是怎样的悲哀呵，我于是以我所感到者为寂寞。

这寂寞又一天一天的长大起来，如大毒蛇，缠住了我的灵魂了。

然而我虽然自有无端的悲哀，却也并不愤懑，因为这经验使我反省，看见自己了：就是我决不是一个振臂一呼应者云集的英雄。

只是我自己的寂寞是不可不驱除的，因为这于我太痛苦。我于是用了种种法，来麻醉自己的灵魂，使我沉入于国民中，使我回到古代去，后来也亲历或旁观过几样更寂寞更悲哀的事，都为我所不愿追怀，甘心使他们和我的脑一同消灭在泥土里的，但我的麻醉法却也似乎已经奏了功，再没有青年时候的慷慨激昂的意思了。

S会馆里有三间屋，相传是往昔曾在院子里的槐树上缢死过一个女人的，现在槐树已经高不可攀了，而这屋还没有人住；许多年，我便寓在这屋里钞古碑。客中少有人来，古碑中也遇不到什么问题和主义，而我的生命却居然暗暗的消去了，这也就是我惟一的愿望。夏夜，蚊子多了，便摇着蒲扇坐在槐树下，从密叶缝里看那一点一点的青天，晚出的槐蚕又每每冰冷的落在头颈上。

那时偶或来谈的是一个老朋友金心异，将手提的大皮夹放在破桌上，脱下长衫，对面坐下了，因为怕狗，似乎心房还在怦怦的跳动。

“你钞了这些有什么用?”有一夜，他翻着我那古碑的钞本，发了研究的质问了。

“没有什么用。”

“那么，你钞他是什么意思呢?”

“没有什么意思。”

“我想，你可以做点文章……”

我懂得他的意思了，他们正办《新青年》，然而那时仿佛不特没有人来赞同，并且也还没有人来反对，我想，他们许是感到寂寞了，但是说：

“假如一间铁屋子，是绝无窗户而万难破毁的，里面有许多熟睡的人们，不久都要闷死了，然而是从昏睡入死灭，并不感到就死的悲哀。现在你大嚷起来，惊起了较为清醒的几个人，使这不幸的少数者来受无可挽救的临终的苦楚，你倒以为对得起他们么？”

“然而几个人既然起来，你不能说决没有毁坏这铁屋的希望。”

是的，我虽然自有我的确信，然而说到希望，却是不能抹杀的，因为希望是在于将来，决不能以我之必无的证明，来折服了他之所谓可有，于是我终于答应他也做文章了，这便是最初的一篇《狂人日记》。从此以后，便一发而不可收，每写些小说模样的文章，以敷衍朋友们的嘱托，积久就有了十余篇。

在我自己，本以为现在是已经并非一个切迫而不能已于言的人了，但或者也还未能忘怀于当日自己的寂寞的悲哀罢，所以有时候仍不免呐喊几声，聊以慰藉那在寂寞里奔驰的猛士，使他不惮于前驱。至于我的喊声是勇猛或是悲哀，是可憎或是可笑，那倒是不暇顾及的；但既然是呐喊，则当然须听将令的了，所以我往往不恤用了曲笔，在《药》的瑜儿的坟上平空添上一个花环，在《明天》里也不叙单四嫂子竟没有做到看见儿子的梦，因为那时的主将是不主张消极的。至于自己，却也并不愿将自以为苦的寂寞，再来传染给也如我那年青时候似的正做着好梦的青年。

这样说来，我的小说和艺术的距离之远，也就可想而知了，然而到今日还能蒙着小说的名，甚而至于且有成集的机会，无论如何总不能不说是一件侥幸的事，但侥幸虽使我不安于心，而悬揣人间暂时还有读者，则究竟也仍然是高兴的。

所以我竟将我的短篇小说结集起来，而且付印了，又因为上面所说的缘由，便称之为《呐喊》。

一九二二年十二月三日，鲁迅记于北京。

（选自《鲁迅全集》第1卷，人民文学出版社1981年版；
原载(北京)《晨报·文学旬刊》，1923年8月21日）

［**导读**］

鲁迅在本文中回顾了自己从19世纪末到五四时代的思想发展过程，特别阐述了自己的创作意图，是为了毁坏旧时代的“铁屋”，是为了“呐喊几声，聊以慰藉那在寂寞里奔驰的猛士”。这篇序言不但有助于把握鲁迅创作《呐喊》的主旨，而且是了解鲁迅一生追求的一把钥匙。

4.《残春》的批评

成仿吾

［**原文**］

对于一种文艺作品，有许多的人，每喜欢从外界拿一种尺度去估价，每喜欢拿一种固定的形式去强人以所不能。这种行为，酷肖我们的专制君主，拿一只不满三寸的金莲，去寻他梦里的尤物。这不仅要强人以削足适履，而且于美好不美好，也丝毫没有关系；而且这种估价的可靠性与结果，我们生在这美好的时代的人，是天天有耳闻目见的光荣的。

究竟对于一种文艺作品，我们应当怎样估价？我想凡是研究文艺的人，总应当早有心得，用不着我在这里多谈。然而假使有人要我设一个比喻来说明，那么我可以不迟疑地说：“好象我们举一个人做大总统，看他处这种时势，能成就多少事情。”这便是我们时常说的：“看他在自己所创造的世界之中，能够有意识地成就多少。”再用浅近的话说出来的时候，就是看他是不是把他的材料，对于可能的最大的一个目的有效地用了；或如 Walter Pater 所说，看一个作品，对于它的材料履行责任的程度。

一方面我们对于一篇作品，不可把外界的任何形式去束缚它，他方面我们对于作者也不可干涉他的 inventive or creative handling 新发明的或特创的方法。他的方法有效没有效，可以成问题，然而不能因为不多见的缘故，就把他鄙弃了。

郭沫若在《创造》第二期上，发表了一个叫做《残春》的短篇。这篇小说若不注意去看时，是很平淡的，然而过细看起来，才不能不说这正是它的妙处了。它的内容很平凡，很使人不容易知道它的脉路在哪一块；然而它的精神，很明明白白可以用第五节的“S……呈一种非常愉快的脸色，Medea 的悲剧，却始终在我心中来往”两句来代表。

S 虽是残春时候的一朵可怜的花，却还嫣美恼人，好象丝毫不知春色将残，莺声渐老的样子。可怜的是我们的主人公，Medea 的悲剧不住地在他的心中来往！他隐隐感受着一种动摇，急忙忙离去了，“心里虽然总觉得遗留了什么东西在门司的一样。”

这便是《残春》的缩写。我这样说了出来，就好象一个医生在解剖室研究一个骷髅的样子。其实这骷髅，本来是用超等的技术与优美的表情装饰好了的。

我们主人公的心情是何等的优美！他好象无念无想的世尊，偶动尘心，随即自抑了，更激发了热烈的慈悲。我们只看他回家之后，接了白羊君的信，

“不觉起了一种伤感的情怀”，便写了一首诗寄去：

“谢了的蔷薇花儿，
一片、两片、三片，
我们别来才不过三两天，
你怎么便这般憔悴？——
啊，我愿那如花的人儿，
不也要这般的憔悴！”

这是何等热烈的慈悲，何等优美的心绪！

讲到技术上来，《残春》更是没有缺陷的作品。我们只看他用不到一千字，便创造了一个活泼泼的S。除此之外，贺君的跳水与作者的音容，都是很活泼泼的。

我很觉得在我们今日贫乏极了的文艺界，这篇总不能不说是有特彩的一篇作品。然而十月十二日的《学灯》上，有一篇摄生君的《读了创造第二期后的感想》却单把这篇说得很坏。我看了虽然即刻觉得摄生君的主张，有许多地方很不对，却也打起精神重把《残春》翻出来看了。可是我看了《残春》，又回头把摄生君的批评看了的时候，摄生君的主张，才越觉得没有成立的可能了。我现在且把摄生君批评《残春》的全文抄在后面，然后再把他的主张所以不能成立的理由谈谈。

摄生君说：

“郭沫若的那篇《残春》，除了句子构造艺术手段尚好外，我个人是不赞成这篇作品的。我从第一章第二章继续看下去，简直不知道全篇的Climax在什么地方，都是平淡无味。不过在每章每节里发表他的纪实与感想罢了，而且他，Conclusios也没有深的含意与连络。”

据摄生君的文章看起来，似乎他很主张一篇作品非有一个单独的Climax不可。这种主张，我是认为说不过去的。

摄生君单说全篇的Climax，没有说是什么东西的，然而一个文艺的作品，总离不了内容(即事件)与情绪。在中国一般人的心理，他们所认为不可少的，自然是内容的Climax(最高点)。摄生君的意思，虽然不知道是怎么样，但做一个文艺的理论研究起来的时候，我们却不可不把两方面拿来作一番严密的思考。

第一，我们先考察一种文艺的内容(即事件)应不应当有一个最高点。

我们中国人是最喜欢讲究等级程序的，所以中国人对于一切作品，都很严密地要求形式上的完备，而最要紧的又莫过于宾主君臣的观念了。纵或作者在创作中没有何等君臣的意识，而读者凭自己的主观，在作品中认定一种君臣的关系——象这样的事情，在我们中国的文艺界里，几乎是大家都认为了一种天经地义的。然而不论什么事情，什么物体，总少不了要他们的 Milien(环境)，他们决不能离开 Milien 而犹存在。他们是存在 Milien 之内。所以一个作者写一件事情或一个物体的时候，只应当看他在他的 Milien 之内是一种如何的关系就如何写，就是，如他实是 asitis。譬如掘根，作者只要使树根由土中现出，任它尚夹在土里，任它还带些土泥放些土臭，如实地描写，既不要把它由土里分出来，也不要用特种强烈的光把它单独地照彻。固然，在我们的心象之中，一个单独的东西，在某一个时候，也会单独地站在意识的最高点，然而就意识的全经过看起来，他也只能够如在他的 Milien 之内。固然作者凭自己的主观为 Milien 的选择的时候，由他的选择，可以使单独的一个耸立全体之最高点，然而这种有作用的选择，最容易伤及作品的真实与丰富。所以作者对于他的内容，只要如实地描写，不可把单独的一个，由别的分了出来，用特别强烈的光线来把他显出；就是，文艺的内容纵不能说不应当有一个单独的 Climax，总可以说最好是没有这种东西的。

第二，我们再考察一种文艺的情绪，应不应当有一个最高点。

由一般的人看起来，一篇作品应当有轰轰烈烈的内容，这轰轰烈烈的内容，应当有轰轰烈烈的情绪。这种见解，由我们的文学家发表出来的，就是情绪的 Climax 的主张。这种主张之错误，我们最好是用一种几何作图来详细注解。

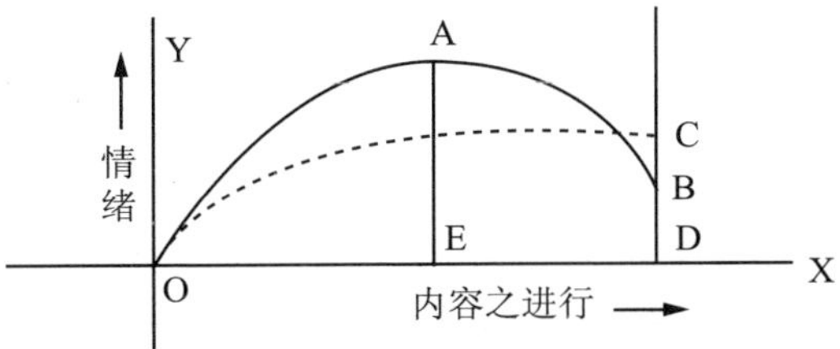

假设文艺的内容(即事件)之进行为横轴，情绪之变迁为直轴。那么，内容之进行而渐次变化的情绪之全变化，当如下图之 OAB 曲线(假想有一个最高点的时候)：

用文字说出来的时候，就是作品的内容由 O 点进行到 D 点之间，内容所诱起的情绪，亦由 O 经过最高点 A 到 B 点。在这种有最高点的变化，有一个最可注意的地方，就是情绪由 O 变到 A 之间，情绪是与内容并长，因为这时候

$\frac{dy}{dx}$是正符号；情绪由 A 变到 B 之间，内容虽渐增，情绪却反而渐减，因为这时候$\frac{dy}{dx}$是负符号。由文艺的原则说起来，情绪不可不与内容并长；因为内容增加时，情绪若不仅不与他同时增加，反而减小，则此内容之增加，个啻画蛇添足，所以一篇作品的情绪，如果有一个 Climax 则 OE 以后之内容，为有害无益的蛇足。固然，我们可以尽力把最高的 A 点往右边移去，使情绪减少的总和渐小，使全部的情绪还有赢余，然而这 ED 部分，无论如何短少，总不免是蛇足。所以与其有一个有害的最高点，我们宁可欢迎没有最高点的文艺，在没有最高点的文艺，情绪是如点线 OC 那样，与内容渐增，没有减少的时候。固然不免要如摄生君所说，多少是平淡的了，然而由全部的情绪说起来，却比那有最高点的，还要饶有余味，还更有使我们低徊享玩的余音。

最后摄生君说《残春》的 Conclusion 没有深的含意与连络，我不解摄生君所谓深的含意是教训的道学呢？还是呜呼哀哉的哀悼呢？至于连络，我不知道摄生君的意思，是要怎样才算有连络，怎样就不能算是有连络。在我的意思，以为间隔几天也不能说是没有连络。

我看了摄生君的批评，深自觉得拿一种固定的形式去批评文艺作品，是很容易陷入错误的。我不由得要把我的意见写了出来，使大家知道拿一种固定的形式或主义来批评文艺，是很容易把它误解了的，我希望大家先对于文艺的诸原理，还用一种批评的精神，加一番自由思索之后，方去批评文艺上的东西。不要把错误了的见解与不精密的理论去批评，去迷惑别的读者。至于摄生君对于我们《创造》的批评，不论是褒是贬，我们都是感激的；而他给了我一个思索文艺批评的机会，我尤感激得很。

一九二二年最后的一日于上海

（选自《成仿吾文集》，山东大学出版社 1985 年版；
原载《创造季刊》1923 年第 1 卷第 4 期）

［**导读**］

郭沫若的小说《残春》发表以后，有人撰文批评这篇小说，认为它“平淡无味”，“没有深的含意与连络”。成仿吾却认为，郭沫若实际上是在进行把心理分析融化进小说创作的独特尝试。为此，他从心理分析的角度切入，对《残春》进行了阐释。需要提及的是，十多年后施蛰存也采用心理分析的方法，对鲁迅的小说进行了阐释。

5. 读《呐喊》

雁 冰

［原文］

一九一八年四月的《新青年》上登载了一篇小说模样的文章，它的题目，体裁，风格，乃至里面的思想，都是极新奇可怪的：这便是鲁迅君的第一篇创作《狂人日记》，现在编在这《呐喊》里的。那时《新青年》方在提倡“文学革命”，方在无情地猛攻中国的传统思想，在一般社会看来，那一百多面的一本《新青年》几乎是无句不狂，有字皆怪的，所以可怪的《狂人日记》夹在里面，便也不见得怎样怪，而未曾能邀国粹家之一斥。前无古人的文艺作品《狂人日记》于是遂悄悄地闪了过去，不曾在“文坛”上掀起了显著的风波。

但鲁迅君的名字以后再在《新青年》上出现时，便每每令人回忆到《狂人日记》了；至少，总会想起“这就是《狂人日记》的作者”罢。别人我不知道，我自己确在这样的心理下，读了鲁迅君的许多随感录和以后的创作。

那时我对于这古怪的《狂人日记》起了怎样的感想呢，现在已经不大记得了；大概当时亦未必发生了如何明确的印象，只觉得受着一种痛快的刺戟，犹如久处黑暗的人们骤然看见了绚丽的阳光。这奇文中冷隽的句子，挺峭的文调，对照着那含蓄半吐的意义，和淡淡的象征主义的色彩，便构成了异样的风格，使人一见就感着不可言喻的悲哀的愉快。这种快感正像爱于吃辣的人所感到的“愈辣愈爽快”的感觉。我想当日如果竟有若干国粹派读者把这《狂人日记》反复读至五六遍之多，那我就敢断定他们（国粹派）一定不会默默的看它（《狂人日记》）产生，而要把恶骂来欢迎它（《狂人日记》）的生辰了。因为这篇文章，除了古怪而不足为训的体式外，还颇有些“离经叛道”的思想。传统的旧礼教，在这里受着最刻薄的攻击，蒙上了“吃人”的罪名了。在下列的几句话里：

> 凡事总须研究，才会明白。古来时常吃人，我也还记得，可是不甚清楚。我翻开历史一查，这历史没有年代，歪歪斜斜的每叶上都写着“仁义道德”几个字。我横竖睡不着，仔细看了半夜，才从字缝里看出字来，满本都写着两个字是“吃人”！

中国人一向自诩的精神文明第一次受到了最“无赖”的怒骂；然而当时未闻国粹家惶骇相告，大概总是因为《狂人日记》只是一篇不通的小说未曾注意，始终没有看见罢了。

至于在青年方面，《狂人日记》的最大影响却在体裁上；因为这分明给青年们一个暗示，使他们抛弃了“旧酒瓶”，努力用新形式，来表现自己的思想。

继《狂人日记》来的，是笑中含泪的短篇讽刺《孔乙己》；于此，我们第一次遇到了鲁迅君爱用的背景——鲁镇和咸亨酒店。这和《药》，《明天》，《风波》，《阿Q正传》等篇，都是旧中国的灰色人生的写照。尤其是出世在后的长篇《阿Q正传》给读者难以磨灭的印象。现在差不多没有一个爱好文艺的青年口里不曾说过“阿Q”这两个字。我们几乎到处应用这两个字，在接触灰色的人物的时候，或听得了他们的什么“故事”的时候，《阿Q正传》里的片段的图画，便浮现在脑前了。我们不断的在社会的各方面遇见“阿Q相”的人物，我们有时自己反省，常常疑惑自己身中也免不了带着一些“阿Q相”的分子。但或者是由于怠于饰非的心理，我又觉得“阿Q相”未必全然是中国民族所特具。似乎这也是人类的普通弱点的一种。至少，在“色厉而内荏”这一点上，作者写出了人性的普遍的弱点来了。

中国历史上的一件大事，辛亥革命，反映在《阿Q正传》里的，是怎样叫人短气呀！乐观的读者，或不免要非难作者的形容过甚，近乎故意轻薄“神圣的革命”，但是谁曾亲身在“县里”遇到这大事的，一定觉得《阿Q正传》里的描写是写实的。我们现在看了这里的七八两章，大概会仿佛醒悟似的知道十二年来政乱的根因罢！鲁迅君或者是个悲观主义者，在《自序》内，他对劝他做文章的朋友说道：

> 假如一间铁屋子，是绝无窗户而万难破毁的，里面有许多熟睡的人们，不久都要闷死了，然而是从昏睡入死灭，并不感到就死的悲哀。现在你大嚷起来，惊起了较为清醒的几个人，使这不幸的少数者来受无可挽救的临终的苦楚，你倒以为对得起他们么？
>
> 朋友回答他道：“然而几个人既然起来，你不能说决没有毁坏这铁屋的希望。”

因为“说到希望，却是不能抹杀的”，所以鲁迅君便答应他朋友做文章了，这便是最初的一篇《狂人日记》。但是他的悲观以后似乎并不消灭，在《头发的故事》里，他又说：

> 现在你们这些理想家，又在那里嚷什么女子剪发了，又要造出许多毫无所得而痛苦的人！
>
> 现在不是已经有剪掉头发的女人，因此考不进学校去，或者被学校除了名么？
>
> 改革么，武器在那里？工读么，工厂在那里？

仍然留起，嫁给人家做媳妇去；忘却了一切还是幸福，倘使伊记着些平等自由的话，便要苦痛一生世！

我要借了阿尔志跋绥夫的话问你们：你们将黄金时代的出现预约给这些人们的子孙了，但有什么给这些人们自己呢？

这不是和《自序》中铁屋之喻是一样悲观而沉痛的话么？后来，在《故乡》中，他又明白地说出他对于“希望”的怀疑：

我想到希望，忽然害怕起来了。闰土要香炉和烛台的时候，我还暗地里笑他，以为他总是崇拜偶像，什么时候都不忘却。现在我所谓希望，不也是我自己手制的偶像么？只是他的愿望切近，我的愿望茫远罢了。

我在朦胧中，眼前展开一片海边碧绿的沙地来，上面深蓝的天空中挂着一轮金黄的圆月。我想：希望是本无所谓有，无所谓无的。这正如地上的路；其实地上本没有路，走的人多了，也便成了路。

至于比较的隐藏的悲观，是在《端午节》里。“差不多说”就是作者所以始终悲观的根由。而且他对于“希望”的怀疑也更深了一层。

但是《阿Q正传》对于辛亥革命之侧面的讽刺，我觉得并不是因为作者是抱悲观主义的缘故。这正是一幅极忠实的写照，极准确的依着当时的印象写出来的。作者不曾把最近的感想加进他的回忆里去，他决不是因为感慨目前的时局而带了悲观主义的眼镜去写他的回忆；作者的主意，似乎只在刻画出隐伏在中华民族骨髓里的不长进的性质，——“阿Q相”，我以为这就是《阿Q正传》之所以可贵，恐怕也就是《阿Q正传》流行极广的主要原因。不过同时也不免有许多人因为刻划“阿Q相”过甚而不满意这篇小说，这正如俄国人之非难梭罗古勃的《小鬼》里的“丕垒陀诺夫相”，不足为盛名之累。

在中国新文坛上，鲁迅君常常是创造“新形式”的先锋；《呐喊》里的十多篇小说几乎一篇有一篇新形式，而这些新形式又莫不给青年作者以极大的影响，必然有多数人跟上去试验。丹麦的大批评家布兰兑斯曾说：“有天才的人，应该也有勇气。他必须敢于自信他的灵感，他必须自信，凡在他脑膜上闪过的幻想都是健全的，而那些自然来到的形式，即使是新形式，都有要求被承认的权利。”这位大批评家这几句话，我们在《呐喊》中得了具体的证明。除了欣赏惊叹而外，我们对于鲁迅的作品，还有什么可说呢？

（选自《茅盾全集》第18卷，人民文学出版社1989年版；原载《文学》周报1923年第91期）

［导读］

这是中国现代文学史上第一篇系统评价鲁迅小说创作的专论，发表于1923年。后来也成为优秀小说家的茅盾，对鲁迅小说的历史地位有着敏锐的认识。茅盾不但意识到了鲁迅小说“无情地猛攻中国的传统思想”的思想价值，而且充分肯定了其小说形式的独创性。

6.《枣》和《桥》的序

周作人

［原文］

最初废名君的《竹林的故事》刊行的时候，我写过一篇序，随后《桃园》出版，我又给他写了一篇跋。现在这《枣》和《桥》两部书又要印好了，我觉得似乎不得不再来写一篇小文，——为什么呢？也没有什么理由，只是想借此做点文章，并未规定替废名君包写序文，而且实在也没有多少意思要说，又因为太懒，所以只预备写一篇短序，给两部书去合用罢了。

废名君的小说，差不多每篇我都是读过了的。这些长短篇陆续在报章杂志上发表，我陆续读过，但也陆续地大都忘记了。读小说看故事，从前是有过的，有如看电影，近来不大热心了；讲派别，论主义，有一时也觉得很重要，但是如禅和子们所说，依旧眼在眉毛下，日光之下并无新事，归根结蒂，赤口白舌，都是多事。分别作中的人物，穿凿著者的思想，不久还是喜欢做，即如《桃园》跋中尚未能免，可是想起来煞是可笑，口口声声称赞“不知为不知”的古训，结局何曾受用得一毫一分。俗语云，“吃过肚饥，话过忘记，”读过也就忘记，原是莫怪莫怪。然而忘记之余却也并不是没有记得的东西，这就是记得为记得，似乎比较地是忠实可靠的了。我读过废名君这些小说所未忘记的是这里边的文章。如有人批评我说是买椟还珠，我也可以承认，聊以息事宁人，但是容我诚实地说，我觉得废名君的著作在现代中国小说界有他独特的价值者，其第一的原因是其文章之美。

关于文章之美的话，我前在《桃园》跋里已曾说及，现在的意思却略有不同。废名君用了他简炼的文章写所独有的意境，固然是很可喜，再从近来文体的变迁上着眼看去，更觉得有意义。废名君的文章近一二年来很被人称为晦涩。据友人在河北某女校询问学生的结果，废名君的文章是第一名的难懂，而第二名乃是平伯。本来晦涩的原因普通有两种，即是思想之深奥或混乱，但也可以由于文体之简洁或奇僻生辣，我想现今所说的便是属于这一方面。在这里我不禁想起明季的竟陵派来。当时前后七子专门做假古董，文学界上当然生了反动，这就是公安派的新文学运动。依照文学发达的原则，正如袁中郎自己所预言，“夫法因于敝而成于过者也：矫六朝骈丽饤饾之习者以流丽胜，饤饾者固流丽之因也，然其过在轻纤，盛唐诸人以阔大矫之；已阔矣，又因阔而生莽，是故续盛唐者以情实矫之；已实矣，又因实而生俚，是故续中唐者以奇僻矫之。”公安派的流丽遂亦不得不继以竟陵派的奇僻，我们读三袁和谭元春刘侗的文章，时时感到这种消息，令人慨然。公安与竟陵同是反拟古的文学，形似相反而实相成，观于张宗子辈之融和二者以成更为完美的文章可以知之，但是其间变迁之故却是很可思的。民国的新文学差不多即是公安派复兴，唯其所吸收的外来影响不止佛教而为现代文明，故其变化较丰富，然其文学之以流丽取胜初无二致，至“其过在轻纤”，盖亦同样地不能免焉。现代的文学悉本于“诗言志”的主张，所谓“信腕信口皆成律度”的标准原是一样，但庸熟之极不能不趋于变，简洁生辣的文章之兴起，正是当然的事，我们再看诗坛上那种“豆腐干”式的诗体如何盛行，可以知道大势所趋了。诗的事情我不知道，散文的这个趋势我以为是很对的，同是新文学而公安之后继以竟陵，犹言志派新文学之后总有载道派的反动，此正是运命的必然，无所逃于天壤之间。进化论后笃生尼采，有人悦服其超人说而成诸领袖，我乃只保守其世事轮回的落伍意见，岂不冤哉。

废名君近作《莫须有先生传》，似与我所说的话更相近一点，但是等他那部书将要出版，我再来做序时，我的说话又得从头去另找了。

二十年七月五日，于北平。

（选自《看云集》，河北教育出版社 2002 年版）

［**导读**］

本文是周作人为弟子废名的《枣》和《桥》两部小说集合写的序。废名本人深受周作人影响，并将周作人的散文理论转换进自己的小说创作之中。他的小说具有浓郁的散文化风格，对沈从文、何其芳、何立伟、汪曾淇等现当代作家都产生了不小的影响。周作人在文中特别称赞废名小说的“文章之美”，正是看见了这一点。

◇思考与练习

1. 请查阅《沉沦》最初面世时所引发争论的史料，并分析这些争论表现了时人什么样的思想歧异，周作人的评论与其他评论相比有何特点？

2. 鲁迅在《〈呐喊〉自序》中剖析了自己弃医从文的心路历程，请查阅至少十位现代小说家关于自己为何走上文学道路的自述，将其分类，并分析人生经历对他们的小说创作产生了什么样的影响？

3. 郭沫若在小说《残春》中试验了怎样一种新的艺术创作手法？请查阅相关资料，研究不同的现代作家是如何运用这一艺术创作手法的。

4. 废名深受周作人的影响，其小说创作融会了周作人的散文创作理念，在现代小说史上独树一帜。请查阅周作人与废名交往的史料，分析废名的小说在哪些方面接受了周作人散文的影响。

◇资料与索引

著作

1. 杨义. 中国现代小说史. 北京：人民文学出版社，1986.

2. 陈平原. 中国小说叙事模式的转变. 上海：上海人民出版社，1988.

3. 严家炎. 中国现代小说流派史. 北京：人民文学出版社，1989.

4. 杨联芬. 中国现代小说中的抒情倾向. 北京：北京师范大学出版社，1996.

5. 徐德明. 中国现代小说雅俗流变与整合. 北京：社会科学文献出版社，2000.

6. 夏志清. 中国现代小说史. 上海：复旦大学出版社，2005.

7. 赵园. 地之子. 北京：北京大学出版社，2007.

8. 吴福辉. 都市漩流中的海派小说. 上海：复旦大学出版社，2009.

9. 陈平原. 小说史：理论与实践. 北京：北京大学出版社，2010.

论文

1. 刘纳. “五四”小说创作方法的发展. 文学评论，1982(5).

2. 许子东. 郁达夫风格与现代文学中的浪漫主义. 文学评论，1983(1).

3. 黄子平. 同是天涯沦落人——一个“叙事模式”的抽样分析. 中国现代文学研究丛刊，1985(3).

4. 孟悦. 视角问题与“五四”小说的现代化. 文学评论，1985(5).

5. 王晓明. 一个引人深思的矛盾——论茅盾的小说创作. 中国现代文学研究丛刊，1988(1).

6. 樊骏. 认识老舍(上、下). 文学评论，1996(5、6).

7. 刘思谦. 中国女性文学的现代性. 文艺研究，1998(1).

8. 吴晓东，倪文尖，罗岗. 现代小说研究的诗学视域. 中国现代文学研究丛刊，1999(1).

9. 王富仁. 中国现代短篇小说发展的历史轨迹(上、下). 鲁迅研究月刊，1999(9、10).

10. 李今. 日常生活意识和都市市民的哲学——试论海派小说的精神特征. 文学评论，1999(6).

11. 申洁玲、刘兰平. "说书人"叙述者的个性化——中国传统小说与现代小说的一条线索. 广东社会科学，2003(2).

12. 靳新来. 诗化小说与小说诗化——中国现代小说的一种文体关照. 内蒙古社会科学(汉文版)，2003(2).

13. 郝岚. 林译小说与中国文学的现代性. 广州大学学报：社会科学版，2006(12).

14. 吴晓东. 中国现代审美主体的创生——郁达夫小说再解读. 中国现代文学研究丛刊，2007(3).

15. 葛红兵、肖青峰. 小说类型理论与批评实践：小说类型学研究论纲. 上海大学学报：社会科学版，2008(5).

16. 陆涛. "语—图互文"与中国现代小说的兴起——关于图像与文学关系的一种解读. 东方论坛，2010(2).

二、散　文

◇史料与导读

1. 美文

周作人

[原文]

外国文学里有一种所谓论文，其中大约可以分作两类。一批评的，是学术性的。二记述的，是艺术性的，又称作美文，这里边又可以分出叙事与抒情，但也很多两者夹杂的。这种美文似乎在英语国民里最为发达，如中国所熟知的爱迭生，阑姆，欧文，霍桑诸人都做有很好的美文，近时高尔斯威西，吉欣，契斯透顿也是美文的好手。读好的论文，如读散文诗，因为他实在是诗与散文中间的桥。中国古文里的序，记与说等，也可以说是美文的一类。但在现代的国语文学里，还不曾见有这类文章，治新文学的人为什么不去试试呢？我以为文章的外形与内容，的确有点关系，有许多思想，既不能作为小说，又不适于做诗，(此只就体裁上说，若论性质则美文也是小说，小说也就是诗，《新青年》上库普林作的《晚间的来客》，可为一例，)便可以用论文式去表他。他的条件，同一切文学作品一样，只是真实简明便好。我们可以看了外国的模范做去，但是须用自己的文句与思想，不可去模仿他们。《晨报》上的浪漫谈，以前有几篇倒有点相近，但是后来(恕我直说)落了窠臼，用上多少自然现象的字面，衰弱的感伤的口气，不大有生命了。我希望大家卷土重来，给新文学开辟出一块新的土地来，岂不好么？

十年五月

(选自《谈虎集》，北新书局 1929 年版；
原载《晨报·副刊》，1921 年 6 月 8 日)

[导读]

五四新文化运动展开后，散文这一文类蓬勃发展。1921 年周作人发表本文，提倡文艺性的叙事抒情散文，为中国现代散文开辟出了一个新的发展空间。随后，周作人率先提出美文的概念，并身体力行，创作了大量既抒情又叙事，既古朴典雅而又通脱舒展的现代美文。在周作人的影响和带动下，当时和随后的许多现代作家也一起积极从事美文创作，打破了当时流行的不能用白话写作美文的观点，确立了美文这一文体在现代文学史上的地位。

2. 论现代中国的小品散文

朱自清

［**原文**］

胡适之先生在一九二二年三月，写了一篇《五十年来中国之文学》，篇末论到白话文学的成绩，第三项说：

> 白话散文很进步了。长篇议论文的进步，那是显而易见的，可以不论。这几年来，散文方面最可注意的发展，乃是周作人等提倡的"小品散文"。这一类的小品，用平淡的谈话，包藏着深刻的意味；有时很像笨拙，其实却是滑稽。这一类作品的成功，就可彻底打破那"美文不能用白话"的迷信了。

胡先生共举了四项。第一项白话诗，他说"可以算是上了成功的路了"；第二项短篇小说，他说"也渐渐地成立"；第四项戏剧与长篇小说，他说"成绩最坏"。他没有说哪一种成绩最好；但从语气上看，小品散文的至少不比白话诗和短篇小说的坏。现在是六年以后了，情形已是不同：白话诗虽也有多少的进展，如取用西洋诗的格律，但是太濡缓了；文坛上对于它，已迥非先前的热闹可比。胡先生那时预言，"十年之内的中国诗界，定有大放光明的一个时期"；现在看看，似乎丝毫没有把握。短篇小说的情形，比前为好，长篇差不多和从前一样。戏剧的演作两面，却已有可注意的成绩，这令人高兴。最发达的，要算是小品散文。三四年来风起云涌的种种刊物，都有意或无意地发表了许多散文。近一年这种刊物更多，各书店出的散文集也不少。《东方杂志》从二十二卷（一九二五年）起，增辟《新语林》一栏，也载有许多小品散文。夏丏尊、刘薰宇两先生编的《文章作法》，于记事文、叙事文、说明文、议论文而外，有小品文的专章。去年《小说月报》的"创作号"（七号），也特辟小品一栏。小品散文，于是乎极一时之盛。"东亚病夫"在今年三月《复胡适的信》（《真美善》一卷十二号）里，论这几年文学的成绩说："第一是小品文字，含讽刺的、析心理的、写自然的，往往着墨不多，而余味曲包。第二是短篇小说……第三是诗……"这个观察大致不错。

但是举出“懒惰”与“欲速”，说是小品文和短篇小说发达的原因，那却是不够的。现在姑且丢开短篇小说而论小品文：所谓“懒惰”与“欲速”，只是它的本质的原因之一面；它的历史的原因，其实更来得重要些。我们知道，中国文学向来大抵以散文学为正宗；散文的发达，正是顺势。而小品散文的体制，旧来的散文学里也尽有；只精神面目，颇不相同罢了。试以姚鼐的十三类为准，如序跋、书牍、赠序、传状、碑志、杂记、哀祭七类中，都有许多小品文字；陈天定选的《古今小品》，甚至还将诏令、箴铭列入，那就未免太广泛了。我说历史的原因，只是历史的背景之意，并非指出现代散文的源头所在。胡先生说，周先生等提倡的小品散文，“可以打破‘美文不能用白话’的迷信”。他说的那种“迷信”的正面，自然是“美文只能用文言了”；这也就是说，美文古已有之，只周先生等才提倡用白话去做罢了。周先生自己在《杂拌儿》序里说：

> 明代的文艺美术比较地稍有活气，文学上颇有革新的气象，公安派的人能够无视古文的正统，以抒情的态度作一切的文章，虽然后代批评家贬斥它为浅率空疏，实际却是真实的个性的表现，其价值在竟陵派之上。以前的文人对于著作的态度，可以说是二元的，而他们则是一元的，在这一点上与现代写文章的人正是一致，……以前的人以为文是“以载道”的东西，但此外另有一种文章却是可以写了来消遣的；现在则又把它统一了，去写或读可以说是本于消遣，但同时也就是传了道了，或是闻了道……这也可以说是与明代的新文学家的意思相差不远的。在这个情形之下，现代的文学——现在只就散文说——与明代的有些相像，正是不足怪的，虽然并没有去模仿，或者也还很少有人去读明文，又因时代的关系在文字上很有欧化的地方，思想上也自然要比四百年前有了明显的改变。

这一节话论现代散文的历史背景，颇为扼要，且极明通。明朝那些名士派的文章，在旧来的散文学里，确是最与现代散文相近的。但我们得知道，现代散文所受的直接的影响，还是外国的影响；这一层周先生不曾明说。我们看周先生自己的书，如《泽泻集》等，里面的文章，无论从思想说，从表现说，岂是那些名士派的文章里找得出的？——至多“情趣”有一些相似罢了。我宁可说，他所受的“外国的影响”比中国的多。而其余的作家，外国的影响有时还要多些，像鲁迅先生、徐志摩先生。历史的背景只指给我们一个趋势，详细节目，原要由各人自定；所以说了外国的影响；历史的背景并不因此抹杀的。但你要问，散文既有那样历史的优势，为什么新文学的初期，倒是诗、短篇小说和戏剧盛行呢？我想那也许是一种反动。这反动原是好的，但历史的力量究竟太大了，你看，它们支持了几年，终于懈弛下来，让散文恢复了原有的位置，这种现象却又是不健全的，要明白此层，就要说到本质的原因了。

分别文学的体制，而论其价值的高下，例如亚里士多德在《诗学》里所做的，那是一件批评的大业，包孕着种种议论和冲突；浅学的我，不敢赞一辞。我只觉得体制的分别，有时虽然很难确定，但从一般见地说，各体实在有着个别的特性；这种特性有着不同的价值。抒情的散文和纯文学的诗、小说、戏剧相比，便可见出这种分别。我们可以说，前者是自由些，后者是谨严些；诗的字句、音节，小说的描写、结构，戏剧的剪裁与对话，都有种种规律(广义的，不限于古典派的)，必须精心结撰，方能有成。散文就不同了，选材与表现，比较可随便些，所谓“闲话”，在一种意义里，便是它的很好的诠释。它不能算作纯艺术品，与诗、小说、戏剧，有高下之别。但对于“懒惰”与“欲速”的人，它确是一件较为相宜的体制。这便是它发达的另一原因了。我以为真正的文学发展，还当从纯文学下手，单有散文学是不够的；所以说，现在的现象是不健全的。——希望这只是暂时的过渡期，不久纯文学便会重新发展起来，至少和散文学一样！但就散文论散文，这三四年的发展，确是绚烂极了：有种种的样式，种种的流派，表现着、批评着、解释着人生的各面，迁流曼衍，日新月异。有中国名士风，有外国绅士风，有隐士，有叛徒，在思想上是如此。或描写，或讽刺，或委曲，或缜密，或劲健，或绮丽，或洗炼，或流动，或含蓄，在表现上是如此。

我是大时代中一名小卒，是个平凡不过的人。才力的单薄是不用说的，所以一向写不出什么好东西。我写过诗，写过小说，写过散文。二十五岁以前，喜欢写诗；近几年诗情枯竭，搁笔已久。前年一个朋友看了我偶然写下的《战争》，说我不能做抒情诗，只能做史诗；这其实就是说我不能做诗。我自己也有些觉得如此，便越发懒怠起来。短篇小说是写过两篇。现在翻出来看，《笑的历史》只是庸俗主义的东西，材料的拥挤，像一个大肚皮的掌柜；《别》的用字造句，那样扭扭捏捏的，像半身不遂的病人，读着真怪不好受的。我觉得小说非常地难写；不用说长篇，就是短篇，那种经济的、严密的结构，我一辈子也学不来！我不知道怎样处置我的材料，使它们各得其所。至于戏剧，我更是始终不敢染指。我所写的大抵还是散文多。既不能运用纯文学的那些规律，而又不免有话要说，便只好随便一点说着；凭你说“懒惰”也罢，“欲速”也罢，我是自然而然采用了这种体制。这本小书里，便是四年来所写的散文。其中有两篇，也许有些像小说；但你最好只当作散文看，那是彼此有益的。至于分作两辑，是因为两辑的文字，风格有些不同；怎样不同，我想看了便会知道。关于这两类文章，我的朋友们有相反的意见。郢看过《旅行记》，来信说，他不大喜欢我做这种文章，因为是在模仿着什么人；而模仿是要不得的。这其实有些冤枉，我实在没有一点意思要模仿什么人。他后来看了《飘零》，又来信说，这与

《背影》是我的另一面，他是喜欢的。但《火》就不如此。他看完《踪迹》，说只喜欢《航船中的文明》一篇；那正是“旅行杂记”一类的东西。这是一个很有趣的对照。我自己是没有什么定见的，只当时觉着要怎样写，便怎样写了。我意在表现自己，尽了自己的力便行；仁智之见，是在读者。

1928 年 7 月 31 日，北平清华园

（选自《中国现代散文理论经典》，苏州大学出版社 2008 年版；原载《文学周报》1928 年第 345 期）

［**导读**］

本文对 20 世纪 20 年代小品散文的发展情况做了分析，概括了这一时期的散文流派和美学风格。朱自清指出小品散文是在古代散文与外国散文的共同影响下发生发展的，是五四新文学初期最发达的文体，甚至认为其发展可以用“绚烂”来形容。

3. 论散文

梁实秋

［**原文**］

“散文”的对峙的名词，严格的讲，应该是“韵文”，而不是“诗”。“诗”时常可以用各种的媒介物表现出来，各种艺术里都可以含着诗，所以有人说过，“图画就是无音的诗”，“建筑就是冻凝的诗”。在图画建筑里面都有诗的位置，在同样以文字为媒介的散文里更不消说了。柏拉图的对话，是散文，但是有的地方也就是诗；陶渊明的《桃花源记》是散文，但是整篇的也就是一首诗。同时号称为诗的，也许里面的材料仍是散文。所以诗和散文在形式上划不出一个分明的界线，倒是散文和韵文可以成为两个适当的区别。这个区别的所在，便是形式上的不同：散文没有准定的节奏，而韵文有规则的音律。

散文对于我们人生的关系，较比韵文为更密切。至少我们要承认，我们天天所说的话都是散文。不过会说活的人不能就成为一个散文家。散文也有散文的艺术。

一切的散文都是一种翻译。把我们脑筋里的思想、情绪、想象译成语言文字。古人说，言为心声，其实文也是心声。头脑笨的人，说出来是蠢，写成散文也是拙劣；富于感情的人，说话固然沉挚，写成散文必定情致缠绵；思路清晰的人，说话自然有条不紊，写成散文更能澄清澈底。由此可以类推。散文是没有一定的格式的，是最自由的，同时也是最不容易处置，因为一个人的人格思想，在散文里绝无隐饰的可能，提起笔来便把作者的整个的性格纤毫毕现的表示出来。在韵文里，格式是有一定的，韵法也是有准则的，无论你有没有什

么高深的诗意，只消按照规律填凑起来，平平仄仄一东二冬的敷衍上去，看的时候行列整齐，读的时候声调铿锵，至少在外表上比较容易遮丑。散文便不然，有一个人便有一种散文，喀赖尔(Calyle)翻译莱辛的作品的时候说："每人有他自己的文调，就如同他自己的鼻子一般。"伯风(Buffon)说："文调就是那个人。"

文调的美纯粹是作者的性格的流露，所以有一种不可形容的妙处：或如奔涛澎湃，能令人惊心动魄；或是委婉流利，有飘逸之致；或是简练雅洁，如斩钉断铁……总之，散文的妙处真可说是气象万千，变化无穷。我们读者只有赞叹的份儿，竟说不出其奥妙之所以然。批评家哈立孙(Frederiok Harrison)说："试读服尔德，狄孚，绥夫特，高尔斯密，你便可以明白，文字可以做到这样奥妙绝伦的地步，而你并不一定能找出动人的妙处究竟是哪一种特质。你若是要检出这一个辞句好，那一个辞句妙，这个或那个字的音乐好听，使你觉得雄辩的，抒情的，图画的，那么美妙便立刻就消失了……"譬如说《左传》的文字好，好在哪里？司马迁的文笔妙，妙在哪里？这真是很难解说的。

凡是艺术都是人为的。散文的文调虽是作者内心的流露，其美妙虽是不可捉摸，而散文的艺术仍是所不可少的。散文的艺术便是作者的自觉的选择。弗老贝尔(Flaubert)是散文的大家，他选择字句的时候是何其的用心！他认为只有一个名词能够代表他心中的一件事物，只有一个形容词能够描写他心中的一种特色，只有一个动词能够表示他心中的一个动作。在万千的辞字之中他要去寻求那一个——只有那一个——合适的字，绝无一字的敷衍将就。他的一篇文字是经过这样的苦痛的步骤写成的，所以才能有纯洁无疵的功效。平常人的语言文字只求其能达，艺术的散文要求其能真实，——对于作者心中的意念的真实。弗老贝尔致力于字句的推敲，也不过是要求把自己的意念确切的表示出来罢了。至于字的声音，句的长短，在在都是艺术上所不可忽略的问题。譬如仄声的字容易表示悲苦的情绪，响亮的声音容易显出欢乐的神情，长的句子表示温和弛缓，短的句子代表强硬急迫的态度，在修辞学的范围以内，有许多的地方都是散文的艺术家所应当注意的。

散文的美妙多端，然而最高的理想也不过是"简单"二字而已。简单就是经过选择删芟以后的完美的状态。普通一般的散文，在艺术上的毛病，大概全是与这个简单的理想相反的现象。散文的毛病最常犯的无过于下面几种：(一)太多枝节，(二)太繁冗，(三)太生硬，(四)太粗陋。枝节多了，文章的线索便不清楚，读者要很用力的追寻文章的旨趣，结果是得不到一个单纯的印象。太繁冗，则读者易于生厌，并且在琐碎处致力太过，主要的意思反倒不能直诉于读者。太生硬，则无趣味，不能引人入胜。太粗陋则令人易生反感，令人不愿卒读，并且也失掉纯洁的精神。散文的艺术中之最根本的原则，就是"割爱"。一句有趣的俏皮话，若与题旨无关，只得割爱；一段题外的枝节，与全文不生密切关系，也只得割爱；一个美丽的典故，一个漂亮的字眼，凡是与原意不甚洽合者，都要割爱。散文的美，不在乎你能写出多少旁征博引的故事穿插，亦不在多少典丽的辞句，而在能把心中的情思干干净净直截了当地表现出来。散文的美，美在适当。不肯割爱的人，在文章的大体上是要失败的。

散文的文调应该是活泼的，而不是堆砌的——应该是像一泓流水那样的活泼流动。要免除堆砌的毛病，相当的自然是必须保持的。用字用典要求其美，但是要忌其僻。文字若能保持相当的自然，同时也必须显示作者个人的心情，散文要写得亲切，即是要写得自然。希腊的批评家戴奥尼索斯批评柏拉图的文调说：

> 当他用浅显简单的辞句的时候，他的文调很令人欢喜的。因为他的文调可以处处看出是光明透亮，好像是最晶莹的泉水一般，并且特别的确切深妙，他只用平常的字，务求明白，不喜欢勉强粉饰的装点。他的古典的文字带着一种古老的斑斓，古香古色充满字里行间，显着一种欢畅的神情，美而有力；好像一阵和风从芬香的草茵上吹嘘过来一般……

简单的散文可以美得到这个地步。戴奥尼索斯称赞柏拉图的话，其实就是他的散文学说，他是标榜"亚典主义"反对"亚细亚主义"的。亚典主义的散文，就是简单的散文。

散文绝不仅是历史哲学及一般学识上的工具。在英国文学里，"感情的散文"(impassioned prose)虽然是很晚产生的一个类型，而在希腊时代我们该记得那个"高超的朗占诺斯"(The sublime Longinus)，这一位古远的批评家说过，散文的功效不仅是诉于理性，对于读者是要以情移。感情的渗入，与文调的雅洁，据他说，便是文学的高超性的来由，不过感情的渗入，一方面固然救散文生硬冷酷之弊，在另一方面也足以启出恣肆粗陋的缺点。怎样才能得到文学的高超性，这完全要看在文调上有没有艺术的纪律。先有高超的思想，然后再配上高超的文调。有上帝开天辟地的创造，又有《圣经》那样庄严简练的文字，所以我们才有空前绝后的圣经文学。高超的文调，一方面是挟着感情的魔力，另一方面是要避免种种的卑陋的语气和粗俗的辞句。近来写散文的人，不知是过分的要求自然，抑是过分的忽略艺术，常常沦于粗陋之一途，无论写的是什么样的题目，类皆出之以嘻笑怒骂，引车卖浆之流的语气，和村妇骂街的口吻，都成为散文的正则。像这样恣肆的文字，里面有的是感情，但是文调，没有！

（选自《中国现代散文理论经典》，苏州大学出版社 2008 年版；
原载《新月》1928 年第 1 卷第 8 号）

［导读］

本文是梁实秋个人散文观的系统阐述。梁实秋终身服膺新古典主义，反对浅俗自然的文风，所以本文特别强调用“文调”对抗“感情”。在梁实秋看来，好的散文需要的是“高超的思想，然后再配上高超的文调”，反对“卑陋的语气”“粗俗的辞句”。应该说，这种反平民的散文观念是五四以来比较少见的。

4.《鲁迅杂感选集》序言(节选)*

瞿秋白

［原文］

……

鲁迅从进化论进到阶级论，从绅士阶级的逆子贰臣进到无产阶级和劳动群众的真正的友人，以至于战士，他是经历了辛亥革命以前直到现在的四分之一世纪的战斗，从痛苦的经验和深刻的观察之中，带着宝贵的革命传统到新的阵营里来的。他终于宣言：“原先是憎恶这熟识的本阶级，毫不可惜它的溃灭，后来又由于事实的教训，以为惟新兴的无产者才有将来。”(《二心集·序言》)关于最近期间，“九一八”以后的杂感，我们不用多说，他是站在战斗的前线，站在自己的哨位上。他在以前，就痛切的指出来：“大小无数的人肉的筵宴，即从有文明以来一直排到现在，人们就在这会场中吃人，被吃，以凶人的愚妄的欢呼，将悲惨的弱者的呼号遮掩，更不消说女人和小儿。这人肉的筵宴现在还排着，有许多人还想一直排下去。扫荡这些食人者，掀掉这筵席，毁坏这厨房，则是现在的青年的使命！”(《坟·灯下漫笔》)而现在，这句话里的“青年”两个字上面已经加上了新的形容词，甚至于完全换了几个字，——他在日本帝国主义动手瓜分，英、美、国联①进行着共管，而中国的绅商统治阶级要着各种各样的戏法零趸发卖中国的时候，——忍不住要指着那些“民族主义文学②者”说：“他们(老年的和青年的——凝注)将只尽些送丧的任务，永含着恋主的哀愁，须到……阶级革命的风涛怒吼起来，刷洗山河的时候，这才能脱出这沉滞猥劣和腐烂的运命。”(《二心集·“民族主义文学”的任务和运命》)

然而鲁迅杂感的价值决不止此。他自己说：“因为从旧垒中来，情形看得

---

* 本文所有注释为原注。

① 国联，“国际联盟”的简称。一九二〇年一月成立，标榜以“促进国际合作，维持国际和平与安全”为目的，实则为帝国主义国家推行侵略、对殖民地进行再分割的工具。一九四六年四月宣告解散。

② 民族主义文学，一九三〇年六月由国民党当局策划的“文学运动”，发起人为潘公展、朱应鹏、王平陵等国民党文人。

较为分明，反戈一击，易制强敌的死命。”(《坟·写在〈坟〉后面》)从满清末期的士大夫、老新党、陈西滢们……一直到最近期的洋场无赖式的文学青年，都是他所亲身领教过的。刽子手主义和僵尸主义的黑暗，小私有者的庸俗、自欺、自私、愚笨，流浪赖皮的冒充虚无主义，无耻、卑劣、虚伪的戏子们的把戏，不能够逃过他的锐利的眼光。历年的战斗和剧烈的转变给他许多经验和感觉，经过精炼和融化之后，流露在他的笔端。这些革命传统(revolutionary tradition)对于我们是非常之宝贵的，尤其是在集体主义的照耀之下：

第一，是最清醒的现实主义。“中国人向来因为不敢正视人生，只好瞒和骗，由此也生出瞒和骗的文艺来，由这文艺，更令中国人更深地陷入瞒和骗的大泽中，甚而至于已经自己不觉得。”(《坟·论睁了眼看》)这种思想其实反映着中国的最黑暗的压迫和剥削制度，反映着当时的经济政治关系。科举式的封建等级制度，给每一个“田舍郎”以“暮登天子堂”的幻想；租佃式的农奴制度给每一个农民以“独立经济”的幻影和“爬上社会的上层”的迷梦。这都是几百年来的“空前伟大的”烟幕弹。而另一方面，在极端重压的没有出路的情形之下，散漫的剥夺了取得智识文化的可能的小百姓，只有一厢情愿的找些“巧妙”的方法去骗骗皇帝官僚甚至于鬼神。大家在欺人和自欺之中讨生活。统治阶级的这种“文化遗产”甚至于象沉重的死尸一样，压在革命队伍的头上，使他们不能够迅速的摆脱。即使“到处听不见歌吟花月的声音了，代之而起的是铁和血的赞颂。然而倘以欺瞒的心，用欺瞒的嘴，则无论说A和O，或Y和Z，一样是虚假的。”(同上)鲁迅是竭力暴露黑暗的，他的讽刺和幽默，是最热烈最严正的对于人生的态度。那些笑他“三个冷静”①的人，固然只是些嗡嗡嗡的苍蝇。就是嫌他冷嘲热讽的“不庄严”的，也还是不了解他，同时，也不了解自己的“空城计”式的夸张并不是真正的战斗。可是，鲁迅的现实主义决不是第三种人的超然的旁观的所谓“科学”态度。善于读他的杂感的人，都可感觉到他的燃烧着的猛烈的火焰在扫射着猥劣腐烂的黑暗世界。“世界日日改变，我们的作家取下假面，真诚地，深入地，大胆地看取人生并且写出他的血和肉来的时候早到了；早就应该有一片崭新的文场，早就应该有几个凶猛的闯将！”(同上)

第二，是“韧”的战斗。“对于旧社会和旧势力的斗争，必须坚决，持久不断，而且注重实力。……我们急于要造出大群的新的战士；但同时，在文学战线上的人还要‘韧’。”(《二心集·对于左翼作家联盟的意见》)“野牛成为家牛，野猪成为猪，狼成为狗，野性是消失了，也只足使牧人喜欢，于本身并无好

① “三个冷静”，见于张定璜作《鲁迅先生》一文(一九二五年一月《现代评论》第一卷第七、八期)：“我们知道他有三个特色，那也是老于手术富于经验的医生的特色，第一个，冷静，第二个，冷静，第三个，还是冷静。”

处。……我以为还不如带些兽性，如果合于下列的算式倒是不很有趣的：人＋家畜性＝某一种人。"(《而已集·略论中国人的脸》)而兽性就在于有"咬筋"，一口咬住就不放，拚命的刻苦的干去，这才是韧的战斗。牧人们看见小猪忽然发一阵野性，等忽儿可驯服了，他们是不忧愁的。所以这种兽性和韧的战斗决不是歇斯底里的可以干得来的。一忽儿"绝望的狂跳"，一忽儿又"委靡而颓伤"，一忽儿是嚣张的狂热，一忽儿又搥着胸脯忏悔，那有什么用处。打仗就要象个打仗。这不是小孩子赌气，要结实的立定自己的脚跟，躲在壕沟里，沉着的作战，一步步的前进，——这是鲁迅所谓"壕堑战"的战术。这是非合法主义的战术。如果敌人用"激将"的办法说："你敢走出来"，而你居然走了出去，那么，这就象许褚①的赤膊上前阵，中了箭是活该。而笨到会中敌人的这一类的奸计的人，总是不肯，也不会韧战的。

第三，是反自由主义。鲁迅的著名的"打落水狗"(《坟·论费厄泼赖应该缓行》)，真正是反自由主义，反妥协主义的宣言。旧势力的虚伪的中庸，说些鬼话来羼杂在科学里，调和一下，鬼混一下，这正是它的诡计。其实这斗争的世界，有些原则上的对抗事实上是决不会有调和的。所谓调和只是敌人的缓兵之计。狗可怜到落水，可是它爬出来仍旧是狗，仍旧要咬你一口，只要有可能的话。所以"要打就得打到底"——对于一切种种黑暗的旧势力都应当这样。但是死气沉沉的市侩，——其实他们对于在自己手下讨生活的人一点儿也不死气沉沉，——表面上往往会对所谓弱者"表同情"，事实上他们有意的无意的总在维持着剥削制度。市侩，这是一种狭隘的浅薄的东西，它们的头脑(如果可以说这是头脑的话)，被千百年来的现成习惯和思想圈住了，而在这个圈子里自动机似的"思想"着。家庭，私塾，学校，中西"人道主义"的文学的影响，一切所谓"法律精神"和"中庸之道"的影响，把市侩的脑筋造成了一种简单机器，碰见什么"新奇"的，"过激"的事情，立刻就会象留声机似的"啊呀呀"的叫起来。这种"叭儿狗""虽然是狗，又很象猫，折中，公允，调和，平正之状可掬，悠悠然摆出别个无不偏激，唯独自己得了'中庸之道'似的脸来"。鲁迅这种暴露市侩的锐利的笔锋，充分的表现着他的反中庸的，反自由主义的精神。

第四，是反虚伪的精神。这是鲁迅——文学家的鲁迅，思想家的鲁迅的最主要的精神。他的现实主义，他的打硬仗，他的反中庸的主张，都是用这种真实，这种反虚伪做基础。他的神圣的憎恶就是针对着这个地主资产阶级的虚伪社会，这个帝国主义的虚伪世界的。他的杂感简直可以说全是反虚伪的战书，譬如别人不大注意的《华盖集续编》就有许多猛烈而锐利的攻击虚伪的文字，久

① 许褚，三国时曹操的武将。关于他赤膊上阵的故事，见于《三国演义》第三十九回："许褚裸衣斗马超"。

不再版的《坟》里的好些长篇也是这样。而中国的统治阶级特别善于虚伪，他们有意的无意的要把虚伪笼罩群众的意识；他们的虚伪是超越了全世界的纪录了。“中国的一些人，至少是上等人，他们的对于神、宗教、传统的权威，是‘信’和‘从’呢，还是‘怕’和‘利用’？只要看他们的善于变化，毫无特操，是什么也不信从的，但总要摆出和内心两样的架子来。要寻虚无党，在中国实在很不少；……”他们什么都不信，但是他们“虽然这么想，却是那么说，在后台这么做，到前台又那么做”……这叫做“做戏的虚无党”。(《华盖集续编·马上支日记》)虚伪到这地步，其实是顶老实了。西洋资产阶级的民族主义者或者民权主义者，或者改良妥协的所谓社会主义者，至少在最初黎明期的时候，自己也还蒙在鼓里，一本正经的信仰着什么，或者理论，或者宗教，或者道德——这种客观上的欺骗作用比较的强些。——而中国的是明明知道什么都是假的，不过偏要这么说说，做做，骗骗人，或者简直武断的乱吹一通，拿来做杀人的理论。自然，自从西洋发明了法西斯主义，他们那里也开始中国化了。呜呼，“先进的”中国呵。

自然，鲁迅的杂感的意义，不是这些简单的叙述所能够完全包括得了的。我们不过为着文艺战线的新的任务，特别指出杂感的价值和鲁迅在思想斗争史上的重要地位，我们应当向他学习，我们应当同着他前进。

一九三三，四，八，北平①。

(选自《瞿秋白选集》，人民文学出版社 1959 年版；
原载《鲁迅杂感选集》，青光书局 1933 年版)

[导读]

1933 年，瞿秋白编选《鲁迅杂感选集》，并写了这篇长序，对鲁迅杂文的重要价值进行了全面阐释。在序言里，他把鲁迅的思想发展和创作，同近代中国的社会情形联系起来，对鲁迅杂文的价值做了精辟独到的阐释。鲁迅一生，不轻易许人，但与瞿秋白一见如故，有“人生得一知己足矣，斯世当以同怀视之”的感叹。

5.《中国新文学大系·散文一集》导言(节选)

周作人

[原文]

……

新文学中白话散文的成功比较容易，却也比较迟，原来都是事实。十九年

① 当时作者在上海，这里署“北平”，是为了蒙蔽国民党反动派。

九月我给《近代散文抄》做序，有一部分是讲小品文的起源变迁的：

> 小品文是文艺的少子，年纪顶小的老儿子。文艺发生次序大概是先韵文，次散文，韵文之中又是先叙事抒情，次说理，散文则是先叙事，次说理，最后才是抒情。借了希腊文学来做例，一方面是史诗和戏剧，抒情诗，格言诗，一方面是历史和小说，哲学，——小品文，这在希腊文学盛时实在还没有发达，虽然那些哲人(sophistai)似乎有这一点气味，不过他们还是思想家，有如中国的诸子，只是勉强去仰攀一个渊源，直到基督纪元后希罗文学时代才可以说真是起头了，正如中国要在晋文里才能看出小品文的色彩来一样。我卤莽地说一句，小品文是文学发达的极致，他的兴盛必须在王纲解纽的时代。未来的事情，因为我到底不是问星处，不能知道，至于过去的史绩却还有点可以查考。我想古今文艺的变迁曾有两个大时期，一是集团的，一是个人的。在文学史上所记大都是后期的事，但有些上代的遗留如歌谣等，也还能推想前期的文艺的百一。在美术上便比较地看得明白，绘画完全个人化了、雕塑也稍有变动，至于建筑，音乐，美术工艺如磁器等，却都保留原始的迹象，还是民族的集团的而非个人的艺术，所寻求表示的也是传统的而非独创的美。在未脱离集团的精神之时代，硬想打破他的传统，又不能建立个性，其结果往往青黄不接，呈出丑态，固然不好，如以现今的磁器之制作绘画与古时相较，即可明了，但如颠倒过来叫个人的艺术复归于集团的，也不是很对的事。对不对是别一件事，与有没有是不相干的，所以这种情形直到现今还是并存，不，或者是对峙着。集团的美术之根据最初在于民族性的嗜好，随后变为师门的传授，遂由硬化而生停滞，其价值几乎只存在技术一点上了。文学则更为不幸，授业的师傅让位于护法的君师，于是集团的文以载道与个人的诗言志两种口号成了敌对，在文学进了后期以后，这新旧势力还永远相搏，酿成了过去的许多五花八门的文学运动。在朝廷强盛，政教统一的时代，载道主义一定占势力，文学大盛，统是平伯所谓“大的高的正的”，可是又就“差不多总是一堆垃圾，读之昏昏欲睡”的东西，一直到了颓废时代，皇帝祖师等等要人没有多大力量了，处士横议，百家争鸣，正统家大叹其人心不古，可是我们觉得有许多新思想好文章都在这个时代发生，这自然因为我们是赞成诗言志派的缘故。小品文则又在个人的文学之尖端，是言志的散文，他集合叙事说理抒情的分子，都浸在自己的性情里，用了适宜的手法调理起来，所以是近代文学的一个潮头，他站在前头，假如碰了壁时自然也首先碰壁。

这是我的私见，可以拿来说明小品散文晚起的缘故，但是其成功又似比较容易，却还有别的理由。十五年五月我有给平伯的一封信云：

> 王季重文殊有趣，唯尚有徐文长所说的以古字奇字替代俗字的地方，不及张宗子的自然。张宗子的《琅嬛文集》中记泰山及普陀之游的两篇文章似比《文饭小品》各篇为佳，此书已借给颉刚，如要看可以转向他去借。我常常说现今的散文小品并非五四以后的新出产品，实在是“古已有之”，不过现今重新发达起来罢了。由板桥、冬心溯而上之这班明朝文人再上连东坡、山谷等，似可编出一本文选，也即为散文小品的源流材料，此件事似大可以做，于教课者亦有便利。现在的小文与宋明诸人之作在文字中固然有点不同，但风致实是一致，或者又加上了一点西洋影响，使他有一种新气息而已。

十五年十一月在重刊《陶庵梦忆》序上也说：

> 我常这样想，现代的散文在新文学中受外国的影响最少，这与其说是文学革命的，还不如说是文艺复兴的产物，虽然在文学发达的程途上复兴与革命是同一样的进展。在理学与古文没有全盛的时候，抒情的散文也已得到相当的长发，不过在学士大夫眼中自然也不很看得起，我们读明清有些名士派的文章，觉得与现代文的情趣几乎一致，思想上固然难免有若干距离，但如明人所表示的对于礼法的反动则又很有现代的气息了。

十七年五月作《杂拌儿》跋，引了上边这一节之后又说道：

> 唐宋文人也作过些性灵流露的散文，只是大都自认为文章游戏，到了要做正经文章时便又照着规矩去做古文。明清时代也是如此，但是明代的文艺美术比较地稍有活气，文学上颇有革新的气象，公安派的人能够无视古文的正统，以抒情的态度作一切的文章，虽然后代批评家贬斥他们浅率空疏，实际却是真实的个性的表现，其价值在竟陵派之上。以前的文人对于著作的态度可以说是二元的，而他们则是一元的，在这一点上与现代写文章的人正是一致，现在的人无论写什么都用白话文，也就是统一的一例，与庚子前后的新党在《爱国白话报》上用白话，自己的名山事业非用古文不可的绝不相同了。以前的人以为文是以载道的东西，但此外另有一种文章却是可以写了来消遣的，现在则又把他统一了，去写或读可以说本以消遣，但同时也就是传了道了，或是闻了道。除了还是想要去以载道的老

少同志以外，我想现在的人的文学意见大抵是这样，这也可以说是与明代的新文学家的意思相差不远的。在这个情形之下，现在的文学——现在只就散文说——与明代的有些相像，正是不足怪的，虽然并没有模仿，或者也还很少有人去读明文，又因时代的关系在文字上很有欧化的地方，思想上也自然要比四百年前有了明显的改变。现代的散文好像是一条湮没在沙土下的河水，多少年后又在下流被掘了出来，这是一条古河，却又是新的。

在上文又曾这样说：

这风致是属于中国文学的，是那样的旧又这样的新。

这一句话我觉得说得颇得要领。同年十一月作《燕知草》跋，有云：

我也看见有些纯粹口语体的文章，在受过新式中学教育的学生手里写得很是细腻流丽，觉得有造成新文体的可能，使小说戏剧有一种新发展，但是在论文，——不，或者不如说小品文，不专说理叙事而以抒情分子为主的，有人称他为絮语过的那种散文上，我想必须有涩味与简单味，这才耐读，所以他的文词还得变化一点。以口语为基本，再加上欧地语，古文，方言等分子，杂糅调和，适宜地或吝啬地安排起来，有知识与趣味的两重的统制，才可以造出有雅致的俗语文来。我说雅，这只是说自然，大方的风度，并不要禁忌什么字句，或者装出乡绅的架子。平伯的文章便多有这些雅致，这又就是他近于明朝人的地方。不过我们要知道，明朝的名士的文章诚然是多有隐遁的色彩，但根本却是反抗的，有些人终于做了忠臣，如王谑庵到复马士英的时候便有会稽乃报仇雪耻之乡非藏垢纳污之地的话，大多数的真正文人的反礼教的态度也很显然，这个统系我相信到了李笠翁、袁子才还没有全绝，虽然他们已都变成了清客了。中国新散文的源流我看是公安派与英国的小品文两者所合成，而现在中国情形又似乎正是明季的样子，手拿不动竹竿的文人只好避难到艺术世界里去，这原是无足怪的。我常想，文学即是不革命，能革命就不必需要文学及其他种种艺术或宗教，因为他已有了他的世界了。接着吻的嘴不再要唱歌，这理由正是一致，但是，假如征服了政治的世界而在别的方面还有不满，那么当然还有要到艺术世界里去的时候，拿破仑在军营中带着《少年维特的烦恼》可以算作一例。文学所以虽是不革命，却很有他的存在的权利与必要。

二十一年十一月所写《杂拌儿之二》序中云：

所谓言与物者何耶，也只是文词与思想罢了，此外似乎还该添上一种气味。气味这个字仿佛有点暧昧而且神秘，其实不然。气味是很实在的东西，譬如一个人身上有羊膻气，大蒜气，或者说有点油滑气，也都是大家所能辨别出来的。这样看去，三代以后的文人里我所喜欢的有陶渊明、颜之推两位先生，恰巧都是六朝人物。此外自然也有部分可取，即如上边所说五人(案：即白采、苏曼殊、沈复、史震、林盛此公)中，沈三白、史悟冈究竟还算佼佼者，《六记》中前三篇多有妙文，《散记》中纪游纪风物如卷二记蟋蟀及姑恶鸟等诸文皆佳，大抵叙事物抒情绪都颇出色，其涉及人生观处则悉失败也。孔子曰，盍各言尔志。我们生活在这年头儿，能够于文字中去找到古今中外的人听他言志，这实在已是一个快乐，原不该再去挑剔好丑。但是话虽如此，我们固然也要听野老的话桑麻，市侩的说行市，然而友朋间气味相投的闲话，上自生死兴衰，下至虫鱼神鬼，无不可谈，无不可听，则其乐益大，而以此例彼，人情又复不能无所偏向耳。

胡乱地讲到这里，对于《杂拌儿之二》我所想说的几句话可以接得上去了。平伯那本集子里所收的文章大旨仍旧是杂的，有些是考据的，其文词气味的雅致与前编无异，有些是抒情说理的，如《中年》等，这里边兼有思想之美，是一般文士之文所万不能及的。此外有几篇讲两性或亲子问题的文章，这个倾向尤为显著。这是以科学常识为本，加上明净的感情与清澈的理智，调合成功的一种人生观，以此为志，言志固佳，以此为道，载道亦复何碍。此刻现在，中古圣徒遍于目前，欲找寻此种思想盖已甚难，其殆犹求陶渊明、颜之推之徒于现代欤。

以上都是我对于新文学的散文之考察，陆续发表在序跋中间，所以只是断片，但是意思大抵还是一贯，近十年中也不曾有多大的变更。二十一年夏间在北平辅仁大学讲演即是以这些意思为根据，简单地联贯了一下。《中国新文学的源流》第二讲中云：

对于这复古的风气揭了反叛的旗帜的，是公安派和竟陵派。公安派的主要人物是三袁，即袁宗道、袁宏道、袁中道三人，他们是万历朝的人物，约当西历十六世纪之末至十七世纪之初。因为他们是湖北公安县人，所以有了公安派的名称。他们的主张很简单，可以说和胡适之先生的主张差不多。所不同的，那时是十六世纪，利玛窦还没有来中国，所以缺乏西洋思想。(他们也有新思想，乃是外来的佛教，借来与儒教思想对抗。)假

> 如从现代新文学的主张要减去他所受到的西洋影响，科学哲学以及文学各方面的，那便是公安派的思想和主张了。而他们对于中国文学变迁的看法，较诸现今谈文学的人或者还要更清楚一点。理论和文章都很对很好，可惜他们的运气不好，到清朝他们的著作便都成为禁书了，他们的运动也给乾嘉的文人学者所打倒了。

我相信新散文的发达成功有两重的因缘，一是外援，一是内应。外援即是西洋的科学哲学与文学上的新思想之影响，内应即是历史的言志派文艺运动之复兴。假如没有历史的基础这成功不会这样容易，但假如没有外来思想的加入，即使成功了也没有新生命，不会站得住。关于言志派我在《中国新文学的源流》第二讲中略有说明云：

> 言志派的文学可以换一名称，叫做即兴的文学，载道派的文学也可以换一名称，叫做赋得的文学。古今有名的文学作品通是即兴文学。例如《诗经》上没有题目，《庄子》有些也无篇名，他们都是先有意思，想到就写下来，写好后再从文章里将题目抽出来的。赋得的文学是先有题目，然后再按题作文。自己想出的题目作时还比较容易，考试所出的题目便有很多的限制，自己的意思不能说，必须揣摩题目中的意思，如题目是孔子的话，则须跟着题目发挥些圣贤道理，如题目为阳货的话，则又非跟着题目骂孔子不可。

末了这几句话固然是讲做真八股者的情形，但是一般的载道派也实在都是如此。我这言志载道的分派本是一时便宜的说法，但是因为诗言志与文以载道的话，仿佛诗文混杂，又志与道的界限也有欠明了之处，容易引起缠夹，我曾追加地说明道："言他人之志即是载道，载自己的道亦是言志。"这里所说即兴与赋得，虽然说得较为游戏的，却很能分清这两者的特质。重复地说，新散文里这即兴的分子是很重要的，在这一点上他与前一期的新文学运动即公安派全然相同，不过这相同者由于趋势之偶合，并不由于模拟或影响。我们说公安派前一期的新文学运动，却不将他当作现今新文学运动的祖师，我们读公安派文发现与现代散文有许多类似处觉得很有兴味，却不将他当作轨范去模仿他。这理由是很简明的。新散文里的基调虽然仍是儒道二家的，这却经过西洋现代思想的陶熔浸润，自有一种新的色味，与以前的显有不同，即使在文章的外观上有相似的地方。我不讳言中国思想里的儒道二家的基调，因为这是事实，非言论所能随便变易，我也并不反对，因为觉得这个基本也并不一定比西洋的宗教思想坏，他更容易收容唯物的常识而一新其面目，如我们近来所见。我常想儒道法实在原是三位一体，儒家一面有他的理想，一面又想顾实行，结果是中庸一路，若要真去实行，却又不能不再降低而成法家，又如抛开实行，便自然专重理想而成道家了。这在当初创始的都是高明的人，后来禁不起徒子徒孙的模拟传讹，一样地变成了破落户，其间也有陶渊明、颜之推等人能自振作的，实际已是江河日下之势，莫可挽救了。外来的思想也曾来注灌过，如佛教是也，这原是伟大的思想，很可以佩服的，可是他自成一统系，他的倾向又比道家更往左走，他的影响好容易钻到文学里去之后，结果只有两样，这如不是属于宗教类的佛教文学，那就是近似道家思想的一种空灵作品而已。公安派的文学大约只做到这里，现在的要算是进一程了。为什么呢？这便因为现在所受的外来影响是唯物的科学思想，他能够使中国固有的儒道思想切实地淘炼一番，如上文说过，以科学常识为本，加上明净的感情与清澈的理智，调合成功一种人生观，“以此为志，言志固佳，以此为道，载道亦复何碍。”论理，这应该是中国现文坛的普遍的情形，盖中国向无宗教思想的束缚，偏重现实的现世主义上加以唯物的科学思想，自当能和合新旧而别有成就。事实却不尽然，没有能够抓得住这二者的主脑，也没有能够把他们捏作一团，那么结果不是做出一篇新的土八股便是旧的传教的洋话。这也正是无怪的。过去的时间的力量太大了，现在的力量又还太短，虽然期望好文章的出现也是人情，然而性急也无用处，还只好且等待着耳。

对于新文学的散文我的意见大抵只是如此，要分时期分派别地讲，我觉得还无从说起，从民六到现今还没有二十年，何况现在又只以前十年为限呢。我看文艺的段落，并不以主义与党派的盛衰为唯一的依据，只看文人的态度，这是夹杂宗教气的主张载道的呢，还是纯艺术的主张载道的呢，以此来决定文学的转变。现在还是混乱时期，这也还难说，因为各自在那里打转身，似乎都很少真是明确态度。我是这样看，也就这样地编选。我与郁达夫先生分编这两本散文集，我可以说明我的是那么不讲历史，不管主义党派，只凭主观偏见而编的。这一册里共计有十七人，七十一篇。这里除了我与郁先生约定互相编选之外，其余的许多人大都是由我胡抓瞎扯的，关于这些人有几件事应得说明，今列记于下：

一、有四位已故的人，即徐志摩、刘半农、刘大白、梁遇春，都列在卷首。所选的文章不以民国十五年为限，这可以算是一个例外，但是却也不能说是没有理由的。

二、吴稚晖（这里活人也一律称名，不加先生，下均同。）实在是文学革命以前的人物，他在《新世纪》上发表的妙文凡读过的人谁也不会忘记的。他的这一种特别的说话法与作文法可惜至今竟无传人，真令人有广陵散之感。为表示尊重这奇文起见，特选录在民十以后所作几篇，只可惜有些在现今恐有违碍不能重印，所以只抄了短短的两篇小文。

三、议论文照例不选，所以有些人如蔡孑民、陈独秀、胡适之、钱玄同、李守常、陶孟和等的文章都未曾编入。这里就只选了顾颉刚的一篇《古史辨序》，因为我觉得这是很有趣的自叙，胡适之的《四十自述》或者可以相比，不过出得太迟了，已经在民十五之后。《新潮》上还有一篇讲旧家庭的文章，署名“顾诚吾”，也可备选，因为是未完的稿，所以决定用了这序文。

四、废名所作本来是小说，但是我看这可以当小品散文读，不，不但是可以，或者这样更觉得有意味亦未可知。今从《桥》中选取六则，《枣》中也有可取的文章，因为著作年月稍后，所以只好割爱了。

五、此外还有些人本拟收入，如梁实秋、沈从文、谢六逸、章克标、赵景深等，只可惜大部分著作都在民十五以后，所以不能收在这一集里。近十年来作者如林，未能尽知，自多遗漏，咎何能辞，但决无故意抹杀之事，此则自审可告无罪者耳。

六、末了我似乎还得略说我自己对于散文的主观和偏见。前面我所说的多是关于散文的发达，现在是说对于散文本身这东西。我在《草木虫鱼》小引中说过：

> 我平常很怀疑，心里的情是否可以用言全表了出来，更不相信随随便便地就表得出来。什么嗟叹啦，永歌啦，手舞足蹈啦的把戏，多少可以发表自己的情意，但是到了成为艺术再给人家去看的时候，恐怕就要发生了好些的变动与间隔，所留存的也就是很微末了。死生之悲哀，爱恋之喜悦，人生最切的悲欢甘苦，绝对地不能以言语形容，更无论文字，至少在我是这样感想，世间或有天才自然也可以有例外，那么我们凡人所可以用文字表现者只是某一种情意，固然不很粗浅但也不很深切的部分，换句语来说，实在是可有可无不关紧要的东西，表现出来聊以自慰消遣罢了。
>
> 我觉得文学好像是一个香炉，他的两旁还有一对蜡烛台，左派和右派。无论那一边是左是右，都没有什么关系，这总之有两位，即是禅宗与密宗，假如容我借用佛教的两个名称。文学无用，而这左右两位是有用有能力的。禅宗的作法的人不立文字，知道它的无用，却寻别的途径。霹雳似地大喝一声，或一棍打去，或一句干矢橛，直截地使人家豁然开悟，这在对方固然也需要相当的感受性，不能轻易发生效力，但这办法的精义实在是极对的，差不多可以说是最高理想的艺术，不过在事实上艺术还著实有志未逮，或者只是音乐有点这样的意味，缠缚在文字语言里的文学虽然拿出什么象征等事物来在那里挣扎，也总还追随不上。密宗派的人单是结印念咒，揭谛揭谛波罗揭谛几句话，看去毫无意义，实在含有极大力量，

老太婆高唱阿弥陀佛，便可安心立命，觉得西方有分，绅士平日对于厨子呼来喝去，有朝一日自己做了光禄寺小官，却是顾盼自雄，原来都是这一类的事。即如古今来多少杀人如麻的钦案，问其罪名，只是大不敬或大逆不道等几个字儿，全是空空洞洞的，当年却有许多活人死人因此处了各种极刑，想起来很是冤枉，不过在当时，大约除本人外没有不以为都是应该的吧。名号——文字的威力大到如此，实在可敬而且可畏了。文学呢，他是既不能令又不受命，他不能那么解脱。用了独一无二的表现法直接地发出来，却也不会这么刚勇，凭空抓了一个唵字塞住了人家的嗓子，再回不过气来，结果是东说西说，写成了四万八千卷的书册，只供闲人翻阅罢了。

这是我对于文学——散文的苛刻而宽容的态度。我是这样想，自己也这样写，人家的这样看，现在也这样选。

中华民国二十四年八月二十四日，于北平。

（选自《中国新文学大系·散文一集》，上海良友图书印刷公司 1935 年版）

［**导读**］

本文是周作人为自己编选的《中国新文学大系·散文一集》(1917—1927)所做的导言。周作人是新文学发展初期的最重要的理论家和散文家。他强调“言志派”散文，推崇六朝文章和晚明小品，对现代散文的发展产生了非常重要的影响。这些在本文中都有明确的流露。

6.《中国新文学大系·散文二集》导言(节选)

郁达夫

［**原文］**

……

四　现代的散文

自从五四运动起后，破坏的工作就开始了。最显而易见的，就是文字的械梏打破运动，这一层工作，直到现在还在继续进行，可以说是已经做到了百分之六七十。第二步运动，是那一层硬壳的打破工作，可是惭愧之至，弄到今天，那硬壳上的三大厚柱总算动摇了一点，但那一层硬壳还依然蒙被在大多数人的身上。

五四运动的最大的成功，第一要算“个人”的发见。从前的人，是为君而存在，为道而存在，为父母而存在的，现在的人才晓得为自我而存在了。我若无何有乎君，道之不适于我者还算什么道，父母是我的父母；若没有我，则社会、国家、宗族等那里会有？以这一种觉醒的思想为中心，更以打破了械梏之后的文字为体用，现代的散文，就滋长起来了。

现代的散文之最大特征，是每一个作家的每一篇散文里所表现的个性，比从前的任何散文都来得强。古人说，小说都带些自叙传的色彩的，因为从小说的作风里、人物里可以见到作者自己的写照；但现代的散文，却更是带有自叙传的色彩了，我们只消把现代作家的散文集一翻，则这作家的世系、性格、嗜好、思想、信仰、以及生活习惯等等，无不活泼地显现在我们的眼前。这一种自叙传的色彩是什么呢，就是文学里所最可宝贵的个性的表现。

文极司泰(C. T. Winchester)在一本评论英国散文作家的文集(A group of English Essayists)的头上，有一段短短的序言说：

> ……(上略)
>
> 若有人嫌这书的大部分的注意，都倾注入了各人的传记，而真正的批评，却只占了一小部分的话，那请你们要记着，像海士立脱(Hazlitt)、像兰姆(Lamb)、像特・昆西(De Quincey)、像威尔逊(Wilson)、像汉脱(Hunt)诸人所写的主题，都系取从他们自己的个人经验之内的。恐怕在其他一样丰富、一样重要的另外许多英国散文之中，像这样地绝对带有自叙传色彩的东西，也是很少罢。以常常是很有用的传记的方法来详论他们，在这里是对于评论家的唯一大道。他在能够评量那一册著作之先，必须要熟悉那作者的"人"才行。(序文Ⅶ页)

这一段话虽则不能直接参过来适用在我们现代的散文作家的身上，但至少散文的重要之点是在个性的表现这一句话，总可以说是中外一例的了。周作人先生在序沈启无编的《冰雪小品选》一文中说："我卤莽地说一句，小品文是文学发达的极致，它的兴盛必须在王纲解纽的时代。"(《看云集》189页)若我的猜测是不错的话，岂不是因为王纲解纽的时候，个性比平时一定发展得更活泼的意思么？两晋的时候是如此，宋末明末是如此，我们在古代的散文中间，也只在那些时候才能见到些稍稍富于个性的文字；当太平的盛世，与王权巩固的时候，我前面所说的那两重械梏，尤其是纲常名教的那一层硬壳，是决不容许你个人的个性有略一抬头的机会的。

所以，自五四以来，现代的散文是因个性的解放而滋长了，正如胡适之先生在一九二二年《申报五十年的纪念特刊》上《五十年来中国之文学》中的所说：

> 白话散文很进步了。长篇议论文的进步，那是显而易见的，可以不论。这几年来，散文方面最可注意的发展，乃是周作人等提倡的小品散

> 文。这一类的小品，用平淡的谈话，包藏着深刻的意味；有时很像笨拙，其实却是滑稽，这一类作品的成功，就可彻底打破那“美文不能用白话”的迷信了。

胡先生在这里可惜还留下了一点语病，仿佛教人要把想起文言文就是美的这一个旧观念抛弃似的；其实一篇没有作意没有个性的散文，即使文言到了不可以再文，也决不能算是一篇文字的，美不美更加谈不上了。

因为说到了散文中的个性(我的所谓个性，原是指 Individuality(个人性)与 Personality(人格)的两者合一性而言)，所以也想起了近来由林语堂先生等所提出的所谓个人文体 Personal Style 那一个的名词。文体当然是个人的；即使所写的是社会及他人的事情，只教是通过作者的一番翻译介绍说明或写出之后，作者的个性当然要渗入到作品里去的。左拉有左拉的作风，弗老贝尔有弗老贝尔的写法，在尤重个性的散文里，所写的文字更是与作者的个人经验不能离开了；我们难道因为若写身边杂事，不免要受人骂，反而故意去写些完全为我们所不知道没经验过的谎话倒算真实么？这我想无论是如何客观的写实论家，也不会如此立论的。

至于个人文体的另一面的说法，就是英国各散文大家所惯用的那一种不拘形式家常闲话似的体裁(Informal or Familiar essays)的话，看来却似很容易，像是一种不正经的偷懒的写法，其实在这容易的表面下的作者的努力与苦心，批评家又那里能够理会？十九世纪的批评家们，老有挖苦海士立脱的散文作风者说：“在一天春风和煦的星期儿的早晨，我喝着热腾腾的咖啡，坐在向阳的回廊上的安乐椅里读××××的书，等等，又是那么的一套!”这挖苦虽然很有点儿幽默，可是若不照这样的写法，那海士立脱就不成其为海士立脱了。你须知道有一位内庭供奉，曾对蒙泰纽说：“皇帝陛下曾经读过你的书，很想认识认识你这一个人。”你知道他是怎么回答的呢？“假使皇帝陛下已经认识了我的书的话，”他回答说，“那他就认识我的人了”。个人文体在这一方面的好处，就在这里。

几年前梁实秋先生曾在《新月》上发表过一篇论散文的文章，在末了的一段里，他说：“近来写散文的人，不知是过分地要求自然，抑过分地忽略艺术，常常地沦于粗陋之一途。无论写的是什么样的题目，类皆出之以嘻笑怒骂；引车卖浆之流的语气，和村妇骂街的口吻，都成为散文的正则。像这样恣肆的文字，里面有的是感情，但是文调，没有!”难道写散文的时候，一定要穿上大礼服，带上高帽子，套着白皮手套，去翻出文选锦字上的字面来写作不成？扫烟突的黑脸小孩，既可以写入散文，则引车卖浆之流，何尝不也是人？人家既然可以用了火烧猪猡的话来笑骂我们中国人之愚笨，那我们回骂他一声直脚鬼子，也不算为过。况且梁先生所赞成的“高超的郎占诺斯”(The Sublime Longinus)，在他那篇不朽的《崇高美论》(On the Sublime：Translated by A. O. Prickard)里，对于论敌的该雪留斯(Caecilius)也是毫不客气地在那里肆行反驳的，嬉笑怒骂，又何尝不可以成文章？

由梁先生的这一段论断出发，我们又可以晓得现代散文的第二特征，是在它的范围的扩大，这散文内容范围的扩大，虽然不就是伟大，但至少至少，也是近代散文超越古代散文的一个长足的进步。

从前的人，是非礼弗听，非礼弗视，非礼弗……的，现在可不同了。一样的是人体的一部分，为什么肚脐以下，尾闾骨周围的一圈，就要隐藏抹杀，勿谈勿写呢？(这是霭理斯的意见)。苍蝇蚊子，也一样是宇宙间的生物，和绅士学者，又有什么不同，而不可以做散文的对象呢？所以讲堂上的高议宏论，原可以做散文的材料，但同时“引车卖浆之流的语气，和村妇骂街的口吻”也一样地可以上散文的宝座。若说散文只许板起道学面孔，满口大学之道，泰山崩于前而色不变的没有感情的人去做的话，那中国的散文，岂不也将和宗教改革以前的圣经一样，变成几个特权阶级的私产了么？

当《人间世》发刊的时候，发刊词里曾有过“宇宙之大，苍蝇之微，无不可谈”的一句话；后来许多攻击《人间世》的人，每每引这一句话来挖苦《人间世》编者林语堂先生，说：“只见苍蝇，不见宇宙”。其实林先生的这一句话，并不曾说错，不过文中若只见苍蝇的时候，那只是那一篇文字的作者之故，与散文的范围之可以扩大到无穷尽的一点，却是无关无碍的。美国有一位名尼姊(Nitchie)的文艺理论家，在她编的一册文艺批评论里说：

> 在各种形式的散文(按此地的散文两字，系指广义的散文而言)之中，我们简直可以说Essay是种类变化最多最复杂的一种。自从蒙泰纽最初把他对于人和物的种种观察名作Essais或试验以来，关于这一种有趣的试作的写法及题材，并不曾有过什么特定的限制。尤其是在那些不拘形式的家常闲话似的散文里，宇宙万有，无一不可以取来作题材，可以幽默，可以伤感，也可以辛辣，可以柔和，只教是亲切的家常闲话式的就对了。在正式的散文(The formal Essay)项下也可以有种种的典型，数目也很多，种类也很杂，这又是散文的范围极大的另一佐证。像马可来(Macaulay)的有些散文，性质就是历史式的传记式的，正够得上称作史笔与传记而无愧。也有宗教的或哲学的散文，德义的散文，批评的散文，或教训的散文。这些散文中的任何一种，它的主要目的，都是在诉之于我们的智性的。……
>
> 可是比正式的散文更富于艺术性，由技巧家的观点说来，觉得更不容易写好的那种散文，却是平常或叫作Informal(不拘形式的)或叫做Famil-

iar(家常闲话式的)或叫做的 Personal(个人文体式的)Essays。这种种散文的名称，就在暗示着它的性质与内容。它是没有一定的目的与一定的结构的。它的目的并不是在教我们变得更聪明一点，却是在使我们觉得更快乐一点。……

(Nitchie：The Criticism of Literature pp. 270，271-2)

所以现代的散文之内容范围，竟能扩大到如此者，正因为那种不拘形式的散文的流行，正因为引车卖浆者流的语气，和村妇骂街的口吻，都被收入到了散文里去的缘故。

现代散文的第三个特征，是人性，社会性，与大自然的调和。

从前的散文，写自然就专写自然，写个人便专写个人，一议论到天下国家，就只说古今治乱，国计民生，散文里很少人性，及社会性与自然融合在一处的，最多也不过加上一句痛哭流涕长太息，以示作者的感愤而已；现代的散文就不同了，作者处处不忘自我，也处处不忘自然与社会。就是最纯粹的诗人的抒情散文里，写到了风花雪月，也总要点出人与人的关系，或人与社会的关系来，以抒怀抱；一粒沙里见世界，半瓣花上说人情，就是现代的散文的特征之一。从哲理的说来，这原是智与情的合致，但时代的潮流与社会的影响，却是使现代散文不得不趋向到此的两重客观的条件。这一种倾向，尤其是在五卅事件以后的中国散文上，表现得最为显著。

统观中国新文学内容变革的历程，最初是沿旧文学传统而下，不过从一个新的角度而发见了自然，同时也就发见了个人；接着便是世界潮流的尽量的吸收，结果又发见了社会。而个人终不能遗世而独立，不能餐露以养生，人与社会，原有连带的关系，人与人类，也有休戚的因依的；将这社会的责任，明白剀切地指示给中国人看的，却是五卅的当时流在帝国主义枪炮下的几位上海志士的鲜血。

艺术家是善感的动物，凡世上将到而未到的变动，或已发而未至极顶的趋势，总会先在艺术家的心灵里投下一个淡淡的影子；五卅的惨案，早就在五四时代的艺术品里暗示过了，将来的大难，也不难于今日的作品里去求得线索的。这一种预言者的使命，在小说里原负得独多，但散文的作者，却要比小说家更普遍更容易来挑起这一肩重担。近年来散文小品的流行，大锣大鼓的小说戏剧的少作，以及散文中间带着社会性的言辞的增加等等，就是这一种倾向的指示。

最后要说到近来才浓厚起来的那种散文上的幽默味了，这当然也是现代散文的特征之一，而且又是极重要的一点。幽默似乎是根于天性的一种趣味，大英帝国的国民，在政治上商业上倒也并不幽默，而在文学上却个个作家多少总含有些幽默的味儿：上自乔叟，莎士比亚起，下迄现代的 Robert Lynd，Bernard Shaw 以及 A. A. Milne，Aldous Huxley 等辈，不管是在严重的长篇大著之中，或轻松的另章断句之内，正到逸兴遄飞的时候，总板着面孔忽而来它一下幽默：会使论敌也可以倒在地下而破颜，愁人也得停着眼泪而发一笑。北国的幽默，像契诃夫的作品之类，是幽郁的，南国的幽默，像西班牙的塞范底斯之类，是光明的；这与其说是地理风土的关系，还不如说因人种(民族)时代的互异而使然；我们的中华民族，一向就是不懂幽默的民族，但近来经林语堂先生等一提倡，在一般人的脑里，也懂得点什么是幽默的概念来了，当然不得不说是一大进步。

有人说，近来的散文中幽默分子的增多，是因为政治上的高压的结果：中华民族要想在苦中作一点乐，但各处都无法可想，所以只能在幽默上找一条出路，现在的幽默会这样兴盛的原因，此其一；还有其次的原因，是不许你正说，所以只能反说了，人掩住了你的口，不容你叹息一声的时候，末了自然只好泄下气以舒肠，作长歌而当哭。这一种观察，的确是不错；不过这两层也须是幽默兴盛的近因，至于远因，恐怕还在历来中国国民生活的枯燥，与夫中国散文的受了英国 Essay 的影响。

中国的国民生活的枯燥，是在世界的无论那一国都没有它的比类的，上自上层阶级起，他们的趣味，就只有吃鸦片、打牌与蓄妾；足迹不出户牖，享乐只在四壁之内举行，因此倒也养成了一种像罗马颓废时代似的美食的习惯。其次的中产阶级，生活是竭力在模仿上层阶级的，虽然多了几处像大世界以及城隍庙说书场之类的地方可以跑跑，但是他们生活的没有规则与没有变化，却更比农村下层阶级都不如。至于都市的下层阶级呢，工资的低薄，与工作时间的延长，使他们虽有去处，也无钱无闲去调剂他们的生活。农村的下层阶级，比起都市的劳动者来，自然是闲空得多；岁时伏腊也有些特殊的行乐，如农事完后的社戏，新春期内的迎神赛会之类，都是大众娱乐的最大机会，可是以一年之长，而又兼以这种大事的不容易举行，归根结蒂，他们的生活仍旧还是枯燥的。这上下一例的枯燥的国民生活，从前是如此，现在因为国民经济破产的结果，反更不如前了，那里可以没有一个轻便的发泄之处的呢？所以散文的中间，来一点幽默的加味，当然是中国上下层民众所一致欢迎的事情。

英国散文的影响于中国，系有两件历史上的事情，做它的根据的：第一，中国所最发达也最有成绩的笔记之类，在性质和趣味上，与英国的 Essay 很有气脉相通的地方，不过少一点在英国散文里是极普遍的幽默味而已；第二，中国人的吸收西洋文化，与日本的最初由荷兰文为媒介者不同，大抵是借用英文的力量的，但看欧洲人的来我国者，都以第三国语的英文为普通语，与中国人的翻外国人名地名，大半以英语为据的两点，就可以明白；故而英国散文的影响，在我们的知识阶级中间，是再过十年二十年也决不会消灭的一种根深蒂固的潜势力。像已故的散文作家梁遇春先生等，且已有人称之为中国的爱利亚了，即此一端，也可以想见得英国散文对我们的影响之大且深。至如鲁迅先生所翻的厨川白村氏在《出了象牙之塔》里介绍英国 Essay 的一段文章，更为弄弄文墨的人，大家所读过的妙文，在此地也可以不必再说。

总之，在现代的中国散文里，加上一点幽默味，使散文可以免去板滞的毛病，使读者可以得一个发泄的机会，原是很可欣喜的事情。不过这幽默要使它同时含有破坏而兼建设的意味，要使它有左右社会的力量，才有将来的希望；否则，空空洞洞，毫无目的，同小丑的登台，结果使观众于一笑之后，难免得不感到一种无聊(Nonsense)的回味，那才是绝路。

……

六　妄评一二

在这一集里所选的，都是我所佩服的人，而他们的文字，当然又都是我所喜欢的文字，——不喜欢的就不选了——本来是可以不必再有所评述，来搅乱视听的，因为文字具在，读者读了自然会知道它们的好坏。但是向来的选家习惯，似乎都要有些眉批和脚注，才算称职，我在这里，也只能加上些蛇足，以符旧例。我不是批评家，所见所谈也许荒谬绝伦，读者若拿来作脚注看，或者还能识破愚者之一得！名曰妄评，实在不是自谦之语。

鲁迅、周作人在五十几年前，同生在浙江绍兴的一家破落的旧家，同是在穷苦里受了他们的私塾启蒙的教育。二十岁以前，同到南京去进水师学堂学习海军，后来同到日本去留学。到这里为止，两人的经历完全是相同的，而他们的文章倾向，却又何等的不同！

鲁迅的文体简练得像一把匕首，能以寸铁杀人，一刀见血。重要之点，抓住了之后，只消三言两语就可以把主题道破——这是鲁迅作文的秘诀，详细见《两地书》中批评景宋女上《驳复校中当局》一文的语中——次要之点，或者也一样的重要，但不能使敌人致命之点，他是一概轻轻放过，由它去而不问的。与此相反，周作人的文体，又来得舒徐自在，信笔所至，初看似乎散漫支离，过于繁琐，但仔细一读，却觉得他的漫谈，句句含有分量，一篇之中，少一句就不对，一句之中，易一字也不可，读完之后，还想翻转来从头再读的。当然这是指他从前的散文而说，近几年来，一变而为枯涩苍老，炉火纯青，归入古雅遒劲的一途了。

两人文章里的幽默味，也各有不同的色彩，鲁迅的是辛辣干脆，全近讽刺，周作人的是湛然和蔼，出诸反语。从前在《语丝》上登的有一篇周作人的《碰伤》，记得当时还有一位青年把它正看了，写了信去非难过。

其次是两人的思想了：他们因为所处的时代和所学的初基，都是一样，故而在思想的大体上根本上，原也有许书类似之点；不过后来的趋向，终因性格环境的不同，分作了两歧。

鲁迅在日本学的是医学，周作人在日本由海军而改习了外国语。他们的笃信科学，赞成进化论，热爱人类，有志改革社会，是弟兄一致的；而所主张的手段，却又各不相同。鲁迅是一味急进，宁为玉碎的；周作人则酷爱和平，想以人类爱来推进社会，用不流血的革命来实现他的理想（见《新村的理想与实际》等数篇）。

周作人头脑比鲁迅冷静，行动比鲁迅夷犹，遭了三一八的打击以后，他知道空喊革命，多负牺牲，是无益的，所以就走进了十字街头的塔，在那里放散红绿的灯光，悠闲地，但也不息地负起了他的使命；他以为思想上的改革，基本的工作当然还是要做的，红的绿的灯光的放送，便是给路人的指示；可是到了夜半清闲，行人稀少的当儿，自己赏玩赏玩这灯光的色彩，玄想玄想那天上的星辰，装聋做哑，喝一口苦茶以润润喉舌，倒也是于世无损，于己有利的玩意儿。这一种态度，废名说他有点像陶渊明。可是“陶潜诗喜说荆轲”，他在东篱下采菊的时候，当然也忘不了社会的大事，“少时壮且厉，抚剑独行游”的气概，还可以在他的作反语用的平淡中想见得到。

鲁迅的性喜疑人——这是他自己说的话——所看到的都是社会或人性的黑暗面，故而语多刻薄，发出来的尽是诛心之论：这与其说他的天性使然，还不如说是环境造成的来得恰对，因为他受青年受学者受社会的暗箭，实在受得太多了，伤弓之鸟惊曲木，岂不是当然的事情么？在鲁迅的刻薄的表皮上，人只见到他的一张冷冰冰的青脸，可是皮下一层，在那里潮涌发酵的，却正是一腔沸血，一股热情；这一种弦外之音，可以在他的小说，尤其是《两地书》里面，看得出来。我在前面说周作人比他冷静，这话由不十分深知鲁迅和周作人的人看来，或者要起疑问：但实际上鲁迅却是一个富于感情的人，只是勉强压住，不使透露出来而已；而周作人的理智的固守，对事物社会见解的明确，却是谁也知道的事情。

周作人的理智既经发达，又时时加以灌溉，所以便造成了他的博识；但他的态度却不是卖智与衒学的，谦虚和真诚的二重内美，终于使他的理智放了光，博识致了用。他口口声声在说自己是一个中庸的人，若把中庸当作智慧感情的平衡，立身处世的不苟来解，那或者还可以说得过去；若把中庸当作了普通的说法，以为他是一个善于迎合，庸庸碌碌的人，那我们可就受了他的骗了。

中国现代散文的成绩，以鲁迅周作人两人的为最丰富最伟大，我平时的偏嗜，亦以此二人的散文为最所溺爱。一经开选，如窃贼入了阿拉伯的宝库，东张西望，简直迷了我取去的判断；忍心割爱，痛加删削，结果还把他们两人的作品选成了这一本集子的中心，从分量上说，他们的散文恐怕要占得全书的十分之六七。

冰心女士散文的清丽，文字的典雅，思想的纯洁，在中国也算是独一无二的作家了；记得雪莱的咏云雀的诗里，仿佛曾说过云雀是初生的欢喜的化身，是光天化日之下的星辰，是同月光一样来把歌声散溢于宇宙之中的使者，是虹霓的彩滴要自愧不如的妙音的雨师，是……，这一首千古的杰作，我现在记也记不清了，总而言之，把这一首诗全部拿来，以诗人赞美云雀的清词妙句，一字不易地用在冰心女士的散文批评之上，我想是最适当也没有的事情。

女士的故乡是福建，福建的秀丽的山水，自然也影响到了她的作风，虽然她并不是在福建长大的。十余年前，当她二十几岁的时候孤身留学在美国，慰冰湖、青山、沙穰、大西洋海滨、白岭、戚叩落亚、银湖、洁湖等佳山水处，都助长了她的诗思，美化了她的文体。

对父母之爱，对小弟兄小朋友之爱，以及对异国的弱小儿女，同病者之爱，使她的笔底有了像温泉水似的柔情。她的写异性爱的文字不多，写自己的两性间的苦闷的地方独少的原因，一半原是因为中国传统的思想在那里束缚她，但一半也因为她的思想纯洁，把她的爱宇宙化了秘密化了的缘故。

我以为读了冰心女士的作品，就能够了解中国一切历史上的才女的心情；意在言外，文必己出，哀而不伤，动中法度，是女士的生平，亦即是女士的文章之极致。

林语堂生性憨直，浑朴天真，假令生在美国，不但在文学上可以成功，就是从事事业，也可以睥睨一世，气吞小罗斯福之流。《剪拂集》时代的真诚勇猛，的是书生本色，至于近来的耽溺风雅，提倡性灵，亦是时势使然，或可视为消极的反抗，有意的孤行。周作人常喜引外国人所说的隐士和叛逆者混处在一道的话，来作解嘲；这话在周作人身上原用得着，在林语堂身上，尤其是用得着。

他是一个生长在牧师家庭里的宗教革命家，是一个受外国教育过度的中国主义者，反对道德因袭以及一切传统的拘谨自由人；他的性格上的矛盾，思想上的前进，行为上的合理，混和起来，就造成了他的幽默的文章。

他的幽默，是有牛油气的，并不是中国向来所固有的《笑林广记》。他的文章，虽说是模仿语录的体裁，但奔放处，也赶得上那位疯狂致死的超人尼采。唯其憨直，唯其浑朴，所以容易上人家的当；我只希望他勇往直前，勉为中国20世纪的拉勃来，不要因为受了人家的暗算，就矫枉过正，走上了斜途。

人生到了四十，可以不惑了；林语堂今年四十，且让我们刮目来看他的后文罢！

丰子恺今年三十九岁，是生长在嘉兴石门湾的人，所以浙西人的细腻深沉的风致，在他的散文里处处可以体会得出。

少时入浙江师范，以李叔同(现在的弘一法师)为师；弘一剃度之后，那一种佛学的思想，自然也影响到了他的作品。人家只晓得他的漫画入神，殊不知他的散文，清幽玄妙，灵达处反远出在他的画笔之上。

对于小孩子的爱，与冰心女士不同的一种体贴入微的对于小孩子的爱，尤其是他的散文里的特色。

他是一个苦学力行的人，从师范学校出来之后，在上海半工半读，自己努力学画，自己想法子到日本去留学，自己苦修外国文字，终久得到了现在的地位。我想从这一方面讲来，他的富有哲学味的散文，姑且不去管它，就单论他的志趣，也是可以为我们年青的人做模范的。

钟敬文出身于广东汕头的岭南大学，本为文风极盛的梅县人，所以散文清朗绝俗，可以继周作人、冰心的后武。可惜近来改变方针，去日本研究民族传说等专门学问去了，我希望他以后仍能够恢复旧业，多做些像《荔枝小品》，《西湖漫拾》里所曾露过头角的小品文。

川岛人本幽默，性尤冲淡，写写散文，是最适宜也没有的人；但不知为了什么，自恋爱成功以后，却不常做东西了。薄薄的一册《月夜》，是正当他在热爱时期蒸发出来的升华，窥豹一斑，可以知其大概。

罗黑芷、朱大枬两人，幽郁的性格相同，文字的玄妙亦互相类似；可惜忧能伤人，这两位都不到中年就去世了。略录数篇，以志哀悼，并以痛我们散文界的损失。

叶永蓁比较得后起，但他的那种朴实的作风、稳厚的文体，是可以代表一部分青年的坚实分子的，摘录一篇，以备一格。

朱自清虽则是一个诗人，可是他的散文，仍能够满贮着那一种诗意，文学研究会的散文作家中，除冰心女士外，文字之美，要算他了。以江北人的坚忍的头脑，能写出江南风景似的秀丽的文章来者，大约是因为他在浙江各地住久了的缘故。

王统照、许地山的两人，文字同属致密，也一南一北，地理风土感化上的不同，可以在两人的散文里看得出来。许地山久居极南，研究印度哲学，玄想自然潜入了他的作品。王统照生长山东，土重水深，因而词气亦厚。这一次欧游的结果，虽还不能够从他的文字里，探得些究竟，但扩大了眼界，增进了学殖，古人所说的“读万卷书，行万里路”的成绩，当然是不会毫无的。

郑振铎本来是个最好的杂志编辑者，转入了考古，就成了中国古文学鉴定剔别的人。按理而论，学者是该不会写文章的，但他的散文，却也富有着细腻的风光。且取他的叙别离之苦的文学，来和冰心的一比，就可以见得一个是男性的，一个是女性的了。大约此后，他在这一方面总还有着惊人的长进，因为他的素养，他的经验，都已经积到了百分之百的缘故。

叶绍钧风格谨严，思想每把握得住现实，所以他所写的，不问是小说，是散文，都令人有脚踏实地，造次不苟的感触。所作的散文虽则不多，而他所特有的风致，却早在短短的几篇文字里具备了：我以为一般的高中学生，要取作散文的模范，当以叶绍钧氏的作品最为适当。

茅盾是早就在从事写作的人，唯其阅世深了，所以行文此不忘社会。他的观察的周到，分析的清楚，是现代散文中最有实用的一种写法，然而抒情炼句，妙语谈玄，不是他的所长。试把他前期所作的小品，和最近所作的切实的记载一比，就可以晓得他如何的在利用他的所长而遗弃他的所短。中国若要社会进步，若要使文章和现实生活发生关系，则像茅盾那样的散文作家，多一个好一个；否则清谈误国，辞章极盛，国势未免要趋于衰颓。

胡言乱道，一气写来，自己也觉得谈得太多了，妄评多罪，愿作者与读者诸君共谅宥之。

一九三五年四月

（选自《中国新文学大系·散文二集》，上海良友图书印刷公司 1935 年版）

［**导读**］

本文是郁达夫为自己编选的《中国新文学大系·散文二集》(1917—1927)所做的导言。文中，郁达夫概括了现代散文的重要特征。与上一篇周作人侧重梳理现代散文发展脉络的导言不同，郁达夫这篇导言更侧重于点评具体作家的具体作品。他对鲁迅、周作人、冰心等人的点评，都是非常精辟独到的。

7.《鲁迅风》发刊词

王任叔

［**原文**］

好久以前，我们就想办个同人刊物，一苦于没有机会，二苦于想不到好名字。这回出版《鲁迅风》，也不过“就近取便”，别无其他用意。

我们景仰鲁迅先生，那是无用多说的。高天之下，厚地之上，芸芸众生，景仰鲁迅先生者，何啻万千。我们不过是万千人中的少数几个。我们知道鲁迅先生并不深，偶拈片光吉羽，即觉欣然有得，其实还是一无所知。这是学识所限，无可如何的。

以政治家的立场，来估量鲁迅先生，毛泽东先生说他“是中国的第一等圣人”，而且“是新中国的圣人”。我们为文艺学徒，总觉得鲁迅先生是文坛的宗匠，处处值得我们取法。

通过鲁迅先生的全生涯，他所研究的学术范围之广博与精到，在今天，我们实在还没有找到第二个人。他有丰富的科学知识，他有湛深的国学根底，他极其娴习历史，他正确把握现实，他思想深刻，他眼光远大，他那卓越的文艺作品，奠定了中国新文学的国际地位，而这一切，鲁迅先生都以斗争精神贯彻着。

谁都知道我们应该学习鲁迅先生的斗争精神，但谁都忘却我们更应该学习鲁迅先生的斗争精神所附丽的学术业绩；没有这业绩，也没有鲁迅先生的斗争精神，这该是自明之理，无须我们唠叨；然而我们将怎样来接受这一份遗产，沿着鲁迅先生所走过的，所指示的路走去，这是我以日夜惮思而企求着的。

固然，各人的禀赋不同，学殖互异，学习模仿，并非绝对的事。鲁迅先生之于青年，也未必如蜾蠃之于青虫，祝望"类我！类我！"但"高山仰止，景行行之，虽不能至，心向往之"，这是我们微末的心情，类与不类，本非所计。

生在斗争的时代，是无法逃避斗争的。探取鲁迅先生使用武器的秘奥，使用我们可能使用的武器，袭击当前的大敌。说我们这刊物有些"用意"，那便是唯一的"用意"了。

然而，我们将在虚心的学习中，虚心地接受一切批评。

（选自《啸傲霜天——〈鲁迅风〉〈杂文〉散文随笔选萃》，天津人民出版社1998年版；原载《鲁迅风》1939年创刊号）

［**导读**］

1939年1月，一批身居上海租界的作家创办了《鲁迅风》，王任叔为之撰写发刊词。他道出了"鲁迅风"同人对鲁迅的敬仰之情，他们认为"生在斗争的时代，是无法逃避斗争的"。"鲁迅风"作家们在此一致表示要秉承鲁迅战斗的辛辣的杂文风格，用以"袭击当前的大敌"。

◇思考与练习

1. 中国新文学的文体概念是在西方文学理念影响下建构起来的，采用的是小说、诗歌、戏剧、散文四分法的西方文体概念，与中国古代的文体概念存在差异。请查阅有关中国古代文体概念的资料，分析这种文体概念的变化及其对新文学发生发展的影响。

2. 中国现代散文不仅与古代文体概念的影响有关，同时也受到外国散文理念及创作实践的影响，查阅有关资料，分析这种外来影响主要体现在哪里？

3. 鲁迅认为，五四时期的散文的成就要在新诗和小说之上，这种观点的主要依据是什么？它是否是当时文坛的共识？请举例说明。

4. 周作人倡导创作"美文"，对中国现代小品散文的发展影响很大。请结合他的《美文》和《中国新文学的源流》，分析他倡导“美文”的内在原因。

5. 结合有关资料考察“美文”这个概念的提出背景及其转化。

6. 请结合瞿秋白的《〈鲁迅杂感选集〉序言》，并查阅其他现代作家对鲁迅杂文的评论，分析当时文坛是如何看待鲁迅的杂文创作的?

7. 请将《中国新文学大系·散文一集》和《中国新文学大系·散文二集》，与目前比较流行的一些新编现代文学散文集进行比较，你觉得它们在编选篇目、编选方式等方面有什么不同?原因何在?

◇资料与索引

著作

1. 周丽丽. 中国现代散文的发展. 台北：成文出版社，1980.

2. 林非. 中国现代散文史稿. 北京：中国社会科学出版社，1981.

3. 张以英，等. 中国现代散文一百二十家札记. 桂林：漓江出版社，1987.

4. 范培松. 中国现代散文史. 南京：江苏教育出版社，1993.

5. 席扬. 知识分子的心路历程：中国现代散文名家新论. 太原：山西高校联合出版社，1994.

6. 俞元桂. 中国现代散文史. 济南：山东文艺出版社，1997.

7. 傅德岷，等. 中国现代散文发展史. 成都：四川教育出版社，1997.

8. 沈义贞. 中国当代散文艺术演变史. 杭州：浙江大学出版社，2000.

9. 马云. 中国现代散文的情感与交流. 石家庄：河北人民出版社，2003.

10. 傅瑛. 昨夜星空：中国现代散文研究. 合肥：安徽大学出版社，2004.

论文

1. 张梦阳. 郁达夫散文创作漫论. 中国现代文学研究丛刊，1984(2).

2. 卢今. 个人感受和时代情绪的交响——鲁迅散文研究札记. 中国现代文学研究丛刊，1986(3).

3. 林非. 散文创作的昨日和明日. 文学评论，1987(3).

4. 吴周文. 诗教理想与人格理想的互融：论朱自清散文的美学风格. 文学评论，1993(3).

5. 文小妮. 继承·超越·失落：梁实秋散文与传统散文. 中国文学研究，1998(1).

6. 杨义. 新文学开创史的自我证明——为《中国新文学大系导言集》所作导言. 文艺研究，1999(5).

7. 郑家健，林秀明. 知识之美(上)——论周作人散文中知识的审美建构. 鲁迅研究月刊，2007(11).

8. 张旭东，谢俊. 散文与社会个体性的创造：论周作人30年代小品文写作的审美政治. 中国现代文学研究丛刊，2009(1).

9. 张梦阳. 论鲁迅散文语言的艺术发展：《自言自语》《野草》和《且介亭杂文》的比较. 中国现代文学研究丛刊，2011(8).

10. 刘瑛，肖炳才. 论郁达夫政论散文的古典情怀. 社会科学论坛，2015(8).

三、诗　歌

◇史料与导读

1. 谈新诗

——八年来一件大事（节选）

胡　适

［**原文**］

……

五

我这篇随便的诗谈做得太长了，我且略谈"新诗的方法"作一个总结的收场。

有许多人曾问我做新诗的方法，我说，做新诗的方法根本上就是做一切诗的方法；新诗除了"新体的解放"一项之外，别无他种特别的做法。

这话说得太拢统了。听的人自然又问，那么做一切诗的方法究竟是怎样呢？

我说，诗须要用具体的做法，不可用抽象的说法。凡是好诗，都是具体的；越偏向具体的，越有诗意诗味。凡是好诗，都能使我们脑子里发生一种——或许多种——明显逼人的影像。这便是诗的具体性。

李义山诗"历览前贤国与家，成由勤俭败由奢"，这不成诗。为什么呢？因为他用的是几个抽象的名词，不能引起什么明瞭浓丽的影像。

"绿垂红折笋，风绽雨肥梅"是诗。"芹泥垂燕嘴，蕊粉上蜂须"是诗。"四更山吐月，残夜水明楼"是诗。为什么呢？因为他们都能引起鲜明扑人的影像。

"五月榴花照眼明"是何等具体的写法！

"鸡声茅店月，人迹板桥霜"是何等具体的写法！

"枯藤老树昏鸦，小桥流水人家，古道西风瘦马，夕阳西下，——断肠人在天涯！"这首小曲里有十个影像连成一串，并作一片萧瑟的空气，这是何等具体的写法！

以上举的例都是眼睛里起的影像，还有引起听官里的明瞭感觉的。例如上文引的“呢呢儿女语，灯火夜微明，恩冤尔汝来去，弹指泪和声”，是何等具体的写法！

还有能引起读者浑身的感觉的。例如姜白石词，“暝入西山，渐唤我一叶夷犹乘兴。”这里面“一叶夷犹”四个合口的双声字，读的时候使我们觉得身在小舟里，在镜平的湖水上荡来荡去。这是何等具体的写法！

再进一步说，凡是抽象的材料，格外应该用具体的写法。看《诗经》的《伐檀》：

> 坎坎伐檀兮，置之河之干兮，
> 河水清且涟猗，
> 不稼不穑，胡取禾三百廛兮！
> 不狩不猎，胡瞻尔庭有县貆兮！

社会不平等是一个抽象的题目，你看他却用如此具体的写法。

又如杜甫的《石壕吏》，写一天晚上一个远行客人在一个人家寄宿，偷听得一个捉差的公人同一个老太婆的谈话。寥寥一百二十个字，把那个时代的征兵制度，战祸，民生痛苦，种种抽象的材料，都一齐描写出来了。这是何等具体的写法！

再看白乐天的《新乐府》，那几篇好的——如《折臂翁》《卖炭翁》《上阳宫人》——都是具体的写法。那几篇抽象的议论如《七德舞》《司天台》《采诗官》——便不成诗了。

旧诗如此，新诗也如此。

现在报上登的许多新体诗，很多不满人意的。我仔细研究起来，那些不满人意的诗犯的都是一个大毛病，——抽象的题目用抽象的写法。

那些我不认得的诗人做的诗，我不便乱批评。我且举一个朋友的诗做例。傅斯年君在《新潮》四号里做了一篇散文，叫做《一段疯话》，结尾两行说道：

> 我们最当敬重的是疯子，最当亲爱的是孩子。疯子是我们的老师，孩子是我们的朋友。我们带着孩子，跟着疯子走，走向光明去。

有一个人在北京《晨报》里投稿，说傅君最后的十六个字是诗不是文。后来《新潮》五号里傅君有一首《前倨后恭》的诗，——一首很长的诗。我看了说，这是文，不是诗。

何以前面的文是诗，后面的诗反是文呢？因为前面那十六个字是具体的写法，后面的长诗是抽象的题目用抽象的写法。我且抄那诗中的一段，就可明白了：

> 倨也不由他，恭也不由他！——
> 你还赧他。
> 向你倨，你也不削一块肉；向你恭，你也不长一块肉。
> 况且终竟他要向你变的，理他呢！

这种抽象的议论是不会成为好诗的。

再举一个例。《新青年》六卷四号里面沈尹默君的两首诗。一首是《赤裸裸》：

> 人到世间来，本来是赤裸裸，
> 本来没污浊，却被衣服重重的裹着，这是为什么？
> 难道清白的身不好见人吗？那污浊的，裹着衣服，就算免了耻辱吗？

他本想用具体的比喻来攻击那些作伪的礼教，不料结果还是一篇抽象的议论，故不成为好诗。还有一首《生机》：

> 刮了两日风，又下几阵雪。
> 山桃虽是开着，却冻坏了夹竹桃的叶。
> 地上的嫩红芽，更僵了发不出。
> 人人说天气这般冷，
> 草木的生机恐怕都被摧折；
> 谁知道那路旁的细柳条，
> 他们暗地里却一齐换了颜色！

这种乐观，是一个很抽象的题目，他却用最具体的写法，故是一首好诗。

我们徽州俗话说人自己称赞自己的是"戏台里喝采"。我这篇谈新诗里常引我自己的诗做例，也不知犯了多少次"戏台里喝采"的毛病。现在且再犯一次，举我的《老鸦》做一个"抽象的题目用具体的写法"的例罢：

> 我大清早起，
> 站在人家屋角上哑哑的啼。
> 人家讨嫌我，

说我不吉利：

我不能呢呢喃喃讨人家的欢喜！

民国八年，十月。

（选自《中国新文学大系·建设理论集》，
上海良友图书印刷公司 1935 年版；
原载《星期评论》1919 年 10 月 10 日）

［**导读**］

本文是胡适应《星期评论》"双十节纪念号"所写。当时，新诗已经走过了八个年头，胡适在本文中从理论上探讨了白话新诗的创作道路和经验。在所节选的这一部分中，胡适探讨了新诗的做法问题，重申了"诗须要用具体的做法，不可用抽象的说法。凡是好诗，都是具体的"这一观点。

2. 论诗三札(节选)

郭沫若

［**原文**］

……

二 （致宗白华）

我想我们的诗只要是我们心中的诗意诗境之纯真的表现，生命源泉中流出来的 Strain，心琴上弹出来的 Melody，生之颤动，灵的喊叫，那便是真诗，好诗，便是我们人类欢乐的源泉，陶醉的美酿，慰安的天国。我每逢遇着这样的诗，无论是新体的或旧体的，今人的或古人的，我国的或外国的，我总恨不得连书带纸地把它吞咽下去，我总恨不得连筋带骨地把它融化下去。我想你的诗一定是我们心中的诗境诗意的纯真的表现，一定是能使我融筋化骨的真诗，好诗；你何苦要那样地暴殄，要使它无形中消灭了呢？你说："我们心中不可无诗意诗境，却不必定要做诗。"这个自然是不错的。只是我看你不免还有沾滞的地方。怎么说呢？我想诗这样东西似乎不是可以"做"得出来的。我想你的诗一定也不会是"做"出来的。雪莱(Shelley)有句话说得好："人不能够说，我要做诗"(A Man can-not say，I will compose Poetry)。歌德也说过：他每逢诗兴来时，便跑到书桌旁边，将就斜横着的纸，连摆正它的时间也没有，急忙从头至尾矗立着便写下去。我看歌德这些经验正是雪莱那句话的实证了。诗不是"做"出来的，只是"写"出来的。我想诗人的心境譬如一湾清澄的海水，没有风的时候，便静止着如象一张明镜，宇宙万类的印象都涵映在里面；一有风的时候，便要翻波涌浪起来，宇宙万类的印象都活动在里面。这风便是所谓直觉，灵感，这起了的波浪便是高涨着的情调。这活动着的印象便是徂徕着的想象。这些东西，我想来便是诗的本体，只要把它写了出来，它就体相兼备。大波大浪的洪涛便成为"雄浑"的诗，便成为屈子的《离骚》、蔡文姬的《胡笳十八拍》、李杜的歌行，但丁的《神曲》、弥尔敦的《失乐园》、歌德的《浮士德》。小波小浪的涟漪便成为"冲淡"的诗，便成为周代的《国风》、王维的绝诗、日本古诗人西行上人与芭蕉的歌句，泰戈尔的《新月集》。这种诗的波澜，有它自然的周期，振幅(Rhythm)；不容你写诗的人有一毫的造作，一刹那的犹豫，正如歌德所说连摆正纸位的时间也没有。说到此处，我想诗这样东西倒可以用个算式来表示它了：

诗=(直觉+情调+想象)+(适当的文字)

Inhalt　　　　Form

我常想天才的发展有两种类型：一种是直线形的发展，一种是球形的发展。直线形的发展是以它一种特殊的天才为原点，深益求深，精益求精，向着一个方向渐渐展延，展延到它可以展延到的地方为止：如象纯粹的哲学家，纯粹的科学家，纯粹的教育家，艺术家，文学家……都归此类。球形的发展是将它所具有的一切的天才，同时向四方八面，立体地发展起去。这类的人我可举出两个：一个便是我国的孔子，一个便是德国的歌德。

孔子，要说他是政治家，他有他的"大同"主义；要说他是哲学家，他也有他泛神论的思想；要说他是教育家，他有他的"有教无类""因材施教"的动态的(Kinetisch)教育原则；要说他是科学家，他本是个博物学者，数理的通人；要说他是艺术家，他是精通音乐的；要说他是文学家，他也有他简切精透的文学。便单就他文学上的功绩而言，孔子的存在，是很难推倒的：他删诗书，笔削春秋，使我国古代的文化有个有系统的存在；我看他这些事业，非是有绝伦的精力，审美的情操，艺术批评的妙腕，是不能企冀得到的。我常希望我们中国再生出个纂集"国风"的人物——或者由多数人组织成一个机构——把我国各省、各道、各县、各村的民风，俗谣，采集拢来，择其精粹的编集成一部《新国风》。我想这定可以为"民众艺术的宣传""新文化建设运动"之一助。我们要宣传民众艺术，要建设新文化，不先以国民情调为基点，只图介绍些外人言论，或发表些小己的玄思，终竟是凿枘不相容的。话太扯远了，我再回头来说孔子。我想孔子那样的人是不容易了解的。从赞美他方面的人说来，他是"其大则天"；从轻视他方面的人说来，他是"博学而无所成名"。我看两个评语都是对的，只看我们自己的立脚点是怎么样；可是定要说孔子是个"宗教家"、"大教祖"，定要说孔子是个"中国的罪魁"，"盗丘"，那就未免太厚诬古人而欺示来者了。

歌德也是到了“博学而无所成名”的地步。他是解剖学的大家(解剖学中有些东西是他发见的)，他是理论物理学的研究者(他有色彩研究，曾同牛顿辩论过)，绘画、音乐无所不通，他有他 Konkus Ordnung(破产法条例)的意见，他有政治家和外交家的本能和经验。拉瓦特(Lavater)与克纳伯尔(Knebel)都称赞他是个英雄，便是拿破仑一世也激赏他的著作和人格。他有他的哲学，有他的伦理，有他的教育学，他是德国文化史上的一大支柱，他是近代文艺的先河。……他这个人确也是不容易了解的。他是浮士德、神、超人；而同时又是靡非斯特匪勒斯、恶魔、狗。所以威朗德(Wieland)说：“歌德会被人误会，因为很少有人能够掌握这样一种人的概念。”我看他这句话也可以应用到孔子身上。威朗德又说，歌德是一个“menschlichste aller Menschen”——这个名称似乎可以译成“人中的至人”。概念终竟还是不易把握。可是他比起我国的“大诚至圣先师”等等徽号觉得更妥当着实些。歌德是个“人”，孔子也不过是个“人”。孔子对于南子是要见的，“淫奔之诗”他是不删弃的，我恐怕他还是爱读的！我看他是主张自由恋爱(“人情之所不能已者，圣人不禁”)，实行自由离婚(“孔氏三世出其妻”)的人！我看孔子同歌德他们真可算是“人中的至人”了。他们的灵肉两方都发展到了完满的地位。孔子的力量“能拓国门之关”，他决不是在破纸堆中寻生活的蠹鱼，决不是以收入余唾为能事的臭痰盂！

我想诗人与哲学家的共通点是在同以宇宙全体为对象，以透视万事万物的核心为天职；只是诗人的利器是纯粹的直观，哲学家的利器更多一种精密的推理。诗人是感情的宠儿，哲学家是理智的干家子。诗人是“美”的化身，哲学家是“真”的具体。(这些话自然要望你指正的了！)可是，我想哲学中的泛神论确是以理智为父、以感情为母的宁馨儿。不满足那 upholsterer(室内装饰)所镶逗出的死的宇宙观的哲学家，他自然会要趋向于泛神论，他自会把宇宙全体从新看作个有生命、有活动性的有机体。无论什么人，都是有理智的动物。无论甚么人，都有他自己的宇宙观和人生观。诗人虽是感情的宠儿，他也有他的理智，也有他的宇宙观和人生观的。那么，自然如你所说的：“诗人底宇宙观以泛神论为最适宜”的了。(你这“宇宙观”当中自然是包括着“人生观”说的。)所以你要做的《德国诗人歌德底人生观与宇宙观》，我真是以先睹为快呢！歌德虽说不是单纯的诗人，可是包围着他全人格的那个光轮中，诗人的光采是要占最大一部分的。歌德的宇宙观和人生观我虽不曾加以精密的分析，具体的研究，可是我想他确是个泛神论者。他是最崇拜斯宾诺沙的。他早年(二十四岁)的时候，无意之中，寻出了斯宾诺沙的书来读了——书名他虽不曾说出来，想来自然是斯宾诺沙的《几何学式的论理学》(“Ethicscum geometrical”)了。——他大大地欢喜；他说他从不曾感受过那种精神上的慰安和明快。这段事实叙述在他自叙传《文与质》("Dichtung und Wahrheit")的第四部第十六卷中。此书可惜弟处没有，不能把歌德自己的话写出来，真是抱歉。斯宾诺沙的《论理学》，我记得好象是赫夫丁格(Hoffding)的《近代哲学史》的评语，说它是一部艺术的作品，是一部剧本。我看他这句话正从另一面来说明"诗人的宇宙观以泛神论为最适宜"。斯宾诺沙是泛神论者，是不用说的。歌德受了斯宾诺沙的感化，也是一种既明的事实。所以你意想中的歌德，和我意想中的歌德是相吻合的。只是我对于歌德的作品，未曾加以详细的研究，精密的分析；有你的研究论文快要出现，可不令我快活欲死么？我想歌德的著作，我们宜尽量地多多介绍，研究，因为他处的时代——"狂飚时代"——同我们的时代很相近！我们应该接受他的经验的地方很多！

三 (致宗白华)

——Den Drang nach Wahrheit und die Lust am Trug.

(向真实追求，向梦境寻乐。)

歌德这句话，我看是说尽了我们青年人的矛盾心理的。真理要探讨，梦境也要追寻。理智要扩充，直觉也不忍放弃。这不单是中国人的遗传脑筋，这确是一切人的共有天性了。歌德一生是个矛盾的结晶体，然而正不失其所以为"完满"。我看我们不必偏枯，也不要笼统：宜扩弃理智的地方，我们尽力地去扩弃；宜运用直觉的地方，我们也尽量地去运用。更学句孟子的话来说，便是"乃所愿则学歌德也"，不知道你可赞同我这样的意思么？

我对于诗词也没有甚么具体的研究，我也是最厌恶形式的人，素来也不十分讲究它。我所著的一些东西，只不过尽我一时的冲动，随便地乱跳乱舞罢了。所以当其才成的时候，总觉得满腔高兴，及到过了两日，自家反复读读看时，又不禁浃背汗流了。只是我自己对于诗的直感，总觉得以"自然流露"的为上乘，若是出以"矫揉造作"，不过是些园艺盆栽，只好供诸富贵人赏玩了。天然界的现象，大而如寥无人迹的森林，细而如路旁道畔的花草，动而如巨海宏涛，寂而如山泉清露，怒而如雷电交加，喜而如星月皎洁，没一件不是自然流露出来的东西，没一件不是公诸平民而听其自取的。亚里士多德说"诗是模仿自然的东西"。我看他这句话，不仅是写实家所谓忠于描写的意思，他是说诗的创造贵在自然流露。诗的生成，如象自然物的生存一般，不当参以丝毫的矫揉造作。我想新体诗的生命便在这里。古人用他们的言辞表示他们的情怀，已成为古诗，今人用我们的言辞表示我们的生趣，便是新诗。再隔些年代，更会有新新诗出现了。

你所下的诗的定义确是有点"宽泛"。我看你把它改成文学的定义时，觉得更妥贴些，因为“意境”上不曾加以限制。近来诗的领土愈见窄小了。便是叙事诗、剧诗，都已跳出了诗域以外，被散文占了去了。诗的本职专在抒情。抒情的文字便不采诗形，也不失其为诗。例如近代的自由诗、散文诗，都是些抒情的散文。自由诗、散文诗的建设也正是近代诗人不愿受一切的束缚，破除一切已成的形式，而专挹诗的神髓以便于其自然流露的一种表示。然于自然流露之中，也自有它自然的谐乐，自然的画意存在。因为情绪自身本具有音乐与绘画二作用故。情绪的律吕，情绪的色彩便是诗。诗的文字便是情绪自身的表现。(不是用人力去表示情绪的。)我看要到这体相一如的境地时，才有真诗、好诗出现。

诗于一切文学之中发生最早。便从民族方面以及个体方面考察，都可得其端倪。原始人与幼儿的言语，都是些诗的表示。原始人与幼儿对于一切的环境，只有些新鲜的感觉，从那种感觉发生出一种不可抵抗的情绪，从那种情绪表现成一种旋律的言语。这种言语的生成与诗的生成是同一的。所以抒情诗中的妙品最是些俗歌民谣。便是我自己的儿子，他看见天上的新月，他便要指着说道：“Oh moon! Oh，moon!”见着窗外的晴海，他便要指着说道：“啊，海！啊，海！爹爹！海!”我得了他这两个暗示，我从前做了一首《新月与晴海》一诗是：

儿见新月，
遥指天空。
知我儿魂已飞去，
游戏广寒宫。

儿见晴海，
儿学海号。
知我儿心正飘荡，
血随海浪潮。

我看我这两节诗，真还不及我儿子的诗真切些咧！

诗的原始细胞只是些单纯的直觉，浑然的情绪。到了人类渐渐文明，个体的脑筋渐渐繁复，想把种种的直觉情绪分化蕃演起来，于是诗的成分中，更生了个想象出来。我要打个不伦不类的譬比是：直觉是诗细胞的核，情绪是原形质，想象是染色体，至于诗的形式只是细胞膜，这是从细胞质中分泌出来的东西。

我近来趋向到诗的一元论上来了。我想诗的创造是要创造“人”，换一句话说，便是在感情的美化。艺术训练的价值只可许在美化感情上成立，他人已成的形式是不可因袭的东西。他人已成的形式只是自己的镣铐。形式方面我主张绝端的自由，绝端的自主。至于美化感情的方法，我看你所主张的(一)在自然中活动；(二)在社会中活动；(三)美觉的涵养；(你的学习音乐、绘画，多读天才诗人诗的项目，都包括在这里面。)(四)哲理的研究；都是必要的条件。此外我不能更赘一辞了。

1920 年 2 月 16 日夜

(选自《中国现代诗论(上编)》，花城出版社 1985 年版)

［**导读**］

20 世纪 20 年代初，以郭沫若为代表的新一代诗人，批判了初期白话诗浅显直露、缺少诗味的弊端，对新诗创作提出了新的看法。郭沫若在本文中认为“诗不是‘做’出来的，只是‘写’出来的”，并提出了“诗＝(直觉＋情调＋想象)＋(适当的文字)”这一观点。

3. 论小诗

仲　密

［**原文**］

所谓小诗，是指现今流行的一行至四行的新诗。这种小诗在形式上似乎有点新奇，其实只是一种很普通的抒情诗，自古以来便已存在的。本来诗是“言志”的东西，虽然也可用以叙事或说理，但其本质以抒情为主。情之热烈深切者，如恋爱的苦甜，离合生死的悲喜，自然可以造成种种的长篇巨制，但是我们日常的生活里，充满着没有这样迫切而也一样的真实的感情；他们忽然而起，忽然而灭，不能长久持续，结成一块文艺的精华，然而足以代表我们这刹那内生活的变迁，在或一意义上这倒是我们的真的生活。如果我们“怀着爱惜这在忙碌的生活之中浮到心头又复随即消失的刹那的感觉之心”，想将它表现出来，那么数行的小诗便是最好的工具了。中国古代的诗，如传说的周以前的歌谣，差不多都很简单，不过三四句。《诗经》里有许多篇用叠句式的，每章改换几个字，重覆咏叹，也就是小诗的一种变体。后来文学进化，诗体渐趋于复杂，到了唐代算是极盛，而小诗这种自然的要求还是存在，绝句的成立与其后词里的小令等的出现都可以说是这个要求的结果。别一方面从民歌里变化出来的子夜歌、懊侬歌等，也继续发达，可以算是小诗的别一派，不过经文人采用，于是乐府这种歌词又变成了长篇巨制了。

由此可见小诗在中国文学里也是“古已有之”，只因他同别的诗词一样，被拘束在文言与韵的两重束缚里，不能自由发展，所以也不免和他们一样同受到湮没的命运。近年新诗发生以后，诗的老树上抽了新芽，很有复荣的希望；思想形式，逐渐改变，又觉得思想与形式之间有重大的相互关系，不能勉强牵就，我们固然不能用了轻快短促的句调写庄重的情思，也不能将简洁含蓄的意思拉成一篇长歌；适当的方法唯有为内容去定外形，在这时候那抒情的小诗应了需要而兴起正是当然的事情了。

中国现代的小诗的发达，很受外国的影响，是一个明了的事实。欧洲本有一种二行以上的小诗，起于希腊，由罗马传入西欧，大抵为讽刺或说理之用，因为罗马诗人的这两种才能，似乎出于抒情以上，所以他们定“诗铭”的界说道：

诗铭同蜜蜂，应具三件事，
一刺，二蜜，三是小身体。

但是诗铭在希腊，如其名字(Ep igramma)所示，原是墓志及造象之铭，其特性在短而不在有刺。希腊人自己的界说是这样说：

诗铭必要的是一联(Distichon)，倘若是过了三行，那么你是咏史诗，不是做诗铭了。

所以这种小诗的特色是精炼，如西摩尼台思(Simonides 500 BC)的《斯巴达国殇墓铭》云：

客为告拉该台蒙人们，
我们卧在这里，遵着他们的礼法。

又如柏拉图(Platon 400 BC)的《咏星》云：

你看着星么，我的星？
我愿为天空，得以无数的眼看你。

都可以作小诗的模范。但是中国的新诗在各方面都受欧洲的影响，独有小诗仿佛是在例外，因为他的来源是在东方的：这里边又有两种潮流，便是印度与日本，在思想上是冥想与享乐。

印度古来的宗教哲学诗里有一种短诗，中国称他为“偈”或“伽陀”，多是四行，虽然也有很长的。后来回教势力兴盛，波斯文学在那里发生影响，唵玛哈扬(Omma Khayam 十世纪时诗人)一流的四行诗(Rubai)大约也就移植过去，加上一点飘逸与神秘的风味。这个详细的变迁我们不很知道，但是在最近的收获，泰谷尔(Tagore)的诗，尤其是《迷途的鸟》里，我们能够见到印度的代表的小诗，他的在中国诗上的影响是极著明的。日本古代的歌原是长短不等，但近来流行的只是三十一音和十七音的这两种；三十一音的名短歌，十七音的名俳句，还有一种川柳，是十七音的讽刺诗，因为不曾介绍过，所以在中国是毫无影响的。此外有子夜歌一流的小呗，多用二十六音，是民间的文学，其流布比别的更为广远。这几种的区别，短歌大抵是长于抒情，俳句是即景寄情，小呗也以写情为主而更为质朴；至于简洁含蓄则为一切的共同点。从这里看来，日本的歌实在可以说是理想的小诗了。在中国新诗上他也略有影响，但是与印度的不同，因为其态度是现世的。如泰谷尔在《迷途的鸟》里说，

> 流水唱道，“我唱我的歌，那时我得我的自由”。
> ——用王靖君译文

与谢野晶子的短歌之一云：

> 拿了咒诅的歌稿，按住了黑色的蝴蝶。

在这里，大约可以看出他们的不同，因此受他们影响的中国小诗当然也可以分成两派了。

冰心女士的《繁星》，自己说明是受泰谷尔影响的，其中如六六及七四这两首云：

> 深林里的黄昏
> 是第一次么？
> 又好似是几时经历过。
>
> 婴儿
> 是伟大的诗人：
> 在不完全的言语中，
> 吐出最完全的诗句。

可以算是代表的著作，其后辗转模仿的很多，现在都无须列举了。俞平伯君的《忆游杂诗》——在《冬夜》中——虽然序中说及日本的短诗，但实际上是别无关

系的，即如其中最近似的《南宋六陵》一首：

牛郎花，黄满山，
不见冬青树，红杜鹃儿血班班。

也是真正的乐府精神，不是俳句的趣味。《湖畔》中汪静之君的小诗，如其一云：

你该觉得罢——
仅仅是我自由的梦魂儿，
夜夜萦绕着你么？

却颇有短歌的意思。这一派诗的要点在于有弹力的集中，在汉语性质上或者是不很容易的事情，所以这派诗的成功比较的为难了。

我平常主张对于无论什么流派，都可以受影响，虽然不可模仿：因此我于这小诗的兴趣，是很赞成，而且很有兴趣的看着他的生长。这种小幅的描写，在画大堂山水的人看去，或者是觉得无聊也未可知，但是如上面说过，我们在日常生活中，随时随地都有感兴，自然便有适于写一地的景色，一时的情调的小诗之需要。不过在这里有一个条件，这便是须成为一首小诗，——说明一句，可以说是真实简炼的诗。本来凡诗都非真实简炼不可，但在小诗尤为紧要。所谓真实并不单是非虚伪，还须有切迫的情思才行，否则只是谈话而非诗歌了。我们表现的欲求原是本能的，但是因了欲求的切迫与否，所表现的便成为诗歌或是谈话。譬如一颗火须燃烧至某一程度才能发出光焰，人的情思也须燃烧至某一程度才能变成诗料，在这程度之下不过是普通的说话，犹如盘香的火虽然维持着火的生命，却不能有大光焰了。所谓某一程度，即是平凡的特殊化，现代小说家康拉特所说的人生的比现实更真切的认知：诗人见了常人所习见的事物，犹能比常人更锐敏的受到一种铭感，将他艺术地表现出来，这便是诗。“倘若是很平凡浮浅的思想，外面披上诗歌形式的衣裳，那是没有实质的东西，别无足取。如将这两首短歌比较起来，便可以看出高下：

樵夫踏坏的山溪的朽木的桥上，有萤火飞着。

——香川景树

心里怀念着人，见了泽上的萤火，也疑是从自己身里出来的梦游的魂。

——和泉式部

第一首只是平凡无聊的事，第二首描写一种特殊的情绪，就能感人：同是一首咏萤的歌，价值却大不相同了。”(见《日本的诗歌》中。)所以小诗的第一条件是须表现实感，便是将切迫地感到的对于平凡的事物之特殊的感兴，迸跃地倾吐出来，几乎是迫于生理的冲动，在那时候这事物无论如何平凡，但已由作者分与新的生命，成为活的诗歌了。至于简练这一层，比较的更易明了，可以不必多说。诗的效用本来不在明说而在暗示，所以最重含蓄，在篇幅短小的诗里自然更非讲字句的经济不可了。

对于现在发表的小诗，我们只能赏鉴，或者再将所得的印象写出来给别人看，却不易批评，因为我觉得自己没有这个权威，因为个人的赏鉴的标准多是主观的，不免为性情及境遇所限，未必能体会一切变化无穷的情境，这在天才的批评家或者可以，但在常人们是不可能的了。所以我们见了这些诗，觉得那几首好，那几首不好，可以当作个人的意见去发表，但读者要承认这并没有法律上的判决的力……至于附和之作大约好的很少，福禄特尔曾说，第一个将花比女子的人是天才，第二个说这话的便是呆子了。

现在对于小诗颇有怀疑的人，虽然也尽有理由，但总是未免责望太深了。正如馥泉君所说，“做诗，原是为我自己要做诗而做的”，做诗的人只要有一种强烈的感兴，觉得不能不说出来，而且有恰好的句调，可以尽量的表现这种心情，此外没有第二样的说法，那么这在作者就是真正的诗，他的生活之一片，他就可以自信的将他发表出去了。有没有永久的价值，在当时实在没有计较的工夫与余地。在批评家希望得见永久价值的作品，这原是当然的，但这种佳作是数年中难得一见的；现在想每天每月都遇到，岂不是过大的要求么？我的意见以为最好任各人自由去做他们自己的诗，做的好了，由个人的诗人而成为国民的诗人，由一时的诗而成为永久的诗，固然是最所希望的，即使不然，让各人发抒情思，满足自己的要求也是很好的事情。如有贤明的批评家给他们指示正当的途径，自然很是有益，但是我们未能自信有这贤明的见识，而且前进的路也不止一条，——除了倒退的路以外都是可以走的，因此这件事理颇有点为难了。做诗的人要做怎样的诗，什么形式，什么内容，什么方法，只能听他自己完全的自由，但是一个限制的条件，便是须用自己的话来写自己的情思。

(选自《中国现代诗论(上编)》，花城出版社 1985 年版；
原载《觉悟》1922 年 6 月 29 日)

［**导读**］

本文最初是周作人为燕京大学文学会做的讲演稿，后以“仲密”的笔名发表在《觉悟》上。本文界定了“小诗”的概念，追溯其来源，归纳了小诗的特点，并为小诗写作的合法性辩护。它是关于小诗的较早且较完整的诗论，对小诗的推广起到了一定作用。

4. 诗的格律

闻一多

［**原文**］

一

假定“游戏本能说”能够充分的解释艺术的起源，我们尽可以拿下棋来比作诗；棋不能废除规矩，诗也就不能废除格律。（格律在这里是 form 的意思。“格律”两个字最近含着了一点坏的意思；但是直译 form 为形体或格式也不妥当。并且我们若是想起 form 和节奏是一种东西，便觉得 form 译作格律是没有什么不妥的了。）假如你拿起棋子来乱摆布一气，完全不依据下棋的规矩进行，看你能不能得到什么趣味？游戏的趣味是要在一种规定的格律之内出奇致胜。做诗的趣味也是一样的。假如诗可以不要格律，做诗岂不比下棋，打球，打麻将还容易些吗？难怪这年头儿的新诗“比雨后的春笋还多些”。我知道这些话准有人不愿意听。但是 Bliss Perry 教授的话来得更古板。他说“差不多没有诗人承认他们真正给格律缚束住了。他们乐意戴着脚镣跳舞，并且要戴别个诗人的脚镣。”

这一段话传出来，我又断定许多人会跳起来，喊着“就算它是诗，我不做了行不行？”老实说，我个人的意思以为这种人就不作诗也可以，反正他不打算来戴脚镣，他的诗也就做不到怎样高明的地方去。杜工部有一句经验语很值得我们揣摩的，“老去渐于诗律细”。

诗国里的革命家喊道“皈返自然”！其实他们要知道自然界的格律，虽然有些象蛛丝马迹，但是依然可以找得出来。不过自然界的格律不圆满的时候多，所以必须艺术来补充它。这样讲来，绝对的写实主义便是艺术的破产。“自然的终点便是艺术的起点”，王尔德说得很对。自然并不尽是美的。自然中有美的时候，是自然类似艺术的时候。最好拿造型艺术来证明这一点。我们常常称赞美的山水，讲它可以入画。的确中国人认为美的山水，是以象不象中国的山水画做标准的。欧洲文艺复兴以前所认为女性的美，从当时的绘画里可以证明，同现代女性美的观念完全不合，但是现代的观念不同希腊的雕像所表现的女性美相符了。这是因为希腊雕像的出土，促成了文艺复兴，文艺复兴以来，艺术描写美人，都拿希腊的雕像做蓝本，因此便改造了欧洲人的女性美的观念。我在赵瓯北的一首诗里发现了同类的见解。

绝似盆池聚碧孱，嵌空石笋满江湾。
化工也爱翻新样，反把真山学假山。

这径直是讲自然在模仿艺术了。自然界当然不是绝对没有美的。自然界里面也可以发现出美来，不过那是偶然的事。偶然在言语里发现一点类似诗的节奏，便说言语就是诗，便要打破诗的音节，要它变得和言语一样——这真是诗的自杀政策。(注意我并不反对用土白作诗，我并且相信土白是我们新诗的领域里，一块非常肥沃的土壤，理由等将来再仔细的讨论。我们现在要注意的只是土白可以“做”诗；这“做”字便说明了土白须要一番锻炼选择的工作然后才能成诗。)诗的所以能激发情感，完全在它的节奏；节奏便是格律。莎士比亚的诗剧里往往遇见情绪紧张到万分的时候，便用韵语来描写。歌德作《浮士德》也曾用同类的手段，在他致席勒的信里并且提到了这一层。韩昌黎“得窄韵则不复傍出，而因难见巧，愈险愈奇……”这样看来，恐怕越有魄力的作家，越是要戴着脚镣跳舞才跳得痛快，跳得好。只有不会跳舞的才怪脚镣碍事，只有不会做诗的才感觉得格律的缚束。对于不会作诗的，格律是表现的障碍物；对于一个作家，格律便成了表现的利器。

又有一种打着浪漫主义的旗帜来向格律下攻击令的人。对于这种人，我只要告诉他们一件事实。如果他们要象现在这样的讲什么浪漫主义，就等于承认他们没有创造文艺的诚意。因为，照他们的成绩看来，他们压根儿就没有注重到文艺的本身，他们的目的只在披露他们自己的原形。顾影自怜的青年们一个个都以为自身的人格是再美没有的，只要把这个赤裸裸的和盘托出，便是艺术的大成功了。你没有听见他们天天唱道“自我的表现”吗？他们确乎只认识了文艺的原料，没有认识 那将原料变成文艺所必须的工具。他们用了文字作表现的工具，不过是偶然的事，他们最称心的工作是把所谓“自我”披露出来，是让世界知道“我”也是一个多才多艺，善病工愁的少年；并且在文艺的镜子用照见自己那倜傥的风姿，还带着几滴多情的眼泪，啊！啊！那是多么有趣的事！多么浪漫！不错，他们所谓浪漫主义，正浪漫在这点上，和文艺的派别绝不发生关系。这种人的目的既不在文艺，当然要他们遵从诗的格律来做诗，是绝对办不到的，因为有了格律的范围，他们的诗就根本写不出来了，那岂不失了他们那“风流自赏”的本旨吗？所以严格一点讲起来，这一种伪浪漫派的作品，当它作把戏看可以，当它作西洋镜看也可以，但是万不能当它作诗看。格律不格律，因此就谈不上了。让他们来反对格律，也就没有辩驳的价值了。

上面已经讲了格律就是 form。试问取消了 form，还有没有艺术？上面又讲到格律就是节奏。讲到这一层更可以明了格律的重要；因为世上只有节奏比较简单的散文，决不能有没有节奏的诗。本来诗一向就没有脱离过格律或节奏。这是没有人怀疑过的天经地义。如今却什么天经地义也得有证明才能成立，是不是？但是为什么闹到这种地步呢——人人都相信诗可以废除格律？也许是“安拉基”精神，也许是好时髦的心理，也许是偷懒的心理，也许是藏拙的心理，也许是……那我可不知道了。

二

前面已经稍稍讲了讲诗为什么不当废除格律。现在可以将格律的原质分析一下了。从表面上看来，格律可从两方面讲：(一)属于视觉方面的，(二)属于听觉方面的。这两类其实又当分开来讲，因为它们是息息相关的。譬如属于视觉方面的格律有节的匀称，有句的均齐。属于听觉方面的有格式，有音尺，有平仄，有韵脚；但是没有格式，也就没有节的匀称，没有音尺，也就没有句的均齐。

关于格式，音尺，平仄，韵脚等问题，本刊上已经有饶孟侃先生《论新诗的音节》的两篇文章讨论得很精细了。不过他所讨论的是从听觉方面着眼的。至于视觉方面的两个问题，他却没有提到。当然视觉方面的问题比较占次要的位置。但是在我们中国的文学里，尤其不当忽略视觉一层，因为我们的文字是象形的，我们中国人鉴赏文艺的时候，至少有一半的印象是要靠眼睛来传达的。原来文学本是占时间又占空间的一种艺术。既然占了空间，却又不能在视觉上引起一种具体的印象——这是欧洲文字的一个缺憾。我们的文字有了引起这种印象的可能，如果我们不去利用它，真是可惜了。所以新诗采用了西文诗分行写的办法，的确是很有关系的一件事。姑无论开端的人是有意的还是无心的，我们都应该感谢他。因为这一来，我们才觉悟了诗的实力不独包括音乐的美(音节)，绘画的美(词藻)，并且还有建筑的美(节的匀称和句的均齐)。这一来，诗的实力上又添了一支生力军，诗的声势更加扩大了。所以如果有人要问新诗的特点是什么，我们应该回答他：增加了一种建筑美的可能性是新诗的特点之一。

近来似乎有不少的人对于节的匀称和句的均齐表示怀疑，以为这是复古的象征。做古人的真倒霉，尤其做中华民国的古人！你想这事怪不怪？做孔子的如今不但“圣人”“夫子”的徽号闹掉了，连他自己的名号也都给褫夺了，如今只有人叫他作“老二”；但是耶稣依然是耶稣基督，苏格拉提依然是苏格拉提。你做诗摹仿十四行体是可以的，但是你得十二分的小心，不要把它做得象律诗了。我真不知道律诗为什么这样可恶，这样卑贱！何况用语体文写诗写到同律诗一样，是不是可能的？并且现在把节做到匀称了，句做到均齐了，这就算是律诗吗？

诚然，律诗也是具有建筑美的一种格式；但是同新诗里的建筑美的可能性比起来，可差得多了。律诗永远只有一个格式，但是新诗的格式是层出不穷的。这是律诗与新诗不同的第一点。做律诗无论你的题材是什么？意境是什么？你非得把它挤进这一种规定的格式里去不可，仿佛不拘是男人，女人，大人，小孩，非得穿一种样式的衣服不可。但是新诗的格式是相体裁衣。例如

《采莲曲》的格式决不能用来写《昭君出塞》,《铁道行》的格式决不能用来写《最后的坚决》,《三月十八日》的格式决不能用来写《寻找》。在这几首诗里面,谁能指出一首内容与格式,或精神与形体不调和的诗来,我倒愿意听听他的理由。试问这种精神与形体调和的美,在那印板式的律诗里找得出来吗?在那乱杂无章,参差不齐,信手拈来的自由诗里找得出来吗?

律诗的格律与内容不发生关系,新诗的格式是根据内容的精神制造成的,这是它们不同的第二点。律诗的格式是别人替我们定的,新诗的格式可以由我们自己的意匠来随时构造。这是它们不同的第三点。有了这三个不同之点,我们应该知道新诗的这种格式是复古还是创新,是进化还是退化。

现在有一种格式:四行成一节,每句的字数都是一样多。这种格式似乎用得很普遍。尤其是那字数整齐的句子,看起来好象刀子切的一般,在看惯了参差不齐的自由诗的人,特别觉得有点希奇。他们觉得把句子切得那样整齐,该是多么麻烦的工作。他们又想到做诗是那样的麻烦,诗人的灵感不完全毁坏了吗?灵感毁了,还那里去找诗呢?不错,灵感毁了,诗也毁了。但是字句锻炼得整齐,实在不是一件难事;灵感决不致因为这个就会受了损失。我曾经问过现在常用整齐的句法的几个作者,他们都这样讲;他们都承认若是他们的那一首诗没有做好,只应该归罪于他们还没有把这种格式用熟;这种格式的本身,不负丝毫的责任。我们最好举两个例来对照着看一看,一个例是句法不整齐的;一个是整齐的,看整齐与凌乱的句法和音节的美丑有关系没有——

> 我愿透着寂静的朦胧,薄淡的浮纱,
> 细听着淅淅的细雨寂寂的在檐上,
> 激打遥对着远远吹来的空虚中的嘘叹的声音,
> 意识着一片一片的坠下的轻轻的白色的落花。

> 说到这儿,门外忽然灯响,
> 老人的脸上也改变了模样;
> 孩子们惊望着他的脸色,
> 他也惊望着炭火的红光。

到底那一个的音节好些——是句法整齐的,还是不整齐?更彻底的讲来,句法整齐不但于音节没有妨碍,而且可以促成音节的调和。这话讲出来,又有人不肯承认了。我们就拿前面的证例分析一遍,看整齐的句法同调和的音节是不是一件事。

孩子们｜惊望着｜他的｜脸色
他也｜惊望着｜炭火的｜红光

这里每行都可以分成四个音尺，每行有两个“三字尺”(三个字构成的音尺之简称，以后仿此)和两个“二字尺”，音尺排列的次序是不规则的，但是每行必须还他两个“三字尺”两个“二字尺”的总数。这样写来，音节一定铿锵，同时字数也就整齐了。所以整齐的字句是调和的音节必然产生出来的现象。绝对的调和音节，字句必定整齐。(但是反过来讲，字数整齐了，音节不一定就会调和，那是因为只有字数的整齐，没有顾到音尺的整齐——这种的整齐是死气板脸的硬嵌上去的一个整齐的框子，不是充实的内容产生出来的天然的整齐的轮廓。)

这样讲来，字数整齐的关系可大了，因为从这一点表面上的形式，可以证明诗的内在的精神——节奏的存在与否。如果读者还以为前面的证例不够，可以用同样的方法分析我的《死水》。

这首诗从第一行

这是｜一沟｜绝望的｜死水

起，以后每一行都是用三个“二字尺”和一个“三字尺”构成的，所以每行的字数也是一样多。结果，我觉得这首诗是我第一次在音节上最满意的试验。因为近来有许多朋友怀疑到《死水》这一类麻将牌式的格式，所以我今天就顺便把它说明一下。我希望读者注意，新诗的音节，从前面所分析的看来，确乎已经有了一种具体的方式可寻。这种音节的方式发现以后，我断言新诗不久定要走进一个新的建设的时期了。无论如何，我们应该承认这在新诗的历史里是一个轩然大波。

这一个大波的荡动是进步还是退步，不久也就自然有了定论。

(选自《中国现代诗论(上编)》，花城出版社 1985 年版；
原载《北平晨报》副刊，1926 年 5 月 13 日)

［**导读**］

初期白话诗在打破旧诗樊篱、用白话取代文言方面做出了重要贡献。郭沫若的《女神》出版后，使一些新诗人更注重诗歌的自由抒发，从而轻视诗歌形式的格律。以闻一多、徐志摩等为代表的新月诗人力图矫正这种风气。在这篇《诗的格律》中，闻一多提出了诗歌创作的“三美”主张，从理论上对新诗的格律化进行了认真的探索，奠定了新格律诗的基本形式和艺术规范。

5. 诗刊放假

徐志摩

［**原文**］

《诗刊》以本期为止，暂告收束，此后本刊地位，改印《剧刊》，详情另文发表。

《诗刊》暂停的原由，一为在暑期内同人离京的多，稿事太不便，一为热心戏剧的几个朋友，急于想借本刊地位，来一次集合的宣传的努力，给社会上一个新剧的正确的解释，期望引起他们对于新剧的真纯的兴趣，诗与剧本是艺术中的姊妹行，同人当然愿意暂时奉让这个机会。按我们的预算，想来十期或十二期剧刊，此后仍请诗刊复辟，假如这初期的试验在有同情的读者们看来还算是有交代的话。

诗刊总共出了十一期，在这期间内我们少数同人的工作，该得多少分数，当然不该我们自己来擅自评定：我们决不来厚颜表功，但本刊既然暂行结束，我们正不妨为开篇是我唱的，这尾声(他们说)也得我来。实际上我虽则忝居编辑的地位，我对诗刊的贡献，即使有，也是无可称的。在同人中最卖力气的要首推饶孟侃与闻一多两位；朱湘君，凭他的能耐与热心，应分是我们这团体里的大将兼先行，但不幸(我们与读者们的不幸)他中途误了卯，始终没有赶上，这是我们觉得最可致憾的；但我们还希冀将来重整旗鼓时，他依旧会来告奋勇，帮助我们作战。我们该得致谢邓以蛰、余上沅两位先生各人给我们一篇精心撰作的论文；这算是我们借来的“番兵”，杨子惠、孙之潜两位应受处分，因为他们也是半途失散，不曾尽他们应尽的责任；他们此时正在西湖边乘凉作乐，却忘了我们还在这大热天的京城里奋斗。说起外来的投稿，我们早就该有声明：来稿确是不少，约计至少在二百以上，我们一面感谢他们的盛意，一面道歉不曾如量采用，都在事实上是不能的。在选稿上，我们有我们的偏见是不容讳言的，但是天知道，我们决不会存心“排外”！这一点我们得求曾经惠稿诸君的亮恕。

但我们究竟做了点儿什么，这是问题。第一在理论方面，我们讨论过新诗的音节与格律。我们干脆承认我们是“旧派”——假如“新”的意义不能与“安那其”的意义分离的话。想是我们的天资低，想是我们“犯贱”，分明有了时代解放给我们的充分自由不来享受，却甘心来自造镣铐给自己套上；放着随口曲的真新诗不做，却来试验什么画方豆腐干式一类的体例！一多分明是我们中间最乐观的，他说：“新诗的音节……确乎有了一种具体的方式可寻。这种音节的方式发现以后，我断言新诗不久定要走进一个新的建设的时期了。无论如何，我们应该承认这在新诗的历史里是一个轩然大波。这一个大波的荡动是进步还是退化，不久也就自有定论”。这话不免有点“老气”的嫌疑，许有许多人不能附和这乐观论，这是当然的；但就最近的成绩看，至少我们不该气馁，这发见虽则离完成期许还远着，但决不能说这点子端倪不是一个强有力的奖励。只要你有勇气不怕难，凭这点子光亮往前继续的走去，不愁走不出道儿来；绕湾，闪腿，刺脚，一类的事，都许有的，但不碍事，希望比困难大得多！

再说具体一点，我们觉悟了诗是艺术；艺术的涵养是当事人自觉的运用某种题材，不是不经心的一任题材的支配。我们也感觉到一首诗应分是一个有生机的整体，部分的部分相关连，部分对全体有比例的一种东西；正如一个人身的秘密是它的血脉的流通，一首诗的秘密也就是它的内含的音节的匀整与流动。这当然是原则上极粗浅的比喻，实际上的变化与奥妙是讲不尽也说不清的，那还得做诗人自己悉心体会去。明白了诗的生命是在它的内在的音节(Internal rhythm)的道理，我们才能领会到诗的真的趣味；不论思想怎样高尚，情绪怎样热烈，你得拿来彻底的“音节化”(那就是诗化)才可以取得诗的认识，要不然思想自思想，情绪自情绪，却不能说是诗。但这原则却并不在外形上制定某式不是诗某式才是诗；谁要是拘拘的在行数字句间求字句的整齐，我说他是错了。行数的长短，字句的整齐或不整齐的决定，全得凭你体会到的音节的波动性；这里先后主从的关系在初学的最应得认清楚，否则就容易陷入一种新近已经流行的谬见，就是误认字句的整齐(那是外形的)是音节(那是内在的)的担保。实际上字句间尽你去剪裁个齐整，诗的境界离你还是一样的远着；你拿车辆放在牲口的前面，你那还赶得动你的车？我们还可以进一步说，正如字句的排列有恃于全诗的音节，音节的本身还得起原于真纯的“诗感”。再拿人身作比，一首诗的字句是身体的外形，音节是血脉，“诗感”或原动的诗意是心脏的跳动，有它才有血脉的流转。要不然

他带了一顶草帽到街上去走，
碰见了一只猫，又碰见了一只狗。

一类的谐句都是诗了！我不惮烦的疏说这一点，就为我们，说也惭愧，已经发现了我们所标榜的“格律”的可怕的流弊！谁都会运用白话，谁都会切豆腐似的切齐字句，谁都能似是而非的安排音节——但是诗，它连影儿都没有还你见面！所以说来我们学做诗的一开步就有双层的危险，单讲“内容”容易落了恶谥的“生铁门笃儿主义”或是“假哲理的唯晦学派”；反过来说，单讲外表的结果只是无意义乃至无意义的形式主义，就我们诗刊的榜样说，我们为要指摘前者的弊病，难免有引起后者弊病的倾向，这是我们应分时刻引以为戒的。关于这点

诗刊第八期上钟天心君给我们的诤言是值得注意的。

我已经多占了篇幅，赶快得结束这尾声。在理论上我们已经发挥了我们的“大言”，但我们的作品终究能跟到什么地位，我此时实在不敢断言。就我自己说，我开头是瞎摸，现在还是瞎摸，虽则我受诗刊同人的鼓励是不可量的，在我们刊出的作品中，可以“上讲坛”的虽则不多，总还有；就我自己的偏好说，我最喜欢一多三首诗。《春光》《死水》，都是完全站得住的；《黄昏》的意境，也是上乘，但似乎还可以改好。孟侃从踢球变到做诗，只是半年间的事，但他运用诗句的纯熟，已经使我们老童生们有望尘莫及的感想。一多说是“奇迹”，谁说不是？但我们都还是学徒，谁知道谁有出师那天的希望？我们各自勉力上进吧！

最后我盼望将来继续诗刊或是另行别种计划的时候，我们这个朋友依旧能保持这次合作的友爱的精神。

（星二侵晨鸡鸣雀噪时）

（选自《中国现代诗论（上编）》，花城出版社 1985 年版；
原载《晨报副刊·诗刊》1926 年第 11 号）

［**导读**］

《诗刊》是倡导新格律诗的阵地，1926 年停刊。徐志摩为这次停刊作了本文，总结了《诗刊》创办以来在倡导新格律诗上的得失，特别是反思了新格律诗过于强调格律所带来的弊端。本文和闻一多的《诗的格律》都是新格律诗的重要理论文献。

6.《中国新文学大系·诗集》导言 *

朱自清

［**原文**］

一

胡适之氏是第一个“尝试”新诗的人，起手是民国五年七月。① 新诗第一次出现在《新青年》四卷一号上，作者三人，胡氏之外，有沈尹默刘半农二氏；诗九首，胡氏作四首，第一首便是他的《鸽子》。这时是七年正月。他的《尝试集》，我们第一部新诗集，出版是在九年三月。

清末夏曾佑谭嗣同诸人已经有“诗界革命”的志愿，他们所作“新诗”，却不过检些新名词以自表异。只有黄遵宪走得远些，他一面主张用俗话作诗——所

---

* 本文所有注释为原注。

① 《胡适文存》一，《尝试集自序》

谓“我手写我口”——，一面试用新思想和新材料——所谓“古人未有之物，未辟之境”——入诗。[①] 这回“革命”虽然失败了，但对于民七的新诗运动，在观念上，不在方法上，却给予很大的影响。

不过最大的影响是外国的影响。梁实秋氏说外国的影响是白话文运动的导火线：他指出美国印象主义者六戒条里也有不用典，不用陈腐的套语；新式标点和诗的分段分行，也是模仿外国；而外国文学的翻译，更是明证。[②] 胡氏自己说《关不住了》一首是他的新诗成立的纪元，[③] 而这首诗却是译的，正是一个重要的例子。

新诗运动从诗体解放下手；胡氏以为诗体解放了，“丰富的材料，精密的观察，高深的理想，复杂的感情，方才能跑到诗里去”。[④] 这四项其实只是泛论，他具体的主张见于《谈新诗》。消极的不作无病之呻吟，积极的以乐观主义入诗。他提倡说理的诗。音节，他说全靠(一)语气的自然节奏，(二)每句内部所用字的自然和谐，平仄是不重要的。用韵，他说有三种自由：(一)用现代的韵，(二)平仄互押，(三)有韵固然好，没有韵也不妨。方法，他说须要用具体的做法。[⑤] 这些主张大体上似乎为新青年诗人所共信；《新潮》，《少年中国》，《星期评论》，以及文学研究会诸作者，大体上也这般作他们的诗。《谈新诗》差不多成为诗的创造和批评的金科玉律了。

那正是“五四”之后[⑥]，刚在开始一个解放的时代。《谈新诗》切实指出解放后的路子，彷徨着的自然都走上去。乐观主义，旧诗中极罕见；胡氏也许受了外来影响，但总算是新境界；同调的却只有康白情氏一人。说理的诗可成了风气，那原也是外国影响。[⑦] 直到民十五止，这个风气才渐渐衰下去；但在徐志摩氏的诗里，还可寻着多少遗迹。“说理”是这时期诗的一大特色。照周启明氏看法，这是古典主义的影响，却太晶莹透澈了，缺少了一种余香与回味。[⑧]

民七以来，周氏提倡人道主义的文学；所谓人道主义，指“个人主义的人间本位主义”而言。[⑨] 这也是时代的声音，至今还为新诗特色之一。胡适之氏《人力车夫》《你莫忘记》也正是这种思想，不过未加提倡罢了。——胡氏后来却

---

① 《胡适文存二集》，《五十年来中国之文学》

② 《浪漫的与古典的六》——一二面

③ 《胡适文存》一，《尝试集再版自序》

④ 《胡适文存》一

⑤ 《胡适文存》一

⑥ 《谈新诗》作于八年十月

⑦ 《尝试集自序》

⑧ 《扬鞭集序》

⑨ 《新青年》五卷六号《人的文学》

提倡“诗的经验主义”①，可以代表当时一般作诗的态度。那便是以描写实生活为主题，而不重想象，中国诗的传统原本如此。因此有人称这时期诗为自然主义。② 这时期写景诗特别发达，③ 也是这个缘故。写景诗却是新进步；胡氏《谈新诗》里的例可见。

自然音节和诗可无韵的说法，似乎也是外国“自由诗”的影响。但给诗找一种新语言，决非容易，况且旧势力也太大。多数作者急切里无法甩掉旧诗词的调子；但是有死用活用之别。胡氏好容易造成自己的调子，变化可太少。康白情氏解放算彻底的，他能找出我们语言的一些好音节，《送客黄浦》便是；但集中名为诗而实是散文的却多。只有鲁迅氏兄弟全然摆脱了旧镣铐，周启明氏简直不大用韵。他们另走上欧化一路。走欧化一路的后来越过越多。——这说的欧化，是在文法上。

“具体的做法”不过用比喻说理，可还是缺少余香与回味的多。能够浑融些或精悍些的便好。像周启明氏的《小河》长诗，便融景入情，融情入理。至于有意的讲究用比喻，怕要到李金发氏的时候。

这时期作诗最重自由。梁实秋氏主张有些字不能入诗，周启明氏不以为然，引起一场有趣的争辩。但商务印书馆主人却非将《将来之花园》中“小便”删去不可。另一个理想是平民化，当时只俞平伯氏坚持，他“要恢复诗的共和国”；康白情氏和周启明氏都说诗是贵族的。诗到底怕是贵族的。

这时期康白情氏以写景胜，梁实秋氏称为“设色的妙手”④；写情如《窗外》拟人法的细腻，《一封没写完的信》那样质朴自然，也都是新的。又《鸭绿江以东》，《别少年中国》，悲歌慷慨，令人奋兴。——只可惜有些诗作的太自由些。俞平伯氏能融旧诗的音节入白话，如《凄然》；又能利用旧诗里的情境表现新意，如《小劫》；写景也以清新著，如《孤山听雨》。《呓语》中有说理浑融之作；《乐谱中之一行》颇作超脱想。《忆》是有趣的尝试，童心的探求，时而一中，教人欢喜赞叹。

中国缺少情诗，有的只是“忆内”“寄内”，或曲喻隐指之作；坦率的告白恋爱者绝少，为爱情而歌咏爱情的更是没有。⑤ 这时期新诗做到了“告白”的一步。《尝试集》的《应该》最有影响，可是一半的趣味怕在文字的缴绕上。康白情氏《窗外》却好。但真正专心致志做情诗的，是“湖畔”的四个年轻人。他们那时

---

① 《尝试集》四版《梦与诗跋》

② 《诗歌》(在日本出版)创刊号

③ 余冠英《论新诗》(清华大学毕业论文)

④ 十一年五月及六月《晨报副刊》

⑤ 《冬夜草儿评论》

候差不多可以说生活在诗里。潘漠华氏最是凄苦，不胜掩抑之致；冯雪峰氏明快多了，笑中可也有泪；汪静之氏一味天真的稚气；应修人氏却嫌味儿淡些。

周启明氏民十翻译了日本的短歌和俳句,① 说这种体裁适于写一地的景色，一时的情调，是真实简练的诗。② 到处作者甚众。但只胜了短小的形式：不能把捉那刹那的感觉，也不讲字句的经济，只图容易，失了那曲包的余味。周氏自己的翻译，实在是创作；别的只能举《论小诗》里两三个例，和何植三氏《农家的草紫》一小部分。也在那一年，冰心女士发表了《繁星》③，第二年又出了《春水》，她自己说是读太戈尔而有作；一半也是衔接着那以诗说理的风气。民十二宗白华氏的《流云小诗》，也是如此。这是所谓哲理诗，小诗的又一派。两派也都是外国影响，不过来自东方罢了。《流云》出后，小诗渐渐完事，新诗跟着也中衰。

白采的《羸疾者的爱》一首长诗，是这一路诗的押阵大将。④ 他不靠复沓来维持它的结构，却用了一个故事的形式。是取巧的地方，也是聪明的地方。虽然没有持续的想像，虽然没有奇丽的比喻，但那质朴，那单纯，教它有力量。只可惜他那“优生”的理在诗里出现，还嫌太早，一般社会总看得淡淡的远远的，与自己水米无干似的。他读了尼采的翻译，多少受了他一点影响。

和小诗运动差不多同时,⑤ 一支异军突起于日本留学界中，这便是郭沫若氏。他主张诗的本职专在抒情，在自我表现，诗人的利器只有纯粹的直观；他最厌恶形式，而以自然流露为上乘，说“诗不是‘做’出来的，只是‘写’出来的”。他说，

> ——只要是我们心中的诗意诗境底纯真的表现，命泉中流出来的Strain，心琴上弹出来的Melody，生底颤动，灵底喊叫，那便是真诗，好诗，便是我们人类底欢乐底源泉，陶醉的美酿，慰安的天国。⑥

“诗是写出来的”一句话，后来让许多人误解了，生出许多恶果来；但于郭氏是无损的。他的诗有两样新东西，都是我们传统里没有的：——不但诗里没

① 钱钟书 On “Old Chinese Poetry” The China Critie，Vol. VI，No. 50.

② 《小说月报》十二卷五号

③ 《论小诗》

④ 《晨报副刊》

⑤ 十四年四月出版

⑥ 《女神》十年八月出版

有——泛神论，与二十世纪的动的和反抗的精神。① 中国缺乏暝想诗。诗人虽然多是人本主义者，却没有去摸索人生根本问题的。而对于自然，起初是不懂得理会；渐渐懂得了，又只是观山玩水，写入诗只当背景用。② 看自然作神，作朋友，郭氏诗是第一回。至于动的和反抗的精神，在静的忍耐的文明里，不用说，更是没有过的。不过这些也都是外国影响。——有人说浪漫主义与感伤主义是创造社的特色，郭氏的诗正是一个代表。

二

十五年四月一日，北京《晨报诗镌》出世。这是闻一多徐志摩朱湘饶孟侃刘梦苇于赓虞诸氏主办的。他们要"创格"，要发见"新格式与新音节"。③ 闻一多氏的理论最为详明，他主张"节的匀称"，"句的均齐"，主张"音尺"，重音，韵脚。④ 他说诗该具有音乐的美，绘画的美，建筑的美；音乐的美指音节，绘画的美指词藻，建筑的美指章句。他们真研究，真试验；每周有诗会，或讨论，或诵读。梁实秋氏说"这是第一次一伙人聚集起来诚心诚意的试验作新诗"。⑤ 虽然只出了十一号，留下的影响却很大——那时候大家都做格律诗；有些从前极不顾形式的，也上起规矩来了。"方块诗""豆腐干块"等等名字，可看出这时期的风气。

新诗形式运动的观念，刘半农氏早就有。他那时主张(一)"破坏旧韵，重造新韵"，(二)"增多诗体"。"增多诗体"又分自造，输入他种诗体，有韵诗外别增无韵韵诗三项，后来的局势恰如他所想。"重造新韵"主张以北平音为标准，由长于北平语者造一新谱。⑥ 后来也有赵元任氏作了《国音新诗韵》。出版时是十二年十一月，正赶上新诗就要中衰的时候，又书中举例，与其说是诗，不如说是幽默；所以没有引起多少注意。但分韵颇妥贴，论轻音字也好，应用起来倒很方便的。

第一个有意实验种种体制，想创新格律的，是陆志韦氏。他的《渡河》问世在十二年七月。他相信长短句是最能表情的做诗的利器；他主张舍平仄而采抑扬，主张"有节奏的自由诗"和"无韵体"。那时《国音新诗韵》还没

---

① 以上分见《三叶集》四五，一三三，一七，六，七，各面。

② 《创造周报》四号

③ 十一年五月及六月《晨报副刊》

④ 诗刊弁言

⑤ 《诗镌》七号，又《诗刊》创刊号梁实秋文。音尺即节，二字的为二音尺，三字的为三音尺。闻主张每诗各行音尺数目，应求一律。

⑥ 《诗刊》创刊号

出，他根据王璞氏的《京音字汇》，将北平音并为二十三韵。① 这种努力其实值得钦敬，他的诗也别有一种清淡风味；但也许时候不好吧，却被人忽略过去。

《诗镌》里闻一多氏影响最大。徐志摩氏虽在努力于“体制的输入与试验”，却只顾了自家，没有想到用理论来领导别人。闻氏才是“最有兴味探讨诗的理论和艺术的”；② 徐氏说他们几个写诗的朋友多少都受到《死水》作者的影响。③《死水》前还有《红烛》，讲究用比喻，又喜欢用别的新诗人用不到的中国典故，最为繁丽，真教人有艺术至上之感。《死水》转向幽玄，更为严谨；他作诗有点像李贺的雕锼而出，是靠理智的控制比情感的驱遣多些。但他的诗不失其为情诗。另一面他又是个爱国诗人，而且几乎可以说是唯一的爱国诗人。

但作为诗人论，徐氏更为世所知。他没有闻氏那样精密，但也没有他那样冷静。他是跳着溅着不舍昼夜的一道生命水。他尝试的体制最多，也译诗；最讲究用比喻——他让你觉着世上一切都是活泼的，鲜明的。陈西滢氏评他的诗，所谓不是平常的欧化，按说就是这个。又说他的诗的音调多近羯鼓铙钹，很少提琴洞箫等抑扬缠绵的风趣，④ 那正是他老在跳着溅着的缘故。他的情诗，为爱情而咏爱情：不一定是实生活的表现，只是想象着自己保举自己作情人，如西方诗家一样。⑤ 但这完全是新东西，历史的根基太浅，成就自然不大——一般读者看起来也不容易顺眼。闻氏作情诗，态度也相同；他们都深受英国影响，不但在试验英国诗体，艺术上也大半模仿近代英国诗。⑥ 梁实秋氏说他们要试验的是用中文来创造外国诗的格律，装进外国式的诗意。⑦ 这也许不是他们的本心，他们要创造中国的新诗，但不知不觉写成西洋诗了。⑧ 这种情形直到现在，似乎还免不了。他也写人道主义的诗。

留法的李金发氏又是一支异军；他民九就作诗，但《微雨》出版已经是十四年十一月。“导言”里说不顾全诗的体裁，“苟能表现一切”；他要表现的是“对于生命欲揶揄的神秘及悲哀的美丽”。⑨ 讲究用比喻，有“诗怪”之称；⑩ 但不将

---

① 《新青年》三卷三号

② 以上均见《渡河》自序

③ 见猛虎集序文

④ 见猛虎集序文

⑤ 《西滢闲话》三四二——三四三面

⑥ Harold Acton，Contemporary Chinese Poetry，Poetry Vol. XLVI No. 1.

⑦ 《诗刊》创刊号

⑧ 《诗刊》创刊号

⑨ 十四年十二月十二日《晨报副刊》刘梦苇文

⑩ 《美育杂志》二期黄参岛文

那些比喻放在明白的间架里。他的诗没有寻常的章法，一部分一部分可以懂，合起来却没有意思。他要表现的不是意思而是感觉或情感；仿佛大大小小红红绿绿一串珠子，他却藏起那串儿，你得自己穿着瞧。这就是法国象征诗人的手法；李氏是第一个人介绍它到中国诗里。许多人抱怨看不懂，许多人却在模仿着。他的诗不缺乏想像力，但不知是创造新语言的心太切，还是母舌太生疏，句法过分欧化，教人像读着翻译；又夹杂着些文言里的叹词语助词，更加不像——虽然也可说是自由诗体制。他也译了许多诗。

后期创造社三个诗人，也是倾向于法国象征派的。但王独清氏所作，还是拜轮式的雨果式的为多；就是他自认为仿象征派的诗，也似乎豪胜于幽，显胜于晦。穆木天氏托情于幽微远渺之中，音节也颇求整齐，却不致力于表现色彩感。冯乃超氏利用铿锵的音节，得到催眠一般的力量，歌咏的是颓废，阴影，梦幻，仙乡。他诗中的色彩感是丰富的。

戴望舒氏也取法象征派。他译过这一派的诗。他也注重整齐的音节，但不是铿锵的而是轻清的；也找一点朦胧的气氛，但让人可以看得懂；也有颜色，但不像冯乃超氏那样浓。他是要把捉那幽微的精妙的去处。姚蓬子氏也属于这一派；他却用自由诗体制。在感觉的敏锐和情调的朦胧上，他有时超过别的几个人。——从李金发氏到此，写的多一半是情诗。他们和《诗镌》诸作者相同的是，都讲究用比喻，几乎当作诗的艺术的全部；不同的是，不再歌咏人道主义了。

若要强立名目，这十年来的诗坛就不妨分为三派：自由诗派，格律诗派，象征诗派。

二十四年八月十一日，写毕于北平清华园。

（选自《中国新诗总系》第 10 卷，人民文学出版社 2009 年版）

［**导读**］

本文是朱自清为自己编选的《中国新文学大系·诗集》(1917—1927)所做的导言。文中，他分析了新诗在这十年中的发展情况，并以诗歌流派为标准，将当时的诗歌创作划分为自由诗派、格律诗派、象征诗派三大派别，充分肯定了新诗的价值和成就。

7. 诗的散文美

艾　青

［**原文**］

由欣赏韵文到欣赏散文是一种进步：而一个诗人写一首诗，用韵文写比用散文写要容易得多。但是一般人，却只能用韵文来当做诗，甚至喜欢用这种见解来鉴别诗与散文。这种见解只能由那些诗歌作法的作者用来满足那些天真的中学生而已。

有人写了很美的散文，却不知道那就是诗；也有人写了很丑的诗，却不知道那是最坏的散文。

我们嫌恶诗里面的那种丑陋的散文，不管它是有韵与否；我们却酷爱诗里面的那种美好的散文，而它却常是首先就离弃了韵的羁绊的。

我们既然知道把那种以优美的散文完成的伟大作品一律称为诗篇，又怎能不轻蔑那种以丑陋的韵文写成的所谓“诗”的东西呢？

自从我们发现了韵文的虚伪，发现了韵文的人工气，发现了韵文的雕琢，我们就敌视了它；而当我们熟视了散文的不修饰的美，不需要涂抹脂粉的本色，充满了生活气息的健康，它就肉体地诱惑了我们。

天才的散文家，常是韵文的意识的破坏者。

我们喜欢惠特曼，凡尔哈仑，和其他许多现代诗人，我们喜爱《穿裤子的云》的作者，最大的原因当是由于他们把诗带到更新的领域，更高的境地。

因为，散文是先天的比韵文美。

口语是美的，它存在于人的日常生活里。它富有人间味。它使我们感到无比的亲切。

而口语是最散文的。

我在一家印刷厂的墙上，看见一个工友写给他同伴的一张通知：

“安明！

你记着那车子！”

这是美的。而写这通知的应是有着诗人的秉赋。这语言是生活的，然而，却又是那么新鲜而单纯。这样的语言，能比上最好的诗篇里的最好的句子。

语言在我们的脑际索绕最久的，也还是那些朴素的口语(对于韵文的记忆，却是象对于某种条文的记忆，完全是强制而成的)。

我甚至还想得起，在一部影片里的几句无关重要的话，是一个要和爱人离别的男人说的：

“不要当做是离别，只把我当做去寄信，或是去理发就好了。”

这也是属于生活的，却也是最艺术的语言，诗是以这样的语言为生命，才能丰富的。

以如何最能表达形象的语言，就是诗的语言。称为“诗”的那文学样式，脚韵不能作为决定的因素，最主要的是在它是否有丰富的形象——任何好诗都是由于它所含有的形象而永垂不朽，却绝不会由于它有好的音韵。

散文的自由性，给文学的形象以表现的便利；而那种洗炼的散文、崇高的散文、健康的或是柔美的散文之被用于诗人者，就因为它们是形象之表达的最完善的工具。

一九三九年

（选自《诗论》，人民文学出版社 1980 年版；
原载《广西日报》，1939 年 4 月 20 日）

［导读］

艾青是写作自由诗体而有重要影响的诗人之一，也是自由诗体最有力的提倡者。他声称“散文是先天的比韵文美”，认为假如是诗，无论用什么形式写出来都是诗；假如不是诗，无论用什么形式写出来都不是诗。这种对于“诗的散文美”的突出强调，标志着与格律诗相对抗的自由体诗在理论建构上的进一步发展。

8. 新诗戏剧化（节选）

袁可嘉

［原文］

……

前面是二点解释，下面我们谈谈戏剧化的问题。

在目前我们所读到的多数诗作，大致不出二大类型：一类是说明自己强烈的意志或信仰，希望通过诗篇有效地影响别人的意志或信仰的，另一类是表现自己某一种狂热的感情，同样希望通过诗作来感染别人的；说明意志的作者多数有确定不易的信仰，开门见山用强烈的语言，粗厉的声调呼喊“我要……”或“我们不要……”或“我们拥护……”“我们反对……”，表现激情的作者也多数有明确的爱憎对象作赤裸裸的陈述控诉。说明意志和表现情感都是人生中的大事，因此也就是诗的大事，完全是必需的而且是值得赞美的。因此这二类诗的通病——或者说，它们多数失败的原因——不在出发的起点，因为起点并无弊病，也不在终点，因为诗篇在最终总给我们极确定明白的印象，够强烈而有时不免太清楚，而在把意志或情感化作诗经验的过程。

而诗的唯一的致命的重要处却正在过程！一个把材料化为成品的过程；对于别的事物，开始与结束也许即足以代表一切，在诗里它们的比重却轻微得可以撇开不计。正如一个富有崇高情感而又有崇高行为表现的人未必成为诗人——更不必说好诗人或大诗人——这些表示强烈感情或明确意志的作品也就未必成诗。它们只证实一些可贵的质素而非诗人的质素。

由于这个转化过程的欠缺，新诗的毛病表现为平行的二种：说明意志的最后都成为说教的（Didactic），表现情感的则沦为感伤的（Sentimental），二者都只是自我描写，都不足以说服读者或感动他人。这儿也许有人发问：“难道意志与情感不都属于经验或是若干经验的结晶?”他们自然都是生活经验，可能是但未必即是诗经验，在极多数的例子里，意志都只是一串认识的抽象结论，几个短句即足清晰说明，情绪也不外一堆黑热的冲动，几声呐喊即足以渲泄无余的。

从这个角度来看，当前新诗的问题既不纯粹是内容的，更不纯粹是技巧的，而是超过二者包括二者的转化问题。那末，如何使这些意志和情感转化为诗的经验？笔者的答复即是本文的题目：“新诗戏剧化”，即是设法使意志与情感都得着戏剧的表现，而闪避说教或感伤的恶劣倾向。它的要点包含下面几个认识：

一、尽量避免直接了当的正面陈诉而以相当的外界事物寄托作者的意志与情感：戏剧效果的第一个大原则即是表现上的客观性与间接性，我们从来没有遇见过一出好戏是依赖某些主要角色的冗长而带暴露性的独白而获得成功的；戏中人物的性格必须从他对四周事物的处理，有决定作用的行为表现，与其他角色性格的矛盾冲突中得到有力的刻划；戏中的道德意义更必须配合戏剧的曲折发展而自然而然对观众的想象起拘束的作用；这些都是很明显的事实，很浅显的道理；徒然的自我宣传或自我描写都无补于事一如开口闭口不离“我”字的谈话最令人生厌一样。表现在现代诗里，第三人称的单数复数有普遍地代替第一人称单数复数的倾向，尤以最富戏剧性的奥登为最显著。

这里有一种可能引起的怀疑，我们不妨略加说明的：旨在揭示自己意志或表现自己感情的作者也许会觉得通过“间接性”以后的意志一定不够明确，情感经过曲折变化也许变得稀薄软弱；看戏的经验指示我们这种不安是多余的：意志经过挫折磨炼，它的表现必更为肯定，情感历经起伏反复，更会获得不可比拟的强烈程度，事实上这也部分地解释了一般悲剧比喜剧动人的缘故。

二、就我们学习现代西洋诗的经验作根据，我们相信诗的戏剧化至少有三个不同的方向：有一类比较内向的作者，尽力追求自己的内心，而把思想感觉的波动藉对于客观事物的精神的认识而得到表现的。这类作者可以里尔克为代表，里尔克把搜索自己内心的所得与外界的事物的本质(或动的，或静的)打成一片，而予以诗的表现，初看诗里绝无里尔克自己，实际却表现了最完整不过的诗人的灵魂。这里对于事物的本质(或精神，Essence)的了解十分重要，因为离开本质，诗人所得往往止于描写，顶多也只是照相式的写实，不会引起任何精神上的感染。里尔克的《画像集》(The book of pictures’The first and the second)是这类诗作的极品，展开我们眼前的是一片深沉的，静止的，雕像的美。不问我们听到的是音乐，风声，看到的是秋景，黄昏，想到的是邻居，天使，在最深处激动我们的始终是一个纯净崇高的心灵抖动的痕迹。

第二类诗的戏剧化常被比较外向的诗人所采用，奥登是杰出的例子。他的习惯的方法是通过心理的了解把诗作的对象搬上纸面，利用诗人的机智，聪明及运用文字的特殊才能把他们写得活栩如生，而诗人对处理对象的同情，厌恶，仇恨，讽刺都只从语气及比喻得着部分表现，而从不坦然赤裸。正如前一类诗注重对事物的本质的了解，此处我们着眼心理隐微的探索：里尔克代表沉潜的，深厚的，静止的雕像美，奥登则是活泼的，广泛的，机动的流体美的最好样本，前者有深度，后者则有广度。

这也许就是为什么奥登能在那么大的诗的天地中来往自如；如纯从诗题材接触面的广度来说，奥登确定地超过梵乐希，里尔克和艾略特。只要一打开他的诗总集，你便得钦佩他在这方面的特殊才能。因为手边有好的译作可以借用，我们试举一例为证：

小说家

奥　登作

卞之琳译

装在各自的才能里象穿了制服，
每一位诗人的阶级总一目了然；
他们可以象风暴叫我们怵目，
或者是早夭，或者是独居多少年。

他们可以象轻骑兵冲向前去：可是他
必须挣脱出少年气盛的才分
而学会朴直和笨拙，学会做大家
都以为全然不值得一顾的一种人。

因为，要达到他的最低的愿望，
他得变成了绝顶的厌烦，得遭受
俗气的病痛，象爱情：得在公道场

公道，在龌龊堆里也龌龊个够；
而在他自己脆弱的一生中，他必须
尽可能忍受人类所有的委屈。

（我必须说，这样的译诗，即使没有原文并列在旁边，也丝毫无愧于原作，卞之琳先生的译文，不但字字推敲，句句磨琢，将原作的精神表达无遗，且在韵律方面，很有独到之处。）

奥登写过不少类似这样的题目，他写过作曲家，模特儿，旅行者，巴斯格尔，给福斯特等等，所用手法大致如前面所描叙的。他总是从对方的心理着手，而借思想的跳动，表现的灵敏来产生轻松，愉快。我们粗粗读来，很容易觉得它只是浅易近人，而忽略其中的亲切，机智等好处；奥登原是有名的诗坛的顽童。

此外还有一类使诗戏剧化的方法是干脆写诗剧。在另一个场合里我曾经说过，一九三五年左右现代诗剧的崛起是一桩极为重要的事情。诗剧的突趋活跃完全基于技术上的理由。我们一再说过现代诗的主潮是追求一个现实，象征，玄学的综合传统，而诗剧正配合这个要求，一方面因为现代诗人的综合意识内涵强烈的社会意义，而诗剧形式给予作者的处理题材时空间，时间，广度，深度诸方面的自由与弹性都远比其他诗的体裁为多，以诗剧为媒介，现代诗人的社会意识才可得到充分表现，而争取现实倾向的效果，另一方面诗剧又利用历史做背景，使作者面对现实时有一不可或缺的透视或距离，使它有象征的功用，不至粘于现实世界，而产生过度的现实写法(Over-done Realism)。

不过显而易见，诗剧的创作既包含诗与剧的双重才能，自更较诗的创作为难。眼前我们恐怕只能把它保留为次一步的工作，而不易立见成就。

三、无论想从那一个方向使诗戏剧化，以为诗只是激情流露的迷信必须击破。没有一种理论危害诗比放任感情更为厉害，不论你旨在意志的说明或热情的表现，不问你控诉的对象是个人或集体，你必须融和思想的成分，从事物的深处，本质中转化自己的经验，否则纵然板起面孔或散发捶胸，都难以引起诗的反应。

四、照笔者的想法，朗诵诗与秧歌舞应该是很好的诗戏剧化的开始；二者都很接近戏剧和舞蹈，都显然注重动的戏剧的效果。朗诵诗重节奏，语调，表情，秧歌舞也是如此。唯一可虑的是若干人们太迷信热情的一泻无余，而不愿略加节制，把它转化到思想的深潜处，感觉的灵敏处，而一味以原始做标准，单调的反复为满足。这问题显然不是单纯的文学问题，我还须仔细想过，以后有机会再作讨论。

——四月红楼

（选自《中国现代诗论》，花城出版社 1985 年版；
原载《诗创造》1948 年第 12 期）

［**导读**］

20 世纪 40 年代，作为九叶诗派重要理论家的袁可嘉，针对当时诗坛“说教”和“政治感伤”的弊端，提出了“新诗戏剧化”的主张。本文具体阐述了如何借助“新诗戏剧化”将诗人的意志和情感转化为诗的经验，从而克服诗歌创作中出现的说教与感伤的毛病，增进诗歌的智性。这是中国现代主义诗歌发展史上的一篇重要文献。

9. 新诗应该是自由诗(节选)

冯文炳

[原文]

……如果要做新诗，一定要这个诗是诗的内容，而写这个诗的文字要用散文的文字。已往的诗文学，无论旧诗也好，词也好，乃是散文的内容，而其所用的文字是诗的文字。我们只要有了这个诗的内容，我们就可以大胆的写我们的新诗，不受一切的束缚，“不拘格律，不拘平仄，不拘长短；有什么题目，做什么诗；诗该怎样做，就怎样做。”我们写的是诗，我们用的文字是散文的文字，就是所谓自由诗。这与西洋的“散文诗”不可相提并论。中国的新诗，即是说用散文的文字写诗，乃是从中国已往的诗文学观察出来的。胡适之先生所谓“第四次的诗体大解放”，不拘格律，不拘平仄，不拘长短，有什么题目做什么诗，诗该怎样做就怎样做，——这个论断应该是很对了，然而他的前提夹杂不清，他对于已往的诗文学认识得不够。他仿佛“白话诗”是天生成这么个东西的，已往的诗文学就有许多白话诗，不过随时有反动派在那里做障碍，到得现在我们才自觉了，才有意的来这么一个白话诗的大运动。援引已往的诗文学里的“白话诗”做我们的新诗前例，便是对于已往的文学认识不够，我们的新诗运动直可谓之无意识的运动。旧诗词里的“白话诗”，不过指其诗或词里有白话句子而已，实在这些诗词里的白话句子还是“诗的文字”。换句话说，旧诗词里的白话诗与非白话诗，不但填的是同一谱子，而且用的是同一文法。“姑苏城外寒山寺，夜半钟声到客船”，“细雨梦回鸡塞远”，“帘卷西风，人比黄花瘦”，“平冈细草鸣黄犊，斜日寒林点暮鸦”，都是诗词里特别见长的，这些句子里头都没有典故，没有僻字，没有代字，我们怎么能说它不是白话，只是它的文法同散文不一样而已。我们要描写半夜里钟声之下客船到岸这一件事情，用散文写另是一样写法，若写着“夜半钟声到客船”，便是诗了，我们一念起来就觉得这件事情同我们隔得很远，把我们带到旧诗境界去了。中国诗里简直不用主词，然而我们读起来并不碍事，在西洋诗里便没有这种情形，西洋诗里的文字同散文里的文字是一个文法。故我说中国旧诗里的文字是诗的文字。(还有一个情形可以令我们注意，三百篇同我们现在的歌谣都是散文的文法。)旧诗向来有两个趋势，就是“元白”易懂的一派同“温李”难懂的一派，然而无论那一派，都是在诗的文字之下变戏法。他们的不同大约是他们的辞汇，总决不是他们的文法。而他们的文法又决不是我们白话文学的文法。至于他们两派的诗都是同一的音节，更是不待说的了。胡适之先生没有看清楚这根本的一点，只是从两派之中取了自己所接近的一派，而说这一派是诗的正路，从古以来就做了我们今日白话新诗的同志，其结果我们今日的白话新诗反而无立足点，元白一派的旧诗也失其存在的意义了。我前说，旧诗的内容是散文的，而其文字则是诗的文字，旧诗之诗的价值便在这两层关系……这里确是很有趣，胡适之先生所推崇的白话诗，倒或者与我们今日新散文的一派有一点儿关系。反之，胡适之先生所认为反动派"温李"的诗，倒似乎有我们今日新诗的趋势。李商隐的诗应是"曲子缚不住者"，因为他真有诗的内容。温庭筠的词简直走到了自由路上去了，在那些词里表现的东西，确乎是以前的诗所装不下的。这些事情仔细研究起来都很有意义，今天我只是随兴说到了罢了，而且说得多么粗糙。我的本意，是想告诉大家，我们的新诗应该是自由诗，只要有诗的内容然后诗该怎样做就怎样做，不怕旁人说我们不是诗了。

（选自《谈新诗》，人民文学出版社 1984 年版）

［**导读**］

自胡适倡导白话新诗运动以后，新诗如何从旧诗中汲取营养成为许多新诗人思考的重要问题。特别是 20 世纪 30 年代，戴望舒、何其芳、废名(冯文炳)、卞之琳等现代派诗人都致力于在新诗创作中吸收唐诗宋词的营养。在这一方面，废名的诗歌理论比较突出，也比较奇特。他认为：旧诗其实一直存在着两派，一是"元白"易懂的一派，一是"温李"难懂的一派；胡适强调的白话诗实际上属于"元白"易懂的一派，但现代新诗真正应该发展的方向，应该是"温李"难懂的一派，应该是"内容是诗的，其文字则要是散文的"。废名的诗歌理论在诗歌史上影响不算大，但是颇有个人见的，有助于我们理解新诗理论发展的多样性。

◇思考与练习

1. 胡适创作白话新诗的"尝试"是中国现代文学史的一次重要实践，请查阅胡适著作中有关晚清文学运动的评述，分析晚清文学运动在哪些方面对他的"尝试"产生了影响。

2. 小诗创作在 20 世纪 20 年代风行一时，周作人、宗白华、冰心等人都是其中佼佼者，请查阅相关史料，分析小诗创作兴起的原因。

3. 闻一多的《诗的格律》和徐志摩的《诗刊放假》是中国现代诗歌发展史上的重要文献，请结合陈梦家编撰的《新月诗选》中的作品，分析"新月"诗人对新诗格律化的贡献和局限主要体现在哪里？

4. 在中国现代诗歌史上，“自由体”和“格律体”一直是不断对抗、共同发展的，请列出现代文学中不同时期“自由体”和“格律体”的代表诗人和重要诗论家。

5. 袁可嘉是“九叶派”诗人中的理论家，他的诗歌理论受到了英美现代主义的很大影响，请查阅相关资料，分析他所提出的“诗歌戏剧化”与西方现代主义诗论有怎样的联系？并说明这一诗歌理论对中国现代新诗的理论与创作实践产生了什么样的影响？

◇资料与索引

著作

1. 祝宽. 五四新诗史. 西安：陕西师范大学出版社，1987.

2. 张德厚. 中国现代诗歌史论. 长春：吉林教育出版社，1995.

3. 林焕标. 中国现代新诗的流变与建构. 桂林：广西师范大学出版社，2000.

4. 周晓风. 新诗的历程：现代新诗文体流变(1919—1949). 重庆：重庆出版社，2001.

5. 潘颂德. 中国现代新诗理论批评史. 上海：学林出版社，2002.

6. 常文昌. 中国现代诗歌理论批评史. 北京：人民文学出版社，2004.

7. 陆耀东. 中国新诗史：1916—1949(第一卷). 武汉：长江文艺出版社，2005.

8. 孙玉石. 中国现代解诗学的理论与实践. 北京：北京大学出版社，2007.

9. 耿占春. 失去象征的世界：诗歌、经验与修辞. 北京：北京大学出版社，2008.

10. 吕周聚. 中国现代诗歌文体多维透视. 济南：山东人民出版社，2009.

11. 孙玉石. 中国现代诗歌艺术. 北京：北京大学出版社，2010.

12. 谢冕，等. 百年中国新诗史略——《中国新诗总系》导言集. 北京：北京大学出版社，2010.

13. 李怡. 中国现代新诗与古典诗歌传统(增订3版). 北京：中国人民大学出版社，2015.

14. 张传敏，等. 中国现代诗学丛书：七月派诗歌研究. 北京：人民出版社，2016.

论文

1. 许霆. 百年中国现代诗学史的叙述——兼论中国现代文学史叙述的若干问题. 文艺理论研究，2006(3).

2. 蒋寅. 中国现代诗歌的传统因子. 文艺理论研究，2006(3).

3. 王泽龙. 西方意象诗学对中国现代诗歌的影响. 文艺研究，2006(9).

4. 高玉. 重建中国现代诗学话语体系. 西南大学学报：社会科学版，2008(1).

5. 李怡. 中国现代诗学建设的三大难题. 西南大学学报：社会科学版，2009(4).

6. 王泽龙. 近30年中国现代诗歌史观反思. 中国现代文学论丛，2010(1).

7. 王学东. 北岛诗学与中国现代诗学的当代转型. 当代文坛，2010(3).

8. 孙立尧. "行"的艺术：现代诗形式新探. 学术月刊，2011(1).

9. 张松建.《文学杂志》与中国现代诗学. 中国现代文学研究丛刊，2011(8).

10. 简政珍. 论现代诗的"抽象的具象化". 中国现代文学研究丛刊，2012(3).

11. 戴建业. "去魅"与"返魅"：现代诗语的两极分化. 当代文坛，2012(6).

12. 陈仲义. 现代诗语与文言诗语的分野：两种不同"制式"的诗歌. 中国现代文学研究丛刊，2013(6).

13. 赵鹏. 新诗的现代主义转向：现代诗派中的唯美主义影响. 当代文坛，2014(2).

14. 陈越. 中国现代诗学中的"肌理说". 中国现代文学研究丛刊，2014(3).

15. 曹万生. 中国现代诗学的深化——40年代知性诗学："包容的诗"与"戏剧化". 诗探索，2015(5).

四、戏　剧

◇史料与导读

1. 文学进化观念与戏剧改良(节选)

胡　适

[原文]

……

如今且说文学进化观念的意义。这个观念有四层意义，每一层含有一个重要的教训。

第一层总论文学的进化：文学乃是人类生活状态的一种记载，人类生活随时代变迁，故文学也随时代变迁，故一代有一代的文学。周秦有周秦的文学，汉魏有汉魏的文学，唐有唐的文学，宋有宋的文学，元有元的文学。《三百篇》的诗人做不出《元曲选》，《元曲选》的杂剧家也做不出《三百篇》。左邱明做不出《水浒传》，施耐庵也做不出《春秋左传》。这是文学进化观念的第一层教训，最容易明白，故不用详细引证了(古人如袁枚、焦循，多有能懂得此理的)。

文学进化观念的第二层意义是：每一类文学不是三年两载就可以发达完备的，须是从极低微的起原，慢慢的，渐渐的，进化到完全发达的地位。有时候，这种进化刚到半路上，遇着阻力，就停住不进步了；有时候，因为这一类文学受种种束缚，不能自由发展，故这一类文学的进化史，全是摆脱这种束缚力争自由的历史；有时候，这种文学上的羁绊居然完全毁除，于是这一类文学便可以自由发达；有时候，这种文学革命止能有局部的成功，不能完全扫除一切枷锁镣铐，后来习惯成了自然，便如缠足的女子，不但不想反抗，竟以为非如此不美了！这是说各类文学进化变迁的大势。西洋的戏剧便是自由发展的进化，中国的戏剧便是只有局部自由的结果。列位试读王国维先生的《宋元戏曲史》，试看中国戏剧从古代的“歌舞”(Ballad Dance，歌舞是一事，犹言歌的舞也)，一变而为戏优；后来加入种种把戏，再变而为演故事兼滑稽的杂戏(王氏以唐、宋、辽、金之滑稽戏为一种独立之戏剧，与歌舞戏为二事。鄙意此似有误。王氏引各书所记诙谐各则，未必独立于歌舞戏之外。但因打诨之中时有谲谏之旨，故各书特别记此诙谐之一部分而略其不足记之他部分耳。元杂剧中亦多打诨语。今之京调戏亦可随时插入讥刺时政之打诨。若有人笔记之，后世读之者亦但见林步青、夏月珊之打诨而不见其他部分，或亦有疑为单独之滑稽戏者矣）；后来由“叙事”体变成“代言”体，由遍数变为折数，由格律极严的大曲变为可以增减字句变换宫调的元曲，于是中国戏剧三变而为结构大致完成的元杂剧。但元杂剧不过是大体完具，其实还有许多缺点：（一）每本戏限于四折，（二）每折限于一宫调，（三）每折限一人唱。后来南戏把这些限制全都毁除，使一剧的长短无定，一折的宫调无定，唱者不限于一人。杂剧的限制太严，故除一二大家之外，多止能铺叙事实，不能有曲折详细的写生工夫；所写人物，往往毫无生气；所写生活与人情，往往缺乏细腻体会的工夫。后来的传奇，因为体裁更自由了，故于写生，写物，言情，各方面都大有进步。试举例为证。李渔的《蜃中楼》乃是合并《元曲选》里的《柳毅传书》同《张生煮海》两本戏做成的，但《蜃中楼》不但情节更有趣味，并且把戏中人物一一都写得有点生气，个个都有点个性的区别，如元剧中的钱塘君虽于布局有关，但没有着意描写；李渔于《蜃中楼》的《献寿》一折中，写钱塘君何等痛快，何等有意味！这便是一进步。又如元剧《渔樵记》写朱买臣事，为后来南戏《烂柯山》所本，但《烂柯山》中写人情世故，远胜《渔樵记》，试读《痴梦》一折，便知两本的分别。又如昆曲《长生殿》与元曲《梧桐雨》同记一事，但两本相比，《梧桐雨》叙事虽简洁，写情实远不如《长生殿》。以戏剧的体例看来，杂剧的文字经济实为后来所不及；但以文学上表情写生的工夫看来，杂剧实不及昆曲。如《长生殿》中《弹词》一折，虽脱胎于元人的《货郎旦》，但一经运用不同，便写出无限兴亡盛衰的感慨，成为一段狠动人的文章。以上所举的三条例，——《蜃中楼》《烂柯山》《长生殿》——都可表示杂剧之变为南戏传奇，在体裁一方面虽然不如元代的谨严，但因为体裁更自由，故于写生表情一方面实在大有进步，可以算得是戏剧史的一种进化。即以传奇变为京调一事而论，据我个人看来，也可算得是一种进步。传奇的大病在于太偏重乐曲一方面；在当日极盛时代固未尝不可供私家歌童乐部的演唱；但这种戏只可供上流人士的赏玩，不能成通俗的文学。况且剧本折数无限，大多数都是太长了，不能全演，故不能不割出每本戏中最精采的几折，如《西厢记》的《拷红》，如《长生殿》的《闻铃》《惊变》等，其余的几折，往往无人过问了。割裂之后，文人学士虽可赏玩，但普通一般社会更觉得无头无尾，不能懂得。传奇杂剧既不能通行，于是各地的“土戏”纷纷兴起：徽有徽调，汉有汉调，粤有粤戏，蜀有高腔，京有京调，秦有秦腔。统观各地俗剧，约有五种公共的趋向：（一）材料虽有取材于元明以来的“杂剧”（亦有新编者），而一律改为浅近的文字；（二）音乐更简单了，从前各种复杂的曲调渐渐被淘汰完了，只剩得几种简单的调子；（三）因上两层的关系，曲中字句比较的容易懂得多了；（四）每本戏的长短比“杂剧”更无限制，更自由了；（五）其中虽多连台的长戏，但短戏的趋向极强，故其中往往有很有剪裁的短戏，如《三娘教子》《四进士》之类。依此五种性质看来，我们很可以说，从昆曲变为近百年的“俗戏”，可算得中国戏剧史上一大革命。大概百年来政治上的大乱，生计上的变化，私家乐部的销灭，也都与这种“俗剧”的兴起大有密切关系。后来“俗剧”中的京调受了几个有势力的人，如前清慈禧后等的提倡，于是成为中国戏界最通行的戏剧。但此种俗剧的运动，起原全在中下级社会，与文人学士无关，故戏中字句往往十分鄙陋，梆子腔中更多极不通的文字。俗剧的内容，因为他是中下级社会的流行品，故含有此种社会的种种恶劣性，很少如《四进士》一类有意义的戏。况且编戏做戏的人大都是没有学识的人，故俗剧中所保存的戏台恶习惯最多。这都是现行俗戏的大缺点。但这种俗戏在中国戏剧史上，实在有一种革新的趋向，有一种过渡的地位，这是不可埋没的。研究文学历史的人，须认清这种改革的趋向，更须认明这种趋向在现行的俗剧中不但并不曾完全达到目的，反被种种旧戏的恶习惯所束缚，到如今弄成一种既不通俗又无意义的恶劣戏剧。——以上所说中国戏剧进化小史的教训是：中国戏剧一千年来力求脱离乐曲一方面的种种束缚，但因守旧性太大，未能完全达到自由与自然的地位。中国戏剧的将来，全靠有人能知道文学进化的趋势，能用人力鼓吹，帮助中国戏剧早日脱离一切阻碍进化的恶习惯，使他渐渐自然，渐渐达到完全发达的地位。

文学进化的第三层意义是：一种文学的进化，每经过一个时代，往往带着前一个时代留下的许多无用的纪念品；这种纪念品在早先的幼稚时代本来是很有用的，后来渐渐的可以用不着他们了，但是因为人类守旧的惰性，故仍旧保存这些过去时代的纪念品。在社会学上，这种纪念品叫做“遗形物”（Vestiges or Rubiments）。如男子的乳房，形式虽存，作用已失；本可废去，总没废去；故叫做“遗形物”。即以戏剧而论，古代戏剧的中坚部分全是乐歌，打诨科白不过是一小部分；后来元人杂剧中，科白竟占极重要的部分；如《老生儿》《陈州粜米》《杀狗劝夫》等杂剧竟有长至几千字的说白，这些戏本可以废去曲词全用科白了，但曲词总不曾废去。明代已有“终曲无一曲”的传奇，如屠长卿的《昙花梦》（见《汲古阁六十种曲》），可见此时可以完全废曲用白了；但后来不但不如此，并且白越减少，曲词越增多，明朝以后，除了李渔之外，竟连会做好白的人都没有了。所以在中国戏剧进化史上，乐曲一部分本可以渐渐废去，但也依旧存留，遂成一种“遗形物”。此外如脸谱，嗓子，台步，武把子……等等，都是这一类的“遗形物”，早就可以不用了，但相沿下来，至今不改。西洋的戏剧在古代也曾经过许多幼稚的阶级，如“和歌”（Chorus），面具，“过门”，“背躬”（Aside），武场……等等。但这种“遗形物”，在西洋久已成了历史上的古迹，渐渐的都淘汰完了。这些东西淘汰干净，方才有纯粹戏剧出世。中国人的守旧性最大，保存的“遗形物”最多。皇帝虽没有了，总统出来时依旧地上铺着黄土，年年依旧祀天祭孔，这都是“遗形物”。再回到本题，现今新式舞台上有了布景，本可以免去种种开门，关门，跨门槛的做作了，但这些做作依旧存在；甚至于在一个布置完好的祖先堂里“上马加鞭”！又如武把子一项，本是古代角抵等戏的遗风，在完全成立的戏剧里本没有立足之地。一部《元曲选》里，一百本戏之中只有三四本用得着武场；而这三四本武场戏之中有《单鞭夺槊》和《气英布》两本都用一个观战的人口述战场上的情形，不用在戏台上打仗而战争的情状都能完全写出。这种虚写法便是编戏的一大进步。不料中国戏剧家发明这种虚写法之后六七百年，戏台上依旧是打斤斗，爬杠子，舞刀耍枪的卖弄把子，这都是“遗形物”的怪现状，这种“遗形物”不扫除干净，中国戏剧永远没有完全革新的希望。不料现在的剧评家不懂得文学进化的道理；不知道这种过时的“遗形物”很可阻碍戏剧的进化；又不知道这些东西于戏剧的本身全不相关，不过是历史经过的一种遗迹；居然竟有人把这些“遗形物”，——脸谱，嗓子，台步，武把子，唱工，锣鼓，马鞭子，跑龙套，等等——当作中国戏剧的精华！这真是缺乏文学进化观念的大害了。

文学进化观念的第四层意义：是一种文学有时进化到一个地位，便停住不进步了；直到他与别种文学相接触，有了比较，无形之中受了影响，或是有意的吸收人的长处，方才再继续有进步。此种例在世界文学史上，真是举不胜举。如英国戏剧在伊里沙白女王的时代本极发达，有蒋生(Ben Jonson)萧士比亚等的名著；后来英国人崇拜萧士比亚太甚了，被他笼罩一切，故十九世纪的英国诗与小说虽有进步，于戏剧一方面实在没有出色的著作；直到最近三十年中，受了欧洲大陆上新剧的影响，方才有萧伯纳(Bernard Shaw)、高尔华胥(John Galsworthy)等人的名著。这便是一例。中国文学向来不曾与外国高级文学相接触，所接触的都没有什么文学的努力；然而我们细看中国文学所受外国的影响，也就不少了。六朝至唐的三四百年中间，西域(中亚细亚)各国的音乐，歌舞，戏剧，输入中国的极多：如龟兹乐，如“拨头”戏(《旧唐书·音乐志》云：“拨头者，出西域胡人”)，却是极明显的例(看《宋元戏曲史》第九页)。再看唐宋以来的曲调，如《伊州》《凉州》《熙州》《甘州》《氐州》各种曲，名目显然，可证其为西域输入的曲调。此外中国词曲中还不知道有多少外国分子呢！现在戏台上用的乐器，十分之六七是外国的乐器，最重要的是“胡琴”，更不用说了。所以我们可以说，中国戏剧的变迁，实在带着无数外国文学美术的势力。只可惜这千余年来和中国戏台接触的文学美术都是一些很幼稚的文学美术，故中国戏剧所受外来的好处虽然一定不少，但所受的恶劣影响也一定很多。现在中国戏剧有西洋的戏剧可作直接比较参考的材料，若能有人虚心研究，取人之长，补我之短；扫除旧日的种种

"遗形物"，采用西洋最近百年来继续发达的新观念，新方法，新形式，如此方才可使中国戏剧有改良进步的希望。

……

民国七年九月

（选自《胡适文集 2》，北京大学出版社 1998 年版；原载《新青年》1918 年第 5 卷第 4 号）

[**导读**]

1918 年 10 月，《新青年》出了一期"戏剧改良专号"，刊登了 6 篇探讨戏剧改良的论文，本文是其中之一。胡适从进化论的角度出发，推崇写实主义戏剧，抨击旧文学中的粉饰现实之作，强调只有采用西方近百年来的戏剧新观念、新方法，中国的戏剧改良才有希望。

2. 予之戏剧改良观

欧阳予倩

[**原文**]

井手先生询余以对于今日中国剧界之意见。予歌场汩没，于今数年，随俗浮沉，无所表示。不敢有所谓意见。然就思念所及，得一二，为大略陈之。

试问今日中国之戏剧，在世界艺术界，当占何等位置乎！吾敢言中国无戏剧，故不得其位置也，何以言之？旧戏者，一种之技艺。昆戏者，曲也。新戏萌芽初茁，即遭蹂躏，目下如腐草败叶，不堪过问。舍是更何戏剧之可言？戏剧者，必综文学，美术，音乐及人身之语言动作，组织而成。有其所本焉，剧本是也。剧本文学既为中国从来所未有，则戏剧自无从依附而生。元明以来之剧，曲，传奇等，颇有可采，然决不足以代表剧本文学。其他如皮簧唱本，更无足道。盖戏剧者，社会之雏形，而思想之影像也。剧本者，即此雏形之模型，而此影像之玻璃版也。剧本有其作法，有其统系。一剧本之作用，必能代表一种社会，或发挥一种理想，以解决人生之难问题，转移误谬之思潮。演剧者，根据剧本，配饰以相当之美术品，(如布景衣装等)疏荡以适宜之音乐，务使剧本与演者之精神一致表现于舞台之上，乃可利用于今日鱼龙曼衍之舞台也。

然则吾人之主张当如何？予以为(一)须组织关于戏剧之文字，(二)须养成演剧之人才。

文字约分三种：

一、剧本。

剧本文学为中国从来所无，故须为根本的创设。其事宜多翻译外国剧本以为模范，然后试行仿制。不必故为艰深；贵能以浅显之文字，发挥优美之思想。无论其为歌曲，为科白，均以用白话，省去骈俪之句为宜。盖求人之易于领解，为效速也。惟格式作法，必须认定，暇当专论之。中国旧剧，非不可存，惟恶习惯太多，非汰洗净尽不可。然世方重视其恶习惯，为之奈何！

二、剧评。

今日之所谓剧评者，大抵于技术之谈多不完全。其对于伶人，非以好恶为毁誉，则视交情为转移；剧本一层，在所不问；而人情事理，亦置诸脑后。自某某诸名士使诗歌以妮近花旦后，海上多效之作；文人恶习殊不足道，亦评剧界之蟊贼也。吾所谓正当之剧评者，必根据剧本，必根据人情事理以立论。剧评家必有社会心理学，伦理学，美学，剧本学之知识。剧评有监督剧场及俳优，启人猛省，促进改良之责；决不容率尔操觚，卤莽从事也。惟今日之中国既无戏剧，则剧评亦当然不能成立。吾所望于今日之评剧家者，在诱导演剧者断弃其顽梗之主张而趋重于事理人情而已。如俳优能勉守人情事理之范围，庶几真戏剧有养成之希望焉。

三、剧论。

剧论之范围甚广。凡关于戏剧之理论皆属焉。最要者，在名剧本之分析，及舞台上之研究。中国之戏剧，一种之“杂戏”而已，不能绳之以理。必有精确之剧论，能获信于社会，则不近人情，与无价值之戏，当然渐就澌灭，同时真戏剧亦因之而生。故不欲改良戏剧则已，欲改良戏剧，非亟倡正确之剧论不可。如云“某处宜下锣”，或“某处不似老谭所唱”，所论非戏剧，不能羼入剧论也。

今日之剧界，腐败极矣。俳优之脑筋，过于简单，方且“抱残守缺”，“夜郎自大”，以为一技之长，可以应世变，传子孙，吃着不尽；故闻新论，莫不骇笑。久居暗室者，视日必暗；今之俳优，处暗过久，几失其明；如缠足者，其骨已断，无由再伸。故为目下计，为将来计，一面借文字以救其弊，一面须组织一“俳优养成所”；以四五年卒业，以养成新人材；办法略述如左。

(一)募集十三四龄之童子三五十人，于其中选拔优良，授以极新之艺术；劣者随时斥退之。

(二)不收学费。

(三)修业二三年后，随时可使试演于舞台，以资练习，并补助学费。

(四)课程于戏剧及技艺之外，宜注重常识，及世界之变迁。

(五)卒业后，须服务若干年。

如此四五年办去，必见好成绩，而于营业上，亦可决操胜算；盖四五年后之剧场，决非腐败之俳优，所得而左右也。

以上所谈，尚多未尽，容缓缓细及之。

（选自《中国新文学大系·建设理论集》，上海良友图书印刷公司，1935年版；原载上海《讼报》，1918年）

［导读］

1918年，新文学初期戏剧改良的先锋欧阳予倩发表本文，提倡戏剧改良，认为“一剧本之作用，必能代表一种社会，或发挥一种理想，以解决人生之难问题”。由此出发，他对如何改良戏剧的“文字”以及培养“演剧之人才”都提出了具体的改革措施。

3. 中国戏剧运动的进路（节选）

郑伯奇

［原文］

……

四

在这篇谈到文明戏，大家恐怕要摇头掩耳。实在，文明戏已经堕落到大家谈到便要摇头掩耳的程度了。但是若一追溯它的起源，我们可以晓得文明戏确实在前一个社会变革的初期发生的。它的社会背景当然比旧剧更进一步的社会；可是它的堕落比旧剧还有过之而无不及。这是什么道理呢？有人说这是过渡期应有的现象。事实是这样简单的么？即使事实是这样简单，过渡期的现象云云，也不能成为一种说明。

文明戏最初的发生，诚然是和旧剧对立的。虽然形式方面，还有许多模仿旧剧的地方，如表情动作，如插入歌词等，但是内容已经不同了。《新茶花》之鼓吹爱国心，《明末遗恨》之宣传民族革命，《黑籍冤魂》之暴露鸦片的罪恶等，都是旧剧所没有的。而且这样的新内容，正足代表当时资产阶级的思想。在文学方面来讲，这和《恨海》，《孽海花》，《十五小豪杰》，《官场现形记》，《二十年目睹之怪现状》等，正同其时代。

在这风潮中，比较规模稍大的戏剧运动要推“春柳社”一派的运动。现在所有各种文明戏的团体，直接间接，都可算为春柳社的分派。就是以后相当忠实从事新剧的人们，还有许多是“春柳社”的健将。关于“春柳社”当时运动的情状，我们没有相当的材料，也没有这种时间，并且更没有这样的必要。好在“春柳社”的同人，还多健在，他们有空暇的时候，作了自己的反省记录便够了。不过我们应当注意的，他们没有什么理论，也没有什么主义，好象很机械地模仿着日本的“新派剧”。日本的“新派剧”，受着“歌舞伎”，“电影”，“新剧”的三面包围，十年以前已经逐渐地从社会消失了。中国的文明戏便堕落到游戏场的附属品，供堕落的姨太太妓女们消遣去了。

我们由此可以看来，文明戏的发生固然以满清末年新兴的资产阶级为背景，可是没有气力的资产阶级开始了退却，文明戏也便堕落下去了。同时既然没有理论，没有主义，机械地伴随发生的文明戏，到了资产阶级第二次抬头的时候，已经成了枯草化石，完全没有适应的能力了。

现在再回顾到发端的说话，不顾大家摇头掩耳，我们要提出文明戏来讨论，并不是好奇多事。因为，据我们看来，文明戏的没落过程很可以提供以后的新戏运动的借鉴。虽然以新兴的势力为背景而不能随着社会的进展而前进，那种戏剧一定要没落的。尤其没有理论，没有主义，无自觉地追随着时代后面跑的那种戏剧运动，带着堕落的危险成分更多。

五

“五·四”运动的特色，比前一期的运动——就是辛亥革命以前的运动——多了显著的意德沃罗基的色彩。并且运动的发端又在言语文学方面。与文学最邻接的戏剧，当然要受很大的影响。以胡适为中心的一派提倡其“易卜生主义”。实演则以陈大悲等爱美剧社为中心也在北京公开了。这样引起了各地的演剧运动。这样引起了作家并读者对于戏剧作品的注意。也就这样，近代剧跟着白话文学运动在中国的新文学中筑下了基础。

白话文学运动，大家都已晓得了，那是中国新兴资产阶级的意德沃罗基运动。经过欧战这样一次资产社会的大变动，中国的资产阶级比之十年以前已有了相当的力量。所以这样发生的文化运动自然有了很大的势力，可以震动中国全土。虽然没有廓清封建文化，然在当时确实足以使它发生动摇。但是可惜给中国资产阶级的兴起机会的欧战，同时也给资本主义社会敲响了吊钟。并且为中国资产阶级的唯一机会也胎伏了中国资产阶级的最大危机——就是帝国主义最后的掠夺战争。果然东欧继续着发生打倒资产政治的革命。残余的帝国主义更加强烈地压迫着中国新兴的资产社会的萌芽。所以为中国，任何阶级只有革命，反抗帝国主义的侵略。1923年以后的革命高潮就是这么产生的。文化运动当然也应该逐渐带上了革命性。但是已经满足于相当成功的少数知识分子，受了帝国主义的利诱，表示退却消极的倾向。提倡平民文学的人们一变而为趣味文学的鼓吹者。批判古典的学者仅以考证古典为他们退却的根据。就在戏剧方面也发生纯粹艺术一派的主张。

其实知识阶级是帝国主义侵略的最大的牺牲品。所以大多数的知识分子奋然走上了革命的道路。封建社会，帝国主义，依然是他们反抗的对象。甚至更进一步的前进，并资本主义也加以否定。在戏剧方面虽然没有具体的运动，但是在作品上确已有了这种表现。这可以说是为下一个时代潜藏着的宝贵的萌芽。

就表面上看来，“五·四”运动以后的戏剧运动还没有得到什么成效就逐渐消灭下去了。从事于这种运动的人们归罪于社会之无理解。但是平心观察，事实不是这样。运动的方法也许有错误，环境不用说是十分恶劣，根本上当时的文化，已经开始了总退却，戏剧运动如何能支持单独战线？而况从事运动的人们自己就没有过斗争的意志呢？

六

这两年来，新剧运动又复中兴了。这回的中兴，声势远胜过从前。在一个时期——现在大约还是一样——职业剧团居然有了相当的基础。而且更可注意的，是学生剧团的陆续成立；各地方戏剧学校或研究所的创办。学生，因为他们社会的和生理心理的根据，常常是新兴运动的急先锋。他们的参加，要给运动添加许多的生气。就成效上讲，他们能够使运动直接间接延长到下一个时代去。这回的运动得了这样的生力军，诚是一个可数的有力的现象。其次的戏剧学校，研究所等，我们虽然尚不知它的内容，也不详其进行的状况。除过北京美专的戏剧系以外，广东、山东等处听说已有了专门的学校。就社会发展的现阶段推测下来，至少初期的资产社会演剧文化已经成了研究的对象。这在戏剧运动的全过程讲起来，当然是“正”的 Factor。

不过戏剧运动的道路依然是荆棘满途。有力的剧团都似乎感受着社会的经济的种种压迫。它们从前所公布的预约到现在都未见其实现。比较惹人注意的公演这半年可以说是没有。宣传，刊物，脚本刊行等也没有以前那样活泼。空气又好象于戏剧运动不甚顺利。所以某剧团的主脑，听说便发了以下的放言：“我们的艺术太高了，民众不能理解”！这恰和从前北京方面的“国剧运动”的几位先生的傲语是一样的。这话是真的么？我们这些“高尚的”戏剧又要叫“浅薄的”民众绞杀么？

我们平心静气地观察，我们便晓得事实不是这样。事实毋宁是民众比我们那些作“高尚的”戏剧的先生们更进步。先生们没有力量去追及，反而在跺着脚唱高调！

试把各剧社的 Repertoire 看一看，再和现在活动着的社会参照参照，我们真要发生一种意外之感，“他们演的那些戏是给谁看？”我们禁不住要发出这种疑问。民众受着无限的压迫，掠夺，屈辱，而我们的先生孤心苦诣地给他们些“爱之花”“青春之美酒”。他们能够接受么？他们不接受，便是“他们浅薄，没理解，而我们的艺术太高了！”

这几年来在民众是经了“血的洗礼”“铁的锻炼”，没有追随着他人啼笑的余裕了。就如知识阶级，他们所依存的经济基础，一天一天破坏，他们经济上、社会上、思想上都发生很大的变化。而戏剧运动却是旧日的货色。公平地讲，这样的戏剧能得一部分的观众已经是侥幸了。他们一时的成功只是民众——就算是知识阶级——对于戏剧运动本身的渴望的表现罢了。

七

由上面历史的考察，我们可以得一个简单的结论。

戏剧也同其他艺术一样，不站在前进的阶级的立场上，绝对没有发展的可能。若是规避斗争，不敢站在时代的先端，那种艺术一定没落；若是跟着落后的阶级，那种艺术一定流为反动。戏剧比任何艺术和社会的关系更密切，因而表示更为明显。

具体地讲，普罗列塔利亚是现代负有历史使命的唯一的阶级。一切艺术都应该是普罗列塔利亚艺术。布尔乔亚艺术，就一般情势来讲，在半世纪前，还有它的进步的作用，自从入了帝国时代以后，它的进步性老早就消失了。

戏剧也是这样，易卜生以后的近代剧多少都有些反动的倾向。尤其现在的西欧，简直堕落极了。高尔基、高斯华绥这些作家，倾向虽有多少，都有新的立场。

至为演剧方面，事实更为明显。最近许多大演剧家——就连克雷克、莱茵哈德都包括在内——其初虽也有点进步的倾向，可是后来都走上了矛盾的路径。这不是他们的技巧不高，实在因为他们所捧持的那阶级已上了没落的道路。

大战以后，普罗列塔利亚演剧慢慢抬起头来。现在在许多国度里，这种演剧的基础已经稳固了。德国、日本是很明显的例。美国方面最近也有了相当的成功。

中国的社会情况也告诉我们没有第二条道路可走。从前种种戏剧运动的失败，和最近新兴文学的成功都告诉了我们的进路。

中国戏剧运动的进路是普罗列塔利亚演剧。

……

（选自《郑伯奇研究资料》，知识产权出版社 2009 年版；
原载《艺术月刊》1930 年第 1 卷第 1 期）

[导读]

本文站在左翼戏剧观的立场上，对中国戏剧改良的历程进行了比较系统的回顾。作者认为“文明新戏”之所以失败，是由于“没有理论，没有主义，无自觉地追随着时代后面跑”。中国的新戏剧如果要成功，就必须“站在前进的阶级的立场上”，因此他旗帜鲜明地提倡普罗戏剧，即大众化戏剧。

4.《中国新文学大系·戏剧集》导言(节选)*

洪　深

[原文]

……

五

当时的人，对于中国传统的旧戏(即俗所谓皮黄戏)态度各各不同；刘复是主张不妨保留而加以改良的。他在《我之文学改良观》一文里说：

> 第三曰提高戏曲对于文学上之位置……不佞对于此问题，有四种意见。
>
> (一)无论南词北曲，皆须用当代方言之白描笔墨为之，使合于“场中之曲”之规定。
>
> (二)近人推崇昆剧，鄙视皮黄，实为迷信古人之谬见。当知艺术与时代为推移。世人既以皮黄之通俗可取而酷嗜之，昆剧自应退居于历史的艺术之地位。
>
> (三)昆剧既退居于历史的艺术之地位，则除保存此项艺术之一部分人外，其余从事现代文学之人，均宜移其心力于皮黄之改良，以应时势之所需。
>
> (四)成套之曲，可以不作，改作皮黄剧本。零碎小词，可以不填，改填皮黄之一节或数节。
>
> 吾所谓改良皮黄者，不仅钱君所举“戏子打脸之离奇，舞台设备之幼稚”，与“理想既无，文章又极恶劣不通”；与王君梦远《梨园佳话》所举“戏之劣处”一节已也。凡“一人独唱，二人对唱，二人对打，多人对打”，与一切“报名，唱引，绕场上下，摆对相迎，兵卒绕场，大小起霸”等种种恶腔死套，均当一扫而空。另以合于情理，富于美感之事物代之。然余亦决非认皮黄为正常的文学艺术之人……只以现今白话文学尚在幼稚时代，白话之戏曲，尤属完全未经发见，故不得不借此易于着手之已成之局而改良之，以应目前之急。至将来白话文学昌明之后，现今之所改良之皮黄，固亦当与昆剧同处于历史的艺术之地位。

他这是修正钱玄同的意见的。钱对于皮黄与昆剧，都是极端地反对的。他在民

---

* 本文所有注释为原注。

国六年二月写给陈独秀的信里说：

若今之京调戏，理想既无，文章又极恶劣不通，固不可因其为戏剧之故，遂谓为有文学上之价值也。（假使当时编京调剧本者能全用白话，当不至滥恶若此。）又中国旧戏，专重唱工，所唱之文句，听者本不求甚解，而戏子打脸之离奇，舞台设备之幼稚，无一足以动人情感。夫戏中扮演，本期确肖实人实事，即观向来“优孟衣冠”一语，可知戏子扮演古人，当如优孟之像孙叔敖，苟其不肖，即与演剧之义不合；顾何以今日之戏子，绝不注意此点乎！

他又在七年七月号《新青年》的随感录里说：

两三个月以来，北京的戏剧忽然大流行昆曲；听说这位昆曲大家叫做韩世昌。自从他来了，于是有一班人都说，“好了，中国的戏剧进步了，文艺复兴的时期到了。”我说，这真是梦话。中国的旧戏，请问在文学上的价值，能值几个铜子？试拿文章来比戏：二簧西皮好比“八股”；昆曲不过是《东莱博议》罢了；就是进一步说，也不过是“八家”罢了；也不过是《文选》罢了。八股固然该废，难道《东莱博议》、“八家”和《文选》便有代兴的资格吗？吾友某君常说道，“要中国的真戏，非把中国现在的戏馆全数封闭不可。”我说这话真是不错——有人不懂，问我“这话怎讲?”我说，一点也不难懂。譬如要建设共和政府，自然该推翻君主政府；要建设平民的通俗文学，自然该推翻贵族的艰深文学。那么，如其要中国有真戏，这真戏自然是西洋派的戏，决不是那“脸谱”派的戏。要不把那扮不像人的人，说不像话的话，全数扫除，尽情推翻，真戏怎么能推行呢？

他们的持论，还是着重在旧戏形式的恶劣与不合理。但到了周作人，便注目到旧戏内容的不堪了。他在《人的文学》一文里说：

简明说一句，人的文学与非人的文学的区别，便在著作的态度，是以人的生活为是呢？非人的生活为是呢？这一点上。材料方法，别无关系。即如提倡女人殉葬——即殉节——的文章，表面上岂不说是“维持风教”，但强迫人自杀，正是非人的道德，所以也是非人的文学。中国文学中，人的文学，本来极少。从儒教道教出来的文学，几乎都不合格。现在我们单从纯文学上举例如：

（一）色情狂的淫书类；

(二)迷信的鬼神书类，《封神榜》《西游记》等；

(三)神仙书类，《绿野仙踪》等；

(四)妖怪书类，《聊斋志异》《子不语》等；

(五)奴隶书类，甲种主题是皇帝状元宰相，乙种主题是神圣的父与夫；

(六)强盗书类，《水浒》《七侠五义》《施公案》等；

(七)才子佳人书类，《三笑姻缘》等；

(八)下等谐谑书类，《笑林广记》等；

(九)黑幕类；

(十)以上各种思想和合结晶旧戏。

这几类全是妨碍人性的生长，破坏人类的平和的东西，统应该排斥。①

主张中国的旧戏可以保存的，只有宋春舫一个人；同时他也是当时新戏剧运动理论者中，唯一的批评那时在长江一带流行的文明戏底反文化作用的。民国五年九月，他在上海写：

> 吾国新剧界。每况愈下；春柳社而后，广陵散盖绝响矣。呜呼，靡靡之音，足以亡国！剧虽小道，亦与世道人心，大有关系者也。改弦而更张之，是所望于有志之士矣。②

民国七年，又在北京写：

> 近数年来，新剧(即白话剧)之失败，固非以白话体裁而失败也。剧本之恶劣，新剧伶人道德之堕落，实有以致之。然其废弃旧有之音乐，而以淫词芜语代之，或为其失败原因之一欤。
>
> 激烈派之主张改革戏剧，以为吾国旧剧，脚本恶劣，于文学上无丝毫之价值；于社会亦无移风易俗之能力。加以刺耳取厌之锣鼓，赤身露体之对打；剧场之建筑，既不脱中古气象；有时布景，则类东施效颦，反足阻碍美术之进化；非屏弃一切，专用白话体裁之剧本，中国戏剧，将永无进步之一日。主张此种论说者，大抵对于吾国戏剧，毫无门径；又受欧美物质文明之感触，遂致因噎废食，创言破坏。不知白话剧不能独立，必恃歌剧以为后盾。世界各国皆然，吾国宁能免乎。
>
> 虽然，歌剧对社会之影响，不如白话剧远甚。歌剧仅求娱悦耳目(莫

---

① 《新青年》五卷六号。

② 《宋春航论剧》——《世界新剧谈》。

斯科巴黎之歌剧场，其布景之精妙，为吾国仅看过上海新舞台之布景，所梦想不到者）而已。白话剧则对于社会，有远大之影响，迥非歌剧所能望其肩背也。

顾吾国旧剧保守派，以为“一国有一国之戏剧……不能与他国相混合。吾国旧剧，有如吾国数千年之文化，具有特别之精神，断不能任其消灭……”此种囿于成见之说，对于世界戏剧之沿革之进化之效果，均属茫然，亦为有识者所不取也。旧剧如何保存，新剧如何提倡，异日得暇，当再详论之。①

宋氏的意思，歌剧应与白话剧并存，而中国的旧戏可视为中国的歌剧，只须相当地改善一下，是可以永久地保存的。但是，他也承认“白话剧对于社会有远大之影响”，所以在民国七年四月读到了胡适在《建设的文学革命论》里所提出“国内真懂得西洋文学的学者……公同选定若干种不可不译的第一流文学名著……三百种戏剧”的意见之后，在同年十月的《新青年》上他就选出了《近世名戏百种目》；里面全是话剧，没有一出是歌剧的。

胡适在那时是坚决地主张“西洋的文学方法，比我们的文学，实在完备得多，高明得多，不可不取例”的：

更以戏剧而论……最近六十年来，欧洲的散文戏本，千变万化，远胜古代；体裁也更发达了。最重要的，如“问题戏”专研究社会的种种重要问题；“象征戏”，专以美术的手段作的“意在言外”的戏本；“心理戏”，专描写复杂的心境，作极精密的解剖；“讽刺戏”，用嬉笑怒骂的文章，达愤世救世的苦心……以上所说，大旨只在约略表示西洋文学方法的完备，因为西洋文学真有许多可给我们作模范的好处。②

胡适的教人去学习西洋戏剧的方法，写作白话剧，改良中国原有的戏剧，他底目的，是要想把戏剧做传播思想，组织社会，改善人生的工具。他诚然没有很明显地把这个目的，在他底文字里说出过；但在他底重视易卜生这个事实，完全可以看出他底用意了。易卜生是那威的十九世纪末的一个剧作者；他是主张个人主义的人生观，主张摆脱那社会上不良的但是传统的道德法律和成见风俗等底束缚的。胡适读了他底戏，写出一篇《易卜生主义》，竭力推崇。那篇文章，是在民国七年写的；到了民国十九年，他还这样说：

---

① 《宋春舫论剧》——《戏剧改良平议》。

② 《建设的文学革命论》，《胡适文集》一集。

易卜生最可代表十九世纪欧洲的个人主义的精华，故我这篇文章只写得一种健全的个人主义的人生观……把自己铸造成器，方才可以希望有益于社会。真实的为我，便是最有益的为人。把自己铸造成了自由独立的人格，你自然会不知足，不满意于现状，敢说老实话，敢攻击社会上的腐败情形，做一个“贫贱不能移，富贵不能淫，威武不能屈”的斯铎曼医生……我对你们说：“争你们个人的自由，便是为国家争自由！争你们自己的人格，便是为国家争人格！自由平等的国家，不是一群奴才建造得起来的。”①

胡适的这样推崇易卜生主义，对于后来中国话剧的发展，影响是非常广大的。易卜生的戏剧，很快地有许多被译成中文；而在创作方面，有若干的作家，不仅是把易卜生剧中的思想，甚而连故事讲出的形式，一齐都摹仿了。

傅斯年也同意于胡适底“戏剧是工具”的主张的。他在《戏剧改良各面观》里说：

再把改良戏剧，当作社会问题，讨论一番。旧社会的穷凶极恶，更是无可讳言；旧戏是旧社会的照相，也不消说；当今之时，总要有创造新社会的戏剧，不当保持旧社会创造的戏剧……使得中国人有贯澈的觉悟，总要借重戏剧的力量；所以旧戏不能不推翻，新戏不能不创造。换一句话来说，旧社会的教育机关，不能不推翻；新社会的急先锋，不能不创造。②

他在《再论戏剧改良》里，指出旧戏的恶劣，更为透澈：

中国社会是甚么社会？中国历史是甚么历史？如果是极光荣的历史，极良善的社会，他的产物，当然也是良善光荣的了。可以“完全保存”了。如果不然，只因为是历史社会的产物，不管历史社会是怎样的，硬来保存下去。似乎欠妥当些。中国政治，是从秦政到了现在，直可缩短成一天看。人物是独夫，宦官，宫妾，权臣，奸雄，谋士，佞幸；事迹是篡位，争国，割据，吞并，阴谋，宴乐，流离：这就是中国的历史。豪贵鱼肉乡里，盗贼骚扰民间，崇拜的是金钱，势力，官爵；信仰的是妖精，道士，灾祥：这就是中国的社会。这两件不堪东西的写照，就是中国的戏剧。③

---

① 《胡适文选》序言——介绍我自己的思想。

② 《新青年》五卷四号。

③ 《新青年》五卷四号。

可是他对于翻译西洋戏剧这一点。见解和胡适微有不同；胡适主张“赶紧多多的翻译西洋的文学名著做我们的模范”，傅斯年却顾虑到“在中国舞台上排演直译的西洋戏剧”恐怕“看的人不知所云”这个实际问题了：

> 我起初想来，中国现在尚没有独立的新文学发生，编制剧本，恐怕办不好，爽性把西洋剧本翻译出来，用到剧台上，文笔思想，都极妥当，岂不省事。后来转念道，西洋剧本是用西洋社会做材料；中国社会，却和西洋社会隔膜得紧。在中国剧台上排演直译的西洋戏剧，看的人不知所云，岂不糟了。这样说来，还要自己编制，但是不妨用西洋剧本做材料，采取他的精神，弄来和中国人情合拍了，就可应用了。换一句话说来，直译的剧本，不能适用，变化形式，存留精神的改造本，却是大好……旧戏最没道理的地方，就是专拿那些极不堪的小说作来源；新戏要有新精神，所以这一点万不可再蹈覆辙。材料要在当今社会里取出；更要对于现在社会，有了内心的观察，透彻的见地，才可以运用材料，不至于变成“无意识”。我希望将来的戏剧，是批评社会的戏剧，不是专形容社会的戏剧；是主观的意思，客观的文笔的戏剧，不是纯粹客观的戏剧。①

此外，他还具体地提出了关于编制剧本的六个条件：

> （一）剧本的材料，应当在现在社会里取出……
>
> （二）中国剧最通行的款式，是结尾出来个大团圆；这是顶讨厌的事……我很希望未来的剧本，不要再犯这个通病。
>
> （三）剧本里的事迹总要是我们每日的生活，纵不是每日的生活，也要是每年的生活。这样才可以亲切……
>
> （四）剧本里的人物，总要平常。旧戏里最少的是平常人，好便好得出奇，坏便坏得出奇——简直是不能有的人；退一步说，也是不常有的人。弄这样人物上台，完全无意义。小孩子喜欢这个，成年人却未必喜欢这个。若说拿这些奇怪人物作教训，作鉴戒，殊不知世上不常有的事，那里能含着教训鉴戒的效用。平常人的行事，好的却真可作教训；坏的却真可作鉴戒。因为平常，所以可以时时刻刻作个榜样……
>
> （五）中国人恭维戏剧，总是说，善恶分明；其实善恶分明，是最没趣

---

① 《新青年》五卷四号，《戏剧改良各面观》。

的事……新剧的制作，总要引起人批评判断的兴味……

（六）旧戏的做法，只可就戏论戏，戏外的意义一概没有的；就是勉强说有，也都浅陋得很。编制新剧本，应当在这里注意，务必使得看的人还觉得在戏的动作言语以外，有一番真切道理做个主宰。①

这些不能不说是建设的积极的理论。在那个时候，他已经指出那剧中人物应有典型性普遍性(第四条)。不可过于单纯化与抽象化(第五条)，又剧本应当有深刻的健全的意识，不可不算是难能的了。

这一时期，理论非常丰富，创作却十分贫乏。只有胡适底《终身大事》一部剧本，是值得称道的。这部戏，作者认为是"游戏的喜剧"(即趣剧)②，这在田太太和田先生两个人底"性格描写"的夸张上，是可以这样说的。可是田亚梅是那时代的现实的人物，而"终身大事"这个问题在当时确又是一个亟待解决的问题，所以也可以说是一出反映生活的社会剧。这出戏他原是应美国留学的朋友们底请求，用英文写的。后来有几个女学生要排演，才把他译成中文。可是，因为这戏里的田女士跟人跑了，胡适说："这几位女学生，竟没有人敢扮演田女士。况且女学堂似乎不便演这种不很道德的戏！所以这稿子又回来了。"是的，在封建势力仍然强盛的中国，是没有女子敢"做"娜拉的！但这正说明了这出戏的意义。

……

（选自《中国新文学大系·戏剧集》，
上海良友图书印刷公司 1935 年版）

[导读]

本文是洪深为自己选编的《中国新文学大系·戏剧集》(1917—1927)所撰的长篇导言，在现代戏剧研究史上分量很重。该文追溯了中国现代话剧的缘起，概括描绘了中国现代话剧活动在第一个十年的发展状况，对这期间的成败得失做了客观的分析。

5.《雷雨》序(节选)*

曹　禺

[原文]

……累次有人问我《雷雨》是怎样写的，或者《雷雨》是为什么写的这一类的

① 《新青年》五卷四号，《再论戏剧改良》。

② 《胡适文存》第一集。

* 本文所有注释为原注。

问题。老实说，关于第一个，连我自己也莫明其妙；第二个呢，有些人已经替我下了注释，这些注释有的我可以追认——譬如“暴露大家庭的罪恶”——但是很奇怪，现在回忆起三年前提笔的光景，我以为我不应该用欺骗来炫耀自己的见地，我并没有显明地意识着我是要匡正讽刺或攻击些什么。也许写到末了，隐隐仿佛有一种情感的汹涌的流来推动我，我在发泄着被抑压的愤懑，毁谤着中国的家庭和社会。然而在起首，我初次有了《雷雨》一个模糊的影象的时候，逗起我的兴趣的，只是一两段情节，几个人物，一种复杂而又原始的情绪。

《雷雨》对我是个诱惑。与《雷雨》俱来的情绪蕴成我对宇宙间许多神秘的事物一种不可言喻的憧憬。《雷雨》可以说是我的“蛮性的遗留”，我如原始的祖先们对那些不可理解的现象睁大了惊奇的眼。我不能断定《雷雨》的推动是由于神鬼，起于命运或源于哪种显明的力量。情感上《雷雨》所象征的对我是一种神秘的吸引，一种抓牢我心灵的魔《雷雨》所显示的，并不是因果，并不是报应，而是我所觉得的天地间的“残忍”，（这种自然的“冷酷”，四凤与周冲的遭际最足以代表他们的死亡，自己并无过咎。）如若读者肯细心体会这番心意，这篇戏虽然有时为几段较紧张的场面或一两个性格吸引了注意，但连绵不断地若有若无地闪示这一点隐秘——这种种宇宙里斗争的“残忍”和“冷酷”。在这斗争的背后或有一个主宰来使用它的管辖。这主宰，希伯来的先知们赞它为“上帝”，希腊的戏剧家们称它为“命运”，近代的人撇弃了这些迷离恍惚的观念，直截了当地叫它为“自然的法则”。而我始终不能给他以适当的命名，也没有能力来形容它的真实相。因为它太大，太复杂。我的情感强要我表现的，只是对宇宙这一方面的憧憬。

写《雷雨》是一种情感的迫切的需要。我念起人类是怎样可怜的动物，带着踌躇满志的心情，仿佛是自己来主宰自己的运命，而时常不是自己来主宰着。受着自己——情感的或者理解的——的捉弄，一种不可知的力量的——机遇的，或者环境的——捉弄；生活在狭的笼里而洋洋地骄傲着，以为是徜徉在自由的天地里，称为万物之灵的人物不是做着最愚蠢的事么？我用一种悲悯的心情来写剧中人物的争执。我诚恳地祈望着看戏的人们也以一种悲悯的眼来俯视这群地上的人们。所以我最推崇我的观众，我视他们，如神仙，如佛，如先知，我献给他们以未来先知的神奇。在这些人不知道自己的危机之前，蠢蠢地动着情感，劳着心，用着手，他们已彻头彻尾地熟悉这一群人的错综关系。我使他们征兆似地觉出来这蕴酿中的阴霾，预知这样不会引出好结果。我是个贫穷的主人，但我请了看戏的宾客升到上帝的座，来怜悯地俯视着这堆在下面蠕动的生物。他们怎样盲目地争执着，泥鳅似地在情感的火坑里打着昏迷的滚，用尽心力来拯救自己，而不知千万仞的深渊在眼前张着巨大的口。他们正如一匹跌在泽沼里的羸马，愈挣扎，愈深沉地陷落在死亡的泥沼里。周萍悔改了

“以往的罪恶”。他抓住了四凤不放手，想由一个新的灵感来洗涤自己。但这样不自知地犯了更可怕的罪恶，这条路引到死亡。蘩漪是个最动人怜悯的女人。她不悔改，她如一匹执拗的马，毫不犹疑地踏着艰难的老道，她抓住了周萍不放手，想重拾起一堆破碎的梦而救出自己，但这条路也引到死亡。在《雷雨》里，宇宙正象一口残酷的井，落在里面，怎样呼号也难逃脱这黑暗的坑。自一面看，《雷雨》是一种情感的憧憬，一种无名的恐惧的表征。这种憧憬的吸引恰如童稚时谛听脸上划着经历的皱纹的父老们，在森森的夜半，津津地述说坟头鬼火，野庙僵尸的故事。皮肤起了恐惧的寒栗，墙角似乎晃着摇摇的鬼影。然而奇怪，这“怕”本身就是个诱惑。我挪近身躯，咽着兴味的口沫，心惧怕地忐忑着，却一把提着那干枯的手，央求：“再来一个！再来一个！”所以《雷雨》的降生是一种心情在作祟，一种情感的发酵，说它为宇宙一种隐秘的理解乃是狂妄的夸张，但以它代表个人一时性情的趋止，对那些“不可理解的”莫名的爱好，在我个人短短的生命中是显明地划成一道阶段。

与这样原始或者野蛮的情绪俱来的还有其他的方面，那便是我性情中郁热的氛围。夏天是个烦躁多事的季节，苦热会逼走人的理智。在夏天，炎热高高升起，天空郁结成一块烧红了的铁，人们会时常不由己地，更归回原始的野蛮的路，流着血，不是恨便是爱，不是爱便是恨；一切都走向极端，要如电如雷地轰轰地烧一场，中间不容易有一条折衷的路。代表这样的性格是周蘩漪，是鲁大海，甚至于是周萍，而流于相反的性格，遇事希望着妥协，缓冲，敷衍便是周朴园，以至于鲁贵。但后者是前者的阴影，有了他们前者才显得明亮。鲁妈，四凤，周冲是这明暗的间色，他们做成两个极端的阶梯。所以在《雷雨》的氛围里，周蘩漪最显得调和。她的生命烧到电火一样地白热，也有它一样地短促。情感，郁热，境遇，激成一朵艳丽的火花，当着火星也消灭时，她的生机也顿时化为乌有。她是一个最“雷雨的”（原是我的杜撰，因为一时找不到适当的形容词）性格，她的生命交织着最残酷的爱和最不忍的恨，她拥有行为上许多的矛盾，但没有一个矛盾不是极端的，“极端”和“矛盾”是《雷雨》蒸热的氛围里两种自然的基调，剧情的调整多半以它们为转移。

在《雷雨》里的八个人物，我最早想出的，并且也较觉真切的是周蘩漪，其次是周冲。其他如四凤，如朴园，如鲁贵都曾在孕育时给我些苦痛与欣慰，但成了形后反不给我多少满意。（我这样说并不说前两个性格已有成功，我愿特别提出来只是因为这两种人抓住我的想象。）我欢喜看蘩漪这样的女人，但我的才力是贫弱的，我知道舞台上的她与我原来的企图，做成一种不可相信的参差。不过一个作者总是不自主地有些姑息，对于蘩漪我仿佛是个很熟的朋友，我惭愧不能画出她一幅真实的像，近来颇盼望着遇见一位有灵魂有技能的演员扮她，交付给她血肉。我想她应该能动我的怜悯和尊敬，我会流着泪水哀悼这可怜的女人的。我会原谅她，虽然她做了所谓“罪大恶极”的事情——抛弃了神圣的母亲的天责。我算不清我亲眼看见多少蘩漪。（当然她们不是蘩漪，她们多半没有她的勇敢。）她们都在阴沟里讨着生活，却心偏天样地高；热情原是一片浇不熄的火，而上帝偏偏罚她们枯干地生长在砂上。这类的女人许多有着美丽的心灵，然为着不正常的发展，和环境的窒息，她们变为乖戾，成为人所不能了解的。受着人的嫉恶，社会的压制，这样抑郁终身，呼吸不着一口自由的空气的女人在我们这个现实社会里不知有多少吧。在遭遇这样的不幸的女人里，蘩漪自然是值得赞美的。她有火炽的热情，一颗强悍的心，她敢冲破一切的桎梏，做一次困兽的斗。虽然依旧落在火坑里，情热烧疯了她的心，然而不是更值得人的怜悯与尊敬么？这总比阉鸡似的男子们为着凡庸的生活怯弱地度着一天一天的日子更值得人佩服吧。

有一个朋友告诉我：他迷上了蘩漪，他说她的可爱不在她的“可爱”处，而在她的“不可爱”处。诚然，如若以寻常的尺来衡量她，她实在没有几分赢人的地方。不过聚许多所谓“可爱的”女人在一起，便可以鉴别出她是最富于魅惑性的。这种魅惑不易为人解悟，正如爱嚼姜片的才道得出辛辣的好处。所以必需有一种明白蘩漪的人始能把握着她的魅惑，不然，就只会觉得她阴鸷可怖。平心讲，这类女人总有她的“魔”，是个“魔”便有它的尖锐性。也许蘩漪吸住人的地方是她的尖锐。她是一柄犀利的刀，她愈爱的，她愈要划着深深的创痕。她满蓄着受着抑压的“力”，这阴鸷性的“力”怕是造成这个朋友着迷的缘故。爱这样的女人需有厚的口胃，铁的手腕，岩似的恒心，而周萍，一个情感和矛盾的奴隶，显然不是的。不过有人会问为什么她会爱这样一棵弱不禁风的草，这只好问她的运命，为什么她会落在周朴园这样的家庭中。

提起周冲，蘩漪的儿子。他也是我喜欢的人。我看过一次《雷雨》的公演，我很失望，那位演周冲的人有些轻视他的角色，他没有了解周冲，他只演到痴憨——那只是周冲粗犷的肉体，而忽略他的精神。周冲原是可喜的性格，他最无辜而他与四凤同样遭受了惨酷的结果。他藏在理想的堡垒里，他有许多憧憬，对社会，对家庭，以至于对爱情。他不能了解他自己，他更不了解他的周围。一重一重的幻念茧似地缚住了他。他看不清社会，他也看不清他所爱的人们。他犯着年轻人 Quixotic① 病，有着一切青春发动期的青年对现实那样的隔离。他需要现实的铁锤来一次一次地敲醒他的梦。在喝药那一景，他才真认识了父亲的威权笼罩下的家庭；在鲁贵家里，忍受着鲁大海的侮慢，他才发现他和大海中间隔着一道不可填补的鸿沟；在末尾，蘩漪唤他出来阻止四凤与周萍

---

① 唐吉诃德式的。

逃奔的时候，他才看出他的母亲全不是他所想的那样，而四凤也不是能与他在冬天的早晨，明亮的海空，乘着白帆船向着无边的理想航驶去的伴侣。连续不断地失望绊住他的脚，每次的失望都是一只尖利的锥，那是他应受的刑罚。他痛苦地感觉到现实的丑恶，一种幻灭的悲哀袭击他的心。这样的人即便不为“残忍”的天所毁灭，他早晚会被那绵绵不尽的渺茫的梦掩埋，到了与世隔绝的地步。甚至在情爱里，他依然认不清真实。抓住他心的并不是四凤，或者任何美丽的女人。他爱的只是“爱”，一个抽象的观念，还是个渺茫的梦。所以当着四凤不得已地说破了她同周萍的事，使他伤心的却不是因为四凤离弃了他，而是哀悼着一个美丽的梦的死亡。待到连母亲——那是十七岁的孩子的梦里幻化得最聪慧而慈祥的母亲，也这样丑恶地为着情爱痉挛地喊叫，他才彻头彻尾地感觉到现实的粗恶。他不能再活下去，他被人攻下了最后的堡垒，青春期的儿子对母亲的那一点憧憬。他于是整个死了他生活最宝贵的部分——那情感的激荡。以后那偶然的或者残酷的肉体的死亡对他算不得痛苦，也许反是最适当的了结。其实，在生前他未始不隐隐觉得他是追求着一个不可及的理想。他在鲁贵家里说过他白日的梦，那一段对着懵懂的四凤讲的：“海，……天，……船，……光明，……快乐，”的话；（那也许是个无心的讽刺，他偏偏在那样地方津津地说着他最超脱的梦，那地方四周永远蒸发着腐秽的气息，瞎子们唱着唱不尽的春调，鲁贵如淤水塘边的癞蛤蟆哓哓地噪着他的丑恶的生意经）在四凤将和周萍同走的时候，他只说：（疑惑地，思考地）“我忽然发现……我觉得……我好象并不是真爱四凤；（渺渺茫茫地）以前，……我，我，我——大概是胡闹。”于是他慷慨地让四凤跟着周萍离弃了他。这不象一个爱人在申说，而是一个梦幻者探寻着自己。这样的超脱，无怪乎落在情热的火坑里的蘩漪是不能了解的了。

理想如一串一串的肥皂泡荡漾在他的眼前，一根现实的铁针便轻轻地逐个点破。理想破灭时，生命也自然化成空影。周冲是这烦躁多事的夏天里一个春梦。在《雷雨》郁热的氛围里，他是个不调和的谐音，有了他，才衬出《雷雨》的明暗。他的死亡和周朴园的健在都使我觉得宇宙里并没有一个智慧的上帝做主宰。而周冲来去这样匆匆，这么一个可爱的生命偏偏简短而痛楚地消逝，令我们情感要呼出：“这确是太残忍的了。”

写《雷雨》的时候，我没有想到我的戏会有人排演，但是为着读者的方便，我用了很多的篇幅释述每个人物的性格。如今呢，《雷雨》的演员们可以藉此看出些轮廓。不过一个雕刻师总先摸清他的材料有哪些弱点，才知用起斧子时哪些地方该加谨慎，所以演员们也应该明瞭这几个角色的脆弱易碎的地方。这几个角色没有一个是一具不漏的网，可以不用气力网起观众的称赞。譬如演鲁贵的，他应该小心翼翼地做到“均匀”“恰好”，不要小丑似地叫《雷雨》头上凸起了隆包，尻上长了尾巴，使它成了只是个可笑的怪物；演鲁妈与四凤的应该懂得“节制”(但并不是说不用情感)，不要叫自己叹起来成风车，哭起来如倒海，要知道过度的悲痛的刺激会使观众的神经痛苦疲倦，再缺乏气力来怜悯，而反之，没有感情做柱石，一味在表面上下工夫更令人发生厌恶，所以应该有真情感。但是要学得怎样收敛运蓄着自己的精力，到了所谓“铁烧到最热的时候再锤”，而每锤是要用尽了最内在的力量。尤其是在第四幕，四凤见着鲁妈的当儿是最费斟酌的。两个人都需要多年演剧的经验和熟练的技巧，要找着自己情感的焦点，然后依着它做基准来合理地调整自己成了有韵味的波纹，不要让情感的狂风卷扫了自己的重心，忘却一举一动应有理性的根据和分寸。具体说来，我希望她们不要嘶声喊叫，不要重复地单调地哭泣。要知道这一景落眼泪的机会已经甚多，她们应该替观众的神经想一想，不应刺痛他们使他们感觉倦怠甚至于苦楚她们最好能运用各种不同的技巧来表达一个单纯的悲痛情绪。要抑压着一点，不要都发挥出来，如若必需有激烈的动作，请记住：“无声的音乐是更甜美”，思虑过后的节制或沉静在舞台上更是为人所欣赏的。

周萍是最难演的，他的成功要看挑选的恰当。他的行为不易获得一般观众的同情，而性格又是很复杂的。演他，小心不要单调；须设法这样充实他的性格，令我们得到一种真实感。还有，如若可能，我希望有个好演员，化开他的性格上一层云翳，起首便清清白白地给他几根简单的线条。先画出一个清楚的轮廓，再慢慢地细描去。这样便井井有条，虽复杂而简单，观众才不会落在雾里。演他的人要设法替他找同情(犹如演蘩漪的一样)，不然到了后一幕便会搁了浅，行不开。周朴园的性格比较是容易捉摸的，他也有许多机会做戏，如喝药那一景，认鲁妈的景，以及第四幕一人感到孤独寂寞的景，都应加一些思索(更要有思虑过的节制)才能演得深隽。鲁大海自然要个硬性的人来演，口齿举动不要拖泥带水，干干脆脆地做下去，他的成功更靠挑选的适宜。

《雷雨》有许多令人疑惑的地方，但最显明的莫如首尾的“序幕”与“尾声”。聪明的批评者多置之不提，这样便省略了多少引不到归结的争执。因为一切戏剧的设施须经过观众的筛漏；透过时间的洗涤，那好的会留存，粗恶的自然要滤走。所以我不在这里讨论“序幕”和“尾声”能否存留，能与不能总要看有否一位了解的导演精巧地搬到台上。这是个冒险的尝试，需要导演的聪明来帮忙。实际上的困难和取巧的地方一定也很多，我愿意将来有个机会来实验。在此地我只想提出“序幕”和“尾声”的用意，简单地说，是想送看戏的人们回家，带着一种哀静的心情。低着头，沉思地，念着这些在情热、在梦想、在计算里煎熬着的人们。荡漾在他们的心里应该是水似的悲哀，流不尽的；而不是惶惑的，恐怖的，回念着《雷雨》象一场噩梦，死亡，惨痛如一只钳子似地夹住人的心灵，喘不出一口气来。《雷雨》诚如有一位朋友说，有些太紧张(这并不是句恭维的话)，而我想以第四幕为最。我不愿这样戛然而止，我要流荡在人们中间还有诗样的情怀。“序幕”与“尾声”在这种用意下，仿佛有希腊悲剧 Chorus 一部分的功能，导引观众的情绪入于更宽阔的沉思的海。《雷雨》在东京出演时，他们曾经为着“序幕”“尾声”费些斟酌，问到我，我写一封私人的信(那封信被披露了出来是我当时料想不到的事)，提到我把《雷雨》做一篇诗看，一部故事读，用“序幕”和“尾声”把一件错综复杂的罪恶推到时间上非常辽远的处所。因为事理变动太吓人，里面那些隐秘不可知的东西对于现在一般聪明的观众情感上也仿佛不易明瞭，我乃罩上一层纱。那“序幕”和“尾声”的纱幕便给了所谓的“欣赏的距离”。这样，看戏的人们可以处在适中的地位来看戏，而不致于使情感或者理解受了惊吓。不过演出“序幕”和“尾声”实际上有个最大的困难，那便是《雷雨》的繁长。《雷雨》确实用时间太多删了首尾，还要演上四小时余，如若再加上这两件“累赘”，不知又要观众厌倦多少时刻。我曾经为着演出“序幕”和“尾声”想在那四幕里删一下，然而思索许久，毫无头绪，终于废然地搁下笔。这个问题需要一位好的导演用番工夫来解决，也许有一天《雷雨》会有个新面目，经过一次合宜的删改。然而目前我将期待着好的机会，叫我能依我自己的情趣来删节《雷雨》，把它认真地搬到舞台上。

……

曹　禺

一九三六年一月

(选自《曹禺文集》第1卷，中国戏剧出版社 1988 年版)

[导读]

本文是曹禺为《雷雨》所撰的序言。文中指出，《雷雨》对他本人是一个“诱惑”，对宇宙间神秘事物的不可言喻的憧憬是他创作此剧的动力。序文着重介绍了曹禺在创作《雷雨》时的心境，并对《雷雨》中的八位人物塑造的构想一一做了交代。

6.《日出》跋(节选)*

曹　禺

[原文]

……

写完《雷雨》，渐渐生出一种对于《雷雨》的厌倦。我很讨厌它的结构，我觉

---

* 本文所有注释为原注。

出有些“太象戏”了。技巧上，我用的过分。仿佛我只顾贪婪地使用着那简陋的“招数”，不想胃里有点装不下，过后我每读一遍《雷雨》便有点要作呕的感觉。我很想平铺直叙地写点东西，想敲碎了我从前拾得那一点点浅薄的技巧，老老实实重新学一点较为深刻的。我记起几年前着了迷，沉醉于契诃夫深邃艰深的艺术里，一颗沉重的心怎样为他的戏感动着。读毕了《三姊妹》，我阖上眼，眼前展开那一幅秋天的忧郁，玛夏(Masha)，哀林娜(Irina)，阿尔加(Olga)那三个有大眼睛的姐妹悲哀地倚在一起，眼里浮起湿润的忧愁，静静地听着窗外远远奏着欢乐的进行曲，那充满了欢欣的生命的愉快的军乐渐远渐微，也消失在空虚里，静默中，仿佛年长的姐姐阿尔加喃喃地低述她们生活的挹郁，希望的渺茫，徒然地工作，徒然地生存着，我的眼渐为浮起的泪水模糊起来成了一片，再也抬不起头来。然而在这出伟大的戏里没有一点张牙舞爪的穿插，走进走出，是活人，有灵魂的活人，不见一段惊心动魄的场面。结构很平淡，剧情人物也没有什么起伏生展，却那样抓牢了我的魂魄，我几乎停住了气息，一直昏迷在那悲哀的氛围里。我想再拜一个伟大的老师，低首下气地做个低劣的学徒。也曾经发愤冒了几次险，照猫画虎也临摹几张丑恶的鬼影，但是这企图不但是个显然的失败，更使我忸怩不安的是自命学徒的我摹出那些奇形怪状的文章简直是污辱了这超卓的心灵。我举起火，一字不留地烧成灰烬。我安慰着自己，这样也好。即便写得出来，勉强得到半分神味，我们现在的观众是否肯看仍是问题。他们要故事，要穿插，要紧张的场面。这些在我烧掉了的几篇东西里是没有的。

不过我并没有完全抛弃这个念头，我想脱开了 La Pièce bien faite 一类戏所笼罩的范围，试探一次新路，哪怕仅仅是一次呢。于是在我写《日出》的时候，我决心舍弃《雷雨》中所用的结构，不再集中于几个人身上。我想用片段的方法写起《日出》，用多少人生的零碎来阐明一个观念。如若中间有一点我们所谓的“结构”，那“结构”的联系正是那个基本观念，即第一段引文内“人之道，损不足以奉有余”。所谓“结构的统一”也就藏在这一句话里。《日出》希望献与观众的应是一个鲜血滴滴的印象，深深刻在人心里也应为这“损不足以奉有余”的社会形态。因为排选的题材比较庞大，用几件故事做线索，一两个人物为中心也自然比较烦难。无数的沙砾积成一座山丘，每粒沙都有同等造山的功绩。在《日出》里每个角色都应占有相等的轻重，合起来他们造成了印象的一致。这里正是用着所谓“横断面的描写”，尽可能的，减少些故事的起伏，与夫“起承转合”的手法。墨守章法的人更要觉得“平直板滞”，然而，“画虎不成反类狗”，自己技术上的幼稚也不能辞其咎。

但我也应喊声冤枉，如果承认我所试用的写法，(自然，不深刻，不成熟，我应该告罪。)我就有权利要求《日出》的第三幕还须保留在戏里。若认为小东西的一段故事和主要的动作没有多少关联而应割去，那么所谓的“主要的动作”在这出戏一直也并没有。这里，我想起一种用色点点成光影明亮的后期印象派图画，《日出》便是这类多少点子集成的一幅画面，果若《日出》有些微的生动，有一点社会的真实感，那应作为色点的小东西、翠喜、小顺子以及在那地狱里各色各样的人，同样地是构成这一点真实的因子。说是删去第三幕，全戏就变成一个独幕戏；说我为了把一篇独幕戏的材料凑成一个多幕戏，于是不得不插进一个本非必要的第三幕，这罪状加在我身上也似乎有点冤枉。我猜不出在第一、二、四幕里哪一段是绝对必要的，如若不是为了烘托《日出》里面一个主要的观念。为着“剧景始终是在××旅馆的一华丽的休息室内”“删去第三幕就成一个独幕剧”。独幕剧果作如是观，则《群鬼》，《娜拉》都应该称为独幕剧了，因为它们的剧景始终是在一个地方，这样看法，它们也都是独幕剧的材料，而被易卜生苦苦地硬将它们写成两篇多幕剧。我记得希腊悲剧多半是很完全的独幕剧，虽然占的“演出时间”并不短，如《阿加麦农》，《厄狄泼斯皇帝》。他们所用的“剧中时间”是连贯的，所以只要“剧景”在一个地方便可以作为一篇独幕剧来写。在《日出》的“剧中时间”分配，第二幕必与第一幕隔一当口，因为第一幕的黎明，正是那些“鬼”们要睡的时刻，陈白露、方达生、小东西等可以在破晓介绍出来，但把胡四、李石清和其他那许多“到了晚上才活动起来的”“鬼”们也陆续引出台前，那真是不可能的事情。再，那些砸夯的人们的歌，不应重复在两次天明日出的当口，令观众失了末尾那鲜明的印象，但打夯的歌若不早作介绍，冒失地在第四幕终了出声，观众自会觉得突然，于是为着“日出”这没有露面的主角，也不得不把第二幕放在傍晚。第四幕的时间的间隔更是必需的。多少事情，如潘月亭公债交易的起落，李石清擢为襄理，小东西久寻不见，胡四混成电影明星，方达生逐渐地转变，……以及黄省三毒杀全家，自杀遇救后的疯狂……，处处都必需经过适当的时间才显出这些片段故事的开展。这三幕清清楚楚地划成三个时间的段落。我不知道怎样“割去第三幕”后，“全剧就要变成一篇独幕剧”！“剧景始终在××旅馆的一间华丽的休息室内”是事实，在这种横断面的描写剧本，抽去第三幕似乎也未常不可，但是将这些需要不同时期才能开展的片段故事硬放入一段需用连续的“剧中时间”的独幕剧里，毕竟是很困难的。

话说远了，我说到《日出》里没有绝对的主要动作，也没有绝对主要的人物。顾八奶奶、胡四与张乔治之流是陪衬，陈白露与潘月亭又何常不是陪衬呢？这些人物并没有什么主宾的关系，只是萍水相逢，凑在一处。他们互为宾主，交相陪衬，而共同烘托出一个主要的角色，这“损不足以奉有余”的社会。这是一个新的企图，但是我怕我的技术表达不出原意，因而又将读者引入布局紧凑，中心人物，主要动作，这一些观念里，于是毫厘之差，这出戏便在另一种观点下领得它应该受的处分。

这些天我常诧异《雷雨》和《日出》的遭遇，它们总是不得已地受着人们的支解，以前因为戏本的冗长，《雷雨》被斫去了“序曲”和“尾声”，无头无尾，直挺挺一段躯干摆在人们眼前。现在似乎也因为累赘，为着翠喜这样的角色不易找或者也由于求布局紧凑的原故，《日出》的第三幕又得被删去的命运。这种“挖心”的办法，较之斩头截尾还令人难堪。我想这剧本纵或繁长无味，作戏人的守法似应先求理会，果若一味凭信自己的主见，不肯多体贴作者执笔时的苦心，便率尔删除，这确实是残忍的。

说老实话，《日出》里面的戏只有第三幕还略具形态。在那短短的三十五页里，我费的气力较多，时间较久。那里面的人我曾经面对面地混在一起，并且各人真是以人与人的关系，流着泪，“掏出心窝子”的话，叙述自己的身世。这里有说不尽的凄惨的故事，只恨没有一支 Balzac① 的笔来记载下来。在这堆“人类的渣滓”里，我怀着无限的惊异，发现一颗金子似的心，那就是叫做翠喜的妇人。她有一副好心肠，同时染有在那地狱下生活各种坏习惯。她认为那些买卖的勾当是当然的，她老老实实地做她的营生，“一分钱买一分货”，即便在她那种生涯里，她也有她的公平。令人感动的是她那样狗似地效忠于她的老幼，和无意中流露出来对那更无告者的温暖的关心。她没有希望，希望早死了。前途是一片惨澹，而为着家里那一群老小，她必需卖着自己的肉体，麻木地挨下去。她叹息着：“人是贱骨头，什么苦都怕挨，到了还是得过，你能说一天不过么?”求生不得，求死不得，是这类可怜的动物最惨的悲剧。而落在地狱的小东西，如果活下去，也就成为“人老珠黄不值钱”的翠喜，正如现在的翠喜也有过小东西一样的青春。这两个人物我用来描述这“人类渣滓”的两个阶段，对那残酷境遇的两种反应。一个小，一个老；一个偷偷走上死的路，(看看报纸吧，随时可以发现这类的事情。)一个如大多数的这类女人，不得已必须活下去。死了的死了，活着的多半要遭翠喜一样的命运，这群人我们不应忘掉，这是在这“损不足以奉有余”的社会里最黑暗的一个角落，最需要阳光的。《日出》不演则已，演了，第三幕无论如何应该有。挖了它，等于挖去《日出》的心脏，任它惨亡。如若为着某种原因，必须支解这个剧本，才能把一些罪恶暴露在观众面前，那么就斫掉其余的三幕吧，请演出的人们容许这帮“可怜的动物”在饱食暖衣，有余暇能看戏的先生们面前哀诉一下，使人们睁开自己昏聩的眼，想想人把人逼到什么田地。我将致无限的敬意于那演翠喜的演员，我料想她会有圆熟的演技，丰厚的人生经验，和更深沉的同情，她必和我一样地不

---

① 英语，巴尔扎克(1799—1850)，法国作家。

忍再把那些动物锁闭在黑暗里，才来担任这个困难的角色。

情感上讲，第三幕确已最贴近我的心的。为着写这一段戏，我遭受了多少折磨，伤害，以至于侮辱。(我不是炫耀，我只是申述请不要删除第三幕的私衷。)我记得严冬的三九天，半夜里我在那一片荒凉的贫民区候着两个嗜吸毒品的龌龊乞丐，来教我唱数来宝。约好了，应许了给他们赏钱，大概赏钱许得过多了，他们猜疑我是侦缉队之流，他们没有来。我忍着刺骨的寒冷，瑟缩地踯躅到一种"鸡毛店"①的地方找他们，似乎因为我访问得太殷勤，被一个有八分酒意罪犯模样的落魄英雄误会了，他蓦地动开手，那一次，我险些瞎了一只眼睛。我得了个好教训，我明白以后若再钻进这种地方，必须有人引路，不必冒这类无意义的险，于是我托人介绍，自己改头换面跑到"土药店"和黑三一类的人物"讲交情"，为一个"朋友"瞥见了，给我散布许多不利于我的无稽的谣言，弄得多少天我无法解释自己。为着这短短三十五页戏，我幸运地见到许多奇形怪状的人物，他们有的投我以惊异的眼色，有的报我以嘲笑，有的就率性辱骂我，把我推出门去。(我穿的是多么寒伧一件破旧的衣服!)这些回忆有的痛苦，有的可笑，我口袋里藏着铅笔和白纸，厚着脸皮，狠着性。一次一次地经验许多愉快的和不愉快的事实，一字一字地记下来，于是才躲到我那小屋子里，埋下头写那么一点点东西。我恨我没有本领把当时那些细微的感觉记载清楚，有时文字是怎样一件无用的工具。我希望我将来能用一种符号记下那些腔调。每一个音都带着强烈地方的情绪，清清楚楚地留在我的耳鼓里，那样充满了生命，有着活人的气息，而奇怪，放在文字里便似咽了气的生物，生生地窒闷死了。结果我知道这一幕戏里毛病一定很多，然而我应该承认没有一个"毛病"不是我经历过而写出来的。这里我苦痛地杀了我在《文季月刊》上刊登的第三幕的附言里那位"供给我材料的大量的朋友"，为着保全第三幕的生命，我只好出来自首了。

曾经有人问过我，《雷雨》和《日出》哪一本比较好些，我答不出来。我想批评的先生们会定下怎么叫"好"，怎么叫"坏"，找出原则，分成条理；而我一个感情用事，素来不能冷静分析的人，只知道哪一个最令我关心的，比较说，我是喜欢《日出》的，因为它最令我痛苦。我记得，有一位多子的母亲，溺爱其中一个最不孝的儿子，她邻居问她缘故，她说："旁的孩子都好，这只有他会磨我!"我爱《日出》恐怕也就是这么一个理由吧。全部《日出》材料的收集，都令我受了相当的苦难，(固然我不应否认，尽管我尽力忠诚地采集，里面的遗漏和错误依然很多。)而最使我感到烦难的便是第三幕，现在偶尔念起当时写这段戏，多少天那种寝食不安的情况，而目前被人轻轻地删去了。这回忆诚然有着

---

① "鸡毛店"是北方最破烂的下等客店，住在那里的乞丐在冷夜里租不起被盖，只好用鸡毛稻草一类的东西铺在地下睡。

无限的酸楚的。所以，如果有一位同情的导演，看出我写这一段戏的苦衷，而不肯任意把它删去，我希望他切实地注意到这一幕戏的氛围，造成这地狱空气的复杂的效果，以及动作道白相关联的调和与快慢。关于"这些效果"我曾提到它们"必须有一定的时间，长短，强弱，快慢，各样不同的韵味，远近。每一个声音必须顾到理性的根据，氛围的调和，以及适当的对意义的点醒和着重"。我更申言过："果若有人只想打趣，单看出妓院材料的新奇，可以号召观众，便拿来胡泡乱制，我宁肯把这一幕立刻烧成灰烬"，不愿这样被人蹂躏。这些话我一直到现在还相信着。在这一幕里我利用在北方妓院一个特殊的处置，叫做"拉帐子"的习惯，用这种方法，把戏台隔成左右两部，在同一时间内可以演出两面的戏。这是一个较为新颖的尝试，我在欧尼尔的戏(如 Dynamo)①里看到过，并且知道是成功的。如若演出的人也体贴出个中的妙处，这里面自有许多手法可以运用，有多少地方可以施展演出的聪明，弄得好，和外面的渲染氛围的各种声响打成一片，衬出一种境界奇异的和调是可能的。

朱孟实先生仿佛是一位铁面无私的法官，他那锐利的眼光要刺透我的昏钝不明，他那严正的审问使我无处躲闪。他提出了一个剧作者对于人生世相应该持的态度的问题。他说，写戏有两种态度，一个剧作家究竟"应该很冷静，很酷毒地把人生世相本来面目揭开给人看呢，还是送一点'打鼓骂曹'式的义气在人生世相中显出一点报应昭彰的道理来，自己心里痛快一场叫听众也痛快一场呢"？孟实先生自己是喜欢第一种，而讨厌戏里面"打鼓骂曹"式的义气。本来，老老实实写人生最困难，最味永。而把自己放在里面，歪曲事实，故意叫观众喝采，使他们尝到"义愤发泄后的甜蜜"较容易，但也很无聊。舞台上有多少皮相的手法，几种滥用的情绪，如果用得巧，单看这些滥调也可以达到一个肤浅的成功。孟实先生举出几个例子，证明《日出》就用了若干"打鼓骂曹"式的义气来博得一些普通的观众的喝采。他给我指了一条自新之路，他要我以后采取第一种态度。这种诚挚的关心是非常可感的。不过在这里我不想为这些实例辩白。我更愿意注意他所提出的那个颇堪寻味的"根本问题"。写戏的人是否要一点 Poetic Justice② 来一些善恶报应的玩意，还是(如自然主义的小说家们那样)叫许多恶人吃到脑满肠肥，白头到老，令许多好心人流浪一生，转于沟壑呢，还是都凭机遇，有的恶人就被责罚，有的就泰然逃过，幸福一辈子呢？这种文艺批评的大问题，我一个外行人本无置喙之余地。不过以常识来揣度，想到是非之心人总是有的，因而自有善恶赏罚情感上的甄别，无论智愚贤不肖，进了

---

① 欧尼尔，今译为奥尼尔(1888—1953)，美国剧作家。〈Dynamo〉(〈发电机〉)，系奥尼尔的剧作。

② 英语，劝善惩恶的意思。

戏场，着上迷，看见秦桧，便恨得牙痒痒的，恨不立刻一刀将他结果。见了好人就希望他苦尽甘来，终得善报。所以应运而生的大团圆的戏的流行，恐怕也有不得已的苦衷。在一个诗人甚至于小说家这种善恶赏罚的问题还不关轻重，一个写戏的人便不能不有所斟酌。诗人的诗，一时不得人的了解，可以藏诸名山，俟诸来世，过了几十年或者几百年，说不定掘发出来，逐渐得着大家的崇拜。一个弄戏的人，无论是演员，导演，或者写戏的，便欲立即获有观众，并且是普通的观众。只有他们才是“剧场的生命”。尽管莎士比亚唱高调，说一个内行人的认识重于一戏院子 groundlings① 的称赞，但他也不能不去博取他们的欢心，顾到职业演员们的生活。写戏的人最感觉苦闷而又最容易逗起兴味的，就是一个戏由写作到演出中的各种各样的限制，而最可怕的限制便是普通观众的趣味。怎样一面会真实不歪曲，一面又能叫观众感到愉快，愿意下次再来买票看戏，常是使一个从事于戏剧的人最头痛的问题。孟实先生仿佛提到“获得观众的同情，对于一个写戏人是个很大的引诱”。(我猜是这个意思，然而如孟实先生那样说，是为着“叫太太小姐们看着舒服些”，便似乎有些挖苦。)其实，岂止是个引诱，简直是迫切的需要。莎剧里，有时便加进些无关宏旨的小丑的打诨，莫里哀戏中也有时塞入毫无关系的趣剧，这些大师为着得到普通观众的欢心，不惜曲意逢迎。做戏的人确实也有许多明知其不可，而又不得已为五斗米折腰的。我说这些话，绝非为自己的作品辩白——如果无意中我已受了这种引诱的迷惑，得到万一营业上的不失败，令目前几个亏本的职业剧团，藉着一本非常幼稚的作品，侥幸地获得一些赢余，再维持下去。这也是一个作者所期望的。中国的话剧运动，方兴未艾，在在需要提携，怎样拥有广大的观众，而揭示出来的又不失“人生世相的本来面目”，是颇值得内行的先生们严重讨论的问题，无疑地天才的作家，自然一面拥有大众，一面又把真实犀利地显示个清楚。次一等的人便有些捉襟见肘，招架不来，写成经得演经不得读的东西。不过，万一因才有所限，二者不得兼顾，我希望还是想想中国目前的话剧事业，写一些经得起演的东西，先造出普遍酷爱戏剧的空气，我们虽然愚昧，但我相信我们的子孙会生出天才的。

如若这可以说是我的自白，我的辩解，那么我就得感谢大家已经纵容我饶舌这许久了。我并不想再在这里哓哓不休；但我应该趁着这机会表白一点感激的心情。

……

(选自《曹禺文集》第1卷，中国戏剧出版社1988年版)

---

① 英语，指当时看莎氏剧，贱价卖票，站着看戏的人们。

［导读］

本文最初发表时题为《我怎样写〈日出〉》，后收入《日出》单行本作为跋。曹禺在本文中介绍了《日出》的创作意图，特别是介绍了他在创作《日出》的时候，怎样试图探索一种新的戏剧结构，力图用《日出》来反映社会横切面。从这篇跋中我们可以看出曹禺是如何不断突破自身，不断进行新的诗性创造的。

7. 我怎样写五幕史剧《屈原》

郭沫若

［原文］

在《棠棣之花》第二次上演的时候，有好些朋友怂恿我写《屈原》，我便起了写的念头。但怎么写法，怎样才可以写得好，却苦恼着我。

第一，屈原的悲剧身世太长。在楚怀王时代做左徒时未满三十，在楚襄王二十一年郢都陷落而殉国时，年已六十有二。三十多年的悲剧历史，怎样可以使它被搬上舞台呢？我为这问题考虑了相当长的时间，因不易解决使我不能执笔者有三个星期之久。

其次是屈原在历史上的地位太崇高了，他的性格和他的作品都有充分的比重。要描写屈原，如力量不够，便会把这位伟大人物漫画化。这是很危险的。有好些朋友听说我要写《屈原》，他们对于我的期待似乎未免过高。在元旦的报章上就有人预言，“今年将有《罕默雷特》和《奥塞罗》型的史剧出现。”这种鼓励无宁是一种精神上的压迫。欧洲文学中并没有好几篇《罕默雷特》和《奥塞罗》，莎士比亚的作品中也就算这二篇最为壮烈。现在要教人一跃而跻，实在是有点苦人所难。批评家是出于好意还是出于“看肖神”，令人有点不能摩捉。

然而我终竟赌了一口气，不管它怎样，我总要写。起初是想写成上下两部，上部写楚怀王时代，下部写楚襄王时代。这样的写法是有点象《浮士德》。我把这个意思同阳翰笙兄商量过，他也很赞成，觉得只有这样才是办法。分写成上下两部，每部写它个五六幕，而侧重在下部的结束，这是当初的企图。我现在还留有一张关于下部的分幕和人物表，不妨把它抄录在下边吧。

一、服丧——襄王、子兰、郑袖、屈原、女须、婵娟、群众。

二、屈服——襄王、子兰、郑袖、屈原。

三、流窜——襄王、子兰、郑袖、秦嬴、屈原、詹尹、女须、婵娟。

四、哀郢——襄王、子兰、郑袖、白起、秦兵、屈原、女须、婵娟、群众。

五、投江——屈原、渔父、群众、南公。

“服丧”是想写襄王三年，怀王囚死于秦归葬时候的事。当时楚国反秦空气极高，屈原得恢复其社会上的地位，凭着群情的共愤，使当时的执政者终于和秦国绝了交。

“屈服”是想写襄王六年时事。秦将白起战败韩国，斩首二十四万于伊阙。秦王借此余威，向楚压迫，要求决战。襄王慑服，向秦求和，并迎妇于秦为其半子。此时屈原理应反对最烈，然而于事无补。

“流窜”是接着“屈服”而来的，想写成两场，首因激怒当局而遭窜逐，继则偕其亲近者在窜逐生活中向郑詹尹卜居。

“哀郢”是想写襄王二十一年白起破郢都，襄王君臣出走时事。楚国险遭亡国的惨祸。屈原在这国破的情境当中还须失掉女须与婵娟，增加其绝望。

“投江”便是想写投汨罗时的最后情景。渔父出了场之外，我还想把南公也拉出场。南公见《史记·项羽本纪》，有楚南公曰：“楚虽三户，亡秦必楚”几句话。本来不知道他是什么时候的人，或许还会后于屈原，但我把他拉到这里来作为群众的领率，群众是在屈原死后来打捞他的尸首的。

约略这样的一个步骤，然而在认真开始执笔而且费了几天功夫把目前的《屈原》写出了时，却完全被打破了。目前的《屈原》真可以说是意想外的收获。各幕及各项情节差不多完全是在写作中逐渐涌出来的。不仅在写第一幕时还没有第二幕，就是第一幕如何结束，都没有完整的预念。实在也奇怪，自己的脑识就象水池开了闸一样，只是不断地涌出，涌到了平静为止。

我是二号开始写的，写到十一号的夜半完毕。综计共十天。但在这十天当中，我曾作过四次讲演，有一次(十号)还是远赴沙坪坝的中大，我每天照常会客，平均一天要会十个人。照常替别人看稿子，五号为看凌鹤的《山城夜曲》整个费了一天功夫，也照常在外面应酬，有一次(七号)苏联大使馆的茶会，看影片到深夜。故尔实际上的写作时间，每天平均怕不上四小时吧。写得这样快实在是出乎意外。

写第一幕的时间要费得多些。我的日记上写着：一月二号“晚间开始写《屈原》得五页。”一月三号“午前写《屈原》得十页左右。”一月四号“晚归续草《屈原》第一幕行将完成矣。”一月六号“写完《屈原》第一幕，续写第二幕。”

写第一幕时在预计之外我把宋玉拉上了场，在初并没有存心要把他写坏，但结果是对他不客气了。我又把子兰认为郑袖的儿子，屈原的学生，为增加其丑恶更写成了跛子，都是想当然的事，并不是有什么充分的根据的。《屈原传》称子兰为“稚子子兰”，把郑袖认为他的母亲，在情理上是可能的。屈原在怀王时有宠，能充当子兰的先生也是情理中的事，故尔我就让他们发生了母子、师生的关系。

我在写第一幕的时候，除造出了一个蝉娟之外，本来是想把女须拖上场的，但到快要写完一幕时，我率性把她抛弃了。旧时认女须为屈原之姐，唯一的根据就是贾侍中说“楚人谓姐为须”。但只这样，则“女须”犹言“女姐”，不能算是人名。郑玄以为妹，朱熹以为贱妾，是根据《易经》上的“归妹以须”。古时女子出嫁，每以同姓之妹或侄为媵，故“须”可解为妹，亦可解为妾。这样时，“女须”也不能算是人名。因此我率性把女须抛弃了。我别立了一种解释，便是把《离骚》上的“女须之婵媛”解释为陪嫁的姑娘，名叫婵娟。就是《湘君》中的“女婵媛兮，为余太息”，《哀郢》中的“心婵媛而伤怀兮，眇不知其所蹠”，我都想把它解释成人名。虽然没有其它的根据，但和把“女须”释为姐或妹之没有其它的根据是一样的。又“女须”亦可解作天上的星宿“须女”，此解比较合理，但我在本剧中没有采用。

第二幕以下的进行情形，让我还是抄写日记吧。

> 一月七日：“继续写《屈原》，进行颇为顺畅。某某等络绎来，写作为之中断。”
>
> 一月八日：“上午将《屈原》第二幕草完，甚为满意。……本打算写为上下部者，将第二幕写成之后，已到最高潮，下面颇有难以为继之感。吃中饭时全剧结构在脑中浮出，决写为四幕剧，第三幕仍写屈原之橘园，在此幕中刻画宋玉、子椒、婵娟等人物。第四幕写《天问》篇中之大雷电，以此四幕而完结。得此全像，脑识颇为轻松，甚感愉快。”
>
> 一月九日：“《屈原》须扩展成五幕或六幕，第四幕，写屈原出游与南后相遇，更展开南后与婵娟之斗争，但生了滞碍。创作以来第一次遇着难关，因情调难为继。”
>
> 一月十日：“第四幕困难得到解决，且颇满意。上午努力写作，竟将第四幕写成矣。……夜为第五幕复小生滞塞，只得早就寝。”
>
> 一月十一日：“夜将《屈原》完成，全体颇为满意，全出意想之外。此数日来头脑特别清明，亦无别种意外之障碍。提笔写去，即不觉妙思泉涌，奔赴笔下。此种现象为历来所未有。计算二日开始执笔至今，恰好十日，得原稿一二六页，……真是愉快。今日所写者为第五幕之全体，幕分两场，着想自亦惊奇，竟将婵娟让其死掉，实属天开异想。婵娟化为永远之光明，永远之月光，尤为初念所未及。……”

目前的《屈原》实在是一个意想外的收获，我把这些日记的断片摘录了出来，也就足以证明在写作过程中是怎样的并没有依据一定的步骤。让婵娟误服毒酒而死，实在是在第五幕第一场写完之后才想到的。因此便不得不把郑詹尹写成坏人。我使郑詹尹和郑袖发生了父女关系，不用说也是杜撰的。根据呢？

只是他们同一以郑为氏而已。祭婵娟用了《橘颂》这个想法，还是全剧写成之后，在十二号的清早出现的。回想到第三幕中宋玉赠婵娟《橘颂》尚未交代，便率性拉来做了祭文，实在再适合也没有。而且和第一幕生出了一个有机的叫应，俨然象是执笔之初的预定计划一样。这也纯全是出乎意外。

我把宋玉写成为一个没有骨气的文人，或许有人多少会生出异议吧。不过我这也并不是任意诬蔑。司马迁早就说过："屈原既死之后，楚有宋玉、唐勒、景差之徒者，皆好辞而以赋见称。然皆祖屈原之从容辞令，终莫敢直谏。"

再拿传世的宋玉作品来说，如象《神女赋》《风赋》《登徒子好色赋》《大言赋》《小言赋》等，所表现的面貌，实在只是一位帮闲文人。《招魂》一篇依照《史记》，应该是屈原的作品，但我为行文之便，却依照王逸的说法划归了宋玉。考据与创作并不能完全一致，在这儿还须得附带声明一句。

南后郑袖这个性格是相当有趣的，我描写她多是根据《战国策》上的材料，如送贿给张仪及谗害魏美人的故事都是，(《韩非子》上也有，因手中无书，未及参证。)这个人是相当有点权变的，似乎不亚于吕雉与武则天。在我初期的计划中，是想把她的权势扩展到襄王一代，把襄王写成傀儡，把她写成西太后，前面所列的人物表中一直到最后，都有郑袖，便是这个意向的表示了。但就在本剧中，她的性格已经完成，我也感觉着没有再写的必要了。

依据《史记》，在怀王时谮屈原的是上官大夫靳尚，但我把主要的责任，嫁到郑袖身上去了。这虽然也是想当然的揣测，但恐怕是最近乎事实的。《卜居》里面有"将呢訾栗斯，喔咿儒儿，以事妇人乎?"的一问，所说的"妇人"应该就是指的郑袖。又《离骚》亦有"众女嫉余之蛾眉兮，谣诼谓余以善淫"的话，虽是象征的说法，但亦必含有事实。——《离骚》这两句是写到此处时才偶然想到的，与剧中情节不无相合之处，也是意外。

关于令尹子椒的材料很少，《离骚》里面有"椒专佞以谄谩"一句，向来注家以为即是子椒。又楚襄王时是"以其弟子兰为令尹"的，因此我便把子椒作为怀王时的令尹而写成为了昏庸老朽的人。

写张仪多半是根据《史记・张仪列传》及《战国策》，把他写得相当坏，这是没有办法的。在本剧中他最吃亏，为了禋祀屈原，自不得不把他来做牺牲品。假使是站在史学家的立场来说话的时候，张仪对于中国的统一倒是有功劳的人。

第四幕中的钓者是得自《渔父辞》中的渔父的暗示，性格不用说是写得完全不同。第五幕中的卫士成为"仆夫"是因为《离骚》里面有"仆夫悲余马怀"的一个仆夫。这位仆夫要算是忠于屈原的唯一有据的人物。然而他的姓名无从考见。又这位仆夫我把他定成为了汉北的人，原因是《抽思》里面有"有鸟自南兮来集汉北"的一句，足见屈原初放流时是在汉北，故《思美人》章又有"指嶓冢之西隈兮，与缥黄以为期”之语。流窜江南，当是襄王时代的事了。

第五幕中卫士处置更夫，我写出了个活杀自在法，在这儿是相当费了一点思索的，前面日记中所说：“夜为第五幕复小生滞塞，”也就是指的写这儿的情形。我起初本是想很干脆地便把更夫勒死，但想到为要救活一人便要杀一无辜者觉得于心不安。又曾想到率性把更夫写成坏人，譬如让更夫来毒杀婵娟，觉得也不近情理。于是便想到活杀自在法，这在日本的柔道家是有的，似乎是把人的会厌骨向下按，便可使人一时气绝，再将骨位复原，人又可以苏醒。日本救不会泅水的人也每用此法，以免手足纠缠。这个方法我相信是由中国传过去的，但我问了好些朋友都不知道，我自己并不懂这个法术，也无从实验，因此又不免有些踌躇。但我终竟还是那样写出了，为了在舞台上能安婵娟的心，我想也是必要的。

关于靳尚，在《战国策》里面有一段故事极富有戏剧价值，便是怀王要放张仪的时候，有点不放心，靳尚便自告奋勇去监送张仪。有一位楚小臣，和靳尚有仇，他对魏国的张旄献计，要他派人在路上暗杀靳尚，以离间秦楚。张旄照办了，靳尚便在路上遭了刺杀。于是楚王大怒，秦、楚构兵而争事魏。这个故事在初本也想写在剧本里面的，但结果是割爱了。假使戏剧还要发展的话，那位钓者，倒也可以作为楚小臣的。

就这样本打算写屈原一世的，结果只写了屈原一天——由清早到夜半过后。但这一天似乎已把屈原的一世概括了。究竟是不是《罕默雷特》型或《奥塞罗》型不得而知，但至少没有把屈原漫画化，是可以差告无罪的。

1942年1月20日夜

（选自《郭沫若文集·文学编》第6卷，人民文学出版社1986年版；原载（重庆）《中央日报》副刊，1942年2月8日）

［**导读**］

20世纪40年代，郭沫若的《屈原》把当时的历史剧创作推向了高峰。本文介绍了《屈原》的创作过程以及对人物情节安排的种种考虑。郭沫若的历史剧创作往往不被史实所囿，而根据人物情感的起伏和性格的发展加以发挥，具有强烈的主观浪漫色彩和主体意识，体现了“失事求似”的史剧创作原则。

◇思考与练习

1. 戏剧改良始自晚清，请查阅晚清戏剧改良的文献，分析这一改良与五四文学革命的戏剧改良有何异同？

2. 与诗歌、散文、小说不同，话剧这一文学形式是从国外引入的，请查阅相关史料，分析外国文学对20世纪20年代中国现代话剧的影响，并在此基础上探讨文学形式的民族性、世界性及二者之间的关系。

3. 请查阅胡适的戏剧创作及戏剧理论文章，分析他为中国现代戏剧的诞生做出了哪几方面的贡献？他的局限又是什么？

4. 曹禺一直被公认为是现代话剧成功与成熟的标志，其《雷雨》和《日出》尤为世人所关注。请查阅现代文坛对这两部话剧的评论，分析当时文坛是如何评价曹禺剧作的，这些评论与今日众多现代文学史中的有关评论存在哪些不同？

5. 曹禺对自己创作的表述往往与评论、观众、读者的看法不相一致，你认为是什么原因？

6. 郭沫若在20世纪40年代积极从事历史剧创作，其《屈原》轰动重庆，请查阅当时对该剧的重要评论，并分析这部话剧引起轰动的原因。

7. 郭沫若在20世纪20年代和40年代先后创作了一批历史剧，请翻阅相关材料，考察郭沫若历史剧创作与他的历史观之间的关系。与郭沫若同时代的许多作家也创作了不少历史剧，请比较分析郭沫若与其他作家的历史剧创作主要有着哪些不同之处？

◇资料与索引

著作

1. 陈白尘，董健. 中国现代戏剧史稿. 北京：中国戏剧出版社，1989.

2. 孙庆升. 中国现代戏剧思潮史. 北京：北京大学出版社，1994.

3. 马森. 西潮下的中国现代戏剧. 台北：书林出版公司，1994.

4. 焦尚志. 中国现代戏剧美学思想发展史. 北京：东方出版社，1995.

5. 庄浩然. 现代戏剧理论与实践. 福州：福建教育出版社，1997.

6. 邹红. 焦菊隐戏剧理论研究. 北京：北京师范大学出版社，1999.

7. 宋宝珍. 残缺的戏剧翅膀：中国现代戏剧理论批评史稿. 北京：北京广播学院出版社，2002.

8. 彭耀春. 中国现代戏剧影视史论. 北京：中国戏剧出版社，2003.

9. 刘家思. 主流与先锋：中国现代戏剧得失论. 北京：新星出版社，2006.

10. 田民. 莎士比亚与现代戏剧：从亨利克·易卜生到海纳·米勒. 北京：中国社会科学出版社，2006.

11. 周光凡. 传统与现代化的戏剧性冲突. 上海：上海社会科学院出版社，2007.

12. 胡星亮. 现代戏剧与现代性. 北京：人民文学出版社，2007.

13. 钱理群. 大小舞台之间：曹禺戏剧新论. 北京：北京大学出版社，2007.

14. 张泽贤. 中国现代文学戏剧版本闻见录1912—1949. 上海：上海远东出版社，2009.

15. 黄爱华. 从传统到现代：多维视野中的中国戏剧研究. 北京：人民文学出版社，2009.

16. 刘家思. 曹禺戏剧的剧场性研究. 北京：中国社会科学出版社，2010.

17. 赵建新. 中国现代非主流戏剧研究. 北京：中国戏剧出版社，2012.

18. 田本相，丁罗男，焦尚志. 中国现代戏剧理论批评书系. 南京：凤凰出版社，2014.

19. 安凌. 重写与归化：英语戏剧在现代中国的改译和演出(1907—1949). 广州：暨南大学出版社，2015.

20. 刘章春. 焦菊隐戏剧散论. 北京：中国戏剧出版社，2015.

21. 牛鸿英. 世纪中国现代主义戏剧史. 北京：中国社会科学出版社，2016.

22. 陈建军. 欧阳予倩与中国现代戏剧. 北京：人民出版社，2016.

23. 汪晓云. 从仪式到艺术：中西戏剧发生学. 桂林：广西师范大学出版社，2016.

论文

1. 陈珂. 欧阳予倩和《黑奴吁天录》——兼论中国新剧初创期的艺术特色. 戏剧(中央戏剧学院学报)，2007(2).

2. 董健. 纪念中国话剧一百周年——现代启蒙精神与中国话剧百年. 文学评论，2007(3).

3. 柯汉琳. 五四时期话剧的诗化现实主义. 文学评论，2007(3).

4. 邹红. 中国话剧百年发展三维. 文学评论，2007(3).

5. 宋建林. 左翼戏剧对中国现代戏剧的理论贡献. 文艺理论与批评，2007(4).

6. 胡静. 易卜生与现代中国戏剧思潮. 外国文学研究，2008(2).

7. 董晓. 关于契诃夫戏剧在中国的影响. 南京大学学报：哲学·人文科学·社会科学，2009(1).

8. 陈平原. 中国戏剧研究的三种路向. 中山大学学报：社会科学版，2010(3).

9. 朱寿桐. 戏剧本质体认与中国现代戏剧的经典化运作. 中国社会科学，2013(1).

10. 张军. 论本土现代性与中国现代戏剧的发生. 戏剧艺术，2013(6).

11. 汤逸佩. 略论海派话剧的市场意识. 艺术评论，2013(8).

12. 卢付林.《黑奴吁天录》:春柳社与中国话剧的孕育. 中国现代文学研究丛刊,2014(7).

13. 胡斌. 跨文化改编与中国现代戏剧进程. 中国现代文学研究丛刊,2015(6).

第四编：文学史与学术史研究

一、文学史研究

◇史料与导读

1.《中国新文学大系》总序

蔡元培

［**原文**］

欧洲近代文化，都从复兴时代演出；而这时代所复兴的，为希腊罗马的文化；是人人所公认的。我国周季文化，可与希腊罗马比拟，也经过一种烦琐哲学时期，与欧洲中古时代相埒，非有一种复兴运动，不能振发起衰；五四运动的新文学运动，就是复兴的开始。

欧洲文化，不外乎科学与美术；自纯粹的科学：理，化，地质，生物等等以外，实业的发达，社会的组织，无一不以科学为基本，均得以广义的科学包括他们。自狭义的美术：建筑，雕刻，绘画等等以外，如音乐，文学及一切精制的物品，美化的都市，皆得以美术包括他们。而近代的科学美术，实皆植基于复兴时代；例如文西，米开兰基罗与拉飞尔三人，固为复兴时代最大美术家，而文西同时为科学家及工程师，又如路加培根提倡观察与实验法，哥白尼与加立里的天文学，均为开先的科学家。这些科学家与美术家，何以不说为创造而说是复兴？这因为学术的种子，早已在希腊罗马分布了。例如希腊的多利式育尼式科林式三种柱廊，罗马的穹门，斐谛亚，司科派，柏拉克希脱的雕刻以及其他壁画与花瓶，荷马的史诗，爱司凯拉，索福克，幼利披留与亚利司多芬的戏剧，固已极美术文学的能事，就是赛勒司，亚利司太克的天文，毕达哥拉斯，欧几里得的数学，依洛陶德的地理，亚奇米得的物理，亚里斯多得的生物学，黑朴格拉底的医学，亦都已确立近代科学的基础。

罗马末年，因日耳曼人的移植，而旧文化几乎消灭，这时候，保存文化的全恃两种宗教，一是基督教，一是回教。回教的势力，局于一隅；而基督教的势力，则几乎弥漫全欧。基督教受了罗马政治的影响，组织教会，设各地方主教，而且以罗马为中心，驻以教皇。于是把希腊罗马的文化，一切教会化，例如希腊哲学家亚里斯多得，自生物学而外，对于伦理学，美学及其他科学，均有所建树，而教会即利用亚氏的学说为工具，曲解旁推，务合于教义的标准。有不合教义的，就指为邪教徒，用火刑惩罚他们。一切思想自由，信教自由，都被剥夺，观中古时代大学的课程，除圣经及亚里斯多德著作外，有一点名学，科学及罗马法律，没有历史与文学，他的固陋可以想见了。那时候崇闳的建筑，就是教堂；都是峨特式，有一参天高塔，表示升入天堂的愿望，正与希腊人均衡和谐的建筑，代表现世安和的命运相对待。附属于建筑的图画与雕刻，都以圣经中故事为题材；音乐诗歌，亦以应用于教会的为时宜。

及十三世纪，意大利诗人但丁始以意大利语发表他最著名的长诗神曲，其内容虽尚袭天堂地狱的老套，而其所描写的人物，都能显出个性，不拘于教会的典型；文词的优美，又深受希腊文学的影响而可以与他们匹敌，这是欧洲复兴时期的开山。嗣后由文学而艺术，由文艺而及于科学，以至政治上，宗教上，都有一种革新的运动。

我国古代文化，以周代为最可征信。周公的制礼作乐，不让希腊的梭伦；东周季世，孔子的知行并重，循循善诱，正如苏格拉底；孟子的道性善，陈王道，正如柏拉图；荀子传群经，持礼法，为稷下祭酒，正如亚里斯多德；老子的神秘，正如毕达哥拉斯；阴阳家以五行说明万物，正如恩派多克利以地水火风为宇宙本源；墨家的自苦，正如斯多亚派；庄子的乐观，正如伊璧鸠鲁派；名家的诡辩，正如哲人；纵横家言，正如雄辩术。此外如周髀的数学，素问灵枢的医学，考工记的工学，墨子的物理学，尔雅的生物学，亦已树立科学的基础。

在文学方面，《周易》的素静，《礼经》的谨严，《老子》的名贵，《墨子》的质素，《孟子》的条达，《庄子》的俶诡，邹衍的闳大，荀卿与韩非的刻核，《左氏春秋》的和雅，《战国策》的博丽，可以见韵文的盛况。

在艺术方面，《乐记》说音乐，理论甚精，但乐谱不传。《诗・小雅・斯干》篇称“如跂斯翼，如矢斯棘，如鸟斯革，如翚斯飞”；可以见现今宫殿式之榱桷，已于当时开始！当代建筑，如周之明堂，七庙，三朝，九寝，楚之章华台，燕之黄金台，秦之阿房宫等，虽名制屡见记载，但取材土木，不及希腊罗马的石材，故遗迹多被湮没。玉器铜器的形式，变化甚多，但所见图案，以云雷文及兽头为多，植物已极希有，很少见有雕刻人物如希腊花瓶的。韩非子说画犬马难，画鬼魅易，近乎写实派；庄子说宋元君有解衣盘礴的画史，近乎写意派，但我们尚没见到周代的壁画。所以我们敢断言的，是周代的哲学与文学，确可与希腊罗马比拟。

秦始皇帝任李斯，专用法家言，焚书坑儒。汉初矫秦弊，又专尚黄老；文帝时儒家与道家争，以“家人言”与“司空城旦书”互相诋。武帝时始用董仲舒对策(《汉书·董仲舒传》"董仲舒对策'今师异道，人异论，百家殊方，指意不同，上亡以持一统，法制数变，下不知所守。臣愚以为诸不在六艺之科，孔子之术者，皆绝其道，勿使并进。邪辟之说灭息，然后统纪可一，而法度可明，民知所从矣。'")"推明孔氏，抑黜百家"；建元元年：丞相卫绾奏："所举贤良，或治申，商，韩非，苏秦，张仪之言，乱国政，请皆奏罢。"诏"可"。武帝乃置五经博士，后增至十四人，"利禄之途"既开，优秀分子，竞出一途，为博士官置弟子，由五十人，而百人，而千人，成帝时至三千人；后汉时大学至二万余生，都抱着通经致用的目的，如"禹贡治河"，"三百篇讽谏"，"春秋断狱"等等，这时候虽然有阴阳家的五德终始，谶纬学的符命然终以经术为中心。魏晋以后，虽然有佛教输入，引起老庄的玄学，与处士的清谈；有神仙家的道教，引起金丹的化炼，符箓的迷信；但是经学的领域还是很坚固，例如义疏之学，方有崔灵恩，沈文阿，皇侃，戚衮，张讥，顾越，王元规等，北方有刘献之，徐遵明，李铉，沈重，熊安生等；(褚季野说："北人学问，渊综广博；"孙安国说"南人学问，清通简要；"支道林又说："自中人以还，北人看书，如显处观月；南人看书，如牖中窥日。")迄于唐代，国子祭酒孔颖达与诸儒撰定五经正义颁于天下，每年明经依此考试，经学的势力，随"利禄之途"而发展，真可以压倒一切了。

汉代承荀卿，屈原的余绪，有司马相如，扬雄，班固，枚乘等竞为辞赋，句多骈丽：后来又渐多用于记事的文，如蔡邕所作的碑铭，就是这一类。魏晋以后，一切文辞均用此体；后世称为骈文，或称四六。

唐德宗时，(西历八世纪)韩愈始不满意于六朝骈丽的文章，而以周季汉初论辩记事文为模范，创所谓"起八代之衰"的文章，那时候与他同调的有柳宗元等。愈又作《原道》，推本孔孟，反对佛老二氏，有"人其人，火其庐，焚其书"的提议，乃与李斯，董仲舒相等。又补作文王拘幽操，至有"臣罪当诛天王圣明"等语，以提倡君权的绝对。李翱等推波助澜渐引起宋明理学的运动。但宋明理学，又并不似韩愈所期待的，彼等表面虽亦排斥佛老，而里面却愿兼采佛老二氏的长处；如河图洛书太极图等，本诸道数；天理人欲明善复初等等本诸佛教。在陆王一派，偏于"尊德性"固然不讳谈禅，阳明且有格竹病七日的笑话，与科学背驰，固无足异；程朱一派，力避近禅，然阳儒阴禅的地方很多。朱熹释格物为即物穷理，且说："即凡天下之物，莫不因其已知之理而益穷之，以求至乎其极，至于用力之久而一旦豁然贯通焉，则众物之表里精粗无不到，而吾心之全体大用无不明矣。"似稍近于现代科学家之归纳法，然以不从实验上着手，所以也不能产生科学。那时程颐以"饿死事小，失节事大"斥再醮妇，蹂躏女权，正与韩愈的"臣罪当诛"相等，误会三纲的旧说，破坏"五伦"的本义。不幸此等谬说适投明清两朝君主之所好，一方面以利用科举为诱惑，一方面以文字狱为鞭策，思想言论的自由，全被剥夺。

明清之间，惟黄宗羲《明夷待访录》，有《原君》《原臣》等篇；戴震《原义》，力辟以理责人的罪恶；俞正燮于《癸巳类稿存稿》中有反对尊男卑女的文辞，远之合于诸子的哲学，近之合于西方的哲学，然皆如昙花一现，无人注意。

直到清季，与西洋各国接触，经过好几次的战败，始则感武器的不如人，后来看到政治上了，后来看到教育上，学术上都觉得不如人了，于是有维新派，以政治上及文化上之革新为号召，康有为谭嗣同是其中最著名的。

康氏有《大同书》本礼运的大同义而附以近代人文主义的新义，谭氏有《仁学》，本佛教平等观而冲决一切的网罗，在当时确为佼佼者，然终以迁就时人思想的缘故，戴着尊孔保皇的假面，而结果仍归于失败。

嗣后又经庚子极端顽固派的一试，而孙中山先生领导之同盟会，渐博得多数信任，于是有辛亥革命，实行"恢复中华建立民国"的宣言，当时思想言论的自由，几达极点，保皇尊孔的旧习，似有扫除的希望，但又经袁世凯与其所卵翼的军阀之摧残，虽洪宪帝制，不能实现，而北洋军阀承袭他压制自由思想的淫威，方兴未艾。在此暴力压迫之下，自由思想的勃兴，仍不可遏抑，代表他的是陈独秀的《新青年》。

《新青年》于民国四年创刊，他的《敬告青年》，特陈六义：一，自主的而非奴隶的，二，进步的而非退守的，三，进取的而非退隐的，四，世界的而非锁国的，五，实利的而非虚文的，六，科学的而非想像的。

到民国八年，有《〈新青年〉宣言》，有云："我们相信，世界各国政治上道德上经济上因袭的旧观念中，有许多阻碍进化而不合情理的部分。我们想求社会进化，不得不打破天经地义。自古如斯的成见，决计一面抛弃此等旧观念，一面综合前代贤哲当代贤哲和我们自己所想的创造上道德上经济上新观念，树立新时代的精神，适应新社会的环境。我们理想的新时代，新社会，是诚实的，进步的，积极的，自由的，平等的，创造的，美的，善的，和平的，相爱的，互助的，劳动而愉快的，全社会幸福的。希望那虚伪的，保守的，消极的，束缚的，阶级的，因袭的，丑的，恶的，战争的，轧轹不安的，懒惰而烦闷的，少数幸福的现象，渐渐减少，至于消灭。"又有《新青年罪案之答辩书》，有云："他们所非难本志的，无非是破坏孔教，破坏礼法，破坏国粹，破坏贞节，破坏旧伦理（忠孝节），破坏旧艺术（中国戏），破坏旧宗教（鬼神），破坏旧文学，破坏旧政治（特权人治）这几条罪案。这几条罪案，本社同人当然直认不讳。但是追本溯源，本志同人本来无罪，只因为拥护那德莫克拉西（Democracy）和赛因斯（Science）两位先生，才犯了这几条滔天大罪。要拥护那德先生，便不得不反对那孔教，礼法，贞节，旧伦理，旧政治；要拥护那赛先生，便不得不反对那国粹和旧文学。"他的主张民治主义和科学精神，固然前后如一，而

“破坏旧文学的罪案”与“反对旧文学”的声明，均于八年始见，这是因为在《新青年》上提倡文学革命起于五年。五年十月胡适来书，称“今日欲言文学革命，须从八事入手：一曰：不用典；二曰：不用陈套语；三曰：不讲对仗；四曰：不僻俗字俗语；五曰：须请求文法之结构；六曰：不作无病之呻吟；七曰：不摹仿古人，语语须有我在；八曰：须言之有物。”由是陈独秀于六年二月发表《文学革命论》，有云：“文学革命之气运，酝酿已非一日，其首举义旗之急先锋，则为我友胡适。余敢冒全国学究之敌高张文学革命军大旗以为吾友之声援，旗上大书特书吾革命军三大主义：曰推倒雕琢的阿谀的贵族文学，建设平易的抒情的国民文学；推倒陈腐的铺张的古典文学；建设新鲜的立诚的写实文学；推倒迂晦的艰涩的山林文学，建设明了的通俗的社会文学。”这是那时候由思想革命而进于文学革命的历史。

为怎么改革思想，一定要牵涉到文学上？这因为文学是传导思想的工具。钱玄同于七年三月十四日《致陈独秀书》，有云：“旧文章的内容，不到半页，必有发昏做梦的话，青年子弟，读了这种旧文章，觉其句调铿锵，娓娓可诵，不知不觉，便将为文中之荒谬道理所征服。”在玄同所主张的“废灭汉文”难不易实现，而先废文言文，是做得到的事。所以他有一次《致独秀》的书，就说：“我们既绝对主张用白话体做文章，则自己在《新青年》里面做的，便应该渐渐的改用白话。我从这次通信起，以后或撰文，或通信，一概用白话，就和适之先生做尝试集一样意思。并且还要请先生，胡适之先生和刘半农先生都来尝试尝试。此外别位在《新青年》里撰文的先生和国中赞成做白话文的先生们，若是大家都肯尝试，那么必定成功。自古无的，自今以后必定会有。”可以看见玄同提倡白话文的努力。

民元前十年左右，白话文也颇流行，那时候最著名的白话报，在杭州是林獬陈敬第等所编，在芜湖是独秀与刘光汉等所编，在北京是杭辛斋，彭翼仲等所编，即余与王季同，汪允宗等所编的俄事警闻与警钟，每日有白话文与文言文论说各一篇，但那时候作白话文的缘故，是专为通俗易解，可以普及常识，并非取文言而代之。主张以白话代文言，而高揭文学革命的旗帜，这是从《新青年》时代开始的。

欧洲复兴时期以人文主义为标榜，由神的世界而渡到人的世界。就图画而言，中古时代的神象，都是忧郁枯板与普通人不同，及复兴时代，一以生人为模型，例如拉飞尔，所画圣母，全是窈窕的幼妇，所画耶稣，全是活泼的儿童。使观者有地上实现天国的感想。不但拉飞尔，同时的画家没有不这样的。进而为生人肖像，自然更表示特性，所谓“人心不同如其面”了。这叫做由神相而转成人相。我国近代本目文言文为古文，而欧洲人目不通行的语言为死语，刘大白参用他们的语意，译古文为鬼话；所以反对文言提倡白话的运动，可以说是弃鬼话而取人话了。

欧洲中古时代，以一种变相的拉丁文为通行文字，复兴以后，虽以研求罗马时代的拉丁文与希腊文，为复兴古学的工具，而别一方面，却把各民族的方言利用为新文学的工具。在意大利有但丁，亚利奥斯多，朴伽邱，马基亚弗利等，在英国有绰塞，威克列夫等，在日耳曼，有路德等，在西班牙，有塞文蒂等，在法兰西，有拉勃雷等，都是用素来不认为有文学价值的方言译述圣经，或撰著诗文，遂产生各国语的新文学。我们的复兴，以白话文为文学革命的条件，正与但丁等同一见解。

欧洲的复兴，普通分为初盛晚三期：以十五世纪为初期，以千五百年至千五百八十年为盛期，以千五百八十年至十七世纪末为晚期。在艺术上，自意大利的乔托，基伯尔提，文西，米开兰基罗，拉飞儿，狄兴等以至法国的雷斯古，古容，格鲁爱父子等，西班牙的维拉斯开兹等，德国的杜勒，荷尔斑一族等，荷兰与法兰德尔的凡爱克，鲁本兹，朗布兰，凡带克等。在文学上，自意大利的但丁，亚利奥斯多，马基亚弗利，塔苏等，法国的露沙，蒙旦等，西班牙的蒙杜沙，莎凡提等，德国的路德，萨克斯等，英国的雪泥，慕尔，莎士比亚等。人才辈出，历三百年。我国的复兴，自五四运动以来不过十五年，新文学的成绩，当然不敢自诩为成熟。其影响于科学精神民治思想及表现个性的艺术，均尚在进行中。但是吾国历史，现代环境，督促吾人，不得不有奔轶绝尘的猛进。吾人自期，至少应以十年的工作抵欧洲各国的百年。所以对于第一个十年先作一总审查，使吾人有以鉴既往而策将来，希望第二个十年与第三个十年时，有中国的拉飞尔与中国的莎士比亚等应运而生呵！

（选自《中国新文学大系·建设理论集》，
上海良友图书印刷公司 1935 年版）

［**导读**］

从 1935 年到 1936 年，《中国新文学大系》(1917—1927)的建设理论集、文学论争集以及诗歌、小说、戏剧、散文等集，先后由上海良友图书印刷公司陆续出版。这套丛书的出版，既展示了第一个十年新文学的实绩，又为后人留下了珍贵的文献资料，具有极其重要的史料价值。蔡元培为这套大型现代文学选集做了总序。作者纵览古今中外的文学发展历程，把新文学运动与整个中国文化现代化联系起来，充分肯定了新文学在第一个十年所取得的成绩，并对其发展充满期望。

2.《近二十年中国文艺思潮论》序

李何林

［**原文**］

中国的新文学思想，自1917年一、二月胡适和陈独秀在《新青年》上发表《文学改良刍议》和《文学革命论》，到1937年的“八一三”抗战发生①，共有二十年的历史了(当然它的萌芽还早)。在这短短的二十年期间，一方面受了世界各国近二三百年文艺思潮的影响，一方面因为国内外的政治经济社会文化的变迁，使中国的文艺思想，或多或少的反映了欧洲各国从18世纪以来所有的各文艺思想流派的内容，即浪漫主义、自然主义、写实主义(现实主义)、颓废派、唯美派、象征派、表现派……以及新写实主义(亦称社会主义的现实主义，动的现实主义或新现实主义)。但是，人家以二三百年的时间发展了的这些思想流派，我们缩短到了“二十年”来反映它，所以各种“主义”或“流派”的发生与存在的先后和久暂，不像欧洲各种文艺思潮的界限较为鲜明和久长；或同时存在，或昙花一现的消灭。

同时，也因为近二十年中国半封建半殖民地性社会的急遽发展的复杂性，使中国的文艺思想，不能完全重复欧洲二三百年来文艺思潮的过程；而要在中国的政治经济社会文化的基础上，尽它的历史的任务。所以《近二十年中国文艺思潮论》底内容大纲，就不会像是《欧洲近代文艺思潮论》底古典主义、浪漫主义、自然主义。写实主义、世纪末文艺思潮及新写实主义等等节目的顺序排列，而有它自己的形态。

近二十年的中国社会、文化、思想以及文学的大变化，有三个划时代的日子作为界标，就是“五四”“五卅”和“九一八”(至于“七七”或“八一三”则是这二十年范围以外的划时代的日子)。这三个划时代的日子，把1919—1937年差不多二十年期间划分了三大段落，而每一段落都差不多平均占有六七年的时间：

由1919年的“五四”，到1925年的“五卅”，差不多是六七年。

由1925年的“五卅”，到1931年的“九一八”，差不多是六七年。

由1931年的“九一八”，到1937年的“八一三”，差不多是六七年。

这样整齐相同的年数，当然是历史的偶合，然而这几个划时代的日子或事件的产生，倒并不是出于意外的毫无原因的历史的偶然，是都有它一定的社会背景的。

---

① 编者注：此处与目前官方表述不统一，依据现在的通行概念“十四年抗战”，抗日战争应从1931年算起。

近二十年的文艺思想，也随着这三大段落不同的社会背景，表现着显著的转变或差异；所以本书的内容划分也就依着这三大段落而分为三编：

第一编——"'五四'前后的文学革命运动"：由1917年胡适发表《文学改良刍议》起，到"文学研究会"和"创造社"的对立及"革命文学"思想的萌芽止(即"五卅"发生前)。

第二编——"'大革命时代'前后的革命文学问题"：由1926年郭沫若发表《革命与文学》一文提倡文学革命起(但革命文学思想萌芽于"五卅"前一二年)，中经1928年对此问题的论争，到1930和1931年进步的文艺理论及文学团体的建立止(即"九一八"发生前)。

第三编——"从'九一八'到'八一三'的文艺思潮"：由1932年文艺创作自由论辩和文艺大众化问题的提出讨论起，中经1934年的语文改革运动，到1936年的"国防文学"和"民族革命战争的大众文学"的论争及鲁迅逝世前后的文艺界的团结止(即"八一三"发生前)。

每编开始均有"绪论"一章，略述该段落文艺思潮的社会背景。其次第一章都是"概论"，乃该段落文艺思潮的缩写或简史，即：

第一编　第一章　概论——从1917年到"五卅"的中国文艺思想界

第二编　第一章　概论——从"五卅"前后到"九一八"的中国文艺思想界

第三编　第一章　概论——从"九一八"到"八一三"的中国文艺思想界

这三章"概论"可以说是"近二十年中国文艺思想略史"；不过它们着重在文艺思想变迁的"经过"或"略述"，至于较详细的理论内容则在各该编其他各章内阐述。而各"概论"的内容取材，虽间有与各该编内其他各章相同之处，不过不多。

然而，如以这二十年文艺思想发展的"阶级性"来讲，实在只有二种思想作为主要的潮流支配着这二十年的文艺界。即由1917—1927年是资产阶级文艺思想较多和无产阶级文艺思想萌芽的时代；由1928—1937年是无产阶级文艺思想发展的时代。每一时代又恰恰平均占有十年的时间。兹分别述其梗概如下：

前十年可以分为初、中、末三期：

初期(1917—1920年)，即"五四"前后的各一二年，是反封建文学的斗争时期，奠定了资产者的白话文和"新文学"的基础。

中期(1921—1924年)，为"文学研究会"与"创造社"的对立时期。这时资产者社会的文艺思想或创作方法论：写实主义与浪漫主义，"为人生而艺术"和"为艺术而艺术"，取着对立的形势而同时存在，反映了欧洲18和19世纪的资产阶级文学的意识形态。

末期(1924—1927年)，为浪漫主义的"创造社"渐渐转变，由"唯美""为艺术”而“为人生”“为社会”“为革命”“为无产阶级”。这转变开始于“五卅”的前一二年(即 1923 和 1924 年，也就是革命文学思想萌芽的时候)。“五卅”后一年才正式提出了“革命文学”的问题。到 1927 年以后这问题才引起了一次大的无产阶级文艺思想的运动，但那已属于后十年了。

后十年也可以分成初、中、末三期：

初期(1928—1931 年)，由 1928 年“革命文学”或“无产阶级文学”问题的论争，使文艺思想有进一步的发展起，至 1930 年“左联”的成立，及由此到 1931 年“九一八”发生前反动的“民族主义”文艺思想的昙花一现止。

中期(1932—1934 年)，为“左联”领导着文艺思想界，向实际问题上求解决求发展的时期。如 1932 年的文艺自由论辩和大众文艺问题的讨论，1934 年语文论战时的反封建文言文的复古运动，反欧化的白话文的论争，“大众语”的讨论和“拉丁化”运动。

末期(1935—1937 年)，为左翼文艺思想作为主要的势力支配着“新文学”的领域，反对派(封建的、资产阶级的)的文艺思想虽尚有其社会的影响与势力，但他们的理论已不足与左翼对敌。这时左翼方面(并非仅只“左联”)为着文艺与现实社会政治联系的口号问题，遂自行论争起来；就是 1936 年的“国防文学”和“民族革命战争的大众文学”的论战。因为双方的文艺思想原没有什么根本的不同，不过为着“宗派主义”从中作祟，才做了这一次的“口号之争”(但这次论争并未浪费)；所以正闹得不可开交的时候，鲁迅的《答徐懋庸并关于抗日统一战线问题》一发表，也就阴霾消散，告一结束。在鲁迅逝世前，有感于国难日急，新旧各派作家已有团结御侮的表示了。

本书为着显示文艺思想与其时代社会转变的密切关联，故以“五四”“五卅”“九一八”为分期的界标，未采用上述的阶级性的分法；不过论述的观点则仍然一样。

此外，倘以“五四”新文化运动为中国的“文艺复兴”；则林琴南、梅光迪、胡先骕、章士钊等为“古典文学”的维护者；“创造社”诸人为“浪漫主义”作家；“文学研究会”则是“自然主义”“写实主义”的代表；郁达夫的一部分小说和徐志摩的后期诗作是“颓废派”“唯美派”的作品；李金发、戴望舒等神秘的诗是“象征主义”的代表作；那么，“五卅”以后革命文学或无产阶级文学的兴起，到 1930 年“左联”的成立及其以后，也就可以说是中国的“新写实主义”或“新现实主义”的时代了。本书的内容若依此编排论述，岂非较合于“欧洲近代文艺思潮”的发展顺序，且较为世界化？

无奈中国“五四”的“文艺复兴”和欧洲的文艺复兴，不但有程度上的差别，而且有性质上的不同。只不过在思想界的情形上，两者稍有相似之处而已。在欧洲文艺复兴时代，所要打破者是冷酷黑暗的宗教思想；在我们五四时代，所要打破者是差不多等于那样冷酷黑暗的旧礼教观念。这是相似的。但是作为欧洲文艺复兴运动之社会的基础是渐具势力的手工业和小商业，反之，作为“五四”之社会的基础是近代的机器工业和银行资本了。这是两者很不相似的。同时中国的“文艺复兴”以后，并无欧洲似的“古典主义”的时代，林、梅、胡、章诸人算不得“古典主义”文学的人物，他们不过是二千年来封建文学的送丧者而已。而且，动摇妥协和前途暗淡的中国资产阶级当然不会像法国资产阶级那样产生绚烂的 19 世纪 30 年代的浪漫主义文学(像嚣俄一派)，发育得不完全的中国资产阶级不会产生壮健的资产阶级文学，是自然不过的事。在中国浪漫主义的作品中，很少发扬蹈厉的新兴阶级的气概，很少乐观，多是苦闷，彷徨和颓废。况中国的“浪漫”“自然写实”“颓废”“唯美”“象征”等等，又差不多同时纷然杂陈，不似在欧洲的时序较有先后，反映着各自时代社会的特质(中国的这些派别，当然也都有它的时代背景和社会基础)。兼之上述第二段的理由，故本书的编制成为现在的形态。

我们略观近二十年中国文学思想的变迁发展，也反映了二十年来中国社会各时期的特质。文艺思想固时时受着现实的政治经济社会和其他文化的影响，而文艺的浪潮也在激荡着、推动着或影响着政治社会和其他文化，在中国的现代史上做了很好的工作，占着很光荣的一页。但是文艺的思想浪潮，在大的方面固然时时向前不停的奔流，而小的方面也常常不免有逆流、有回旋；兼之中国社会的复杂性，所以每每一种文艺思想问题已经论争过一番，解决过一次了，往往不免以后又要重说一遍，以致许多的精力浪费在反复申述的理由上。如 1934 年汪懋祖等重新提出的文言白话优劣的论争，和近些年文化方面的复古倾向(这固然都有它的社会基础)，就都是五四时代所已经解决的。有许多话，过去的复古运动者都已经说得那么透彻，那么明白过；倘能查查旧案，也免得重说一遍或把中国社会向后拉。又如 1932 年的“文艺创作自由问题”，在 1928 年革命文学问题论争时，本已讨论到了，就是文艺的阶级性问题；虽然没有像在 1932 年作为专题的详细地阐发，并得到更深入更进步的论究，然而有许多话也是重说了的。本书现在把这二十年来在中国文艺思想界所有已经论争过的主要问题，加以论述；除编者依个人见解所下的论评外，为着上述的缘由，就多多引用原文：一以保存各时期作者的文艺思想的本来面目，以免复述失真；一以供人们查查旧案，有免得多说一遍的用处。

有人说“孔夫子是封建社会的圣人，鲁迅则是新中国的圣人”。那么，我们可以说：埋葬鲁迅的地方是中国新文学界的“耶路撒冷”，《鲁迅全集》中的文艺论文也就是中国新文学的《圣经》。因此，本书引“经”甚多，以见我们的“新中国的圣人”在近二十年内各时期里面中国文艺思潮的浪涛中，怎样尽他的“领港”和“舵工”的职务；并供研究鲁迅者关于这一方面的参考。

在近二十年中国文艺思想界中，除鲁迅以外，瞿秋白也占着很重要的地位。他所作的《中国革命运动史》和《赤都心史》虽然未曾广泛的与读者相见；但他译述的《海上述林》则早给中国文艺思想界以很大的影响(此书由鲁迅集印，于1936年出版，但里面各篇文章的发表则为期较早)。此外，他的论文集《乱弹》闻已在上海出版了。本书中的"何凝""易嘉""宋阳""史铁儿"闻都是他的笔名，我们从这些笔名的文章中，可以看见他的风格底清新、俊逸、漂亮、通俗、深刻、锐利而且有力！这当然不仅仅由于他的文字的形式，而是由于他的博大精深的哲学、社会科学和文学的知识，而是由于他的政治社会文化斗争的实践。他在现代中国的文化批评、社会批评和文艺批评上，和鲁迅占着同等的地位。他的文章风格虽有一部分和鲁迅不同，但他二人的学识、思想、文章，在现代的中国实在可称"双璧"！假使说鲁迅是中国的高尔基，那么，他可以算是中国的蒲列汉诺夫了(但他还批判了弗里契和蒲列汉诺夫诸人的错误或缺点；这里是比拟他在中国新兴文艺理论建设上的地位)。可惜，他不幸早于1935年去世(当时他仅三十五岁上下)，不能为中国文艺界译著更多的宝贵的东西；这损失，和1936年之损失了鲁迅是一样的重大。

编者僻处小镇，参考书籍甚感困难；取材不周，论述未免失当。尚乞读者原谅并赐指正，为幸！

1939年7月李何林于四川江津白沙镇

(选自《李何林全集》第3卷，河北教育出版社2005年版)

［**导读**］

本文是1939年李何林为自己编撰的《近二十年中国文艺思潮论》所做的序。他介绍了该书编辑体例的设置及原因，概述了1919年至1937年近20年中国文艺思潮的发展变化情况，并特别强调了鲁迅与瞿秋白在这二十年中国文艺思想发展过程中的地位与作用。体现了作者在中国现代文学史学科建构方面的一些思考。

3. 中国现代文学史的起讫时间问题(节选)*

王　瑶

［**原文**］

中国现代文学史是一门年轻的学科。中华人民共和国建立之后，由于民主革命的胜利，我们不仅有必要、而且也有可能对新民主主义革命时期这一完整的历史阶段的文学现象作出全面系统的考察，阐明它的发展过程和规律性，为

---

* 本文所有注释为原注。

社会主义的文学建设提供经验。建国之初，教育部就规定了“中国现代文学史”是大学中文系的必修课程之一。三十多年来，我们已经有了许多部关于现代文学史的著作。这些著作尽管各有特点，但它们所阐述的都是由1919年的五四运动到中华人民共和国成立这一新民主主义革命时期三十年间的文学历史；也就是说，这门学科的起讫时间是明确的，并未引起人们的争论和怀疑。五十年代还有些学校在讲完规定的课程内容之后，附带地讲述一些建国以来的文学情况，当时有一些现代文学史著作也是这样处理的，但由于建国以来的时间愈长，作品愈多，后来就把这一部分内容独立成为“当代文学”了。直到现在，我们一般都是将由鸦片战争至五四运动时期的文学视为近代文学，下与现代文学相接，而将建国以后的文学视为当代文学。这种“近代—现代—当代”的分期方式相沿已久，迄今未变，但它是否合理，近年来却引起了不同的意见。有人主张应将“近代”和“现代”合并为一个时期，也有人认为应将“现代”与“当代”合并为一个时期，这就是说，现在通行的中国现代文学史的起讫时间都有了问题。究竟应该如何对待这一争议呢？

历史分期是一个科学性的问题。因为历史进程虽然是连绵不断的，但又有它的阶段性，这是由该阶段史实的鲜明的重要特征所决定的。中国通史中关于奴隶社会与封建社会的分界线一直争论了许多年，就因为它是一个重要的学术问题。因此有必要对现代文学史的时间起讫问题，进行深入的讨论。

先说起点。

史学界长期以来就有许多人主张中国近代史的起讫时间应为从鸦片战争到中华人民共和国成立(1840—1949)，范文澜同志的《中国近代史》虽然写于建国之前，只讲到“五四”为止，但他于书名下标明“上”字，显然表示新民主主义革命时期的内容应属于中国近代史的范围。1954年胡绳同志在《历史研究》第1期上发表《中国近代历史的分期问题》，明确提出中国近代史的下限应是1949年中华人民共和国成立。同年创刊的《近代史资料》也收入“五四”以后的文献。最近几年，这个问题又重新引起了争论。李侃同志发表了《中国近代史“终”于何时?》①，李新同志发表了《中国近现代历史分期问题》②，皆重申此说。他们认为历史分期应根据生产方式、社会制度来划分，五四运动并没有改变中国的社会性质，如果以“五四”作为现代史的起点，就是割裂了社会历史的完整性和民主革命的连续性；中国近代史的研究对象是半封建半殖民地社会的历史，因此应以中华人民共和国的成立作为近代史的下限和现代史的起点。但史学界另外也有一些人不同意这种意见，1980年成立的中国现代史学会，就是认为“五四”

① 1982年11月17日《光明日报》。

② 《历史研究》1983年第4期。

是现代史的起点的。他们和北京市历史学会曾于1983年9月召开“中国现代史科学体系讨论会”，会上绝大部分人都“主张一九一九年的五四运动应是中国现代史的起点”①。他们强调了十月革命的世界意义和“五四”以后领导阶级的变化，认为中国新民主主义革命属于世界社会主义革命的范畴，五四运动对中国历史进程的影响十分巨大，因此它应成为现代史的起点。这一论争目前还没有一致的结论，许多学校的现代史课程仍然沿用由“五四”开始的体系；所以新出的《中国近代史词典》中说：“暂按习惯上的划分，以一九一九年的五四运动作为近代史的下限。”

史学界的论争也引起了关于文学史分期的不同看法。在1982年10月召开的“全国近代文学讨论会”上，就有许多人提出近代文学史的范围应该是由鸦片战争至中华人民共和国成立(1840—1949)，和中国近代史采取一致步调。② 他们除了由社会性质方面提出与史学界相同的理由以外，更从文学史的角度申述了这种观点。他们认为“五四”文学革命和新文学的主要特点，皆非“五四”以后才有，而是在前八十年中孕育和诞生的：诸如文学作品的反帝反封建性质，提倡白话文，主张学习外国，注重小说以及重视文学反映现实的社会作用等，在晚清皆有所表现和萌发。并且针对以“五四”为现代文学史开端的主张发出了如下的质问：“《新青年》创刊于一九一五年，胡适的《文学改良刍议》和陈独秀的《文学革命论》发表于一九一七年，鲁迅的《狂人日记》发表于一九一八年。”“这些现象又该如何解释?”此外也还有一些人发表过不同意以“五四”为现代文学史起点的看法，如姚雪垠同志在致茅盾的信中主张现代文学史应包括旧体诗词和包天笑、张恨水的小说、苏曼殊与南社诗人的作品。③ 苏曼殊逝世于“五四”前一年，南社作为文学社团“五四”后已停止活动，这实质上是将现代文学史的起点向上推了。邢铁华同志主张现代文学史应从1894年的甲午战争开端④等等。总之，同史学界的情况相似，目前仍然是一个有争议的问题。

再说“讫”点。

史学界主张中国现代史应从“五四”开端的一派，认为“中华人民共和国成立前后的三十年历史，应该归于一个大过程，不能拦腰截断。”“新民主主义和社会主义是中国共产党人领导中国革命总体系的两个紧密联系的组成部分，也是人民革命实践的不可分割的两部分。”⑤这种意见在文学界也同样存在。例如

① 见《北京社联通讯》1983年第7期。

② 见《中国近代文学研究》第1辑：《全国首次近代文学学术讨论会综述》。

③ 见《社会科学战线》1989年第2期。

④ 《中国现代文学之背影—论发端》，载《苏州大学学报》1984年第4期。

⑤ 见《北京社联通讯》1983年第7期：《中国现代史科学体系讨论综述》。

冯牧同志就认为："目前我们对现代文学和当代文学的研究采取了二者分家的办法，这显然是不大科学的。……从'五四'以来的新文学，都应当属于现代文学的范围之内，但是可以分为两个时期：一个是现代文学的新民主主义时期，一个是现代文学的社会主义时期。""现代文学的'现代'二字，主要还不是时间概念，…… 除了时间概念，主要应当根据文学的思想性质来决定。"①冯牧同志的看法是可以代表文艺界许多人的意见的；粉碎"四人帮"之后，文艺界进行拨乱反正的工作，提出来的第一个口号就是"恢复'五四'革命现实主义传统"，这一事实就说明了现代文学与当代文学的紧密联系。五十年代，各大学的现代文学史课程本来是包括当代部分的，后来由于新民主主义革命时期只有三十年，而建国以后已经超过了三十年，遂将现代文学与当代文学分为两门课程；但国务院学位委员会规定的专业内容就将现、当代文学合而为一，称"中国现代文学"。由此可知，如果现代文学史的研究对象仍为新民主主义革命时期的文学，则当然以中华人民共和国成立为讫止点；如果它还包括建国以后的文学，则仍然有一个讫止点的问题。现在已经出版的几种当代文学史的书籍，由于写作时间有前后，因此讫止点是有所不同的。这就是说，对于现代文学史这门学科说来，它的起讫时间目前都是有争议的。

现在无论从高等院校的课程设置或学术论著的编纂体例看，大体上仍然沿用习惯的"近代—现代—当代"三分法，但学术争议并未解决。由于近年来国际间的文化学术交流日益广泛，英语中的 modern 和 Contemporary 二字与我们的分期概念不相对应，也是引起人们争议的一个原因……对于中国现代史起点的意见也并不一致，有主张始于 1911 年辛亥革命的；有主张始于 1905 年同盟会成立的；有主张始于 1894 年甲午之战的；有主张始于 1915 年新文化运动开始的；当然也有主张始于五四运动的。就现代文学史的起讫时间说，我同意冯牧同志的下述观点："这是一个必须认真考虑的大问题。""应该提到我们的议事日程上来，并且科学地加以解决，现在已经是时候了。"②

现在我想就这个问题谈一点个人的意见。

二

我是主张中国现代文学史仍然应以"五四"作为它的起点的。正如中国史的分期虽然不能不考虑世界历史进程和国际历史条件，但主要应从中国历史本身的特点出发，不能与世界史强求一致。专史和通史的关系也是这样。通史当然应按生产方式和社会制度来分期，因为它要全面考虑经济基础和上层建筑，包括经济、政治、军事、文化等许多方面。专史虽然也要受到如通史内容所讲的

① 冯牧：《我们的现代文学研究工作并不后人》，《文艺报》1983 年第 8 期。

② 冯牧：《我们的现代文学研究工作并不后人》，《文艺报》1983 年第 8 期。

整个历史环境的制约，但主要应该考虑专史本身的对象所具有的特点。毛泽东同志在研究《中国革命战争的战略问题》时，就是虽然也考虑和尊重“战争的规律”和“革命战争的规律”，但研究的主要问题是“中国革命战争的特点”。本文不拟讨论作为通史性质的近代史或现代史的起讫时间问题，但应该承认，有些专史虽然从总体看也受通史的时代特征的制约，但就它所研究的对象的特点看，是并不都与通史的分期特点完全一致的。史学界在讨论近代史的分期时，主张近代史应以中华人民共和国成立为讫止点的同志常常引用毛泽东同志在《改造我们的学习》和《为什么要讨论白皮书》等文中关于“鸦片战争以来的近百年史”的提法，作为重要的论据；而主张近代史应只讲到“五四”为止的同志则往往引用毛泽东同志在《新民主主义论》和《在延安文艺座谈会上的讲话》中关于五四运动的划时代意义的说明，作为重要的论据。毛泽东同志确实是有这两种不同的提法的，我以为其区别正在于通史与专史的性质的不同。前者所论述的是鸦片战争以来包括经济、政治、社会各方面的近百年史，而后者则主要是论述文化和文学的特点的。就文学史而言，“五四”以后的新文学的历史特点是如此显著，许多治现代文学的人认为以“五四”为开端是无需讨论的问题，因而对学术界的这种争议兴趣不大，参加者也不多。同时史学界有的同志对文学史的这种特点，也表示理解和尊重；如李新同志是不赞成把五四运动作为现代史的开端的，但他又说：“作为专史，例如现代文学史，从五四新文化运动开始是可以的。”①同现代文学史有类似情况的还有思想史、文化史等，而戏剧界对于“现代”的概念比文学史的涵义还要广泛，他们提倡传统戏、现代戏和新编历史剧三者并举的方针，而所谓“现代戏”与传统戏和历史剧的区别，似乎更着重于服装与表演艺术。例如天津市新编京剧《火烧望海楼》，时间在辛亥革命之前，他们也称之为现代戏；因为它不用古代服装，其中还有洋人上场，表演上也对传统程式有了革新和发展。这就说明，作为专史，应该充分考虑它的研究对象的历史特点。

从理论上说，作为意识形态的文学，当然要为社会存在所影响所决定，每一时代的文学，都不能脱离当时经济和政治。因此，文学史的分期是不能不考虑与之相应的历史分期的。但文学也有它自己的特点，经济和政治对文学的影响究竟何时以及如何在文学上反映出来，还要受到文学内部以及其它意识形态诸因素的制约，因此，它的发展进程并不永远是与历史环境同步的。苏联一般把高尔基的《母亲》视为社会主义文学的肇始，而《母亲》问世的1906年距十月革命还有十来年；就因为文学往往能在重大历史事件发生之前，就预感到社会

---

① 李新：《中国近现代历史分期问题》，《历史研究》，1983年第4期。

的动荡和人民情绪的变化，因而敏锐地在作品中有所反映。“五四”文学革命也是这样，它的主要精神如果用一句话来概括，就是要求用现代人的语言来表现现代人的思想感情；现代人的语言就是白话文，现代人思想感情的内容就是民主、科学以及稍后的社会主义。它实质上是中国人民要求现代化的历史性愿望和情绪在文学上的反映。无疑，它是先于历史本身的进程的。同样，在重大历史事件结束以后，它所留给人们的震动和感受也往往会引起深沉的反思；“四人帮”垮台以后出现的人们习惯称之为“伤痕文学”和“反思文学”的涌现，就是例证。因为经济虽然是社会生活的决定因素，但影响文学发展的因素很多，必须根据实际情况来具体分析。1893 年马克思在《德法年鉴》中说：“正象古代各族在幻想中、神话中经历自己的史前时期一样，我们德意志人是在思想中、哲学中经历自己未来的历史的。我们是本世纪的哲学同时代人，而不是历史同时代人。德国的哲学是德国历史在观念上的继续。”①马克思这里是讲德国哲学的发生情况的。直到十九世纪中叶，德国仍然是一个分裂的落后国家，但它产生的从莱布尼兹到黑格尔的古典哲学，在当时处于欧洲的最高水平，成为马克思主义的三大来源之一；其主要原因是当时欧洲正处于民主革命的高潮，德国先进的知识分子受到外来的思想影响，因此当德国经济有所发展时，他们为进行民主革命作思想准备，遂产生了很高水平的德国古典哲学。卢卡契在《德国文学史概要》中根据马克思的论述，认为以莱辛、歌德、席勒和海涅为代表的德国文学，是德国古典哲学的孪生兄弟；因为在创作上同样表现了伟大的气魄，具体地反映了资产阶级人道主义最核心的问题。这就说明，经济基础之外的其它因素，也可以影响到文学的历史进程，使之与历史环境发生或前或后的非同步关系。总之，文学史分期应当充分重视文学本身的历史特点和实际情况，而不能生硬地套用通史的框架。毛泽东同志在《新民主主义论》和《在延安文艺座谈会上的讲话》中关于“五四”以后的文化特点和文学变革的历史分析，正是这样作的。

讲到文学本身的特点，最根本的一条就是文学是语言的艺术。“五四”文学革命以反对文言文、提倡白话文开始，白话不仅是为了启蒙和普及所采用的一种手段，而是上升为正宗的文学语言和新文学的鲜明标志；这不仅是表达工具的革新，而且也是创作的思维方式的重大变革，并由此打开了向外国进步文学借鉴和学习的途径，开始了文学现代化的步伐。诚然，不仅晚清就有人提倡过白话文，而且宋元话本就是用白话写的，胡适的《白话文学史》甚至将白话的历史远溯到古代，但真正在一切文学领域都承认只有白话才是最好的文学语言，则是从“五四”开始的。胡适认为“‘建设新文学论’的唯一宗旨只有十个大字：‘国语

① 《马克思恩格斯选集》第 1 卷，第 6—7 页。

的文学，文学的国语。'”①鲁迅认为“以文字论，就不必更在旧书里讨生活，却将活人的唇舌作为源泉，使文章更加接近语言，更加有生气。”②他写小说“一定要它读得顺口”，十分注意文学语言的锤炼，并以别人称他为文体家(Stylist)为中肯③。“五四”以前的近代文学，除去谴责小说之外，无论是黄遵宪的新派诗或梁启超的新民体散文，在文学语言上都仍然袭用了传统的文言，更不用说桐城派古文和宋诗派的诗等盛行一时的作品了。仅就这一点说，“五四”就应该理所当然地成为现代文学的开端，更不必详述在思想内容和艺术形式等许多方面的历史性变革了。

至于如果把现代文学史的开端定为1919年的五四运动，将何以解释前此的《新青年》创刊、《文学改良刍议》和《文学革命论》的发表、作为文学革命“实绩”的《狂人日记》的问世等，我以为这也并不是甚么困难的问题。历史分期总是要以划时代的重大历史事件为标志，但历史本身又是连绵不绝的，无论定在哪一年，一些复杂的历史现象只能用追溯或补叙的方式来解决，不可能是非常整齐的一刀切。举例说，中华人民共和国的成立标志着民主革命的胜利和社会主义革命的开始，土地改革明显地属于民主革命的范畴，但全国三分之二以上的土改工作是在建国以后进行的；而在建国之前，解放区早已有了全民所有制的工业的雏形；这些都并不妨碍我们以新政权的建立作为历史分期的重要标志。文学史也是如此。近代文学以1840年的鸦片战争为起点，许多论著都从龚自珍讲起，这是恰当的；正如梁启超在《清代学术概论》中所说：“晚清思想之解放，自珍确与有功焉；光绪间所谓新学家者，大率人人皆经过崇拜龚氏之一时期。”龚自珍卒于1841年，他生括的五十年都在鸦片战争之前，但这并不妨碍以1840年作为近代文学的开端。事实上无论以哪一年划期，都会有类似的问题；因为历史发展本来不会由于人的分期而截然一刀切的。

……

（原载《中国社会科学》1986年第5期）

[导读]

本文对有关中国现代文学史分期问题的讨论进行了考察，并在此基础上发表了自己的意见。作者认为，文学史的分期应当充分重视文学本身的历史特点与实际，而不应生硬地套用通史的框架；应当从中国近代历史的特点与实际出发，而不应简单地套用外国的某些近代史观念。文章考察了“五四”新文学产生的历史背景以及在思想、语言、艺术等方面的主要特点，剖析了它和在此之前

① 《胡适文存·建设的文学革命论》。

② 鲁迅：《写在〈坟〉后面》。

③ 鲁迅：《南腔北调集·我怎么做起小说来》。

的文学的根本区别，从而指出“五四”仍应作为中国现代文学史的起点。

4. 四十年代中期的上海文学(节选)*

唐 弢

［原文］

当然是赞美：让歌声起来又起来，
歌颂盆里或脸上开出的生命，
歌颂植物式忍耐，动物式可爱；
有些人曾经享过福；也出过伟人。
——W. H. 奥登：《战时在中国》(卞之琳译)

一

在国际上，所谓“红色的三十年代”是在共同抵御法西斯侵略、广泛结成民族联合阵线的形势下结束的。整个世界的文艺活动起了积极的变化。就中国而言，我所知道的上海也不例外。然而文运多厄，好景不常，一度繁荣的“孤岛”文艺，随着珍珠港事件的发生而宣告终结，粗具规模和较有影响的刊物，如《文学集林》《文献》《文艺》《文艺新潮》《鲁迅风》《奔流文艺丛刊》《新文丛》《文艺述林》等纷纷停刊，堤决岸崩，洚水在后，“孤岛”没入于洪波之中。作家们沉默了。那时候，狼烟遍野，偏促一隅，徘徊瞻顾，抱残守缺，在这样的环境中，又怎么能不使人叹息，不使人兴寂寞之感呢。

然而，严峻的考验终于到来了。

四十年代留居上海的作家，几乎每一个人都经历了两重考验，一前一后地贯穿在整整十年的时间里。先是民族大义的考验，后是民主感情的考验。日本军人偷袭珍珠港的同时，还占领了东南亚，占领了香港，占领了上海那块剩下的小小的外国租借地。宪兵队长先后逮捕了夏丏尊、许广平、陆蠡、柯灵等十几位作家。不仅在肉体上、也在灵魂上给予受难者以残酷的践踏。他们用惨绝人寰的手段，酷刑严鞫，希图从痛苦的呻吟中发现一声哀求，一丝媚笑，一句简单的不利于同伴的口供。然而没有。他们遇到了沉默，遇到了石头般坚硬、冰块样凛冽、“植物式忍耐”的静静的令人无可奈何的沉默。我想，这也正是奥登在他的赞美里所要歌颂的那个伟大的忍耐吧。

宪兵队又在各处追寻郑振铎、陈望道等人的踪迹，设下了天罗地网。陈望

---

* 本文所有注释为原注。

道去了后方。郑振铎，这位我们戏呼他为“老天真”的作家兼学者，隐姓埋名，避居在居尔典路一个阔公馆后面的小胡同里。过了一段时间，他听到私家藏书续有散出，直接间接地流往异域。振铎以为“史在他邦，文归海外”，实在是我们民族的“奇耻大辱”①，他亟盼“楚弓楚得”，为国家多多保存一些图书文献。在朋友们支持下，他不顾个人安危，不久便挟着皮包，每天出门，借口往公司上班，实则神出鬼没，留连于书铺冷摊之间，展开了一场孤本旧刊的争夺战。他自说这次“着眼于民族文献”，“所得凡八九百种”②，足见其生命力的旺盛与活跃。振铎于“孤岛”时期写有追述志士、仁人、英雄、烈士的故事十五则，后成《民族文话》一书，来不及将这些材料用上。但他把自己的购书工作和保存“国家征献”、爱护“民族文化”联系起来，比之于战场上的“攻坚陷阵”③，很值得我们深思。我在这里从宪兵刑讯谈到文献争夺，目的在于说明：上海文艺界人士以不同方式，在不同场合，对第一个考验作出了毫不含糊的坚定的回答。

至于在创作上取得实际成果，既有忍耐又很活跃的，则是一九四三年前后的活动。突出的例子是《万象》。《万象》原来是商业性刊物，发表鸳鸯蝴蝶派文章，一九四三年七月由柯灵(那时他尚未被捕)接编，转向新文艺。除文坛掌故，风俗述异，通讯游记外，也刊登散文和小说。它的主要成果是发动留居上海的作家，使他们重新提起笔来。沉睡的缪斯醒来了。许多人支持这个刊物：王统照以“鸿蒙”笔名写了长篇《双清》，师陀写了《荒野》，还以“芦焚”“康了斋”笔名发表短篇和散文。此外如徐调孚(陈时和)的文献考证；楼适夷(白季仲)的史乘译作；傅雷(迅雨)、李建吾(刘西渭)的评论；许广平(浩波)、列车(说斋)的随笔；黄裳(宛宛)、何为(晓芒)、徐翊、晓歌、林莽的散文；郑定文、张爱玲、吴岩、石琪、沈寂、施济美、罗洪的小说，也都以它们不同的形态和风姿，赢得了许多读者的好评。我自己除杂文外，并以“若思”“潜羽”等笔名，试写了散文和小说。《万象》之外，当时也有个别刊物采登一些新文艺作品，但为数不多，不是转载内地书报，便是战前征得而没有刊用的旧稿。至于及时征集，应约执笔，使住在上海的作家打破沉默，直接起了动员作用的，简直一家也没有。空谷足音，《万象》既与那些和敌伪有关的《杂志》《风雨谈》不同，也与继续发表鸳鸯蝴蝶派小说的《春秋》有别，它的出现，确实是大海中的帆影，雪地里的萌芽，代表着几年来作者和读者共同一致的心愿。虽然这个心愿仅仅实现一年多时间，终于因为编者的被捕、杂志的停刊而受到抑制，受到打击，但《万象》毕竟是大家已经接触到了的客观存在，曾经附丽于这一存在的心愿也就

---

① 郑振铎：《劫中得书记·序》，《劫中得书记》，上海古典文学出版社1956年10月版。

② 郑振铎：《劫中得书记·序》，《劫中得书记》，上海古典文学出版社1956年10月版。

③ 郑振铎：《劫中得书记·序》，《劫中得书记》，上海古典文学出版社1956年10月版。

不可能只是一句空话、一点幻想、一个泡影吧，它为以后的发展撒下了新生的种子。

二

日本于一九四五年八月投降。随着第一个考验的结束出现了第二个考验：民主感情代替了民族大义。这个变化是显著的，明晰的，同时也是浸渐的，交织的，很难从时间上截然加以划分。但有一点比较清楚：四十年代初期，当外国入侵者以监禁、追捕的方法威胁民族气节的时候，上海没有文艺；四十年代末期，当国内统治者以迫害、暗杀的手段禁锢民主生活的时候，上海也没有文艺。文艺需要一定的气候。就当时来说，惟有介乎两者之间，威胁稍见松懈，迫害未趋极端，如果不那么严格地挑剔的话，我可以说，在四十年代中期，上海的文艺创作一度呈现繁荣，过去的郁结通过刊物的出版有所发泄：雨后春笋，破土而出。文协创办《中国作家》，茅盾、以群主编了《文联》，其它如《文坛》《新文学》《文艺知识连丛》《人世间》《水准》《文章》《今文学丛刊》《同代人文艺丛刊》《现实文艺丛刊》《清明》《诗创造》《中国新诗》等等，先后应运而生。出现了一些独具风格的小说和诗歌，发表在规模较大的报刊——如郑振铎、李健吾编辑的《文艺复兴》，朱光潜主编的《文学杂志》，以及历史较长的报纸如《大公报》《文汇报》等文艺副叶上。

在这之前，我们从大后方来的书籍中读了《第一阶段的故事》《腐蚀》，读了《憩园》，也读了剧本《屈原》，进一步看到以重庆为代表的后方生活，我们由狂欢坠入了沉思。同时也从根据地来的书籍中读了《李有才板话》《李家庄的变迁》，读了《我在霞村的时候》《我的两家房东》《一个女人翻身的故事》。我们得到的印象第一个是新鲜，第二个是真实，尤其是《李家庄的变迁》和《一个女人翻身的故事》，生活带来了希望。就艺术表现而言，赵树理采用的形式充满着民族特色，读来浑成自然，耳目一新。朴素、幽默、机智，有一种淳朴的魅力，对后来的小说产生了很大的影响。

曾在《万象》写稿以及和《万象》有过关系的作家，继续作出了他们艺术上的贡献。何为以清丽秀挺的笔墨，描绘了江南各地的生活，黄裳发扬中国散文的议论传统，考证文献，纵论艺事，竭尽酣畅渊博之能事。他们两位造诣益深，各有发展，终于卓然成家。我在这里还想谈几句张爱玲。张爱玲的《金锁记》的出现，在当时确实称得上一个奇迹，作品风姿绰约，意象生动。傅怒庵(雷)奔走告语，广为延誉，并于一九四四年五月一日出版的《万象》第三年第十一期上，用“迅雨”笔名，写了一篇《论张爱玲的小说》，纵论《倾城之恋》《封锁》《琉璃瓦》《年轻的时候》《连环套》等篇，根据心理描写、节略法、风格等几个方面分析，独推《金锁记》为作家“截至目前为止的最完满之作”，“至少也该列为我们文坛最美的收获之一”①，我以为这个评论基本上正确。由于作家写的是人生道上她所熟悉的那段有限的生活，她将全部社会经历、生活感受、艺术修养集中在一点上，成功地写出了她的《金锁记》。以后出于政治偏见，张爱玲满足于浮光掠影，道听途说，不能深入地描写真实的生活，《金锁记》成了她的代表作，既是最初的作品，也是最佳的作品。起点即是顶点。而傅雷当年的评述，“不幸而吾言中”，竟成为不易之论了。

在当时作家中，风格突出，作品引起过较多注意的，有三个人。第一个是废名，大家谈论的是他发表在《文学杂志》上的《莫须有先生坐飞机以后》；第二个是钱钟书，《文艺复兴》上连载的他的《围城》，在朋友中已经十分轰动；第三个是师陀，人们赞扬了他的连载于《文汇报》和散见在其它报刊书籍上的《结婚》《无望村的馆主》以及《果园城记》里的一些短篇。姚黄魏紫，各有千秋。他们是四十年代中期上海小说创作中具有深刻特点的几个最有风格的作家。

《文学杂志》由朱孟实（光潜）主编，一九三七年出过四期，因战争发生停刊。一九四七年六月复刊。稿件由朱孟实在北平编定，然后交由商务印书馆在上海北平两地发行。它的作者大都住在北方，如朱自清、杨振声、废名、沈从文、徐盈、袁可嘉等。冯至在这里发表了他的《杜甫传》。老诗人如陆志韦、梁宗岱、孙毓棠、林徽因、林庚等，都曾给予支持。当时最受欢迎的青年诗人穆旦，他的诗作并没有在上海创办的《诗创造》（臧克家、杭约赫主编）上发表，只有杭约赫、辛笛、陈敬容等稍后编的《中国新诗》登过几首，但他的诗却在上海诗人中产生强烈的反响，主要因为刊载于在上海发行的《文学杂志》上。废名（冯文炳）的《莫须有先生坐飞机以后》也有同样的情况。

……

（原载《文学评论》1982 年第 3 期）

[导读]

1981 年，香港中文大学举办中国现代文学研讨会，唐弢应邀到会做了题为《四十年代中期的上海文学》的报告，随后在《文学评论》上发表。作者在文中分析了 20 世纪 40 年代留居上海的作家的大致情况，并特别介绍了钱锺书、废名、师陀这三位当时被国内学界忽视的作家，肯定了他们在这一时期的文学创作成绩。

---

① 迅雨：《论张爱玲的小说》，《万象》第三年第十一期，上海中央书店 1944 年 5 月 1 日出版。

◇思考与练习

1. 蔡元培在《中国新文学大系·总序》中积极肯定了新文学运动的历史价值，但在20世纪30年代仍有不少人反对和贬低新文学。请查阅这方面的史料，分析他们反对和贬低新文学的理由和原因是什么。

2. 20世纪80年代中期，黄子平、钱理群和陈平原提出了“20世纪中国文学”的命题，这个命题后来被陈思和等人进一步强化为“现代文学整体观”问题，并在相当长的时期里产生了较为重要的影响。请查阅相关的研究资料，分析这一命题自提出以来经历了哪些演变及深化？

3. 请选取几部不同时期出版的现代文学史著作，比较它们的异同，进而阐述现代文学史编撰的演变轨迹。

4. 为什么中国现代文学史的起止时间一直成为学术界关注和热议的话题？这个话题背后蕴含着现代文学史什么样的重要特点？

◇资料与索引

著作

1. 王瑶. 中国新文学史稿. 上海：上海文艺出版社，1982.
2. 凌宇，等. 中国现代文学史. 长沙：湖南师范大学出版社，1993.
3. 唐弢，等. 中国现代文学史. 北京：人民文学出版社，1998.
4. 钱理群. 中国现代文学三十年. 北京：北京大学出版社，2003.
5. 刘勇，邹红. 中国现代文学史. 北京：北京师范大学出版社，2006.
6. 杨义. 通向大文学观. 合肥：安徽教育出版社，2006.
7. 朱晓进. 中国现代文学史研究的视阈. 北京：人民文学出版社，2008.
8. 旷新年. 文学史视阈的转换. 北京：北京大学出版社，2013.

论文

1. 朱晓进. 政治文化心理与三十年代文学. 文学评论，2000(1)..
2. 郑家建. 建立“文学史学”的思考. 中国现代文学研究丛刊，2001(1).
3. 陈思和. 先锋与常态——现代文学史的两种基本形态. 文艺争鸣，2007(3).
4. 朱德发. 现代中国文学史重构的价值评估体系. 中国社会科学，2008(6).
5. 陈国恩，范伯群，等. 百年后学科架构的多维思考：关于中国现代文学史起点问题的对话. 学术月刊，2009(3).
6. 李怡. 中国现代文学史的叙述范式. 中国社会科学，2012(2).

二、学术史研究

◇史料与导读

1. 我们的学科：已经不再年轻，正在走向成熟*

樊　骏

［**原文**］

在很长一段时期里，我们习惯地把中国现代文学研究称为一门年轻的学科。80 年代初，王瑶在回顾现代文学研究的历史进程时，多次强调“它是一门很年轻的学科”①，80 年代后期，还继续用“年轻”“比较年轻”来形容它，只有一次行文中出现“现代文学研究趋向成熟”的字样②，我在 90 年代初，也仍沿用了“比较年轻”的提法③。比之经历了千百年岁月锤炼的传统学科，比之 20 世纪初以来按照近代的标准与观念建设起来的众多学科，现代文学研究自然是年轻的。但即使从它于 20 世纪四五十年代之交开始成为一门独立的学科算起，也已经过了不惑之年，其实并不年轻了。所以，所谓年轻，只是相对于其它一些学科而言的，就其自身的发展来说，已经不再适用，至少不够确切了。

据黄修己统计，正式出版的各种类型的中国现代文学史，总数已有一百六七十部④。对于一门不大的学科说来，这是个很大的数字。关于现代中国，编写出版了门类众多的专史，如经济史、政治史、革命史、教育史、新闻史、美术史、音乐史等等，却没有一种在数量上能与之比拟的，而且都要少得多。如今，这门学科每年都要出版数十种专著，发表千篇上下论文。估计历年累计的

---

* 本文所有注释为原注。

① 参见《关于中国现代文学研究工作的随想》(1980 年)、《研究问题要有历史感》(1983 年)等文。

② 《鲁迅生平史实研究的新收获——蒙树宏著〈鲁迅年谱稿〉序》。

③ 《陈瘦竹对中国现代文学学科建设的贡献》(1991 年)《唐弢与中国现代文学研究》(1992 年)。

④ 参见他即将出版的《中国新文学史编纂史论》的附录。

总数已达数百种著作，万余篇文章(据张梦阳告知：仅研究鲁迅的，专著有三百余种，论文六千余篇)，实在是十分可观的。数量诚然不等于质量与水平，却从一个侧面反映出研究力量之强大、研究工作之活跃与整个局面之繁荣，这些，无疑都是学科成长的重要标志。

进入新时期以来，我们一直采用老、中、青三代来区别研究队伍不同的年龄层次。但十多年前所指的与今天所说的老、中、青的实际人员组成，已经发生了很大变化。当年所说的老一辈学者，是这门学科的前驱者、奠基者。如今除了个别仍然站在教学科研的第一线，大多已经谢世，有的也因为健康等原因难以继续工作。近年来，他们的学术见解与研究成果，开始成为研究专题，写进学科史与学术史。当年所说的中年学者，指五六十年代成长起来的一批，当时与现在都占了整个队伍的多数。如今大部分依旧忙碌于教学科研的岗位上，不少人还担负着学术组织工作的重任。但年龄都在 60 上下，已经或者正在步入老年，也将陆续退出第一线。当年所说的青年，指七八十年代之交涌现出来的新人，如今大多成了中年，不少人已经以丰硕的成果确立了牢固的学术地位，发挥越来越大的作用与影响，成为学科建设最为活跃的中坚力量。当年还没有开始学术活动，直到 80 年代中后期才有著述问世的更为年轻的一代，成了今天所说的青年学者。其中有些人正以自己的锋芒与光采，引起学界的注目，并且使人看到了这门学科迈向新世纪的有力步伐，与必将日趋成熟的美好前景。既然研究者经历着由青年向中年向老年的嬗变，既然已经有了几代人的努力，难道学科就永远停滞在、凝固于年轻阶段不成?

所以，当我们对这门学科作全面的回顾与前瞻时，有必要从这个角度作些思考与探讨。

上　篇

对于一门学科说来，年轻往往与幼稚、粗糙、肤浅等联系在一起。判断它年轻与否，取决于它是否摆脱了初创阶段难免发生的种种弱点，而逐步走向成熟。前面谈到的存在时间的长短，成果数量的多少之类，都是外在的、次要的因素，可以作为提出问题的依据，却无法成为解答问题的论据。真正能够说明问题的，主要在于它所取得的实际进展和成就。正象这次会上众多发言所共同地指出的那样，进入新时期以来的十多年来，这门学科有了前所未有的发展，不仅数量上有大的增加，更重要的是质量与水平有明显的提高。这才是具有决定意义的根据。下面分六个方面，对学科从年轻走向成熟的演变，作些具体的论证。

一

我们所研究的课题、方面、范围、领域，都有了大的扩展，填补了长期存在的许多空白。这些空白的形成，自然有政治干扰的原因。50 年代中期以后，经过一次又一次政治运动，一批又一批作家成了“敌人”，一批又一批作完成了

“毒草”，纷纷从文学史上消失。到了“文化大革命”终于出现只有鲁迅一人走在“金光大道”上的一片萧索。研究领域不是越来越扩大，反而是越来越缩小。这种逆向演变的不正常局面，无疑是当时的政治干预种下的恶果。这里想补充指出的是：原先研究课题有限(比如在三四十年代，作了系统研究的现代作家，严格说来，只有鲁迅一人，五六十年代着重研究的对象，也只集中于鲁迅、郭沫若、茅盾、巴金、老舍、曹禺、艾青、丁玲、田汉、赵树理等十多位作家)的更为普通的内在原因，还在于学科建设本身总得经历的从无到有、从小到大、从只注意局部到能够总揽全局的自然进程。一个人从在母体中孕育到身心多个方面都发育成熟，不也要经过 20 多年的时间，又何况是一门学科的建设发展，再说，有些作家作品、文学现象、文学问题的真正意义与实际价值，需要经过一段时间，才逐渐为人们所认识，文学史上不乏先例。《文心雕龙》只字不提陶渊明，《河岳英灵集》不选杜甫诗作；这两位诗人的伟大成就，都是在相隔数十年甚至数百年之后，才为人们所普遍承认。从这些意义上说，在一个时期里，存在这样那样的空白或者盲点，倒是正常现象，至少在年轻阶段是不足为奇的。通过近十多年的努力，情况有了根本改观。曾经被历史遗忘或者受到文学史家有意无意的冷落的作家，如今也被作为专门研究的对象已达一百数十位，数倍于当年，不仅沈从文、徐讦、张爱玲等吸引了不少研究者的兴趣，象张天翼、沙汀、萧红这样的左翼作家，也直到 80 年代才有较多的专门研究——，以外，象现代主义流派、通俗文学、台港文学、少数民族文学、文学理论批评等，也纷纷进入研究者的视野，成为关注甚至热门的课题。我们的工作终于比较完备地反映出现代文学的多样性和丰富性，顾及它的各种组成部分，从而有可能准确地把握它的艺术的与历史的特征，充分揭示它的现代的与民族的本质，足以概括这段文学历史的全貌。把现代文学的全部内容纳入研究的范围，表明我们对于这段文学认识的发展与深入，也是这门学科从幼稚走向成熟的一个鲜明标志。

二

现代文学研究是门人文科学，属于意议形态的范畴，不可能完全没有一定的思想倾向。但作为学术工作，又必然有学术的原则与要求，而且作为意识形态，也是以自己独特的途径与方法发挥作用的。——学术工作与意识形态的其它部门不同之处，关键在于它的学术性与学术价值。这是它最需要重视之处，不然，又何需专门的学术工作呢？借用鲁迅论证文艺与宣传之异同的话说：“我以为一切文艺固是宣传，而一切宣传却并非全是文艺，……革命之所以于口号，标语，布告，电报，教科书……之外，要用文艺者，就因为它是文艺。"①所以，现代文学研究首先是学术工作，也终究是学术工作。学术性是它具有存在意义之所在。而历史的事实却是：这门学科曾经长期受到简单地为政治服务的原则的支配，把直接为政治服务(包括诸如生硬地配合一时一地的政治需要，对变化莫测的政治风云亦步亦趋等)，视为自己的首要任务，50年代中期起，"大批判"在研究工作中占据越来越大的比重，并且逐步取代了正常的学术讨论，从而忽略了学术工作应有的严肃性与科学精神。于是，由于政治形势突变，昨天的革命作家，在我们的笔下，今天立即成了反革命分子，以致在获得过斯大林文艺奖金、被誉为中国的社会主义现实主义文学典范之作的《太阳照在桑干河上》中，都找到了据说是射向革命的"暗箭"。不要历史，不讲科学，到了这般地步，还谈得上什么历史科学呢？诸如此类的"为政治服务"，在政治上制造了众多冤案，学术上留下莫大笑柄，至今仍使人痛心不已。这样的迷失，固然是由当时的客观现实所致，是意议形态主管部门包括学术工作领导者"左"的方针造成的，却也与不少学者自身缺少自觉的学术意识，对学术工作必有的品格、职责认识不够有关；不然，至少是可以保持沉默，不作积极的响应与勉强的配合的。列宁曾经反复把初期共产主义运动中的"左"的倾向，与"幼稚性""幼稚病"联系起来剖析②。我们过去那种简单地为政治服务的"左"的做法，何尝不是极端幼稚的表现：既是政治上的幼稚病，更是学术上的幼稚病，这种幼稚病，在客观环境有了明显变化之后，也不一定会立即自行消失。象70年代末80年代初，在纠正五六十年代与"文革"期间的"左"的谬误时，部分同行的工作中又一度表现出过于道义化、情绪化的偏向，听任强烈的义愤与激情支配，使认识从一个极端滑向另一个极端。虽然所作出的新的具体结论与原先截然相反，但就背离作家作品的实际，缺少严谨的思考，忽略学术工作应有的品格而言，与当年颇多相似之处，不妨看作是过去那种幼稚病的延续——对自己从事的学术工作，缺少明确的定性与正确的定位。

在经历了这些曲折之后，这十多年来，就整体而言，我们正努力把工作的重与目的转移到学术建设上来，看重它的学术内容学术价值，注意科学的理性的规范，使研究成果具有较多的学术品格与较高的学术品位，从而逐步成为真正意义上的学术工作。还应该着重指出的是：从80年代末开始，集中地表现在一些文学博士的学位论文中，出现了具有鲜明的学院派特征的专著。这在整个学术界，是已经久违了的，在我们学科，可以说是前所未有的。当然，对于学院派的是非，会有不同的评价，我也并不认为可以有完全独立于意识形态之

① 《文艺与革命》。

② 参见《编"左派"幼稚性和小资产阶级性》《共产主义运动中的"左派"幼稚病》等。

外的纯学术，但这些论著反映出学术意识的觉醒与张扬，却是无可怀疑的，也是理应欢迎的。人们总是在不断的实践中，发展深化对于自身的认识，经历着从“自在”到“自为”的飞跃。就学科建设而言，充分认识学术工作自身的意义与价值，把学术还给学术工作，使其充分履行自己独特的职责，正相当于思想认识从“自在”到“自为”的转折。所以，这样的觉悟与努力，突出地反映了我们的学科终于摆脱幼稚、开始走向成熟的发展趋势。

以上所说的扩大研究领域与纠正简单地为政治服务两个变化，前些年人们已经谈得很多了，不过，过去主要从拨乱反正出发，着重指出所以酿成失误的客观的政治原因，这里则从学科本身的成长发展出发，从我们自己的主观认识寻找原因。两者都起过作用，而后者较为隐蔽，至今未为人们所普遍意识。在学科走向成熟的过程中，这一方面恰巧更需要我们有自觉的认识。

三

注意从宽广的历史背景和不同的历史渊源，从纵向和横向的联系比较中，尤其是对我国古代文学的继承和对外国文学的借鉴，来审视、说明中国现代文学，包括它的发生与发展，它的时代的和民族的特征，它在思想上艺术上的承袭与创新等。象田本相主编的《中国现代比较戏剧史》，广泛地联系着日本、欧美诸国近现代的戏剧思潮，特别是易卜生、王尔德、奥尼尔、契诃夫、果戈理等人的剧作在中国的传播及所发生的影响，通过比较研究，叙述中国现代戏剧的发展历程。此书对于外国戏剧不只是作些浮光掠影式的简略勾勒，而分别有专章专节的具体叙述。这些内容本身，几乎同时是一部外国戏剧在中国译介、上演的相当完整的史书。但这些内容的主要任务，却在于说明话剧艺术在现代中国的孕育与成长的历史。范伯群、朱栋霖主编的《1898—1949 中外文学比较史》，从书名看，或许有人会以为是 1898 年到 1949 年的 50 年间“中”“外”两组文学历史的合编。此书固然包含了相当丰富的外国文学的内容，但并不都属于“1898—1949”期间的，更多的还是此前的作品。书名所标明的时限，是指这一历史阶段中，外国文学在中国的传播，对转型中的中国文学所产生的影响，以及两者的异同。全书的主旨似乎还是它的另一个题目表达得更为确切些，那就是“中国文学的现代化、民族化与继承、借鉴、创造”①；也就是说，通过中外文学的比较，着重叙述的是现代中国的新的民族文学的形成与发展的历史。钱理群的《丰富的痛苦——“堂吉诃德”与“哈姆雷特”的东移》一书，以这两个西方文学中著名的典型形象的“东移”为线索，“横跨英、西、法、德、俄、中六个

---

① 在编写过程中，该书一度取名《中国文学的现代化、民族化与继承、借鉴、创造》。如今也仍以此为第一编《总论》的标题。

国家，从一个特定角度纵览三百四十多年的世界文学（文化）发展的历史”①，视野同样十分开阔。虽然它所描绘的，是“17世纪到20世纪人类精神发展，世界知识分子心灵历程的某一个侧面”②，超出文学的范围；但作者是位中国现代文学研究者，“东移”的终点在20世纪的中国，而且具体表现在中国现代的作家作品中——这部分还是“考察与描述的重点”③，占全书的三分之二的篇幅，所以它仍然可以看作是研究中国现代文学的专著。如果说上述例子都侧重于横向的联系比较，因此更多地着眼于与外国文学的关系，那么象陈平原对“中国小说叙事模式的转变”的概括，刘纳的关于辛亥革命时期文学与五四时期文学的对比考察，罗成琰等人关于现代文学所受到的禅、道文化影响的探讨，李怡对于新诗对古典诗歌传统的继承发展的研究，就注重从纵向梳理中国文学从古典走向现代蜕变的轨迹，以及两者的联系与变化了。

这一演变的意义，主要还不在于扩大了视野与领域，改变了就中国现代文学审视这段文学历史的思路与模式。中国现代文学本来就是在开放的态势中，在与各方面发生密切而又复杂的联系中诞生与成长起来的。象过去那样，只从现代中国社会历史的变革来考察，把它视为主要由各种非文学因素的外在条件催生出来，离开了文学发展自身的轨迹；或者淡化、忽视、切断它与传统文学、外来影响的种种联系，把它置于狭窄封闭的环境中，视为自我完成的产物，都无法真正认识与科学评价这段文学。正如田本相谈到促使他编撰上述比较戏剧史的起因时所指出的：“要研究曹禺的剧作，就必须弄清它所接受外来戏剧的影响，必须把它放到中国话剧发展历史中加以观察；而这又必须联系到世界戏剧史的思潮、流派和创作。否则，就很难把曹禺的剧作的研究引向深入。换言之，在最起码的意义上，如果你不进行这样的比较研究，就无法深入曹禺的戏剧世界。”④曹禺如此，整个中国现代文学也是这样。所以，这种新的认识与新的努力，使我们的研究工作有可能比较符合现代文学发生发展的客观实际，从接近原生的形态中认识和把握它。由此引起的，也就不只是局部的外在的，而是涉及整体影响深远的变化，对于学科的建设发展意义重大，是其走向成熟的又一个可喜标志。

四

虽然并不普遍，但已经出现了一些具有鲜明学术个性、形成了自己研究风格的学者。这表现在他们所探讨的课题与涉猎的领域，切入问题的角度，展开

---

① 参见该书《后记》。

② 参见该书《前言》。

③ 参见该书《前言》。

④ 《〈中国现代比较戏剧史〉后记》。

论述的思路，采取的研究方法、表达方式，直到使用的语言文学等，都有自己的选择，并取得各具特色的成果。这里，以于七八十年代之交成长起来的、如今已属中年的一批学者为例，作些简略的勾勒。就整体而言，他们的学术视野开阔，但注重发掘说明具体对象的具体特征；注意美学的批评，却又并不忽略历史的批评，字里行间透露出有关人生、社会的灼热思考。这些，作为他们共同的特点，既有别于老一代学者，也不同于更为年轻的同行。而在他们中间，又各有自己的特点。比如前几年那场“重写文学史”讨论的两位主持人陈思和与王晓明，前者更习惯于对这段文学作整体的考察，着重于历史现象的归纳与发展线索的梳理，显示出史家的力度。后者更喜欢对作品文本作个案的感悟与剖析，向艺术意象与作家心灵突进，显现出批评家的慧眼，同样是撰写作家传记，当陈思和为“传记无法真实地复原历史”感到不安，还郑重声明“我问心无愧，知之为知之，不知为不知，是我作文的第一原则”时①；王晓明却坦言为了“能真正有力地回应这个人生，我又必须抑制自己的激情”②——他早就说过自己这一代人的评论文章“更多地带有抒情性”，而这起因于“对自我的倾心”与“满足强烈的宣泄欲”③；他们对研究字体与研究主体，各有所侧重。歌德把作家传记称作“半诗半史的体裁”④；借用这个说法，陈思和的《巴金传》“史”的成份更为充分，王晓明的《鲁迅传》“诗”的色彩更为浓厚。听说他们目前却在撰写文学史，相信那也将会是风格不同的两部文学史。再比如同在中国社会科学院文学研究所工作的赵园与刘纳，都有女性特有的细腻与敏感，文字也都写得很美。赵园从不对问题作平铺直叙、面面俱到的介绍，而是以单刀直入的方式阐释自己的发现。跳跃着的思绪与字里行间不时迸发出来的才智，可能会使有的读者因为跟不上她的思路而感到有些吃力，但并不影响他们从中受到启迪，并为一些深邃见解所折服。有人惋惜很难为她的文章写提要，有人赞叹她的文章有织锦般的灿烂、满天繁星式的光采，不管是褒是贬，都触及她的独特之处。她可能是最富有学术个性的一位。与赵园的咄咄逼人的气势不同，刘纳的文章则是娓娓道来，潇洒从容。她长于描述，能将复杂的问题梳理清晰、剖析分明；在敏锐的艺术感受与雅致的审美品味中，包含着对于一些重大问题的独到见解。她似乎不喜欢把问题抽象成理论形态，更不习惯作反复的论证与明确的结论，而是有意无意地将一些很有份量的论点融涵于描述性的行文中。被她的优美文字所吸引的读者，往往容易忽略其中的含义。她的文章写得举重若轻，

---

① 《〈人格的发展——巴金传〉后记》。

② 《〈无法直面的人生——鲁迅传〉跋》。

③ 《〈所罗门的瓶子〉后记》。

④ 《〈歌德自传——诗与真〉自序》。

我们需要从“轻”中品味出“重”来，不然就有些可惜了。再比如王富仁有良好的艺术鉴赏能力，但更多地从社会历史的角度考察问题。他总是对研究对象作高屋建瓴的鸟瞰与整体的把握，并对问题作理论上的思辨。在他那里，阐释论证多于实证，一般学术论著中常有的大段引用与详细注释，在他那里却不多见，而且正在日益减少。他不是以材料，甚至也不是以结论，而是以自己的阐释论证来说服别人，他的分析富有概括力与穿透力，讲究递进感与逻辑性，由此形成颇有气势的理论力量。有人说他“追求建立自己的研究系统”①他的立论，也往往是从总体上或者基本方向上，而不是在具体细微处，给人以启示，使人不得不对他提出的命题与论证过程、方式，作认真的思考，不管最终赞同与否。他是这门学科最具有理论家品格的一位。钱理群虽然是“20世纪中国文学”的学科构想的首创者之一，却不象王富仁那样倾心于“研究系统”的建立。他流连于具象的文学世界，而没有迳直奔向抽象的理论王国。他思想活跃，学识宽广，对什么课题都有兴趣，也都有自己的看法。或许正因为如此，他没有太留意文字风格的营造。十多年前第一次见到他，我说读过你三篇文章，觉得各具特色，难以形成统一的印象。如今仍旧保持这最初的感觉。不过，并不是说他没有自己的学术个性、他把自己的鲁迅研究称为“与鲁迅进行心的对话”②，应该说他更把自己的研究工作视为与读者“进行心的对话”：激情满怀地、迫不及待地向读者诉说自己的心得，而且使人感到他内心还有更多的话要倾诉出来；同时又恳切地期待着读者的回应——能与他同样坦诚地“进行心的对话”。这在学术著作中是不多见的。《中国现代小说史》显露出杨义编撰文学史书的才能。不仅广泛占有材料，把如此众多又头绪纷繁的史实，既分门别类，理清前后发展的轨迹线索，又建构起内容厚实的有机整体，足见史家的功力。他对中国现代小说发展进程的梳理把握，可能要比对单个作家作品的分析评价，更有学术价值。新近出版的《京派与海派比较研究》带有史论性质，问题集中，篇幅不大，但把有关的文坛掌故、社会事件尽收眼底，对文学作品、艺术现象或者掰开剖视，或者捏合比较，纵横捭阖，谈笑风生，同样都具史家风采。与以上几位的广泛涉猎不同，吴福辉和蓝棣之各有自己较为集中的主攻方向，如前者之于京派海派小说，尤其是讽刺小说的研究，后者之于新诗，尤其是现代派诗歌的探讨，并且都已在各自的领域里取得出色成绩。在学术风格上，他们或许要比前面各位有更为自觉的思考与追求。蓝棣之在说明自己主要研究诗歌的原因时，认为“也许我的个性和素质比较接近于诗吧”；却又担心长期沉浸在诗歌的海洋里，会不会“使自己愈来愈主观，愈来愈往内心深处走，愈来愈弱，甚至过分

---

① 宋益桥：《王富仁和他的鲁迅研究》。

② 《心灵的探寻》。

的病态的敏感”①。这里所说的“主观”“往内心深处走”“敏感”，与其说是缺陷，不如说是特点，往往有助于进入艺术的堂奥；而且，与其说是长期研究诗歌的产物，不如说同样与“个性和素质”有关。事实上，浓厚的主体意识，敏感于作家或人物形象的潜意识，正是他与别人不同之处及其独特建树之所在。吴福辉更注意学术个性的发扬，《沙汀传》所采用的“对讲的结构”，即“设置了贯穿到底的传主和笔者的对话，来沟通这两者”的写法②，是文学传记编写体例的创举，使这部传记别具一格。追求独特的学术风格的努力，还表现在其他方面。他的导师王瑶早已看到并且称赞他“自觉地‘寻找自己’的努力：寻找自己的研究对象，研究的角度与方法，以开拓自己前进的道路，形成自己的研究风格③。”此外，象温儒敏致力于探讨梳理中国现代文学理论批评的发展轨迹，融“史”“论”于一体；凌宇主要研究沈从文，注意从文化层面进入研究对象；李存光主要研究巴金，更关注文学史料的收集与鉴别，也都各有特点与成就。

不同的学术个性、研究风格，是由各人不同的禀赋、气质、志趣、学识积累与学术追求等诸多因素，综合形成的。就整个学科的发展而言，则意味着正在改变长期以来的单调呆板的面貌与雷同化的弊病，开始出现多姿多态、各具特色的局面。这样的自觉和这样的成就，无论在研究者个体还是在学科整体，都是走向成熟的又一个有说服力的明证。

还需要补充指出的是：进入新时期以来，老一辈学者也更注意施展自己的特长，得以充分发扬各自的学术个性，使各人的研究成果呈现新的风貌。如长于史议的王瑶，正是在这个时期里，致力于现代文学发生发展规律及其经验教训的总结，并较为采取地形成了自己的文学史观④。又如极其熟悉文坛史料，被人誉为“在审美评价的精当方面……并世无第二人”的唐弢，也是在这个时期，写下了一系列“简直令人拍案叫绝”的夹叙夹议、文情并茂的论著⑤。他们自然早就显示出各自的学术风格，却又都是在近十多年里才迅速趋于完美圆熟的。这里既有个人主观追求的作用，但也无疑与学术环境较前宽松的客观因素相关。而这作为一个实例，提醒我们整个学科从幼稚走向成熟，也是与客观条件的这一变化分不开的。

五

比此稍后，部分研究者的知识结构也出现了明显变化。中国现代文学研究

---

① 《〈正统的与异端的〉后记》。

② 《〈沙汀传〉后记》。

③ 《〈戴着枷锁的笑〉序》。

④ 参见拙著《论文学史家王瑶》。

⑤ 参见严家炎：《唐弢先生对中国现代文学学科建设的贡献》。

是门范围很小的二级学科；对于研究者的学识修养的要求，相应地不是很广很深；似乎即使不那么渊博，也能掌握本学科的基本情况，并且取得一定的研究成果——至少在很长一段时期里，不少人是这样理解的。再加上50年代以来，封闭的学术思想与教学体制，分割得十分琐碎、以至于绝对化了的专业分工与课程设置，更把许多人的视野与学识限制后狭窄的天地里。但正如前面提及的，中国现代文学是一种处于急遽变革中的文学，它的发生成长始终与中国传统文学(文化)和外来文学(文化)存在着密切的内在联系。原来那样的理解与分工，有悖于客观的历史事实，对学科建设必然带来极大的限制。随着学科的发展，这种消极后果已经日益显露出来。1983年，王瑶坦率指出：五六十年代培养出来的研究者，“由于历史原因，知识面比较窄，业务基础尚欠深广，外语和古代文学知识较差;”还恳切希望比他们更为年轻些的，“由于受到‘十年动乱’的影响”，“业务基础一般更需积极加强”①。差不多与之同时，唐弢也表达了如下愿望：“搞现代文学的人，……最好再钻一门学问；或者本来是搞古典文学的，可以从民族传统影响的角度来研究现代文学；或者原来是搞外国文学的，可以从外来影响的角度来研究现代文学。这样我们的现代文学研究，就会有声有色、具体生动，不至于抽象化、一般化了”②。在他看来，就现代文学研究现代文学是不够的；并且委婉地指出大部分研究者在古典文学、外国文学方面知识修养不足的缺陷，还附带地提及不少研究成果失之一般化、雷同化的主观原因之所在80年代中期盛行一时的新名词新方法，未能在我们的学科结出丰硕果实，主要就在于它们没有为使用者消化吸收，成为自己的学识结构的有机组成部分；往往至多是一些外在的装饰，自然无法长期存在，发挥实际的作用了。

自80年代末以来，开始出现具有较为完备的学识结构的新型学者。他们的知识修养的覆盖面超出了中国现代文学的领域，视野与思路，也向在这以外的各个方面延伸深入，从而形成新的远为开阔的学术格局。这在年轻一代学者尤其是前几年培养的博士中，表现得最为突出。这里以我比较熟悉的三位文学博士为例。陈平原在古代文学史、学术史、文化史方面，都有广博的知识修养。黄修己前几年跟我谈起，读陈平原的文章，就可以看出他很有学问。情况确实如此。即使探讨的是现代作家、现代学者，行文立论都注意旁证博引，重在追本溯源，以大量史实，把问题梳理得清清楚楚，进而把道理阐释得头头是道。任何材料，都似信手拈来，每有立论，总能水到渠成，显示出深厚的学识根底。汪晖在西方哲学史、思想史、学术史方面有良好的修养、熟炼的外文使

① 《研究问题要有历史感——在〈文艺报〉座谈会上的发言》。

② 《艺术风格与文学流派》。

他能够进入广阔的学术天地，从世界的知识宝库中汲取多方面的精神营养。近年来，又注意向中国古代、近代思想史扩展，进一步丰富了知识构成。他还有训练有素的科学精神与思辨能力。分析问题，喜欢从“术语系统”入手，对中外古今思想史文学史上的一些问题，从名词概念到思潮流派的关系与异同，作出清晰透彻的解剖。解志熙的导师严家炎曾经指出：他“对哲学和文学都有浓厚的兴趣”①。我觉得还可以加上一句：无论对深奥的哲学命题的理解，还是对微妙的艺术意象的体味，他都有独到之处；并且善于把两者融为一体，从文学创作中发掘出哲学的底蕴，用形象的语汇说明抽象的道理。难怪诗人冯至在感慨有些研究他的论著对他的实际过于隔膜的同时，认为解志熙关于他的分析深中肯綮，而不胜欣慰。他们几位都能从大处着眼而并不空泛，由小处着手而决不琐碎。不同于过去常见的“因为……所以……”式的，或者“由此可见”式的简单推断，将结论强加于人，而是对原委细细道来，将问题分析得缓缓入扣——正如唐弢所希望的，做到了“有声有色，具体生动，不至于抽象化，一般化”。所以能够如此，与他们齐全合理的知识结构直接相关。

比他们年长的学者，有的在研究实践中也在积极调整、大力充实学识结构，并已取得可喜成果。象前面提到的范伯群、朱栋霖主编的文学史、田本相主编的戏剧史、钱理群的那本专著，都是这种努力的结晶。杨义在系统研究中国现代小说之后，一方面以中国古代小说史为中心线索，旁及中国传统哲学、史学以及儒、道、释诸家；一方面以小说叙事学与文化学为理论支点，兼顾其他西方文论；在开展中国小说叙事研究的同时，重新构建自己的知识结构。赵园经过前几年着重于剖析中国现当代文学的文化内涵之后，近年又沉浸于明清两代文化思想、社会历史的古籍，转而考察封建末世文人的精神心态了。对中国知识分子的内心世界与历史命运进行人文科学方面的探讨，是贯串其间的思想线索，但所研究的时代推前了数百年，所依据的文献资料也大多来自文学领域之外的，表明她的知识结构正在发生大幅度的变动。他们的共同趋势，都是超越中国现代文学的单一学科，向其它学术领域扩展突进。

研究成果是研究者运用自身的学识修养，展开思维活动的产物。知识结构的调整充实，必然会开拓研究思维的空间，改变价值观念与研究方法，即使对于同一研究对象，也会有新的发现新的理解，从而深刻地改变研究工作的内容与面貌，赵园近年的“明清之际文人“系列研究的学术风格，与过去就有明显的不同。当然，上述各位所研究的课题，有的已不限于中国现代文学，有的已经不属于这门学科，有人或许不会再完全回到这个学术领域。不过，这里讨论的

① 《〈存在主义与中国现代文学〉序》。

是他们作为学者(即不仅仅是现代文学研究者)的知识结构，而且中国现代文学作为他们的知识结构的重要组成部分，有关它的研究又是他们学术事业的起点，今后也将是他们继续涉足的部门。以这样的知识结构研究现代文学课题，必然会提高这门学科的学术水平，因而同样应该充分估计这对整个学科建设的多方面的深远影响。无论对学者个人还是学科总体，这都是走向成熟、孕育着更大发展的重要标志。

六

进入新时期以来，关于学科自身建设的探讨(即研究的研究)一直受到人们的重视。从作家作品个案研究的专题评述，到整个学科发展历史的回顾总结，都发表了不少文章，出版了多种论文集与专著。黄侯兴主编的现代作家研究述评丛书(天津教育出版社)，是这方面颇为系统完整的成果。我们这次把新时期15年来中国现代文学研究的回顾与对今后工作的展望，作为年会的主要议题，也集中地表明这种关注与努力。评议工作的兴起，至少从两个方面说明学科的成长。一、这既反映出，学科本身积累了众多成果(包括曲折的经历与丰富的经验教训等)，有待整理总结，并已成为专门的学术课题提上了日程；也表明我们自身已经认识到这一历史事实，并正式把这列为专项任务。正如年轻人一般不会为自己写传修史，总结经验；这种客观实际与主观认识，同样反映出这门学科从年轻走向成熟的趋势。二、与过去“以阶级斗争为纲”年代里的那些“大批判”文章不同，现在的评议不再作为意识形态领域里开展阶级斗争的一种重要手段，非要从政治上把对方“批倒批臭”不可；而是把评议的对象视为学术上的积累，说明它们在学科发展中的作用与比位，即使是不同意见的见解，也重在学理上的探讨与论辩，成为进行学术讨论的一种常用方式。这一变化，同样表现出学术意识的觉醒发扬与趋向成熟。

当我们进入这些评议，还会更加真切地感受到学科正在发生的深刻变化。比如王富仁认为50年代以来流行的，着眼于“对《呐喊》《仿徨》的客观政治意义的阐释为主体的……研究系统”，偏离了鲁迅思想与这些小说的实际，提出把这些作品视为“中国思想革命的一面镜子”的新的“研究系统”①。汪晖在《鲁迅研究的历史批判》中，对于研究工作中受政治意识形态支配的偏向、决定论的思维定势等，都提出批评，连同王富仁上述的被视为鲁迅研究的一大“突破”的构想，也被“突破”了。解志熙的《浪打〈围城〉的回声——40年来的〈围城〉研究及其他》，对于一些“遵循社会历史批评方法或者说现实主义思路”研究这部富有“现代性”的小说的论著，从“文学观念”“批评标准”等方面，提出商榷性意

① 这并非出于专门的评议文章，而是在他的博士论文《中国反封建思想革命的一面镜子——〈呐喊〉〈彷徨〉综论》正面论述自己的观点，而涉及过去的鲁迅研究时提到的。

见。他们的这些看法，有的引起过轩然大波，有的似乎鲜有反响；如果进行学界投票，不一定都会赢得多数，至少目前如此。不过重要的是，他们都在一些具有全局意义的问题上，提出经过深思熟虑的看法，理应得到同样严肃认真的对待。而且，尽管在理论见解上与所批评的对象存在原则性的分歧或者明显差异，却都没有简单将对方一笔抹杀，而是在一定意义上肯定其价值作用，或者客观地分析其原因。其中，不再有政治斗争的刀光剑影，留下的是寻求真理的辛勤足迹。人们可以不同意他们的具体论点，但不得不承认这些富有理论意义的思考与探讨，有助于认识的拓展与深化，进而推动研究工作。所以，在这样的学术评议中，不仅可以看到学科前进的步伐，还能感受到继续发展提高的强劲的内在动力。

以上从六个方面，勾勒剖析了中国现代文学研究工作的变化；这只是就大的、重要的而言，实际发生的变化自然不只是这些。不过，仅从这几个方面，就可以看出这门学科正在经历的变化，都不只是程度上数量上的差异，而是质的飞跃；不是外在的、无关紧要的，而是深刻的、是有决定意义的；不是个别的、局部的，而是影响全局的——即使有的目前还不是那么普遍，甚至永远难以为每一个人所具备，仍然反映出共同的追求与趋势。所有这些，都可以归结到一个基本事实：经过几十年的风风雨雨，和几代学者的艰难跋涉，特别是经过新时期十多年的共同努力，我们的学科终于摆脱幼稚，不再年轻，走上通向成熟之路了。

下　篇

当然，不再年轻并不是说原先的以幼稚的以及相应的种种不足，都已经完全克服；走向成熟更不是意味着已经成熟，登上了科学的高峰。比之摆脱幼稚，达到真正的成熟，将是一个更为漫长更为艰难的历程。需要清醒地认识，就整体而言，这门学科现有的成就与水平，仍然不够理想。学科建设从未是个庞杂艰巨的系统工程，与一些发展历史较长、成就较高的学科(比如中国古代文学研究)相比，不难发现从原始材料的搜集整理到理论课题的探讨概括，从研究方法的自觉运用到学术观念的实际确立，自各个分支学科的合理配置到不同学派的齐放争鸣等各个方面，我们不是尚处于初创阶段，就是这未提上工作日程。

40 多年前，王瑶谈及过自己由研究古典文学转向研究现代文学时的矛盾心情："我在思想上并没有放弃了我研究古典文学的计划。因为我以为研究现代文学是很难成为一个不朽的第一流学者的"①。他没有对这个判断作任何进一

① 《自述》(1952 年 2 月 26 日)。

步的说明，我们也就难以理解他这样说的实际含义以及作出这一判断的主要依据。但从他说的是“很难”而不是“不能”推断，不会指研究对象即中国现代文学本身存在着无法克服的限制，注定了研究这段文学永远产生不了第一流学者；而是更多地从学科发展的实际状况立论，即在当初和随后一段时期里，它无论在哪个方面都缺少足够的积累，可供研究者使用或者借鉴，面对着的是一片片有待开垦的处女地和一个个未知数，几乎一切都要从头做起。在这样的条件下，想很快就出现第一流学者，自然是“很难”的。正如人们常说的时势与英雄总是相互地作用着的，学科与学者之间也存在着这种辩证关系。杰出的学者固然会推动学科的发展，以致成为学科发展的重要标志；他们的出现却也离不开学科已有的基础与积累——英雄与第一流学者都不会是从天上掉下来的，而是从肥沃土壤中培育出来的。经过这么些年的不懈努力，研究工作诚然有了很大改观，却仍然存在一些明显的不足与薄弱环节，还谈不上是门成熟的学科。所以，我们固然不必因为王瑶当年的估计而失去信心，却可以从中悟出无论个人还是整个学科，要真正登上学术的高峰，都还是任重而道远的。

在开始走向成熟的时刻，从战略的高度探讨一下如何加速这一进程，大约不是多余的吧。为此，谨就这门学科今后的发展建设，提些初步的想法与建议。

一

需要建立自觉的文学史观。既然中国现代文学已经成为一份遗产、一段历史；有关的研究就不再是当年那样的同时代人的文学批评，而进入历史考察的领域。它既是文艺科学，又是历史科学；不仅编撰文学史书是如此，对作家作品、文学现象、事件、问题的个案分析，也都应作如是观。这对整个学科来说，意味着一场全面的变革。

我们常说的历史，是有两种虽然相关却又不同的含义：一是指曾经发生过的事件，一是指关于这些事件的记载与研究成果。后者既记录了客观的历史内容即前者，又表达了记录者的选择与研究者的理解，渗透着史家的主体意识。所以，当现代文学研究进入历史研究的阶段，就相应地要求研究者具有明确的文学史观。对此，我们缺少足够的认识与自觉的要求，从而形成实际工作中一个相当普遍的缺陷。因为并不是把一大堆事实，按照时间先后排列起来，记录下来，就是一部文学史了。如果没有文学史家以自己的识见，梳理组织、分析评价这些历史素材，至多是史料长编，而不成其为文学史的。事实上，即使是历史事件最初的目击者报导者如新闻记者，在记录中也早已掺入自己的选择与判断了；任何文学记载、文献资料，无论如何及时又如何详尽全面，都不等于原生态的客观历史。同样的，我们常用“历史的高度”“历史的眼光”“历史的评价”，突出历史研究的结论要比一般的认识高明，更有权威性。但这样的“高度”“眼光”“评价”，也并不是自然而然就能形成或达到的，似乎只要与研究对象有了一段时间的距离，让客观事实经过一段时间的沉淀，即当它们成为历史时，研究者就都能进入这样的境界，必然高明与权威起来。没有明确的文学史观，不对问题抱自觉的历史态度、作严格的历史审视，就谈不上这一切，也就没有真正的文学史家。

而迄今为止，从事现代文学研究的同行，绝大部分都是中文系而不是历史系毕业的，所受的主要是文艺科学而不是历史科学的系统训练。自己认真钻研历史概论、史学原理的，恐怕也不多。将一般的史学理论与文学发展的客观事实、文学的艺术特征、规律结合起来考虑，形成自己的文学史观的，那就更少了。不妨这样自问一下：如果由一般的史家编写文学史，由于对文艺科学有些隔膜，难免产生这样那样的缺陷；而我们能自信不会因为缺少历史科学的修养，而造成任何不足吗？果真如此的话，史学的基础理论还有什么独立存在的价值呢？我们的研究成果，从观点到方法，真正显示出历史的眼光与标准，达到历史高度的真知卓识，具有自觉的史学意识与严格的史学品格的，又有多少呢？对此，我们往往缺少自知之明。诚为，我们大多学习过历史唯物主义理论；五六十年代有过“以论带史”抑或“论从史出”的争论；针对政治实用主义导致的涂饰歪曲历史的偏向，有过应该从历史实际出发、坚持历史主义的提倡；80年代又有历史研究的当代性命题的提出——这些都与文学史观有关，但往往不是失之空泛，限于抽象原则的阐释，就是过于琐碎，停留于应该如何处理某些具体史实的争执上。近年来，《中国现代文学研究丛刊》也发表过一些讨论文学史观的文章，似乎未能引起普遍重视并列入学科建设的工作日程。

可能因为今天的文学运动是直接从现代文学的演变中发展过来的，前后一脉相承，我们是现代文学遗产当然的继承者；也可能因为现代文学在政治方向上受到中国共产党的有力指引，思想倾向上留下马克思主义的深刻影响；于是有意无意地俯伏于这份遗产之前，怀着仰视的心态，着重于说明它的合理性、必然性——似乎每一个步伐都是最为合理的，每一种结局都是唯一可能得到的果实，因此即使不是最为完美也是当时历史条件下只能如此的，于是我们实际上成了历史的辩护人，而忽略了作为后人，特别是作为史家，理应回眸往昔，独立地以俯视的态度，重新考察曾经发生过的一切，进而论证其中各有多少合理性与必然性，充当历史的审判者——这才是史家的职责所在。不然，还谈得上什么总结历史的经验教训，以史为鉴呢？

历史唯物主义强调事物发展有其客观规律性。而且，历史研究“总是采取同实际发展相反的道路。这种思索是从事后开始的，就是说是从发展过程的完成的结果开始的"①。研究对象是在凝固了以后，才进入史家的视野的。如果说大多数自然科学家，可以在实验室里进行反复的试验，以求证某个假设的正确与否，或者求得最佳数据与效果；史家所面对的却是跃成事实，再也不能改变、更无法重新来过的历史。所以，为前人提供这样那样的设想，发出应该如何如何的指令，对于客观历史都是毫无实际意义的。但这并不等于史家只能默认已经发生的一切，都是合理的、必然的、甚至是唯一的。历史唯物主义在强调客观规律的决定性作用的前提下，提出了事物间联系的多样性与单一性、事物发展的可能性与现实性、必然性与偶然性、客观规律性与主观能动性等多组对立统一的理论范畴，并且认为这些矛盾着的两侧都是客观地存在着的，对历史演变的最终形态都会产生作用。它们既然共同地构成了历史的内容，自然理应都成为史家考察的对象。用恩格斯的话说："历史是这样创造的：最终的结果总是从许多单个的意志的相互冲突中产生出来的，而其中每一个意志，又是由于许多特殊的生活条件，才成为它所成为的那样。这样就有无数互相交错的力量，有无数个力的平行四边形，而由此就产生出一个总的结果，即历史事变"。他还告诫人们：由于"各个人的意志……虽然都达不到自己的愿望，而是融合为一个总的平均数，一个总的合力"，"这个结果又可以看作一个作为整体的、不自觉地和不自主地起着作用的力量的产物"，不要因此认为"这些意志等于零。相反地，每个意志都对合力有所贡献，因而是包括在这个合力里面的"②。我们一旦进入这些"互相交错的力量""力的平行四边形"的具体考察，就会发现历史的脚步总是受到各种各样的物质的精神的因素的牵制，跨越着一个又一个的十字街头、三岔路口走过来的，其间还会有徘徊与曲折。这时，就不会满足于被动地接受已然的历史结局，也不至于简单地把任何结局都理解为先验地注定了的，而会注意到在这以前客观地存在着不同的可能性，以及前人曾经作过的多种尝试和选择。于是，已经凝固了的历史，在史家的眼前重新充满生机，再次处于活跃的动态之中；史家的脑际也会相应地产生"如果""倘使"之类的设想——它们虽然无助于改变已然历史，却有助于深入认识这段历史的演变，对于展开全面的分析，最终得出确切的评价。无论是恩格斯所说的形成合力的诸多因素与力量，还是上面提及的各种对立统一的范畴，都包含了众多深厚的理论内涵与重要的理论课题——人们也正是对于这些史学命题的理解上，建立起系统的文学史观。而且，正如近年来国内外史学界围绕着决定论与选择论展开的讨论所表明的，关键在于确定区分历史客体与历史主体各自的作用，即在承认客观规律的决定性作用的前提下，不能忽略历史主体(在文学史

---

① 马克思：《资本论》第1卷。

② 《致约·布洛赫(1890年9月21—22日)》。

上主要是作家）的能动作用，包括各自的主观意志、禀赋才能、艺术爱好等所起的作用。

就现代文学史上的例子来说：同样是在五四时期的社会环境与艺术氛围中，文学研究会提倡现实主义，创造社张扬浪漫主义，主要自然出于当事者各自的艺术志趣。不久，又反而由鼓吹过“为艺术”的创造社，比一向主张“为人生”的文学研究会，更早地倡导起革命文学，也不应忽略从他们各自的追求寻找缘由。至于象鲁迅与周作人，出生于同一个家庭，成长于同样的社会历史环境，接受的也是十分相近的教育，还曾经何等协调一致地并肩工作与战斗过，撰写文章相互阅改，还往往随便署下对方的笔名，有些文章至今仍难以确切辨认究竟出于谁的手笔；以致他们的共同友人用“兄弟怡怡”，“两人就象一个人”形容他们的友好与密切①。后来却走上截然相反的道路（包括政治、社会、文学等各个方面），一个被誉为“民族魂”，一个却成了民族罪人。这样的分歧与对立，同样是主要只能从两人不同的人生选择与艺术选择来说明的。总之，不仅有历史决定他们的一面，也有他们选择历史（即充当不同的历史角色）的一面；每个人都以自己的选择，参与了历史的创造。这才是历史的全部内容。史家的任务也在于按照自己的认识、标准、理论原则、对历史发展的前因后果，历史人物的功过得失，以及其中的经验教训，分别进行分析评价。如果无视后一个方面，把历史上发生的一切都视为早已客观地规定好了的唯一的结局，历史就会失去其丰富复杂的内涵，包括作家在内的历史人物，也因此不必对历史演变的结局担负任何责任了。果真如此，还需要对历史作什么分析与评说呢？所以，这样的理解，既否定了作为历史主体的人在历史发展中的作用，也抹杀了史家的主体意识在历史研究中的作用；最终还从根本上勾销了史学理论、文学史观的任何意义，以及整个历史研究的存在价值。我们应该从克服这样的模糊认识入手，把建立自觉的文学史观提上自己的日程。

二

除了确立自觉的文学史观，还有普遍加强研究者的理论素养，提高学科理论水平的任务。随着学科的走向成熟，这个任务显得越来越突出、越来越紧迫了。

学科建设，一般都是从对有关研究对象的材料收集整理、基本情况的描述梳理的阶段，逐步地向对重大问题与全局进行抽象概括，作出理论分析的阶段推进的。长期以来，现代文学研究基本上一直处于以描述为主的阶段。所谓填补空白、扩大范围等等，自然属于这种性质的工作；所谓宏观研究，主要也是

---

① 参见许寿裳：《关于〈兄弟〉》。

扩大视野、打开思路，更多的限于“点”的增加与“面”的铺开，很少顾及理论上的深入。为数众多的文学史，极大部分同样限于描述这段文学历史的面貌与进程；即使近十多年来出现的一些不同类型的史书，主要变化也在于对文学现象、作家作品进行重新梳理组合，而不是从理论上提出多少新的见解。作家作品的专题研究，要深入一些，如鲁迅研究就具有较浓的理论色彩，成为整个学科中学术水平最高的部分。但总的说来，真正能够对现代文学的整体，对其中的一些具有全局性的、或者根本意义的课题，从理论上作出系统的概括与深入的阐释的，至今还不多见。这种欠缺与滞后，妨碍学科的进一步发展。

众所周知，中国现代文学又称“新文学”。五四文学革命中，对于这个“新”的含义以及“新文学”与“旧文学”的区别作过论证，并有明确严格的规定。我们的绝大多数研究者，至今仍然按照当年的论断与标准，看待并处理这段文学历史。比如不把旧形式的作品(象旧体诗词、曲艺、比方戏曲等)视为新文学，写入现代文学史。但是，如果从文学运动的纵向发展考察，就会发现关于这些问题的理解与区别，是在不断地变化着的，特别是在抗日战争爆发以后，延安文艺座谈会以后，新中国成立以后，随着新文学工作者采用、改革传统形式、旧文艺工作者学习新文学，创作出“旧瓶装新酒”的作品，再加下文艺界统一战线的不断扩大，思想上艺术上多有交融与汇合，原先区别“新”“旧”的界线有了明显变化，至少以文体形式划线的区别大大淡化了。再与其它艺术门类作横向的比较，更会发现它们并无类似的严格界定：美术界没有将同属传统形式的中国画一概视为旧美术，音乐界没有完全把民族音乐作为旧音乐，书法界更难有这样的新旧之分，而将它们都写入现代美术史、音乐史、书法史之中。如果编一部综合的“中国新文艺史”，写到了齐白石、张大千的画作，梅兰芳、周信芳的剧艺，阿炳的乐曲，罗振玉、郑孝胥的书法等等，却不提鲁迅、郁达夫、柳亚子、毛泽东等人的旧体诗词，张恨水、金庸等人的章回体小说，岂不荒诞不经——难道后者比前者缺少“新”的属性吗。这就需要对艺术上的“新”“旧”，作出全面系统的理论阐释。

我们关于“现代文学”“新文学”的含义与范围，显然存在着不同的理解与界定，不同意见也并非没有交锋过。十多年前两次会议上的争论，我至今记忆犹新。在1979年1月，有来自各地的20余位现代文学研究者参加的《中国现代文学史参考资料》(北京大学、北京师范大学、北京师范学院中文系编)的审议会上，已经编好的两卷旧体诗词选，由于有些学者坚持“五四”以后写作的旧体诗词不能视为现代文学创作，而被排除于这套资料之外。1983年5月《文艺报》召开的有京、津、宁三地近20位学者参加的现代文学研究座谈会上，对“现代文学”是否相当于“新文学”，能否将鸳鸯蝴蝶派之类的作品写入现代文学史，也有针锋相对的分歧意见①，有的学者后来还将发言整理成文章发表②。但这类讨论，包括口头的和文字，都没有充分展开过，一般只限于若干具体事例的取舍，而未能根据“五四”以来文学创作与文学运动的全部实践，参照其它艺术门类的实际状况，重新对“现代文学”“新文学”的性质、特征、范围等，作出理论的界定与阐释。“新”“旧”的划分可能失之笼统，但在历史发展的长河中，任何事物都不会一成不变，即使是今人所作的旧体诗词、国画、民族乐曲、书法等，也都已与古人有所不同了，所以新旧的差异与演变又确实是客观地存在着的。关键在于两者既有新陈代谢式的有我无你的取代，又有推陈出新式的我中有你的嬗变。在现代文学的实际发展中，新旧之分与其中的演变，也不象新文学倡导者最初设想的那样简单绝对，可以一刀两断，彼此了无瓜葛，而要复杂曲折得多。不对这种新陈代谢、推陈出新的错综关系与丰富内容，进行全面系统的考察，揭示其中的规律，总结经验与教训，从中作出理论的概括与阐发，就无法科学界定“现代文学”或“新文学”的内涵与外延，不仅难以摆脱上述的学术困境，对于文学史上的一系列问题也都无法作出准确的解释。

随着研究领域的拓展，原先不熟悉的不同类型的作家作品，纷纷成为新的研究对象。对此，我们往往满足于收集掌握新的文学史料，却忽略了自己同时还面临着理论准备上的挑战。比如当我们研究过去遭到冷落排斥的非现实主义的文学流派时，如果不相应地丰富理论上的知识修养，或者更新文学观念与批评标准，就会无法进入它们所构建的艺术世界，难以作出符合实际的分析评价。前面提及的解志熙有关《围城》研究的评述中，对近年来一些研究成果的批评，就在于它们多以现实主义的理论原则，甚至“抱住革命的现实主义或社会主义的现实主义不放”，用这样的观念与标准看待与要求这部现代主义作品，他认为这无异隔靴搔痒，甚至南辕而北辙。冯至关于有些研究者对他过于隔膜的感叹，主要自然不会是不熟悉他的生平经历，而是当人们构源于现实主义的理论原则时，就难以真切地理解他的那些现代主义诗作。严家炎在剖析了现当代文学批评史上一些“批评标准与批评对象完全脱节的，牛头不对马嘴式的批评”的事例后，认为这是“在不同质、不同‘元’的文学作品之间，硬要用某‘元’做固定不变的标准去评判”。他提醒人们批评史不乏因此失足“沉没”于文艺批评的“百慕大三角区”的③。很显然，能够帮助研究者不至于卷入险恶的“百慕大三角区”漩涡的，只能是理论修养的充实，文学观念批评标准的调整。

---

① 参见《关于现代文学研究的若干问题——记本刊召开的现代文学研究座谈会》(载《文艺报》1983 年第 7 期)。

② 如唐弢的《既要开放，又要坚持原则》。

③ 《走出百慕大三角区——谈二十世纪文艺批评的一点教训》。

把少数民族文学提上研究工作日程，使我们的学科成为名符其实的中国的而不仅仅是汉族(或汉语)的现代文学研究，自然是学科建设的一大进展。而这，首先遇到的同样是如何区分文学的民族属性的理论课题：是作家的民族成份，还是作品描写的生话内容？是作品使用的语言文字，还是作品显示的民族素质民族特征？是必须兼有以上各个方面，还是只要具备其中一条，就可以确定作品的民族属性？假设有位满族作家用汉语写了一部描述鄂伦春族生活的作品，应该算是哪个民族的文学呢？不同民族间的文化交流与融合，是个极其缓慢的过程，却是自古以来客观地存在着，并且一直在进行着的；到了现代社会，由于人际往来之增多而更为频繁密切与深入。交流融合自然不等于淡化丧失各自的民族属性，而是在新的条件下呈现新的形态，形成新的特征，从而对其属性的辩认与把握，可能带来一些困难。它们都属于民族学、民族艺术理论方面的基本问题，需要以有关的原理作出阐释解答。这几年，我也参加过一些民族文学研究工作，深感对于这些问题的认识相当模糊混乱，亟待理论上的澄清。不然，许多分析和结论缺少必要的说服力，甚至在学术上政治上都会产生消极影响。黄修己在考察少数民族现代文学史的编纂工作后，归纳出“初步实践中所接触的最主要问题，一是什么是‘少数民族文学’？‘少数民族文学’与‘少数民族作家的创作’是什么关系”？二是“什么是‘现代’少数民族文学”——即处于不同历史发展阶段的少数民族，它们各自的“现代文学”是否能与汉族文学一样，都以“五四”作为起点？三是少数民族文学从传统进入现代的过程，现代文学与传统文学的关系等，各有自己的具体发展情况，它们的现代文学史能否“全用(已有的汉族)现代文学史的方法去硬套”等问题①。它们都涉及一系列理论课题，离不开理论上的多方探讨，有待于理论上的明确回答。

改变原先的对作品作单一的思想分析，而兼顾艺术的鉴赏，使文学研究工作也是审美活动的结晶；从只着眼于对作家作品的政治倾向作出判断，进入文化层面的多角度的审视，对其中的深层内涵有更多的发掘——无疑是近十多年来，我们学科两种较为普遍的趋势。但可喜之中也有可忧之处。我们的艺术分析，大多限于修辞学方面的，或者是评点式的，显得浮光掠影，零碎片断，而难以勾勒全貌，把握整体。一些按作品体裁分类编写的文体史，虽然对这一文体的作品按照历史顺序逐个进行分析介绍，却没有对这种文体自身的艺术特征、发展演变及其规律，作出系统的梳理与概括。这方面的内容，并没有超过一般的文学史所已经提供的，只是把作品重新组合一下；既失去了文体史应有的特点，也未能尽到文体史的专门职责。这些，自然是由于审美把握能力、艺

① 《谈我国少数民族现代文学史的编纂》(载《民族文学研究》1994年第3期)。

术分析能力有所欠缺所致，但也因为有些同行满足于自己对作品的印象式的感受体味，而忽略了只有更多地依靠艺术理论的指引，才能深入艺术的堂奥。要说欠缺，艺术理论准备的不足，可能是最大的欠缺。文化学是门远比中国现代文学庞大复杂得多的学科，实际是多种学科交叉组合而成的。象与我们的研究关系较多的地域文化，就包含了人文地理学、历史地理学以及民俗学、民族学、宗教学、历史学等众多学科的内容。它们不仅包括了中外古今头绪繁多的知识，而且各有自己的概念、术语、观点、理论，即独立完整的学术体系。只有把这些融会贯通了，才算真正的理解，也才能得心应手地运用于我们的研究实践。虽然对现代文学作文化学的剖析，近年来颇为活跃；但似乎很难说热心于此道的同行，在这方面都已有足够的理论准备了。这或许就是至今少有不仅为我们自己所赞赏，同时也为文化学专家所首肯的研究成果的一个原因吧！

所以，可以毫不夸张地说：我们的每一步前进，每一个突破，都面临着理论准备的考验。任何超越与深入，都离不开理论的指引与支撑。理论又是最终成果之归结所在，构成学科的核心。而且，衡量一门学科的学术水平、学术质量的高低，归根到底，取决于它在自己的领域里究竟从理论上解决了多少全局性的课题，得出多少具有重大理论价值的结论，有多少能够被广泛应用，经得起历史检验，值得为其它学科参考的理论建树。在走向成熟的道路上，需要牢记这一基本事实。

三

从长远看，还需要从整个中国文学的历史发展，重新考虑学科的名称、归属、范围与界定等问题。它们都不同程度地具有重新建构学科的性质，是项关系全局的重大任务。

如今这样的把近一百多年的文学历史分为“近代”“现代”“当代”三个历史时期，在此前提下分成三门独立的学科，开始于50年代末期①，到70年代后期逐步为多数学者所认可，形成较为固定的学术格局。但“近代”“现代”“当代”这些名称本身，都带有暂时的性质与相对的意义。任何一段历史都有被这样称呼的时候，但都无需多久就会被后来者推出这样的阶段。因而任何一段历史又都不可能获得专利，永远拥有这些名称。历史学家蔡尚思就提出过：“所谓‘近代’、‘现代’是属于时间在推移中的无定名词，各时代的人都各有自己的‘近代’、‘现代’，所有前人眼中的‘近、现’代，都会变成后人眼中的‘古代’。假使一代一代的人们都笼统地把这个‘近、现’代一直沿用下去，一部历史就将会是‘近、现’

---

① 这种分法的一个必要前提，是当代文学也开始被视为自成段落的文学历史，在中华人民共和国成立十周年前后，才开始有相当于“当代文学史”的著作。

了。所以，用‘近、现’代来划分文学史阶段，是不够科学的”①。“当代文学史”的名称自然更是如此了。所以严格说来，这些都从来不是正式的、更不是永久性的称号，迟早需要另行定名。现代文学距今相当远了，关于它的系统研究也有半个世纪了，已经到了解决这个问题的时候了。何况，关于“五四”到中华人民共和国成立这段历史的名称，学术界一直存在着不同的称呼。我们把产生于这段历史的文学称为现代文学，与在之前的近代文学分属两个不同的历史阶段。史学界却大多把这段历史与从鸦片战争到“五四”之间的那段历史合在一起，通称近代史；他们认为中华人民共和国的成立，才是中国现代史的起点。也就是说史学界并不认可我们的历史分期与学科划分，由此更增加了这种区分的不稳固性。如果想坚持现代文学的名称，也需要进行更多的论证。

再则，现在所说的现代文学史前后不过30多年，作为一门独立学科的范围实在是过于狭小了。这样说，并不是重复前几年有过的“拥挤说”，即30多年的文学竟然有三四个人在反复研究的讽刺，也不是赞同一度有人说过的“枯竭说”，即这么一点文学经过这么多人这么多年的研究，还能有什么新的课题可供研究的担心②。而是想说明一个基本的客观事实：如此狭小的范围，极大地限制了研究者的视野、思路的展开，和思想的驰骋，越是想对问题作些深入的探索或者历史的考察，这种消极作用就越加突出，最终势必限制整个学科的学术水平的提高，随着学科的成长发展，这种局限性已经暴露得十分清楚了。本文上篇第三节所说的研究领域的扩展与第五节所说的知识结构的充实，都以具体例子说明有些研究者实际上已经将自己的视线、思路、笔触越出原有的狭小范围，向前后左右延伸深入了——他们不只是在论述现代文学课题时，与其它学科的问题作一般的联系比较，而是将它们同样列为专题考察的对象，有的选题的研究重心已经突破学科的原有界限，形象地说他们的一只脚已经跨出学科的界限了，从而把重新界定学科范围的任务放在大家的面前。如今，当代文学的历史跨度已经超过现代文学。50年代，一些高等学校的现代文学史课程将建国以后的文学也包括在内，王瑶的《中国新文学史稿》就以“新中国成立以来的文艺运动”作为附录，收在未尾。到下个世纪的某一时期，如今所说的现代文学难道不会反过来成为其后的一个漫长的文学发展时期的短短的序曲呢？这又从另一个方面提醒我们重新界定学科范围的迫切性。

事实上，除了目前这样的三分法，围绕着这个问题，已经提出了若干建议

① 这是他在“中国近、现、当代文学史分期问题讨论会”上的书面发言中谈到的，参见李葆琰、王保生《认真求实，共同探索——中国近、现、当代文学史分期问题讨论会纪实》。

② 关于“拥挤说”“枯竭说”的具体内容，请参见拙著《取得重大突破后的思考——关于中国现代文学研究现状和前景的几种看法的述评》。

与主张，1986 年 9 月还举行过专门的讨论会①。所提出的方案大致可以分为三类：一、主张把现在所说的“近代文学”与“现代文学”合并，通称“近代文学”(或者“民主革命时期文学”、半殖民地半封建社会时代文学”)，与史学界关于通史的分期取得一致。主张者有任访秋、马良春、陈学超等；二、主张把“现代文学”与“当代文学”合并，通称“现代文学”或“新文学”。考虑到当代文学在继续发展中，有人还建议可以将其中相对凝固、已经告一段落的部分，逐步纳入“史”的研究范围。主张者有王瑶、冯牧、陈思和等；三、主张把从戊戌政变至今的文学作为一个整体，称“20 世纪中国文学”。与此相近的，还有主张将上限推至鸦片战争爆发，或者再往上追溯到“嘉(庆)道(光)之际”的，基本上把“近代”“现代”“当代”三段文学合在一起。主张者有钱理群、陈平原、黄子平、刘增杰等。相比之下，“20 世纪中国文学”的学科构想，为较多学者所赞同，已经有了几部的这样的名称与界定编撰的文学史著作。这些，都是对重新建构学科的积极探索。

不过，无论是已经暴露出来的缺陷，还是已经提出的设想，已经进行的讨论与尝试，至今都没有改变原来那样的“近代”“现代”“当代”三段文学并列、三门学科并举的基本格局。这不仅因为一种学术格局形成并被普遍接受之后，就不是轻易能够改变得了的，而且这并非只是改变学科的名称、更改学科的内涵与外延；而会涉及众多内在的复杂问题，又势必牵动相邻的其它学科，我们既要说明改变已有界定与格局的必要性，还得陈述所提出的新的方案的合理性。为此，就既要有对有关历史的进一步梳理与深入思考，又要有史学理论、文学理论上的充分阐释，任务是极其繁重的。

也的确有些重要问题有待更多的剖析与论证。比如上述各个方案，在具体的分期与时限上看法不同，但都主张扩展范围，将现有的两门或三门学科合并。需要指出这主要不在于目前的三代并列使各门学科的范围显得十分狭小，而是反映出人们对于这一百多年文学历史有了新的认识。中国文学在这段时间里，实现了从古典到现代的历史变革，发展之迅猛，变动之剧烈，都是中外文学史上所少有的。这也正是把它们分成三个时期、形成三门学科的一个主要根据。但如果说，历史的当事人尤其是站在时代前面、锐意革新的人，总是更多地看到自己与前人、今天与昨日之间的差别，强调的是两者的根本对立与彻底决裂(比如五四文学革命的倡导者把过去的文学称为“旧文学”“死文学”“贵族文学”“鬼的文学”，而与自己提倡的“新文学”“活文学”“平民文学”“人的文学”截

---

① 有关情况，可参见亦箫：《十九至二十世纪中国文学断代问题讨论综述》，李葆琰、王保生：《认真求实，共同探索——中国近、现、当代文学史分期问题讨论会纪实》，两文均载《中国现代文学研究丛刊》1987 年第 1 期。

然不同，20 年代末的左翼文学理论家，主张发动一场无产阶级的文学革命取代资产阶级的五四文学革命，并且把初期新文学扫进历史的垃圾堆；40 年代初期开始的工农兵文艺运动，认为延安文艺座谈会以前的左翼文艺至多是革命小资产阶级的，唯有自己才是真正无产阶级的)；那么分史家在相隔较长时间之后，回头审视这段历史活动时，除了看到这一个方面(而且往往还能看到当事人不一定都意识到的这些变革深刻的历史意义)，还会发现新旧之间前后相承的内在联系(比如五四新文学与此前的文学之间，左翼文学与初期新文学之间，工农兵文艺与 30 年代的左翼文艺之间，都有共同或者相似之处了)。这两个方面共同构成客观的历史内容。没有后人对于前人的这种继承与认同，历史岂不成了无数断裂的各不相关的碎片的杂乱堆砌，而不是前后连贯的有机整体？更还有什么传统可言呢？而揭示、总结这些历史内容，原是历史家不可推卸的学术责任。如今的扩大合并学科的趋势，正反映了人们认识的这一变化：从过去认为是根本不同的、对立着的文学历史的阶段中，发现了相同一致之处或者内在的相互联系，甚至认为它们在确定文学的历史性质与历史特征方面，具有更为重要的意义(比如近代文学与现代文学有旧民主主义与新民主主义之别，但都是民主主义性质的，又都处于中国文学挣脱沿袭数千年的传统模式，向现代化演进，涌入世界文学大潮的历史阶段)，从而提出重新组合建构学科的主张。所以，调整目前这样的学术格局，归根到底，是关于这段文学历史认识的深化发展的产物。

又比如在讨论中，王瑶认为“通史”与“专史”由于面对的具体内容不同，在历史的分期问题上也可以有别。史学界认为新中国成立才是现代史的起点，并不妨碍我们把“五四”定为现代文学史的起点，两者可以并存①。沿着他的这一思路，还可以补充指出：不仅“通史”与“专史”之间，在不同的“专史”之间，情况也往往有很大区别。旧中国在封建主义帝国主义的双重压制下，不要说社会主义经济，就是资本主义经济也难以正常发展。所以，中国现代经济史的新中国成立作为起点，较为合适。但资产阶级的经济学说于清末已经传入，马克思主义的经济理论也在“五四”时期介绍到中国；即使在旧中国，它们在理论界学术界都早已迅速取代传统的经济思想，占据着主导地位。因此，中国现代经济思想史的起点，理应大大早于经济史。1843 年，马克思在谈到社会经济落后于西欧其它一些国家的德国，都有先进的哲学时说：“我们德意志人是在思想中、哲学中经历自己的未来的历史的。我们是本世纪的哲学同时代人，而不是本世纪的历史同时代人”。② 正当他这样说的时候，鸦片战争打开了中国的大门，

---

① 参见《中国现代文学史的起讫时间问题》。

② 《〈黑格尔法哲学批判〉导言》。

给这个古老帝国带来新的灾祸。侵略者的炮火却惊醒了先进人士，开始了向西方寻求真理的艰苦跋涉。意识形态超前于社会形态经济形态的现象也就普遍出现了，而且表现得比当年的德国更为突出。从这个意义上说，此后的文学尤其是“现代”这个阶段的文学，具有某种超前性、先锋性；也就是说在发展过程中，文学与它存在的社会之间，出现明显的时间的(甚至是时代的、历史的)落差。承认这个基本事实，可以成为理解与评价这个历史时期里的文学、它的性质与特征、成就与不足，以及长期争论不休的“新”与“旧”、“大众化”与“化大众”、“断裂”与“寻根”、现代化与民族化的复杂关系，还有经常受到的所谓“格格不入”、“英雄无用武之地”等批评的一把钥匙与重要依据。可见，讨论与调整学科的格局，还会推动我们从新的角度思考与解决一些长期存在的疑难问题，相辅相成地提高学科的学术水平。

重新构建学科还涉及相邻的学科，因此不是由我们这一学科“自说自话”就能完全解决得了的。80 年代中期，我曾经说过：有的主张“近代”与“现代”联姻，有的主张“现代”与“当代”结合，现代文学有遭受柳妈恐吓祥林嫂时所说的被两个男人抢着要、踞成两半的危险。其实认真想来，上述各种方案主要都是现代文学研究者提出的；近代文学研究者中还有少数几位热心人，当代文学研究者普遍不关心此事。这种冷淡事出有因；严格说来，近代文学研究直到这十多年里才形成队伍，开始全面系统的研究，一时还顾不上学科调整的问题；当代文学研究被千变万化的新时期文学所吸引，连“17 年”文学也很少顾及，怎么会考虑更为遥远的历史呢？而且，它基本上处于文学批评的阶段，史的研究特别是如何确立文学史的整体格局，都尚未提上学科建设的日程。所以，虽然七、八年前，有人向他们发出过共商大计的呼吁①，始终没有得到响应，估计近期内也不会参与此事。尽管这类方案不一定非要得到各方的一致同意，才能成立；但终究需要学理上的全面探讨与反复论证，而不能只从现代文学这门学科出发；需要经得起不同意见的质疑，包括来自其它学科的辩难；这些，都不是短期内所能完成的，而将是跨世纪的工程。近年来，我一直有这样的想法：如果说前辈学者为创建现代文学这门学科而努力，为奠定目前这样的学科格局作出了贡献；那么今后年轻一代的学者的历史任务，可能是消解现有的格局，把现代文学研究纳入更大的学科之内，或者重新建构新的学科。从学科的发展

① 参见拙著《既有理论价值又有实践意义的探讨——关于讨论近一百多年文学历史分期的几点理解》，亦箫《十九至二十世纪中国文学断代问题讨论综述》。

来看，是迟早得这样做的，并将因此把现代文学研究推向新的阶段①。

四

在走向成熟的过程中，需要注意与有待解决的任务自然还有不少，这里再举出两项作些简单的说明。

建立不同的学派。所谓学派，是以共同的基本主张、理论体系、治学方法等为纽带的志同道合者组成的学术群体。这不是仅仅打出旗号的自我标榜，或者是你那派我是这派的相互封赠，所能确立的。需要建立独立的学术体系，在重大问题上提出与众不同的创见，或者共同形成鲜明的学术风貌，并为学界普遍认可，才算构成了学派。过去，由于现代文学研究处于幼稚年轻的阶段，整个环境又缺少自由发展学术的氛围，建立学派的主客观条件都不具备。进入新时期以来，开始有人议论这个问题，也流传过关于不同学派的一些说法，有以地区划分的，有以校名或者人名命名的，但没有见诸正式文字，更谈不上同行间的普遍认可。无论是培养了一批又一批现代文学研究者的王瑶，还是治学撰文极讲究风格的唐弢，虽然分别被人视为不同学派的带头人，文章与口头似乎都没有涉及过这个问题。明确提出此事的，是另一位前辈学者陈瘦竹。1990 年春他去世前不久，在给即将去外地工作的学生的赠诗中写道："平生治学忌孤单，渴求知己共商谈。英才卓越超前辈，文章精妙胜于蓝。学派未立人星散，空余八十一老残。诸君齐心建体系，寂寞晚年泪始干。"②表达的是建体系立学派的热切心愿与未能如愿的惆怅遗憾，期待后人能够早日实现这一愿望。迄今为止，我们学科还不能说已经有了什么学派。不过，正如前面所指出的：已经出现了一些具有鲜明学术风格的学者，一些具有不同知识结构的学者。虽然都还只是个人的而不是群体的共同特色，却是形成不同学派的重要条件。近年来，有些学者陆续培养出为数众多的硕士、博士，有的在学术志趣与取向上又多有一致之处，也为组合不同的学术群体创造了有利条件，随着各种自成体系的文学史观的建立，特别是重新建构学科的探索的展开，人们对这段文学历史的认识评价，从微观的剖析到宏观的把握，从观点到方法，都会有不同的角度不同的途径，不同的价值标准，还有各自的取舍与侧重，越来越各具特色，从而形成不同的体系与格局。犹如中国古代史研究由于在奴隶制社会向封建社会转化的历史分期上的不同看法而形成不同的学派那样；不同的学科建构也将为

---

① 需要补充说明的是：我在西安年会上提出这一看法后，传说我主张取消"中国现代文学"课程。所谓消解，所谓重新建构，都不是要取消这方面的教学与研究。现代文学作为客观的历史在和一份文学遗产，有关它的探讨必然会长期进行下去，是谁都取消不了的。这里所讨论的，是究竟在怎样的名目、归属与格局即置于什么学科之中研究这段文学历史与开设有关课程更为合理的问题。

② 转引自赵康太：《生当做人杰——忆恩师陈瘦竹先生》。

建立现代文学研究的不同学派，提供广阔的天地。可以说建立不同学派的主客观条件正在逐步具备中，今后还会不断得到完善充实。只要有志于此，加上持续努力，是可以水到渠成的。不同学派并存与争鸣，既是学术工作发育成长到较高阶段的产物，形成后又能推动科学研究的繁荣发展，从来是学术界企盼的美好境界，将在学科走向成熟的过程中逐步成为事实。

治学态度与学风也需要相应地日臻成熟。1988 年的一次现代文学研究的创新座谈会上，有几位以“第五代”自许的年轻同行认为自己最大的弱点在于浮躁。80 年代中期的阵阵“新观点”“新方法”热潮，也曾突出地暴露出华而不实的弊病。比之冷静沉着，这种狂热更带有年轻幼稚的特点。不过，它并非为部分年轻人所专有，也不是特定时期特定问题的特有症状，而有较大的普遍性。当整个社会整个学术工作都处于如此急遽的变型期，许多事情需要重新探索，许多观念发生剧烈变化，所以不妨说是现实的社会心态的折射。不过，我们还得清醒地认识：从学科建设的历史看，长期流行过的“大批判”取代正常的学术工作的做法，无限上纲、哗众取宠的习气，严重地败坏了当时的学风，如今的浮躁也与其不无关联；再从今后的发展看，无论是扩大调整知识结构还是重新建构学科格局，无论是发挥个人的学术个性还是组成不同的学术派别，都具不宏观调控的性质，如果不是以沉稳严谨的态度，实事求是的学风，一步一步地去做，势必引发更大的浮躁。往后看与向前看，都提醒我们要充分估计这一任务的迫切与艰巨。而学术史的无数事例又早已证明：没有科学严肃的态度与朴实缜密的学风，没有甘于寂寞地付出辛勤刻苦的劳动，任何宏图壮志都难以开花结果，也就谈不上走向成熟了。

这几天，在听同志们的发言时，我强烈地意识到在场的各位与不在场的更多同行，一直以自己的劳绩撰写着这门学科的历史。这次所作的回顾，就是检阅大家是怎样走过来的；所作的展望，则是设想应该如何走向未来。当然，在这条道路下各人留下的脚印有深有浅：有的好比少林寺习武所里历代武僧练功时踩踏出来的深深的凹坑，将永久留存下来，有的犹如人们在海滩下行走时留下的浅浅的印痕，无须海浪的几次冲刷，就会消失。我们这次所作的是当代人的学术评议，不等于史家编撰的学科史学术史。所作的评议可能肯定赞扬的好话讲得多了一些，严格的学术批评分明有所欠缺。比如关于我们工作的有些话，使我深感惶恐，它们是入不了学科史的。

不过，不管留下的脚印是深是浅，所做的工作今后能否记入史册，中国现代文学研究的历史只能由我们继续创造。衷心希望大家能以更多更好的研究成果，一起来撰写这门学科走向成熟的历史。

1994 年 5 月初稿，10—12 月定稿。

（原载《中国现代文学研究丛刊》1995 年第 2 期）

［导读］

本文是樊骏通过回顾新时期中国现代文学研究十五年的发展历程，对现代文学学科的建立与发展进行了全面梳理与客观分析，并对中国现代文学研究的趋向做出了判断和概括。“不再年轻”意味着中国现代文学这个学科已经具备了较为完备的学科形态和学科范畴，“走向成熟”则暗含着这个学科离“真正成熟”还有一段距离，正在不断走向完善，这个过程是十分艰辛而漫长的。如今距离这篇文章写成已经又过了 20 余年，时间证明，樊骏当年在文中对现代文学学科定位和发展趋势的把握是相当准确的，他所提出的一些重要问题，直到今天仍然是学界研究的重点。

2. 文学史观的建构与对话
——围绕初期新文学的评价*

温儒敏

［原文］

新文学诞生后十多年间，对新文学的史的研究，已经有过一些著述，可以把二三十年代看做现代文学学科的酝酿期。尽管这期间的研究成果比较零碎，缺乏规模，但各种不同的文学史思维模式正在形成。这里评说三篇有关新文学评价的代表性论著，即胡适的《五十年来中国之文学》①、梁实秋的《现代中国文学之浪漫的趋势》②和周作人的《中国新文学的源流》③，都是较早出现的对新文学有独立见解的研究性著作，正好代表三种不同的评价。值得注意的是，三家的论述所体现的三种文学史观，彼此构成互动互涉的对话关系，证明文学史研究是可以从不同的角度以不同的方法进入的，尽管各种方法角度都难免有长短得失。正是相克相生处于对话状态的多种文学史研究与评论，共同推进现代文学学科的学术化历程。

一、胡适：以进化的系列构想文学史

胡适的《五十年来中国之文学》写于 1922 年 3 月，是为上海《申报》创办 50 周年纪念而作，次年由申报馆发行单行本，并译成日文出版。因是最早“略述

* 本文所有注释为原注。

① 胡适的《五十年来中国之文学》作于 1922 年 3 月，收入《申报》馆五十周年纪念特刊《最近之五十年》。又收入《胡适文存》第 2 集，上海亚东图书馆，1924 年。

② 梁实秋的《现代中国文学之浪漫的趋势》写于 1925 年底，发表于 1926 年 3 月 25 日《晨报副刊》。又收于《梁实秋论文学》，台北时报文化出版公司，1981 年。

③ 周作人的《中国新文学源流》是 1932 年 2、3 月间在辅仁大学的演讲，1932 年 9 月人文书店出版。

文学革命的历史和新文学的大概”的论作，在当时和后来的影响都很大。这影响主要是在文学史观念上，即以进化论的眼光看待新文学的形成，以进化的系列去构设文学史。二三十年代以来写作的诸多文学史，自觉不自觉都认同胡适这篇文章所描绘的新旧文学转型的图景。

胡适这篇论文所述“五十年来”指的是1872至1922年，即《申报》创刊50年，这种时期的划分并无特别的文学史意义。不过《申报》面世那年恰好又是曾国藩的卒年，胡适试图以曾国藩这位桐城派古文中兴的“第一大将”之死，来标示古文运命的一蹶不振，也不全是巧合。这篇论文三万多字，共十节，前面九节讲晚清与民初文坛的嬗变，最后一节才正面叙述五四新文学运动的情况。然而胡适的着眼点始终在新文学，讲50年文坛之变，处处不忘说明新文学运动发生的历史必然。胡适是以新文学发难者和功臣的姿态写这篇论文的，因此文章带有向传统挑战的激越的气氛，立论新颖而偏激、粗放，但从其对文学历史现象的归纳与解释中，可以鲜明地看到一种进化的文学史观。

此文的意图是勾勒“变迁大势”，突出“旧文学”转为“新文学”的不可阻挡的趋势。那么“变”的趋势表现在哪里呢？他认为表现在古文的“回光返照”上。胡适指出，晚清和民初的古文受了时势的逼迫，也作了一些“内部的革新”，总的是朝应用的方面变；他将所谓“革新”归纳为四种现象：一是严复、林纾用古文翻译西洋学术与小说。胡适认为以文章论，“自然是古文的好作品”，林译的小说等于“替古文开辟一个新殖民地”。这个评断很有名，后来被广为引用。胡适不轻意菲薄林译小说，而是给予肯定，不过这种肯定又是有保留的，因为胡适要从进化的角度解释文学史现象。他指出从历史发展看，林纾所取得的一度辉煌的成绩“终归于失败”，原因在于“古文究竟是已死的文字，无论你怎样做得好，究竟只够供少数人的赏玩，不能行远，不能普及”。同样，胡适评述了古文“回光返照”另外三种现象，即谭嗣同与梁启超一派的议论文，章士钊一派的政论文，以及章炳麟的述学文章。从字里行间可以看出胡适也颇为欣赏上述诸家的功力与成绩，特别是章炳麟，胡称之为“清代学术史上的押阵大将”，认为其著作无论内容或形式都能成一家之言。然而，胡适坚信数极而迁，古文写作再精到，其语言和文体毕竟不能普及，不适于充分表述现代人的思想感情，所以晚清古文那最后的几道光亮，再辉煌耀眼，也不过是光荣的结束。于是，在胡适看来，古文让位于白话文，新文学取替旧文学，是不可逆转的大势了。

在用八节篇幅评论古文的衰落之后，胡适又用两节分别评述了晚清的白话小说与近几年的新文学。胡适对晚清白话小说格外关注，并发掘许多新变的因素(如对《九命奇冤》《老残游记》结构手法创新的分析)，他显然看到了小说艺术由古典向现代转型的种种表现。然而胡适又没有更多的说明这种变化作为“过程”的意义，顶多只是把这种变化看作新文学发生的前奏。胡适要强调的是新文学运动前所未有的革新性质。所以在评论近五六年的新文学成绩时，胡适竭力树起一个与晚清文学根本区别的分隔板，那就是主张白话文运动的“有意”与“无意”。在他看来，晚清的白话文学尽管有新鲜活跃的色调，然而毕竟“没有人出来明明白白的主张白话文学”。当时有些鼓吹白话的人尚未觉悟到“历史的文学观念”，他们提倡白话只是为了开通民智，而自己仍乐于欣赏和写作古诗古文。胡适之所以要非常偏激地打出“古文死了二千年”的讣告，是为了与晚清的白话文倡导者划清界线，标示自己的彻底革新。

胡适非常骄傲地声称他们主张文学革命所根据的是“历史的文学观念”，也就是文学进化论。他认为“文学者，随时代而变迁者也，一时代有一时代之文学”，“古人已造古人之文学，今人当造今人之文学”。他把文学发展看成一环扣一环的链条，每一环都各有所工，“因时进化，不能自止”。古文的时代已经过去，当然也就轮到白话文学称雄了。至于近五六年白话文学的创作，胡适也自知因时间太短，实绩并不显著，但他的评价仍非常高。如认为“白话诗可以算是上了成功的路了”，“短篇小说也渐渐的成立了”，“白话散文很进步了”，等等，其核心观点仍是：新文学的发生完全符合文学进化的态势，所以应以发展的眼光给予充分的肯定。

现在我们可以从文学史方法论上去考察一下胡适这篇评论的价值与得失了。他立论的出发点是文学进化论，即强调新陈代谢的变，强调因时递进的发展，强调不同时代有不同的文学这一规律，使得这篇评论有一种不容置辩的挑战风格，在当时相当有力地论证了新文学运动的合理性和必然性。这种进化论的文学史观在五四前后有很大的影响力。在那样一个刚刚觉醒过来的时代，一切新异的文学观点都会带来痛快的刺激，进步、革新以及新旧对立转化的观念也就很容易获得人心。如陈独秀提倡文学应跟上时代，弃旧图新，“因革命而新兴与进化”；周作人认为中国新文学只有逐步进化发达，“将欧洲文艺复兴以来学说思想，逐层通过”，才能最终赶上“现代世界的思潮”；沈雁冰也强调中国新文学虽然仍步西方的后尘，但急不得，要一步步来补课，因为“进化的次序不是一步可以上天的”。显然，在新文学初期，不光是胡适，许多先驱者都采纳了进化的文学史观，进化论帮助他们了解世界的发展动向，树立“一时代有一时代之文学”的革新意识。这种文学史观在当时的确很有进步的作用。但是，进化的文学史观受决定论和目的论的约束，所描述的文学演进的线条难免过于简单，并不能细致而充分地说明文学史上某些看似偶然的不合演进“规律”的现象。文学发展过程不能纯粹用进化论所包含的“新陈代谢”的一般规律来解释，那种以为文学进化有绝对顺序，后者必定优于前者的观点，往往会把复杂的文学史现象简单化。这毛病从胡适的文章中也可以看到。他其实也很欣赏清末古文所达至的艺术高度，但由于他从进化角度做文章，也只好对晚清那批不赶趟的文学天才做了低调评说。晚清白话小说事实上与现代小说是有渊源关系的，但胡适为了区分不同的“进化”级别，也尽可能淡化这两者间的联系，包括转型的具体过程。

进化的文学史观强化了文学发展的历史线索，论述文学现象往往用归纳法，大而化之，给人简明快捷的结论，但也往往不能摆脱狭隘的线性思维的弊病，不能充分解释复杂的文学历史。进化论文学史观还很注重时间性，“时间”在这种理论所支配的研究中获得了实质性的意义。因为时间性、阶段性明晰，才便于描述过程，将文学史信息依时序重组。这种文学史研究常常乐于使用诸如“进步”“发展”“演进”等术语，以处理文学史动态过程，坚信文学史也是类似生物学，有逻辑地产生、发展、成熟、分化、衰落的阶段，有某种不可逆转的必然的“规律”。例如要以“进化”来证明“新”的比“旧”的好，相信文学思潮的更迭越往后越高级，这种思路至今仍常在许多文学史写作中见到。就这一点而言，胡适的《五十年来中国之文学》是值得我们阅读剖析的“文学史范本”，从中可以了解进化论文学史观的渊源、影响与得失。

无论如何，胡适在新文学诞生不过几年就写了《五十年来中国之文学》这篇现代文学研究的开山之作，他在文学史家还用不着上场之时就仓促上场，而且力图抡起文学进化论的斧子去大举删削中国古代文学的大树，为新文学的发生作史，这也不失为大手笔。连鲁迅当年读了胡适这篇文章后，也称赞“警辟之至，大快人心”，认为“这种历史的提示，胜于许多空理论”①。在此后几十年中，许多文学史家自觉不自觉都被遮蔽在《五十年来中国之文学》那种文学史方法论的光影之下。事实说明进化论的文学史观在现代中国是相当有影响的。

二、梁实秋：把古今文学铺成一个平面

新文学创建初期，新文化运动的推进者毫无例外都站到了向大众启蒙的立场上，不约而同操起进化论的利器，为还没有站稳脚跟的新文学撑腰打气，在文学势必“新旧更替”这一共识上，形成了不容他人分说的强势舆论。在知识分子所竭力营造的舆论空间中，革新的力量以最快的速度赢得了几乎是一边倒的发言权，激进的、逐新的潮流霎时汹涌澎湃，冲决全社会。但这并不是说新文学没有对等的竞争“敌手”。新派文人要超越渊源深厚的文学传统，真正拿出自己有分量的成品来，决非易事。只因为新文学运动是作为一个运动骤然展开，并很自然构成五四新潮的中坚力量，投入此中的新派文人都自觉怀有救国救民的大愿，由文坛而社会全面进化逐新的观念使他们激动振奋，难免将新文学与新文化的蓝图设想得特别美好，将新旧更替看得过于简单，因此也就容易藐视

---

① 鲁迅全集：第11卷[M]．北京：人民文学出版社，1981．

不同的意见，很难听得进对新文学的批评。尽管这样，对话仍是存在的。近年来学术界有人重新评说“学衡派”，发现其并非一味的“反动”，他们甚至和新派文人也有资源共享。在传统文化如何转型以及如何“融化新知”方面，包括对新文学以及激进思潮某些弊病的批评方面，“学衡派”不乏冷静的见识，起码在学理上可以给新派文人一些提醒与纠编。的确，像“学衡派”以及那些对新文学持有不同见解的人，他们的批评到底在多大程度上“激活”或“激化”了新派的观点，仍然是值得探讨的课题。

梁实秋也是与“学衡派”有关系的人物。从学科史的角度看梁实秋的文学史观及其对新文学的独特的评价，刚好与五四时期的强势舆论形成一个对照，或者说是一种对话。尽管梁实秋的声音也是不合当时主旋律的，是微弱的，难于被一般人接纳，却又是有创见的，独立思考的。我们所看重的是，梁实秋虽然偏向保守，却也有其理论上的建树，并在事实上较早参与了现代文学研究的学术建设。

与胡适相反，梁实秋并不以为“一时代有一时代之文学”，他反对以进化的观点评论文学，主张把古今文学放到一个平面上考察评判。他的一个大胆的论点是：“文学并无新旧可分，只有中外可辨”。这说法准令当时的读者吃惊，即使今日读来，也很引人深思。这句话出自梁实秋 1925 年写的长篇论文《现代中国文学之浪漫的趋势》。时人常用的“新文学”这一概念，梁实秋是不用的，他只承认有“现代文学”，不认为有“旧文学”或“新文学”。梁实秋在他的这篇文章中，对新文学运动进行了严厉批判，并重新定性。虽然该文是非系统的文学史著作，但有一种与众不同的研究视角，表现出一种特殊的文学史观。梁实秋考察文学史并不看重“时间”的范畴，而看重文学的品性，他采用的是“共时”的而非“历时”的视角。梁实秋认为，文学无论古今中外都有两个主要类别或倾向，一是古典的，一是浪漫的。他说的“古典”，是指健康的，均衡的，受理性制约的；“浪漫”即是病态的，偏畸的，逾越常轨的。这种来自新人文主义的批评标准，被梁实秋用作观察五四新文学的准绳，从而把新文学定性为“浪漫”趋向的文学，不合常态的文学。为了支持这一观点，梁实秋列数了五四新文学运动的四种“非常态”表现。其一，他认为五四新文学极端随外国文学影响，追求外来的新颖奇异，造成无标准的混乱，虽一时热闹，却没有根基。保守的立场使梁实秋看不到新文学借助外国文学刺激以打破传统束缚的必要性，也看不到新文学在反传统中形成有个性解放、反封建、争民主等大致的“标准”。其二，梁实秋指责五四文学过于推崇情感，到处弥漫抒情主义，他甚至用“号啕”一词来描写新文学中情感流溢的状况。这种指责不无根据，五四新文学真是有不少肤浅的“涕泪交零”之作。然而如果考虑到五四时期存在的类似青春期的社会心理表现，那么对新文学成长“过程”中这种推崇情感的浪漫气象也就能给予合理的评说，不至于作出太学究气的评判。此外，梁实秋指出五四新文学中印象主义流行，过于推崇自然与创作个性，等等，从现象来看，也都是有根据的。不过他对五四新文学特有的青春气息简单地贬斥，并不理解其出现的历史氛围与时代原因，也反映了一种褊狭的心态，如同一位保守的老人容不得儿童的不成熟与天真。

由于梁实秋所持的是一种非历史的文学观，他研究文学的变化、潮动，并不看重发展的线索，也无所谓进步或倒退。梁实秋并不考虑文学发展是否适合与满足所属时代，不考虑文学创作与思潮变迁的阶段性，他只管评价具体的文学作品或潮流是否符合健全的人性。在他看来，通过品味去对作品定性评判，远比描述发展或考察时代背景更为重要。如果说胡适所代表的进化的文学史观往往把文学的历史发展看作是不断以新替旧逐级递进的链条，那么梁实秋则把这环环紧扣的链条拆下来打乱，铺成一个共时的平面，然后以"人性"为核心去重新排列确定各种文学现象的位置。这似乎有些接近于艾略特(T. S. Eliot)的观点：不把从古到今的文学看作一个流变的过程，而统统视为可以同时态并存的秩序。不过梁实秋并非直接从艾略特那里得到启示，他的理论来源是白璧德(Irving Babbitt)的新人文主义。梁实秋对当时流行的进化论文学史观是非常反感的。他认为问题就在于"历史的定命论"，总想寻找和证实文学演进"有秩序的规律"，结果往往牵强事实、迁就原则。他写作《现代中国文学之浪漫的趋势》一文，固然想给他认为太狂热、伤感、混乱的新文学打一针清醒药，但他认为病根还在于进化的文学史观。他指责"浪漫主义者有一种'现代的嗜好'，无论什么东西凡是'现代'的，就是好的。这种'现代狂'是由于'进步的观念'而生"。梁实秋显然是从新人文主义角度批判"现代性"，认为盲目地放纵人类的物质追求，势必失去人性的规范，因此"现代"并不一定就是健全的，必须打破那种认为"现代"等于进步的思维误区。尽管这种理论的背景带有清教色彩，但这种警醒即使在今天看来，也是不无益处的。在梁实秋这里，文学并不依什么时势转移而决定其"进步"与否，新的并不一定比旧的好，现代的也不见得比古代的强。梁实秋在另一篇文章中更明确写道："晚近文学把'进步的观念'已经推论得过分，以为宇宙万物以及人性均可变迁，而变迁即认为进步。假如文学全部有一个进步的趋向，其进步必非堆积的，而是比较的。"他实际上是要打破文学史进化论的线性思维，而力图同时作古今并存的考察。具体来说，就是先决定一个符合纯正"人性"的"公同的至善至美的中心"，然后评判各时代个别的文学距离这"中心"的远近，凡距离较远者便是第二流第三流的文学，最下乘的是和中心背道而驰的①。因此，文学史研究应打破所谓进化的“历史的定命论”，其任务和方法不再是叙述文学一代一代“进步的历程”，而在品味确定各时代不同的文学距离纯正的“人性”中心的远近程度。②

梁实秋这种从古今并存的秩序中去评断作品与文学现象的做法，其实很难在文学史写作中实施，因为不讲“过程”，那就不可能把握历史的线索，文学史也就不存在了。文学的发展当然不一定是环环紧扣由低级向高级的“进步”，但总有其流变的过程，文学史的任务就是勾勒这流变的过程，寻找不同文学潮流之间的关联。梁实秋本人是治文学批评史的，从他所著的几种西方文学批评史论著来看，其实也还是注意到历史的联系，约略写出不同文学批评流派的承续或转化关系。③ 然而，在总结新文学运动的得失时，梁实秋却那么反感进化的文学史观，一方面是因为他认为新文学创作中存在的诸多弊病，都与进化论所造成的激进的文学风尚有关。他要力排众议，给新文学泼点冷水，使之朝着健全的方向发展。应当说，这一点是难能可贵的。因为在 20 年代，乃至当今，进化论的思维方式给文学史评论与写作带来的偏颇，是很明显的，只有极少数人作过清醒的检讨。梁实秋的批评尽管也有偏颇，但毕竟有其清醒之处。有意思的是，1925 年梁实秋写这篇文章清理“进化”的文学史观时，鲁迅几乎也在此前后产生了对进化论的怀疑，包括对五四新思潮的反省。他们的立场显然是不一样的，但在反思五四这一点上，又有某些共同点。另一方面，我们也可以看出梁实秋的褊狭，他也有理论上的门户之见。梁实秋作为一位秉承清教式新人文主义的执着稳健的批评家，本来对胡适等所张扬的激进的文学思想就有牴牾。在 20 世纪初的美国，以白璧德为代表的新人文主义主要的攻击目标中，就包括有胡适所赞赏和借鉴过的新浪漫主义，如意象派的诗歌，等等。师出不同，思想体系来源各异，在中国现代文坛中所形成的理论门户也就不同。只是由于胡适是新文学的执牛耳者，领导着新文学的潮流，在 20 年代文坛上的影响自非初出茅庐的梁实秋所能比得了的，加上梁实秋是在 1926 年才发表《现代中国文学之浪漫的趋势》，那时文学革命的主潮早已过去，所以不管梁实秋如何严厉苛责五四新文学，他这篇论文也没有引起多大的反响。

梁实秋的《现代中国文学之浪漫的趋势》是从边缘的角度批判主导性文学理论的偏颇，纠正了进化的文学史观所带来的那种线性思维简单化的弊病，也确实指出了五四新文学运动的诸多缺失。对这篇内涵复杂的文学史论作及其与进化的文学史观所形成的对话，除了放到特定的历史背景中，恰当地给予评说之

① 温儒敏. 中国现代文学批评史[M]. 北京：北京大学出版社，1993.

② 梁实秋. 梁实秋论文学[M]. 台北：时报文化出版公司，1981.

③ 如《亚里士多德以后之希腊文学批评》及《文艺批评论》等著作。

外，不妨多想一想，其所显示的文学史观及其理论脉络，在今天是否仍有可借鉴的思想资源。面对物欲膨胀，人文精神失落的现实，前人的警醒也许不无其启示价值。

三、周作人：从文学源流看历史的循环

这里还要展开评述的是周作人的《中国新文学的源流》，属于30年代初的论著，此时五四新文学运动的已过去十多年，但仍不妨看作是有关新文学的一种对话。和前两节所述讲的胡适的进化论文学史观以及梁实秋以人性为核心的"共时"的文学史观相比照，正好构成另外一翼参照，即循环论的文学史观。当然还要注意，周作人此文更大程度上是针对30年代初文坛上左倾机械论和功利主义有感而发的。该书是周作人1932年3、4月间在辅仁大学讲演的记录稿，旨在探讨五四新文学运动的源流、经过和意义。其最有特色的地方是讲"源流"，对新文学运动经过的叙述只占很小的部分。胡适在《五十年来中国之文学》中也追溯过新文学的源流，力图从两千多年来"白话文学"的传统中寻求新文学成立的根据。而周作人所讲的"源流"不同，而且"讲法"即观察文学史现象的方法也不一样。胡适所持的是进化的文学史观，与传统讲史的所谓"分久必合，合久必分"的历史观念相反，要找出一条有箭头的文学发展线索。而周作人则似乎又多少回复到传统，起码在表面上如此，他对文学史看法比较接近历史循环论。周作人的一个核心观点是：言志派与载道派两种文学潮流的起伏消长，构成了全部中国文学史发展的曲线；而五四新文学的源流则可以追溯到明末的"公安派"。

我们从文学史观和方法论角度看看周作人是怎样为新文学溯源的。该书是讲演稿，写得比较随意，但理论逻辑清晰。全书分五讲。第一讲指出关于文学研究的范围、对象和方法等问题，认为文学研究不能只局限于"纯文学"，因为文学是"整个文化的一部分"，要注重综合文化史来考察文学史。显然，周作人对当时正大受青年知识者欢迎的唯物史观和阶级论不满，对于左翼理论家强调文学的社会作用也有异议。周作人特别指出"文学是无用的东西"，"只是以达出作者的思想情感为满足的，此外再无目的之可言"。这和他所主张的文学是"自己的园地"的观点是一致的。他并不赞成当时流行的那些过于强调文学的社会功能的言说。他在文中再一次提到了文学不过是"一种精神上的体操"。这种文学观，直接决定了他这篇文学史论作的理论特性：力求超离时代、现实等具体的外部条件，宏观地把握文学运动的内驱力及基本运作模式。周作人也声称他正是以这种淡化社会功利性的文学史观去说明新文学运动的前因与后果的。

在第三讲中，周作人概略地描述了中国文学变迁的线索。其思路是：文学本是由宗教分化出来的，因此形成了两种不同的潮流，即言志派和载道派。"中国的文学，在过去所走的并不是一条直路，而是像一条弯曲的河流"，从甲

处(言志)流到乙处(载道)，又从乙处流到甲处，“遇到一次抵抗，其方向即起一次转变”，从而以内在的矛盾双方不断冲突推进文学运动。周作人不同意胡适所主张的进化的文学史观。他说，胡适将白话文学看作“文学惟一的目的地”，以为文学历来都朝这个方向走，只因为障碍物太多，直到新文学运动“才得走入正轨”，这种看法是不符合文学运动的实际的。“中国文学始终是两种互相反对的力量起伏着，过去如此，将来也总如此。”周作人在这里的确指出了进化的文学史观的误区，即将文学运动理解为直线向前的单轨发展过程。然而周作人在批评胡适的进化论文学史观时，又多少倒向了历史循环论。在他看来，明代公安派作家袁宏道所说的有关“法”的变迁规律，也可以用来观察和解释文学流变。袁宏道在为江进之《雪涛阁集》所作序文中说：“夫法因于敝而成于过者也。”周作人将“法”解释为现在之所谓“主义”或“体裁”，认为不同的“主义”或“体裁”，都是在不断地矫枉过正之中成功与变迁的。周作人以这样的类似循环的观点来看文学史，就不赞成胡适那样完全否定传统的文学，也并不赞同将新文学运动看作全部中国文学发展的最终“目的”。周作人用较多的篇幅评述了明代公安派“独抒性灵，不拘格套”的文学主张，目的是证明历史的循环与类同。他将五四新文学运动与明代公安派文学潮流作了比较，结论是两次运动的“趋向是相同”的。

接着，在第三、四讲中，述评“清代文学的反动”，主要讲述八股文和桐城派文学的来龙去脉，认为这些潮流都属于“遵命文学”过了头，又引起“不遵命的革命文学”，也就是新文学运动。明末的文学是新文学的“来源”，而清代八股文学桐城派古文所激起的“反动”，则成了新文学发生的“原因”。周作人特别比较了新文学的主张与明末公安派的类同点。他认为两者都属“言志”的文学，或者叫“即兴的文学”。胡适的“八不主义”和公安派的“独抒性灵，不拘格套”以及“信腔信口，皆成律度”，其精神趋向是一致的。“其差异点无非因为中间隔了几百年的时光，以前公安派的思想是儒家思想道家思想加外来的佛教思想三者的混合物，而现在的思想则又于此三者之外，更加多一种新近输入的科学思想罢了。”

在最后一章中，周作人回顾了“文学革命运动”的经过，较具体解释了运动的外部原因。周作人注重传统文学潜在的影响，不过他并不认为传统影响的某一方面“再现”出来就足以形成新的文学潮流，他还是注意到时代原因和社会背景以及外国文学影响等“外因”。他认为五四时代文人身上虽然有传统影响，但由于时代毕竟不同，又受了“西洋思想的陶冶”，在人生观、科学精神等“根柢”上又都“异于从前很多”，所以文学创作内容也和传统文学绝不相同了。

看来，周作人也并非如后来许多人批判他时所说的那样，完全否认新文学的时代本质，他对于新文学运动所受西方文学思潮的影响以及新文学运动在时代变革中所表现出来的崭新的精神气象，还是给予肯定的。周作人其实是从不同的层面讨论问题：在研究新文学“源流”时，他注重从中国古今文学变迁的整个大格局中去探寻文学自身的矛盾方面，他偏向于对文学史作宏观的“结构分析”，即找到文学运动中“变而不变的美”；关于两个基本文学倾向的互动关系，这看法的确接近历史循环论。周作人这样处理文学变迁史，也从一方面纠正了进化文学史观的偏颇，说明了文学的历史发展不见得是日趋完善的单向进步过程，构筑文学史不能忽略进化过程中的退化及周期性循环的内容。关于这个问题，近年来已引起一些论者的兴趣。诸如考察审美风尚的起伏升降，形式的回环转换，乃至某些基本文学观念在不同时期有不同的侧重强调，等等，都有周期“小循环”的现象表现，需要从理论上深入解释。由此看来，周作人这篇“源流”论在文学史方法上又不失其价值。

以上我们讨论了胡适、梁实秋与周作人三种不同的文学史观，涉及对新文学性质、源流和地位的不同的评价。三种文学史观，或三种对新文学史的评价，看起来互相对立，其实也有彼此的补充、纠偏。尽管三家论著出现的时间有先有后，“语境”也有所不同，但就新文学的评价及文学史观而言，仍在构成彼此的对话。相比之下，胡适所代表的进化论文学史观影响最大，最久远，而梁实秋的“共时”文学史观与周作人的偏于循环论的文学史观，也对后来的文学史写作有着深刻的影响。到 30 年代，以唯物史观为根柢的另一种文学史观也全面介入对新文学的评价，并成为最明快、最有力的主导性的文学史观。但即使在这种情形之下，多种文学史观的潜在对话仍在继续，并各自在不同程度上推动或制约着现代文学学科的建构。

（原载《北京大学学报(哲学社会科学版)》2000 年第 4 期）

［**导读**］

本文认为，20 世纪二三十年代围绕初期新文学的评价，形成了不同的观点和文学史思维模式，其中胡适以文学随时代变迁的进化的观念为新文学寻找立身的根据，梁实秋以人性为标准并从共时的角度反思新文学的缺失，周作人则试用历史循环说来追溯新文学的源流。其后，唯物史观的方法论也全面介入对新文学的评论。多种文学史观的初步建构以及彼此形成互动互涉的对话关系，深刻地影响到后来的文学史写作，并逐步推进了现代文学这一学科的建立。

3. 史识：中国现代文学史研究的灵魂(节选)*

刘中树

[原文]

……

黄修己著《中国新文学史编纂史》在附录“中国新文学史著作编目”中，从1924年11月上海亚东图书馆出版的胡适的《五十年来中国之文学》始，至1993年4月湖南师范大学出版社出版的凌宇等主编的《中国现代文学史》止，共收有“中国新文学史的著作，含文体史、阶段史、地区史及其他有关专史”154部①，由于《编纂史》写作时间所限，1994年以后正式出版的有关著作则不及收入。所有在此《编目》中收入和未收入的有关中国现代文学发展史的著作，都显示了将近一个世纪以来的中国现代文学研究的实绩，都以各自达到的学术高度和提供的经验教训，为中国现代文学研究奠定了深厚的学术基础，启示了思维新路。特别是在中国共产党十一届三中全会开启的拨乱反正、改革开放的时代背景下，中国现代文学研究呈现出空前的活跃、开放局面，人们努力以新的文学观念，运用新的方法，从不同视角审视中国现代文学现象，追求中国现代文学研究的新境界。陈平原就把文学史分为“教科书文学史”和“研究型文学史”，要把自己的《二十世纪中国小说史》第一卷写成“研究型文学史”，“突出论者的史识以及结构分析的追求”②，强调了研究者的史识对文学史写作的决定性作用。1988年在全国范围内以中国现代文学研究界为主展开的“重写文学史”的讨论，反映了经过“观念热”“方法热”之后，文学研究者的深刻思考和追求研究新境界的激情。讨论的重要收获就是更多的人注重了文学史研究的史识问题。在关于“重写文学史”的讨论中，还有人从史识和史的关系的角度阐释史家的价值取向，肯定史家主体史识的重要性。一部史著所要达到的就是史家主体以自己的思想认识、价值取向对原生态的历史本体，特别是对由一定的思想、意志、才能、品格所支配的历史行为主体的分析、认识，而形成的对历史过程和历史现象的本质的科学的反映和概括，因此本文提出的中国现代文学研究的“史识”问题是指研究者的史识和研究对象的史识两个方面。

一

史识是史家、史著的灵魂，也是学术研究的根基。这是古今中外学问大家

---

* 本文所有注释为原注。

① 黄修己：《中国新文学史编纂史》，北京大学出版社，1995年，549页，140面。

② 陈平原：《小说史：理论与实践》，北京大学出版社，1993年，32页。

之共识。

清代文学家叶燮在其诗话著作《原诗》中，谈诗歌创作强调作诗必先有诗之基，“诗之基，其人之胸襟是也。”①认为诗歌创作是诗人主观的“才、胆、识、力”与客观事物的“理、事、情”的统一结合，而诸主观因素中，胸襟是基础，“才、胆、识、力”则使胸襟尽发其神明，“理、事、情”得到充分的显现。叶燮特别强调在“才、胆、识、力”中，“识”又是最重要的起决定性作用的根基，他指出：“识为体而才为用，若不足于才，当先研精推求乎其识。人惟中藏无识，则理、事、情错陈于前，而浑然茫然，是非可否，妍媸黑白，悉眩惑而不能辨，安望其敷而出之为才乎？文章之能事，实始乎此。”②“惟有识，则是非明：是非明，则取舍定。不但不随世人脚跟，并亦不随古人脚跟。”③“大约才、胆、识、力，四者交相为济。苟一有所歉，则不可登作者之坛。四者无缓急，而要在先之以识；使无识，则三者俱无所托。”④“识”是核心、是根本；有“识”才有“才、胆、力”，有“识”才会有自己的超出古人和时人的真知灼见。中国新文学的奠基人鲁迅在谈研究文学或作家时总是提醒人们要有自己的锐利眼光和深广见识，他以“选本”为例说：“不过倘若研究文学或某一作家，所谓‘知人论世’，那么，足以应用的选本就很难得。选本所显示的往往并非作者的特色，倒是选者的眼光。眼光愈锐利，见识愈深广，选本固然愈准确，但可惜的是大抵眼光如豆，抹杀了作者真相的居多，这才是一个‘文人浩劫’。”⑤在鲁迅看来，具有独特眼光和识见的人，才有选择和创造的能力，而具有高超史识的人也才有写史的力量。著名文学家、中国现代文学史家唐弢认为文学史家的“学问”，“首先表现在有眼光，衡量那些作家可以入史要有敏锐公正的眼光，发现新作家新作品也要有敏锐公正的眼光，这叫做史识。”“一个文学史家重在有史识，有自己的见解，采取历史唯物主义的态度，是好是坏，该突出的就突出，要经得起

① 叶燮：《原诗·内篇(下)》，见《原诗一瓢诗话说诗晬语》，人民文学出版社，1979年，17页。

② 叶燮：《原诗·内篇(下)》，见《原诗一瓢诗话说诗晬语》，人民文学出版社，1979年，24页。

③ 叶燮：《原诗·内篇(下)》，见《原诗一瓢诗话说诗晬语》，人民文学出版社，1979年，25页。

④ 叶燮：《原诗·内篇(下)》，见《原诗一瓢诗话说诗晬语》，人民文学出版社，1979年，29页。

⑤ 鲁迅：《“题未定”草(六至九)》，《鲁迅全集》第6卷，人民文学出版社，1981年，421页、422页。

实践的考验。”①美国学者雷·韦勒克和奥·沃伦在论及阅读艺术和文学研究之间的联系与差异时也肯定了研究主体的学识见解对文学研究的意义，指出：“‘文学研究’(literary scholarship)这一观念已被认为是超乎个人意义的传统，是一个不断发展的知识、识见和判断的体系。”②上述提到的“识”“识见”“眼光”“判断”“史识”都是讲的人的主观的知识、学识、见解和分辨力，以及由此形成的人对客观世界的认识力、洞察力、判断力。这具体则表现为研究主体对社会、人生、历史的综合认识能力、洞察能力，掌握社会历史发展规律、认识社会历史现实和预见社会历史发展未来的能力。作为其综合表现的史识，无疑就是研究主体对历史现象、历史事物的认识、理解、判断、评价的能力和见解，或者说就是一种发现，一种对于对象本质的发现。这种综合一体的主观能力，是由研究主体的世界观、学识才能、人生体验、学术品格、理论基础和思维方式等诸多因素融会贯通而形成的。史识问题既是学术研究的理论问题，也是研究实践问题，它决定着研究主体所能达到的学术水平和研究成果接近真理的程度。这一点在中国现代文学研究的代表性史著中都有所体现。

尽管在王瑶之前已有朱自清这样的著名文学家、教授和其他人讲授过有关中国新文学的课程，在王瑶的《中国新文学史稿》(上下册)出版之前已有将近20部新文学史的著作问世，但是从王瑶的新文学史课和《中国新文学史稿》的系统性、完整性、科学性和史料的丰富性来看，都远胜于过去的已有成果。因此，王瑶是无愧为中国现代文学学科和中国现代文学史建设的学术开拓者和奠基者的。王瑶撰写《史稿》是应教学之需，当作任务，随教随写而完成的。时值中国“民主革命获得完全胜利之际”，作者和全国人民一样“浸沉于当时的欢乐气氛中”③，真诚地学习马克思主义，努力以马克思主义辩证唯物主义和历史唯物主义的世界观和方法论指导自己的教学和研究工作，把1950年5月教育部全国高等教育会议通过的“高等学校文法两学院各系课程草案”作为编写教材的依据，“运用新观点，新方法，讲述自五四时代到现在的中国新文学的发展史，着重在各阶段的文艺思想斗争和其发展状况，以及散文，诗歌，戏剧，小说等著名作家和作品的评述。”④因此，在当时作者也就理所当然地把毛泽东的《新民主主义论》《在延安文艺座谈会上的讲话》和中华全国文学艺术工作者代表大

① 唐弢：《中国现代文学史的编写问题》，《西方影响与民族风格》，人民文学出版社，1989年，423页。

② 〔美〕雷·韦勒克、奥·沃伦著，刘象愚、邢培明、陈圣生、李哲明译：《文学理论》，生活·读书·新知三联书店，1984年，6页。

③ 王瑶：《重版后记》，《中国新文学史稿》(下)，上海文艺出版社，1983年，782页。

④ 王瑶：《初版自序》，《中国新文学史稿》(上)，上海文艺出版社，1983年，29页。

会的主要文件的论点作为基本依据来认识和论析新文学的发展史，这就形成了《史稿》论析评价文艺运动、文艺社团和文学创作的基本观点和标准。《史稿》论述新文学的性质、领导思想都是引用《新民主主义论》《在延安文艺座谈会上的讲话》以及中华全国文学艺术工作者代表大会文件的话来作出自己的结论。《史稿》对中国新文学发展的四个时期的划分，基本上是相应于《新民主主义论》对中国新民主主义革命文化革命统一战线划分的四个时期，只是为了突出延安文艺座谈会，把第三与第四个时期以《在延安文艺座谈会上的讲话》的发表作了分界线。1983 年《史稿》重新修订出版时，作者增入《"五四"新文学前进的道路》作为"重版代序"，对中国新文学主要问题的认识前后基本上是一致的，但是论述得更充分更科学更深刻些了，也修正了一些《史稿》初版本中对文艺斗争、文艺思想和世界观等问题的简单化的论析，明确指出"通过思想斗争和文艺批评，引导小资产阶级文艺家走与工农相结合的道路，改造世界观，是无产阶级体现领导作用的一个重要问题。但是我们在前进的道路上是有过'左'的或'右'的偏向的。有时过分强调了斗争，有时又过分强调了团结。如在三十年代初不仅笼统地提出过'反资产阶级'的口号，而且还强调要反对小资产阶级的文学。又如抗战初期'全国文协'强调的所谓'君子作风'，就都产生过消极的影响。"①指出"就文学思想和世界观来说，小资产阶级文艺家基本上都属于资产阶级的范畴。但由于他们比较倾向革命和比较接近劳动人民，因此在社会实践中的客观效果就可以与资产阶级很不同。"②对小资产阶级文艺家的实践表现做了细致的有说服力的分析。从心态到文笔都是心平气和、娓娓而谈，可亲近的。史识是认识主体的主观识见，但通过自身的体验而认同他人的见解也表现了一个人的史识，王瑶自觉学习马克思主义，以《新民主主义论》《在延安文艺座谈会上的讲话》等理论阐述为指导形成自己的史识来认识和总结、评价新文学，运用新的观点和方法写出《中国新文学史稿》，是难能可贵值得充分肯定的。这也正是《史稿》能够超出以往的各种新文学史著作的主要原因。正如黄修己所说："唯其如此，《史稿》才有开创中国新文学史学科的资格。"③尽管《史稿》还有这样那样的时代烙印和局限，相信以王瑶的学识、真诚和识见如不仙逝，他的认识必然会有新的发展。

《史稿》科学地阐述了中国新文学的萌生、成长与中国传统文学的内在联系

---

① 王瑶：《"五四"新文学前进的道路——重版代序》，《中国新文学史稿》(上)，上海文艺出版社，1983 年，3 页。

② 王瑶：《"五四"新文学前进的道路——重版代序》，《中国新文学史稿》(上)，上海文艺出版社，1983 年，3 页。

③ 黄修己：《中国新文学史编纂史》，北京大学出版社，1995 年，549 页，140 面。

和受外国文学影响的关系；知人论世，通过作家人生道路和创作道路透视作家的创作特色，都显示着王瑶辩证唯物主义与历史唯物主义相结合的理论思维和分析方法的深刻性。王瑶学识广博深厚，学贯中西，博古通今，在中外古今的相互比较、印证与融合中熔铸了他独特的艺术感受力，在具体的作家作品的艺术分析中常常会提出些准确、鲜明、精辟的艺术见解，表现出一种具有穿透力的艺术欣赏眼光，促进了王瑶史识的深化与升华，为《史稿》增加了学术光彩。诚然如《史稿》作者在“重版后记”所谦称的“写作中自然也表现了一个普通的文艺学徒在那时期的观点”，不免还有一些不足或有待商讨的问题，但是这丝毫也动摇不了《史稿》在中国新文学史著中的学术影响和学术基石的地位。

唐弢是著名的学者和作家，他的中国现代文学研究和鲁迅研究论著都是中国现代文学研究中的扛鼎之作。他主编的《中国现代文学史》(共三册，第三册主编为唐弢、严家炎)，在中国现代文学编撰史中堪称标志性、里程碑式的中国现代文学史著。它在全面总结分析以往30年出版的中国新文学史著的成就、特色和不足的基础上，借鉴先行的著作，吸收已有的研究成果，修正过去的不足，谋划构思，推陈出新，成为一部在理论方法、文艺运动和作家作品的取舍论析、史料的搜集处理、体例结构等方面都有自己的创新和特色的新的文学史著。这是一部内容更系统充实、论析更平实、体系更完备，整体上更具科学性、更成熟的中国现代文学史。它标志着中国现代文学史著已达到的学术水平，新的中国现代文学史著的继承与突破都要以它为参照、为基点，从此起步。这部《中国现代文学史》，关于鲁迅的两章由唐弢亲自执笔，“最后由唐弢同志审阅改定全书，重点修改了某些章节”①，自然这部文学史也就贯穿着唐弢的史识。他的众多中国现代文学研究著述对中国现代文学的运动、思潮、作家作品、史实等宏观与微观的论述、辨析，也都反映着他的学术大家的识见。唐弢一生追求进步与革命，信仰马克思主义；青年时代就投身于新文学运动，特别是追随鲁迅，对中国新文学的历史足音有着厚重的历史直感；他的作为作家的独特的艺术感悟和学术功力；他的真诚的实事求是的学术品格，铸就了他的不凡的史识，造就了他的学术业绩。

唐弢主编的《中国现代文学史》有一个几经变易的编写过程，从1961年文科教材会议之后开始编写工作到1979年6月和11月第一、二册出版，1980年12月第三册出版，历经将近20年，因此比较在新中国建立初期，王瑶单枪匹马地写作《中国新文学史稿》，无疑学习和运用马克思主义理论指导学术研究实践，做的更自觉、更自如。唐弢也接受了毛泽东《新民主主义论》《在延安文艺

---

① 唐弢、严家炎主编：《中国现代文学史》(三)，人民文学出版社，1980年，487页。

座谈会上的讲话》等论著的观点，然而他却能把它融入对具体问题的马克思主义分析中。

马克思主义唯物辩证法承认现象的普遍联系和相互制约，各种现象之间和每个现象的各个方面之间都是相互依赖和联系的，社会生活的各个方面也是相互联系着的。唐弢正是从中国现代文学史实现象的普遍的内在和外在联系中把握中国现代文学的思潮、创作、运动和历史发展的。他在自己学术研究的整个进程中都注重文学现象与社会时代的内在联系，强调文学发展与社会历史时代的决定性关系，认为："从根本上说，决定中国现代文学发展的主要条件是中国的社会生活和人民革命。"①所以他主编的《中国现代文学史》首先考察了鸦片战争以来的中国社会和文学历史的状况，在二者关系的论析中，阐述中国现代文学的新民主主义性质，无产阶级领导思想、现实主义的传统和社会主义方向。他还注重各种文学现象之间的内在联系，认为"现代文学史上的许多现象，都不是孤立的，它总有个来龙去脉，有个前因后果。"②在他主编的《中国现代文学史》中专门论述了中国现代文学的发生、发展同我国民族文学遗产和世界文学的关系，指出"现代文学的历史，正是在新的基础上批判地吸收古典遗产和异域的营养以建设我国民族的新文学的历史"③。从不同文学现象的联系的视角，他还主张文学史应是"全面的"文学史④，他说："我赞成文学史家视野放得开阔一些，凡是现代文学(新文学)范围以内的，只要艺术水准够得上，可以左、中、右作家都写。"⑤就具体的作家作品而言，唐弢既看到现代文学作家作品受中国政治风云制约的时代特征，认定作家作品的政治倾向和价值，同时又指出"政治是重要的，不过政治和艺术在一篇成功的作品中是浑然的一体，不是什么外加的东西。"⑥"对于一个作家来说，首先应当是一个作家，""一个文

---

① 唐弢：《雪峰——鲁迅的现实主义创作思想的阐述者和发展者》，《西方影响与民族风格》，人民文学出版社，1989年，172页。

② 唐弢：《艺术风格与文学流派》，《西方影响与民族风格》，人民文学出版社，1989年，153页。

③ 唐弢主编：《中国现代文学史》(一)，人民文学出版社，1979年，19页、20页。

④ 唐弢：《关于重写文学史》，《求是》1990年2期。

⑤ 唐弢：《关于重写文学史》，《求是》1990年2期。

⑥ 唐弢：《中国现代文学研究近况》，《西方影响与民族风格》，人民文学出版社，1989年，42页。

艺作品，首先是艺术。”①“文学史首先是一部文学史”②。他强调政治性与艺术性的统一，看重文学的审美本性，主张从历史的和审美的统一的视角完整全面地看取文学现象。虽然唐弢对作家作品的选择、论评还难以彻底地摆脱当时左的思潮的影响，但是他还是力求在自己的著述中体现自己的认识，贯穿这些观点的。

史家对史实的选择、意义把握和价值判断是取决于史家的史识的。史实的选择主要是辨伪存真，史识的判断主要是意义和价值的理解和评价，从而正确认定和阐释史实与价值的内在联系。这也是唐弢治史的史法和思维方式。他主张史实的选择应实事求是，史家的评价要把文学史实的“本质的永久性的价值与它在当时历史条件下所发生的作用兼顾起来”，要“采取历史唯物主义的态度，是好是坏，该突出的就突出，要经得起实践的考验”。③ 他主张“论从史出”，反对“以论带史”。④

唐弢的学术理性和史家品格是他的史识的整体的精神内涵，又是推动他的史识不断超越的精神力量，他总是在超越自我的思维定势和历史成见的反思中不断地深化和完善自己的史识，他对胡适、林语堂、冯雪峰的评价就是在自我反思和超越过程中更加切近对象本质的。

王瑶、唐弢的中国现代文学研究的论述堪称新中国成立至改革开放新时期之前，中国现代文学研究史观、史法、学术水平和学术成就的代表。此前的中国现代文学史著作，还多是处于作者以不同的史观对中国新文学现象做具体的论析、评价的认识阶段。

王瑶、唐弢的中国现代文学史著作，开辟了力求以马克思主义唯物史观对中国新文学现象作出科学的论析，全面总结其历史发展的学术新时期。当然，由于时代和史识的局限，对文艺与政治、文艺与时代、文艺的特性等问题的理解都还囿于毛泽东的《新民主主义论》《在延安文艺座谈会上的讲话》等文献和党的具体的方针政策，那时的中国现代文学研究著作，总的来看是大同小异。改革开放的新时期以来，在党的解放思想，实事求是和改革开放思想路线的感召

---

① 唐弢：《艺术风格与文学流派》，《西方影响与民族风格》，人民文学出版社，1989年，158页。

② 唐弢：《中国现代文学史的编写问题》，《西方影响与民族风格》，人民文学出版社，1989年，424页。

③ 唐弢：《中国现代文学史的编写问题》，《西方影响与民族风格》，人民文学出版社，1989年，424页。

④ 唐弢：《中国现代文学史的编写问题》，《西方影响与民族风格》，人民文学出版社，1989年，417页。

下，中国现代文学研究者力图以新的观点和方法，冲破“左”的思想束缚和历史的封闭的研究框架，开拓中国现代文学研究的新路，呈现出研究的新局面。代表性的成果之一就是钱理群、温儒敏、吴福辉的《中国现代文学三十年》。①

《中国现代文学三十年》修订本，删除了初版本的长篇“绪论”，增写了“前言”。在“前言”中作者说明“中国现代文学三十年”首先是一个时间概念，即指1917年至1949年间的中国新文学；其次它“还是一个揭示这一时期文学的‘现代’性质的概念。所谓‘现代文学’，即是‘用现代文学语言与文学形式，表达现代中国人的思想、感情、心理的文学’”②。作者还特别申明自己的观点，认为“这样的‘文学的现代化’，是与本世纪中国所发生的‘政治、经济、科技、军事、教育、思想、文化的全面现代化’的历史进程相适应，并且是其不可或缺的有机组成部分，而在促进‘思想的现代化’与‘人的现代化’方面，文学更是发挥了特殊的作用。因此，本世纪中国围绕‘现代化’所发生的历史性变动，特别是人的心灵的变动，就自然构成了现代文学所要表现的主要历史内容。”③作者在“前言”中还强调了“中国文学现代化”与中国传统文学和世界文学的关系，强调了“‘文学现代化’所发生的最深刻并具有根本意义的变革是文学语言与形式的变革，以及与此相联系的美学观念与品格的变革。”④这些基本观点与初版本“绪论”中阐述的时间分期、中国现代文学的“改造民族灵魂”的根本特征等新启蒙主义观点在文字表述、认识角度和强调程度上虽有不同，但基本认识是一致的，与作者之一钱理群与黄子平、陈平原的《论“二十世纪中国文学”》所阐明的观点也是相通的，反映了新时期中国现代文学研究者要求突破和创新的史观与史法。《中国现代文学三十年》在全书的总体结构、章节安排、作家作品的评析和文学现象的分析等方面都贯穿着上述的基本观点，提出了一些精辟的深刻的独特的富有启发性的新见解，虽然不无简单化理想化的“片面的深刻”之处，但却实现了重大的突破和创新，成为一部具有个性和特色的辞旧开新的中国现代

---

① 《中国现代文学三十年》初版本于1987年8月在上海文艺出版社出版，作者为钱理群、吴福辉、温儒敏、王超冰。1998年7月北京大学出版社出版的修订本《中国现代文学三十年》，由于修订幅度比较大，不少章节几乎完全重写，“因王超冰不在国内，而未能参与修订工作”，“修订本就由钱理群、吴福辉、温儒敏三人署名。”见《中国现代文学三十年》的《后记》。本文所论的是修订本。

② 钱理群、吴福辉、温儒敏：《中国现代文学三十年》(修订本)，北京大学出版社，1998年，《前言》1页。

③ 钱理群、吴福辉、温儒敏：《中国现代文学三十年》(修订本)，北京大学出版社，1998年，《前言》1页。

④ 钱理群、吴福辉、温儒敏：《中国现代文学三十年》(修订本)，北京大学出版社，1998年，《前言》2页。

文学史著。这充分说明了有什么样的史识就有什么样的史的研究，史识的卓异造就史著的个性和特色。

二

史识是个人参与社会历史活动行为的思想主导，是史家认识、评价历史的理性判断的根据，是史著的灵魂；而养成科学的富有真知灼见的史识的灵魂则是马克思主义实践的、辩证的唯物史观。

马克思主义认为，人类社会历史是“人们通过每个人追求他自己的、自觉期望的目的而创造自己的历史，却不管这种历史的结局如何，而这许多按不同方向活动的愿望及其对外部世界的各种各样影响所产生的结果，就是历史”①。同时，马克思主义还指出：“在社会历史领域内进行活动的，全是具有意识的、经过思虑或凭激情行动的、追求某种目的的人；任何事情的发生都不是没有自觉的意图，没有预期的目的的。但是，不管这个差别对历史研究，尤其是对个别时代和个别事变的历史研究如何，它丝毫不能改变这样一个事实：历史进程是受内在的一般规律支配的。”“在表面上是偶然性在起作用的地方，这种偶然性始终是受内部的隐蔽着的规律支配的，而问题只是在于发现这些规律。”②这就是说人类的实践活动是创造人类的“有意义”的“生活世界”的活动，它一方面要按照自己的欲望、目的、要求去改变世界，另一方面这种具有目的性要求的改变世界的活动又必须依据关于世界的规律性认识，按照被改造对象的规律来进行，才能实现这种目的性要求，达到人类实践活动的“合目的性”与“合规律性”的矛盾统一，从而创造人类历史和实现人类的自我发展。显然，马克思主义强调指出的是，人类社会历史的主体是人，现实的人。人类社会历史就是各个世代依次交替的现实的人创造的；而物质生活的生产是人类社会历史的现实基础，最具决定意义的因素，因此，人类社会历史的主要创造者就是从事物质生活生产的人民群众。人民群众的实践活动既是创造社会财富的决定性因素，又是推动社会变革、历史前进的主要动力。按照马克思主义的观点，思维与存在的关系问题就是“现实的人”以“感性的活动”③为基础的与“现实世界”的关系，也就是以实践为基础的现实的人与人类实践活动的对象现实世界之间的历史的发展着的关系。人类的政治活动、经济活动、文化活动、物质生产活动、科学技术活动都是以人民群众为主体的现实的人创造历史的实践活动，历史上

---

① 恩格斯：《路德维希·费而巴哈和德国古典哲学的终结》，《马克思恩格斯选集》第4卷，人民出版社，1972年，243页。

② 恩格斯：《路德维希·费而巴哈和德国古典哲学的终结》，《马克思恩格斯选集》第4卷，人民出版社，1972年，244页。

③ 参阅孙正聿：《哲学通论》，辽宁人民出版社，1998年，43页、44页。

的杰出人物则是人民群众的代表。这应该是我们认识问题解决问题的立脚点。

文学艺术创作活动是人认识、把握世界的实践活动的一种基本方式。人以自己的人生体验和审美感受，创造形象和意境，展现人的情感体验的审美世界，而它的载体文学作品则构成了这一艺术世界的审美意义，并以此认识和把握人的世界。文学批评和文学研究就是对艺术世界审美意义的反思、认识、揭示和阐发，使之成为具有社会普遍意义的社会自我意识。因此，对于文学批评家和文学史家而言，构成人的史识的世界观、文学观、人生体验、真善美的价值尺度、学术品格、学识素养等都是至关重要的。中国共产党为建设有中国特色的社会主义先进文化在不同历史时期提出的文艺为什么人服务的问题；文艺源于生活高于生活；文艺批评的是非标准和衡量文艺创作的优秀艺术标准；文艺的教育、娱乐、审美作用；文艺的鲜明的时代性、浓郁的民族性、深厚的人民性的价值观；艺术家的“德艺双馨”和深入基层、深入群众、深入生活的创作理念；宏扬主旋律与提倡多样化的统一；物质文明、政治文明、精神文明协调发展；坚持以人为本树立全面、协调、可持续发展的发展观等，都是从不同时期的文艺现状实际出发，创造性地运用马克思主义实践的辩证的唯物史观和文艺观研究和解决文艺实践问题的重要思想，推动了文艺事业的发展。这些思想蕴涵着深邃的理论精义，应该融入到我们文学批评与文学研究的史识中。

作为史识的一个不可忽视的方面，是理论思维模式与思维方法的问题。

长期以来，束缚我们思想的一个严重问题就是简单化的传统思维方法，习惯于简单化地理解“矛盾对立的两个方面”和“一分为二”，把事物之间复杂、多样的联系，简单地划分为互相排斥、互相对立斗争的两极。简单化的理论思维模式和方法，必然造成对复杂事物的简单化的认识和处理方式。事实是，属于人世界的事物和现象之间就似整个链条上的环节，都是相互联系、相互制约、相互影响的。我们所处的世界就是一个处于系统联系、系统运动的整体世界。中国新文学的诞生、变革、发展与中国社会现代化变革的历史时代，与这个时代的政治、经济、社会和思想文化变革密切相联；在我国社会主义初级阶段实行的社会主义公有制为主体、多种所有制经济共同发展的基本经济制度，使文化结构呈现出纷纭复杂、多元交织并存的格局，文学创作也呈现出各异其趣、标新立异、异彩缤纷的局面。因此，文学批评与文学研究也要在文学与社会历史时代的多方面的整体联系，在文学自身的多元素、多环节、多层次的有机联系中进行认识与把握。关于这个认识论和方法论问题，马克思主义经典理论都有阐述。恩格斯说：“我们所面对着的整个自然界形成一个体系，即各种物体相互联系的整体……这些物体是互相联系的，这就是说，它们是相互作用着的，并且正是这种相互作用构成了运动。”①列宁说：“各种现象的一切方面(而历史不断揭示出新的方面)，都是互相依存的，彼此有极其密切而不可分割的联系，形成统一的、有规律的世界运动过程，——这就是辩证法这一内容(比通常)更丰富的发展学说的几个特点。”②马克思主义经典理论在谈事物相互联系的矛盾统一关系时，特别是对事物矛盾统一的诸方面的论析，既看到事物“一分为二”“矛盾对立”的方面，又充分注意到事物诸方面的“一分为多”，“合多为一”的矛盾统一关系。恩格斯曾针对简单、片面地理解“一分为二”两极对立的思维模式，指出：“所有这些先生们所缺少的东西就是辩证法。他们总是只在这里看到原因，在那里看到结果。他们从来看不到：这是一种空洞的抽象，这种形而上学的两极对立在现实世界中只是在危机时期才有，整个伟大的发展过程是在相互作用的形式中进行的(虽然相互作用的力量很不均衡：其中经济运动是更有力得多的、最原始的、最有决定性的)，这里没有任何绝对的东西，一切都是相对的。”③恩格斯还曾以数学方法为例说明一和多的关系，他说：“数学家们在做起来对自己有些方便的地方都毫不勉强地在自己的计算中引用 X0＝1，或引用分子和分母相等的分数，即等于一的分数，——因而数学地运用包含在一中的多。但是如果有人以一般的表现方式向他们说，一和多是不能分离的相互渗透的两个概念，而且多包含于一中正如一包含于多中一样时，他们就会皱起鼻子并做起鬼脸来。但是，只要我们一离开纯粹数的领域，我们就会看到这是实在情形。……在这里很明显地看出何等的多样性和多都包含在这个初看起来十分简单的单位概念中。”④这些论述都从哲学的高度阐明了“一”与“多”的关系，即“一”寓于“多”是“多”的本质规律或共项的抽象。“多”是“一”的载体，通过“多”，“一”才得以展示自己的丰富性、科学性、发展性，离开“多”，“一”就成为抽象物。这种关系不是有“一”无“多”，以“一”盖“多”，而是“一”寓于“多”、“一”含纳“多”、“一”整合“多”的事物矛盾多方面的辩证统一关系。因此，不能把事物仅仅看成是“一分为二”的两个矛盾方面的绝对对立统一体，还应该看到事物是由多个层次、多个方面互相联系而构成的矛盾统一体，如马克思所说的：“具体之所以具体，因为它是许多规定的综合，因而是

---

① 恩格斯：《自然辩证法》，《马克思恩格斯选集》第 3 卷，人民出版社，1972 年，492 页。

② 列宁：《卡尔·马克思》，《列宁选集》第 2 卷，人民出版社，1961 年，544 页。

③ 《恩格斯致康·施米特(1890 年 10 月 27 日)》，《马克思恩格斯选集》第 4 卷，人民出版社，1972 年，486 页、487 页。

④ 恩格斯：《自然辩证法》，人民出版社，1959 年，218 页、219 页。

多样的统一。”①这就从根本上否定了“非此即彼”“非左即右”的僵化的形而上学思维模式，给人们指示了科学辩证法的思维模式和方法。文学发展史是创作主体的人通过人生体验、审美感悟，认识、把握世界的实践过程，参与这一实践过程的人创作的一切成果，都是文学批评和文学研究不可忽视的方面；面对当今我国社会主义初级阶段文化、文学的多样性、多元化现象，我们在坚持社会主义文化、文学的主旋律的同时，还要正确处理主旋律与多元化现象的既对立、差异又相反相成，互为存在、转化的矛盾统一关系。这也就是毛泽东所说的：“世界上的事情是复杂的，是由各方面的因素决定的。看问题要从各方面去看，不能只从单方面看。”②“马克思主义者看问题，不但要看到部分，而且要看到全体。”③这也是中国现代文学研究应该坚持的思维方法，是史识修养的重要内容。

（原载《文学评论》2006 年第 2 期）

［导读］

本文提出的中国现代文学研究的史识问题，是指研究者的史识和研究对象的史识两个方面。研究者的卓越的史识和对研究对象的史识的真知灼见，是提高中国现代文学研究学术水平，写出具有独特性的科学的中国现代文学史著作的根本所在；研究历史人物的史识是认识历史的必要途径。

4. 学术史上的“现代文学”*

陈平原

［原文］

一

五年前，在一个学术会议上，我作了题为“走出现代文学”的即席发言。由于当时语焉不详，事后又没有及时整理发表，引起了一些不必要的猜疑。最直接的联想是，我是站在“20 世纪中国文学”的立场，来质疑并拆解“中国现代文学”这一曾经相当辉煌的学科。

1985 年，钱理群、黄子平和我，联名发表一系列文章，提倡“20 世纪中国文学”。此举得到了同行的普遍关注，也招来不少赞赏与批评。目前，这一尚未得到充分论证与阐发的概念，已被学界广泛使用，对“中国现代文学”作为一

---

① 马克思：《〈政治经济学批判〉导言》，《马克思恩格斯选集》第 2 卷，人民出版社，1972 年，103 页。

② 毛泽东：《关于重庆谈判》，《毛泽东选集》第四卷，人民出版社，1960 年，1156 页。

③ 毛泽东：《论反对日本帝国主义的策略》，《毛泽东选集》第一卷，人民出版社，1958 年，144 页。

* 本文所有注释为原注。

个独立学科的存在与发展，构成一定程度的威胁。但是，当我谈论“走出”时，着眼点却是“补天”，而非“取而代之”。或者说，是站在本学科的立场，来反省面临的危机，以及可能的出路。

学科的界定，很大程度受制于大学课程的设置。而后者牵涉到的，远不只是学术发展的内在理路，更包括意识形态的需求、教育体制的变更、校园政治的冲突等。作为具体的学者，没有能力独辟疆域，另树大旗，但不妨纵横驰骋，跨越假定性的学科边界。前者隐含着利益与霸权，后者则只需要良知与见识。因此，在我看来，置身某一学科，远不如采纳某一理论假设重要。举例说，在国家教委正式下达命令之前，大学教师无权自行取消“中国现代文学”学科；但撰写研究著作，却不必介意是否符合“教学大纲”。

至于质疑大学课程的合理性，以及为学科的重新设置而抗争，事关知识积累与传递之大局，非具体的专业论文所能承担。学者有义务、也有权力从知识社会学角度，思考此类“大理论”(grand theory)；但这与站在现有学科立场，反省危机，探讨“突围”的策略，并不截然矛盾。

作为一个学科，必须有自己相对独立的范围、视野与方法。目前的状态是，曾经树大旗领风骚的“中国现代文学”，面临被几个相关学科挤压而萎缩的命运。在中国学界，所谓的“现代”，历来与“近代”“当代”关系暧昧。“近代文学”的研究，近年日趋活跃，其思路从1840一直说到1949。不管是学术思潮(比如夷夏之辨、今古文之争)，还是具体文类(比如武侠小说、言情小说)，其视野颇有超越“现代文学”者。就现状而言，“近代文学”的研究队伍及著作水平，均不及“现代文学”；但后者已趋成熟，而前者尚在生长。“当代文学”的发展，更是令人刮目相看。不再满足于对当下文坛的批评，追根溯源时从五四说起，或者讨论解放区文学与五六十年代文学千丝万缕的联系，已经是非常普遍的思路。随着时间的推移，原先心照不宣的“楚河汉界”，不再能够阻挡得住“近代”与“当代”的两头夹攻。长此以往，就连“三十年”也都无法独霸；更何况，对于一个学科来说，“三十年”的天地，实在是过于狭窄了。

另外，由于“三千年未有之大变局”“为人生而艺术”“在东西方文化碰撞中”等学科特征，“现代文学”很容易成为文化史、思想史、政治史研究的“资料库”。至于比较文学家，更是喜欢在“现代文学”园地里纵横驰骋，而且也确实大有作为。既然这么多学科的专家有能力与现代文学史家争锋，那么，身在其中者，该如何应战？若没有足以自立的根基，无法开拓新的天地，只剩下大作家大作品的精细解读，难以支撑起一个独立的学科。

下个世纪的中国学界，重新界定学科并划分疆域，将是当务之急。近、现、当代的重叠，使得其必须“删繁就简”。若如是，现有的“现代文学”思路，将处于相当尴尬的位置。比如，晚清被“近代文学”包容，左翼及解放区文学又为“当代文学”所喜爱，鲁迅、胡适等作为思想史、学术史的对象，张恨水们又成了通俗文学的样板，所谓的“现代文学”，还能否自成体系，实在很难说。对于具体学者来说，不必划地为牢，尽可穿越学科边界，从事综合研究；但作为与教育体制密切相关的学科建设，却必须有相对确定的对象、思路与方法。

古人云，居安必须思危。不妨用稍为苛刻一点的眼光，审视本学科得以建立的根基，并及早进行自我调整，以应付可能出现的各种挑战。

二

讲求方法更新，拓展研究范围，此乃 80 年代以来中国现代文学研究的大趋势。但有一道门槛，似乎无论如何也跨不过去。那就是，假定“现代文学”等于“五四新文学”，因而也就必然从属于“新文化运动”。所谓“成也萧何，败也萧何”，就从这学科的根基及标尺说起。

1980 年，王瑶先生在中国现代文学研究会第一次年会上作报告，称“它是一门很年轻的学科”；事隔十四年，在西安会议上，樊骏和钱理群都提到“我们的学科正在走向成熟”。在我看来，二说都能成立。撇开当事人的谦虚与立说时的留有余地，几十年的现代文学研究，确实已经形成了自己的传统，并迅速走向成熟。

对于“学科的迅速成熟”，可以从不同角度阅读：研究者工作努力；学科潜力有限；理论框架恰当。前二说褒贬悬殊，但都与第三者密切相关。作为学科根基的理论框架，不因存在着才华横溢或特立独行的研究者，而模糊其面目及意义。大而言之，有两部书，对“中国现代文学”的学科建设，起着决定性作用。一是毛泽东的《新民主主义论》，一是上海良友图书公司 30 年代出版的《中国新文学大系》。前者突出文学与政治的联系，后者则更关注文学自身的发展。80 年代中期以后，前者的指导意义受到了严峻的挑战，而后者所体现出来的艺术趣味及审美判断，时至今日仍为许多研究者所津津乐道。

为总结“第一个十年”而编辑的《中国新文学大系》，不只保存了大量珍贵史料，更提供了一幅相当完整的“文学史”图景。除了蔡元培高度概括的总序，胡适、郑振铎、茅盾、鲁迅、郑伯奇、周作人、郁达夫、洪深、朱自清、阿英等为各卷所撰导言，都是相当精彩的文学史论。这就难怪后世的研究者，常将其作为立论的根基。鲁迅的总结，历来被史家奉为圭臬；至于 50 年代的突出茅盾、郑振铎，80 年代的注重胡适、周作人，主要源于政治环境的变化。倘若不考虑各家命运的荣衰与升降，单就学术思路而言，新文学创立者的自我总结，始终规范着研究者的眼界与趣味。

当事人的证词与研究者的成果，二者过分一致，既可喜，又可忧。当人们再三引证胡适、鲁迅等人的精彩论述时，很少追究其立说的文化背景及心理动机。作为一次成功的文学运动，五四新文化人从一开始便有明确的“文学史”意识。这一点，读读《新青年》等报刊上提倡文学革命的论说，很容易理解。比起此前中国历史上众多诗文革新运动，五四一代更喜欢在“文学史”框架中讨论问题。不管是“破旧”还是“立新”，讲“进化”还是主“演变”，其工作动力及理论预设，均来自“文学史”的想象。构建一种文学发展模式，在重写文学史的同时，树立自家旗帜；而革命一旦成功，又迅速将自家旗帜写进新的文学史。从1922年胡适的《五十年来中国之文学》，到1932年周作人的《中国新文学的源流》，再到1935年的《中国新文学大系》，仅仅十几年时间，五四新文化人已经完成了“盖棺论定”——包括运动的历史定位以及著作的经典化过程。

作为一代人的自我总结，《中国新文学大系》的成功毋庸置疑，这从后世研究著作基本沿袭其思路，并大量引用其具体结论，可以得到证实。作为当事人，胡适等人之以“五四新文学”为标尺，抹煞与之相背的文学潮流，一点也不稀奇。只是如此立论，更接近于批评家的“提倡”，而不是史家的“总结”。最明显的偏差，莫过于对待“晚清文学”以及“通俗小说”的态度。

五四那代人，有意无意地贬低甚至抹煞晚清文学改良运动，这一点，对现代文学研究者影响甚大。直到今天，《中国现代文学研究丛刊》依然很少刊登晚清研究论文。在我看来，这很可惜。关于晚清社会、文化、学术、思想以及文学的研究，在国内外学界，近年都有很大的进展，而且前景颇为乐观。借助于晚清，起码比较容易沟通“现代”与“传统”，也比较容易呈现“众声喧哗”局面，并进而走出单纯的“冲击—回应”模式(impact－response model)，不再将五四新文学解读为西方文学的成功移植。而“现代文学”非从五四(包括其前奏)说起不可的思路，严重地局限了这一学科自身的发展。表面上，“20世纪中国文学”这一概念被广泛采纳，晚清也已经进入不少现代文学研究者的视野，可大都只是为了扩大研究范围，或者为“五四”追根溯源，因而“标尺”依旧，“正统”仍在，情况并没有根本性的改变。

与晚清之被忽略相对应的，便是史家对于通俗小说的蔑视。站在“五四”的立场，鸳鸯蝴蝶派“不能算文学”，最多只能以“逆流”——新文学的对立面——进入文学史。比起“新文学大系”的置若罔闻，今日史家之不再拒绝张恨水，已是天翻地覆的变化。但引进“晚清记忆”与“通俗小说”两个维度，目的是重构现代文学场景，而不仅仅是发掘被埋没的作家与作品。“牵一发”未必都能“动全身”，如何叙述通俗小说在20世纪中国文坛的命运，对文学史家来说，依然是个极大的挑战。

迎接挑战的逻辑起点，便是反省“五四”的立场，超越“大系”的眼界。这种说法，并不意味着一切推倒重来，而是对自家那些似乎是“不言而喻”的理论预设，保持比较清醒的认识，并进而有所抉择，有所修正。

三

曾经作为现代文学学科建设指导性纲领的《新民主主义论》，80 年代中期以后，受到或明或暗的质疑。不再有“金科玉律”，但研究者仍一如既往地注重文学与社会、文学与政治的联系，就因为，此乃学科特点所规定，无法回避，也不应该回避。我想说的是，除了社会与政治，学术思潮同样影响着文学进程。比如，关于“文学史”的想象，便已直接介入了五四文学的革命。

文学史的写作，蕴涵着文学观念的变革；文学史的教学，更是普及新的文学观念的最佳途径。校园文学，比如北京大学、西南联大师生的创作，只是其表面的成绩；更重要的是，通过文学经典的确立，培养新人，树立风尚，推动潮流。此前的学界，比较注重文学批评、文学理论与诗文、小说、戏剧创作的联系，而很少考虑文学史的写作与教学。其实，对于“文学”作为一种知识的生长与传播，“文学史”起了不容忽视的作用。因而，不妨将学术史与教育史作为参照系，思考学界重建文学史的努力，如何蕴涵着文学发展的动力与方向感。

另外，20 世纪众多学术思潮(如东西方文化论战、古史辨、中国社会性质论战等)，都对文学创作产生直接、间接的影响。谈论文学潮流，必须兼及其可能具有的“学术背景”。在这个意义上，试图将“文”与“学”挂钩，并非无稽之谈。

记得当年谈论“走出现代文学”，注重的是思想史、文化史的思路与方法。将报刊出版、教育体制以及都市化进程等，纳入研究视野，而且从作家作品转向文学流派与文学现象，80 年代我们已经这么走过来了。近年西方“文化研究”的急剧发展，对现代文学研究者来说，是个很好的契机。不管是民族国家学说、公共空间理论、还是区域研究、现代性争辩，都可能为我们的研究提供革新的动力。

借助某种机缘，拓展眼界，修正思路，此乃学术研究的“常规”。这种努力，此前有过，此后更不会缺少，之所以用了近乎危言耸听的“走出”二字，针对的正是“现代文学”作为一门学科之“成熟”。

在学术史意义上，强调不断的自我反省，此乃学科保持青春长在的秘诀。我走上现代文学研究之路，很大程度得益于王瑶先生包头会议上的讲话(即收录在《王瑶文集》第五卷的《关于现代文学研究工作的随想》)，那是一篇相当精彩的学术史论，对现代文学作为一门学科的重建，起了决定性作用。1994 年西安年会上的众多发言，也有强烈的“继往开来”意识。当时我正在日本访学，听了尾崎文昭先生带回的全部发言录音，相当激动。回国后，一直想为那场没能赶上的盛会，作点补充或注解，可惜没能如愿。这一回的“纸上谈兵”——所谓的学科发展战略，确有兵家色彩，也可算作是迟到的发言。

对于具体的学者，选择什么样的研究策略，除了审时度势，还必须考虑自家的兴趣与能力；可对于学科来说，则有可能借助于经常的自我反省，调整方向与步伐。每一次理论反省，每一次方向调整，每一次队伍集结，都是为了重新出发。“现代文学”的不确定性，促使我们保持清醒的头脑，这未尝不是好事。

1996年10月18日于京西蔚秀园

（原载《中国现代文学研究丛刊》1997年第1期）

［导读］

本文从1985年提出的“20世纪中国文学”开始谈起，从这一概念的提出是否对“中国现代文学”这一独立的学科构成威胁展开讨论，认为从“中国现代文学”到“20世纪文学”，并不是一种替代，而是站在另一个立场来反思中国现代文学学科面临的危机和可能的出路。

◇思考与练习

1. 查阅资料，谈谈中国现代文学是如何实现从文学史到学术史的发展和飞跃的。
2. 查阅资料，试着梳理中国现代文学学术史的代际发展。
3. 查阅资料，考察中国现代文学学术史的主要特点。
4. 查阅资料，考察中国现代文学史的编撰史、现代文学的接受史、现代文学编年史各自的内容和特点。

◇资料与索引

著作

1. 樊骏. 论中国现代文学研究. 上海：上海文艺出版社，1992.
2. 黄修己. 中国新文学史编纂史. 北京：北京大学出版社，1995.
3. 温儒敏. 文学史的视野. 北京：人民文学出版社，2004.
4. 温儒敏，等. 中国现当代文学学科概要. 北京：北京大学出版社，2005.
5. 张传敏. 民国时期的大学新文学课程研究. 北京：人民出版社，2010.
6. 陈平原. 作为学科的文学史. 北京：北京大学出版社，2011.
7. 邵宁宁. 现代文学学科历史与未来走向. 兰州：甘肃教育出版社，2013.

论文

1. 刘中树，张福贵. 唐弢文学史观的构成及表现特征. 中国现代文学研究丛刊，1993(1).

2. 温儒敏. 文学史观的建构与对话：围绕初期新文学的评价. 北京大学学报：哲学社会科学版，2000(4).

3. 温儒敏. “苏联模式”与 1950 年代的现代文学史写作. 北京大学学报：哲学社会科学版，2003(1).

4. 刘勇. 关于中国现代文学学术史研究的几点思考. 中国现代文学研究丛刊，2003(2).

5. 温儒敏. 从学科史回顾八十年代的现代文学研究. 北京大学学报：哲学社会科学版，2004(5).

6. 刘勇. 关于中国现代文学史“重构”的几个问题. 北京师范大学学报：社会科学版，2010(6).

附录：中国现代作家作品研究资料索引

一、中国现代作家研究资料①

1. 李恺玲．康濯研究资料．长沙：湖南人民出版社，1984.
2. 韩日新．陈大悲研究资料．北京：中国戏剧出版社，1985.
3. 高捷．马烽西戎研究资料．太原：山西人民出版社，1985.
4. 张菊香．周作人研究资料．天津：天津人民出版社，1986.
5. 许毓峰．闻一多研究资料．太原：北岳文艺出版社，1986.
6. 丰华瞻．丰子恺研究资料．银川：宁夏人民出版社，1988.
7. 陈荒煤．冯乃超研究资料．西安：陕西人民出版社，1992.
8. 刘可兴．光未然研究资料．西安：陕西人民教育出版社，1993.
9. 杨益群．司马文森研究资料．北京：北京十月文艺出版社，1998.
10. 韩丽梅．袁水拍研究资料．北京：中国国际广播出版社，2003.
11. 刘洪涛，杨瑞仁．沈从文研究资料．天津：天津人民出版社，2006.
12. 黄曼君，马光裕．沙汀研究资料．北京：知识产权出版社，2009.
13. 严平．荒煤研究资料．北京：知识产权出版社，2009.
14. 余仁凯．草明研究资料．北京：知识产权出版社，2009.
15. 张如法．绿原研究资料．北京：知识产权出版社，2009.
16. 张占国，魏守忠．张恨水研究资料．北京：知识产权出版社，2009.
17. 赵明，王文金，李小为．李季研究资料．北京：知识产权出版社，2009.
18. 王延晞，王利．郑伯奇研究资料．北京：知识产权出版社，2009.
19. 张伟，马莉，邹勤南．葛琴研究资料．北京：知识产权出版社，2009.
20. 范伯群．冰心研究资料．北京：知识产权出版社，2009.
21. 苏关鑫．欧阳予倩研究资料．北京：知识产权出版社，2009.

---

① “中国现代作家作品研究资料”丛书从20世纪80年代初期开始分由不同出版社陆续出版，自2009年起，北京知识产权出版社陆续对其中大部分研究资料重新整理出版，版本更新、资料更全，此部分索引在保留了未重新出版的一些原始版本的基础上，大部分采用了北京知识产权出版社的最新版本。

22. 艾以，等. 王西彦研究资料. 北京：知识产权出版社，2009.

23. 冯光廉，刘增人. 王统照研究资料. 北京：知识产权出版社，2010.

24. 薛绥之，张俊才. 林纾研究资料. 北京：知识产权出版社，2010.

25. 李宗英，张梦阳. 六十年来鲁迅研究论文选(上、下). 北京：知识产权出版社，2010.

26. 李存光. 巴金研究资料(上、中、下). 北京：知识产权出版社，2010.

27. 王训昭，卢正言，邵华，等. 郭沫若研究资料(上、下). 北京：知识产权出版社，2010.

28. 孙中田，查国华. 茅盾研究资料(上、下). 北京：知识产权出版社，2010.

29. 刘增杰. 师陀研究资料. 北京：知识产权出版社，2010.

30. 刘增人，冯光廉. 叶圣陶研究资料(上、下). 北京：知识产权出版社，2010.

31. 冯光廉，刘增人. 臧克家研究资料(上、下). 北京：知识产权出版社，2010.

32. 曾广灿，吴怀斌. 老舍研究资料(上、下). 北京：知识产权出版社，2010.

33. 孙玉蓉. 俞平伯研究资料. 北京：知识产权出版社，2010.

34. 傅小北，杨幼生. 唐弢研究资料. 北京：知识产权出版社，2010.

35. 董兴泉. 舒群研究资料. 北京：知识产权出版社，2010.

36. 李士非，李景慈，梁山丁，等. 李克异研究资料. 北京：知识产权出版社，2010.

37. 萧斌如. 刘大白研究资料. 北京：知识产权出版社，2010.

38. 卫竹兰，等. 罗淑研究资料. 北京：知识产权出版社，2010.

39. 陈振国. 冯文炳研究资料. 北京：知识产权出版社，2010.

40. 杨义，张环，魏麟，等. 路翎研究资料. 北京：知识产权出版社，2010.

41. 潘颂德. 王礼锡研究资料. 北京：知识产权出版社，2010.

42. 叶雪芬. 叶紫研究资料. 北京：知识产权出版社，2010.

43. 黄修己. 赵树理研究资料. 北京：知识产权出版社，2010.

44. 方铭. 蒋光慈研究资料. 北京：知识产权出版社，2010.

45. 李岫. 李广田研究资料. 北京：知识产权出版社，2010.

46. 李华盛，胡光凡. 周立波研究资料. 北京：知识产权出版社，2010.

47. 陈金淦. 胡适研究资料. 北京：知识产权出版社，2010.

48. 宋时. 宋之的研究资料. 北京：知识产权出版社，2010.

49. 潘光武. 阳翰笙研究资料. 北京：知识产权出版社，2010.
50. 王韦. 徐懋庸研究资料. 北京：知识产权出版社，2010.
51. 王自立，陈子善. 郁达夫研究资料. 北京：知识产权出版社，2010.
52. 孙庆升. 丁西林研究资料. 北京：知识产权出版社，2010.
53. 曾华鹏，蒋明玳. 王鲁彦研究资料. 北京：知识产权出版社，2010.
54. 田惠兰，马光裕，陈珂玉. 钱钟书 杨绛研究资料. 北京：知识产权出版社，2010.
55. 艾以，沈辉，卫竹兰，等. 罗洪研究资料. 北京：知识产权出版社，2010.
56. 沈承宽，黄侯兴，吴福辉. 张天翼研究资料. 北京：知识产权出版社，2010.
57. 会林，陈坚，绍武. 夏衍研究资料. 北京：知识产权出版社，2010.
58. 史若平. 成仿吾研究资料. 北京：知识产权出版社，2011.
59. 邵华强. 沈从文研究资料(上、下). 北京：知识产权出版社，2011.
60. 袁良骏. 丁玲研究资料. 北京：知识产权出版社，2011.
61. 鲍晶. 刘半农研究资料. 北京：知识产权出版社，2011.
62. 邵华强. 徐志摩研究资料. 北京：知识产权出版社，2011.
63. 李怡，易彬. 穆旦研究资料. 北京：知识产权出版社，2013.
64. 徐从辉. 周作人研究资料(上、下). 天津：天津人民出版社，2014.

二、中国现代作家传记资料

1. 戴光中. 赵树理传. 北京：北京十月文艺出版社，1987，1996.
2. 肖凤. 冰心传. 北京：北京十月文艺出版社，1987，1996.
3. 田本相. 曹禺传. 北京：北京十月文艺出版社，1988.
4. 郭志刚，章无忌. 孙犁传. 北京：北京十月文艺出版社，1990.
5. 林志浩. 鲁迅传. 北京：北京十月文艺出版社，1991.
6. 孔庆茂. 钱钟书传. 南京：江苏文艺出版社，1992.
7. 吴福辉. 沙汀传. 北京：北京十月文艺出版社，1990，1996.
8. 李少群. 李广田传论. 济南：山东文艺出版社，1990.
9. 陈福康. 郑振铎传. 北京：北京十月文艺出版社，1994，1996.
10. 董健. 田汉传. 北京：北京十月文艺出版社，1996.
11. 余飘，李洪程. 成仿吾传. 北京：当代中国出版社，1997.
12. 陆建华. 汪曾祺传. 南京：江苏文艺出版社，1997.
13. 陈坚，陈抗. 夏衍传. 北京：北京十月文艺出版社，1998.

14. 梅志. 胡风传. 北京：北京十月文艺出版社，1998.
15. 宋益乔. 许地山传. 福州：海峡文艺出版社，1998.
16. 程光炜. 艾青传. 北京：北京十月文艺出版社，1999.
17. 苏迟. 李叔同传. 北京：团结出版社，1999 年.
18. 龚济民，方仁念. 郭沫若传. 北京：北京十月文艺出版社，2000.
19. 刘增人. 王统照传. 北京：北京十月文艺出版社，2000.
20. 季红真. 萧红传. 北京：北京十月文艺出版社，2000.
21. 孙晨. 臧克家传. 济南：山东大学出版社，2000.
22. 钱理群. 周作人传. 北京：北京十月文艺出版社，2001.
23. 陈孝全. 朱自清传. 北京：北京十月文艺出版社，2001.
24. 吴家荣. 阿英传论. 合肥：安徽教育出版社，2002.
25. 傅国涌. 金庸传. 北京：北京十月文艺出版社，2003.
26. 刘川鄂. 张爱玲传. 北京：北京十月文艺出版社，2003.
27. 陆耀东. 冯至传. 北京：北京十月文艺出版社，2003.
28. 凌宇. 沈从文传. 北京：北京十月文艺出版社，2003.
29. 韩石山. 徐志摩传. 北京：北京十月文艺出版社，2004.
30. 王毅. 艾芜传. 北京：北京十月文艺出版社，2005.
31. 孙中田. 茅盾传. 北京：北京十月文艺出版社，2005.
32. 王嘉陵，郭志强. 李劼人图传. 成都：天地出版社，2005.
33. 马东玉. 梁漱溟传. 北京：东方出版社，2008.
34. 吴义勤，王素霞. 我心彷徨：徐讦传. 上海：上海三联书店，2008.
35. 白吉庵. 胡适传. 北京：红旗出版社，2009.
36. 刘增人. 叶圣陶传. 北京：东方出版社，2009.
37. 吴福辉. 沙汀画传. 成都：四川人民出版社，2010.
38. 刘再复，林非. 鲁迅传. 福州：福建教育出版社，2010.
39. 李辉. 巴金传. 北京：人民日报出版社，2011.
40. 孔海立. 端木蕻良传. 上海：复旦大学出版社，2011.
41. 葛浩文. 萧红传. 上海：复旦大学出版社，2011.
42. 卓如. 何其芳传. 北京：中国三峡出版社，2012.
43. 汪家明. 立尽梧桐影：丰子恺传. 北京：中华书局，2014.
44. 卫华，化夷. 瞿秋白传. 长沙：湖南人民出版社，2014.
45. 徐德明. 图本老舍传. 长春：长春出版社，2015.
46. 姜涛. 图本徐志摩传. 长春：长春出版社，2015.
47. 张洁宇. 图本郁达夫传. 长春：长春出版社，2011.
48. 杨天舒. 图本张爱玲传. 长春：长春出版社，2015.

49. 孙中田. 图本茅盾传. 长春：长春出版社，2015.
50. 涂绍钧. 图本丁玲传. 长春：长春出版社，2015.
51. 易竹贤，陈国恩. 图本胡适传. 长春：长春出版社，2015.
52. 高旭东，葛涛. 图本鲁迅传. 长春：长春出版社，2015.
53. 黄曼君，王泽龙，李郭倩. 图本郭沫若传. 长春：长春出版社，2015.
54. 王增如，李向东. 丁玲传. 北京：中国大百科全书出版社，2015.
55. 王炳根. 爱是一切：冰心传. 北京：作家出版社，2016.
56. 张梦阳. 鲁迅全传. 北京：华文出版社，2016.
57. 闻黎明. 闻一多传(增订本). 北京：人民出版社，2016.
58. 顾艳. 译界奇人：林纾传. 北京：作家出版社，2016.
59. 蒋祖林. 丁玲传. 北京：人民文学出版社，2016.
60. 许寿裳. 鲁迅传. 长春：吉林出版社，2017.

三、中国现代作家评传

1. 陈达. 叶圣陶评传. 天津：百花文艺出版社，1981.
2. 黄修己. 赵树理评传. 南京：江苏人民出版社，1981.
3. 杨洪承. 王统照评传. 石家庄：花山文艺出版社，1989.
4. 王盛. 许地山评传. 南京：南京出版社，1989.
5. 鲁云涛. 瞿秋白评传. 成都：四川文艺出版社，1991.
6. 邓仪中. 沙汀评传. 重庆：重庆出版社，1993.
7. 张恩和. 郭小川评传. 重庆：重庆出版社，1993.
8. 周葱秀. 叶紫评传. 重庆：重庆出版社，1993.
9. 王科，徐塞. 萧军评传. 重庆：重庆出版社，1993.
10. 田本相，刘一军. 曹禺评传. 重庆：重庆出版社，1993.
11. 秦川. 郭沫若评传. 重庆：重庆出版社，1993.
12. 陈丙莹. 戴望舒评传. 重庆：重庆出版社，1993.
13. 陈早春，万家骥. 冯雪峰评传. 重庆：重庆出版社，1993.
14. 谭兴国. 艾芜评传. 重庆：重庆出版社，1994.
15. 牛运清. 刘白羽评传. 重庆：重庆出版社，1995.
16. 王保生. 沈从文评传. 重庆：重庆出版社，1995.
17. 郭志刚. 孙犁评传. 重庆：重庆出版社，1995.
18. 关坤英. 朱自清评传. 北京：北京燕山出版社，1995.
19. 万平近. 林语堂评传. 重庆：重庆出版社，1996.
20. 景海峰，黎业明. 梁漱溟评传. 南昌：百花洲文艺出版社，1997.

21. 陆荣椿. 夏衍评传. 济南：山东教育出版社，1997.
22. 田本相，吴卫民，宋宝珍. 田汉评传. 重庆：重庆出版社，1998.
23. 丁尔纲. 茅盾评传. 重庆：重庆出版社，1998.
24. 蔡清富，李丽. 臧克家评传. 重庆：重庆出版社，1998.
25. 陈虹. 陈白尘评传. 重庆：重庆出版社，1998.
26. 陈丙莹. 卞之琳评传. 重庆：重庆出版社，1998.
27. 关纪新. 老舍评传. 重庆：重庆出版社，1998.
28. 张大明，潘光武. 阳翰笙评传. 重庆：重庆出版社，1998.
29. 张傲卉，宋彬玉，等. 创造社 16 家评传. 重庆：重庆出版社，1998.
30. 颜敏. 张资平评传. 南昌：百花洲文艺出版社，1999.
31. 李怡. 七月派作家评传. 重庆：重庆出版社，2000.
32. 骆寒超. 艾青评传. 重庆：重庆出版社，2000.
33. 陆耀东. 徐志摩评传. 重庆：重庆出版社，2000.
34. 蒋勤国. 冯至评传. 北京：人民出版社，2000.
35. 徐明聪. 陶行知评传. 合肥：安徽教育出版社，2001.
36. 万家骥，赵金钟. 胡风评传. 重庆：重庆出版社，2001.
37. 宋绍青. 李金发评传. 北京：中国文联出版社，2003.
38. 宋益乔. 梁实秋评传. 北京：中国社会出版社，2005.
39. 蒋广学，向卫东. 梁启超评传. 南京：南京大学出版社，2005.
40. 黄升任. 黄遵宪评传. 南京：南京大学出版社，2006.
41. 陈漱渝. 鲁迅评传. 北京：中国社会出版社，2006.
42. 李存光. 巴金评传. 北京：中国社会出版社，2006.
43. 肖凤. 冰心评传. 北京：中国社会出版社，2006.
44. 宋益乔. 徐志摩评传. 北京：中国社会出版社，2005.
45. 傅宏星. 吴宓评传. 武汉：华中师范大学出版社，2008.
46. 桑逢康. 胡适评传. 北京：中国社会出版社，2008.
47. 肖凤. 庐隐评传. 北京：中国社会出版社，2008.
48. 李夫泽. 成仿吾评传. 成都：西南交通大学出版社，2008.
49. 郭玉斌. 萧红评传. 北京：中国社会出版社，2009.
50. 张锦贻. 张天翼评传. 太原：希望出版社，2009.
51. 陈星. 丰子恺评传. 济南：山东画报出版社，2011.
52. 吕晓英. 孙伏园评传. 北京：中国社会科学出版社，2011.
53. 贺仲明. 何其芳评传. 南京：南京大学出版社，2012.
54. 秦林芳. 丁玲评传. 南京：南京大学出版社，2012.
55. 董健. 田汉评传. 南京：南京大学出版社，2012.

56. 曾华鹏，范伯群．郁达夫评传．南京：南京大学出版社，2012.
57. 袁进．张恨水评传．南京：南京大学出版社，2012.
58. 易彬．穆旦评传．南京：南京大学出版社，2012.
59. 戴光中．赵树理评传．南京：南京大学出版社，2013.
60. 苗怀明．吴梅评传．南京：南京大学出版社，2012.
61. 钟小安．许寿裳评传．北京：中国社会科学出版社，2012.
62. 邹士方．宗白华评传．北京：西苑出版社，2013 .

四、中国现代作家名家评说系列

1. 子通，亦清．张爱玲评说六十年．北京：中国华侨出版社，2001.
2. 王珞．沈从文评说八十年．北京：中国华侨出版社，2004.
3. 程光炜．周作人评说八十年．北京：中国华侨出版社，2005.
4. 子通．鲁迅评说八十年．北京：中国华侨出版社，2005.
5. 丹晨．巴金评说七十年．北京：中国华侨出版社，2006.
6. 刘勇，李春雨．曹禺评说七十年．北京：文化艺术出版社，2007.
7. 葛涛．金庸评说五十年．北京：文化艺术出版社，2007.
8. 韩石山，伍渔．徐志摩评说八十年(上、中、下)．北京：文化艺术出版社，2008.
9. 张桂兴．老舍评说七十年．北京：中国华侨出版社，2005.
10. 李怡，蔡振．郭沫若评说九十年．北京：文化艺术出版社，2010.
11. 杨联芬．钱钟书评说七十年．北京：文化艺术出版社，2010.
12. 钱振纲．茅盾评说八十年．北京：文化艺术出版社，2011.

五、中国新文学大系系列

(一)第一个十年(1917—1927)

1. 胡适．建设理论集(第一集)．上海：上海文艺出版社，2003.
2. 郑振铎．文学论争集(第二集)．上海：上海文艺出版社，2003.
3. 茅盾．小说一集(第三集)．上海：上海文艺出版社，2003.
4. 鲁迅．小说二集(第四集)．上海：上海文艺出版社，2003.
5. 郑伯奇．小说三集(第五集)．上海：上海文艺出版社，2003.
6. 周作人．散文一集(第六集)．上海：上海文艺出版社，2003.
7. 郁达夫．散文二集(第七集)．上海：上海文艺出版社，2003.
8. 朱自清．诗集(第八集)．上海：上海文艺出版社，2003.
9. 洪深．戏剧集(第九集)．上海：上海文艺出版社，2003.

10. 阿英. 史料·索引(第十集). 上海：上海文艺出版社，2003.

(二)第二个十年(1927—1937)

1. 周扬序，上海文艺出版社编. 文学理论集一(第一集). 上海：上海文艺出版社，1987.

2. 周扬序，上海文艺出版社编. 文学理论集二(第二集). 上海：上海文艺出版社，1987.

3. 巴金序，上海文艺出版社编. 小说集一(第三集). 上海：上海文艺出版社，1984.

4. 巴金序，上海文艺出版社编. 小说集二(第四集). 上海：上海文艺出版社，1984.

5. 巴金序，上海文艺出版社编. 小说集三(第五集). 上海：上海文艺出版社，1984.

6. 巴金序，上海文艺出版社编. 小说集四(第六集). 上海：上海文艺出版社，1984.

7. 巴金序，上海文艺出版社编. 小说集五(第七集). 上海：上海文艺出版社，1984.

8. 巴金序，上海文艺出版社编. 小说集六(第八集). 上海：上海文艺出版社，1984.

9. 巴金序，上海文艺出版社编. 小说集七(第九集). 上海：上海文艺出版社，1984.

10. 吴组缃序，上海文艺出版社编. 散文集一(第十集). 上海：上海文艺出版社，1986.

11. 吴组缃序，上海文艺出版社编. 散文集二(第十一集). 上海：上海文艺出版社，1987.

12. 聂绀弩序，上海文艺出版社编. 杂文集(第十二集). 上海：上海文艺出版社，1985.

13. 芦焚序，上海文艺出版社编. 报告文学集(第十三集). 上海：上海文艺出版社，1985.

14. 艾青序，上海文艺出版社编. 诗集(第十四集). 上海：上海文艺出版社，1985.

15. 于伶序，上海文艺出版社编. 戏剧集一(第十五集). 上海：上海文艺出版社，1985.

16. 于伶序，上海文艺出版社编. 戏剧集二(第十六集). 上海：上海文艺出版社，1985.

17. 夏衍序，上海文艺出版社编. 电影集一(第十七集). 上海：上海文艺出版社，1984.

18. 夏衍序，上海文艺出版社编. 电影集二(第十八集). 上海：上海文艺出版社，1984.

19. 上海文艺出版社编. 史料·索引(第十九集). 上海：上海文艺出版社，1989.

20. 上海文艺出版社编. 史料·索引二(第二十集). 上海：上海文艺出版社，1989.

(三)第三个十年(1937—1949)

1. 王瑶序，上海文艺出版社编. 文学理论卷一(第一集). 上海：上海文艺出版社，1990.

2. 王瑶序，上海文艺出版社编. 文学理论卷二(第二集). 上海：上海文艺出版社，1990.

3. 康濯序，上海文艺出版社编. 短篇小说卷一(第三集). 上海：上海文艺出版社，1990.

4. 康濯序，上海文艺出版社编. 短篇小说卷二(第四集). 上海：上海文艺出版社，1990.

5. 康濯序，上海文艺出版社编. 短篇小说卷三(第五集). 上海：上海文艺出版社，1990.

6. 沙汀序，上海文艺出版社编. 中篇小说卷一(第六集). 上海：上海文艺出版社，1990.

7. 沙汀序，上海文艺出版社编. 中篇小说卷二(第七集). 上海：上海文艺出版社，1990.

8. 荒煤，洁泯序，上海文艺出版社编. 长篇小说卷一(第八集). 上海：上海文艺出版社，1990.

9. 荒煤，洁泯序，上海文艺出版社编. 长篇小说卷二(第九集). 上海：上海文艺出版社，1990.

10. 柯灵序，上海文艺出版社编. 散文卷一(第十集). 上海：上海文艺出版社，1990.

11. 柯灵序，上海文艺出版社编. 散文卷二(第十一集). 上海：上海文艺出版社，1990.

12. 廖沫沙序，上海文艺出版社编. 杂文卷(第十二集). 上海：上海文艺出版社，1990.

13. 刘白羽序，上海文艺出版社编. 报告文学卷(第十三集). 上海：上海文艺出版社，1990.

14. 臧克家序，上海文艺出版社编. 诗卷(第十四集). 上海：上海文艺出版社，1990.

15. 陈白尘序，上海文艺出版社编. 戏剧卷一(第十五集). 上海：上海文艺出版社，1990.

16. 陈白尘序，上海文艺出版社编. 戏剧卷二(第十六集). 上海：上海文艺出版社，1990.

17. 陈白尘序，上海文艺出版社编. 戏剧卷三(第十七集). 上海：上海文艺出版社，1990.

18. 张骏祥序，上海文艺出版社编. 电影卷一(第十八集). 上海：上海文艺出版社，1990.

19. 张骏祥序，上海文艺出版社编. 电影卷二(第十九集). 上海：上海文艺出版社，1990.

20. 上海文艺出版社编. 史料·索引(第二十集). 上海：上海文艺出版社，1994.

六、中国现代作家作品集系列

(一)全集系列

1. 鲁迅. 鲁迅全集(全十六册). 北京：人民文学出版社，1981.

2. 郭沫若. 郭沫若全集(全二十册). 北京：人民文学出版社，1982.

3. 周作人. 周作人全集(全五册). 台北：蓝灯文化事业股份有限公司，1982.

4. 茅盾. 茅盾全集(全四十册). 北京：人民文学出版社，1984.

5. 巴金. 巴金全集(全二十六册). 北京：人民文学出版社，1986.

6. 叶圣陶. 叶圣陶集(全二十六册). 南京：江苏教育出版社，1987.

7. 朱自清. 朱自清全集(全十二册). 南京：江苏教育出版社，1988.

8. 欧阳予倩. 欧阳予倩全集(全六册). 上海：上海文艺出版社，1990.

9. 艾青. 艾青全集(全五册). 石家庄：花山文艺出版社，1991.

10. 朱光潜. 朱光潜全集(全三十册). 合肥：安徽教育出版社，1992.

11. 闻一多. 闻一多全集(全十二册). 武汉：湖北人民出版社，1993.

12. 冰心. 冰心全集(全八册). 福州：海峡文艺出版社，1994.

13. 张爱玲. 张爱玲全集(全十六册). 大连：大连出版社，1996.

14. 曹禺. 曹禺全集(全七册). 石家庄：花山文艺出版社，1996.

15. 郑振铎. 郑振铎全集(全二十册). 石家庄：花山文艺出版社，1998.

16. 汪曾祺. 汪曾祺全集(全八册). 北京：北京师范大学出版社，1998.

17. 戴望舒. 戴望舒全集(全三册). 北京：中国青年出版社，1999.

18. 冯至. 冯至全集(全十二册). 石家庄：河北教育出版社，1999.
19. 胡风. 胡风全集(全十册). 武汉：湖北人民出版社，1999.
20. 何其芳. 何其芳全集(全八册). 石家庄：河北人民出版社，2000.
21. 田汉. 田汉全集(全二十册). 石家庄：花山文艺出版社，2000.
22. 丁玲. 丁玲全集(全十二册). 石家庄：河北人民出版社，2001.
23. 刘呐鸥. 刘呐鸥全集(全六册). 台南：台南县文化局，2001.
24. 钱锺书. 钱锺书集(全十三册). 北京：生活·读书·新知三联书店，2001.
25. 臧克家. 臧克家全集(全十二册). 长春：时代文艺出版社，2002.
26. 胡适. 胡适全集(全四十四册). 合肥：安徽教育出版社，2003.
27. 师陀. 师陀全集(全八册). 郑州：河南大学出版社，2004.
28. 孙犁. 孙犁全集(全十一册). 北京：人民文学出版社，2004.
29. 萧乾. 萧乾全集(全七册). 武汉：湖北人民出版社，2005.
30. 夏衍. 夏衍全集(全十六册). 杭州：浙江文艺出版社，2005.
31. 赵树理. 赵树理全集(全六册). 北京：大众文艺出版社，2006.
32. 郁达夫. 郁达夫全集(全十二册). 杭州：浙江大学出版社，2007.
33. 萧军. 萧军全集(全十四册). 北京：华夏出版社，2008.
34. 穆时英. 穆时英全集(全三册). 北京：北京十月文艺出版社，2008.
35. 王统照. 王统照全集(全七册). 北京：中国工人出版社，2009.
36. 沈从文. 沈从文全集(全二十八册). 太原：北岳文艺出版社，2009.
37. 废名. 废名集(全六册). 北京：北京大学出版社，2009.
38. 林语堂. 林语堂全集(全二十六册). 北京：群言出版社，2010.
39. 李广田. 李广田全集(全六册). 昆明：云南人民出版社，2010.
40. 苏青. 苏青全集(全三册). 北京：中国妇女出版社，2010.
41. 李劼人. 李劼人全集(全二十册). 成都：四川文艺出版社，2011.
42. 施蛰存. 施蛰存全集(全六册). 上海：华东师范大学出版社，2011.
43. 徐志摩. 徐志摩全集(全六册). 北京：中央编译出版社，2013.
44. 林徽因. 林徽因全集(全四册). 北京：新世界出版社，2013.
45. 老舍. 老舍全集(全十九册). 北京：人民文学出版社，2013.
46. 艾芜. 艾芜全集(全十九册). 成都：四川人民出版社，2014.
47. 路翎. 路翎全集(全十册). 上海：复旦大学出版社，2014.
48. 台静农. 台静农全集(全十三册). 广东：海燕出版社，2015.
49. 庐隐. 庐隐全集(全六册). 福州：福建教育出版社，2015.
50. 朱湘. 朱湘全集(全五册). 合肥：安徽文艺出版社，2016.
51. 萧红. 萧红全集(全五册). 北京：燕山出版社，2016.

52. 丰子恺. 丰子恺全集(全五十册). 北京：海豚出版社，2016.

(二)文集、选集系列

1. 洪深. 洪深文集(全四册). 北京：中国戏剧出版社，1957.
2. 周立波. 周立波文集(全五册). 上海：上海文艺出版社，1981.
3. 胡也频. 胡也频选集(全二册). 福州：福建人民出版社，1981.
4. 殷夫. 殷夫选集. 北京：人民文学出版社，1982.
5. 许地山. 许地山选集(全两册). 北京：人民文学出版社，1982.
6. 蒋光慈. 蒋光慈文集(全三册). 上海：上海文艺出版社，1982.
7. 田间. 田间诗选. 北京：人民文学出版社，1983.
8. 成仿吾. 成仿吾文集. 济南：山东大学出版社，1985.
9. 穆木天. 穆木天诗文集. 长春：时代文艺出版社，1985.
10. 丁西林. 丁西林剧作全集(全二册). 北京：中国戏剧出版社，1985.
11. 张天翼. 张天翼文集(全十册). 上海：上海文艺出版社，1985.
12. 沙汀. 沙汀文集(全七册). 上海：上海文艺出版社，1986.
13. 冯乃超. 冯乃超文集(全二册). 广州：中山大学出版社，1986.
14. 李金发. 李金发诗集. 成都：四川文艺出版社，1987.
15. 郑伯奇. 郑伯奇文集. 西安：陕西人民出版社，1988.
16. 陈梦家. 陈梦家诗全编. 杭州：浙江文艺出版社，1995.
17. 陈白尘. 陈白尘文集(全八册). 南京：江苏文艺出版社，1997.
18. 瞿秋白. 瞿秋白文集(全八册). 北京：人民出版社，1998.
19. 凌叔华. 凌叔华文集. 北京：北京燕山出版社，1998.
20. 端木蕻良. 端木蕻良文集(全四册). 北京：北京出版社，1999.
21. 叶灵凤. 叶灵凤文集(全四册). 广州：花城出版社，1999.
22. 彭家煌. 彭家煌文集. 北京：华夏出版社，2000.
23. 张资平. 张资平文集. 北京：华夏出版社，2000.
24. 陈西滢. 西滢文录. 沈阳：辽宁教育出版社，2000.
25. 卞之琳. 卞之琳文集(全三册). 合肥：安徽教育出版社，2002.
26. 梁实秋. 梁实秋文集(全十五册). 厦门：鹭江出版社，2002.
27. 蹇先艾. 蹇先艾文集(全三册). 贵阳：贵州人民出版社，2004.
28. 徐订. 徐订文集(全十六册). 上海：上海三联书店，2008.
29. 叶紫. 叶紫文集. 北京：线装书局，2009.
30. 刘半农. 刘半农文集. 北京：线装书局，2009.
31. 柔石. 柔石文集. 北京：线装书局，2009.
32. 杨振声. 杨振声文集. 北京：线装书局，2009.
33. 王鲁彦. 王鲁彦文集(全五册). 北京：人民文学出版社，2009.

34. 牛汉. 牛汉诗文集(全五册). 北京：人民文学出版社，2010.
35. 杨骚. 杨骚诗文选. 北京：中国出版集团，2013.
36. 穆旦. 穆旦诗文集(全二册). 北京：人民文学出版社，2014.
37. 李健吾. 李健吾文集(全十一册). 太原：北岳文艺出版社，2016.

后　记

2007年北京师范大学研究生院与出版集团决定共同推出一套研究生教材，以加强研究生课程的建设，我非常荣幸地接受了《中国现代文学资料与研究》(此次修订后题目改为《中国现当代文学教学研究资料·现代卷》)这本教材的撰写任务。现代文学史料学的建设一直是研究界关注的重点，但与学术界高度关注的态度相比，有关史料学的教学至今还是比较薄弱的。本教材的编撰，就是为了在这方面有所推进。

由于它是一次尝试，不免有许多不成熟的地方。至今，这本教材已经出版十余年了，根据教学的实际需要以及学术研究的不断发展，应该及时加以调整和完善。幸好北京师范大学出版集团高等教育分社在此时提出对教材进行修订，我借此机会对以下几个方面进行了调整：

一、为了最大限度地呈现出史料的原始面貌，这次的修订更加突出历史性资料，通过进一步的筛选，保留和增加了权威性的原始资料，而对后人的研究性论文进行了一定的压缩，并删去了第五编"史料研究"的内容。在篇幅上将原稿的上、下两册压缩为一册，无论是内容上还是篇章设置上都更加精炼。

二、虽然在正文中删去了大量的研究性文章，但在"资料与索引"栏目中补充了与每节内容相关的研究性著作和论文，不仅勾勒出该问题研究的历史脉络，更补充了近年来学界研究的最新动态。

三、在"思考与练习"栏目中，针对正文内容删改，对练习题进行了一定的调整，更加强调对当下问题的关注，引导学生通过史料梳理，对一些重要的文学现象和问题展开深度的思考。

在本书的编写过程中，张悦、陶梦真、商雪晴、郝思聪、郭霞、胡利平、白华召、康巧琳、胡金媛、韩静、马赫、孟学珂、石小寒、万书言、谭望等同学参与其中，做了大量认真细致的工作，在此特向他们致谢！

此外，还要特别感谢北京师范大学出版社的编辑马佩林、周劲含，他们在本书的编撰过程中都提供了热情的支持和帮助，也向他们表示诚挚的谢意！

李春雨

2017年2月17日